DISCRICIONARIEDADE, REGULAÇÃO E REFLEXIVIDADE

UMA NOVA TEORIA SOBRE AS ESCOLHAS ADMINISTRATIVAS

SÉRGIO GUERRA

Tercio Sampaio Ferraz Junior
Prefácio

DISCRICIONARIEDADE, REGULAÇÃO E REFLEXIVIDADE

UMA NOVA TEORIA SOBRE AS ESCOLHAS ADMINISTRATIVAS

6ª edição revista e atualizada

Belo Horizonte
FORUM
CONHECIMENTO JURÍDICO
2021

FORUM
CONHECIMENTO JURÍDICO

Luís Cláudio Rodrigues Ferreira
Presidente e Editor

Coordenação editorial: Leonardo Eustáquio Siqueira Araújo
Aline Sobreira de Oliveira

Av. Afonso Pena, 2770 – 15º andar – Savassi – CEP 30130-012
Belo Horizonte – Minas Gerais – Tel.: (31) 2121.4900 / 2121.4949
www.editoraforum.com.br – editoraforum@editoraforum.com.br

Técnica. Empenho. Zelo. Esses foram alguns dos cuidados aplicados na edição desta obra. No entanto, podem ocorrer erros de impressão, digitação ou mesmo restar alguma dúvida conceitual. Caso se constate algo assim, solicitamos a gentileza de nos comunicar através do *e-mail* editorial@editoraforum.com.br para que possamos esclarecer, no que couber. A sua contribuição é muito importante para mantermos a excelência editorial. A Editora Fórum agradece a sua contribuição.

Dados Internacionais de Catalogação na Publicação (CIP) de acordo com ISBD

G934d Guerra, Sérgio

Discricionariedade, regulação e reflexividade: uma Nova Teoria sobre as Escolhas Administrativas / Sérgio Guerra. - 6. ed. rev. e atual. - Belo Horizonte : Fórum, 2021.
501p. ; 14,5cm x 21,5cm.
ISBN: 978-65-5518-181-4

2018-669

1. Direito. 2. Direito Administrativo. 3. Direito Público. 4. Direito Regulatório. 5. Serviços Públicos. 6. Agências Reguladoras. I. Título.

CDD 342
CDU 342

Elaborado por Vagner Rodolfo da Silva - CRB-8/9410

Informação bibliográfica deste livro, conforme a NBR 6023:2018 da Associação Brasileira de Normas Técnicas (ABNT):

GUERRA, Sérgio. *Discricionariedade, regulação e reflexividade:* uma Nova Teoria sobre as Escolhas Administrativas. 6. ed. rev. e atual. Belo Horizonte: Fórum, 2021. 501p. ISBN 978-65-5518-181-4.

À Virgínia, meu amor, minha eterna companheira.

SUMÁRIO

CAPÍTULO 1

EVOLUÇÃO DA ESCOLHA ADMINISTRATIVA NO ESTADO DE DIREITO 53

PREFÁCIO DA 4ª EDIÇÃO

Discricionariedade, regulação e reflexividade é um livro inspirado em meio a uma contemporaneidade desafiadora.

Vivemos hoje o advento de uma sociedade em transformação, em que as fronteiras entre o público e o privado se tornam porosas nas diversas tentativas de enfrentamento de riscos sociais potencialmente expansivos (na medicina, na engenharia, no mundo financeiro, econômico, ambiental, de massa etc.), o que acaba por revelar a ineficiência dos mecanismos tradicionais.[1]

Observa-se, atualmente, por exemplo, uma nova tendência, que ganha força no acento depositado na noção de *povo* na expressão: *soberania popular*. Nela, o poder deixa de ser percebido exclusivamente como uma *res* do Estado, uma coisa que se tem, detém, transmite, e precisa ser limitada pela lei, para ser tomada como uma forma de relação social (no sentido weberiano de *dominação*), donde a soberania não é mais restrita a um poder de império como um poder qualitativamente capaz de imposições contra as vontades particulares e, portanto, *estatal* (imperatividade estatal: proibições e obrigações), para tornar-se *regulação*, isto é, capacidade de fazer com que as vontades sejam conformadas (pela lei) antes de serem exercidas (autorizações, permissões expressas). O que, consequentemente, faz da imperatividade (poder de império) menos um poder centrípeto, mais um poder centrífugo.

Isso traz duas consequências importantes no entendimento do perfil constitucional da administração: uma *externa*, no sentido de que as estruturas de Estado veem arrefecer sua conexão com um *território*; outra *interna*, que se observa, na literatura especializada, com o aparecimento cada vez mais frequente da ideia de uma "desestatização" das exclusivas *funções públicas* (significativo, nesse sentido, o aparecimento de privatizações de estradas, aeroportos, impensáveis até o início da década de 90 do século passado).

De um lado, os Estados "estendem" seu alcance, como se observa em decisões soberanas que, por exemplo, nos EUA, vieram a proibir

---

1 Sobre o tema, ver, entre outros, LEIBFRIED, S.; ZÜRN, M. (Ed.). *Transformationen des Staates*. Frankfurt: Suhrkamp Verlag, 2006.

instituições financeiras norte-americanas, em todo o mundo, de manter relações com qualquer cidadão constante de determinada lista; mas, ao mesmo tempo, geram problemas complexos de administração: *administração sem soberania*.[2]

De outro, estruturas de Estado veem-se marcadas pela concepção de uma "constituição civil", teoricamente baseada ou estruturada sob forte influência do direito privado, em que despontam os problemas a gerar o crescimento de atores privados, preenchendo em maior ou menor extensão funções usualmente denominadas "públicas".[3]

Trata-se, assim, de um questionamento que atinge o Estado em suas principais configurações, seja o Estado percebido como fonte de organização política (fenômeno da descentralização das fontes), seja o Estado como esfera pública (fenômeno da diferenciação orgânica e a privatização da administração), seja o Estado como monopólio do império (fenômeno da redistribuição das prerrogativas de julgamento), seja o Estado-nação (fenômeno da internacionalização).[4]

Veja-se, nessa linha, a dispersão da competência normativa mediante sociedades que assumem a emissão e o controle de normas técnicas (ABNT) em que um poder normativo em sentido amplo é exercido privadamente, até com participação voluntária de representantes de diferentes setores, ou de normas de conduta na área de propaganda, inclusive com decisões cujo "império" nem se contesta (Conar), bancos de sêmen com capacidade de definir condições de procriação artificial, limitações da atividade de instituições financeiras a partir de regras estabelecidas por federações (Febraban), projetos de privatização de penitenciárias, com empresas encarregadas da carceragem etc.

De outro lado, até mesmo o próprio exercício da jurisdição, supostamente neutralizado politicamente pelo princípio da divisão dos poderes, ganha contornos políticos, mediante os quais a exigência de prognósticos na tomada de decisão judicial torna o *veredictum* (como um *vere dicere*) uma antecipação política dos efeitos políticos, sociais,

---

2 Cf. entre outros, SOMEK, Alexander. Administration without Sovereignty. *In*: DOBNER, Petra; LOUGHLIN, Martin. *The Twilight of Constitucionalism?* Oxford: Oxford University Press, 2012. p. 275.

3 Ver TEUBNER, Gunther. Fragmented foundations: societal constitucionalism beyond the nation state. In: DOBNER, Petra; LOUGHLIN, Martin. *The Twilight of Constitucionalism?* Oxford: Oxford University Press, 2012. p. 328; 332: "Today, the most prominent private legal regimes are the lex mercatoria of the international economy and the lex digitalis of the Internet".

4 Cf. DELMAS-MARTY, Mireille. *Por um direito comum*. São Paulo: Martins Fontes, 2004. p. 46 *et seq*.

econômicos. O que, simultaneamente, lhe alarga o alcance e lhe limita a eficiência.

Essas transformações têm um fundamento social e uma consequência jurídica.

Do lado do fundamento social, é a percepção nova da *sociedade* como *sociedade econômica* como um todo abarcante que se concentra em produzir objetos de consumo, cujo consumo é, de novo, meio para o aumento da produção e assim por diante, tende a modificar a percepção das linhas distintivas entre política, economia e regulação jurídica, as quais se tornam difusas. Não se trata mais, por exemplo, em nome do monopólio da força pelo Estado, de delimitar a possibilidade do exercício político pelo detentor do poder econômico ao distinguir-se com nitidez a esfera pública e privada, pois, na medida em que esse passa de uma esfera de atuação (atividade econômica) para outra (atividade política) como atividades com lógicas estruturalmente indiferenciadas, segue daí uma estreita aproximação, no mundo atual, entre tecnocracia pública e privada.

Por conseguinte, do lado jurídico, no exercício do poder normativo e regulador (modelo do *Estado Regulador*), a atuação do Estado deixa de ser estritamente a de mera proteção da liberdade (Estado de Direito e proteção da livre iniciativa), mas é também menos intervencionista, isto é, menos assunção, pelo Estado, do *dever* de atuar diretamente no mercado (caso dos monopólios estatais ou de exploração econômica mediante empresas estatais ou de economia mista: Estado Interventor). Passa-se, assim, a um Estado em que a *dimensão* empresarial-estatal torna-se menor, com o consequente crescimento da participação da iniciativa privada inclusive na gestão de serviços públicos *lato sensu*, de que decorre a necessidade de maior flexibilização da Administração para exercer *funções de controle normativo e regulador*.

Essa competência normativa e reguladora vem informada pelo *dever de racionalidade* (donde a submissão do seu exercício aos princípios da *razoabilidade* e *proporcionalidade*), que, imposto ao legislador (*na forma da lei*), combina a atividade (do *agente*) normativa com a reguladora. Pela primeira, cabe ao Estado, mediante *lei*, fixar diretrizes para a economia. Pela segunda, realizar o que os economistas chamam de *intervenção conforme*, isto é, orientar e influenciar os agentes econômicos por meio de políticas globais que equilibrem níveis de demanda, condições de repartição, eficiência na alocação e distribuição de recursos.

A eficiência cria para a Administração uma responsabilidade que não se reduz nem ao risco administrativo (responsabilidade pelo risco) nem à igualdade perante os encargos públicos (responsabilidade institucional). Pois antes incorpora essas responsabilidades em nome da obrigação imposta ao Poder Público, ao exercer funções reguladoras no mercado, de evitar as assimetrias de informação que funcionem como um incentivo para o comportamento oportunista dos agentes privados, levando o mercado a uma disfunção (responsabilidade pelo êxito ou pelo resultado). A eficiência, instituída como princípio, cria, pois, uma forma peculiar de responsabilidade do Estado.

Trata-se de uma imputação de competências, cujos limites estão na responsabilidade pela avaliação da solidariedade de meios e fins na emanação de atos normativos e reguladores.

Tratando-se de alocar meios e fins específicos, é competência administrativa a serviço de uma decisão tomada entre várias alternativas políticas. É preciso, assim, que as finalidades sejam postas na forma de princípios teleológicos de ação. Não basta, no mesmo sentido, a fixação de fins do tipo *interesse protegido*, mas exige-se algum detalhamento desses interesses. Com isso, a competência instrumental conferida ao Poder Público obriga-o a completar este detalhamento, estabelecendo *fins tecnicamente viáveis* e encontrando os *meios adequados*, responsabilizando-se, afinal, pela relação solidária de meios e fins (responsabilidade pelo êxito).

E nesse ponto entra o tema deste livro de Sérgio Guerra, precipuamente, o das *escolhas administrativas*.

Voltar-se para os usados sentidos da *discricionariedade administrativa* parece, nesse contexto, abdicar-se o necessário repensar das velhas fórmulas e deixar de enfrentar os novos desafios, sobretudo no que diz respeito às complexidades regulatórias, quando batem de frente com escolhas impossíveis de se reduzir a decisões de *mera* conveniência e oportunidade.

Permito-me exemplificar esse com a noção de *mercado relevante*, adotado pela Lei de Defesa da Concorrência e posto à disposição da autoridade para lidar com fusões, concentrações econômicas, delitos concorrenciais. Ainda que próprio do chamado direito econômico, ele pode dar uma medida das transformações a que se sujeita a tradicional discricionariedade.

A expressão é uma tradução do inglês *relevant market*, originada e desenvolvida no direito norte-americano. A palavra *relevante* conota, propriamente, a ideia de *pertinência*, com referência a produtos e serviços produzidos, comercializados e consumidos em determinado mercado.[5]

Na discussão referente a *mercado relevante*, a autoridade está preocupada com uma delimitação dos mercados, em vista da ocorrência de fatores correlacionados de ordem real (coisas), espacial (espaço) e temporal (tempo), fatores estes capazes de situar agentes econômicos (uma empresa, um grupo de empresas, fornecedores e consumidores), em sua posição de exercício de poder econômico, em condições de afetar subjetivamente a competitividade.

No uso do termo – mercado relevante –, parte-se do modo como se *comportariam* os agentes em relação aos produtos (bens e serviços), das suas relações reais de oferta e demanda em determinado espaço, para preocupar-se preponderantemente com suas possibilidades de desempenho no decorrer de um período de tempo. Tem, por isso, um instrumento de sentido próximo da elaboração de uma hipótese que permita avaliar que tipo de poder de mercado poderia ser exercido para certos agentes em mútua correlação, tendo em vista a eventual qualificação desse exercício como um possível abuso de poder econômico.

A noção de mercado relevante tem, é verdade, uma conotação e uma denotação eminentemente econômica.[6] Dessa perspectiva, indica mais um método do que um conceito. O que se define antes são meios para a identificação concreta de produtos e serviços em um âmbito espacial e temporal. Como, no entanto, a lei vincula consequências normativas concretas em função de um mercado relevante determinado, é juridicamente importante a sua configuração jurídica.

Para efeitos de uma configuração jurídica, é preciso reconhecer, no entanto, que a noção não chega propriamente a constituir uma espécie de *tipo aberto*, muito menos de um *tipo cerrado*, não se tratando, talvez, nem mesmo de um *conceito* (determinado/indeterminado/discricionário), cujas funções prescritivas requereriam uma relação semântica minimamente adequada e suficiente, isto é, sua delimitação denotativa (extensão dos fatos apontados pela noção) e conotativa (intensão dos termos utilizados na definição).

---

5 Cf. BRUNA, Sérgio Varella. *O poder econômico e a conceituação do abuso em seu exercício*. São Paulo: RT, 1997. p. 77 *et seq*.

6 No *Guia para Análise Econômica de Atos de Concentração Horizontal* (Portaria Conjunta SEAE/SDE nº 50, de 1º.8.2001), lê-se: "Mercado relevante é definido como o menor grupo de produtos e a menor área geográfica necessários para que um suposto monopolista esteja em condições de impor um 'pequeno porém significativo e não transitório' aumento de preços" (§29).

Na verdade, trata-se, antes, de uma *construção operacional* capaz de fornecer um *prognóstico* para efeitos normativos (processo administrativo para imposição de sanções por infrações contra a ordem econômica, processo administrativo para o controle de atos de concentração econômica).

Talvez com isso se possa ter uma pálida perspectiva do desafio a que se propõe Sérgio Guerra, ao voltar-se para a materialização de uma teoria capaz de identificar as novas exigências postas a escolhas administrativas, mormente pela elaboração de um novo instituto: a *escolha regulatória*.

O tema tem, seguramente, grande impacto no estudo doutrinário do direito administrativo econômico, com capital relevância prática para a escolha administrativa em sede de setores complexos, nos quadros do sistema jurídico em nosso país.

Certamente se trata de uma obra cujo conteúdo vai muito além deste simples prefácio, dada a erudição jurídica no trato da temática e a capacidade de fina reflexão, reveladas pelo autor. Com quem me congratulo pela quarta edição alcançada por este livro inovador.

Tercio Sampaio Ferraz Junior

PREFÁCIO DA 2ª EDIÇÃO

Há quase quatro anos, Marcos Juruena Villela Souto e eu prefaciávamos orgulhosamente a obra *Discricionariedade e reflexividade*, na qual Sérgio Guerra prosseguia em seus estudos dos fenômenos administrativos pós-modernos, preferencialmente referenciados às inúmeras e radicais mudanças ocorridas no campo da atuação do Estado, que haviam sido iniciados com a publicação de seu primeiro livro, o *Controle judicial dos atos regulatórios*, com os quais desenvolveu uma inovativa arquitetura teórica das escolhas administrativas.

Esta segunda edição é mais um marco em sua construção doutrinária, consolidando suas reflexões sobre esses instigantes temas do direito administrativo da atualidade, justificando a ampliação do título da 1ª edição: *Discricionariedade, regulação e reflexividade – Uma nova teoria sobre as escolhas administrativas*.

O prazer que novamente me proporciona Sérgio Guerra de prefaciar esta segunda edição só não desfruto de pleno – e ele bem o sabe – pela ausência de meu querido coprefaciador, Marcos Juruena, a quem, entre tantas memórias que me são extremamente gratas, devo a apresentação do autor – então, o seu primeiro orientando de doutoramento –, bem como o prazer de acompanhar seus progressos, o passar a admirá-lo e a ele hoje me ligar por sólidos laços de amizade.

É, certamente, uma grande satisfação para um velho autor, que tendo iniciado há meio século sua trajetória no direito, já nutre a vápida pretensão de reconhecer, aqui e ali, aqueles a quem o estudo consagra e passam a compartilhar da sublime agonia da busca do conhecimento... que nunca acaba e sempre gloriosamente se renova.

Em seus livros e no magistério acadêmico, a que se dedicou, impondo-se as severas exigências da límpida exposição científica de suas ideias na comunicação pedagógica, Sérgio Guerra tem sobejamente demonstrado a decisiva e inequívoca vocação pela ciência do direito e, nela, pela perquirição de seus temas de ponta: os que respondem às inquietudes de hoje e sedimentam as certezas de amanhã.

São as qualidades que voltam a se revelar nesta segunda edição de uma obra vitoriosa, a qual, somando-se a seus renovadores conceitos – os que ornaram sua tese de doutorado e a tornaram livro de vanguarda –, aporta novas projeções multiformes de seu pensamento, como, só para dar exemplo e sem furtar ao leitor o prazer de lê-lo em suas próprias palavras, ao tratar do espinhoso e sempre fugidio tema do interesse público, se nos apresenta "como um conceito aberto, indeterminado, sujeito a concretizações pontuais, à luz de determinada situação concreta", de modo que "só a partir da análise da realidade e de cada caso, em seu mais amplo espectro e em confrontação com a realidade social, que se poderá defluir para qual direção aponta, para que lado pende o interesse público em determinada circunstância no tempo e no espaço contingente, histórico e social".

As lições de Sérgio Guerra, como esta tomada como exemplo, acompanham de perto as transformações do *direito administrativo*, bastando compulsar a rica bibliografia de referência apresentada para confirmá-lo, sempre seguindo o toque de universalidade que prenuncia a próxima etapa da disciplina neste século, na qual, evoluindo de um ramo até recentemente conotado apenas ao Estado e a seu poder, se vai desestatizando para se tornar aplicável a qualquer relação assimétrica de poder em que uma das partes assuma a realização de um interesse público, tal como vem paulatinamente ocorrendo na medida em que avança a globalização e como, entre outros, exponencialmente já nos revela Sabino Cassese.

Nesta segunda edição são inúmeras as adições, os esclarecimentos, os elementos jurisprudenciais e as fundamentações recentes, que, em seu conjunto, só confirmam e robustecem as teses centrais expostas na primeira; sempre apontando o rumo do aperfeiçoamento dos controles, na linha que – invocando aqui um título de célebre obra do Mestre Eduardo García de Enterría, tantas vezes lembrado neste livro – leva à culminação da longa marcha histórica da "luta contra as imunidades do poder", síntese magistral, enfim, de toda a justificação civilizada não apenas do direito administrativo, como de todas as disciplinas e artes devotadas ao aperfeiçoamento da convivência humana.

Espero ter deixado aos leitores o que cumpre ao prefaciador, que é despertar-lhes o interesse pela obra apresentada, augurando-os uma experiência proveitosa e, ao autor, a repetição de novos êxitos em sua brilhante carreira de doutrinador.

Diogo de Figueiredo Moreira Neto
Teresópolis, inverno de 2012.

PREFÁCIO DA 1ª EDIÇÃO

Sérgio Guerra desponta nesta geração e, particularmente, na escola carioca de direito público, como uma das vocações mais criativas dedicada ao estudo da temática jusadministrativa contemporânea, tão rica em desafios.

Assim é que o recorrente e sempre renovado tema da discricionariedade, examinado agora no contexto do espaço decisional da Administração Pública, o tem fascinado, galvanizado sua atenção e incentivado a paciente pesquisa, pois já o havendo desenvolvido em seu primeiro livro, *Controle judicial dos atos regulatórios*, o jovem doutor em direito vem de aprofundá-lo sistematicamente com esta original e instigante *Teoria das escolhas públicas*.

Trata-se, esta sua nova produção científica, de um aprofundamento do tema básico da discricionariedade, mas apreciado agora, inovadoramente, no conjunto de opções jurídicas abertas à Administração Pública, de modo que, com isso, perfaz, simultaneamente, uma expansão dessa temática tradicional, na medida em que a considera no amplo contexto constitucional pós-moderno em que se inscreve.

Nela, Sérgio Guerra conduz uma demonstração de que as opções tomadas em decisões administrativas, outrora ditadas por critérios meramente subjetivos, de *conveniência e de oportunidade*, devem hoje, nesta era de reafirmação de valores, se submeter a uma metodologia processualizada, em que instrumentos argumentativos essenciais, como a ponderação e a motivação técnica, ampliam tanto a probabilidade de acerto da decisão resultante, como, o que é ainda mais importante, as possibilidades de controle de direito, o que é um substancial reforço da segurança jurídica.

Entre os méritos de sua tese, que podem ser facilmente apreciados na leitura, que se ameniza por seu estilo sóbrio e claro, está o de encetar mais um passo na construção de uma *nova teoria geral do direito administrativo*, tais como foram unanimemente reconhecidos por sua banca de doutoramento da Universidade Gama Filho, que a aprovou com louvor e recomendação de publicação.

Apenas com o veredicto dessa banca, composta pelos ilustres Professores Doutores José Ribas Vieira, Francisco Mauro Dias, Patrícia

Ferreira Baptista e Alexandre Santos de Aragão, além do seu aqui coprefaciador e professor orientador, Marcos Juruena Villela Souto, perante um auditório de doutores, doutorandos, mestres e mestrandos e da cúpula diretora da Escola de Direito da Fundação Getulio Vargas, da qual o autor é vice-diretor dos cursos de pós-graduação, além de um dos seus professores, este prefácio já seria supérfluo para apontar tais qualidades da presente obra.

Registre-se ainda, como curiosidade, que a ideia de examinar cientificamente o desenvolvimento das escolhas públicas teve origem nas tertúlias habituais das famosas "pizzas acadêmicas", que tinham lugar após as aulas de direito administrativo regulatório ministradas no Mestrado em Direito da Universidade Candido Mendes, nas quais estes prefaciadores se reuniam com um grupo de talentosos mestres, que compuseram a coleção *Regulação Jurídica*, e discutiam descontraidamente suas ideias.

Assim foi que, a partir do interesse de Sérgio Guerra em aprofundar o tema da regulação, já desenvolvido no Mestrado, e do inesperado estímulo que viu em um despretensioso desenho, cruamente esboçado no guardanapo de papel da pizzaria, do que seria a esquematização da evolução histórica do tratamento das tensões entre vinculação e discrição administrativa, que todo um contexto de debates o acabou levando ao projeto de tese.

Uma vez esboçado e proposto o projeto, sua originalidade garantiu-lhe a seleção, entre outros candidatos à titulação, para ser desenvolvido em um quadro limitado de vagas de doutoramento, recebendo ampla aceitação e incentivo, tendo o autor rapidamente se destacado como referência de seriedade e determinação na pesquisa erudita e ampla que desenvolveu, na qual se valeu tanto das mais modernas, como das tradicionais obras sobre o tema, no Brasil e no exterior, sem, contudo, descurar das raízes e de prestigiar os colegas com os quais debateu e estudou os temas aqui aprofundados.

Enfim, coroando seus esforços e as expectativas desse talentoso grupo, Sérgio Guerra tornou-se nele o primeiro a se doutorar, o que muito significa, de modo particular, para o seu orientador e coprefaciador, Marcos Juruena Villela Souto já que, também pela primeira vez, vê um de seus orientandos atingir tão importante titulação, para, a partir dela, certamente, multiplicar as lições e ampliar uma família de estudiosos, que, sem perder a simplicidade, mantém laços de cooperação e amizade, que, em muito, ensinam e contribuem para o aprimoramento do direito, despidos de vaidades e preconceitos, lamentavelmente ainda encontrados na vida acadêmica.

Parabéns, portanto, a Sérgio Guerra, por mais este subsídio científico que nos traz e por seu exemplo, que seguramente despertarão, um e outro, nos leitores, o saudável interesse em enriquecer sempre mais essa nova e promissora visão de um direito administrativo desvinculado da prepotência, do arbítrio e da mística enganosa da supremacia, talhado para ser, simplesmente, um instrumento da cidadania.

Rio de Janeiro, verão de 2008.

Diogo de Figueiredo Moreira Neto
Marcos Juruena Villela Souto

APRESENTAÇÃO DA 6ª EDIÇÃO

Com a pandemia do coronavírus, a regulação foi objeto de muitos comentários, conflitos, normatização e decisões judiciais. A grande complexidade do sistema de saúde foi evidenciada e impactada com a apresentação de projetos de lei, edição de leis (a exemplo da Lei nº 13.979/2020), regulamentos, medidas regulatórias da ANVISA e da ANS e inúmeras medidas de controle e decisões judiciais. Só na saúde suplementar a complexidade se apresenta num ambiente que alcança mais de 700 operadoras privadas de planos de saúde e 47 milhões de beneficiários.

Desde a requisição de leitos privados, até o congelamento do valor das mensalidades e riscos para a integridade dos planos de saúde, o debate sempre é levado à indagação final, que passa por saber quem detém competência e legitimidade para promover as escolhas setoriais e com impactos prospectivos visando manter o sistema íntegro.

A solução deve vir do Legislativo, por meio de lei (escolha vinculada e reserva do legislador)? A solução deve vir do Executivo, por meio de decretos expedidos com base em discricionariedade (escolha discricionária e reserva da administração)? A solução deve vir do regulador, por meio da análise de custos e benefícios e consensualidade (escolha regulatória e reserva do regulador)? Ou a solução para essas questões devem vir de decisões do Poder Judiciário e atuação dos demais órgãos de controle?

Estas questões fazem parte das reflexões trazidas neste livro, que chega à 6ª edição. Além de ajustes e detalhamentos de alguns conceitos da tese, notadamente sobre a parte que propõe a teorização da reflexividade administrativa como nova categoria de escolha administrativa, a 6ª edição traz uma atualização da doutrina e de decisões do Supremo Tribunal Federal sobre a estruturação das escolhas e funções regulatórias.

Agradeço a Deus por me dar saúde e condições para seguir na caminhada, e a Virgínia, meu amor, minha esposa, minha companheira de mais de 34 anos, a quem dediquei esta obra e com quem tive a benção de concretizar o meu sonho de ser pai de Renan e Thamires.

Rio de Janeiro, janeiro de 2021.

Sérgio Guerra

APRESENTAÇÃO DA 5ª EDIÇÃO

Os questionamentos envolvendo a discricionariedade administrativa e a regulação de atividades econômicas e sociais permanecem nas pautas cotidianas, continuando a trazer novos desafios na pesquisa acadêmica. Se de um lado há uma tendência de se buscar a redução da discricionariedade na atuação do administrador público para evitar-se o arbítrio, de outro lado, a complexidade cotidiana, mais recentemente agravada com as inovações tecnológicas e disruptivas, acaba por impor uma maior atuação executiva, abrindo-se espaços para a escolha governamental discricionária.

Mesmo sem ter avançado o desejável nas pesquisas sobre as fronteiras entre as escolhas políticas e as escolhas regulatórias, já existe um novo campo de pesquisa sobre regulação, ainda pouco explorado pela doutrina nacional, envolvendo serviços privados de interesse público que se utilizam de plataformas digitais. São serviços não regulados pelo Estado, mas que produzem subprodutos (informações colhidas nessas plataformas) que são ou serão comercializados, seja para o setor privado, seja para o próprio Estado.

Um exemplo direto pode ser encontrado no serviço disponibilizado pelo aplicativo Waze. A plataforma presta serviços "gratuitos" de GPS aos cidadãos, colhe informações sobre vias e trajetos e as comercializa. Fornece notícias, por exemplo, sobre o tráfego para emissoras de TV, que passam a oferecer notícias em tempo real. Emissoras utilizam o aplicativo W on Air para iPad, possibilitando mostrar em tempo real aos seus espectadores como está o trânsito. Utiliza-se de um mapa ao vivo contendo informações sobre engarrafamentos, interdições, tempos estimados do percurso e as rotas alternativas mais rápidas. Os dados colhidos pelo Waze também são comercializáveis para estados, mostrando os gargalos em vias, buracos em estradas etc., contribuindo para a gestão inteligente das cidades (*smart cities*).

Casos como esse se inserem na denominação internacional *global service provider*, um modelo de negócio global de prestação de serviços de interesse público, cuja lógica transnacional está no fato de não ser passível de alteração para se adequar às possíveis regulações locais. Em nosso sistema federativo isso pode ser um fator de maior complexidade, haja vista a complexa forma de repartição de certas competências na prestação e regulação de serviços públicos e/ou regulação de atividades econômicas, além de aspectos fiscais. É relevante destacar que essa questão é nova, não afeta ao direito internacional, porque não se trata de examinar o cabimento de tratados internacionais para disciplinar a atividade como serviço público ou de relevante interesse coletivo.

Despontam, portanto, no direito público pátrio mais desafios de compreender novas categorias e encontrar fórmulas e caminhos que busquem a harmonização e coerência na função de regulação de subsistemas, recentemente fortemente afetados pela tecnologia, visando à proteção dos direitos fundamentais e mecanismos que garantam a segurança jurídica para empresas, operadores e investidores.

Nessa linha de pesquisa, e mantendo a estrutura da edição anterior (2017), chegamos, em curto espaço de tempo, à 5ª edição com ajustes no texto, uma abordagem sobre o *global service provider* e a inclusão de novas doutrinas e jurisprudências. O Supremo Tribunal Federal – STF julgou novos casos envolvendo a escolha regulatória, levando-nos a desmembrar o texto e a comentar essas recentes decisões em subitem próprio.

Neste espaço, não poderia deixar de registrar uma homenagem ao grande pensador e doutrinador sobre esses temas e que, no meu caso, coorientou – na verdade foi além disso, "desenhou" – a minha tese de doutoramento materializada neste livro.

Tive o privilégio de ser presenteado pelo Professor Doutor Diogo de Figueiredo Moreira Neto com a *Teoria das escolhas administrativas* em 2004, em um de nossos encontros semanais nas "pizzas acadêmicas", às segundas-feiras na Pizzaria Caprichosa, sob a firme liderança do saudoso Professor Doutor Marcos Juruena Villela Souto.

Por tudo que aprendi com os dois grandes mestres, fica o registro do meu eterno agradecimento. O Professor Diogo foi um grande homem público, professor, mentor e amigo, cuja generosidade é inquestionável. Fica o carinho, a admiração e a homenagem que melhor se expressará na vã tentativa de seguir seu exemplo de vida e na academia, que tanto contribuiu para os estudos sobre as mutações do direito administrativo.

Um agradecimento final, e mais importante, a Deus, que guia todas as minhas atividades e à Virginia, minha eterna namorada, a quem dediquei esta obra, esposa há 30 anos, de cujo amor e companheirismo vieram dois frutos maravilhosos e muito desejados: Renan e Thamires, filhos amados. Como diria Vinícius, "você tem que vir comigo em meu caminho [...] Os seus olhos têm que ser só dos meus olhos/Os seus braços o meu ninho/No silêncio de depois/E você tem que ser a estrela derradeira/Minha amiga e companheira/No infinito de nós dois".

Rio de Janeiro, junho de 2018.
Sérgio Guerra

APRESENTAÇÃO DA 4ª EDIÇÃO

Chegamos, com alegria, à 4ª edição com ajustes no texto e inclusão de alguns tópicos, a exemplo da evolução do conceito e positivação da discricionariedade no Brasil e detalhamento dos tipos de discricionariedade administrativa, notadamente sob a ótica da intensidade do controle externo.

Esta edição também conta com novas doutrinas e algumas jurisprudências, merecendo destacar a inclusão do caso, que chegou ao Supremo Tribunal Federal, na concessão de medida liminar na Ação Direta de Inconstitucionalidade nº 5.501. Questionou-se a eficácia da Lei nº 13.269/2016 que autorizava o uso da fosfoetanolamina sintética, conhecida como "pílula do câncer", por pacientes diagnosticados com neoplasia maligna.

O Ministro Marco Aurélio, relator, destacou o papel da escolha regulatória diante de questões técnicas complexas, concluindo pela impropriedade da substituição do crivo técnico de agência pelo Poder Legislativo. E o Ministro Luis Roberto Barroso, em sentido próximo, asseverou que matérias técnicas dotadas de alto grau de complexidade, submetidas à agência reguladora, devem ser exercidas sem a participação do Legislativo.

O julgado, ainda em sede de cognição sumária, toca em aspecto central desta obra e da "nova" teoria, na qual sustento que a competência normativa, exercida pelas entidades reguladoras, não se confunde com os espaços da lei, de competência do Poder Legislativo, bem como o poder regulamentar, executivo ou autônomo, de competência do chefe do Poder Executivo. Por isso, e considerando ser extremamente difícil submeter as escolhas regulatórias na ordem hierárquica definida em nosso sistema jurídico-constitucional, defendo a tese de um novo enquadramento da escolha regulatória alterando a clássica pirâmide normativa.

Algumas das reflexões aqui expostas decorrem dos profundos debates com os alunos do Mestrado em Direito da Regulação, da Escola de Direito da Fundação Getulio Vargas (FGV Direito Rio), na disciplina Teoria do Estado Regulador, a quem registro especial agradecimento. E, sempre, a Deus e à minha querida família (Virginia, Renan e Thamires), por todo amor, carinho e tranquilidade.

Rio de Janeiro, maio de 2017.
Sérgio Guerra

APRESENTAÇÃO DA 3ª EDIÇÃO

Esta 3ª edição contempla alguns ajustes no texto original, especialmente nos conceitos sobre a função regulatória, com base na literatura estadunidense e em obras brasileiras publicadas, em sua maioria, entre 2013 e 2015.

As atualizações que contemplam a literatura estrangeira ocorreram, em parte, na doutrina identificada nos estudos desenvolvidos na Yale Law School (YLS), durante o segundo semestre de 2014, quando lá estive como *Visiting Researcher.*

Naquele período, em New Haven, tive a oportunidade de acompanhar os debates sobre regulação estatal ocorridos nas aulas da Professora Christine Jolls (*Administrative Law*) e do Professor E. Donald Elliot (*Conservative Critique of Administrative State*), além de colher preciosas observações nas diversas palestras e outros eventos acadêmicos.

A pesquisa, realizada em Yale em nível pós-doutoral, teve por objetivo uma análise comparada do Poder Executivo estadunidense e brasileiro, notadamente sobre o desenvolvimento do Estado Administrativo (*Administrative State*), também representado na doutrina pelas expressões: *bureaucratic state, capitalist state, corportate state, posindustrial state, regulatory state* e *welfare state,* e a função de regulação exercida por agências independentes desde o século XIX.

O acolhimento do projeto de pesquisa naquela prestigiosa Escola de Direito, localizada na gelada Nova Inglaterra, foi supervisionado pela Professora Susan Rose-Ackerman, coordenadora do núcleo de pesquisas denominado *Comparative Administrative Law Program,* a quem registro especial agradecimento.

Agradeço todo o apoio que recebi na YLS, em especial à Gordon Silverstein, *Assistant Dean for Graduate Programs,* Maria Z. Dino, *Director of Graduate Programs* e Bradley Hayes, *Coordinator of International Programs.*

Na Yale University agradeço a confiança depositada pelo *Office of International Affairs,* na pessoa de Shana N. Schneider, *Director of Communications,* pela minha nomeação como Embaixador de Yale no Brasil, com a missão de identificar oportunidades de colaboração e iniciativas de pesquisas envolvendo o recrutamento de pesquisadores,

Visiting Scholars e pós-doutorandos, de todo o país, assim como estimular a vinda de alunos e professores de Yale para o Brasil.

Por fim, e sempre, agradeço a Deus e à minha família, Virgínia, Renan e Thamires, pelo amor, força e todo apoio para seguir na caminhada.

Rio de Janeiro, abril de 2015.

Sérgio Guerra

APRESENTAÇÃO DA 2ª EDIÇÃO

É com muita satisfação que apresento a 2ª edição da obra *Discricionariedade, regulação e reflexividade – Uma nova teoria sobre as escolhas administrativas* à comunidade científica/acadêmica e aos operadores do direito.

Escrita originalmente em 2007, a presente edição foi atualizada e revisada com a inclusão de novas doutrinas e jurisprudências sobre o tema, procurando sempre cotejar o vetusto e polêmico tema da *discricionariedade administrativa* aos novos desafios trazidos pela regulação estatal e submetidos aos estudiosos do direito administrativo brasileiro pós-moderno.

Para nosso regozijo, e diante da estrutura oitocentista do direito administrativo, a ainda jovem teoria da *reflexividade administrativa* tem sido amplamente debatida em diversos programas de mestrado e doutorado e adotada por magistrados em julgados de diversos tribunais brasileiros, inclusive pelo Supremo Tribunal Federal, como no polêmico caso envolvendo a constitucionalidade do exame nacional da Ordem dos Advogados do Brasil.

Com essa 2ª edição, reitero a especial homenagem que fiz ao Professor Doutor Marcos Juruena Vilella Souto – que, precocemente, faleceu em 2010 – coorientador da minha tese de doutorado, juntamente com o Professor Doutor Diogo de Figueiredo Moreira Neto, este que, uma vez mais, me honra com seu gentil prefácio.

Uma vez mais, consigno o meu agradecimento aos dirigentes, alunos, colegas e amigos da Fundação Getulio Vargas, pelo apoio e acolhimento nessa prestigiosa instituição de ensino e pesquisa como Professor Titular de Direito Administrativo e Vice-Diretor de Ensino, Pesquisa e Pós-Graduação da Escola de Direito do Rio de Janeiro.

Por fim, e o mais importante, nada disso valeria a pena sem ter, ao meu lado, meus amores. Virgínia, com quem estou casado há 24 anos, e meus dois filhos, Renan e Thamires. Um carinho e agradecimento especial à minha mãe, aos meus irmãos, aos amigos e aos companheiros de caminhada da Pastoral Familiar da Igreja Nossa Senhora da Vitória (Barra da Tijuca - RJ).

Rio de Janeiro, julho de 2012.

Sérgio Guerra

INTRODUÇÃO

O estudo do direito administrativo, no Brasil, foi formalmente autorizado pelo Imperador Dom Pedro II em 1851, e a doutrina nacional daquele século foi amplamente influenciada pelo direito administrativo francês. Em 1857 foi editado o primeiro livro de direito administrativo por Vicente Pereira do Rego e, em que pese a existência de outras obras, o livro de Antônio Joaquim Ribas, de 1866, foi formalmente aprovado pelo Imperador para uso nas faculdades de Direito de São Paulo e Recife.

Naquela obra constata-se toda a influência recebida, pelo autor, advinda do direito administrativo francês. Com esses antecedentes, na sua origem, o direito administrativo adotado no Brasil era definido como um conjunto de condições necessárias à conformação da estrutura burocrática governamental às regras criadas pelo Poder Legislativo (lei). Assim, era considerada a disciplina jurídica voltada à organização da máquina administrativa do Estado, com características de unidade, centralização e uniformidade. Tais características, direcionadas à manutenção do funcionamento dos serviços prestados pelo Estado, levava a Administração Pública a uma posição privilegiada em relação ao cidadão, então denominado "administrado".

Como ponto central dessa estrutura destacava-se a superioridade do interesse público – e da Administração Pública – sobre o interesse privado, o princípio da legalidade, os serviços públicos e a escolha discricionária. Dessa premissa adveio o regime administrativo diferenciado, compreendendo as prerrogativas da Administração Pública em relação ao setor privado: poder de polícia, espécies de propriedade, de contratos e de responsabilidade.

Nesse contexto e, ao longo dos tempos, a doutrina do direito administrativo pátrio, fortemente influenciada por Hely Lopes Meirelles, enfatizou o estudo e o desenvolvimento de teorias sobre o *ato administrativo*, definido, quase que unanimemente, como toda manifestação unilateral da Administração Pública que, agindo nessa qualidade, tenha por fim imediato adquirir, resguardar, transferir, modificar, extinguir e declarar direitos, ou impor obrigações aos administrados ou a si própria.

Por essa linha, os estudos sobre os atos administrativos foram divididos, basicamente, em: elementos (*competência, finalidade, forma, motivo e objeto*), características/atribuições (*presunção de legitimidade, imperatividade e autoexecutoriedade*), tipos, espécies, existência, validade, eficácia, controles, formas de anulação, revisão, convalidação, extinção etc., estruturando-os, na maioria das vezes, sob o viés *vinculado* ou comando *discricionário*.

Ainda que se sustente que o ato administrativo tenha deixado uma posição de figura central na dogmática do Estado de Direito, perdendo o seu papel de protagonista no relacionamento dos indivíduos com a Administração Pública,[1] as categorias e institutos jusadministrativistas acabaram por acompanhar o desenvolvimento exegético sob essa ótica.

O mesmo não vem ocorrendo no tocante às escolhas administrativas – tema dos mais complexos na organização da divisão de funções estatais, e que, historicamente, se dividia em três espécies: *escolha absolutamente vinculada*; *escolha relativamente vinculada* e *escolha discricionária*.

Com efeito, malgrado a sua importância diante da mutação do direito administrativo e dos impactos das escolhas públicas sobre o papel e o limite de intervenção do Estado Democrático de Direito sobre os direitos dos cidadãos, a doutrina do direito administrativo pátrio não logrou trazer muitas contribuições teóricas acerca das escolhas administrativas, aptas a auxiliar o exercício das funções públicas e seus controles.

I Mudanças que pressionam o direito administrativo

Algumas mudanças vêm "pressionando" o formato mais tradicional do direito administrativo.

O conceito de interesse público, e, como de resto, praticamente quase tudo em matéria constitucional, em que o direito se expressa em sua dimensão mais elevada, aparece como um conceito aberto,

---

1 Cf. SILVA, Vasco Manuel Pascoal Dias Pereira da. *Em busca do acto administrativo perdido*. Coimbra: Almedina, 2003. p. 5; 47.

indeterminado, sujeito a concretizações pontuais, à luz de determinada situação concreta. A partir da análise de cada caso, em seu mais amplo espectro e em confrontação com a realidade social, que se poderá defluir para qual direção aponta, para que lado pende o interesse público em determinada circunstância no tempo e no espaço contingente, histórico e social.

As modernas formas de administração do interesse público – este que se direciona, doutrinariamente e jurisprudencialmente, para não mais ser encarado como prevalente e absoluto em qualquer situação frente aos direitos individuais – devem formular e fomentar projetos, mediar interesses e implementar políticas estratégicas para suas respectivas sociedades, tanto no sistema social, quanto no campo científico e tecnológico, ambos umbilicalmente atados ao sistema econômico, para proteger e assegurar os direitos fundamentais dos cidadãos.

Para a "concretização" do interesse público, o Estado se vincula a um "modelo" e depende de suas instituições. O modelo e as instituições estão sendo alterados ao longo dos tempos. Com efeito, na segunda metade do século XX, verificou-se, em diversos Estados, a experimentação de forte aspiração por uma democracia material – não apenas do ponto de vista majoritário, mas perseguindo-se o respeito aos direitos individuais –, destacando-se após a crise da década de 70, mais precisamente entre o final da década de 80 e o início da década de 90, um sucessivo processo de mutação das instituições públicas.

Os impactos sobre as instituições estatais ocorreram – e continuam ocorrendo – em um ambiente globalizado, com ampla circulação de informações, bens, capitais, serviços e experiências por todos os quadrantes do planeta. Tudo o que ocorre no âmbito estatal é rapidamente registrado e informado nas redes sociais, provocando reações quase que imediatas da imprensa e de significativa parcela da população.

Fatores globalizantes promovem uma integração econômica mundial e permitem a permuta de bens, serviços e informações. Partindo-se da premissa de que sempre haverá povos e organizações diferentes (redundando em sistemas jurídicos díspares), desponta para a doutrina publicista, notadamente no direito administrativo, o desafio de sistematizar o direito sob uma análise transnacional (ou global).[2]

---

2 O estudo do direito administrativo sob a ótica global pode ser conferido em KINGSBURY, Benedict; KRISCH, Nico; Stewart, Ricard B. El surgimiento del derecho administrativo global. *Revista de Derecho Publico*, v. 24, mar. 2010. O artigo pode ser acessado na *webpage* http://iilj.org/GAL/documents/kingsburykrischstewart.2.pdf. Também pode ser consultado no idioma inglês em: KINGSBURY, Benedict; KRISCH, Nico; Stewart, Ricard B.The emergence

Com efeito, a apreciação das instituições e ideias de outros Estados – que vêm se organizando para essa transfusão de ideários e pensamentos – ajuda na compreensão dos organismos internacionais que impactam a ação estatal e as especificidades do direito de cada país. Essa medida é útil para auxiliar a sistematização do ambiente jurídico interno, de modo a estar apto a enfrentar a realidade.[3]

Além disso, questões técnicas e científicas surgem a cada dia, em vista da alta complexidade que permeia as relações do século XXI. Por conta disso, não são "descobertas" a tempo e contento pelo legislador primário, ainda que de forma aberta, com conceitos indeterminados, seja para preenchimento por meio da escolha da autoridade administrativa no caso concreto, seja para se manter no "jogo global".

Deve-se, também, levar em consideração, com impacto sobre o direito administrativo local, o fato de que, no Brasil, a Carta Magna de 1988 pautou a ordem econômica sob o princípio da livre iniciativa e da valorização do trabalho humano, reservando, ao Estado, funções regulatórias de fiscalização, incentivo e planejamento, afetando, assim, o perfil do, até então, Estado Empresário/Provedor.

Somados estes princípios aos valores e outros princípios constitucionais, forma-se um sistema aberto em que o jusnaturalismo iluminista liberal e o intervencionismo social que o sucedeu devem ceder lugar à intervenção estatal na ordem econômica e social sob uma configuração diferenciada. Tudo isso com vistas à contenção das pressões do capitalismo em busca do bem-estar da sociedade e de cada cidadão (dignidade da pessoa humana), em que desponta a preocupação com a solução justa no caso concreto.

---

of global administrative law. *Law and Contemporary Problems*, v. 68, p. 15-61, Summer/Autumn 2005. Disponível em: http://iilj.org/GAL (webpage do Institute for International Law and Justice, New York University School of Law). Recomenda-se, ainda, ESTY, Daniel. *Good governance at supranational scale*: globalizing administrative law. *Yale L. J.*, v. 115, p. 1490, 2005-2006.

3 Diversas abordagens sobre o direito administrativo comparado podem ser conferidas no livro organizado pelos professores Susan Rose-Ackerman e Peter L. Lindseth, intitulado *Comparative administrative law*. Cheltenhan, UK: Edward Elgar, 2010. Para compreender o foco do estudo do direito administrativo comparado, ver: ROSE-ACKERMAN, Susan; LINDSETH, Peter L. Comparative administrative law: outlining a field of study. *Windsor Y.B.*, v. 201, p. 435-449, 2010.

II Novo marco teórico para o direito administrativo

Nesse contexto, e com tarefas reestruturadas, buscou-se, em nosso país, no início da segunda metade da década de 90, um novo marco teórico para a Administração Pública que substituísse a perspectiva burocrática weberiana até então aplicada, impactando o direito administrativo. A abordagem, implementada em parte, decorreu do reconhecimento de que as democracias contemporâneas não se configuram em instrumentos para garantir apenas a propriedade e os contratos.

Desse modo, com todas essas "pressões", o Estado se vê diante do desafio de adotar práticas gerenciais modernas e eficientes, que deixem de ter o ato administrativo como a simples concretização da escolha estatal, e passe a buscar categorias, institutos e fórmulas que privilegiem a mediação de interesses conflitantes, ambivalentes, sem perder de vista que sua função é eminentemente pública.

Sob a absorção dessa onda de atualização das estruturas estatais, outrora construídas sob os influxos do modelo burocrático francês, o Governo Federal brasileiro tentou implementar uma ampla reforma administrativa ao editar, em 1995, o Plano Diretor da Reforma do Estado. Direcionou, neste contexto, a Administração Pública para um modelo de gerência estatal visando ser eficiente, mediante o uso de padrões e ferramentas próximas ao modelo de gestão do setor privado. Ademais, foram promulgadas emendas constitucionais visando à adaptação dos deveres do Estado a esse novo ciclo do modelo democrático surgido em 1988, que, para a concretização, depende de ajustes na máquina administrativa.

Com a instituição de uma filosofia de influência neoliberal e com característica regulatória na matriz constitucional brasileira, implementou-se no país um amplo processo de desestatização, promovendo a retirada da presença do Estado de atividades reservadas constitucionalmente à iniciativa privada – princípio da livre iniciativa – ou de setores nos quais ela possa atuar com maior eficiência – princípio da economicidade.

Os serviços públicos, concedidos ou não à iniciativa privada, antes claramente identificados e prestados sob o regime monopolista (ex.: telefonia fixa), passaram a conviver com atividades econômicas autorizadas (ex.: telefonia móvel) e outras não reguladas (serviço de comunicação por internet, como o Skype), competindo entre si, umas sob regras do direito público, outras sob regras do direito privado (ou puramente econômicas).

Deparamo-nos, mais recentemente, com serviços privados de interesse público que se utilizam de plataformas digitais. Não são regulados pelo Estado, mas produzem subprodutos (informações colhidas nessas plataformas) que são ou serão comercializados, seja para o setor privado, seja para o próprio Estado.

Um exemplo direto pode ser encontrado no serviço disponibilizado pelo aplicativo Waze. A plataforma presta serviços "gratuitos" de GPS aos cidadãos e colhe informações sobre vias e trajetos e as comercializa. Fornece notícias, por exemplo, sobre o tráfego para emissoras de TV, que passam a oferecer notícias em tempo real. Emissoras utilizam o aplicativo, possibilitando mostrar em tempo real aos seus espectadores como está o trânsito. Utiliza-se de um mapa ao vivo contendo informações sobre engarrafamentos, interdições, tempos estimados do percurso e rotas alternativas mais rápidas. Os dados colhidos pelo Waze também são comercializáveis para Estados, mostrando os gargalos em vias, buracos em estradas etc., contribuindo para a gestão inteligente das cidades (*smart cities*).

Casos como esse se inserem no modelo de *global service provider*, um tipo de negócio global de prestação de serviços de interesse público, cuja lógica transnacional está no fato de não ser passível de alteração para se adequar às possíveis regulações locais. Em nosso sistema federativo isso pode ser um fator de maior complexidade, haja vista o intrincado formato de repartição de certas competências na prestação e regulação de serviços públicos e/ou regulação de atividades econômicas, como ocorreu na regulação de vacinas contra a COVID-19, além de aspectos fiscais. É relevante destacar que essa questão é nova, não afeta ao direito internacional, porque não se trata de examinar o cabimento de tratados internacionais para disciplinar a atividade como serviço público ou de relevante interesse coletivo. Trata-se de questões envolvendo a regulação sob a ótica global.

Considerando todas essas mudanças e que para regular os diversos subsistemas impactados por novas tecnologias –[4] telecomunicações, energia elétrica, transportes e outros, cujo ordenamento jurídico é pautado por conceitos e estruturas próprias – a Administração Pública se vale de normas que devem observar uma produção institucional sensível, haja vista a necessária compatibilidade com outros subsistemas (ambiental, consumidor, urbanístico etc.), desponta ao direito

---

[4] Sobre o tema, ver GUERRA, Sérgio. Riscos, assimetria regulatória e o desafio das inovações tecnológicas. *In*: FREITAS, Rafael Véras de; RIBEIRO, Leonardo Coelho; FEIGELSON, Bruno (Coord.). *Regulação e novas tecnologias*. 1. reimpr. Belo Horizonte: Fórum, 2018. p. 83-98.

administrativo pátrio, em confronto com a ampliação de espaços para as escolhas administrativas, o desafio de compreender novas categorias[5] e encontrar fórmulas e caminhos que busquem (i) a harmonização e coerência entre esses subsistemas e (ii) mecanismos para privilegiar a segurança jurídica.[6]

É nesse espaço que a Administração Pública, ao criar e aplicar regras no caso concreto, com indispensável motivação e fundamento técnico, tem o dever de verificar se a norma editada pelo Parlamento fez as alocações corretas dos ônus (custos) e benefícios aos cidadãos.

Nessa nova fase da humanidade, as sociedades vêm demonstrando que esperam do Estado uma atuação eficiente da governança estatal, com transparência e abertura à participação. Considerando que a simples redução do Estado ao patamar mínimo (a exemplo do que ocorreu no liberalismo oitocentista, com sua "mão invisível" *smithiana*) não corresponde a esses anseios e necessidades da sociedade contemporânea, tampouco às necessidades de equilíbrio do sistema econômico (em benefício dele próprio e do sistema social), outro elemento que desponta nessa fase é a "subsidiariedade".

Por meio da subsidiariedade reconhece-se ao indivíduo a prioridade na atuação, com seus próprios recursos, para a satisfação de seus interesses, somente abrindo espaço para a atuação da sociedade – e do próprio Estado – naquilo que ele, indivíduo, não possa resolver. No campo da Administração Pública, a subsidiariedade provoca a aproximação dos níveis de decisão governamental aos indivíduos, de modo a serem resguardados, por meio de uma atuação estatal reguladora (e não mais apenas sob a forma intervencionista direta), os direitos fundamentais de cada cidadão.

---

5 Segundo Jacques Chevallier, para mensurar as mutações em curso no Estado, os "esquemas do pensamento não são suficientes: é necessário se esforçar para construir novas ferramentas, forjar outros instrumentos de análise; e a concepção tradicional de Estado deve ser reavaliada" (CHEVALLIER, Jacques. *O Estado pós-moderno*. Tradução de Marçal Justen Filho. Belo Horizonte: Fórum, 2009. p. 11).

6 Em sua obra editada em 2011, Juarez Freitas adverte: "Sob a influência direta do princípio constitucional da sustentabilidade, faz-se indispensável reinventar o Direito Administrativo, notadamente o da regulação" (FREITAS, Juarez. *Sustentabilidade*: direito ao futuro. Belo Horizonte: Fórum, 2011. p. 252).

III Influências, transformações, mutações e alargamentos do direito administrativo

Sob a ótica das escolhas administrativas, é assinalável que, além dos aspectos antes apontados, um dos fatores preponderantes que emerge em decorrência de toda essa transformação está no fato de que o direito administrativo experimenta uma forte influência do direito econômico (despontando, para alguns autores, o ramo do "direito administrativo econômico", a ensejar novas categorias jurídicas).

Há noções próprias do direito econômico com as quais o direito administrativo não convivia. A primeira delas é em relação à lei (direito positivo). As regras legais, editadas com todos os ritos formais pelo Congresso, para satisfazerem a necessidade de maior maleabilidade da matéria econômica, são, cumulativamente, menos imperativas, instáveis e imprecisas.

Seja pelas influências do direito econômico, pelas pressões globalizantes, ou mesmo diante da complexidade tecnológica, e dos comandos constitucionais de textura aberta da Carta de 1988, a relevância de toda essa reformatação do ambiente por que transita o direito administrativo brasileiro não para por aí. Ultrapassada a fase pós-privatização da década de 90, o cenário brasileiro atual continua exigindo significativos investimentos em infraestrutura e equipamentos administrativos para o desenvolvimento de atividades de interesse geral (estradas, ferrovias, hidrelétricas etc.).

Com efeito, o país necessita dar prioridade à infraestrutura para a sustentação de um novo ciclo de desenvolvimento, notadamente com vistas a fomentar o potencial de crescimento da atividade econômica, evitar gargalos em logística, impedir estrangulamentos no setor de energia, reduzir a probabilidade e os impactos de eventuais choques de oferta, e viabilizar um crescimento harmônico de vários setores concomitantemente.

Levando-se em consideração que o Estado carece da realização de atividades econômicas para enfrentar os desafios do mercado globalizado e acelerar o desenvolvimento do país; considerando que o Estado não dispõe suficientemente de recursos financeiros para atender integralmente a essas necessidades e considerando que o Brasil adotou, constitucionalmente, o modelo da livre iniciativa, chegou-se a uma fase mais avançada do que o simples modelo de delegação de serviços públicos. Instituiu-se, em 2004, por meio de norma editada pelo Parlamento federal, um padrão nacional de parcerias público-privadas

(PPPs), mais voltado ao direito administrativo dos negócios do que ao velho direito administrativo dos clipes.[7]

Com nova mudança da chefia do Governo Federal, no ano de 2016 ampliou-se, via normativa, a possibilidade de participação de agentes privados na estruturação de projetos em parceria com a Administração Pública. Norma federal positivou a denominada "estruturação integrada de projetos", envolvendo: concessão comum, concessão patrocinada, concessão administrativa, concessão regida por legislação setorial, permissão de serviço público, arrendamento de bem público, concessão de direito real e outros negócios público-privados que, em função de seu caráter estratégico e de sua complexidade, especificidade, volume de investimentos, longo prazo, riscos ou incertezas envolvidos, adotem estrutura jurídica semelhante.

Mantido, portanto, o cenário brasileiro, no qual, notadamente, não se enfrentam conflitos sociais comutativos (com simples trocas entre categorias equivalentes), e, sim, distributivos (com diversas categorias econômicas e sociais em jogo e poucos recursos financeiros), há de se repensar a interpretação de postulados e reavaliar categorias e institutos clássicos que norteiam as novas escolhas administrativas do Estado, tudo para privilegiar a compreensão de valores e princípios que regem as relações da Administração Pública com a sociedade e cada cidadão.

Na fase por que passa a sociedade (com vários rótulos: alta modernidade, modernidade experimental, pós-modernidade, ordem pós-tradicional, pós-intervencionista, reflexiva, processualizada, neocorporativa, mediática, global ou de riscos), sob os auspícios do constitucionalismo como teoria do direito – também apontado por parte da doutrina como "neoconstitucionalismo" – e com a crise do princípio da legalidade oitocentista pela ausência de equilíbrio com valores (em que se cogita um pós-positivismo), a conciliação e a ponderação na busca da convivência harmônica entre valores, princípios e regras traduz-se em um dos assuntos mais relevantes do Estado Democrático de Direito, atingindo, diretamente, as escolhas administrativas e correspondentes categorias, institutos e fórmulas do direito administrativo.

O desafio, portanto, para além dos debates afetos à "teoria dos grupos sociais", de viés sociológico e da ciência política, passa pela compreensão de que, no estágio atual, em que é ressaltado o multilateralismo social, há um conjunto de valores conflituosos, com

---

[7] Conforme Maria Manuel Leitão Marques, em sua obra *Serviço público, que futuro?* Coimbra: Almedina, 2009. E, no Brasil, veja-se a crítica trazida por Carlos Ari Sundfeld em seu *Direito administrativo para céticos*. 2. ed. São Paulo: Malheiros, 2014.

numerosas aporias e dependências recíprocas, de modo que a escolha administrativa em determinado aspecto do conjunto social refletirá, nem sempre de forma positiva, em outros segmentos.

Isso faz com que, em determinadas situações complexas, em que o processo de formação da decisão deveria ser aberto à participação da sociedade antes da prolação pelo Estado, os benefícios advindos de escolhas estatais isoladas, voltados para um subsistema, transformem-se em escolhas públicas irrazoáveis, desproporcionais e ineficientes para outros subsistemas ou para os direitos individuais.

Por todo o exposto, e diferentemente das escolhas absolutamente vinculadas, relativamente vinculadas e discricionárias, o Estado passa a exercer mecanismos de escolhas regulatórias sobre atividades econômicas, serviços públicos delegados e áreas sensíveis à sociedade.

É certo afirmar que o modelo de Estado regulador brasileiro, impactando a teoria das escolhas administrativas, foi – e, de certa forma, ainda é – criticado sob a pecha de que teria sido concebido de forma unívoca para sociedades que se encontram em diferentes graus de desenvolvimento. Concorda-se, em parte, com essa visão, pois não basta a simples importação para o direito pátrio de modelos idealizados para outras culturas sem os ajustes necessários, notadamente do ponto de vista jurídico-constitucional.

Não obstante, deve-se reconhecer que as novas funções do Estado, em um ambiente globalizado e impactado pelas novas tecnologias, independentemente do grau de desenvolvimento do país, exigem novas competências, novas estratégias para o exercício das funções administrativas, novas instituições – estatais, semipúblicas ou privadas –,[8] revisão das escolhas públicas e respectivas categorias/institutos de direito administrativo para a perfeita conformação dessas mudanças e desses acoplamentos.

Constata-se, portanto, que o direito administrativo vem passando – e continuará a passar nos próximos tempos – por inúmeras transformações, mutações e alargamentos. Se olharmos apenas para os temas antes anunciados, já será possível inferir que o direito administrativo presente na sociedade atual não se pode caracterizar com a mesma disciplina do século XIX e da primeira metade do século XX.

O direito administrativo do século XXI deve acompanhar as características, as carências e os riscos por que passa a sociedade

---

[8] Sobre essa categorização, ver GONÇALVES, Pedro. *Entidades privadas com poderes públicos*. Coimbra: Almedina, 2008. p. 172 ss.

contemporânea, que, por isso, indo além das preocupações sobre o ato administrativo, clama por uma releitura de categorias, fórmulas e institutos desse ramo do direito público, cunhados há dois séculos para a solução dos problemas surgidos pelos novos temas.

IV Problematização e hipótese da pesquisa

Pelos aspectos antes apontados, chega-se à seguinte problematização que, se espera, logre o correto enfrentamento na presente obra: se, na atualidade, de maneira muito mais clara, há necessidade de se perseguir uma verdade objetiva – e não absoluta –, uma democracia substantiva – e não meramente formal –, dando-se maior importância aos indivíduos e à dignidade humana do que outrora, com maior relevo aos direitos fundamentais, indaga-se: como se deve efetivar os valores e as garantias constitucionais no exercício das escolhas administrativas que regulam atividades econômicas privadas, serviços públicos e áreas sensíveis aos interesses da sociedade? Apenas pela produção legislativa do Parlamento? Ou por meio da discricionariedade administrativa?

Como levar em consideração, entre outros valores e princípios, a ponderação de interesses no caso concreto, nas escolhas administrativas envolvendo a regulação de sistemas complexos que requerem visão de Estado prospectiva quanto ao impacto das decisões, de modo que a gestão pública se afaste de escolhas preponderantemente político-partidárias e persiga o máximo de eficiência com o mínimo de sacrifício para a coletividade e para os cidadãos?

À luz da nova categoria de escolha administrativa (afetada pela regulação estatal), qual fórmula ou instituto do direito administrativo brasileiro, fortemente influenciado pelo modelo oitocentista francês – e que, ainda hoje, se sustenta no princípio da legalidade e acentuada hierarquia burocrática – precisa ser teorizado e ter capacidade de enfrentar a preponderante atuação e o incremento das funções regulatórias – e, consequentemente, os mecanismos de escolhas em cotejo com os riscos do arbítrio e aumento da insegurança jurídica?

Essas questões conduzem a uma necessária verificação e releitura das categorias de escolhas administrativas e dos fundamentos dos respectivos institutos/fórmulas de direito administrativo, notadamente, se eles são compatíveis ou não com as novas tecnologias, competências estratégicas e funções estatais diretamente relacionadas às necessidades cotidianas antes identificadas, dentro de bases deontológicas e axiológicas.

Isto é, em termos de escolha administrativa voltada à regulação de sistemas complexos, cumpre perquirir os motivos pelos quais há dificuldade de se alcançar êxito apenas na aplicação de categorias tradicionais, isto é, nas escolhas absolutamente vinculadas (legalidade, estrita ou não), nas escolhas determinativas de conceitos jurídicos (leis "abertas" contendo conceitos jurídicos indeterminados), e, por fim, nas escolhas discricionárias, estruturadas por meio do instituto/fórmula baseado no binômio "conveniência" e "oportunidade" da Administração Pública (ou do administrador?).

O desafio maior está no fato de não se identificar uma fórmula, no atual arranjo constitucional brasileiro, que aponte com precisão quando se inicia e termina a atividade legislativa primária (reserva da lei) para dar lugar às escolhas do regulador (reserva da administração/regulador), de modo a privilegiar a segurança jurídica nas relações público-privadas.

Essa nova categorização passa a ser de capital importância para o direito administrativo diante da necessidade de o regulador atuar na correção de falhas dos sistemas complexos,[9] fortemente impactados pelas novas tecnologias, e elevar a segurança jurídica nas relações público-privadas. Tudo com vistas à conformação de uma regulação sistêmica, equilibrada, em que são medidos os custos e benefícios das escolhas públicas.

Ademais, há riscos decorrentes do aumento das funções reguladoras do Estado caso sejam enquadrados integralmente nas escolhas discricionárias. Sabe-se que, hodiernamente, a discricionariedade administrativa se apresenta como um instituto mais favorável ao administrador público (haja vista que, na prática, o mérito do ato administrativo ainda sofre limitado controle judicial) em detrimento dos direitos fundamentais dos cidadãos.

Dessas questões, deve-se indagar: como abandonar o vício de se ter maiores preocupações com o "produto" decorrente das escolhas administrativas (o ato administrativo), e conciliar o novo papel estatal que interfere nas atividades econômicas, nos serviços públicos delegados e em setores sensíveis à sociedade com permanente impacto sobre os direitos fundamentais? Como conciliar a necessária ampliação dos espaços para as escolhas administrativas em sistemas complexos, que

[9] FREITAS, Juarez. Teoria da regulação administrativa sustentável. *Revista de Direito Administrativo*, Rio de Janeiro, v. 270, p. 117-145, set./dez. 2015. p. 119. Nesse artigo o autor trata das motivações regulatórias, nas quais figura o enfrentamento de falhas alocativas e distributivas (tais como as externalidades).

devem ser voltadas muito mais à mediação e à conciliação de interesses antagônicos do que à decisão por mera conveniência e oportunidade do administrador?

Com efeito, ultrapassada a visão voltada especificamente à escolha discricionária pura, em que o legislador, de forma positiva, acaba por remeter a Administração à valoração subjetiva quanto às condições não identificadas na norma, e sendo confirmada a hipótese – a ser aqui enfrentada – de que, em alguns casos complexos, submetidos às escolhas de natureza regulatória, não se deve pensar em executar apenas o que está indicado na lei (para se buscar a mediação axiomática de inúmeros interesses contrapostos e o consenso da sociedade pluriclasse no caso concreto), há de se perquirir, como problema, as razões pelas quais não seria possível engastar os mecanismos de escolha da intervenção estatal regulatória, com as peculiaridades antes apontadas, apenas na escolha absolutamente vinculada, na escolha relativamente vinculada e na escolha discricionária – que é ancorada, como dito, na fórmula que se estrutura no binômio "conveniência e oportunidade".

Diante dessas questões, e reconhecendo que a doutrina não tem sido insensível à necessidade de construção de novas categorias e de novos institutos,[10] propõe-se explorar e ter a pretensão de ultrapassar aspectos que, na visão do autor, não tenham sido desenvolvidos doutrinariamente acerca das escolhas administrativas, isto no âmbito das transformações do direito administrativo pátrio com os influxos do direito administrativo global.

Pretende-se, sem mais perquirir, como outrora, ineficaz tentativa de perseguir soluções via controle do ato administrativo discricionário, enfrentar, na trilha dos esforços doutrinários e na constatação de que está havendo uma mutação do direito administrativo, a efetiva evolução

---

[10] Como exemplo, na doutrina de Carlos Ari Sundfeld, no artigo *Direito público e regulação no Brasil*: "A teoria brasileira mais tradicional do direito administrativo sofre ainda de um problema de autoafirmação. Explicar e divulgar conceitos fundadores da disciplina, aceitos pela tradição específica (coisas como interesse público, ato administrativo, contrato administrativo, bem público, poder de polícia, pessoa de direito público, etc.), ainda parece ser a missão do especialista. Assegurar a permanência desses conceitos frente a um Direito positivo em mutação e usá-los sempre para enfrentar casos concretos são atitudes comuns. Parece haver o temor de que o perecimento de algum dos conceitos fundadores provoque a perda de identidade – e, assim, a morte – do direito administrativo, de seus pressupostos políticos e de sua teoria, levando de roldão os próprios administrativistas. Por isso, eles se fazem defensores da tradição teórica e constroem um muro para protegê-la" (SUNDFELD, Carlos Ari. Direito público e regulação no Brasil. *In*: GUERRA, Sérgio (Org.). *Regulação no Brasil*: uma visão multidisciplinar. Rio de Janeiro: FGV, 2014. p. 127).

das categorias de direito administrativo e os espaços para o exercício de escolhas administrativas.

Nesse contexto, após identificar a evolução das categorias de escolha administrativa e criticar as fórmulas ou os institutos jurídicos que, na visão do autor, não sejam capazes de se compatibilizar com as relações entre os sistemas econômico e social ao sistema jurídico, *intenta-se propor a materialização de nova fórmula que dê sustentação doutrinária a essa nova fase do papel/limites do Estado (como regulador).*

Busca-se desbravar um caminho que conduza à evolução do direito administrativo pátrio na compatibilização jurídico-constitucional do atual aparelho e das funções estatais regulatórias aos anseios dos cidadãos, notadamente na prestação de serviços públicos de qualidade (eficientes, eficazes e sem desperdício de recursos públicos) somada à defesa de suas garantias e de seus direitos fundamentais.

Objetiva-se, dessa forma, identificar os pontos capitais da evolução das categorias de escolha administrativa no tempo, e, ao lograr confirmar a hipótese, demonstrar incompatibilidade entre a realidade do atual constitucionalismo aberto e material com (i) a escolha absolutamente vinculada, (ii) a escolha relativamente vinculada e (iii) a escolha discricionária. Pretende-se materializar uma teoria que identifique, *sob a forma de uma nova categoria*, um novo instituto do sistema jurídico de escolha administrativa que se apresente como um estágio original decorrente da mutação da função administrativa: a *escolha regulatória.*

Partir-se-á da premissa de que o atual direito administrativo deve ser um instrumento propício para sustentar uma atuação estatal executiva voltada não mais à simples definição isolada de um interesse público, unívoco e com prevalente superioridade sobre direitos individuais em todos os casos. Este, ao contrário, deve, especialmente, ser a base para uma atividade administrativa próxima e permeável à colaboração dos cidadãos na identificação do interesse geral, sopesando os conflitos inerentes à cotidiana ambivalência.

Ultrapassada essa fase, considerando que a Constituição da República Federativa do Brasil de 1988 não desceu a detalhes sobre a forma de implementação das escolhas regulatórias, e que parte da doutrina administrativista pátria, malgrado a relevância do tema, comenta a constitucionalidade do modelo regulatório brasileiro do ponto de vista formal, intenta-se demonstrar que a nova categoria de escolha administrativa (escolha regulatória) é compatível com o padrão jurídico-constitucional brasileiro. Nesse sentido, será trilhado o caminho em que se valoriza o constitucionalismo aberto e mutável, para além da visão puramente formalista.11

Por fim, e levando-se em conta que a teoria apresentada nesta obra pretende contribuir para a sistematização doutrinária da real ampliação dos espaços para as escolhas administrativas – que, em igual ou maior escala, traz consigo imprevisibilidade e insegurança jurídica, decorrente das decisões e inúmeras normas expedidas fora do circuito legiferante –, objetiva-se traçar um critério metodológico para essa questão.

Isto é, para o acoplamento da crítica e da teoria proposta, somada à análise da constitucionalidade dos mecanismos de materialização das escolhas regulatórias, cumpre estruturar a escolha regulatória para ser um meio de minimizar o incremento da insegurança jurídica.

O tema, com maior impacto no estudo do direito administrativo econômico, mas sem desprezar a observância da regulação social, apresenta-se como de capital relevância doutrinária e prática, haja vista a ausência, na forma proposta, de sistematização da matéria em nossa doutrina, notadamente ao se considerar uma nova abordagem, uma nova teoria, que oriente e legitime, no tempo, a escolha administrativa em sede de regulação de setores complexos, compatível com o padrão de democracia e juridicidade delineado no nosso sistema jurídico.

Com esse propósito será feita uma digressão acerca da matéria, não só buscando elementos na doutrina e no ordenamento constitucional contemporâneo como, também e sobretudo, observando-se os espaços para as escolhas administrativas desde o período histórico tido como o surgimento do Estado de Direito e a evolução do fenômeno jurídico e social em que ora se insere o tema, evitando-se uma análise superficial e incompreensível da questão.

V Estruturação da pesquisa

No capítulo 1, que se segue à presente introdução, discorrer-se-á sobre a evolução das categorias de escolhas administrativas, examinando-se, inicialmente, a escolha absolutamente vinculada gerada nos precedentes do constitucionalismo francês em vista dos influxos desse modelo sofridos pela burocracia brasileira.

---

11 O debate sobre o formalismo jurídico pode ser conferido em RODRIGUEZ, José Rodrigo. *A justificação do formalismo jurídico*: textos em debate. São Paulo: Saraiva, 2011, com textos de Adrian Vermeule, Brian Z. Tamanaha, Cass R. Sunstein, Duncan Kennedy, Frederick Schauer, Susan Haack, Larry Alexander, Robert Summers e Ernest Weinrib.

Nesse passo, o ingresso das escolhas administrativas será observado a partir do princípio da legalidade, especialmente as escolhas determinativas de conceitos e as escolhas discricionárias. Quanto a esse aspecto, inserido em uma releitura do direito administrativo, serão investigadas as bases dos institutos – fórmulas – que dão supedâneo a essas espécies de escolhas, para, então, chegar-se à nova escolha administrativa (escolha regulatória) decorrente das funções de regulação estatal.

No capítulo 2, serão apresentadas críticas acerca dos institutos clássicos de escolhas administrativas, fundamentando-se a proposição de uma nova fórmula que sustente a nova categoria de escolha, compatível com os preceitos atuais. Nesta senda, será estruturada uma base de sustentação versando-se acerca dos mecanismos de mitigação da ampliação dos espaços para essa nova fórmula de escolha administrativa.

No capítulo 3, a obra se concentrará na análise da constitucionalidade do atual modelo regulatório brasileiro, haja vista que a interpretação doutrinária pátria, contra e a favor do modelo, apresenta-se, na visão do autor, incipiente em termos metodológicos. Será trilhada, nesta fase, a "nova hermenêutica", que utiliza, além do fundamento sistêmico, a tópica e os métodos de trabalho que visam à concretização da Constituição Federal à práxis.

No capítulo 4, serão enfrentadas as premissas atuais da sociedade de riscos, perscrutando-se bases deontológicas e axiológicas para a busca de metodologia que privilegie a segurança jurídica na regulação estatal de atividades econômicas. Com efeito, deve-se aprofundar a discussão doutrinária acerca da incompatibilidade do postulado da segurança jurídica vis-à-vis as escolhas regulatórias.

A execução da hipótese principal, estruturada nos quatro capítulos antes enunciados, visa a contribuir para a teorização, no âmbito do direito administrativo, de uma fórmula que sustente as escolhas a serem feitas pelo regulador em sistemas complexos, que, de um lado, (i) seja compatível com a necessária amplitude decorrente da complexidade e tecnicidade contemporâneas impactadas por aspectos globais, e, de outro, (ii) privilegie o protagonismo da sociedade/dignidade da pessoa humana e permita alcançar maior previsibilidade (segurança jurídica).

Para o desenvolvimento do tema submetido na presente obra, adotou-se o método analítico-descritivo, haja vista que não só se impõe uma digressão da matéria no atual ordenamento constitucional, como, sobretudo, na observância do fenômeno jurídico e social em que se insere o papel do regulador por meio de suas escolhas.

CAPÍTULO 1

EVOLUÇÃO DA ESCOLHA ADMINISTRATIVA NO ESTADO DE DIREITO

O constitucionalismo que decorreu da edificação do Estado de Direito,[1] e inclui a *societas civilis*,[2] surgido nos movimentos revolucionários ocorridos nos Estados Unidos da América e na França, coincide com o advento do Estado Liberal de Direito.[3]

O modelo republicano estadunidense, considerado o "berço do constitucionalismo",[4] com o advento da Carta de 1787, veio para

---

1 Gustavo Zagrebelsky trata como "ficção" a formulação do Estado de Direito em vista dos grupos de poder, das elites e das classes políticas. Nesse contexto, cogita a existência de um "Direito do Estado", criado exclusivamente para o Estado e posto a seu serviço. O tema, interessante para os aspectos que envolvem as escolhas administrativas, é abordado pelo autor no item "La transformación de la soberanía" (ZAGREBELSKY, Gustavo. *El derecho dúctil, ley, derechos, justicia*. Tradução de Marina Gascón. Madrid: Trotta, 1995. p. 10 *et seq.*). Sobre o Estado de Direito (*Rechtsstaat*) como uma das "expressões mais afortunadas da ciência do Direito contemporâneo", direciona-se o leitor para o capítulo 2 da obra desse autor (p. 21 *et seq.*). Ver, ainda, o tratamento do tema sob o enfoque da existência de dois modelos de Estado de Direito em FERRAJOLI, Luigi. Pasado y futuro del estado de derecho. *In:* CARBONELL, Miguel (Org.). *Neoconstitucionalismo(s)*. 2. ed. Madrid: Trota, 2005. p. 13 *et seq.*

2 Os cidadãos passam a ter direito a compartilhar e participar da elaboração das leis, da construção das instituições governamentais e de sua condução. Cf. FARIA, José Eduardo. *O direito na economia globalizada*. 1. ed. 4. tir. São Paulo: Malheiros, 2004. p. 16-17.

3 Paulo Otero adverte que no equilíbrio político resultante da Revolução Gloriosa, em particular na *Bill of Rights*, datada de 1689, encontra-se uma primeira formulação dos alicerces do princípio da legalidade administrativa do moderno Estado do Direito. Fazendo do monarca e dos tribunais simples órgãos de aplicação da lei, o parlamento britânico consolida-se como instituição política suprema, traduzindo-se a lei na fonte primeira do ordenamento jurídico. O direito de origem parlamentar deixa de conhecer quaisquer limites e torna-se o fundamento de atuação de todo o poder (OTERO, Paulo. *Privatizações, reprivatizações e transferências de participações sociais no interior do sector público*. Coimbra: Coimbra Ed., 1999. p. 45-46).

4 Na expressão de BARROSO, Luís Roberto. Neoconstitucionalismo e constitucionalização do direito: o triunfo tardio do direito constitucional no Brasil. *Revista da EMERJ*, Rio de Janeiro, v. 9, n. 33, p. 43-92, 2006. p. 60.

conformar um delicado balanço entre os direitos do governo e os direitos fundamentais.[5]

Por caminho diverso, e que também fez alcançar a promulgação de uma Carta Política (1791), a festejada Revolução Francesa, ocorrida em 1789, derrotou as tradições jurídicas do absolutismo e do *ancien régime*[6] e materializou a filosofia política insculpida, notadamente, por John Locke[7] e Montesquieu,[8] que buscava a preservação da liberdade individual e a segurança do território.

O teor do art. 2º da Declaração dos Direitos do Homem e do Cidadão, proclamado pela Assembleia Nacional Francesa, em 26.8.1789, ressalta a liberdade, o direito de propriedade, a segurança e a resistência a qualquer opressão.[9]

A liberdade individual decorreria desse *nouveau régime*, essencialmente, do primado da lei geral[10] e abstrata.[11]

---

5 Conforme sustenta o jurista norte-americano Tribe, em obra em coautoria: TRIBE, Laurence; DORF, Michael C. *On reading the constitution*. Cambridge: Harvard University Press, 1988. p. 6. Acerca da legitimidade da Constituição estadunidense produzida há mais de dois séculos por tão poucos representantes (*founding fathers*), recomenda-se a leitura de DAHL, Robert A. *How democratic is the american constitution?* New Haven: Yale University Press, 2002, especialmente o capítulo 3, no qual é enfrentada a questão de ser a Constituição norte-americana um modelo para os outros países, e o capítulo 7, no qual o autor traz reflexões acerca da possibilidade de a Constituição ser mais democrática. Destaque-se, ainda, a obra de ACKERMAN, Bruce. *The failure of the founding fathers*: Jefferson, Marshall, and the rise of presidential democracy. London: The Belknap of Harvard University Press, 2005. p. 245. Em termos de constitucionalismo brasileiro, Raymundo Faoro tratou do tema em seu livro clássico *Assembleia constituinte*: a legitimidade recuperada. 5. ed. São Paulo: Brasiliense, 1988. p. 7 *et seq*.

6 Cf. ZAGREBELSKY, Gustavo. *El derecho dúctil, ley, derechos, justicia*. Tradução de Marina Gascón. Madrid: Trotta, 1995. p. 24.

7 A filosofia política de Locke pode ser conferida, resumidamente, em DOMINGO, Rafael (Ed.). *Juristas universales*. Madrid: Marcial Pons, 2004. p. 430-438. v. 2.

8 Charles-Louis de Sécondat, barón de la Brède y de Montesquieu, não seguiu nenhuma linha idealista da Escola Racionalista do Direito Natural, tampouco a linha construtivista dos partidários do mito do contrato social que, anos mais tarde, teria como destaque Jean-Jacques Rousseau. Cf. DOMINGO, Rafael (Ed.). *Juristas universales*. Madrid: Marcial Pons, 2004. p. 559-572. v. 2.

9 No texto original: "Le but de toute association politique est la conservation des droits naturels et imprescritibles de l'homme. Ces droits sont la liberté, la proprieté, la sûreté et la résistance à l'opression".

10 Na lição de Marcello Caetano, "a generalidade da lei implica a formulação dos seus preceitos em abstrato e não para certa ou certas pessoas, num caso concreto. Todos quantos se encontrarem ou vierem a encontrar-se nas circunstâncias que estiverem pressupostas no preceito ficarão obrigados a observar o comando normativo" (CAETANO, Marcello. *Princípios fundamentais do direito administrativo*. 2. reimpr. portuguesa da edição brasileira de 1977. Coimbra: Almedina, 2003. p. 79).

11 Sobre esse período revolucionário e histórico que contemplou grandes mutações, merece destaque a lição de Paulo Bonavides: "De natureza universal e indestrutível nos seus efeitos, porquanto entendem estes com a natureza mesma do ser humano, aquela comoção

1.1 Escolha absolutamente vinculada da Administração Pública à lei no constitucionalismo oitocentista francês

A obra revolucionária francesa,[12] "cujo programa transformador queria tomar corpo em um texto jurídico supremo" –[13] e que interessa à presente obra em vista dos influxos das concepções napoleônicas[14] sofridos pela burocracia brasileira –[15] visou a edificar uma Administração Pública "racional, uniforme e coerente",[16] formulando os princípios da filosofia política que permaneceram como base ulterior: o primado da

---

revolucionária produz até hoje correntes de pensamento que transformam ou tendem a transformar a sociedade moderna. Houve, assim, pela primeira vez na história dos povos, a universalização do princípio político. Não foram unicamente quebrantadas as instituições feudais e as hierarquias que sacralizavam a tradição e o passado, senão que se construiu ou se intentou construir, sobre esferas ideais, para um aporfiar de liberação, menos a polis deste ou daquele povo, mas a de todo o gênero humano; polis cujos alicerces, posto que ainda abstratos, não foram outros senão a liberdade, a igualdade e a fraternidade. [...] Escreveram os ingleses a Magna Carta, o Bill of Rights, o Instrument of Government; os americanos, as Cartas coloniais e o Pacto federativo da Filadélfia, mas só os franceses, ao lavrarem a Declaração Universal dos Direitos do Homem, procederam como havia procedido o apóstolo Paulo com o Cristianismo. Dilataram as fronteiras da nova fé política. De tal sorte que o governo livre deixava de ser a prerrogativa de uma raça ou etnia para ser o apanágio de cada ente humano; em Roma, universalizou-se uma religião; em Paris, uma ideologia. O homem-cidadão sucedia o homem-súdito" (BONAVIDES, Paulo. *Do Estado liberal ao Estado social*. 7. ed. São Paulo: Malheiros, 2001. p. 30).

12 Na verdade, o processo revolucionário ocorrido na França decorreu do conflito entre o Terceiro Estado, de um lado, e o clero e a nobreza, de outro, haja vista a superioridade dos direitos e privilégios assegurados a estes nos Estados Gerais. É nesse contexto que se destacou a obra *Qu'est-ce que le tiers état?*, editada em 1789, do Abade Emmanuel Joseph Sieyès. Essa obra tem tradução para o português, sob o título *A constituição burguesa* (SIEYÈS, Emmanuel Joseph. *A constituição burguesa*. 4. ed. Tradução de Norma Azevedo. Rio de Janeiro: Lumen Juris, 2001).

13 PRIETO SANCHÍS, Luis. Neoconstitucionalismo y ponderación judicial. *In:* CARBONELL, Miguel (Org.). *Neoconstitucionalismo(s)*. 2. ed. Madrid: Trotta, 2005. p. 124.

14 Nesse sentido, ver didática exposição de JUSTEN FILHO, Marçal. *Curso de direito administrativo*. 2. ed. São Paulo: Saraiva, 2006. p. 13.

15 Cf. PONDÉ, Lafayete. A doutrina e a jurisprudência na elaboração do direito administrativo. *In:* TELLES, Antônio A. Queiroz; ARAÚJO, Edmir Neto de (Coord.). *O direito administrativo na década de 90*: estudos em homenagem ao Prof. José Cretella Jr. São Paulo: Revista dos Tribunais, 1997. p. 42. Segundo Cabral de Moncada, enquanto na Alemanha chegou-se ao conceito de lei a partir do direito, diferentemente na França chegou-se ao conceito de direito a partir da lei. Cf. CABRAL DE MONCADA, Luis S. *Lei e regulamento*. Coimbra: Coimbra Ed., 2002. p. 654. A evolução do princípio da legalidade no Brasil pode ser conferida no artigo de RODRIGUES, Itiberê de Oliveira. Fundamentos dogmático-jurídicos da história do princípio da legalidade administrativa no Brasil. *In:* ÁVILA, Humberto (Org.). *Fundamentos do estado de direito*: estudos em homenagem ao professor Almiro do Couto e Silva. São Paulo: Malheiros, 2005. p. 54-90.

16 RIVERO, Jean. *Direito administrativo*. Tradução de Rogério Ehrhardt Soares. Coimbra: Almedina, 1981. p. 27-28.

lei, a separação das autoridades administrativas e judiciais, o liberalismo político, a igualdade entre os cidadãos e a igualdade destes perante a Administração e o liberalismo econômico.

Como assevera García de Enterría[17] ao comentar essa filosofia estatal:

> La estructura y contenido del Estado que postulan estas concepciones básicas es elemental y se resume en este esquema simple: leyes, Tribunales y orden público. El Estado debe limitarse a dictar leyes generales con ese contenido característico de garantía y límite externo de la libertad. Por razón de este objetivo, la aplicación de estas leyes se realiza a través del propio actuar libre de los ciudadanos y basta montar un sistema de Tribunales que en caso de litigio entre dos libertades encontradas decidan la aplicación controvertida.

O governo – eis a premissa básica e fundamental daquela doutrina – deveria ser não o governo dos homens, mas o governo das leis.[18] Lei esta que, na visão de Locke,[19] seria o grande instrumento e meio para se alcançar a formação da sociedade e o desfrute da propriedade em paz e segurança.

Sob a premissa do "reino das leis"[20] ou de que "o Direito tem de expressar-se precisamente por meio de leis",[21] a norma jurídica seria válida não por ser justa, mas, apenas, por haver sido posta por uma autoridade dotada de competência normativa.[22]

Desse modo, sustentava-se naquele importante momento histórico para a humanidade que todas as carências deveriam ser supridas pelo contido na lei, que a liberdade consistia no direito de fazer tudo que as leis permitiam. Nas palavras de Montesquieu,[23] "a lei, em geral, é

---

17 GARCÍA DE ENTERRÍA, Eduardo. *Revolución francesa y administración contemporánea*. 5. ed. Madrid: Civitas, 1998. p. 28.

18 A premissa desse pensamento era a de combate ao arbítrio. Cf. FAORO, Raymundo. *Assembleia constituinte*: a legitimidade recuperada. 5. ed. São Paulo: Brasiliense, 1988. p. 13.

19 Ver a exposição de Locke no capítulo "da extensão do poder legislativo" (LOCKE, John. *Segundo tratado sobre o governo*. Tradução de Alex Marins. São Paulo: Martin Claret, 2005. p. 98).

20 GARCÍA DE ENTERRÍA, Eduardo. *Democracia, jueces y controle de la administración*. 5. ed. reimpr. Madrid: Civitas, 2005. p. 139.

21 GARCÍA DE ENTERRÍA, Eduardo. *Justicia y seguridad jurídica en un mundo de leyes desbocadas*. Madrid: Civitas, 2000. p. 17.

22 FERRAJOLI, Luigi. Pasado y futuro del estado de derecho. *In:* CARBONELL, Miguel (Org.). *Neoconstitucionalismo(s)*. 2. ed. Madrid: Trota, 2005. p. 16.

23 MONTESQUIEU. *O espírito das leis*. Tradução de Cristina Murachco. São Paulo: Martins Fontes, 1993. p. 16-17.

a razão humana, enquanto governa todos os povos da terra; e as leis políticas e civis de cada nação devem ser apenas casos particulares onde se aplica esta razão humana".

O período do *iluminismo*[24] era, portanto, um tempo que se assentou na ideia de que deveria ser possível estabelecer uma clareza e uma segurança jurídicas absolutas por meio de normas rigorosamente elaboradas e, especialmente, garantir uma univocidade incondicional a todas as decisões judiciais e a todos os atos administrativos.[25]

O positivismo jurídico,[26] sucessor da Escola Histórica do Direito,[27] com "visão meramente indutivista"[28] e expressado sob a forma hobbesiana (*Auctoritas, non veritas facit legem*), correspondia a uma instância axiológica da refundação do direito sobre o princípio da legalidade como garantia de certeza e liberdade para fazer frente à arbitrariedade.[29]

Thomas Hobbes é considerado o autêntico fundador do direito natural racionalista. Admirado e odiado por seus contemporâneos, sua influência positiva pode ser constatada, inclusive no século XX, como em Carl Schmitt. Hobbes foi determinante na formação da ciência política moderna, pois, ora para aceitar sua doutrina, ora para combatê-la, todos os seus sucessores tiveram de partir, necessariamente, dela. Com Hobbes, pode-se dar por iniciada a ruptura com a ciência política tradicional influenciada por Aristóteles.[30]

Portanto, naquela fase e com todos esses influxos, o Poder Executivo francês participava da elaboração das leis por meio de uma *faculté d'empêcher* (vetos),[31] podendo limitar os impulsos do Poder

---

24 O *iluminismo* é considerado o desenvolvimento intelectual promovido no século XVIII por alguns pensadores que se julgavam propagadores da luz e do conhecimento. Trazia a ideia de liberdade política e econômica defendida pela burguesia.

25 ENGISCH, Karl. *Introdução ao pensamento jurídico*. 8. ed. Tradução de J. Baptista Machado. Lisboa: Fundação Calouste Gulbenkian, 2001. p. 206 (título original: *Einführung in das juristische denken*).

26 Acerca do positivismo jurídico, remetemos o leitor para 3.3.1.

27 Cf. BOBBIO, Norberto. *O positivismo jurídico*: lições de filosofia do direito. Tradução de Márcio Pugliesi, Edson Bini e Carlos E. Rodrigues. São Paulo: Ícone, 1995. p. 45 (sem identificação do título original). Uma ampla pesquisa sobre a Escola Histórica do Direito foi elaborada por CAMARGO, Margarida Maria Lacombe. *Hermenêutica e argumentação*: uma contribuição ao Estado de direito. 3. ed. 2. tir. Rio de Janeiro: Renovar, 2005. p. 73-83.

28 FREITAS, Juarez. *A interpretação sistemática do direito*. 4. ed. São Paulo: Malheiros, 2004. p. 33.

29 FERRAJOLI, Luigi. Pasado y futuro del estado de derecho. *In:* CARBONELL, Miguel (Org.). *Neoconstitucionalismo(s)*. 2. ed. Madrid: Trota, 2005. p. 16.

30 Cf. DOMINGO, Rafael (Ed.). *Juristas universales*. Madrid: Marcial Pons, 2004. p. 355. v. 2.

31 OTERO, Paulo. *Legalidade e Administração Pública*: o sentido da vinculação administrativa à juridicidade. Coimbra: Almedina, 2003. p. 49.

Legislativo. Entretanto, não havia muitos espaços para a escolha administrativa. A Administração Pública, dessa forma, não podia atuar por meio da própria autoridade: amparava-se unicamente na autoridade da lei, encontrando nesta o único critério de decisão.

Diante do esquema "leis, tribunais e ordem pública",[32] somente neste terceiro campo caberia uma porção mínima à Administração Pública, cujo mais importante complexo de funções era concentrado, integralmente, na concepção do jogo livre do concurso social.

1.1.1 Proeminência do Poder Legislativo francês: o primado da lei

Um dos principais aspectos do constitucionalismo do século XVIII na França era, como dito, a lei,[33] sendo expressamente vedada sua delegação. O Estado oferecia uma moldura puramente formal, dentro da qual a sociedade vivia seu próprio dinamismo espontâneo, pela própria concorrência indefinida das liberdades de seus membros.[34] Provocou-se, em decorrência lógica dessa premissa, a proeminência absoluta do Poder Legislativo.[35]

---

[32] Cf. GARCÍA DE ENTERRÍA, Eduardo. *Revolución francesa y administración contemporánea.* 5. ed. Madrid: Civitas, 1998. p. 35.

[33] Em que pese a atual Constituição francesa, de 1958, repartir as competências normativas entre o Poder Legislativo e o Poder Executivo, o mecanismo de controle prévio de constitucionalidade das leis – diferentemente do modelo brasileiro – bem demonstra a importância do princípio da legalidade naquela nação da Europa continental. Sobre esse aspecto, recomenda-se a leitura do artigo de JORION. Les principes généraux du droit. *In:* LA DOCUMENTATION FRANÇAISE. *Droit administratif et administration.* [s.l.]: La Documentation Française, 1998. p. 10. Acerca da competência normativa na França pós-Constituição de 1958, Cabral de Moncada adverte: "A consagração constitucional de uma reserva regulamentar (art. 37) veio provocar alterações profundíssimas no direito público francês. Não é ousadia da figura que está em causa: trata-se, como já se disse, do termo de um pequeno percurso que vinha sendo traçado desde há muito pela progressiva independência dos poderes normativos do executivo face à assembleia. Pela primeira vez consagra a Constituição limites claros à função legislativa do parlamento, renegando toda a doutrina e a prática francesas até então. Diferentemente do sistema instituído pela lei de 17 de Agosto de 1948 que dava ao governo, como se viu, a possibilidade de modificar ou abrogar por 'décret' as leis dispondo sobre matérias regulamentares 'par leur nature' mas sem as declarar interditas ao parlamento, cria agora o art. 37 da Constituição uma verdadeira reserva de regulamento a favor do governo ou seja, do Primeiro-Ministro (art. 21)" (CABRAL DE MONCADA, Luis S. *Lei e regulamento.* Coimbra: Coimbra Ed., 2002. p. 703).

[34] Cf. GARCÍA DE ENTERRÍA, Eduardo. *Revolución francesa y administración contemporánea.* 5. ed. Madrid: Civitas, 1998. p. 29.

[35] Acerca da supremacia do poder legislativo de acordo com as contribuições de Rousseau e Kant, ver OTERO, Paulo. *Legalidade e Administração Pública*: o sentido da vinculação administrativa à juridicidade. Coimbra: Almedina, 2003. p. 53-74.

Como expressão da vontade geral, de dogma *rousseauniano*, a lei era concebida como insuspeita em qualquer situação, e, portanto, intocável. Rousseau pregava que os homens, vivendo em um estado de natureza e diante da existência da lei do mais forte, abdicavam, tacitamente, da ilimitada liberdade que tinham para viver em sociedade, sob a direção de um poder que iria distribuir justiça, garantir a paz e punir os excessos de violência.[36]

Os arts. 5º e 6º da Declaração de Direitos do Homem e do Cidadão – *Déclaration des Droits de L'Homme et du Citoyen* –, de 26.8.1789, preconizam que tudo o que não está proibido pela lei não pode ser impedido, e ninguém pode ser constrangido a fazer o que ela não ordena; a lei é a expressão da vontade geral.[37]

Para a correta compreensão da importância da lei no contexto do Estado de Direito francês,[38] a Constituição Francesa de 1791 não permitia expressamente delegação da função legislativa ao disciplinar que isto seria de competência exclusiva do corpo legislativo,[39] premissa

---

36 Veja-se sua principal obra: ROUSSEAU, Jean-Jacques. *Do contrato social*: princípios do direito político. Tradução de J. Cretella Jr., Agnes Cretella. São Paulo: Revista dos Tribunais, 2002. p. 31 *et seq*.

37 O aprofundamento sobre esta questão pode ser feito na obra de BOBBIO, Norberto. *A era dos direitos*. Tradução de Carlos Nelson de Coutinho. Rio de Janeiro: Elsevier, 2004. p. 99. O texto original acima comentado é o seguinte: "Article 5: La loi n'a le droit de défendre que les actions nuisibles à la société. Tout ce qui n'est pas défendu par la loi ne peut être empêché, et nul ne peut être contraint à faire ce qu'elle n'ordonne pas. Article 6: La loi est l'expression de la volonté générale. Tous les citoyens ont droit de concourir personnellement ou par leurs représentants à sa formation. Elle doit être la même pour tous, soit qu'elle protège, soit qu'elle punisse. Tous les citoyens, étant égaux à ses yeux, sont également admissibles à toutes dignités, places et emplois publics, selon leur capacité et sans autre distinction que celle de leurs vertus et de leurs talents".

38 Este é o quadro idealizado pelo Abade Emmanuel Joseph Sieyès: "O que é uma nação? Um corpo de associados que vivem sob uma lei comum e representados pela mesma legislatura. [...] Eu coloco a lei no centro de um globo imenso; todos os cidadãos, sem exceção, estão à mesma distância sobre a circunferência, e ocupam nela lugares diferentes; todos dependem igualmente da lei, todos lhe oferecem sua liberdade e sua propriedade para que as proteja; e é a isto que eu chamo direitos comuns dos cidadãos, por onde todos se reúnem" (SIEYÈS, Emmanuel Joseph. *A constituição burguesa*. 4. ed. Tradução de Norma Azevedo. Rio de Janeiro: Lumen Juris, 2001. p. 4; 72).

39 No texto original: "La Constitution délègue exclusivement au Corps législatif les pouvoirs et fonction ciaprès: 1º. De proposer et décreter les lois: le Roi peut seulement inviter le Corps législatif a prendre un objet en considération".

esta seguida nos textos jacobino e girondino,[40] respectivamente, das Cartas de 1793[41] e de 1795.[42]

O princípio da legalidade no molde constitucional tinha um viés positivo, de modo que a Administração Pública somente podia fazer aquilo que constava expressamente na norma.[43]

A liberdade e a igualdade constituíam a lei para os revolucionários franceses. Formavam o princípio basilar do Estado de Direito, sendo

---

40 É assinalável que a conotação política dos termos *esquerda* e *direita* provém da divisão ocorrida na Assembleia Nacional Francesa. *Jacobinos* e *girondinos* correspondiam ao Terceiro Estado, e ocupavam o lado esquerdo da Assembleia, ficando o direito para o clero (Primeiro Estado) e aristocracia (Segundo Estado). Os jacobinos eram membros do Clube Jacobino, clube maçônico francês que detinha representação nos Três Estados e, posteriormente, na Assembleia Nacional Francesa. No seu início, nos finais do século XVIII na França, a expressão era geralmente aplicada de modo pejorativo a qualquer corrente de pensamento que, para quem aplicava o termo, fosse defensora de opiniões revolucionárias extremistas. Os primeiros jacobinos, setecentistas, eram pequenos burgueses ainda muito ligados às suas origens rurais e pobres, com pensamentos políticos e sociais radicais (queriam o extermínio dos nobres). Receberam a denominação de jacobinos pois reuniam-se, inicialmente, no Convento de São Tiago dos dominicanos (do nome Tiago em latim: *Jacobus* e do francês *Saint-Jacques*). Seus membros defendiam mudanças mais radicais que os girondinos: eram contrários à Monarquia e queriam implantar uma República. Esse grupo era apoiado por um dos setores mais populares da França – os *sans-cullotes* – e, juntos, lutaram por outras mudanças sociais depois da revolução. De outro lado, *Girondino* era a denominação de um grupo político moderado, chefiado por Jacques-Pierre Brissot (1754-1793) durante a Revolução Francesa. Defendiam uma Monarquia Constitucional e se enfraqueceram politicamente com a tentativa de fuga de Louis XVI. Os girondinos tinham em seus quadros representantes da alta, média e baixa burguesia.

41 Confira-se o texto original: "Au Corps législatif seul appartient l'exercice plein et entier de la puissance législative".

42 No idioma francês: "En aucun cas, le Corps législatif ne peut déleguer à un ou plusieurs de ses membres, ni à qui que ce soit, aucune des fonctions que lui sont attribuées par la présente constitution".

43 Nesse sentido, ver a manifestação de DESDENTADO DAROCA, Eva. *La crisis de identidad del derecho administrativo*: privatización, huida de la regulación pública y administraciones independientes. Valencia: Tirant lo blanch, 1999. p. 26-27. Gustavo Zagrebelsky adverte que o princípio da legalidade se expressava de maneira distinta de acordo com a posição que os cidadãos assumiam frente ao mandato legislativo ou da posição que a Administração Pública assumia diante do referido mandato. A submissão da Administração à lei se afirmava com caráter geral, porém eram várias as formulações desta submissão e de significado não coincidente. Não seria o mesmo dizer que a Administração devia estar sujeita e, portanto, predeterminada por uma lei ou, simplesmente, delimitada por ela. No primeiro caso, prevalente no monismo parlamentar francês no qual somente a assembleia representava originariamente a nação e todos os demais órgãos eram simples autoridades derivadas, a ausência de leis – que atribuíssem poderes à Administração – significava para esta a impossibilidade de atuar; no segundo caso, nas constituições dualistas da "restauração", a ausência de leis – que delimitassem o poder da Administração – comportava, em linha de princípio, a possibilidade de perseguir, livremente, seus próprios fins. A lei prévia, como garantia contra a arbitrariedade, era aqui tão somente uma recomendação válida na medida em que fosse possível, não um princípio inderrogável (ZAGREBELSKY, Gustavo. *El derecho dúctil, ley, derechos, justicia*. Tradução de Marina Gascón. Madrid: Trotta, 1995. p. 27).

regra a ser observada por todos. Somente por meio da lei se poderia realizar a justiça conforme a razão jusnatural, ter certeza jurídica e controle do poder.

A lei era a expressão jurídica da hegemonia da burguesia liberal, que, em consequência, era reconhecida com "superioridade" frente a todos os demais atos jurídicos e também frente ao documento constitucional.[44] Dessa forma, a lei, ao ocupar a posição mais alta, não tinha sobre si nenhuma regra jurídica que servisse para estabelecer limites, para pôr ordem.

A lei podia tudo, porque estava materialmente vinculada a um contexto político-social e ideal definido e homogêneo. Uma sociedade política monista ou monoclasse, como era a sociedade liberal, incorporava em si as regras de sua própria ordem,[45] e o Estado concentrava em si todos os poderes.[46]

1.1.2 Limitação executiva estatal na ordem econômica francesa

Diante desse quadro do Estado burguês de Direito, o Parlamento dominou entre as instituições de Governo, sustentado pelo primado da lei, fundado na concepção do direito natural.[47]

---

44 Para correta compreensão desses termos, ver ZAGREBELSKY, Gustavo. *El derecho dúctil, ley, derechos, justicia*. Tradução de Marina Gascón. Madrid: Trotta, 1995. p. 31.

45 Zagrebelsky destaca que neste panorama o monopólio político-legislativo de uma classe social relativamente homogênea determinava por si mesmo as condições da unidade da legislação (ZAGREBELSKY, Gustavo. *El derecho dúctil, ley, derechos, justicia*. Tradução de Marina Gascón. Madrid: Trotta, 1995. p. 32).

46 Conforme adverte Norberto Bobbio, a sociedade medieval era uma sociedade pluralista, posto ser constituída de uma pluralidade de agrupamentos sociais cada um dos quais dispondo de um ordenamento jurídico próprio: o direito aí se apresentava como um fenômeno social, produzido não pelo Estado, mas pela sociedade civil. Com a formação do Estado moderno, ao contrário, a sociedade assume uma estrutura monista, no sentido de que o Estado concentra em si todos os poderes, em primeiro lugar aquele de criar o direito: não se contenta em concorrer para essa criação, mas quer ser o único a estabelecer o direito, ou diretamente através da lei, ou indiretamente através do reconhecimento e controle das normas de formação consuetudinária. Trata-se do processo de monopolização da produção jurídica por parte do Estado (BOBBIO, Norberto. *O positivismo jurídico*: lições de filosofia do direito. Tradução de Márcio Pugliesi, Edson Bini e Carlos E. Rodrigues. São Paulo: Ícone, 1995. p. 27).

47 "O jusnaturalismo moderno, desenvolvido a partir do século XVI, aproximou a lei da razão e transformou-se na filosofia natural do Direito. Fundado na crença em princípios de justiça universalmente válidos, foi o combustível das revoluções liberais e chegou ao apogeu com as Constituições escritas e as codificações. Considerado metafísico e anti-científico, o direito natural foi empurrado para a margem da história pela ascensão do positivismo jurídico, no final do século XIX. Em busca de objetividade científica, o positivismo equiparou o Direito à

A lei era, portanto, "formadora do direito",[48] enquanto a Administração Pública era "mera executora".[49]

Na estrutura da separação de poderes setecentista, tornou-se indiscutível que a cultura do princípio da legalidade trouxe, em seu bojo, a proeminência do Poder Legislativo sobre os demais poderes, isto até mesmo como uma resposta histórica ao passado de absolutismos despóticos, experimentada pela Europa.

Constata-se, nessa fase histórica, a adoção da *self-execution law* e, até mesmo, a *private law* concedendo um modesto espaço e papel coadjuvante do Poder Executivo.[50] Havia um mínimo espaço para o exercício da escolha administrativa, com diminuta atuação estatal executiva, preponderantemente vinculada aos preceitos legais estritos.

A marca, portanto, do período liberal, era a postura estatal absenteísta e legalitária, sendo um mero gestor da manutenção da ordem, do direito de propriedade e do fiel cumprimento dos contratos.

No modelo econômico liberal foram editadas leis então consideradas a base para a liberdade do comércio e da indústria, confirmando o modelo de liberalismo econômico limitador da ação executiva estatal sobre a iniciativa privada.[51] A primeira, de março de 1791, conhecida como Decreto d'Allardes, dispunha que qualquer pessoa era livre para fazer qualquer negócio ou exercer qualquer profissão, arte ou ofício. Destaque-se ainda a Lei Chapelier, de junho de 1791, que proibia o regime de corporações. As atividades estatais de competência do Poder Executivo contemplavam apenas alguns serviços públicos, haja vista que o pleno exercício das atividades econômicas competia à iniciativa privada.

Verifica-se, portanto, um mínimo espaço para o exercício da escolha administrativa, sendo plausível inferir sobre essa fase histórica

---

lei, afastou-o da filosofia e de discussões como legitimidade e justiça e dominou o pensamento jurídico da primeira metade do século XX. Sua decadência é emblematicamente associada à derrota do fascismo na Itália e do nazismo na Alemanha, regimes que promoveram a barbárie sob a proteção da legalidade" (BARROSO, Luís Roberto. Neoconstitucionalismo e constitucionalização do direito: o triunfo tardio do direito constitucional no Brasil. *Revista da EMERJ*, Rio de Janeiro, v. 9, n. 33, p. 43-92, 2006. p. 47).

48 SEABRA FAGUNDES, Miguel. *O contrôle dos atos administrativos pelo Poder Judiciário*. 4. ed. Rio de Janeiro: Forense, 1967. p. 5.

49 SEABRA FAGUNDES, Miguel. *O contrôle dos atos administrativos pelo Poder Judiciário*. 4. ed. Rio de Janeiro: Forense, 1967. p. 5.

50 Essa questão no sistema estadunidense pode também ser constatada em MASHAW, Jerry L. *Creating the administrative constitution*: the lost of hundred years of American administrative law. New Haven: Yale University Press, 2012. 2012.

51 VENÂNCIO FILHO, Alberto. *A intervenção do estado no domínio econômico*. Rio de Janeiro: Renovar, 1998. Ed. fac-similar. p. 4.

uma diminuta atuação estatal executiva, preponderantemente vinculada aos preceitos legais estritos.

A ação vinculada que se apresentou no modelo liberal foi idealizada para que a norma a ser cumprida pelo Poder Executivo determinasse, com exatidão, a conduta da Administração Pública diante de certa situação fática. A norma indicaria o único e possível comportamento que o administrador deveria adotar diante do caso concreto, não permitindo espaços discricionários e conceitos abertos para um julgamento subjetivo.[52]

No ato vinculado, o fim legal apresentava-se tendo uma objetividade incondicional e unívoca, de modo que o comportamento da administração da coisa pública, além de demandado em situações especialíssimas, era exatamente determinado pela lei.[53]

Com isto, não se apresentavam competências autônomas ao Executivo, "este era simplesmente a força que fazia executar a lei e, na boa tradição *rousseauniana*, só elaborava *proclamations* para a execução das leis".[54]

1.1.3 Sistematização das leis em códigos

Considerando que o postulado legalista comandava a tradição romano-germânica, em que "a força da lei era o mesmo que a força dos Direitos",[55] optou-se, por iniciativa de Napoleão Bonaparte, pela sistematização dessas leis em códigos. Nesses códigos, encontravam-se reunidas todas as características da lei: a) a vontade positiva do legislador, capaz de impor-se indiferentemente em todo o território do Estado e que era direcionada à realização de um projeto jurídico baseado na razão – a razão da burguesia liberal, assumida como ponto de partida;

---

52 Andreas J. Krell informa que a discricionariedade, nessa fase, começou a ser considerada um corpo estranho dentro do Estado de Direito, um resquício da arbitrariedade monárquica que deveria, por qualquer meio, ser eliminada (KRELL, Andreas J. Discricionariedade administrativa, conceitos jurídicos indeterminados e controle judicial. *Revista da ESMAFE – Escola de Magistratura Federal da 5ª Região*, Recife, v. 8, p. 177-224, 2004. p. 177-224).

53 GARCÍA DE ENTERRÍA, Eduardo; FERNÁNDEZ, Tomás-Ramón. *Curso de derecho administrativo*. 10. ed. Madrid: Civitas, 2001. p. 435. t. I.

54 CABRAL DE MONCADA, Luis S. *Lei e regulamento*. Coimbra: Coimbra Ed., 2002. p. 655.

55 ZAGREBELSKY, Gustavo. *El derecho dúctil, ley, derechos, justicia*. Tradução de Marina Gascón. Madrid: Trotta, 1995. p. 53.

b) o caráter dedutivo do desenvolvimento das normas; c) a generalidade e a abstração; d) a sistematicidade e a plenitude.[56]

Nesse cenário, "o advento do Estado Liberal, a consolidação dos ideais constitucionais em textos escritos e o êxito do movimento de codificação simbolizaram a vitória do direito natural, o seu apogeu".[57]

Adveio, em 1804, o Código Civil Napoleônico, tido como a "Constituição da burguesia liberal",[58] e, com ele, o jusnaturalismo concluía uma fase histórica. A transposição do direito racional para um texto aprovado pela *volonté generale* (vontade geral de viés rousseauniano) impedia qualquer outra forma de se cogitar a existência de direito diverso deste.[59]

Em apenas dez anos, foram editados diversos códigos na França – penal, comercial, processo civil e penal – com uma notável perfeição, fenômeno este de que não havia precedentes históricos, causando justa admiração dos juristas e da sociedade de todo o século XIX.[60]

1.2 Projeção do Poder Executivo e abertura normativa primária para a aplicação da escolha administrativa relativamente vinculada

Um aspecto de capital importância para a compreensão deste período histórico – e fundamental para o desenvolvimento do papel da Administração Pública – consiste naquilo que a doutrina denominou de "dissidência revolucionária".[61]

---

[56] ZAGREBELSKY, Gustavo. *El derecho dúctil, ley, derechos, justicia*. Tradução de Marina Gascón. Madrid: Trotta, 1995. p. 32.

[57] BARROSO, Luís Roberto. *Interpretação e aplicação da Constituição*. 6. ed. São Paulo: Saraiva, 2004. p. 321.

[58] ZAGREBELSKY, Gustavo. *El derecho dúctil, ley, derechos, justicia*. Tradução de Marina Gascón. Madrid: Trotta, 1995. p. 53.

[59] Segundo Bobbio, foram duas as codificações que tiveram influência fundamental no desenvolvimento de nossa cultura jurídica: a justiniana e a napoleônica. A obra de Justiniano fundou e elaborou o direito comum romano na Idade Média e Moderna; contudo, somente com a codificação napoleônica chegou-se a um código propriamente dito com normas sistematicamente organizadas e expressamente elaboradas (BOBBIO, Norberto. *O positivismo jurídico*: lições de filosofia do direito. Tradução de Márcio Pugliesi, Edson Bini e Carlos E. Rodrigues. São Paulo: Ícone, 1995. p. 63-64).

[60] GARCÍA DE ENTERRÍA, Eduardo. *Justicia y seguridad jurídica en un mundo de leyes desbocadas*. Madrid: Civitas, 2000. p. 32.

[61] GARCÍA DE ENTERRÍA, Eduardo. *Revolución francesa y administración contemporánea*. 5. ed. Madrid: Civitas, 1998. p. 41.

Os revolucionários seguiram, claramente, uma interpretação dissidente da ortodoxia doutrinal de Locke e Montesquieu. Com efeito, essa interpretação, somada a circunstâncias posteriores, permitiu e determinou o fortalecimento de uma administração pública como não se havia conhecido, nem mesmo no antigo regime, formando o próprio direito administrativo francês.

Uma razão circunstancial determinou, na França, que a interpretação do princípio da "divisão" – e não separação – de poderes,[62] originalmente inglês e estadunidense, não se adequava desde as origens do constitucionalismo a esses critérios ortodoxos que impunham suas próprias e autênticas fontes. Pelo contrário, afirmava-se a ideia de uma liberdade do Poder Executivo diante dos demais poderes – notadamente, do Poder Judiciário. A razão determinante estava no fato de que os revolucionários tinham receio dos antigos Parlamentos judiciais,[63] ligados aos privilégios do estamento que representavam:

> It is at this point that one sees the birth of 'administration' in a modern sense. The separation of powers was proclaimed generically in article 16 of the Declaration of Rights of Man, and was first articulated functionally and organizationally in the decree concerning the institution of primary assemblies and administrative assemblies of December 22, 1789. The

---

62 Não se pretende, por sua amplitude, enfrentar o tema do princípio da separação de poderes na presente obra. Desse modo, remetemos o leitor às seguintes obras, com enfoques diversos: ACKERMAN, Bruce. Good-bye Montesquieu. *In:* ROSE-ACKERMAN, Susan; LINDSETH, Peter L. (Org.). *Compartive administrative law*. Cheltenham, UK; Northampton, MA, USA: Edward Elgar Publishing, 2010. p. 128; PIÇARRA, Nuno. *A separação dos poderes como doutrina e princípio constitucional*. Coimbra: Coimbra Ed., 1989 e ACKERMAN, Bruce. *The failure of the founding fathers*: Jefferson, Marshall, and the rise of presidential democracy. London: The Belknap of Harvard University Press, 2005. p. 633-729. Recomenda-se, ainda, a leitura do didático voto do Ministro Cesar Peluso, na ADIn nº 2.591-1, julgada em 7.6.2006, e publicada na *Revista de Direito Administrativo*, São Paulo, v. 243, I-X, set./dez. 2006. p. 235. Acerca das discussões ocorridas sobre a separação de poderes no período da Revolução Francesa, inclusive com profunda análise dos Cadernos de 1789, ver a obra originalmente publicada em 1893 de DUGUIT, Léon. *Les transformations du droit public*. Paris: Éditions La Mémoire du Droit, 1999. p. 9 *et seq*. A separação de poderes, em termos de mutação do direito administrativo, é objeto da obra de MEDAUAR, Odete. *O direito administrativo em evolução*. 2. ed. São Paulo: Revista dos Tribunais, 2003. p. 119 *et seq*., e, em termos de regulação estatal, por meio de entidades independentes, é examinada com profundidade na obra de MOREIRA NETO, Diogo de Figueiredo. *Mutações do direito público*. Rio de Janeiro: Renovar, 2006. p. 413 *et seq*.

63 O aristocrata Montesquieu, o Barão de La Brède y de Montesquieu, havia sido o presidente do Parlamento bordelés e foi execrado pelos revolucionários no mesmo momento em que estes se dispuseram a adotar o esquema central de Constituição. Esse fato, normalmente, é esquecido nas exposições usuais sobre o tema. A advertência é de GARCÍA DE ENTERRÍA, Eduardo. *Revolución francesa y administración contemporánea*. 5. ed. Madrid: Civitas, 1998. p. 47.

institutionalization of the separation of powers continued throughout the Revolutionary and Imperial periods, with the law of August 16–24, 1790 prohibiting ordinary judicial courts from reviewing administrative acts, the first regulations attributing jurisdiction of the *affaires contentieuses* to the administration and, lastly, the law of 28 Pluviôse, Year VIII (February 17, 1800) concerning the division of French territory and the administration. Each of these acts helped to shape the specificity and subjectivity of administration as a separate and distinct form of public power.[64]

A justificativa para a criação de um tribunal próprio para julgar os conflitos envolvendo a administração pública é explicado por Rodríguez Rodríguez:

> En el caso de Francia, en una etapa preliminar durante la cual principal preocupación fue la de encontrar un mecanismo que permitiera a los gobernados controvertir las actuaciones de la Administración, ante la desconfianza de los nuevos gobernantes frente a los jueces de la época de la monarquía, que llevó, inclusive, a prohibirles expresamente inmiscuirse en los asuntos de la Administración, el germen del derecho administrativo se expresó en el sistema conocido como de la Administración-juez, cuya característica fundamental consistió en que las reclamaciones o controversias contra le Administración debían presentarse ante ella misma y era igualmente ella quien resolvía a través del jefe del Ejecutivo, aunque contando para ello con un órgano asesor especial, conocido como Consejo de Estado, que se convertiría con el tiempo en el gran propulsor de este nuevo régimen.[65]

O fato é que por essa interpretação permitiu-se a emergência de um poder administrativo poderoso e autônomo, diverso do constitucionalismo anglo-saxão.[66]

---

64 SORDI, Bernardo. Révolution, Rechtsstaat and the Rule of Law: historical reflections on the emergence and development of administrative law. *In*: *Comparative Administrative Law*. 2.ed. Susan Rose-Ackerman, Peter L. Lindseth and Blake Emerson. Cheltenham: Edward Elgar: 2017.

65 RODRÍGUEZ RODRÍGUEZ, Libardo. Las vicisitudes del derecho administrativo y sus desafíos en el siglo XXI. *In:* FERNÁNDEZ RUIZ, Jorge (Coord.). *Perspectivas del derecho administrativo en el siglo XXI*. Ciudad Universitaria: Universidad Nacional Autónoma de México, 2002. p. 93-94.

66 Quando os Framers, que desenharam o modelo constitucional estadunidense, no final do século XVIII, foram decidir quais seriam os poderes e as responsabilidades que caberiam ao Executivo, certamente houve influência (negativa) do relacionamento das antigas colônias com o governo britânico, então sob o poder do Rei George William Frederick (George III). Considerando os abusos perpetrados pelo monarca inglês, que governou por quase sessenta anos, os *founding fathers* da Constituição americana decidiram que os poderes detidos pelo presidente da nova república deveriam ser restritos. Seria o "governo das

A ideia de separação – e não só mera divisão de poderes – "proporcionou a fundamentação de um poder regulamentar da lei, inicialmente de mera execução e, posteriormente, independente".[67]

Com Napoleão, criou-se uma forte máquina administrativa, alterando profundamente a natureza do Poder Executivo. Instituiu-se aquilo que se tornou a pedra angular da autonomia jurídica da Administração Pública: o *Conseil d'Etat* (Conselho de Estado)[68] sob o aforismo *juger l'administration c'est encore administrer*.

Esse "novo" Poder Executivo unitário,[69] diferentemente da doutrina de separação de poderes – que deveria exercer funções abstratas, que reverteriam imediatamente ao núcleo social, sem necessidade de uma personificação – passa a ser um sujeito real, autossuficiente para seu desenvolvimento, que interfere nas atividades particulares.[70]

A partir de então, o administrador público francês passa a exercer escolhas não mais absolutamente vinculadas à lei como também as relativamente vinculadas, pela impossibilidade de a lei alcançar todos os aspectos a serem ordenados pela Administração Pública.[71]

1.2.1 Impossibilidade do esgotamento de todas as hipóteses a serem objeto de ordenação executiva pela lei

Além das questões antes tratadas, um fato tornou-se indisputável no modelo constitucional francês: a lei e os códigos, bases do liberalismo, mesmo sob um Estado absenteísta, não poderiam tudo prever.

---

leis", e não o "governo dos homens". Por esse motivo, Alfonso García Figueroa adverte que o constitucionalismo moderno é, por excelência, norte-americano, e não francês (GARCÍA FIGUEROA, Alfonso. La teoría del derecho en tiempos de constitucionalismo. *In:* CARBONELL, Miguel (Org.). *Neoconstitucionalismo(s)*. 2. ed. Madrid: Trotta, 2005. p. 162).

67 GARCÍA DE ENTERRÍA, Eduardo. *Revolución francesa y administración contemporánea*. 5. ed. Madrid: Civitas, 1998. p. 50-51. Esse poder começa a ser reconhecido na Constituição de 1791, mas se consagra, de modo definitivo, na Constituição napoleônica do ano VIII, notadamente no art. 44: "Le Gouvernment propose les lois et fait les réglements nécessaires pour assurer leur exécution". Os regulamentos administrativos são tratados em 2.5.

68 Para conhecer a ampla evolução do Conselho de Estado francês, recomenda-se a obra de VISCONDE DO URUGUAY. *Ensaio sobre o direito administrativo*. Rio de Janeiro: Typ. Nacional, 1862. p. 142 *et seq*. Sobre a jurisdição administrativa no direito comparado, ver BACELLAR FILHO, Romeu Felipe. *Reflexões de direito administrativo*. Belo Horizonte: Fórum, 2009. p. 59 *et seq*.

69 GUERRA, Sérgio. Separação de poderes, executivo unitário e estado administrativo. *Revista Estudos Institucionais*, v. 3, p. 123-152, 2017.

70 GARCÍA DE ENTERRÍA, Eduardo. *Revolución francesa y administración contemporánea*. 5. ed. Madrid: Civitas, 1998. p. 73-75.

71 Sobre esse aspecto da atuação da Administração Pública, veja-se 1.4.

Rousseau, "profeta dos novos ilustrados"[72] e defensor da vontade geral e do primado da lei, sustentava que seria impossível se estar a toda hora legislando sobre tudo e chamando os órgãos de representação popular a se manifestarem sobre todo e qualquer assunto.[73] Seria impraticável adaptar as leis aos acontecimentos, de modo que as leis poderiam tornar-se perniciosas e até mesmo "ser causa de destruição do Estado".[74]

O desenvolvimento científico, técnico e industrial, o aumento populacional, a especialização, a divisão de trabalho, o crescente entrelaçamento e a transformação mais rápida das condições de vida aumentaram e alteraram as tarefas do Estado. Todos esses fatores conduziram à pluralização e democratização do Estado.[75]

Acresça-se a isso a circunstância de haver uma carência de tempo do Legislativo em relação ao grande volume da legislação e a imperiosa necessidade de o Estado possuir um poder de criação do direito que seja mais simples que o Legislativo.[76] Este, na verdade, não dispõe de tempo para estudar todos os problemas secundários que exigem a atenção e a participação cada vez mais ativa do Estado. As privações humanas não se interrompem no tempo e nunca são as mesmas; antes, são sempre outras, a cada vez recrudescem. A realidade dos sistemas político, social e econômico, com o passar dos tempos, se mostrou muito mais complexa do que supunha o ideário da ilustração. O próprio pensamento se revelou maior, mais intenso e mais sofisticado do que a própria razão pura.

---

72 GARCÍA DE ENTERRÍA, Eduardo. *Justicia y seguridad jurídica en un mundo de leyes desbocadas*. Madrid: Civitas, 2000. p. 23.

73 ROUSSEAU, Jean-Jacques. *Do contrato social*: princípios do direito político. Tradução de J. Cretella Jr., Agnes Cretella. São Paulo: Revista dos Tribunais, 2002. p. 91-92.

74 OTERO, Paulo. *Legalidade e Administração Pública*: o sentido da vinculação administrativa à juridicidade. Coimbra: Almedina, 2003. p. 65. Nesse sentido, afirma Rousseau: "Jamais existiu democracia verdadeira e não existirá jamais. É contra a ordem natural que um grande número governe e que um número pequeno seja governando. Não se pode imaginar que o povo permaneça incessantemente reunido para cuidar dos negócios públicos e vê-se facilmente que não poderia estabelecer para isso comunicações, sem mudar a forma da administração" (ROUSSEAU, Jean-Jacques. *Do contrato social*: princípios do direito político. Tradução de J. Cretella Jr., Agnes Cretella. São Paulo: Revista dos Tribunais, 2002. p. 92).

75 HESSE, Konrad. *Elementos de direito constitucional da República Federal da Alemanha*. Tradução de Luís Afonso Heck. Porto Alegre: Sérgio Antônio Fabris, 1998. p. 31-32.

76 FORTES, Bonifácio. Delegação legislativa. *Revista de Direito Administrativo*, Rio de Janeiro, v. 62, p. 357, out./dez. 1960.

Como anota Carlos Mário da Silva Velloso,[77] já no século XIX verificava-se que a *weltanschaung* iluminista não fazia felizes as pessoas e essa cosmovisão filosófica infelicitava os indivíduos. A Revolução Francesa de 1848 e o Manifesto Comunista de Marx e Engels, do mesmo ano, são prova disso. A concepção do *welfare state*, do Estado prestador de serviços, do Estado providência, que substitui, em nível constitucional, com a Constituição do México de 1917[78] e com a Constituição de Weimar, de 1919,[79] *a weltanschaung* iluminista, impôs a tomada de uma nova posição.

Nesse mesmo sentido, ao destacar as transformações econômicas e sociais desse período – e que alteraram profundamente o quadro em que se inseria esse pensamento político, jurídico e econômico –, Alberto Venâncio Filho[80] adverte que as implicações cada vez mais intensas das descobertas científicas – e de suas aplicações – que se processaram com maior celeridade a partir da Revolução Industrial, e o aparecimento de gigantescas empresas fabris – trazendo, em consequência, a formação de grandes aglomerados urbanos – representaram mudanças profundas na vida social e política dos países. Isso acarretou alterações acentuadas nas relações sociais, o que exigiu que, paulatinamente, sem nenhuma posição doutrinária preestabelecida, o Estado, cada vez mais, abarcasse maior número de atribuições, intervindo mais assiduamente na vida econômica e social para compor os conflitos de interesses de grupos e de indivíduos.[81]

---

77 VELLOSO, Carlos Mário da Silva. Delegação legislativa: a legislação por associações. *Revista de Direito Público*, São Paulo, v. 92, p. 151, out./dez. 1989.

78 Segundo advertência de Eros Grau, "mítica foi a Constituição Mexicana" ao dedicar um capítulo à definição de princípios aplicáveis ao trabalho e à previdência social, sem, contudo, institucionalizar esses direitos, atribuindo ao Congresso da União a função de disciplinar sobre essas matérias (GRAU, Eros Roberto. *O direito posto e o direito pressuposto*. São Paulo: Malheiros, 2002. p. 27).

79 Luis S. Miguel anota que, na Constituição de Weimar, o modelo de Estado estava ainda inacabado e a sua aplicação na prática o foi de maneira confusa e contraditória. Assim, o catálogo de direitos fundamentais, reflexo da diversidade dos constituintes e da preocupação das distintas correntes ideológicas de incluir na Carta declarações de princípios, produziu uma amálgama que "entorpeceu" a eficácia normativa da Constituição e a aplicação direta de seus preceitos jusfundamentais (CRUZ, Luis M. *La constitución como orden de valores*: problemas jurídicos y políticos. Granada: Comares, 2005. p. 2).

80 VENÂNCIO FILHO, Alberto. *A intervenção do estado no domínio econômico*. Rio de Janeiro: Renovar, 1998. Ed. fac-similar. p. 8.

81 Vários fatos marcaram a transformação dos Estados Unidos da América. No século XIX, começaram a surgir os monopólios naturais, isto é, aqueles setores de utilidade pública que não suportam, de forma eficiente, a participação de mais de uma indústria. Registre-se, ainda, a forte industrialização, os *trusts*, os cartéis, a forte concentração de riquezas, a corrupção na máquina estatal e os problemas sociais daí decorrentes. *Trusts* eram as empresas que possuíam as seguintes características: larga escala e gestão centralizada. Exemplos: Standard

A conquista do sufrágio universal, "através do qual os reclamos das massas discriminadas [...] impuseram ao Estado uma postura menos 'neutra' para com as desigualdades sociais",[82] foi, em parte, determinante para a intervenção do Estado na ordem econômica. A lei, indicando apenas soluções unívocas e inalteráveis, passou a ser insuficiente. A complexidade que se apresentou na sociedade do século XIX, gerando novas carências, reclamou novos institutos[83] e mecanismos de compatibilização das relações entre a lei e o Poder Executivo.[84] "A relação entre sujeito do conhecimento e seu objeto de estudo – isto é, entre intérprete, a norma e a realidade – é tensa e intensa. O ideal positivista de objetividade e neutralidade é insuscetível de realizar-se".[85]

Daí surgiram espaços e aberturas normativas para o exercício de escolhas pela Administração Pública, conferindo-lhe relevância política que ultrapassa o que os teóricos liberais do fenômeno constitucional podiam imaginar, isto é, "deslocou-se a primazia do Legislativo para o Executivo, afetando a relação entre os dois poderes, na modelagem da concepção clássica da legalidade administrativa".[86]

A redução do Estado a um aglomerado de serviços públicos retirou parte da autoridade especial a suas manifestações legislativas e preparou o terreno para que a ordem normativa da lei, despida agora

---

Oil, American Tobacco e United States Steel. Cf. MCCRAW, Thomas K. *et al. Prophets of regulation*: Cf. Charles Francis, Adams Louis D. Brandeis, James M. Landis, Alfred E. Kahn. Massachussets: Harvard, 1984. p. 65. Uma detalhada pesquisa sobre essas transformações estão em: SKOWRONEK, Stephen. *Bulding a new American state*: the expansion of national administrative capacities 1877 – 1920. New York: Cambridge University Press, 1982. Ver, ainda, BREYER, Stephen. *Regulation and its reform*. Cambridge: Massachusetts, 1982. p. 15 e PRIEST, George L. The origins of utility regulation and the "theories of regulation" debate. *J.L. & Econ.*, v. 36, 1993. p. 289-323.

82 SOUZA, Artur de Brito Gueiros. O estado contemporâneo frente ao princípio da indelegabilidade legislativa. *Revista Trimestral de Direito Público*, São Paulo, v. 13, p. 193-202, 1996. p. 195.

83 Como alguns administrativistas, a exemplo de Marçal Justen Filho, em seu *Curso de direito administrativo*. 2. ed. São Paulo: Saraiva, 2006. p. 160. Adota-se, nesta obra, o termo "instituto" ou "fórmula" para referir-se às bases que materializam as escolhas administrativas.

84 Cumpre trazer a advertência de Paulo Otero de que houve diferentes graus de protagonismo do Poder Executivo, seja pelas diversas experiências constitucionais, seja pelos diversos momentos dentro de uma mesma experiência, tudo dependendo das normas constitucionais e da conjuntura político-partidária vivenciada. De todo modo, o protagonismo do Poder Executivo, entre outros fatores, está baseado na "crescente complexidade das matérias e a impossibilidade de o parlamento dar resposta pronta e conveniente a todas as exigências de um moderno Estado de bem-estar" (OTERO, Paulo. *Legalidade e Administração Pública*: o sentido da vinculação administrativa à juridicidade. Coimbra: Almedina, 2003. p. 107).

85 BARROSO, Luís Roberto. *Interpretação e aplicação da Constituição*. 6. ed. São Paulo: Saraiva, 2004. p. 324.

86 MEDAUAR, Odete. *O direito administrativo em evolução*. 2. ed. São Paulo: Revista dos Tribunais, 2003. p. 146.

de suas vestes ditas "idealistas", pudesse ser substituída no contato com o cidadão por meio do regulamento, norma esta "mais fácil e mais expedita e beneficiando do apoio da burocracia administrativa".[87]

O Parlamento, impossibilitado de oferecer as soluções às questões econômicas e sociais prementes, viu-se alijado do processo de intervenção. "O seu perfil de lento depurador das controvérsias partidárias não permitiu enfrentar prontamente as questões que demandavam um regramento jurídico",[88] deixando-o em uma posição secundária. O Poder Executivo consolidou sua autonomia dotado de funções não sindicáveis pelo Poder Judiciário,[89] em que pese o princípio legalitário vigorante.

Nessas funções, "mesmo informada pela ideia de dependência à política, pela ideia de atividade subordinada"[90] destacam-se, inicialmente, para o desenvolvimento da presente obra, as escolhas determinativas de conceitos legais e as escolhas discricionárias – estas vistas com "desconfiança pela doutrina"[91] diante da incapacidade inicial de conciliação material com o princípio da legalidade.

1.3 Evolução da escolha administrativa determinativa de conceitos legais

Com o protagonismo do Poder Executivo, redundando na evolução da função administrativa, importa destacar, de início, a escolha determinativa de conceitos constantes da lei por meio da fórmula denominada doutrinariamente de "conceitos jurídicos indeterminados".[92]

---

87 CABRAL DE MONCADA, Luis S. *Lei e regulamento*. Coimbra: Coimbra Ed., 2002. p. 661-662.

88 SOUZA, Artur de Brito Gueiros. O estado contemporâneo frente ao princípio da indelegabilidade legislativa. *Revista Trimestral de Direito Público*, São Paulo, v. 13, p. 193-202, 1996. p. 195-196.

89 GARCÍA DE ENTERRÍA, Eduardo; FERNÁNDEZ, Tomás-Ramón. *Curso de derecho administrativo*. 10. ed. Madrid: Civitas, 2001. p. 194. t. I.

90 GARCÍA DE ENTERRÍA, Eduardo; FERNÁNDEZ, Tomás-Ramón. *Curso de derecho administrativo*. 10. ed. Madrid: Civitas, 2001. p. 137. t. I.

91 Vasco Manuel da Silva adverte que, em vista dessa desconfiança, a doutrina sustentava que a função discricionária deveria ser progressivamente diminuída em resultado do aumento quantitativo das leis e dos avanços da ciência jurídica (SILVA, Vasco Manuel Pascoal Dias Pereira da. *Em busca do acto administrativo perdido*. Coimbra: Almedina, 2003. p. 61).

92 Considerando que, para efeitos da presente teoria, não pareceu ser relevante ao autor identificar qual dos institutos surgiu primeiro (se a discricionariedade administrativa ou os conceitos jurídicos indeterminados), optou-se por seguir a evolução de acordo com o espaço que cada instituto abre para escolhas da Administração Pública, isto é, vinculação à lei, escolha integradora de conceito indeterminado e escolha discricionária.

O debate doutrinário acerca dessa espécie de escolha administrativa teve como berço a Áustria do final do século XIX, na obra de Bernatzik (1886). Esse autor constatou que as situações previstas por certos conceitos constantes das leis só podiam ser afirmadas ou negadas depois de um "complexo processo interpretativo em cadeia".[93]

Para superar o problema aparentemente insuperável, isto é, o de encontrar critérios seguros de interpretação e controle do processo intelectual altamente complexo, Bernatzik considerou que os conceitos jurídicos indeterminados, fórmula que materializa a escolha determinativa de conceitos legais, atribuem discricionariedade ao administrador público na integração da norma.

Nesse contexto surgiu o confronto estabelecido no direito austríaco, entre Bernatzik e Tezner, em uma discussão acerca do conceito de discricionariedade e dos conceitos jurídicos indeterminados. O primeiro sustentava a existência de uma discricionariedade técnica, pretendendo com isso referir-se à extrema complexidade com que frequentemente apresentam-se os problemas administrativos. Esses conceitos suscitaram várias opiniões ou propostas de solução, a respeito das quais, porém, será frequentemente difícil ou mesmo impossível afirmar qual a mais acertada.[94]

Entretanto, foi Tezner quem primeiro estabeleceu a diferença entre a função discricionária de competência do administrador público e os conceitos jurídicos indeterminados. A distinção foi por ele realizada ao criticar a Corte Administrativa da Áustria, que considerava como da esfera do poder discricionário da Administração Pública, acarretando decisões insuscetíveis de revisão judicial, os casos de aplicação de conceitos como de "interesse público",[95] "paz e ordem pública", "conveniência", "necessidade"[96] etc.

A descrição da estrutura lógico-semântica dos conceitos jurídicos adveio ao cenário doutrinário por meio de uma obra de Walter Jellinek

---

[93] Sob o título *Rechtsprechung um materielle Rechtskraft*, cf. amplo trabalho de pesquisa realizado na monografia de SOUZA, António Francisco de. *Conceitos indeterminados no direito administrativo*. Coimbra: Almedina, 1994. p. 34.

[94] SILVA, Almiro do Couto e. Poder discricionário no direito administrativo brasileiro. *Revista de Direito Administrativo*, Rio de Janeiro, v. 179, p. 51-92, jan./jun. 1980. p. 57-58.

[95] Sobre o caráter aberto da expressão, Sunstein aduz: "If we care about human welfare, the guidance for public officials is simple and straightforward: Act to promote social welfare. But the idea of welfare can be specified in many different ways, and it is not clear how to measure or to promote it" (SUNSTEIN, Cass R. *The ethics of influence*: government in the age of behavioral science. New York: Cambridge University Press, 2016. p. 53).

[96] SILVA, Almiro do Couto e. Poder discricionário no direito administrativo brasileiro. *Revista de Direito Administrativo*, Rio de Janeiro, v. 179, p. 51-92, jan./jun. 1980. p. 57-58.

(*Gesetz, Gesetzesanwendun und Zweckmässigkeitserwägungen*), de 1913,[97] segundo a qual o conceito normativo indeterminado constitui a antítese do conceito jurídico determinado.

Pelo pensamento de Jellinek, a exemplo do que ocorre no conceito jurídico determinado das normas, o conceito indeterminado também tem limites, pois, ao contrário, não seria um conceito. O primeiro tem um só limite, que permite realizar um juízo seguro (certo) sobre a pertinência ou não dele a determinado fenômeno, ao passo que o segundo tem dois limites.[98]

Esse debate, extremamente relevante para a polêmica acerca do limite do controle judicial dos atos integrativos dos conceitos jurídicos indeterminados,[99] foi marcado pelo conflito entre a teoria da multivalência e a da univocidade.

1.3.1 Confronto entre a teoria da multivalência e a teoria da univocidade[100]

Do debate entre Bernatzik e Tezner remanesce, no direito, o confronto entre a teoria da multivalência e a teoria da univocidade. A primeira sustenta que, na interpretação e aplicação dos conceitos jurídicos indeterminados, constantes das leis, são possíveis várias decisões certas, confundindo-se com a função discricionária, e a segunda defende que existe uma única solução correta na interpretação desses conceitos, sendo, portanto, uma variação da função vinculada.[101]

Identificada a origem desse instituto e sua importância para o direito administrativo do século XIX, o que interessa à presente teoria da escolha administrativa é que, pela técnica de utilização de

---

97 Cf. SOUZA, António Francisco de. *Conceitos indeterminados no direito administrativo*. Coimbra: Almedina, 1994. p. 40.

98 BACIGALUPO, Mariano. *La discrecionalidad administrativa*: estructura normativa, control judicial y límites constitucionales de su atribución. Madrid: Marcial Pons, 1997. p. 194.

99 Magide Herrero comenta que, definidos desde a perspectiva do controle judicial, tem sido relativamente tradicional diferenciar discricionariedade e conceitos jurídicos indeterminados a partir da afirmação de que a primeira supõe a existência de uma pluralidade de soluções juridicamente corretas (justas), enquanto a aplicação dos últimos admite uma única solução justa, permitindo-se assim ao juiz uma intensidade máxima no controle da atuação administrativa (MAGIDE HERRERO, Mariano. *Límites constitucionales de las administraciones independientes*. Madrid: INAP, 2000. p. 249).

100 O tema será desenvolvido em 2.2, tópico em que serão apresentadas críticas acerca dessas teorias.

101 SOUZA, António Francisco de. *Conceitos indeterminados no direito administrativo*. Coimbra: Almedina, 1994. p. 36.

conceitos jurídicos indeterminados no processo legiferante, abriu-se ao administrador público, indisputavelmente, pela própria lei, um espaço para alguma escolha determinativa de conceitos fluidos e abertos, pois as regras para sua adoção não apareciam delineadas em detalhes na norma, não obstante indicarem sua aplicação em determinados casos concretos.

Nessas circunstâncias, a norma não determinava, por total incapacidade de se prever todas as situações, o exato e preciso sentido desses conceitos, haja vista que estes não admitiam uma rigorosa e abstrata quantificação ou limitação, somente devendo ser identificados, caso a caso, diante do fato real.

O conceito jurídico indeterminado, segundo Bacigalupo,[102] também permite realizar juízos seguros (certos), mas entre o juízo positivo e o negativo existe um terreno limítrofe de mera possibilidade escolhida pelo administrador público. O aplicador de todo conceito indeterminado sabe que existem fenômenos que indubitavelmente estão compreendidos dentro do conceito e outros que seguramente não estão. Dessa forma, surgem esferas de certeza positiva e negativa e a esfera da dúvida possível, permitindo ao Administrador Público espaços para suas escolhas.

Desse modo, permanece controvertida até os dias atuais a doutrina quanto a ser considerada ultrapassada ou não a teoria de que a interpretação de normas jurídicas se opera por meio de um processo exclusivamente intelectivo. Desse modo, só pode haver uma solução correta, que seja plenamente perscrutável pelos tribunais nos moldes sustentados pela antiga doutrina germânica.[103]

Identificada a estrutura – e a polêmica – acerca dos conceitos jurídicos indeterminados, cumpre examinar, adiante, as bases que ergueram a escolha discricionária.

---

102 BACIGALUPO, Mariano. *La discrecionalidad administrativa*: estructura normativa, control judicial y límites constitucionales de su atribución. Madrid: Marcial Pons, 1997. p. 195.

103 BACIGALUPO, Mariano. *La discrecionalidad administrativa*: estructura normativa, control judicial y límites constitucionales de su atribución. Madrid: Marcial Pons, 1997. p. 199 *et seq*. O tema voltará a ser examinado nesta obra em 2.2, quando da apresentação de críticas à teoria que sustenta a existência de apenas uma solução justa na integração dos conceitos jurídicos indeterminados.

1.4 Ápice da ampliação da escolha administrativa no modelo intervencionista por meio da discricionariedade administrativa

O Estado Liberal entrou em crise por não atender aos interesses da maior parte da população, com forte insatisfação da classe trabalhadora, despontando em algumas economias um modelo de Estado[104] voltado ao intervencionismo, com uma "volúpia legiferante"[105] que provocou a desvalorização da lei.[106]

Merece destaque o fato histórico, ocorrido em 1848, em que houve uma série de revoltas democráticas contra as monarquias da Europa, surgidas por variadas causas e que transcorreram de forma peculiar em vários países, sem uma coordenação de objetivos e propósitos. Conhecida como "primavera dos povos", cerca de cinquenta países experimentaram alguma forma de revolta com milhares de mortes.

Um ano antes das revoltas (1847), no campo doutrinário, *Manifesto do Partido Comunista*, dos filósofos alemães Karl Marx e Friedrich Engels, é considerado o texto fundador do marxismo, que indicou as novas concepções políticas opostas ao modelo liberal então existente. Marx e Engels sustentavam que a burguesia criou cidades enormes, aumentou imensamente a população urbana em relação à rural e arrancou assim uma parte considerável da população do embrutecimento da vida rural. Para esses autores, a burguesia subordinou o campo à cidade, subordinou os países bárbaros e semibárbaros aos países civilizados, os povos camponeses aos povos burgueses, o Oriente ao Ocidente. Assim, para eles a burguesia suprimiu cada vez mais a dispersão dos meios de produção, da propriedade e da população. Aglomerou a população,

---

104 Uma vez mais nos valemos dos ensinamentos de Paulo Bonavides: "De semelhantes escolas do pensamento político brotou, portanto, aquela organização de poder e de Estado levada a cabo pela Revolução Soviética da primeira metade deste século: o Estado socialista, da versão de Marx e Lênin. Gerando a ditadura do proletariado, esse modelo, na prática e na realidade, configurou historicamente uma paradoxal forma política, tão negativa, tão rude e tão opressiva para a liberdade humana, em razão dos desvios de poder, quanto haviam sido aquelas a que se propusera o pugnar e abolir: a do absolutismo das velhas autocracias imperiais e a da burguesia, que trazia no ventre a ditadura do capitalismo" (BONAVIDES, Paulo. *Curso de direito constitucional*. 12 ed. São Paulo: Malheiros, 2002. p. 32).

105 BINENBOJM, Gustavo. *Uma teoria do direito administrativo*: direitos fundamentais, democracia e constitucionalização. Rio de Janeiro: Renovar, 2006. p. 62.

106 Sobre essa questão, remete-se o leitor para 2.1.

centralizou os meios de produção e concentrou a propriedade em poucas mãos.[107]

Com relação aos aspectos da revolução social, ocorrida nesse período, Dalmo de Abreu Dallari[108] indica que, em face dos baixíssimos salários recebidos pelos trabalhadores e das altas jornadas laborais, seria surpreendente se o proletariado não visse no Estado, que era controlado pela burguesia, um grande inimigo, que deveria combater e, se possível, destruir. De fato, foi essa a ideia que se desenvolveu e em torno da qual se concentraram os movimentos proletários: a destruição do Estado para possibilitar a redistribuição das riquezas e a instauração de uma ordem social em que os indivíduos recebessem de acordo com seu trabalho e segundo suas necessidades.

1.4.1 A constituição francesa de 1848 e o Estado do Bem-Estar Social

Revolucionária, a Constituição Francesa de 1848 resultou da aliança entre burgueses e operários com viés fortemente social, mas, por outro lado, também conservadora por ter protegido o direito de propriedade.[109] Nesse sentido, Fábio Konder Comparato[110] aduz que a Constituição de 1848 teria ameaçado o edifício conservador e imperial sob as palavras de ordem (nacionalismo, trabalho e liberdade):

> Iniciando-se com a revolução popular de Paris em 24 de fevereiro, em questão de poucas semanas o movimento estendeu-se, como um rastilho de pólvora, ao sudoeste da Alemanha, Baviera, Áustria, Hungria, Lombardia, os Estados Pontifícios e a Itália meridional. [...] Na França, o descontentamento do operariado urbano com os excessos capitalistas do reinado de Luís Felipe de Orléans, instalado no trono desde 1830, foi singularmente reforçado pelo agravamento da fome no campo, em consequência da desastrosa colheita de 1846-47. A revolta popular de Paris, irrompida em 23 de fevereiro de 1848, visou claramente não só à derrubada do rei, mas à reinstauração da República, nos moldes do

---

[107] MARX, Karl; ENGELS, Friedrich. *Manifesto do partido comunista*. Tradução de Pietro Nassetti. São Paulo: Martin Claret, 2001. p. 50.

[108] DALLARI, Dalmo de Abreu. *Elementos de teoria geral do Estado*. 22. ed. São Paulo: Saraiva, 2001. p. 283-284.

[109] PEIXINHO, Manoel Messias. *Os direitos fundamentais nas constituições francesas*. Disponível em: http://www.publicadireito.com.br/artigos/?cod=b1bc40d056bad6ec. p. 8.

[110] COMPARATO, Fábio Konder. *A afirmação histórica dos direitos humanos*. 10. ed. São Paulo: Saraiva, 2016. p. 179-184.

> espírito revolucionário de 1792-93. Instalado um governo provisório, do qual participava o operário Albert – fato altamente simbólico, que não se viu em nenhum momento da grande revolução do final do século XVIII –, decidiu-se convocar de imediato uma assembleia constituinte. As eleições foram fixadas para dois meses após, ou seja, 23 de abril, sem que os líderes revolucionários tivessem tempo suficiente para desenvolver uma campanha de esclarecimento do eleitorado. O comparecimento às urnas foi considerável – 7.800.000 votantes, num total de 9.400.000 –, o que significou uma votação maciça de camponeses, naturalmente inclinados à ordem e à segurança. [...] A correlação parlamentar de forças foi, desse modo, muito desfavorável àquelas que haviam liderado o movimento revolucionário. Acresce notar que a grande iniciativa tomada pelo governo provisório para solucionar o problema do desemprego urbano – a criação em Paris das "fábricas nacionais" onde passaram a trabalhar 100.000 operários – foi abruptamente interrompida logo no mês de junho, suscitando uma revolta popular que o exército reprimiu ferozmente: 3.000 mortos, 5.000 feridos e 12.000 deportados para a Argélia. Atuando sob a impressão profunda desses sucessos trágicos, a assembleia manifestou grande resistência à reintrodução, no texto constitucional em elaboração, dos direitos sociais declarados em 1791 e 1793, tal como proposto pelos deputados de esquerda. As discussões mais acaloradas giraram em torno do reconhecimento de um direito ao trabalho. [...] Quanto a Tocqueville, respondendo ao deputado Mathieu, para quem o direito ao trabalho era o "direito da fome", advertiu que essa proposta implicava transformar o Estado em proprietário de todos os bens, ou seja, "o comunismo, uma nova forma de servidão". Para o celebrado autor da Democracia na América, a Assembleia deveria seguir o exemplo dos Estados Unidos, onde de fato se aplicava a "verdadeira democracia".

Diante desse cenário, Comparato assevera, que a Constituição francesa de 1848

> foi composta como uma obra de compromisso. De um lado, entre o liberalismo – claramente afirmado com a declaração preambular de redução gradual das despesas públicas e dos impostos – e o socialismo democrático. Compromisso, de outro lado, entre os valores conservadores – a Família, a Propriedade e a Ordem pública, invocados com letra maiúscula no inciso IV do preâmbulo – e o progresso e a civilização (preâmbulo, inciso I). É interessante observar, a esse respeito, que, enquanto as anteriores declarações de direitos da Revolução Francesa não fizeram referência alguma à família, o preâmbulo da Constituição de 1848 menciona-a nada menos do que quatro vezes. Por outro lado, a orientação do ensino público, como dispõe o art. 13, não é para a formação

do cidadão, mas sim para o mercado de trabalho. [...] Seja como for, malgrado toda essa anfibologia, não se pode deixar de assinalar que a instituição de deveres sociais do Estado para com a classe trabalhadora e os necessitados em geral, estabelecida nesse mesmo art. 13, aponta para a criação do que viria a ser o Estado do Bem-Estar Social, no século XX.[111]

1.4.2 Concepções do Estado Social no século XX: o protagonismo do Poder Executivo

Nesse contexto de "antagonismo classista",[112] já no século XX o recrudescimento das questões sociais do primeiro pós-guerra (1914-1918) fez com que se implantasse uma intervenção econômica, para controlar seu funcionamento e atingir determinados objetivos sociais.[113] Iniciou-se uma discussão de direito acerca do conflito distributivo[114] em vista das necessidades das minorias.

Revelando as novas concepções desse modelo de Estado Social, Ivo Dantas[115] observa que a política econômica liberal, em seus reflexos sobre

---

[111] COMPARATO, Fábio Konder. *A afirmação histórica dos direitos humanos*. 10. ed. 2. tir. São Paulo: Saraiva, 2016. p. 179-184.

[112] Na expressão de CRUZ, Luis M. *La constitución como orden de valores*: problemas jurídicos y políticos. Granada: Comares, 2005. p. 3.

[113] Esse modelo econômico sob a forma socialista foi inserido por Lênin no ano de 1917, logo após a vitória dos bolcheviques na Revolução Russa, tendo seu apogeu durante o governo de Stalin, entre 1924 a 1953.

[114] O sentido que quer se dar ao termo é aquele que se refere individualmente a cada um dos membros de um grupo, isto é, que atua sobre o todo e, ao mesmo tempo, sobre cada indivíduo. Esses conflitos distributivos podem ser codificados, segundo Beck, como conflitos que irrompem sobre o modo como os riscos que acompanham a produção de bens (megatecnologia nuclear e química, pesquisa genética, ameaça ao meio ambiente, supermilitarização e miséria crescente) fora da sociedade industrial ocidental (BECK, Ulrich. A reinvenção da política: rumo a uma teoria da modernização reflexiva. *In:* BECK, Ulrich; GIDDENS, Anthony; LASH, Scott. *Modernização reflexiva*: política, tradição e estética na ordem social moderna. Tradução de Magda Lopes. São Paulo: Unesp, 1997. p. 17). Sobre as funções distributivas e alocativas, ver, ainda, a obra de RAWLS, John. *Uma teoria da justiça*. Tradução de Almiro Pisetta e Lenita Maria Rímoli Esteves. São Paulo: Martins Fontes, 2002. p. 7 e os comentários contidos no artigo de REICH, Norbert. Intervenção do Estado na economia: reflexões sobre a pós-modernidade na teoria jurídica. Tradução de Fernando Herren Aguillar. *Revista de Direito Público*, v. 94, p. 265-282. Cadernos de Direito Econômico e Empresarial.

[115] DANTAS, Ivo. O econômico e o constitucional. *Revista de Direito Administrativo*, Rio de Janeiro, v. 200, p. 55-69, abr./jun. 1995. Vale destacar que a Constituição mexicana de 1917 foi a primeira a incluir em seu texto as inovações de caráter social, haja vista que, nos termos do art. 27, foi conferida à nação a propriedade das terras e águas, podendo ela transmitir seu domínio aos particulares, passando, assim, a constituir a propriedade privada. Detalhes podem ser conferidos em FONSECA, João Bosco Leopoldino da. *Direito econômico*. 5. ed. Rio de Janeiro: Forense, 2007. p. 10 *et seq*.

a Constituição, já no século XVIII começava a sofrer uma metamorfose com a aceitação de novos componentes para os textos constitucionais. O Estado passou a não ser mais totalmente alheio ao social, que, aos poucos, passou a ser erigido ao nível da supremacia que caracterizava a matéria constitucional. A consagração definitiva veio a ocorrer com a Constituição Mexicana de 1917,[116] com a Constituição de Weimar, que vigorou a partir de 11.8.1919, e com as Constituições da Polônia e Iugoslávia (1921). Foi, entretanto, com a Constituição soviética (1936) que se incorporou à técnica constitucional a concentração de toda a matéria de conteúdo econômico em setor destacado do texto magno, o que ocorreu no capítulo primeiro e seus doze artigos.[117]

A bem da verdade, o inconformismo com a ordem liberal econômica já se apresentava na penúltima década do século XIX. Mesmo nos Estados Unidos da América, fortemente estruturado sob o viés liberal, iniciou-se um movimento progressista de intervenção estatal sobre atividades econômicas livres à iniciativa privada. Em 1887 foi criada a primeira "agência reguladora", a *Interstate Commerce Commission*, e, uma década depois, editado o *Clayton Act* para combater as práticas anticoncorrenciais.

No início do século XX, Theodore Roosevelt, que assumiu a presidência dos Estados Unidos da América após a morte do Presidente McKinley, iniciou os movimentos visando lograr mudanças sociais, adotando uma estratégia conhecida como *Square Deal*. O programa desenvolvido por Roosevelt consistia em três ideias básicas: a proteção de recursos naturais, o controle sobre as empresas e a proteção dos consumidores. Esse programa ficou conhecido como os "três Cs" (*corporations, consumer protection and conservation*).[118]

Nesse período houve um forte combate à plutocracia e, ao mesmo tempo, a proteção dos negócios privados contra os movimentos sindicais. A república progressista de Roosevelt seguia a linha de que a ação

[116] No mesmo ano ocorreu a Revolução Russa, com o fim da propriedade privada e a coletivização dos meios de produção.

[117] Destaca-se, nesse quadro, um grande crescimento econômico nas economias capitalistas à luz dos preceitos da teoria econômica keynesiana, segundo a qual a economia capitalista seria um jogo de soma positiva, e todas as classes deveriam tomar em consideração aos interesses da outra. J. M. Keynes publicou em 1926 o texto de uma conferência intitulada *The end of laissez faire*. Na opinião do autor, a Primeira Guerra Mundial marcara definitivamente o fim do abstencionismo econômico do Estado que a representação liberal oitocentista postulava.

[118] Cf. nosso GUERRA, Sérgio. Aperfeiçoando a regulação brasileira por agências: quais lições podem ser extraídas do sesquicentenário modelo norte-americano? *In:* GUERRA, Sérgio (Org.) *Teoria do Estado Regulador*. Curitiba: Juruá, 2015.

governamental deveria ser dirigida para mitigar os conflitos sociais, enfrentar cartéis e atuar contra as grandes empresas que adotavam práticas predatórias em relação ao mercado.

A crise econômica mundial que começou em outubro de 1929, quando a Bolsa de Valores de Nova York sofreu um colapso – o chamado *crack* da bolsa –, obrigou vários países a ter no ordenamento econômico o eixo fundamental da política governamental. Em 1932, Franklin D. Roosevelt foi eleito presidente dos Estados Unidos da América e, gradualmente, foi se restaurando a confiança financeira. Comandou um programa intervencionista denominado *New Deal*, com destaque para o *National Recovery Act*, visando, em curto espaço de tempo, suplantar os efeitos da citada depressão.

Jacques Chevallier[119] apresenta as razões pelas quais o Poder Executivo se tornou o "centro de impulso político" desde o fim do século XIX, com a sua indiscutível preponderância no século XX, aumentando significativamente o espaço para as escolhas discricionárias. Para o autor:

> a afirmação progressiva da preponderância do Executivo foi uma das marcantes tendências do século XX, comum ao conjunto dos sistemas políticos. Esse deslocamento foi especialmente sensível nas democracias liberais, que, em reação contra o absolutismo monárquico e a visão maquiavelista (H. Mansfield, 1989), tinha partido todas da concepção de um "Executivo" estritamente submisso e limitado à mera aplicação das leis votadas pelos representantes da Nação; esse princípio, claramente colocado na Revolução, não era o apanágio unicamente dos regimes parlamentares: também nos Estados Unidos, o regime "congressual", desejado pelos Pais Fundadores e caracterizado pela proeminência do Congresso, subsistirá até o final do século XX. A tripla função atribuída aos parlamentos era o reflexo dessa soberania: a elaboração da lei, concebida como ato normativo supremo (o poder regulamentar só será reconhecido progressivamente a partir do término da Revolução – M. Verpeaux, 1991) [...].

[119] CHEVALLIER, Jacques. *O Estado pós-moderno*. Tradução de Marçal Justen Filho. Belo Horizonte: Fórum, 2009. p. 214.

Na história norte-americana esses fatos decorrentes da *Great Society*[120] *contribuíram para a expansão da burocracia*[121] *e a forma de atuação governamental denominada "estado administrativo" (administrative state)*, também representado na doutrina pelas expressões: *bureaucratic state, capitalist state, corportate state, posindustrial state, regulatory state* e *welfare state*.[122]

Com o fim da Segunda Grande Guerra, ocorrida entre 1939 e 1945, houve a queda do autoritarismo capitalista de diversos países, implantando-se um modelo intervencionista social, com forte ampliação do Estado na execução direta das atividades econômicas e sociais. Um estado com um grande volume de tarefas, conforme adverte Miguel Sanchez Moron,[123] surgidas naquela fase histórica em que o Estado passou a assumir funções visando atingir necessidades sociais, provendo serviços públicos dotados de alto grau de complexidade funcional e técnica, não poderia funcionar se não houvesse a flexibilidade normativa necessária para tomar a decisão certa em cada momento e cada lugar. Essa característica pressupõe haver discricionariedade administrativa, haja vista que a lei, pelas suas próprias características formais e requisitos processuais, seria incapaz de fornecer a resposta em cada caso em que se requer a satisfação de interesse público.

Com esses antecedentes, além da valorização da Constituição ocorrida em alguns países como principal eixo normativo do intervencionismo estatal,[124] e considerando que as cartas políticas de viés social abriram, enormemente, espaço para uma forte intervenção do Poder Executivo, por um processo natural e crescente, foi sendo ampliado o

---

120 "Among the factors that clearly have affected the form and content of American literature on public administration are the advent of the Great Society, the closing of the frontier and the waste of our natural resources, our tremendous wealth and our Business Civilization, the 'corporate revolution' and the evolution of new corporate forms, urbanization, our peculiar constitutional and political system, the 'second phase of the industrial revolution', the increase in specialization and professionalism and the rise of American scholarship, and the Great Wars, the Great Prosperity, and the Great Depression" (WALDO, Dwight. *The administrative state*: a study of the political theory of American public administration. New York: The Ronald Press Company, 1947. p. 3).

121 Cf. SKOWRONEK, Stephen. *Building a new American state*: the expansion of national administrative capacities 1877-1920. New York: Cambridge University Press, 1982. p. 4.

122 Cf. SKOWRONEK, Stephen. *Building a new American state*: the expansion of national administrative capacities 1877-1920. New York: Cambridge University Press, 1982. p. 3.

123 SÁNCHEZ MORÓN, Miguel. *Discrecionalidad administrativa y control judicial*. Madrid: Tecnos, 1994. p. 113.

124 A "força normativa da Constituição" será abordada no item 3.3.3, quando será comentado o pensamento do autor que teorizou o termo na obra: HESSE, Konrad. *A força normativa da Constituição*. Tradução de Gilmar Ferreira Mendes. Porto Alegre: Sérgio Antônio Fabris, 1991.

campo para a escolha administrativa por meio de aberturas concedidas na lei pelo legislador primário.

1.4.3 Conceituação do instituto da discricionariedade administrativa

O conceito doutrinário de discricionariedade nunca chegou a um consenso, estando longe de ser uníssono. Bem por isso, Miguel Sánchez Morón,[125] ao ressaltar a discricionariedade administrativa como um conceito clássico da teoria do direito público, assevera que é difícil a esta altura dizer algo novo acerca do tema.[126] É um problema sempre recorrente, sobre o qual a polêmica jamais parece se esgotar.[127]

---

[125] SÁNCHEZ MORÓN, Miguel. *Discrecionalidad administrativa y control judicial*. Madrid: Tecnos, 1994. p. 9.

[126] Nas lições de Karl Engisch, "o conceito de discricionariedade (poder discricionário) é um dos conceitos mais plurissignificativos e mais difíceis da teoria do Direito" (ENGISCH, Karl. *Introdução ao pensamento jurídico*. 8. ed. Tradução de J. Baptista Machado. Lisboa: Fundação Calouste Gulbenkian, 2001. p. 214). Nesse mesmo sentido, César David Ciriano Vela aduz que, com independência dos distintos conceitos e técnicas de controle utilizados, em todos os países se considera que o estudo da discricionariedade é uma das questões mais importantes do Direito de nossos dias e, em especial, do direito administrativo. Por isso, é absolutamente necessário um aprofundamento em sua análise (CIRIANO VELA, César David. *Administración económica y discrecionalidad*. Valladolid: Lex Nova, 2000. p. 65). Em idêntico posicionamento, Francisco López Menudo sustenta que a discricionariedade é um tema clássico ou, quiçá, neoclássico (LÓPEZ MENUDO, Francisco. El control judicial de la administración en la CE. *In:* HINOJOSA MARTÍNEZ, Eduardo; GONZÁLES-DELEITO DOMÍNGUEZ, Nicolás (Org.). *Discrecionalidad administrativa y control judicial*. Madrid: Civitas, 1996. p. 39).

[127] Afonso Rodrigues Queiró sustenta que a discricionariedade representa uma faculdade de escolher uma entre várias significações contidas em um conceito normativo prático, relativo às condições de fato do agir administrativo, escolha feita sempre dentro dos limites da lei (QUEIRÓ, Afonso Rodrigues. A teoria do "desvio de poder" em direito administrativo. *Revista de Direito Administrativo*, Rio de Janeiro, n. 6, p. 41-78, out. 1946. p. 77-78). José Cretella Júnior, definindo o ato administrativo discricionário como consequência de um "poder discricionário" da Administração, aduz que a discricionariedade é a manifestação concreta e unilateral da vontade da Administração. Fundamentada em regra objetiva de direito que a legitima e lhe assinala o fim, se concretiza livremente, desvinculada de qualquer lei que lhe dite previamente a oportunidade e conveniência da conduta, sendo, pois, neste campo, insuscetível de revisão judiciária (CRETELLA JÚNIOR. José. *Controle jurisdicional do ato administrativo*. 4. ed. Rio de Janeiro: Forense, 2001. p. 150). Pensava em igual sentido o saudoso Hely Lopes Meirelles, acrescendo ao binômio o termo "conteúdo". Para o autor, discricionariedade é o que o Direito concede à Administração de modo explícito ou implícito, para a prática de atos administrativos com liberdade na escolha de sua conveniência, oportunidade e conteúdo (MEIRELLES, Hely Lopes. *Direito administrativo brasileiro*. 18. ed. São Paulo: Malheiros, 1993. p. 102). No mesmo diapasão, Diogo de Figueiredo Moreira Neto define a discricionariedade como a qualidade encarregada pela lei à Administração Pública para determinar, de maneira abstrata ou concreta, o resíduo de legitimidade necessário para integrar a definição de elementos essenciais à sua execução, diretamente referido

Na síntese apresentada por Caio Tácito sobre o instituto da discricionariedade administrativa, e que bem resume a estruturação doutrinária desse mecanismo de atuação estatal, tem-se que o ato administrativo se desdobra dentro de quadros legais preestabelecidos. A norma jurídica, obrigatória tanto para os administrados como para os administradores, é, assim, um vínculo ao qual se prende a liberdade de ação da autoridade. Chama-se esse limite ou contenção legal do "poder" administrativo de "poder" vinculado, porque todo ato administrativo está subordinado ou ligado a uma norma jurídica anterior, ou seja, à regra de competência que permite ao agente a prática do ato administrativo. Esta subordinação não significa, porém, que à Administração esteja vedada certa latitude de apreciação dos fatos e soluções, independente de uma predeterminação legal. Como observou Jellinek, "uno Stato, di cui tutta l'attività fosse vincolata, è uma concezione irrealizabile". À medida que se amplia o campo de ingerência do Estado, voltado cada dia mais a novas tarefas sociais, torna-se imperativo fornecer-lhe os meios materiais de eficiência e presteza. A atividade administrativa, modernamente mais intensa e variada, se multiplica em aspectos particulares que não podem ser abrangidos na minúcia dos textos de lei. O fenômeno social não se escraviza a coletes de força, nem a cintos de segurança. Carece, portanto, a Administração de maleabilidade de métodos e caminhos para atender aos reclamos imperativos e díspares. A Administração encontra, assim, no processo de sua realização, um campo livre de desenvolvimento, no qual lhe é facultada a seleção da maneira de agir. Subordinado sempre à legalidade de sua atuação, é lícito ao administrador se orientar livremente com referência à *oportunidade* e à *conveniência* dos atos administrativos.[128]

---

a um interesse público específico (MOREIRA NETO, Diogo de Figueiredo. *Legitimidade e discricionariedade*: novas reflexões sobre os limites e controle da discricionariedade. Rio de Janeiro: Forense, 1989. p. 22). Para a administrativista Maria Sylvia Zanella Di Pietro, o conceito de discricionariedade administrativa pode ser resumido na faculdade que a lei confere à Administração para avaliar o caso concreto, segundo critérios de oportunidade e conveniência, e escolher uma entre duas ou mais soluções, sendo todas elas válidas perante o Direito (DI PIETRO, Maria Sylvia Zanella. *Discricionariedade administrativa na Constituição de 1988*. 2. ed. São Paulo: Atlas, 2001. p. 67). Em idêntico sentido, Germana de Oliveira Moraes aduz que discricionariedade resulta da abertura normativa, em função da qual a lei confere ao administrador uma margem de liberdade para constituir o Direito no caso concreto, ou seja, para complementar a previsão aberta da norma e configurar os efeitos parcialmente previstos, mediante a ponderação valorativa de interesses, em vista da realização do interesse público geral (MORAES, Germana de Oliveira. *Controle jurisdicional da Administração Pública*. São Paulo: Dialética, 2002. p. 39).

128 TÁCITO, Caio. O retorno do pêndulo: serviço público e empresa privada: o exemplo brasileiro. *Revista de Direito Administrativo*, Rio de Janeiro, v. 202, p. 1-10, out./dez. 1995.

Diante dessas considerações e para efeito da elaboração de críticas a essa fórmula[129] no contexto do "direito administrativo pós-moderno",[130] estrutura-se a escolha discricionária como uma margem de liberdade da Administração que surge quando sua atividade, por opção do legislador, não está plenamente definida em lei (inclusive com o uso de conceitos jurídicos indeterminados), de acordo com a conveniência e oportunidade identificadas pelo administrador público,[131] e que constituem o mérito do ato, muitas vezes insindicável pelo Poder Judiciário.[132]

A discricionariedade não surge, portanto, da mera coincidência de um espaço de liberdade da Administração Pública com relação ao legislador; ao contrário, a discricionariedade decorre da eleição feita pelo Poder Legislativo de abrir ao Poder Executivo, que está próximo do caso concreto, uma contribuição pessoal da autoridade competente no processo de determinação do "interesse geral".[133]

---

[129] Essas críticas podem ser conferidas no segundo capítulo do presente livro, notadamente em 2.3.

[130] O tema é desenvolvido por Marçal Justen Filho, em seu *Curso de direito administrativo*. 2. ed. São Paulo: Saraiva, 2006. p. 17, notadamente em 1.4.6, com o sugestivo título: *Um direito administrativo pós-moderno?* Veja-se o nosso posicionamento sobre as atuais características do direito administrativo em 3.1.

[131] Nesse sentido, ver a definição de BULLINGER. *La discrecionalidad de la administración pública*, VII, 1986, citado por MAGIDE HERRERO, Mariano. *Límites constitucionales de las administraciones independientes*. Madrid: INAP, 2000. p. 247.

[132] Veja-se KRELL, Andreas J. A recepção das teorias alemãs sobre "conceitos jurídicos indeterminados" e o controle da discricionariedade no Brasil. *Revista Interesse Público*, Porto Alegre, v. 23, p. 21-49, 2004. p. 23. Sobre esse aspecto da questão, colhe-se o seguinte aresto do Superior Tribunal de Justiça: "ADMINISTRATIVO – CÓDIGO DE TRÂNSITO BRASILEIRO – LIMITE DE VELOCIDADE DAS VIAS DE TRÂNSITO – CRITÉRIOS DE FIXAÇÃO – DISCRICIONARIEDADE DA ADMINISTRAÇÃO PÚBLICA – NÃO OBSERVÂNCIA DO LIMITE ESTABELECIDO – MULTA – PROCEDÊNCIA. – Os critérios adotados pela administração pública para fixação dos limites de velocidades nas vias de trânsito estão relacionadas à discricionariedade estabelecida no próprio CTB, não cabendo ao Poder Judiciário, salvo em caso de ilegalidade ou manifesto abuso de autoridade, adentrar no mérito do ato administrativo que os instituiu. Recurso especial conhecido e provido" (REsp nº 588.253/RJ. Recurso Especial 2003/0157008-6. Rel. Min. Francisco Peçanha Martins, Segunda Turma, j. 18.8.2005, public. 17.10.2005).

[133] MAGIDE HERRERO, Mariano. *Límites constitucionales de las administraciones independientes*. Madrid: INAP, 2000. p. 252. O conceito jurídico indeterminado "interesse geral" acaba sendo uma "fórmula" ou uma "justificativa" para toda e qualquer atuação da Administração Pública. Nesse sentido, Bermejo Vera adverte que esse termo acaba por produzir uma grande sensação de inutilidade. Vejam-se os comentários do autor na obra BERMEJO VERA, José. *El declive de la seguridad jurídica en el ordenamiento plural*. Madrid: Civitas, 2005. p. 171.

1.4.3.1 Base da escolha discricionária: o binômio oportunidade e conveniência

Se a discricionariedade administrativa permite ao Administrador Público agir diante da abertura legislativa e, se perfilhada a corrente doutrinária que defende a discricionariedade na integração de conceitos jurídicos indeterminados, indaga-se: por que os pilares *conveniência* e *oportunidade* sustentam esta fórmula típica do direito administrativo?

Antes mesmo de adentrar nesse campo de questões, para compreender o cenário em que se engasta a teoria da discricionariedade administrativa, permite-se registrar qual era o papel do direito administrativo nessa fase histórica.[134]

Viveiros de Castro comentou, em obra de 1912, que o direito administrativo era estruturado por três grupos de pensadores: para o primeiro, esta disciplina constituía o conjunto de leis ou decisões do Poder Público; na visão do segundo ("tratadistas"), o direito administrativo estava associado à atuação do Poder Executivo; e para o terceiro grupo, o direito administrativo representava as atividades do Estado.[135]

Nessa terceira corrente, e segundo lição clássica de Themístocles Brandão Cavalcanti, conceituando o direito administrativo na primeira quadra do século XX, considerava-se nesse ramo do direito público um conjunto de condições que envolvia apenas a estrutura burocrática do governo e que integrava a organização administrativa necessária para manter o funcionamento dos serviços essenciais do Estado. Competia ainda superintender ou controlar o funcionamento daqueles sujeitos à iniciativa privada ou criados com autonomia.[136]

Vale juntar também a manifestação doutrinária de Mario Mazagão, para quem o direito administrativo seria um conjunto de princípios que regem a atividade administrativa não contenciosa do Estado, e a instituição dos meios e órgãos de sua ação em geral.[137]

---

134 Acerca do surgimento do direito administrativo, ver, por todas, a obra de GARCÍA DE ENTERRÍA, Eduardo. *Democracia, jueces y controle de la administración*. 5. ed. reimpr. Madrid: Civitas, 2005. p. 51 *et seq*.

135 VIVEIROS DE CASTRO, Augusto Olympio. *Tratado de sciencia da administração e direito administrativo*. Rio de Janeiro: Jacintho Ribeiro dos Santos Livreiro – Editor, 1912. p. 89-91.

136 CAVALCANTI, Themístocles Brandão. *Curso de direito administrativo*. 7. ed. Rio de Janeiro: Freitas Bastos, 1954. p. 23.

137 MAZAGÃO, Mario. *Preleções de direito administrativo*. São Paulo: Linotechnica, 1937. p. 61.

Observando-se o quadro refletido nas doutrinas antes colacionadas, em que o "velho paradigma administrativista"[138] era "excludente da cidadania",[139] voltado para dentro, isto é, idealizado e pensado para o funcionamento da burocracia, na ação discricionária[140] o administrador passou a ter uma alta dose de liberdade de escolha, um "cheque em branco"[141] sob o binômio conveniência e oportunidade, constituindo, então, um imperscrutável mérito do ato administrativo.[142]

O mérito do ato administrativo era pensado como estando diretamente ligado ao sentido político do ato executivo. Nas palavras de Seabra Fagundes, seria o procedimento que atende ao interesse público[143] e compreende os aspectos, nem sempre de fácil percepção,

---

[138] MARQUES NETO, Floriano Peixoto de Azevedo. A nova regulação estatal e as agências independentes. *In:* SUNDFELD, Carlos Ari (Org.). *Direito administrativo econômico*. São Paulo: Malheiros, 2000. p. 80.

[139] Expressão cunhada por Joaquim Falcão, quando do debate informal sobre o presente texto. Sobre a expressão "direitos da cidadania", remete-se o leitor para o artigo de TORRES, Ricardo Lobo. A cidadania multidimensional na era dos direitos. *In:* TORRES, Ricardo Lobo (Org.). *Teoria dos direitos fundamentais*. 2. ed. rev. e atual. Rio de Janeiro: Renovar, 2001. p. 247 *et seq*.

[140] José Cretella Júnior, M. Seabra Fagundes e Odete Medauar entendem que o tema da discricionariedade abrange tanto o poder discricionário como, também, a atividade discricionária e o ato discricionário, como sendo três momentos distintos, mas necessariamente ligados entre si. Cf. MEDAUAR, Odete. Poder discricionário da administração. *Revista dos Tribunais*, São Paulo, n. 610, p. 38-45, ago. 1996. p. 39. Víctor Nunes Leal, em sentido contrário, sustenta que "não existe, com efeito, ato discricionário; o que existe é poder discricionário, e alguns autores são bem rigorosos no emprego preferencial desta expressão" (LEAL, Víctor Nunes. Poder discricionário e ação arbitrária da administração. *Revista de Direito Administrativo*, Rio de Janeiro, v. 14, p. 52-82, out./dez. 1948. p. 52-82).

[141] MEDAUAR, Odete. *O direito administrativo em evolução*. 2. ed. São Paulo: Revista dos Tribunais, 2003. p. 196.

[142] O estudo acerca do mérito administrativo foi desenvolvido e amplamente examinado pela doutrina italiana, merecendo destaque o pensamento de Presutti, Lentini, Ranelletti, Orlando, Treves e Renato Alessi, e, entre nós, os estudos desenvolvidos pelos publicistas Miguel Seabra Fagundes (*O contrôle dos atos administrativos pelo Poder Judiciário*. 4. ed. Rio de Janeiro: Forense, 1967. p. 150 *et seq.*) e José Cretella Júnior (*Controle jurisdicional do ato administrativo*. 4. ed. Rio de Janeiro: Forense, 2001. p. 240). Nas palavras de Seabra Fagundes, em artigo doutrinário sobre o tema: "Este constitui um aspecto do procedimento da Administração, de tal modo relacionado com circunstâncias e apreciações só perceptíveis ao administrador, dados os processos de indagação de que dispõe e a índole da função por ela exercida, que ao juiz é vedado penetrar no seu conhecimento. Se o fizesse exorbitaria, ultrapassando o campo da apreciação jurídica (legalidade ou legitimidade), que lhe é reservado como órgão específico de preservação da ordem legal para incursionar no terreno da gestão política (discricionariedade), próprio dos órgãos executivos" (SEABRA FAGUNDES, Miguel. Conceito de mérito no direito administrativo. *Revista de Direito Administrativo*, Rio de Janeiro, n. 231, p. 2-16, jan./mar. 2003. p. 2-16).

[143] SEABRA FAGUNDES, Miguel. *O contrôle dos atos administrativos pelo Poder Judiciário*. 4. ed. Rio de Janeiro: Forense, 1967. p. 149-150. José de Ribamar Barreiros Soares assevera que mérito se identifica com exame de oportunidade e conveniência, em que o administrador possui a faculdade discricionária, concedida por lei, para decidir entre as soluções que

atinentes ao acerto, à justiça, à utilidade, à equidade, à razoabilidade, à moralidade etc. de cada procedimento administrativo.[144] Por essas razões, e com arrimo em Ranelletti, Seabra Fagundes defendia que o mérito é de "atribuição exclusiva do Poder Executivo, e o Poder Judiciário, nele penetrando, faria obra de administrador, violando, dessarte, o princípio da separação e independência de poderes".[145]

Alguns doutrinadores[146] pugnavam pelo alargamento do conceito de mérito do ato administrativo, de modo que, sob certos aspectos, se encontraria como setor da legalidade. Essa posição, não obstante sedutora, seria insustentável, pois seria "atribuir ao mérito do ato administrativo quase o mesmo sentido que tem a expressão *mérito processual*. Seria substituir o administrador pelo juiz".[147]

Como se vê, os dois pilares que sustentam a discricionariedade (conveniência e oportunidade), cunhada em outro arranjo constitucional e histórico, foram teorizados para permitir ao administrador público, de acordo com sua exclusiva compreensão da realidade e dos fatos, e, notadamente, com seus próprios valores, escolher a solução que entendia ser cabível para a efetivação do fim público, supostamente unívoco e predeterminado.

Nesse sentido, o mérito do ato (escolha) está adstrito à valorização administrativa mediante parâmetros não positivos (*oportunidade* e *conveniência*), que refogem aos vetores fixados nas normas constitucionais e infraconstitucionais.[148]

---

melhor atendam ao interesse público. Sustenta que, no caso concreto, o mérito engloba a valoração procedida pelo administrador quanto a determinados fatos, com base nos quais deverá escolher a solução mais adequada à satisfação das necessidades públicas tuteladas. Desse modo, na apreciação da conveniência e oportunidade, o agente pondera sobre hora, lugar, justiça, economicidade, razoabilidade, moralidade, utilidade, eficiência, probidade, obediência aos princípios da boa administração e, sobretudo, atendimento ao interesse público (SOARES, José de Ribamar Barreiros Soares. *O controle judicial do mérito administrativo*. Brasília: Brasília Jurídica, 1999. p. 25).

144 SEABRA FAGUNDES, Miguel. *O contrôle dos atos administrativos pelo Poder Judiciário*. 4. ed. Rio de Janeiro: Forense, 1967. p. 149-150.

145 SEABRA FAGUNDES, Miguel. *O contrôle dos atos administrativos pelo Poder Judiciário*. 4. ed. Rio de Janeiro: Forense, 1967. p. 150.

146 CRETELLA JÚNIOR. José. *Controle jurisdicional do ato administrativo*. 4. ed. Rio de Janeiro: Forense, 2001. p. 243.

147 CRETELLA JÚNIOR. José. *Controle jurisdicional do ato administrativo*. 4. ed. Rio de Janeiro: Forense, 2001. p. 243.

148 MORAES, Germana de Oliveira. *Controle jurisdicional da Administração Pública*. São Paulo: Dialética, 2002. p. 42.

Esse aspecto também é ressaltado por Diogo de Figueiredo Moreira Neto[149] ao tecer um paralelo entre a discricionariedade e o mérito do ato administrativo em que aduz, sinteticamente, que a discricionariedade é uma técnica, e o mérito, o resultado. Para esse autor, o mérito se localiza na análise elemental do ato administrativo, comumente reconhecida e adotada pela doutrina e pelo direito positivo brasileiro nos elementos motivo e objeto. Os elementos do ato (competência, finalidade e forma) aparecerão sempre vinculados, e os dois outros (motivo e objeto), alternativamente, vinculados ou discricionários, um ou outro.[150] Denota, assim, que essa concepção do mérito acabaria por identificar a noção de oportunidade e conveniência com a da legalidade, destruindo exatamente aquilo que serve de divisor para campos independentes e permitindo indébita intervenção do Judiciário no aspecto político-discricionário do ato.[151]

O fato é que o mecanismo que deflagra a atuação administrativa decorre da lei, que remete a Administração Pública à valoração subjetiva quanto às condições não identificadas na norma, notadamente quanto a sua integração diante do caso concreto. Nas palavras de García de Enterría e Fernández:[152]

> Definiendo la Ley, porque no puede dejar de hacerlo, en virtud de las exigencias de explicitud y especificidad de la potestad que atribuye a la Administración, algunas de las condiciones de ejercicio de dicha potestad, remite a la estimación subjetiva de la Administración el resto de dichas condiciones, bien en cuanto a la integración última del supuesto de hecho [...], bien en cuanto al contenido concreto, dentro de los límites legales, de la decisión aplicable [...], bien de ambos elementos.

Importa destacar que, se o mérito da escolha discricionária não está positivado em detalhes que o iluminismo oitocentista perseguiu, o exercício da discricionariedade pela Administração Pública comporta

---

149 MOREIRA NETO, Diogo de Figueiredo. *Legitimidade e discricionariedade*: novas reflexões sobre os limites e controle da discricionariedade. Rio de Janeiro: Forense, 1989. p. 32-33.

150 MOREIRA NETO, Diogo de Figueiredo. *Legitimidade e discricionariedade*: novas reflexões sobre os limites e controle da discricionariedade. Rio de Janeiro: Forense, 1989. p. 32-33.

151 MOREIRA NETO, Diogo de Figueiredo. *Legitimidade e discricionariedade*: novas reflexões sobre os limites e controle da discricionariedade. Rio de Janeiro: Forense, 1989. p. 32-33.

152 GARCÍA DE ENTERRÍA, Eduardo; FERNÁNDEZ, Tomás-Ramón. *Curso de derecho administrativo*. 10. ed. Madrid: Civitas, 2001. p. 453. t. I.

um elemento identificado pelo administrador público para a completa integração do comando legal ao caso particular.[153]

Nessa hipótese, a integração da norma por critérios do administrador público, muitas vezes tangenciando o arbítrio, nem mesmo é considerada uma faculdade ilegal proveniente de suposto – e hipotético – poder originário da Administração. Ao contrário, trata-se de uma atribuição estabelecida pela própria lei, de modo que a discricionariedade não se configura, no atual Estado Democrático de Direito, uma liberdade da Administração Pública em face da norma, mas, em sentido oposto, se apresenta como um caso típico de submissão legal que exige complementação pelo Executivo.

Parece não haver dissenso sobre o fato de que, na origem, o "poder" discricionário "aparece, assim, como necessário elemento na gradual formação do Direito, ou das normas jurídicas; é ele que as torna sucessivamente mais concretas".[154] O grande desafio – travado no debate acerca do controle judicial dos atos discricionários – se encontra no fato de que o administrador público, a pretexto de escolher discricionariamente e sem transparência, comete inúmeros abusos e desvios.

Resta indagar: se o direito é mais do que aquilo que está disciplinado na lei, como examinar graus de vinculação da discricionariedade a esta? Qual é o limite entre a discricionariedade e o arbítrio,[155] haja

---

153 Eva Desdentado Daroca, ao ressaltar a ausência de consenso doutrinário em torno da utilização da discricionariedade administrativa, define a discricionariedade como a realização de eleições de diferentes alternativas quando do exercício de poderes conferidos pela norma aberta. Por suas palavras, a discricionariedade administrativa "consiste en la realización de elecciones entre diferentes alternativas con la finalidad de ejercer una potestad conferida por el ordenamiento jurídico y que éste, sin embargo, no ha regulado plenamente. La discrecionalidad es, por un modus operandi que se caracteriza por los siguientes rasgos: 1) supone la adopción de decisiones dentro de un margen de libre apreciación dejado por el ordenamiento jurídico, 2) implica un acto de elección sobre la base de argumentos valorativos acerca de los cuales personas razonables pueden diferir, y 3) la elección se adopta siempre conforme a criterios valorativos extrajurídicos" (DESDENTADO DAROCA, Eva. *Los problemas del control judicial de la discrecionalidad técnica*. Madrid: Civitas, 1997. p. 22).

154 QUEIRÓ, Afonso Rodrigues. A teoria do "desvio de poder" em direito administrativo. *Revista de Direito Administrativo*, Rio de Janeiro, n. 6, p. 41-78, out. 1946. p. 44.

155 Veja-se, a título de mera ilustração, o acórdão a seguir, em que o Poder Judiciário coíbe a arbitrariedade do administrador que agiu, supostamente, à luz da função discricionária: "ADMINISTRATIVO. MANDADO DE SEGURANÇA. LICITAÇÃO. VINCULAÇÃO AO EDITAL. AFASTAMENTO DE CRITÉRIO SUBJETIVO NA APRECIAÇÃO DE RECURSO ADMINISTRATIVO. ILEGALIDADE DO ATO INABILITADOR DE CONCORRENTE. CONSTITUIÇÃO FEDERAL. ARTS. 5º, II, 37 E INCS. XXI E LV, 84, III. LEI 6404/76. LEI 8666/93. LEI 8883/94. LEI 8987/95. SÚMULA 473/STF. 1. Habilitação técnica reconhecida pela via de critérios objetivos não pode ser derruída por afirmações de índole subjetiva, contrapondo-se às avaliações vinculadas às disposições editalícias. A legislação de regência louva os critérios objetivos e da vinculação ao instrumento convocatório (§1º, art. 44, Lei 8666/93; art. 14, Lei 8987/95). 2. O processo licitatório inadmitindo a discriminação, desacolhe

vista que a atuação discricionária se baseia no binômio *conveniência* e *oportunidade*, excludente da participação da sociedade[156] na definição dos interesses em presença?

Se, de um lado, a atividade da Administração não pode conformar-se com a generalização da competência vinculada, sendo indispensável adaptar-se constantemente às circunstâncias particulares e mutáveis que a norma não pôde prever, de outro lado, uma Administração amplamente discricionária não oferece aos cidadãos qualquer segurança, pois se volta, em diversas situações, ao arbítrio despótico por meio de abuso ou desvio de poder.[157]

1.4.4 Margem de livre apreciação da norma legal pelo administrador público: vinculação negativa e vinculação positiva à lei

A escolha administrativa discricionária é exercida pelo Poder Executivo por meio de aberturas concedidas pelo legislador primário. Inicialmente, na origem da discricionariedade administrativa, cogitou-se

---

ato afrontoso ao princípio da isonomia, numa clara proibição do *abuso de poder* por fuga à vinculação ao Edital. Ato, decorrente de expressas razões recursais, desconhecendo-as para fincar-se em outras de caráter subjetivo, fere o princípio da legalidade. *No caso não se compõe a discricionariedade sob os albores do interesse público, conveniência e oportunidade*. 3. Segurança concedida parcialmente" (MS nº 5.289/DF; Mandado de Segurança 1997/0053243-7. Rel. Min. Milton Luiz Pereira, Primeira Seção, j. 24.11.1997. *Revista do Superior Tribunal de Justiça*, v. 112, p. 25, 21 set. 1998).

[156] Os limites da presente obra não permitem um aprofundamento na questão que envolve a participação administrativa da sociedade. Remete-se o leitor para o capítulo I da segunda parte da seguinte obra: BAPTISTA, Patrícia. *Transformações do direito administrativo*. Rio de Janeiro: Renovar, 2003. p. 119 *et seq*. Veja-se, ainda, GROTTI, Dinorá Adelaide Musetti. A participação popular e a consensualidade na administração pública. *In:* MOREIRA NETO, Diogo de Figueiredo (Coord.). *Uma avaliação das tendências contemporâneas do direito administrativo*. Rio de Janeiro: Renovar, 2003. p. 648.

[157] Veja-se que o Código Tributário Nacional, no qual se encontra positivado o conceito de poder de polícia, dispõe que a atuação discricionária só estará configurada nos casos em que não houver abuso ou desvio de poder: "Art. 78. Considera-se poder de polícia atividade da administração pública que, limitando ou disciplinando direito, interêsse ou liberdade, regula a prática de ato ou abstenção de fato, em razão de intêresse público concernente à segurança, à higiene, à ordem, aos costumes, à disciplina da produção e do mercado, ao exercício de atividades econômicas dependentes de concessão ou autorização do Poder Público, à tranquilidade pública ou ao respeito à propriedade e aos direitos individuais ou coletivos. Parágrafo único. Considera-se regular o exercício do poder de polícia quando desempenhado pelo órgão competente nos limites da lei aplicável, com observância do processo legal e, tratando-se de atividade que a lei tenha como discricionária, *sem abuso ou desvio de poder*". Cumpre registrar que esta e todas as demais transcrições apresentadas neste trabalho, da Constituição Federal e das leis federais, foram extraídas do *site* oficial do Governo Federal (www.planalto.gov.br).

haver um espaço para o administrador público, vinculado negativamente à lei.[158]

A primeira expressão para qualificar a técnica de execução da legalidade pela Administração considerou tal execução como uma simples particularidade na atuação concreta dos mandamentos abstratos das normas, segundo exemplo histórico oferecido na sentença judicial aplicativa da lei.[159]

Nesse contexto, nasce, para o administrador público, uma vinculação negativa à lei (*negative Bindung*), permitindo que a Administração atue discricionariamente com uma ausência de vínculo legal:

> La discrecionalidad será así la expresión de una libertad absoluta de determinación, radicada en el centro mismo de la personalidad administrativa, en su autonomía personal (A. HARIOU); caracterización donde desaparece la nota originaria de una actividad administrativa limitada a la mera ejecución legal. Lo cual, bien entendido, no sería una simple toma de posición en el plano teórico, sino que es una concepción que apareja la más graves consecuencias prácticas. La Administración podría hacer "no meramente aquello que la Ley expresamente le autorice, sino todo aquello que la Ley no prohíbe" (MEYER-ANSCHÜTZ).[160]

---

158 A aparente contradição na expressão "vinculação negativa", é esclarecida por GARCÍA DE ENTERRÍA, Eduardo; FERNÁNDEZ, Tomás-Ramón. *Curso de derecho administrativo*. 10. ed. Madrid: Civitas, 2001. p. 436. t. I. A questão decorre da tradução do poder vinculado de origem francesa – *lié* – "o vinculado, lo que deja suponer que el término opuesto se caracteriza por estar exento de vinculación".

159 "Otto Mayer observó agudamente que sobre este esquema judicial, ofrecido quizá irreflexivamente a los juristas que nutrieron mayoritariamente las Asambleas y los cuadros revolucionarios por su práctica procesual habitual, se forjó el concepto clave de acto administrativo, que se consideró una declaración concreta con la que la Administración particulariza o aplica una previsión general normativa. Pero ese paralelo entre acto administrativo y sentencia, que inicialmente satisface la necesidad de una explicación técnica, va a ser resueltamente repudiado más tarde al notarse que, evidentemente, no pude intentar explicarse por el mismo rasero la posición respecto la Ley de La Administración y de los Tribunales. Stahl forjó una fórmula llamada a hacer fortuna para explicar el diferente tipo de vinculación a la Ley de uno y otro poder: mientras que los Tribunales tienen en la ejecución (o particularización a un caso concreto) de la Ley el objeto exclusivo de su función, la Administración, por el contrario, tiene como función propia realizar diversos fines públicos materiales, sólo que debe hacerlo dentro de los límites de la Ley" (GARCÍA DE ENTERRÍA, Eduardo; FERNÁNDEZ, Tomás-Ramón. *Curso de derecho administrativo*. 10. ed. Madrid: Civitas, 2001. t. I).

160 GARCÍA DE ENTERRÍA, Eduardo; FERNÁNDEZ, Tomás-Ramón. *Curso de derecho administrativo*. 10. ed. Madrid: Civitas, 2001. p. 437. t. I.

Foi Hans Kelsen, em sua teoria pura do direito, que doutrinou acerca da vinculação positiva (*positive Bindung*) da Administração à legalidade.[161]

Averbou, o mestre da Escola de Viena,[162] sobre a relativa indeterminação do ato de aplicação do direito, que a relação entre um escalão inferior da ordem jurídica é uma relação de determinação ou vinculação, ou seja, a norma do escalão superior regula o ato por meio do qual é produzida a norma do escalão inferior.[163]

Para Kelsen, esta determinação nunca é completa, pois a norma do escalão superior não pode vincular em todas as direções – sob todos os aspectos – o ato por meio do qual é ampliada. Tem sempre de ficar uma margem, ora maior ora menor, de livre apreciação, de tal forma que a norma de escalão superior tem sempre, em relação ao ato de produção normativa ou de execução que a aplica, o caráter de um quadro ou uma moldura a preencher por este ato. Mesmo uma ordem, o mais pormenorizada possível, tem de deixar àquele que a cumpre ou executa uma pluralidade de determinações a fazer.[164]

Nesse contexto, a Administração Pública pode usar de sua discricionariedade, sua livre autonomia, decorrente de uma "delegação

---

161 Ver, por todos os que se aprofundaram no tema, o capítulo 2 – "La doctrina de la vinculación positiva de la Administración a la legalidad" – na obra de GARCÍA DE ENTERRÍA, Eduardo; FERNÁNDEZ, Tomás-Ramón. *Curso de derecho administrativo*. 10. ed. Madrid: Civitas, 2001. p. 438 *et seq*. t. I.

162 "La aportación fundamental de Kelsen fue la instauración de un Tribunal Constitucional encargado de velar por la constitucionalidad de las leyes. Para 1919 ya había sido nombrado profesor ordinario. En torno a él fue formándose un grupo de profesores austriacos que con el tiempo se conocería como la Escuela de Viena y que habría de tener una enorme influencia en el pensamiento jurídico en todo el mundo" (DOMINGO, Rafael (Ed.). *Juristas universales*. Madrid: Marcial Pons, 2004. p. 70. 4).

163 KELSEN, Hans. *Teoria pura do direito*. 6. ed. Tradução de João Baptista Machado. São Paulo: Martins Fontes, 1998. p. 388.

164 O pensamento de Kelsen sofreu inúmeras críticas, haja vista que na teoria de formação do direito por degraus ele identifica discricionariedade e interpretação, haja vista que na interpretação somente há uma única solução correta inserida no processo cognitivo, enquanto na discricionariedade há o dever de escolha entre as opções decorrentes da norma. Sobre a crítica ao pensamento de Kelsen, a publicista Maria Sylvia Zanella Di Pietro aponta, ainda, a dificuldade, se não a impossibilidade, de distinguir a atividade vinculada da atividade discricionária da Administração Pública, "já que, para ele, cada ato implica um acréscimo em relação à norma de grau superior, quando, na realidade, em se tratando de atividade vinculada, a Administração tem que se limitar a constatar o atendimento dos requisitos legais, sem possibilidade de optar por solução diversa daquela prevista em lei" (DI PIETRO, Maria Sylvia Zanella. *Discricionariedade administrativa na Constituição de 1988*. 2. ed. São Paulo: Atlas, 2001. p. 72).

consciente"[165] para a "concretização paulatina da norma",[166] em todos aqueles casos em que a lei não tenha disciplinado de modo absolutamente vinculado, atuando, dessa forma, no espaço livre da lei.[167]

1.4.5 Evolução da discricionariedade administrativa no Brasil seguindo a doutrina francesa

No Brasil, pode-se dizer que sempre houve grande intervencionismo estatal. Por aqui, o liberalismo teria passado ao largo, e, como não poderia deixar de ser, a organização administrativa foi estruturada para esse fim intervencionista sempre dotada de amplo espaço para a adoção de escolhas discricionárias seguindo a doutrina do direito administrativo francês.[168]

O estudo do direito administrativo, no Brasil, foi formalmente autorizado pelo Imperador Dom Pedro II por meio do Decreto nº 608, de 16.8.1851:

> Art. 1º O Governo fica autorisado para dar novos Estatutos aos Cursos Juridicos, e ás Escolas de Medicina, podendo alterar as disposições da Lei de 3 de Outubro de 1832 pelo modo mais conveniente ao ensino, regularidade, e disciplina das Escolas, e exercicio da Medicina e Pharmacia. [...]
> Art. 2º He autorisado tambem o Governo a crear mais duas Cadeiras, huma de Direito Administrativo, e outra de Direito Romano, continuando porêm a ser de cinco annos o curso completo das Sciencias Juridicas e Sociaes.

As obras de direito administrativo brasileiro, do século XIX, foram amplamente influenciadas pelo direito administrativo francês. Em 1857, foi editado o primeiro livro de direito administrativo por

165 Na expressão de FERNÁNDEZ, Tomás-Ramón. *Del arbitrio y de la arbitrariedad judicial*. Madrid: Lustel, 2005. p. 64.

166 GARCÍA DE ENTERRÍA, Eduardo; FERNÁNDEZ, Tomás-Ramón. *Curso de derecho administrativo*. 10. ed. Madrid: Civitas, 2001. p. 438. t. I.

167 A evolução dessa doutrina levou a discricionariedade não apenas à vinculação da lei, mas, notadamente, ao direito. O tema será abordado no capítulo 2 deste livro.

168 Conforme nosso *Agências reguladoras*: da administração da organização administrativa piramidal à governança em rede. 2. ed. Belo Horizonte: Fórum, 2021. p. 105.

Vicente Pereira do Rego[169] e, em que pese a existência de outras obras,[170] o livro de Antônio Joaquim Ribas (1866) foi formalmente aprovado pelo imperador para uso nas faculdades de Direito de São Paulo e Recife. Naquela obra constata-se toda a influência, recebida pelo autor, advinda do direito administrativo francês.

Dizia o autor, no início da sua obra:

> A idéa, porém, de assentar a legislação administrativa em princípios racionaes, e de constitui-la em corpo de doutrina, é filha das tendências philosophicas da revolução franceza de 1789 (Lei de 22 ventose do anno XII, art. 2° n. 2, Decr. do 4° dia compl. do anno XII, art. 10); mas foi o governo de Luiz XVIII quem realizou esta idéa creando uma cadeira de Direito Administrativo na escola de direito de Pariz, e incumbindo De Gerando de inaugurar o ensino da nova sciencia. [...] Para preencher sua ardua missão o eminente professor teve de compulsar volumosas collecções, reunir e coordenar mais de 80,000 textos de leis e regulamentos, e com methodo admiravel extrahir delles uma teoria philosophica. Foi assim que elle compoz e deu á luz as suas Institutas de Direito Administrativo Francez. De então por diante achou-se constituída naquelle paiz a sciencia de que é geralmente reconhecido De Gerando como o fundador e o pai. Assaz, porém, tardou ella em ser importada e nacionalisada entre nós.[171]

Nessa importante obra, Antonio Joaquim Ribas apresenta a ideia-chave de hierarquia e centralização da Administração Pública brasileira, sob a forma piramidal, próxima ao modelo francês, diversa do modelo de separação do Poder Executivo do denominado "Poder Administrativo" estadunidense:[172]

> Não existe pois um poder administrativo distincto e independente do executivo. O poder administrativo, ou a administração, é o mesmo executivo – abstracção feita das suas funcções governamentaes –, diffundido

[169] REGO, Vicente Pereira do. *Elementos de direito administrativo brasileiro*. Recife: Tipografia Universal, 1857.

[170] É o caso da obra publicada em 1859, sob a influência gaulesa, de autoria de Veiga Cabral (*Direito administrativo brasileiro*. Rio de Janeiro: Tipografia Universal de Laemmert, 1859) e do livro de Visconde do Uruguay (*Ensaio sobre o direito administrativo*. Rio de Janeiro: Typ. Nacional, 1862).

[171] RIBAS, Antonio Joaquim. *Direito administrativo brasileiro*. Rio de Janeiro: F. L. Pinto & C., Livreiros-Editores, 1866. p. 2.

[172] Sobre um debate acerca das doutrinas envolvendo a separação de poderes com a criação de agências, ver a obra: VERMEULE, Adrian. *Law's abnegation*: from law's empire to the administrative state. Cambridge: Harvard University Press, 2016. p. 56 ss.

> pelas innumeras ramificações de seus funccionarios e empregados, desde o Monarcha, que é o seu Chefe, até os mais subalternos agentes.[173]

E, sob essa influência francesa, se desenvolveu o estudo do direito administrativo no Brasil.

Em 1889 foi proclamada a república e, em 1891, promulgada a primeira Constituição Federal sob a influência norte-americana. Adotou-se o modelo federativo, tripartição de poderes e governo presidencial. Quanto aos poderes do chefe do Poder Executivo, a Carta de 91 dispôs pela sua competência privativa para "sancionar, promulgar e fazer publicar as leis e resoluções do Congresso; expedir decretos, instruções e regulamentos para sua fiel execução".

Três anos depois de promulgada (1894), foi editada a Lei nº 221, de 20 de novembro, que positivou a base para o controle do "poder discricionário" exercido pelo chefe do Poder Executivo, de acordo com teorias francesas que definiam os limites do controle judicial sobre os atos administrativos discricionários: "§9º [...] b) A medida administrativa tomada em virtude de uma faculdade ou *poder discricionario* sómente será havida por illegal em razão da incompetencia da autoridade respectiva ou do excesso de poder".[174]

A discricionariedade aparece em diversas leis, a exemplo da Lei nº 4.182, de 13.11.1920, que a autorizou o Governo a fazer uma emissão de papel-moeda:

> Art. 5º O Governo instituirá a fiscalização dos bancos e casas bancarias, para o fim de prevenir e cohibir o jogo sobre o cambio, assegurando apenas as operações legitimas, observado o seguinte: [...]
> §1º Poderá o Ministro da Fazenda, quando a conveniencia o indicar:

---

173 VERMEULE, Adrian. *Law's abnegation*: from law's empire to the administrative state. Cambridge: Harvard University Press, 2016. p. 56.

174 García de Enterría e Tomás-Ramón Fernández, ao comentarem a evolução francesa acerca dos limites do controle judicial sobre os atos administrativos discricionários, lecionam que, inicialmente, a escolha discricionária era considerada "ato de império", não admitindo qualquer recurso contencioso-administrativo. No começo do século XIX o controle da discricionariedade administrativa era exercido pelo Conselho de Estado francês pelo recurso por excesso de poder, inicialmente contra os denominados "vícios de incompetência" e, posteriormente, os "vícios de finalidade". No fim do século XIX surgiu uma nova doutrina destinada ao controle judicial dos atos estatais, denominada *détournement de pouvoir* (desvio de poder), que tornava ilegal o ato administrativo que se afastasse dos fins legais. Uma terceira fase é identificada na adoção da teoria dos motivos determinantes, pela qual o Poder Judiciário passou a examinar os fatos considerados pela autoridade pública na motivação administrativa (GARCÍA DE ENTERRÍA, Eduardo; FERNÁNDEZ, Tomás-Ramón. *Curso de derecho administrativo*. 10. ed. Madrid: Civitas, 2001. p. 463-470. t. I).

a) exigir as provas de que as operações de compra e venda de cambiaes são reaes e legitimas, prohibindo-as em caso contrario:
b) impôr multas correspondentes, no maximo, ao dobro da transacção, e no minimo, de 5:000$, ás pessoas ou ás instituições que infringirem os preceitos deste artigo e as instrucções do Ministro da Fazenda, tendentes á boa execução da presente lei;
c) as concessões para funccionamento de novos bancos ou casas bancarias, bem como as renovações de concessões, já existentes, dependerão da obrigação de contribuir com uma quota de fiscalização a ser fixada pelo Governo;
d) estabelecer outras condições e cautelas que forem necessarias para regularizar as operações cambiaes;
e) fixar uma quota de fiscalização bancaria, de cujo pagamento dependerão o funccionamento de novos bancos e casas bancarias e a renovação de concessões já existentes.
§2º Fica autorizado a reorganizar os serviços a cargo da Camara Syndical de Corretores por fórma a melhor assegurar a efficiencia do que dispõe este artigo.
§3º Fica o Governo autorizado a expedir os regulamentos necessarios para a execução deste artigo, abrindo os necessarios creditos, e bem assim a consolidar, harmonizando-as quanto possivel, as disposições vigentes sobre sociedades anonymas e bancos.

Na década de 30, mais precisamente no dia 3.10.1930, iniciou-se um movimento sob a liderança civil de Getúlio Vargas, tendo sob a chefia militar a atuação do Tenente-Coronel Pedro Aurélio de Góis Monteiro. A ideia era atacar Washington Luís e impedir a posse do novo presidente eleito, Júlio Prestes, que assumiria o poder em 1º de março. Esse movimento sagrou-se vitorioso em 24 de outubro, levando Getúlio Vargas ao poder, assumindo a presidência provisória em 3 de novembro.

O ato que instituiu o Governo Provisório da República dos Estados Unidos do Brasil (Decreto nº 19.398, de 11.11.1930), explicitou o poder discricionário da Chefia do Poder Executivo, levando-se, inclusive, a positivar o impedimento quanto ao controle judicial dos atos executivos:

Art. 1º O Governo Provisório exercerá *discricionariamente*, em toda sua plenitude, as funções e atribuições, não só do Poder Executivo, como tambem do Poder Legislativo, até que, eleita a Assembleia Constituinte, estabeleça esta a reorganização constitucional do país; [...]
Art. 5º Ficam suspensas as garantias constitucionais e excluída a apreciação judicial dos atos do Governo Provisório ou dos interventores

> federais, praticados na conformidade da presente lei ou de suas modificações ulteriores.

O Governo Provisório durou quatro anos (1930-1934), sendo promulgada a Constituição Federal de 1934. O Governo Constitucional durou pouco, até o ano de 1937, quando foi editada a nova Carta.

No texto original de 1937 assim foi posta a competência do chefe do Poder Executivo que, valendo-se de conceitos jurídicos indeterminados, lançou os mecanismos de limitação do controle dos seus atos administrativos:

> Art. 73. O Presidente da República, autoridade suprema do Estado, coordena a atividade dos órgãos representativos, de grau superior, dirige a política interna e externa, promove ou orienta a política legislativa de interesse nacional, e superintende a administração do País. [...]
> Art. 74. Compete privativamente ao Presidente da República:
> a) sancionar, promulgar e fazer publicar as leis e expedir decretos e regulamentos para a sua execução;
> b) expedir decretos-leis, nos termos dos arts. 12 e 13; [...]
> Art. 96. Só por maioria absoluta de votos da totalidade dos seus Juízes poderão os Tribunais declarar a inconstitucionalidade de lei ou de ato do Presidente da República. Parágrafo único. No caso de ser declarada a inconstitucionalidade de uma lei que, a juízo do Presidente da República, seja necessária ao bem-estar do povo, à promoção ou defesa de interesse nacional de alta monta, poderá o Presidente da República submetê-la novamente ao exame do Parlamento: se este a confirmar por dois terços de votos em cada uma das Câmaras, ficará sem efeito a decisão do Tribunal.

Outras disposições constitucionais apontam para o grande espaço que se abriu para a atuação administrativa com base nas escolhas pessoais – e não sindicáveis – do chefe do Poder Executivo:

> Art. 166. Em caso de ameaça externa ou iminência de perturbações internas ou existências de concerto, plano ou conspiração, tendente a perturbar a paz pública ou pôr em perigo a estrutura das instituições, a segurança do Estado ou dos cidadãos, poderá o Presidente da República declarar em todo o território do País, ou na porção do território particularmente ameaçado, o estado de emergência. Desde que se torne necessário o emprego das forças armadas para a defesa do Estado, o Presidente da República declarará em todo o território nacional ou em parte dele, o estado de guerra.
> Parágrafo único – Para nenhum desses atos será necessária a autorização do Parlamento nacional, nem este poderá suspender o estado

> de emergência ou o estado de guerra declarado pelo Presidente da República. [...]
> Art. 169. O Presidente da República, durante o estado de emergência, e se o exigirem as circunstâncias, pedirá à Câmara ou ao Conselho Federal a suspensão das imunidades de qualquer dos seus membros que se haja envolvido no concerto, plano ou conspiração contra a estrutura das instituições, e segurança do Estado ou dos cidadãos.
> §1º Caso a Câmara ou o Conselho Federal não resolva em doze horas ou recuse a licença, o Presidente, se, a seu juízo, se tornar indispensável a medida, poderá deter os membros de uma ou de outro, implicados no concerto, plano ou conspiração, e poderá igualmente fazê-lo, sob a sua responsabilidade, e independentemente de comunicação a qualquer das Câmaras, se a detenção for de manifesta urgência.
> §2º Em todos esses casos o pronunciamento da Câmara dos Deputados só se fará após a terminação do estado de emergência.
> Art. 170. Durante o estado de emergência ou o estado de guerra, dos atos praticados em virtude deles não poderão conhecer os Juízes e Tribunais.
> Art. 171. Na vigência do estado de guerra deixará de vigorar a Constituição nas partes indicadas pelo Presidente da República. [...]
> Art. 185. O julgamento das causas em curso na extinta Justiça Federal e no atual Supremo Tribunal Federal será regulado por decreto especial que prescreverá, do modo mais conveniente ao rápido andamento dos processos, o regime transitório entre a antiga e a nova organização judiciária estabelecida nesta Constituição.
> Art. 186. É declarado em todo o País o estado de emergência.

O Estado Novo vigorou entre 1937 e 1945, sendo promulgada nova Constituição Federal em 1946, trazendo avanços na contenção do Poder Executivo, até ser completamente descaracterizada por meio de atos decorrentes do golpe militar de 1964. A título exemplificativo, em 1965 foi editado o Ato Institucional nº 2, de 27 de outubro, em que foram excluídos da apreciação judicial: "I - os atos praticados pelo Comando Supremo da Revolução e pelo Governo federal".

Também na Lei nº 5.172, de 25.10.1966, que dispõe sobre o Sistema Tributário Nacional e institui normas gerais de direito tributário, aplicáveis à União, estados e municípios, a discricionariedade administrativa foi evidenciada para afastar o seu enquadramento nos casos de abuso ou desvio de poder:

> Art. 78. Considera-se poder de polícia atividade da administração pública que, limitando ou disciplinando direito, interêsse ou liberdade, regula a prática de ato ou abstenção de fato, em razão de interêsse público concernente à segurança, à higiene, à ordem, aos costumes, à disciplina

da produção e do mercado, ao exercício de atividades econômicas dependentes de concessão ou autorização do Poder Público, à tranqüilidade pública ou ao respeito à propriedade e aos direitos individuais ou coletivos. Parágrafo único. Considera-se regular o exercício do poder de polícia quando desempenhado pelo órgão competente nos limites da lei aplicável, com observância do processo legal e, tratando-se de atividade que a lei tenha como discricionária, sem abuso ou desvio de poder.

Diante desse quadro de absoluto espaço para o exercício da discricionariedade administrativa na execução de tarefas administrativas, insindicável pelo Poder Judiciário, adveio o marco legal da organização administrativa brasileira pelo Decreto-Lei nº 200/67. Contudo, a estrutura posta manteve a ampla centralização administrativa nas mãos do chefe do Poder Executivo Federal.

Ainda que nessa norma a Administração Pública aparecesse como centralizada ou direta, e descentralizada ou indireta (autarquias, fundações, empresas públicas e sociedades de economia mista), a última palavra competiria, sempre, à discricionariedade do chefe do Poder Executivo: "Art. 170. O Presidente da República, por motivo relevante de interêsse público, poderá avocar e decidir qualquer assunto na esfera da Administração Federal".

Também na Lei nº 6.815, de 19.8.1980, houve previsão para as escolhas discricionárias do presidente da República na expulsão de estrangeiro ou sua revogação:

> Art. 66. Caberá exclusivamente ao Presidente da República resolver sobre a *conveniência e a oportunidade* da expulsão ou de sua revogação. Parágrafo único. A medida expulsória ou a sua revogação far-se-á por *decreto.*
> Art. 67. Desde que *conveniente* ao interesse nacional, a expulsão do estrangeiro poderá efetivar-se, ainda que haja processo ou tenha ocorrido condenação.

Após a promulgação da Constituição de 1988, que restabeleceu a democracia e o Estado de Direito sob as premissas da pós-modernidade, diversas leis atribuíram expressamente espaços para as escolhas discricionárias.

Alguns exemplos. Na Lei nº 8.666, de 21.6.1993,[175] que dispõe sobre licitação e contratos administrativos, há previsão expressa do

[175] Revogada pela Lei nº 14.133, de 1º de abril de 2021.

espaço para o exercício de escolhas discricionárias pelo administrador público na alienação de bens móveis:

> Art. 17. A alienação de bens da Administração Pública, subordinada à existência de interesse público devidamente justificado, será precedida de avaliação e obedecerá às seguintes normas: [...]
> II - quando móveis, dependerá de avaliação prévia e de licitação, dispensada esta nos seguintes casos:
> a) doação, permitida exclusivamente para fins e uso de interesse social, após avaliação de sua *oportunidade e conveniência* socioeconômica, relativamente à escolha de outra forma de alienação.

Outro exemplo pode ser constatado na Lei nº 9.636, de 15.5.1998, que dispõe sobre regularização, administração, aforamento e alienação de bens imóveis de domínio da União:

> Art. 7º A inscrição de ocupação, a cargo da Secretaria do Patrimônio da União, é ato administrativo precário, resolúvel a qualquer tempo, que pressupõe o efetivo aproveitamento do terreno pelo ocupante, nos termos do regulamento, outorgada pela administração depois de analisada a *conveniência e oportunidade*, e gera obrigação de pagamento anual da taxa de ocupação. [...]
> Art. 23. A alienação de bens imóveis da União dependerá de autorização, mediante ato do Presidente da República, e será sempre precedida de parecer da SPU quanto à sua *oportunidade e conveniência*.

Em lei setorial, como exemplo, a que dispõe sobre o serviço de telecomunicações (Lei nº 9.472, de 16.7.1997), manteve-se a prática de abrir espaços para o exercício das escolhas administrativas discricionárias: "Art. 123. A revogação deverá basear-se em razões de *conveniência e oportunidade* relevantes e supervenientes à permissão".

Também na Lei Federal de Processo Administrativo (Lei nº 9.784, de 29.1.1999), uma vez mais o legislador valeu-se do instituto da discricionariedade administrativa mediante a utilização do binômio (oportunidade e conveniência) que a estrutura na tomada de determinadas decisões: "Art. 53. A Administração deve anular seus próprios atos, quando eivados de vício de legalidade, e pode revogá-los por motivo de *conveniência ou oportunidade*, respeitados os direitos adquiridos".

A Lei nº 11.079/2004, que disciplinou as parcerias público-privadas, também trouxe a abertura para o exercício de escolhas discricionárias:

> Art. 10. A contratação de parceria público-privada será precedida de licitação na modalidade de concorrência, estando a abertura do processo licitatório condicionada a:

> I - autorização da autoridade competente, fundamentada em estudo técnico que demonstre: a) a *conveniência e a oportunidade* da contratação, mediante identificação das razões que justifiquem a opção pela forma de parceria público-privada; [...].

A recentíssima Lei nº 14.133, de 1º de abril de 2021, que disciplina as licitações e contratos administrativos, adotou a técnica de se valer da discricionariedade administrativa para conferir espaços para as escolhas administrativas:

> Art. 30. O concurso observará as regras e condições previstas em edital, que indicará: [...] Parágrafo único. Nos concursos destinados à elaboração de projeto, o vencedor deverá ceder à Administração Pública, nos termos do art. 93 desta Lei, todos os direitos patrimoniais relativos ao projeto e autorizar sua execução conforme juízo de conveniência e oportunidade das autoridades competentes.
> Art. 71. Encerradas as fases de julgamento e habilitação, e exauridos os recursos administrativos, o processo licitatório será encaminhado à autoridade superior, que poderá: [...] II - revogar a licitação por motivo de conveniência e oportunidade;

Como se verifica no desenvolvimento da escolha discricionária ao longo dos anos, inclusive em períodos não democráticos, essa sempre foi e continua sendo uma prática legislativa fortemente adotada no Brasil, em que se abre espaço para a tomada de decisão (escolha) amparada em critérios amplos e de difícil sindicabilidade, sob o binômio *conveniência e oportunidade*.

1.4.6 Modalidades de discricionariedade administrativa e sua repercussão no controle

Nos tempos atuais a escolha discricionária ocorre em uma pluralidade de situações, das mais variadas, que acaba por gerar atos discricionários de natureza e efeitos bem distintos, especialmente sob a ótica do controle externo.[176]

A escolha feita pelo administrador público não pode ser compreendida e controlada de forma unívoca, com o mesmo grau de

---

176 Nesse sentido, ver a obra de SÁNCHEZ MORÓN, Miguel. *Discrecionalidad administrativa y control judicial*. Madrid: Tecnos, 1994. p. 121. O autor, que nos inspirou na apresentação do tema, apresenta sistematização em tipos de discricionariedade sob a forma política, técnica, tática, de iniciativa, de planejamento, regulamentar e de gestão.

intensidade, havendo necessidade de se examinar a discricionariedade (oportunidade e conveniência) sob diversas lentes e modalidades, de acordo com o caso concreto.

1.4.6.1 Discricionariedade política

Há, em determinadas situações, previstas na Constituição Federal de 1988 ou em decorrência da abertura de lei, espaços para que o Poder Executivo faça as suas escolhas sob a ótica puramente política.

Isso ocorre, por exemplo, na análise dos requisitos de relevância e urgência na edição de medida provisória a que se refere o art. 62 da Constituição Federal. São conceitos jurídicos indeterminados (relevância e urgência) que se submetem a uma avaliação subjetiva mediante critérios de conveniência e oportunidade na escolha discricionária de viés político, conforme inúmeras vezes decidiu o Supremo Tribunal Federal:

> No que concerne à alegada falta dos requisitos da relevância e da urgência da medida provisória (que deu origem à lei em questão), exigidos no art. 62 da Constituição, o STF somente a tem por caracterizada quando neste objetivamente evidenciada. E não quando dependa de uma avaliação subjetiva, *estritamente política*, mediante critérios de *oportunidade e conveniência*, esta confiada aos Poderes Executivo e Legislativo, que têm melhores condições que o Judiciário para uma conclusão a respeito.[177]

Outro exemplo apreciado pelo STF, nesse mesmo tema (edição de medida provisória), merece ser evidenciado:

> Conforme entendimento consolidado da Corte, os requisitos constitucionais legitimadores da edição de medidas provisórias, vertidos nos conceitos jurídicos indeterminados de "relevância" e "urgência" (art. 62 da CF), apenas em caráter excepcional se submetem ao crivo do Poder Judiciário, por força da regra da separação de poderes (art. 2º da CF).[178]

Nesses casos a sindicabilidade da escolha no controle da discricionariedade política, exercido pelo Poder Judiciário, deve-se limitar aos casos de excesso ou desvio de poder ou de redução da discricionariedade a zero (ação vinculada). Sobre o primeiro aspecto (desvio de poder), identificam-se julgados como o seguinte:

---

[177] ADI nº 1.717-MC. Rel. Min. Sydney Sanches, Segunda Turma, j. 22.09.1999. *DJ*, 25 fev. 2000.

[178] ADI nº 2.213. Rel. Min. Celso de Mello.

> A edição de medidas provisórias, pelo presidente da República, para legitimar-se juridicamente, depende, dentre outros requisitos, da estrita observância dos pressupostos constitucionais da urgência e da relevância (CF, art. 62, caput). Os pressupostos da urgência e da relevância, embora conceitos jurídicos relativamente indeterminados e fluidos, mesmo expondo-se, inicialmente, à avaliação discricionária do presidente da República, estão sujeitos, ainda que excepcionalmente, ao controle do Poder Judiciário, porque compõem a própria estrutura constitucional que disciplina as medidas provisórias, qualificando-se como requisitos legitimadores e juridicamente condicionantes do exercício, pelo chefe do Poder Executivo, da competência normativa primária que lhe foi outorgada, extraordinariamente, pela CR. [...] A possibilidade de controle jurisdicional, mesmo sendo excepcional, apoia-se na necessidade de impedir que o presidente da República, ao editar medidas provisórias, incida em excesso de poder ou em situação de manifesto abuso institucional, pois o sistema de limitação de poderes não permite que práticas governamentais abusivas venham a prevalecer sobre os postulados constitucionais que informam a concepção democrática de Poder e de Estado, especialmente naquelas hipóteses em que se registrar o exercício anômalo e arbitrário das funções estatais.[179]

A discricionariedade política também está presente nos casos de extradição. Colhe-se, ao acaso, um acórdão do STF sobre a questão:

> Agravo regimental em extradição. Diferimento da entrega do extraditando fundado na existência de inquérito no Brasil. Atribuição do Poder Executivo. Competência do STF restrita ao exame da legalidade do pedido de extradição. Precedentes. 1. O diferimento, ou não, da entrega do extraditando constitui atribuição do Poder Executivo, sabido que ao Supremo Tribunal Federal compete apenas o exame da legalidade do pleito extradicional (RCL 11.243 (EDcl), Rel. Min. Gilmar Mendes, red. P/ o acórdão Min. Luiz Fux, Pleno, DJe de 05/11/2011, e EXT. 1197, Tribunal Pleno, Rel. Min. Ricardo Lewandowski, DJe de 13/10/2010). 2. A norma extraída do art. 89, c/c art. 67, da Lei n. 6.815/1980, autoriza o Poder Executivo a proceder a entrega do extraditando, ainda que haja procedimento penal em curso ou condenação no Brasil. 3. In casu, o diferimento da entrega do extraditando pelo Supremo Tribunal Federal configura usurpação da atribuição do Poder Executivo, que é o destinatário da norma contida no art. 89, c/c art. 67, do Estatuto do Estrangeiro. 4. É que com acerto asseverou o Ministério Público Federal, *in verbis*: a) É pacífica a jurisprudência dessa Corte no sentido de que

[179] ADI nº 2.213. Rel. Min. Celso de Mello.

> a existência de inquérito instaurado em desfavor do extraditando no Brasil, por fatos diversos daqueles que basearam o pedido ora sob exame, não obsta o deferimento da extradição, ficando a execução do pleito condicionada à *discricionariedade* do Governo brasileiro, nos termos do art. 89 da Lei 6.815/1980 e do art. 15 do Tratado de Extradição; b) a existência de inquérito policial instaurado em desfavor do nacional belga no Brasil, por fatos diversos dos que basearam o pedido de extradição, não obsta o seu deferimento, ficando a execução do pleito condicionada à *discricionariedade* do Governo brasileiro, nos termos do art. 89 da Lei 6.815/1980 e do art. 15 do Tratado de Extradição (STF – Ext: 1197, Relator: Min. RICARDO LEWANDOWSKI, Data de Julgamento: 25/11/2010, Tribunal Pleno, Data de publicação: DJe-141 DIVULG 10-12-201 PUBLIC 13-12-2010 EMENT VOL-01449-01 PP-00022); e c) ademais, a alegação de que a transferência do inquérito policial em curso no Brasil trará prejuízos à defesa do extraditando sequer merece discussão nestes casos, em razão de a competência desta Corte Suprema restringir-se ao exame da legalidade do processo extradicional. 5. Agravo regimental desprovido.[180]

Esse posicionamento também foi adotado em caso de grande repercussão envolvendo o italiano Cesare Battisti, cidadão italiano que havia sido condenado pela Corte de Apelações de Milão ao cumprimento de uma pena de prisão perpétua por homicídio, tendo evadido para o Brasil. O governo italiano requereu a extradição, sendo o caso decidido pelo Supremo Tribunal Federal evidenciando a discricionariedade política do chefe do Poder Executivo na escolha administrativa:

> 17. O ato de extraditar consiste em "ato de vontade soberana de um Estado que entrega à justiça repressiva de outro Estado um indivíduo, por este perseguido e reclamado, como acusado ou já condenado por determinado fato sujeito à aplicação da lei penal" (RODRIGUES, Manuel Coelho. A Extradição no Direito Brasileiro e na Legislação Comparada. Tomo I. Rio de Janeiro: Imprensa Nacional, 1930. p. 3). 18. A extradição não é ato de nenhum Poder do Estado, mas da República Federativa do Brasil, pessoa jurídica de direito público externo, representada na pessoa de seu Chefe de Estado, o Presidente da República. A Reclamação por descumprimento de decisão ou por usurpação de poder, no caso de extradição, deve considerar que a Constituição de 1988 estabelece que a soberania deve ser exercida, em âmbito interno, pelos três Poderes (Executivo, Legislativo e Judiciário) e, no plano internacional, pelo Chefe

[180] Ext nº 1.405 AgR/DF. Ag. Reg. na Extradição. Rel. Min. Luiz Fux, Primeira Turma, j. 15.12.2015.

de Estado, por isso que é insindicável o poder exercido pelo Presidente da República e, consequentemente, incabível a Reclamação, porquanto juridicamente impossível submeter o ato presidencial à apreciação do Pretório Excelso. 19. A impossibilidade de vincular o Presidente da República à decisão do Supremo Tribunal Federal se evidencia pelo fato de que inexiste um conceito rígido e absoluto de crime político. [...] Compete ao Presidente da República, dentro da liberdade interpretativa que decorre de suas atribuições de Chefe de Estado, para caracterizar a natureza dos delitos, *apreciar o contexto político* atual e as possíveis perseguições contra o extraditando relativas ao presente, na forma do permitido pelo texto do Tratado firmado (art. III, 1, f); por isso que, ao decidir sobre a extradição de um estrangeiro, o Presidente não age como Chefe do Poder Executivo Federal (art. 76 da CRFB), mas como representante da República Federativa do Brasil. 21. O juízo referente ao pedido extradicional é conferido ao "Presidente da República, com apoio em *juízo discricionário, de caráter eminentemente político*, fundado em razões de *oportunidade, de conveniência* e/ou de utilidade [...] na condição de Chefe de Estado.

Merece destacar, ainda, os casos de isenção de impostos que também se enquadram na discricionariedade política:

> Recurso Extraordinário. IPI. Concessão de benefícios. Alíquotas regionalizadas. Lei 8.393/91. Decreto 2.501/98. Admissibilidade. 1. Incentivos fiscais concedidos de forma genérica, impessoal e com fundamento em lei específica. Atendimento dos requisitos formais para sua implementação. 2. A Constituição na parte final do art. 151, I, admite a "concessão de incentivos fiscais destinados a promover o equilíbrio do desenvolvimento socioeconômico entre as diferentes regiões do país". 3. A concessão de isenção é ato *discricionário*, por meio do qual o Poder Executivo, fundado em *juízo de conveniência e oportunidade, implementa suas políticas* fiscais e econômicas e, portanto, a análise de seu mérito escapa ao controle do Poder Judiciário. Precedentes: RE 149.659 e AI 138.344-AgR. 4. Não é possível ao Poder Judiciário estender isenção a contribuintes não contemplados pela lei, a título de isonomia (RE 159.026). 5. Recurso extraordinário não conhecido.

Também se insere nessa categoria os casos de indultos, como uma "providência de ordem administrativa, deixada a relativo poder discricionário do Presidente da República, para extinguir ou comutar penas".[181] A discricionariedade como instrumento de *política criminal*

[181] MARQUES, José Frederico. *Tratado de direito penal*. Campinas: Millenium, 1999. p. 538-539. v. III.

decorre do texto constitucional de 1988: "Art. 84. Compete privativamente ao Presidente da República: [...] XII - conceder indulto e comutar penas, com audiência, se necessário, dos órgãos instituídos em lei". O tema vem sendo tratado pelo Supremo Tribunal Federal como espaço amplamente discricionário, conforme julgado a seguir:

> PENAL. PROCESSUAL PENAL. HABEAS CORPUS. INDULTO E COMUTAÇÃO DE PENA. EXTORSÃO MEDIANTE SEQÜESTRO. CRIME HEDIONDO. INTELIGÊNCIA DOS ARTS. 5º, XLII, E 84, XII, AMBOS DA CONSTITUIÇÃO FEDERAL. ALEGADA ILEGALIDADE INCONSTITUCIONALIDADE DA LEI 8.072/90 E DO DECRETO 5.993/06. INOCORRÊNCIA. CONCESSÃO DE FAVORES QUE SE INSEREM NO PODER DISCRICIONÁRIO DO PRESIDENTE DA REPÚBLICA. NÃO-CABIMENTO DE HC CONTRA LEI EM TESE. IMPETRAÇÃO NÃO CONHECIDA. I – Não cabe habeas corpus contra ato normativo em tese. II – O inciso I do art. 2º da Lei 8.072/90 retira seu fundamento de validade diretamente do art. 5º, XLII, da Constituição Federal. III – O art. 5º, XLIII, da Constituição, que proíbe a graça, gênero do qual o indulto é espécie, nos crimes hediondos definidos em lei, não conflita com o art. 84, XII, da Lei Maior. IV – O decreto presidencial que concede o indulto configura ato de governo, caracterizado pela ampla discricionariedade. V – Habeas corpus não conhecido.[182]

O STF tem, contudo, decidido de forma diversa no controle da discricionariedade política quando se trata de obrigação, prevista na Constituição Federal, que materialize direito fundamental. Nesses casos o STF vem adotando entendimento de que não há discricionariedade e, portanto, o controle judicial positivo é legítimo e não fere o princípio da separação de poderes.

Esse entendimento prevaleceu, por exemplo, em casos referentes à construção de creches e oferecimento de educação infantil, por tratar-se, na visão dos julgadores, de temas afetos ao mandato constitucional juridicamente vinculante, isto é, não discricionário:

---

[182] STF, Tribunal Pleno. HC nº 90.364/MG. Rel. Min. Ricardo Lewandowski, j. 31.10.2007. *DJe*-152, divulg. 29.11.2007, public. 30.11.2007. *DJ*, 30 nov. 2007. Essa linha jurisprudencial poderá ser eventualmente revista quando à juridicidade de decreto (nº 9.246/2017) expedido pelo Presidente Michel Temer, suspenso em caráter liminar pela Ministra Cármen Lúcia em sede de ADI impetrada pela Procuradora Geral da República, que alegou violação dos princípios da separação dos poderes, da individualização da pena e da vedação constitucional para que o Poder Executivo legisle sobre direito penal.

> Os Municípios – que atuarão, prioritariamente, no ensino fundamental e na educação infantil (CF, art. 211, §2º) – não poderão demitir-se do mandato constitucional, juridicamente vinculante, que lhes foi outorgado pelo art. 208, IV, da Lei Fundamental da República, e que representa fator de limitação da *discricionariedade político-administrativa* dos entes municipais, cujas opções, tratando-se do atendimento das crianças em creche (CF, art. 208, IV), não podem ser exercidas de modo a comprometer, com apoio em juízo de simples conveniência ou de mera oportunidade, a eficácia desse direito básico de índole social. – Embora inquestionável que resida, primariamente, nos Poderes Legislativo e Executivo, a prerrogativa de formular e executar políticas públicas, revela-se possível, no entanto, ao Poder Judiciário, ainda que em bases excepcionais, determinar, especialmente nas hipóteses de políticas públicas definidas pela própria Constituição.[183]

O mesmo raciocínio vem sendo adotado pelo Supremo Tribunal Federal em casos de superlotação de cadeia pública:

> 1. Na origem, a Defensoria Pública e o Ministério Público do Estado do Mato Grosso ajuizaram Ação Civil Pública visando obrigar o Estado a adotar providências administrativas e apresentar previsão orçamentária para reformar a cadeia pública de Mirassol D'Oeste ou construir nova unidade, entre outras medidas pleiteadas, em atenção à situação de risco a que estavam expostas as pessoas encarceradas no local. Destaca-se, entre as inúmeras irregularidades estruturais e sanitárias, a gravidade do fato de – conforme relatado – as visitas íntimas serem realizadas dentro das próprias celas e em grupos. 2. A moldura fática delineada pelo Tribunal de origem – e intangível no âmbito do Recurso Especial por óbice da Súmula 7/STJ – evidencia clara situação de violação à garantia constitucional de respeito da integridade física e moral do preso e aos princípios da dignidade da pessoa humana e do mínimo existencial. 3. Nessas circunstâncias – em que o exercício de pretensa discricionariedade administrativa acarreta, pelo não desenvolvimento e implementação de determinadas políticas públicas, seríssima vulneração a direitos e garantias fundamentais assegurados pela Constituição – a intervenção do Poder Judiciário se justifica como forma de pôr em prática, concreta e eficazmente, os valores que o constituinte elegeu como "supremos de uma sociedade fraterna, pluralista e sem preconceitos fundada na harmonia social", como apregoa o preâmbulo da nossa Carta Republicana. 4. O entendimento trilhado pela Corte de origem não destoou dos precedentes do STF – RE 795749 AgR, Relator: Min. Celso de Mello, Segunda Turma,

[183] ARE nº 639.337 AgR/SP – Educação Infantil.

Julgado em 29/04/2014, Processo Eletrônico DJe-095 Divulg 19-05-2014 Public 20-05-2014, ARE 639.337-AgR, Rel. Min. Celso de Mello, Segunda Turma, DJe 15.9.2011 – e do STJ, conforme AgRg no REsp 1107511/RS, Rel. Ministro Herman Benjamin, Segunda Turma, DJe 06/12/2013. Aplicação da Súmula 83/STJ. 5. Com efeito, na hipótese sub examine, está em jogo a garantia de respeito à integridade física e moral dos presos, cuja tutela, como direito fundamental, possui assento direto no art. 5º, XLIX, da Constituição Republicana. 6. Contra a efetivação dessa garantia constitucional, o Estado de Mato Grosso alega o princípio da separação dos poderes e a impossibilidade de realizar a obra pública pretendida sem prévia e correspondente dotação orçamentária, sob pena de violação dos arts. 4º, 6º e 40 da Lei 4.320/1964. 7. A concretização dos direitos individuais fundamentais não pode ficar condicionada à boa vontade do Administrador, sendo de suma importância que o Judiciário atue, nesses casos, como órgão controlador da atividade administrativa. Trata-se de inadmissível equívoco defender que o princípio da separação dos poderes, originalmente concebido com o escopo de garantir os direitos fundamentais, possa ser utilizado como óbice à realização desses mesmos direitos fundamentais. 8. Tratando-se de direito essencial, incluso no conceito de mínimo existencial, inexistirá empecilho jurídico para que o Judiciário estabeleça a inclusão de determinada política pública vital nos planos orçamentários do ente político, mormente quando não houver comprovação objetiva de incapacidade econômico-financeira da pessoa estatal, como na hipótese dos autos. 9. In casu, o pedido formulado na Ação Civil Pública é para, exatamente, obrigar o Estado a "adotar providências administrativas e respectiva previsão orçamentária e realizar ampla reforma física e estrutural no prédio que abriga a cadeia pública de Mirassol D'Oeste/MT, ou construir nova unidade, de modo a atender a todas as condições legais previstas na Lei nº 7.210/84 (Lei de Execuções Penais), bem como a solucionar os problemas indicados pelas equipes de inspeção sanitária, Corpo de Bombeiros Militar e CREA na documentação que instrui os presentes autos, sob pena de cominação de multa". 10. Como se vê, o pleito para a adoção de medida material de reforma ou construção não desconsiderou a necessidade de previsão orçamentária dessas obras, de modo que não há falar em ofensa aos arts. 4º, 6º e 60 da Lei 4.320/64. 11. Recurso Especial não provido.[184]

[184] REsp nº 1.389.952/MT – Recurso Especial 2013/0192671-0. Rel. Min. Herman Benjamin, Segunda Turma, 7.11.2016.

1.4.6.2 Discricionariedade de gestão

Outra modalidade de discricionariedade está relacionada à gestão do orçamento público e da aplicação dos recursos arrecadados pelo Estado. Sabe-se que existem vinculações orçamentárias constitucionais – a exemplo de saúde, educação, transferências para estados e municípios, precatórios – e legais, como exemplo, fornecimento de remédios. Contudo, ainda que essas despesas orçamentárias sejam obrigatórias, as escolhas de como utilizar os recursos são discricionárias, enquanto que nas despesas fixas variáveis haverá, inclusive, discricionariedade para não despender o recurso. Some-se a esse quadro as receitas desvinculadas, em que haverá plena discricionariedade na aplicação dos recursos.

Nos casos em que os recursos estão livres, a escolha estará sob o manto da *discricionariedade de gestão*, tendo liberdade para decidir onde os recursos serão aplicados, sejam em obras, serviços ou atividades. Na prática, o STF vem decidindo a questão, como no julgado a seguir:

> Recurso Especial – Ação civil pública com preceitos cominatórios de obrigação de fazer – *discricionariedade* da municipalidade – não cabimento de interferência do poder judiciário nas prioridades orçamentárias do município – Conclusão da corte de origem de ausência de condições orçamentárias de realização da obra – incidência da súmula n. 07/STJ – Divergência jurisprudencial afastada – Ausência de prequestionamento de dispositivos do ECA apontados como violados. Requer o Ministério Público do Estado do Paraná, autor da ação civil pública, seja determinado ao Município de Cambará/PR que destine um imóvel para a instalação de um abrigo para menores carentes, com recursos materiais e humanos essenciais, e elabore programas de proteção às crianças e aos adolescentes em regime de abrigo. Na lição de Hely Lopes Meirelles, "só o administrador, em contato com a realidade, está em condições de bem apreciar os motivos ocorrentes de *oportunidade* e *conveniência* na prática de certos atos, que seria impossível ao legislador, dispondo na regra jurídica – lei – de maneira geral e abstrata, prover com justiça e acerto. Só os órgãos executivos é que estão, em muitos casos, em condições de sentir e decidir administrativamente o que convém e o que não convém ao interesse coletivo". Dessa forma, com fulcro no princípio da *discricionariedade*, a Municipalidade tem liberdade para, com a finalidade de assegurar o interesse público, escolher onde devem ser aplicadas as verbas orçamentárias e em quais obras deve investir.[185]

[185] REsp nº 208.893/PR. *DJ*, 22 mar. 2004.

No caso de atividades de gestão, vale citar outro caso julgado pelo STF ao apreciar questionamento formulado pelo Tribunal de Contas da União quanto à realização de despesas administrativas, realizadas por presidente de Tribunal, com viagens de servidores para a participação em determinados eventos, entre os quais, solenidade de entrega de condecorações. O julgamento seguiu pelo enquadramento das escolhas do dirigente máximo do Tribunal no sítio da discricionariedade de gestão:

> Direito administrativo. Poder discricionário. Escolha de assessores de presidente de tribunal. Diárias e despesas de viagens (TRT). Os Presidentes de Tribunais, por exercerem relevante função na estrutura administrativa do Poder Judiciário, dentro da *margem de discricionariedade* que lhes é conferida, têm o poder de decisão sobre a *conveniência e oportunidade* na escolha de servidores para desempenharem funções extraordinárias relacionadas com o interesse da administração. Segurança concedida.[186]

Também se inserem na discricionariedade de gestão as situações em que o administrador público faz escolhas cotidianas no regular exercício de suas funções de polícia, seja nos casos em que não há previsão legal, seja no caso em que, havendo, for imprecisa. Refere-se à implementação de determinada providência jurídica cotidiana. Um exemplo simples seria o momento adequado para o gestor público pintar os prédios públicos, bem como as cores a serem empregadas.

Em situações especiais, contudo, esse tipo de escolha administrativa pode ser considerado na discricionariedade tática.[187]

1.4.6.3 Discricionariedade tática

Algumas das escolhas administrativas podem ser enquadradas na denominada discricionariedade tática, isto é, aquela que exige resposta rápida e urgente do agente estatal. Romilson Volotão, seguindo a doutrina de Sánchez Morón, assevera que são situações em que, por exemplo,

> agentes policiais estejam diante de um suposto perigo para a segurança pública, ou que as autoridades monetárias estejam diante de movimentos

[186] MS nº 23.981/DF. Rel. Min. Ellen Gracie, Tribunal Pleno, j. 19.2.2004.

[187] SÁNCHEZ MORÓN, Miguel. *Discrecionalidad administrativa y control judicial*. Madrid: Tecnos, 1994. p. 131.

> especulativos no mercado, ou que os órgãos do governo local estejam diante de desastres naturais ou situações graves, emergenciais e imprevisíveis. Nessas hipóteses a Administração deve ser capaz de reagir rapidamente e com eficiência. Aqui as garantias processuais praticamente não existem, tanto a motivação prévia e formal, quanto os aspectos materiais da decisão revelam-se quase insindicáveis.[188]

Mesmo considerando as características da discricionariedade tática, em que a maioria dos julgados parte da premissa de que é legítima a medida independentemente de prévia notificação, como, por exemplo, na hipótese de construção irregular em área pública, alguns julgados garantem o direito ao contraditório, a exemplo da decisão proferida pelo Ministro Gilmar Mendes:

> Trata-se de recurso extraordinário interposto contra acórdão do Tribunal de Justiça do Distrito Federal, assim ementado: "CONSTITUCIONAL. ADMINISTRATIVO. APELAÇÃO CÍVEL. OCUPAÇÃO IRREGULAR SEM AUTORIZAÇÃO DO PODER PÚBLICO. *DEMOLIÇÃO* SEM O DEVIDO PROCESSO ADMINISTRATIVO. IMPOSSIBILIDADE. NECESSIDADE DO CONTRADITÓRIO E DA PLENITUDE DE DEFESA. 1. Em caso de *demolição* deve ser observado o princípio do devido processo legal administrativo, para que não sejam desrespeitados os direitos fundamentais dos ocupantes, pois a *discricionariedade* administrativa não é absoluta e desvencilhada dos princípios constitucionais. 2. A Agência Fiscalizadora não pode exercer a sua autoridade com arbitrariedade, desconsiderando o postulado da plenitude de defesa. Ocorre que assiste ao interessado, mesmo em procedimentos de índole administrativa, a prerrogativa indisponível do contraditório e da amplitude de defesa, com os meios e recursos a ela inerentes, consoante prescreve a Constituição da República, em seu artigo 5º, LIV e LV. 3. Apelação conhecida e provida. Maioria".[189]

1.4.6.4 Discricionariedade técnica

A discricionariedade técnica está, segundo alguns autores,[190] em determinados atos administrativos, em que haja uma margem

---

[188] VOLOTÃO, Romilson de Almeida. A discricionariedade administrativa e suas modalidades no Estado Regulador. *In:* GUERRA, Sérgio (Org.). *Teoria do Estado Regulador*. Curitiba: Juruá, 2015.

[189] RE nº 1105323, julgado em 26.04.2018.

[190] A origem e o desenvolvimento da discricionariedade técnica foram examinados em profundidade no item 2.4 deste livro.

de discrição e subjetividade na eleição de uma solução para o caso concreto, entre outras auferidas segundo critérios técnicos; isto é, discricionariedade técnica estará presente quando os critérios técnicos são suficientes para alcançar a única solução correta para o caso.

O fato é que os tribunais superiores têm sido, em grande medida, deferentes no controle de temas de grande complexidade técnica, a exemplo de regulação da infraestrutura, do sistema financeiro, dos casos envolvendo a regulação da saúde suplementar ou em casos de escolhas adotadas por comissões de licitações e bancas de concursos públicos.

Em situações envolvendo esses temas os julgados indicam, expressamente, seu fundamento na discricionariedade técnica para não perscrutar a escolha administrativa. Vejam-se os argumentos adotados em caso julgado pela Corte Especial do STJ, referente à regulação da saúde suplementar:

> Em que pese aos judiciosos argumentos expendidos e aos do Ministério Público Federal, e sem adentrar no mérito da questão relativa ao critério utilizado para alcançar o índice adotado para o reajuste dos contratos antigos, tenho que a decisão liminar pode causar lesão grave à ordem pública administrativa, na medida em que interfere na legítima atividade regulatória desempenhada pela ANS, com respaldo na discricionariedade técnica, gerando, também, instabilidade no mercado de saúde suplementar. Não se trata de ato flagrantemente ilegal e, em assim sendo, ao Judiciário não é dado adentrar no mérito das normas e procedimentos regulatórios, sob pena de estar invadindo seara alheia. Nesse sentido, mudando o que deve ser mudado, "se a prestadora de serviços deixa de ser devidamente ressarcida dos custos e despesas decorrentes de sua atividade, não há, pelo menos no contexto das economias de mercado, artifício jurídico que faça com que esses serviços permaneçam sendo fornecidos com o mesmo padrão de qualidade. O desequilíbrio, uma vez instaurado, vai refletir, diretamente, na impossibilidade prática de observância do princípio expresso no art. 22, caput, do Código de Defesa do Consumidor, que obriga a concessionária, além da prestação contínua, a fornecer serviços adequados eficientes e seguros aos usuários. Esse o enfoque dado à matéria por Sérgio Guerra, em *Controle judicial dos atos regulatórios*, anotando: se o julgador alterar um ato administrativo regulatório, que envolve, fundamentalmente, a eleição discricionária dos meios técnicos necessários para o alcance dos fins e interesses setoriais – despido das pressões políticas comumente sofridas pelos representantes escolhidos pelo sufrágio –, esse magistrado, na maioria

das vezes, poderá, por uma só penada, afetar toda a harmonia e equilíbrio de um subsistema regulado.[191]

No mesmo sentido, envolvendo o sistema de telecomunicações, colhe-se acórdão motivado com base na denominada discricionariedade técnica:

> Processual civil e administrativo. Ofensa ao art. 535 do CPC. Inexistência. Violação ao Art. 267, §3°, do CPC. Inocorrência. Prestação de serviço público. Telecomunicações. Interconexão. Valor de uso de rede móvel (VU-M). Diversas arbitragens administrativas levadas a cabo pela ANATEL. Decisão arbitral proferida em conflito entre partes diferentes, mas com o mesmo objeto. Matéria de alto grau de *discricionariedade técnica*. Extensão da decisão administrativa às hipóteses que envolvem outras operadoras de telefonia. Dever do judiciário. Princípios da deferência técnico-administrativa, da eficiência e da isonomia. Evitação de distorções concorrenciais. Revisão da extensão da liminar deferida no presente caso.[192]

Quanto aos concursos, vários são os julgados sustentando a limitação quanto à sindicabilidade da escolha administrativa, como no exemplo seguinte:

> Administrativo. Fundamentação deficiente. Súmula 284/stf. Lei de licitações e contratos. Impertinência temática. Súmula 284/STF. Edital do concurso. [...] 3. A justiça ou injustiça da decisão da Comissão do Concurso é matéria de mérito do ato administrativo, sujeita à *discricionariedade técnica* da autoridade administrativa. 4. Agravo Regimental não provido.[193]

No mesmo sentido:

> Administrativo. Recurso ordinário em mandado de segurança. Concurso público. Serviços notariais e de registro. Valoração da prova de títulos.

---

[191] STJ, Corte Especial. AgRg na SLS n° 163/PE.

[192] REsp n° 1.171.688/DF. Ministro Mauro Campbell Marques, T2 – Segunda Turma, j. 1.6.2010. Colhe-se do julgado: "6.4. Em matéria eminentemente técnica, que envolve aspectos multidisciplinares (telecomunicações, concorrência, direito de usuários de serviços públicos), convém que o Judiciário atue com a maior cautela possível – cautela que não se confunde com insindicabilidade, covardia ou falta de arrojo –, e, na espécie, a cautela possível é apenas promover o redimensionamento da tutela antecipada aos termos do Despacho Anatel/CAI n. 3/2007".

[193] Sobre AgRg no RMS n° 45.359/PE, j. 5.2.2015.

Diminuição da nota pela comissão organizadora. Critério de correção. Mérito administrativo. Reformatio in pejus. Ausência. Autotutela da administração. ADI Nº 3.522-3, STF. Lei 11.183/98. Exclusão total dos pontos correspondentes à atuação, como preposto, em serventias extrajudiciais. Atribuição de pontos aos que exerceram advocacia, magistratura e promotoria. Finalidade dos títulos. Violação. 1. No mandamus, o impetrante insurge-se contra decisão da Comissão Permanente dos Concursos de Ingresso e Remoção para os Serviços Notariais e de Registro, que procedeu à reavaliação dos títulos apresentados pelo impetrante na 3ª fase do certame, reduzindo a pontuação obtida anteriormente. 2. Os critérios de correção de provas, atribuição de notas e avaliação de títulos adotados pela Comissão de Concursos, em regra, não podem ser revistos pelo Judiciário, cuja competência se restringe ao exame da legalidade, ou seja, à observância dos elementos objetivos contemplados no edital e na lei que regem o certame. A justiça ou injustiça da decisão da Comissão Permanente de Concursos é matéria de mérito do ato administrativo, sujeita à *discricionariedade técnica* da autoridade administrativa.[194]

1.4.6.5. Discricionariedade regulamentar

A função regulamentar é por natureza discricionária, seja no regulamento de execução, seja no regulamento dito autônomo.[195] O caráter geral e abstrato da lei, por si só, acaba por permitir o detalhamento e as particularizações na aplicação do direito, fazendo com o que o controle judicial brasileiro sobre os atos regulamentares passasse, com o tempo, a ser caso a caso: "há neste ponto, certa dose de poder discricionário da Administração, que também se verifica quanto à função de determinar o modo de agir (procedimento) da Administração nas relações a serem travadas com os particulares na oportunidade da execução da lei".[196]

Nesse sentido, o Poder Judiciário vem, em alguns casos,[197] seguindo orientação flexível quanto ao controle da escolha discricionária na edição de atos regulamentares, desde que observadas algumas premissas que a legitimem: (i) não haja antinomia entre a lei e o regulamento; ii) o regulamento deve tratar de matéria que complemente

---

194 STJ. RMS nº 23.878/RS, 3.2010.

195 SÁNCHEZ MORÓN, Miguel. *Discrecionalidad administrativa y control judicial*. Madrid: Tecnos, 1994. p. 122.

196 CLÈVE, Clèmerson Merlin. *Atividade legislativa do Poder Executivo*. 2. ed. São Paulo: Revista dos Tribunais, 2000. p. 299.

197 Cf., por exemplo, a ADI-MC nº 3.090.

a lei; (iii) o regulamento pode densificar *standards*[198] *que remetam a escolhas de caráter técnico, econômico ou administrativo.*

Vale trazer, como exemplo, o acórdão do STF sobre a alienação de bens da União ocupados por servidor militar:

> Os imóveis funcionais legitimamente ocupados por servidores militares, em razão do exercício de suas atividades junto ao Estado-Maior das Forças Armadas – EMFA, na data da edição da MP n. 149/90 – que se converteu na Lei n. 8.025/90 –, precisamente porque administrados pela Presidência da Republica (Decreto n. 96.633/88, art. 2., inciso V), não se acham alcançados pela cláusula vedatória inscrita no art. 1., PAR. 2., I, dos diplomas legislativos em questão. A Lei n. 8.025/90 apenas vedou a alienação dos imóveis funcionais pertencentes a União Federal que, destinados a habitação por militar, também fossem administrados pelas Forças Armadas, circunstancia inocorrente com as unidades residenciais que, embora reservadas a servidores castrenses em função de seu exercício no EMFA, estavam sujeitas, quando da edição da MP n. 149/90 – que se transformou na Lei n. 8.025/90 –, a administração de uma instituição eminentemente civil: a Presidência da República. – A Lei n. 8.025/90, ao conceder mera autorização ao Poder Executivo para o ato de venda dos imóveis funcionais situados no Distrito Federal, não impôs a Administração Pública o dever de praticar essa operação negocial. A alienação dos imóveis funcionais, meramente autorizada por esse ato legislativo, dependia da concreta formulação, pela Administração Federal, de um *juízo prévio de conveniência e oportunidade.* Esse juízo positivo de conveniência e oportunidade, não obstante sujeito a discrição do órgão competente da União Federal, veio a ser exercido pelo Poder Executivo que, ao editar o Decreto n. 99.266/90, neste deixou consignada, de modo inequívoco, e com irrecusável carga de imperatividade, a sua vontade de proceder a alienação dos imóveis funcionais em questão.[199]

Verificada a estruturação da discricionariedade administrativa e suas modalidades, todas sob os pilares "conveniência" e "oportunidade", cumpre explorar a nova categoria de escolha administrativa: a escolha regulatória.

---

198 "Para a Suprema Corte, se o Congresso não pode delegar o poder de fazer leis, pode, no entanto, elaborar uma lei com autorização para a Administração 'determinar fatos ou um estado de coisas de que dependa, nos termos que ela mesma estatui, a sua execução ou eficácia. A atividade normativa (discricionária) do Administrador, nesta área, deve estar sempre preestabelecida. A lei não pode conceder ao Executivo campo de atuação exasperado e sem linhas paramétricas claras, definidas e incontornáveis" (CLÈVE, Clèmerson Merlin. *Atividade legislativa do Poder Executivo*. 2. ed. São Paulo: Revista dos Tribunais, 2000. p. 307).

199 RE nº 344.331/PR. Rel. Min. Ellen Gracie, Primeira Turma, j. 11.2.2003.

1.4.6.6. Discricionariedade consensual

A discricionariedade também está presente em casos nos quais a escolha administrativa conduz o litígio a um acordo substitutivo.[200] Com efeito, a edição da Lei nº 13.655, de 25 de abril de 2018, alterou o Decreto-Lei nº 4.657, de 4 de setembro de 1942, disciplinando sobre a discricionariedade consensual. Para Juliana Bonacorsi de Palma "a celebração de acordo substitutivo encontra-se envolta na discricionariedade administrativa, o que implica afirmar que a atuação imperativa ou consensual são opções colocadas à disposição da Administração Pública, para escolha dentro da margem de liberdade conferida pelo ordenamento jurídico".[201]

A discricionariedade consensual passou a ser expressamente autorizada com a inclusão, por decisão legislativa, de dispositivo que assegura ao administrador público a competência para promover negociações e fazer escolhas sobre acordos visando pôr fim a irregularidade, incerteza jurídica e situações contenciosas:

> Art. 26. Para eliminar irregularidade, incerteza jurídica ou situação contenciosa na aplicação do direito público, inclusive no caso de expedição de licença, a autoridade administrativa poderá, após oitiva do órgão jurídico e, quando for o caso, após realização de consulta pública, e presentes razões de relevante interesse geral, celebrar compromisso com os interessados, observada a legislação aplicável, o qual só produzirá efeitos a partir de sua publicação oficial.
> § 1º O compromisso referido no caput deste artigo:
> I - buscará solução jurídica proporcional, equânime, eficiente e compatível com os interesses gerais;
> II – (VETADO);
> III - não poderá conferir desoneração permanente de dever ou condicionamento de direito reconhecidos por orientação geral;
> IV - deverá prever com clareza as obrigações das partes, o prazo para seu cumprimento e as sanções aplicáveis em caso de descumprimento.

---

[200] "Os acordos substitutivos caracterizam-se pelo efeito terminativo do processo administrativo no qual são celebrados. Quando firmados, estes acordos substituem a decisão unilateral e imperativa da Administração Pública ou findam o processo instaurado para conformação do provimento administrativo". PALMA, Juliana Bonacorsi de. *Sanção e Acordo na Administração Pública*. São Paulo: Malheiros, 2015, p. 252.

[201] PALMA, Juliana Bonacorsi de. *Sanção e Acordo na Administração Pública*. São Paulo: Malheiros, 2015, p. 285.

Com efeito, a legislação anterior à LINDB, em situações variadas, já permitia aquilo que a doutrina denomina de "acordo substitutivo", conforme *leading case* perante o Supremo Tribunal Federal, no voto da Ministra Ellen Gracie:[202]

> Poder Público. Transação. Validade. Em regra, os bens e o interesse público são indisponíveis, porque pertencem à coletividade. É, por isso, o Administrador, mero gestor da coisa pública, não tem disponibilidade sobre os interesses confiados à sua guarda e realização. Todavia, há casos em que o princípio da indisponibilidade do interesse público deve ser atenuado, mormente quando se tem em vista que a solução adotada pela Administração é a que melhor atenderá à ultimação deste interesse. Assim, tendo o acórdão recorrido concluído pela não onerosidade do acordo celebrado, decidir de forma diversa implicaria o reexame da matéria fático-probatória, o que é vedado nesta instância recursal (Súm. 279/STF). Recurso extraordinário não conhecido.

O caso em comento se refere a uma transação firmada pela Administração Pública pelas demandantes em ação que questionara o poder de controle de município de Minas Gerais. A análise fática pelo tribunal de origem concluiu pela inexistência de renúncia a direitos, alienação de bens ou assunção de obrigação extraordinária pela municipalidade, fatores capazes de infirmar o acordo substitutivo firmado entre poder público e administradas.[203]

1.5 Regulação administrativa: incursões propícias à nova categoria de escolha pelo administrador público

Releva destacar, de início, a relevância de serem apresentadas algumas incursões sobre o ambiente pluralista e pós-moderno propício às escolhas regulatórias. Isso porque o monismo do "Estado decimonónico"[204] assentava-se sobre uma estrutura jurídica, social e política favorecida por uma nítida concepção de soberania e certa homogeneidade cultural. Contemporaneamente, e bem ao contrário, assiste-se à relativização da noção de soberania e a fenômenos como

[202] RE nº 253885/MG, Relatora Ministra Ellen Gracie, julgamento em 04.06.2002 na Primeira Turma.

[203] GUERRA, Sérgio; PALMA, Juliana Bonacorsi de. Art. 26 da LINDB – Novo regime jurídico de negociação com a Administração Pública. RDA Edição Especial 2018.

[204] ZAGREBELSKY, Gustavo. *El derecho dúctil, ley, derechos, justicia*. Tradução de Marina Gascón. Madrid: Trotta, 1995. p. 17 *et seq*.

o multiculturalismo, que, em ambos os casos, reclamam normas de estrutura preparadas para a transação e a argumentação em sociedades abertas e plurais.[205]

Segundo Pietro Perlingieri,[206] o tecido social pós-moderno é formado por um complexo e intricado emaranhado de interesses contrapostos que, por serem historicamente relativos, e por traduzirem, cada qual, valores existenciais idôneos e juridicamente tuteláveis sob a chancela da Constituição, devem-se compatibilizar e ser cotejados caso a caso. Isso ocorre na medida em que surgem os conflitos e à luz de uma realidade maior de sistema, isto é, tendo em vista o que se afigure mais adequado do ponto de vista de uma lógica global e que permita o melhor funcionamento do sistema como um todo.

Nesse contexto, em que o debate do Estado pluriclasse[207] concentra sua relevância em saber à luz da teoria dos grupos sociais[208] "quem"

---

[205] Ricardo Lobo Torres comenta essa abertura do sistema aos valores: "Tornou-se absolutamente insustentável a ideia de sistema fechado de valores, seja em sua vertente jusnaturalista, seja em sua perspectiva positivista. A expansão da democracia moderna, a complexidade crescente dos fatos sociais e a sua carência ideológica, a volta à filosofia política, tudo leva à visão pluralista dos valores, em consonância com a própria ideia de sociedade pluralista e do pluralismo constitucional" (TORRES, Ricardo Lobo. *Tratado de direito constitucional financeiro e tributário*. Rio de Janeiro: Renovar, 2005. v. 2. p. 42).

[206] PERLINGIERI, Pietro. *Perfis do direito civil*: introdução ao direito civil constitucional. Tradução de Maria Cristina De Cicco. Rio de Janeiro: Renovar, 2002. p. 58.

[207] "Estado Pluriclasse" é o termo adotado por Massimo Severo Giannini em sua obra intitulada *Trattato di diritto amministrativo* (Pádua: Cedam, 1988), e que representa um novo modelo de organização política do Estado. Por esse modelo devem-se atender, de forma concomitante, a todos os interesses antagônicos decorrentes de uma sociedade pluralista, sucessora do denominado "Estado Monoclasse", formado por uma classe social hegemônica.

[208] A "teoria dos grupos sociais", pela qual autores que se dedicam à sociologia e à ciência política examinam, na pluralidade de interesses convergentes e antagônicos, as formas de organização dos diversos grupos sociais, suas formas, tamanhos e características, não é objeto do presente livro. Nesse sentido, remete-se o leitor para a seguinte obra: OLSON, Mancur. *A lógica da ação coletiva*: os benefícios públicos e uma teoria dos grupos sociais. Tradução de Fabio Fernandez. São Paulo: Ed. USP, 1999. Na obra Olson desenvolve uma "teoria original do grupo" e do comportamento organizacional por caminhos interdisciplinares, ilustrando-a com estudos empíricos e históricos de determinadas organizações. Aplicando a análise econômica aos assuntos da ciência política, Olson examina a extensão em que os indivíduos, que compartilham de determinado interesse comum, buscam o seu interesse individual e suportam os custos do esforço organizacional. Essa teoria, que auxilia na compreensão do debate sobre custos e benefícios na escolha regulatória, sustenta que a maioria dos grupos produz o que os economistas chamam de "bens públicos" – os bens ou os serviços que estão disponíveis a cada membro – mesmo que este não tenha contribuído para suportar alguns dos custos. Os economistas têm compreendido por muito tempo que a "defesa", a "lei" e a "ordem" eram os bens públicos que não poderiam ser "privatizados" e que a imposição de impostos era necessária para esse custeio. Contudo, os economistas não levaram em conta que os grupos sociais, tal qual o Poder Público, também produzem "bens públicos". Nessa obra, Olson sustenta que há diferença na alocação e absorção de custos e benefícios entre os grandes grupos e os pequenos grupos. A teoria indica que,

fica com determinado quinhão da riqueza e "quem" assume os maiores ônus, ficam ultrapassadas as teorias do liberalismo econômico e do intervencionismo estatal – ambos atrelados ao positivismo,[209] emerge o debate, no âmbito do Estado Regulador,[210] sobre a escolha função regulatória.

Segundo Eric Windholz e Graeme A. Hodge,[211] diversas teorias tentam explicar o conceito de regulação. Citando Majone,[212] lecionam que os governos de diversos países ocidentais passaram por mudanças fundamentais, deslocando-se de um Estado Intervencionista (positivo) para um Estado Regulador em que os serviços públicos são delegados ao setor privado sob determinadas regras regulatórias e contratuais.

Os autores australianos também fazem menção à doutrina de Braithwaite, Coglianese e Levi-Faur,[213] cujo foco na "governança regulatória" e crescente confiança no mercado como um veículo, tanto

---

embora os pequenos grupos possam agir a favor de seu interesse muito mais facilmente do que os grandes, os pequenos grupos tenderão a aportar poucos recursos na satisfação de seus interesses comuns.

209 Sobre as características do positivismo, remete-se o leitor para 3.3.1.

210 Cumpre advertir que houve, no Brasil, no período próximo à Constituição de 1934, um momento em que a doutrina administrativista explorou o tema da regulação por autoridades independentes. Nesse sentido, veja-se as obras de Francisco Campos (*Direito administrativo*. Rio de Janeiro: Forense, 1934. p. 15 *et seq*.), Odilon Andrade (*Serviços públicos e de utilidade pública*. São Paulo: Saraiva, 1937. p. 105 *et seq*.) e Bilac Pinto (*Regulamentação efetiva dos serviços de utilidade pública*. Rio de Janeiro: Forense, 1941. p. 96 *et seq*.). O tema, em parte, parece não ter avançado no Brasil haja vista a forte intervenção estatal direta nas atividades econômicas e serviços públicos. Segundo Caio Tácito, quanto ao período intervencionista, um dos instrumentos adotados pelo Brasil na condução da política econômica materializou-se com a criação de entidades estatais, compondo a chamada administração descentralizada ou indireta. Apenas a título de ilustração, até 1930 as empresas estatais não passavam de 17. Na década de 50 chegaram a 70, passando na década de 80 a 582 entidades estatais (TÁCITO, Caio. O retorno do pêndulo: serviço público e empresa privada: o exemplo brasileiro. *Revista de Direito Administrativo*, Rio de Janeiro, v. 202, p. 1-10, out./dez. 1995). Para uma análise aprofundada acerca da regulação nesse período, remete-se o leitor para a obra: MATTOS, Paulo Todescan Lessa. *O novo Estado regulador no Brasil*: eficiência e legitimidade. 2. ed. São Paulo: Revista dos Tribunais, 2017. p. 110 *et seq*.

211 WINDHOLZ, Eric; HODGE Graeme A. Conceptualising social and economic regulation: implications for modern regulators and regulatory activity. *Monash University Law Review*, v. 38, n. 2, 2012.

212 MAJONE, Giandomenico. The rise of the regulatory state in Europe. *West European Politics*, v. 17, n. 3, p. 77-101, 1994 e MAJONE, Giandomenico. From the positive state to the regulatory state: causes and consequences of changes in modes of governance. *Journal of Public Policy*, 17(2), 139, 1997 com tradução para o português em MAJONE, Giandomenico. Do estado positivo ao estado regulador: causas e consequências da mudança no modo de governança. *In:* MATTOS, Paulo Todescan L. (Coord.). *Regulação econômica e democracia*: o debate europeu. São Paulo: Singular, 2006.

213 BRAITHWAITE, John; COGLIANESE, Cary; LEVI-FAUR, David. Can regulation and governance make a difference? *Regulation & Governance*, v. 1, n. 1, 2007.

para maximização de riquezas individuais quanto para o provimento de serviços públicos, está no aumento da função de regulação, mudando o antigo sentido de desenvolver e aplicar regras (categorias de direito administrativo) ou gerenciar os riscos para conduzir comportamentos.

Cass Sunstein[214] atrela o tema da regulação à ampliação da sensação dos indivíduos quanto a seus direitos, a serem suportados pelo governo (emprego, educação, alimentação, moradia, tratamento médico adequado e segurança).

A teoria da "sociedade do risco" também vem sendo a justificativa para o crescimento da regulação.[215] Há quem sustente que o crescimento da regulação vem da queda da confiança pública nas instituições políticas, econômicas e sociais, em que se destacam Jacint Jordana e David Levi-Faur,[216] enquanto outros defendem que o crescimento da regulação não é o produto de atitudes ou preferências individuais, mas o resultado do paternalismo no qual os especialistas (a "elite"), sob o argumento de que sabem mais, impõem suas escolhas sobre as dos demais indivíduos.[217]

Ainda que sob diversas correntes doutrinárias, nesse novo modelo de intervencionismo estatal, denominado, por alguns, Estado Regulador,[218] o direito administrativo "anda em busca de conceitos susceptíveis de acolher tipos de actos ou de instituições que não parecem acomodar-se às categorias jurídicas tradicionais".[219]

Parece ser majoritário o entendimento de que as fórmulas abstratas da lei e da discrição judicial já não trazem todas as respostas. O paradigma jurídico que já passara, na modernidade, da lei para o

---

[214] SUNSTEIN, Cass R. *After the rights revolution*: reconceiving the regulatory state. Cambridge: Harvard University Press, 1990.

[215] Sobre a sociedade de riscos, ver capítulo 4 deste livro.

[216] JORDANA, Jacint; LEVI-FAUR, David. The politics of regulation in the age of governance. *In:* JORDANA, Jacint; LEVI-FAUR, David (Ed.). *The politics of regulation*: institutions and regulatory reforms for the age of governance. Cheltenham: Edward Elgar, 2004. p. 12-15.

[217] MORAN, Michael. The Frank Stacey Memorial Lecture: from command state to regulatory state? *Public Policy and Administration*, v. 15, n. 4, 1º out. 2000; GUNNINGHAM, Neil; SINCLAIR, Darren. Organizational trust and the limits of management-based regulation, *Law & Society Review*, v. 43, p. 865-870, 2009.

[218] MATTOS, Paulo Todescan Lessa. *O novo Estado regulador no Brasil*: eficiência e legitimidade. 2. ed. São Paulo: Revista dos Tribunais, 2017.

[219] LAUBADÈRE, André de. *Direito público económico*. Tradução de Maria Teresa Costa. Coimbra: Almedina, 1985. p. 121.

juiz,[220] transfere-se agora para o caso concreto,[221] para a melhor solução, singular ao problema a ser resolvido.[222]

Essa nova fase se insere na denominada pós-modernidade?[223] Quais são os impactos dessas questões para o direito administrativo pátrio? Estas e outras indagações são de singular importância para a compreensão da escolha regulatória, nos termos preconizados por Diogo de Figueiredo:

> Com a regulação, a discricionariedade, antes praticada no âmbito operativo da prática de atos, logo se expandiria para uma discricionariedade no âmbito operativo do manejo de processos, tornando-se uma exitosa resposta multifuncional aos cada vez mais graves desafios postos pela

---

220 Destacando essa incapacidade dos parâmetros da modernidade para a organização social, Bauman diz: "A modernidade proclamou a artificialidade essencial da ordem social e a incapacidade da sociedade de alcançar uma existência ordeira por si mesma" (BAUMAN, Zygmunt. *Modernidade e ambivalência*. Tradução de Marcus Penchel. Rio de Janeiro: Jorge Zahar, 1999. p. 111). A obra original, denominada *Modernity and ambivalence*, foi publicada, em sua 3ª edição, no ano de 1995, pela Polity Press, Cambridge, Inglaterra.

221 Sobre o papel da lei como certa "forma residual", ver POZZOLO, Susanna. Un constitucionalismo ambiguo. *In:* CARBONELL, Miguel (Org.). *Neoconstitucionalismo(s)*. 2. ed. Madrid: Trotta, 2005. p. 193.

222 BARROSO, Luís Roberto. *Interpretação e aplicação da Constituição*. 6. ed. São Paulo: Saraiva, 2004. p. 306.

223 Sobre o Estado Pós-Moderno, assim se manifestou, contrariamente, Manoel Gonçalves Ferreira Filho: "Um estudo objetivo do (pretendido) Estado pós-moderno foi apresentado (com a clareza gaulesa e não com as brumas germânicas), por Jacques Chevallier. É o livro L'État post-moderne. Parte ele da posição de Max Weber para quem 'a modernidade se caracteriza por um rol de elementos – técnico (o desenvolvimento científico e técnico), econômico (a concentração dos meios de produção) e político (a aparição do Estado) – que traduzem um processo de racionalização das sociedades, em todos os planos'. Ora, com apoio em numerosos pensadores, ele aponta que ocorre uma crise geral das instituições e valores da modernidade. Isto deve levar – põe no futuro dubitativo, note-se – a uma 'ultrapassagem da modernidade'. Na realidade, ele já vê essa ultrapassagem praticamente concretizada, pois afirma que as 'as sociedades contemporâneas entraram numa nova lógica, que resume e condensa o conceito de pós-modernidade'. Consequência deste fenômeno seria ativar-se uma 'reconfiguração' do Estado (o que levaria a falar num Estado pós-moderno). Ressalva que o processo atual de mundialização (globalização) pode levar, não a uma 'homogeneização das formas de organização política', mas a 'ativar as diferenças'. Assim, muito claramente põe no futuro, não na atualidade, um Estado pós-moderno. É verdade que tal futuro lhe parece próximo, em processo de concretização. [...] Como se mostrou no corpo deste trabalho, ainda não existe um novo tipo de Estado, o que se convencionou chamar de Estado pós-moderno. Na verdade, isto é comprovado pelo direito comparado, pois não há diferenças importantes entre as Constituições mais recentes e o modelo do constitucionalismo moderno. Este, nascido no liberalismo, adaptou-se sem maiores problemas ao signo do social e provavelmente às exigências da chamada pós-modernidade. Não há, portanto, deste ângulo razão para justificar um constitucionalismo pós-moderno, ou um neoconstitucionalismo" (FERREIRA FILHO, Manoel Gonçalves. Notas sobre o direito constitucional pós-moderno, em particular sobre certo neoconstitucionalismo à brasileira. *Revista de Direito Administrativo*. v. 250, p. 151-168, jan./abr. 2009).

crescente complexidade, tecnicidade, mutabilidade e aceitabilidade social contemporânea, tudo com vistas a possibilitar a tomada de decisão mais adequada para os problemas gerenciais enfrentados pela administração pública, tanto a estatal como a extraestatal, o que vale dizer: para implementar soluções que incrementem a eficiência das escolhas públicas com vistas à realização da boa administração. Assim, a legitimidade da aplicação da lei que se obtém pela técnica da regulação deve ser alcançada através de processos decisórios abertos, de modo a integrar da maneira mais eficiente possível a vontade do legislador pelo emprego de uma flexibilidade operativa multifuncional, que compreende tanto decisões com conteúdo de normatividade secundária, como decisões com conteúdo de execução e de decisões com conteúdo parajudicial, dirimentes de conflitos. Assim se justifica a tríplice valência jurídica funcional inovada com o instituto da regulação, que veio complementar o quadro atual das aberturas administrativas de escolhas públicas juridicamente disponíveis.[224]

1.5.1 Premissas da pós-modernidade e seus impactos no modelo econômico e social estatal: a importância da escolha regulatória

Em vista das mudanças por que passa a humanidade, em que a lei não consegue tudo prever,[225] sustenta-se na doutrina que estamos vivendo o período de transformação ou superação da modernidade.[226]

---

[224] MOREIRA NETO, Diogo de Figueiredo. Discricionariedade administrativa das autoridades reguladoras e aplicação das normas punitivas. *Revista de Direito Administrativo*, v. 254, p. 95-108, maio/ago. 2010.

[225] Cf. SEABRA FAGUNDES, Miguel. *O contrôle dos atos administrativos pelo Poder Judiciário*. 4. ed. Rio de Janeiro: Forense, 1967. p. 103. Veja-se, ainda, em SUNDFELD, Carlos Ari. Introdução às agências reguladoras. *In:* SUNDFELD, Carlos Ari (Coord.). *Direito administrativo econômico*. São Paulo: Malheiros, 2000. p. 28: "O legislativo não tem como fazer o gerenciamento normativo da realidade". No mesmo sentido, BAPTISTA, Patrícia. *Transformações do direito administrativo*. Rio de Janeiro: Renovar, 2003. p. 195.

[226] Sobre o não cumprimento das "promessas da modernidade" e os aspectos da ambivalência na pós-modernidade, ver: BAUMAN, Zygmunt. *Modernidade e ambivalência*. Tradução de Marcus Penchel. Rio de Janeiro: Jorge Zahar, 1999. p. 244 *et seq*. Destaque-se, ainda, na obra do autor a parte em que aborda a "agenda política pós-moderna", em que ele categoricamente afirma: "a modernidade ainda está conosco" (p. 287). Ulrich Beck denomina esta fase como uma "outra modernidade" chamada de modernização reflexiva decorrente da vitória do capitalismo que acaba por produzir uma nova forma social. Um componente dessa nova fase é apontado pelo autor como a insegurança de toda uma sociedade, difícil de delimitar, com lutas de classes em todos os níveis, igualmente difíceis de delimitar" (BECK, Ulrich. A reinvenção da política: rumo a uma teoria da modernização reflexiva. *In:* BECK, Ulrich; GIDDENS, Anthony; LASH, Scott. *Modernização reflexiva*: política, tradição e estética na ordem social moderna. Tradução de Magda Lopes. São Paulo: Unesp, 1997. p. 12 *et seq*.). Giddens

Segundo Jacques Chevallier, as transformações que os Estados conhecem atualmente não podem ser consideradas um fenômeno isolado: elas remetem a uma crise mais genérica das instituições e dos valores da modernidade nas sociedades ocidentais; e essa crise parece dever conduzir a uma construção de um novo modelo de organização social.[227]

O termo "pós-modernidade", popularizado por Jean-François Lyotard,[228] indica novas concepções surgidas a partir da Segunda Guerra Mundial, incrementadas nas décadas de oitenta e noventa do século XX. Nesta fase, *adote-se ou não essa terminologia,*[229] vive-se sob um modelo de

---

a chama de "ordem pós-tradicional", "alta modernidade", e "modernidade experimental", que compõem uma "sociedade global" (GIDDENS, Anthony. A vida em uma sociedade pós-tradicional. *In:* BECK, Ulrich; GIDDENS, Anthony; LASH, Scott. *Modernização reflexiva*: política, tradição e estética na ordem social moderna. Tradução de Magda Lopes. São Paulo: Ed. Unesp, 1997. p. 75-76; 80; 119).

227 CHEVALLIER, Jacques. *O Estado pós-moderno*. Tradução de Marçal Justen Filho. Belo Horizonte: Fórum, 2009. p. 16.

228 Em seu livro LYOTARD, Jean-François. *Post-modern condition*. Minneapolis: University of Minnesota Press, 1985, conforme advertência de GIDDENS, Anthony. *As consequências da modernidade*. Tradução de Raul Fiker. São Paulo: Ed. Unesp, 1991. p. 12.

229 Para esclarecimento do leitor, utiliza-se, nesta obra, em diversas passagens, os termos "pós-modernidade" e "pós-moderno" para identificar um momento diverso daquele por que passou a humanidade até, notadamente, a segunda metade do século passado. Quanto a essa nomenclatura há inúmeros termos utilizados pela doutrina. Gunther Teubner, por exemplo, aborda a variedade de termos do direito na fase atual: direito pós-moderno, direito pós-intervencionista, direito processualizado, direito neocorporativo, direito ecológico, direito mediático e, para o autor, direito reflexivo (TEUBNER, Gunther. *O direito como sistema autopoiético*. Tradução de José Engrácia Antunes. Lisboa: Fundação Colouste Gulbenkian, 1993. p. 131-132). Giddens sustenta que em vez de estarmos entrando em um período de pós-modernidade, estamos alcançando um período em que as "consequências da modernidade" estão se tornando mais radicalizadas e universalizadas do que antes. Segundo o autor, além da modernidade, podem-se perceber os contornos de uma ordem nova e diferente, que é pós-moderna, "mas isto seria bem diferente do que é atualmente denominado de pós-modernidade" (GIDDENS, Anthony. *As consequências da modernidade*. Tradução de Raul Fiker. São Paulo: Ed. Unesp, 1991. p. 13). No mesmo sentido, Ricardo Lobo Torres: "Não se cuida de um Estado Pós-moderno, que passe a se conduzir pelos mecanismos da deslegalização, da desregulamentação ou da autorregulação, mas de um Estado Pós-positivista, *ainda no âmbito da modernidade*, que procura pautar as suas ações com base no princípio da transparência, para superar *os riscos sociais*" (TORRES, Ricardo Lobo. *Tratado de direito constitucional financeiro e tributário*. Rio de Janeiro: Renovar, 2005. v. 2. p. 245. Grifos nossos). Eros Grau critica o uso da expressão "pós-moderno" e outros que buscam traduzir o momento por que passa a humanidade, por "serem vazios de significação". Ver em GRAU, Eros Roberto. *O direito posto e o direito pressuposto*. São Paulo: Malheiros, 2002. p. 100. Levando em conta os comentários doutrinários, registre-se, portanto, que não há um preciosismo do autor deste livro quanto ao *nomen iuris*. O prefixo "pós" representa, para o autor, uma forma de destacar – e reforçar junto aos operadores do direito – que categorias tradicionais não se apresentam inteiramente ajustadas para a solução de um conjunto de problemas ligados à realização da justiça. Uma abordagem do tema com enfoque das diversas correntes desse movimento, de variados matizes ideológicos, pode ser conferida

Estado em que o jusnaturalismo liberal e a intervenção social cedem lugar e/ou se ajustam à interferência estatal nas atividades econômicas privadas (em sentido amplo e restrito)[230] e setores sensíveis à sociedade sob nova configuração. Muitos países passaram a atuar na busca de uma gestão pública eficiente e com foco no bem-estar social mediante ponderação[231] nos conflitos distributivos, à luz de princípios – não apenas regras – que trabalham com categorias econômicas.[232]

Um dos principais traços dessa fase está no fato de que a atuação estatal em determinado aspecto do conjunto social tende a produzir reflexos em outro segmento e afetar o direito individual.[233]

Nesse período, o problema básico de qualquer Constituição política contemporânea não pode mais ser captado em toda sua

---

em: SARMENTO, Daniel. *Direitos fundamentais e relações privadas*. Rio de Janeiro: Lumen Juris, 2004. p. 54 *et seq*.

230 Eros Roberto Grau entende que estão inseridos nas atividades econômicas em sentido amplo (gênero) tanto os serviços públicos (espécie) quanto as atividades econômicas em sentido estrito (espécie) (GRAU, Eros Roberto. *A ordem econômica na Constituição de 1988*: interpretação e crítica. 7. ed. São Paulo: Malheiros, 2002. p. 138 *et seq*.). Em sentido contrário ao qual aderimos, se manifesta Odete Medauar: "A nosso ver, não parece adequado ao ordenamento brasileiro considerar o serviço público como atividade econômica. De um lado, tem-se o art. 175, que, de modo claro atribui o serviço público ao poder público, podendo ser realizado pelo setor privado mediante concessão ou permissão. Vê-se que a Constituição Federal fixou um vínculo de presença do poder público na atividade qualificada como serviço público, presença esta que pode ser forte ou fraca, mas que não pode ser abolida. Esta presença se expressa na escolha do modo de realização da atividade, na sua destinação ou atendimento de necessidades da coletividade" (MEDAUAR, Odete. Segurança jurídica e confiança legítima. *In*: ÁVILA, Humberto (Coord.). *Fundamentos do Estado de direito*: estudos em homenagem ao professor Almiro do Couto e Silva. São Paulo: Malheiros, 2005. p. 125). Para uma reflexão geral acerca da complexidade do tema que envolve os serviços públicos contemporâneos (concepção, mudanças, questão da autorização do serviço público etc.), remetemos o leitor à obra de ARAGÃO, Alexandre Santos de. *Direito dos serviços públicos*. Rio de Janeiro: Forense, 2007. Veja-se, ainda, a obra de GROTTI, Dinorá Adelaide Musetti. *O serviço público e a Constituição brasileira de 1988*. São Paulo: Malheiros, 2003.

231 Segundo Luis Prieto Sanchíz, das distintas acepções que apresenta o verbo "ponderar", e o substantivo "ponderação" em linguagem comum, talvez a que melhor se ajusta ao uso jurídico é aquela que faz referência à ação de considerar imparcialmente os aspectos contrapostos de uma questão e o equilíbrio entre o peso de duas coisas (PRIETO SANCHÍS, Luis. Neoconstitucionalismo y ponderación judicial. *In*: CARBONELL, Miguel (Org.). *Neoconstitucionalismo(s)*. 2. ed. Madrid: Trotta, 2005. p. 137).

232 "A ciência do direito administrativo deve buscar uma nova linguagem, que lhe permita ir além do direito positivo, reconstruindo os superiores princípios que regulam as leis do movimento" (CASSESE, Sabino. As transformações do direito administrativo do século XIX e XX. *Revista Interesse Público*, Porto Alegre, ano 5, n. 24, p. 13-38, mar./abr. 2004. p. 13).

233 Entre nós, os traços da "pós-modernidade" também podem ser examinados na obra GUERRA FILHO, Willis Santiago. *Teoria da ciência jurídica*. São Paulo: Saraiva, 2001. p. 159. Nos planos internacional, econômico, social, político e do direito, a pós-modernidade foi sistematizada por BARROSO, Luís Roberto. *Interpretação e aplicação da Constituição*. 6. ed. São Paulo: Saraiva, 2004. p. 301-306.

extensão por aquela fórmula clássica em que se tinha um problema de delimitação do poder estatal em face do cidadão individualmente considerado. Hoje se demanda um disciplinamento da atividade política e econômica, permitindo a satisfação do interesse coletivo que as anima, compatibilizando-o com interesses de natureza individual e pública com base em um princípio de proporcionalidade.[234]

Ademais, há noções próprias do direito econômico (que afetam a sociedade e, por isso, despontam o direito administrativo econômico)[235] com as quais o direito administrativo não convivia até então. "Por exemplo de actos que, para satisfazer à necessidade de maior maleabilidade da

---

[234] Na lição de Zagrebelsky: "La asunción del pluralismo en una Constitución democrática es simplemente una propuesta de soluciones y coexistencias posibles, es decir, un compromiso de las posibilidades y no un proyecto rígidamente ordenador que pueda asumirse como un a priori de la política con fuerza propia, de arriba hacia abajo" (ZAGREBELSKY, Gustavo. *El derecho dúctil, ley, derechos, justicia*. Tradução de Marina Gascón. Madrid: Trotta, 1995. p. 14).

[235] A influência do direito econômico no direito administrativo atual, provocando a identificação de um "direito administrativo econômico", decorre do fato de que o programa de direito econômico, tal qual identificado na "Carta de Caraça" (de 21.5.1977, pela qual alguns professores, convocados pela Universidade Federal de Minas Gerais, proclamaram que a insuficiência do conhecimento desse ramo do direito constitui obstáculo à plena realização das aspirações do Estado de Direito), espelha o relacionamento entre a ordem jurídica e a política econômica. Nesta disciplina se insere o direito econômico regulamentar, o direito econômico institucional, o ordenamento jurídico do planejamento e as tarefas de organização dos mercados, tudo voltado, nos termos da Carta de Caraça, "à ideia de integração entre os valores jurídicos e econômicos com vistas a assegurar-se um sistema político-jurídico de freios e contrapesos". O tema foi arduamente debatido entre os participantes do referido seminário (Afonso Insuela Pereira, Alberto Venancio Filho, Ana Maria Ferraz Augusto, Antônio Angarita Silva, Eros Roberto Grau, Esteban Cottely, Fabio Nusdeo, Geraldo de Camargo Vidigal, José Alfredo de Oliveira Baracho, Maurício Lourenço da Costa, Modesto Carvalhosa e Washington Peluso Albino de Souza), de modo que se apresenta importante, para a compreensão da matéria no ensino jurídico e evolução no Brasil, o acesso aos anais do encontro (SEMINÁRIO DE PROFESSORES DE DIREITO ECONÔMICO, I. Anais... *Revista da Universidade Federal de Minas Gerais*, Belo Horizonte, v. 3, 1977). Veja-se a estrutura dessa disciplina – e suas imbricações com o direito administrativo francês – na obra clássica de LAUBADÈRE, André de. *Direito público económico*. Tradução de Maria Teresa Costa. Coimbra: Almedina, 1985. p. 14-16, não sendo despiciendo transcrever uma frase desta obra que indica a união entre econômico e administrativo nas questões regulatórias: "Um outro motivo de perplexidade diz respeito à distinção do económico de noções próximas, em particular o *social* e o *financeiro*. *É fácil observar que, na denominação das instituições jurídicas, o económico está hoje em dia, cada vez mais frequente, ligado ao social*" (p. 18). O autor dedica um capítulo (II, p. 106) para traçar as características e especificidades do direito administrativo econômico, partindo da premissa de que se trata de um direito *recente* e ávido de *maleabilidade* (p. 109), mas que não constitui um ramo autônomo do direito (p. 122). Entre nós, veja-se o posicionamento de SOUZA, Washington Peluso Albino de. *Direito econômico*. São Paulo: Saraiva, 1980. p. 75-76, um dos mais ativos professores no mencionado seminário.

matéria económica, são, ao mesmo tempo, *menos imperativos, menos estáveis e menos precisos que os actos administrativos habituais"*.[236]

Nesse contexto, destaca-se a importância da nova categoria das escolhas administrativas: a escolha regulatória, adotada tanto por países de raiz romano-germânica quanto por países de raiz anglo-saxã.

Na lição de Diogo de Figueiredo Moreira Neto, a atividade regulatória

> se apresenta como a mais rica integração funcional de alternativas de escolhas gerenciais, pois que se beneficia de todas as possibilidades teóricas aportadas nas diferentes épocas da evolução do Direito Administrativo. Vale particularmente observar que as três fases esquematicamente examinadas de abertura decisional da Administração Pública corresponderam a três distintas visões históricas do Estado e do direito. Assim, a primeira abertura espelhava o conceito do primado da lei – o *diktat* unilateral do Estado; a segunda abertura, o primado do interesse público – a ampliação do grande debate sobre os fins do Estado, e a terceira abertura, o primado dos direitos humanos – entronizados como síntese contemporânea dos fins do Estado. Com efeito, como o papel dos direitos humanos no constitucionalismo contemporâneo evoluiu de limites à ação do Estado para se tornar finalidades da ação do Estado, eles se tornaram, indisputadamente, o norte da ação político-administrativa dos Estados constitucionais democráticos de direito, impondo-lhes, em consequência, as missões de, sucessivamente, declará-los, garanti-los e realizá-los, pelo quê há de se concluir que o critério último de legitimação de sua atuação não é outro que o próprio resultado das ações públicas que efetivamente atendam a essa suprema orientação.[237]

Para Jacques Chevallier, a regulação se distingue dos modos clássicos de intervenção do Estado na economia, pois consiste em supervisionar o jogo econômico, estabelecendo certas regras e intervindo de maneira permanente para amortecer as tensões, compor os conflitos e assegurar a manutenção de um equilíbrio do conjunto. Ou seja, por meio da regulação o Estado não se põe mais como ator, mas como

[236] LAUBADÈRE, André de. *Direito público económico*. Tradução de Maria Teresa Costa. Coimbra: Almedina, 1985. p. 121. Grifo nosso.

[237] MOREIRA NETO, Diogo de Figueiredo. *Quatro paradigmas do direito administrativo pós-moderno*: Legitimidade. Finalidade. Eficiência. Resultados. Belo Horizonte. Fórum, 2008. p. 123 *et seq*.

árbitro do processo econômico, limitando-se a enquadrar a atuação dos operadores e se esforçando para harmonizar suas ações.[238]

Nesse contexto, Floriano Azevedo Marques Neto[239] anota:

> A atividade regulatória é espécie do gênero atividade administrativa. Mas trata-se de uma espécie bastante peculiar. Como já pude afirmar em outra oportunidade, *é na moderna atividade regulatória estatal que melhor se manifesta o novo paradigma de direito administrativo*, de caráter menos autoritário e mais consensual, aberto à interlocução com a sociedade e permeado pela participação do administrado.

Na regulação de atividades econômicas pelo Estado, a estrutura estatal necessária para equilibrar os subsistemas complexos,[240] ajustando as falhas do mercado, ponderando-se diversos interesses ambivalentes, tudo com vistas à proteção do cidadão, não se enquadra no modelo positivista clássico e moderno,[241] haja vista sua patente singularidade.[242]

Ademais, a escolha regulatória tem mais condições de enfrentar os desafios da "reflexividade da vida social" que, nas palavras de Giddens,[243] consiste no fato de que as práticas sociais são constantemente

---

238 CHEVALLIER, Jacques. *O Estado pós-moderno*. Tradução de Marçal Justen Filho. Belo Horizonte: Fórum, 2009. p. 73.

239 MARQUES NETO, Floriano Peixoto de Azevedo. Pensando o controle da atividade regulação estatal. *In:* GUERRA, Sérgio (Coord.). *Temas de direito regulatório*. Rio de Janeiro: Freitas Bastos, 2004. p. 202.

240 Sistema ou subsistema regulado, para efeito desta obra, é aquele apontado por Floriano de Azevedo Marques Neto como sendo parcelas do ordenamento jurídico pautadas por princípios, conceitos e estruturas hierárquicas próprias a determinado setor (MARQUES NETO, Floriano Peixoto de Azevedo. Pensando o controle da atividade regulação estatal. *In:* GUERRA, Sérgio (Coord.). *Temas de direito regulatório*. Rio de Janeiro: Freitas Bastos, 2004. p. 301). Veja-se a construção doutrinária sobre os subsistemas à luz da *teoria dos ordenamentos setoriais* em: ARAGÃO, Alexandre Santos de. *Agências reguladoras e a evolução do direito administrativo econômico*. Rio de Janeiro: Forense, 2002. p. 179 *et seq*.

241 Sob esse viés clássico do princípio da legalidade em cotejo com a atuação da Administração Pública, expõe Diogenes Gasparini: "O princípio da legalidade significa estar a Administração Pública, em toda a sua atividade, presa aos mandamentos da lei, deles não se podendo afastar, sob pena de invalidade do ato e responsabilidade de seu autor. Qualquer ação estatal sem o correspondente calço legal, ou que exceda ao âmbito demarcado pela lei, é injurídica e expõe-se à anulação" (GASPARINI, Diogenes. *Direito administrativo*. 11. ed. São Paulo: Saraiva, 2006. p. 6).

242 Zagrebelsky adverte que até mesmo na França já existe um forte movimento para reduzir a força da lei. Consta que em 23.8.1985 o *Conseil Constitutionnel* decidiu que "la loi votée n'exprime la volonté générale que dans le respect de la Constitution" (ZAGREBELSKY, Gustavo. *El derecho dúctil, ley, derechos, justicia*. Tradução de Marina Gascón. Madrid: Trotta, 1995. p. 61).

243 GIDDENS, Anthony. *As consequências da modernidade*. Tradução de Raul Fiker. São Paulo: Ed. Unesp, 1991. p. 45. O autor complementa: "Estamos em grande parte num mundo que é inteiramente constituído através de conhecimento reflexivamente aplicado, mas onde,

examinadas e reformadas à luz de informação renovada sobre estas próprias práticas, alterando, dessa forma, seu caráter constitutivamente.

A compatibilização do modelo de atuação estatal,[244] que conduz o Executivo às escolhas regulatórias com a pós-modernidade, está no fato de que o Estado deve ainda conter os excessos perpetrados pelos agentes que detêm o poder econômico privado, de acordo com valores e princípios garantidos pela força normativa da Constituição Federal.

1.5.1.1 Modelo neoliberal: adesão à moda brasileira

Após o episódio do segundo grande conflito mundial, houve a queda do autoritarismo capitalista de diversos países, ampliando-se o modelo de Estado-Providência com forte participação estatal na execução direta das atividades econômicas e sociais.[245]

Especialmente após a crise econômica mundial, ocorrida na década de 1970, houve a "falência" desse mesmo modelo intervencionista em diversos Estados – inclusive no Brasil –, despontando outra via para a atuação estatal.

Nesse período:

> reaparece o tema da ineficiência do Estado, abafado durante as horas de glória do Estado-Providência: o intervencionismo econômico provocaria

---

ao mesmo tempo, não podemos nunca estar seguros de que qualquer elemento dado deste conhecimento não será revisitado" (p. 46).

244 Sobre a função regulatória ver ainda a obra: SOUTO, Marcos Juruena Villela. *Direito administrativo regulatório*. Rio de Janeiro: Lumen Juris, 2002. p. 37 *et seq*.

245 Cumpre assinalar a distinção entre Estado Social e Estado Socialista para a correta compreensão do período intervencionista. Assim colhe-se a manifestação doutrinária de Paulo Bonavides: "Muitos confundem o Estado social com o Estado socialista, ou com uma socialização necessariamente esquerdista, da qual venha a ser o prenúncio, o momento preparatório, a transição iminente. Nada disto. O Estado social representa efetivamente uma transformação superestrutural que passou o antigo Estado liberal. Seus matizes são riquíssimos e diversos. Mas algo, no Ocidente, o distingue, desde as bases, do Estado proletário, que o socialismo marxista intenta implantar: é que ele conserva sua adesão à ordem capitalista, princípio cardeal a que não renuncia. Daí compreender-se o Estado social no capitalismo com os mais variados sistemas de organização política, cujo programa não importe modificações fundamentais de certos postulados econômicos e sociais. A Alemanha nazista, a Itália fascista, a Espanha franquista, o Portugal salazarista foram 'Estados sociais'. Da mesma forma, Estado social foi a Inglaterra de Churchill e Attlee; os Estados Unidos, em parte, desde Roosevelt; a França, com a Quarta República, principalmente; e o Brasil, desde a Revolução de 1930. [...] Ora, evidencia tudo isso que o Estado social se compadece com regimes políticos antagônicos, como sejam a democracia, o fascismo e o nacional-socialismo. E até mesmo, sob certo aspecto, fora da ordem capitalista, com o bolchevismo!" (BONAVIDES, Paulo. *Curso de direito constitucional*. 12 ed. São Paulo: Malheiros, 2002. p. 183-184).

a desorganização de mecanismos delicados da economia de mercado, retardando as adaptações necessárias e criando rigorismos insuportáveis; quanto às políticas sociais, elas não permitiram reduzir as injustiças e as desigualdades e produziram efeitos perversos. Mas o Estado também foi percebido como opressivo: a presença cada vez mais invasiva dos aparelhos de gestão pública é analisada como uma opressão reduzindo de maneira crescente a margem de liberdade individual e transformando pouco a pouco os cidadãos em "assistidos" passivos e irresponsáveis.[246]

Com essa crise nos Estados, em diversas dimensões, a proposta neoliberal[247] estava ancorada na ideia de Estado mínimo, com práticas voltadas, inicialmente, às privatizações de empresas e desregulação de determinados setores econômicos. Some-se a isso a redução de direitos sociais, dos gastos públicos e a prestação direta de serviços públicos, isto é, "é a economia que, efetivamente, calibra, baliza e pauta tanto a agenda quanto as decisões políticas e jurídicas".[248]

O retorno parcial ao *laissez-faire* de Adam Smith[249] foi comandado pelos economistas da Escola de Chicago, nos Estados Unidos, liderados por Milton Friedman.[250] Sob a modelagem neoliberal, praticada por Margareth Thatcher e com variações por Ronald Reagan,[251] o Estado

---

246 CHEVALLIER, Jacques. *O Estado pós-moderno*. Tradução de Marçal Justen Filho. Belo Horizonte: Fórum, 2009. p. 29-30.

247 A origem desse movimento neoliberal foi a obra *O caminho da servidão*, de Friedrich Hayek, escrito em 1944. Trata-se de um ataque apaixonado contra qualquer limitação dos mecanismos de mercado por parte do Estado, denunciada como uma ameaça letal à liberdade, não somente econômica, mas também política. O alvo imediato de Hayek, naquele momento, era o Partido Trabalhista inglês, às vésperas da eleição geral de 1945 na Inglaterra, a qual este partido efetivamente venceria. A hegemonia deste programa não se realizou do dia para a noite. Levou mais ou menos uma década, aplicando-se nos anos 70, quando a maioria dos governos da OCDE – Organização Europeia para o Comércio e Desenvolvimento – tratava de aplicar remédios keynesianos às crises econômicas. Cf. ANDERSON, Perry. Balanço do neoliberalismo. *In:* SADER, Emir; GENTILI, Pablo (Org.). *Pós-neoliberalismo*: as políticas sociais e o Estado democrático. Rio de Janeiro: Paz e Terra, 1995. p. 9-23.

248 BENTO, Leonardo Valles. *Governança e governabilidade na reforma do Estado*: entre eficiência e democratização. Barueri: Manole, 2003. p. 46-51.

249 O lema do liberalismo clássico era o *laissez-faire, laissez-passer* (deixar fazer, deixar passar). O mundo andaria por si mesmo, e a fonte das riquezas seria o trabalho (e não simplesmente a terra, como defendiam os fisiocratas). Sobre o pensamento de Adam Smith, remete-se o leitor para: DOMINGO, Rafael (Ed.). *Juristas universales*. Madrid: Marcial Pons, 2004. p. 641-646. v. 2.

250 Cf. CLARK, Giovani. *O município em face do direito econômico*. Belo Horizonte: Del Rey, 2000. p. 16.

251 Em 1979, foi eleito o governo da Primeira-Ministra Margareth Thatcher, sendo considerado o primeiro regime de um país de capitalismo avançado publicamente empenhado em por em prática o programa neoliberal. No ano seguinte, Ronald Reagan chegou à Presidência dos Estados Unidos da América e, dois anos depois, Khol derrotou o regime social liberal

deveria retornar às suas missões clássicas: emitir moeda, garantir a segurança pública, manter a justiça e não mais ser o protagonista do direcionamento das atividades econômicas.

Em que pese o Estado ter suas atribuições estabelecidas de acordo com a realidade política, cultural, social e econômica dos povos e das previsíveis consequências nefastas, alguns Estados, paulatinamente, passaram a implantar na prática a tese do Estado mínimo. Na concepção dos *founding fathers*[252] do neoliberalismo, não existiria um modelo alternativo para os Estados Democráticos, haja vista que o socialismo se corroeu rapidamente e acabaram-se as disputas de duas potências econômicas antagônicas. Destaca-se a Queda do Muro de Berlim,[253] em

de Helmut Schimidt, na Alemanha. Em 1983, a Dinamarca, Estado modelo do bem-estar escandinavo, caiu sob o controle de uma coalizão clara de direita, o governo de Schluter e, em seguida, quase todos os países do norte da Europa ocidental, com exceção da Suécia e da Áustria, também passaram a ter governos de direita. A partir daí, a onda de "direitização" desses anos tinha um fundo político para além da crise econômica do período. Vale lembrar que em 1978 a Segunda Guerra Fria eclodiu com a intervenção soviética no Afeganistão e a decisão norte-americana de incrementar uma nova geração de foguetes nucleares na Europa ocidental. O ideário do neoliberalismo havia sempre incluído, como componente central, o anticomunismo mais intransigente de todas as correntes capitalistas do pós-guerra. O novo combate contra o império do mal – a servidão humana mais completa aos olhos de Hayek – inevitavelmente fortaleceu o poder de atração do neoliberalismo político, consolidando o predomínio da nova direita na Europa e na América do Norte. Desse modo, os anos 80 viram o triunfo mais ou menos incontrastado da ideologia neoliberal nesta região do capitalismo avançado. O modelo inglês foi, ao mesmo tempo, o pioneiro e o mais puro. A base que sustentou o projeto do governo britânico foi a contração da emissão de moeda, a elevação das taxas de juros, a redução dos impostos sobre os rendimentos altos, a abolição dos controles sobre os fluxos financeiros, a criação de níveis de desemprego de massas, a imposição de uma nova legislação antissindical, o corte de gastos sociais e, finalmente, um amplo processo de desestatização (indústrias básicas como o aço, a eletricidade, o petróleo, o gás e a água). O processo neoliberalizante operado nos Estados Unidos da América, onde quase não existia um Estado de bem-estar do tipo europeu, partiu para a competição militar com a União Soviética, concebida como uma estratégia para quebrar a economia de seu inimigo e, por esta via, derrubar o regime comunista na Rússia. Deve-se ressaltar que, na política interna, Reagan também reduziu os impostos em favor dos ricos, elevou as taxas de juros e sufocou a única greve séria de sua gestão. Mas, decididamente, não respeitou a disciplina orçamentária; ao contrário, lançou-se em uma corrida armamentista sem precedentes, envolvendo gastos militares enormes, que criaram um déficit público muito maior do que qualquer outro presidente da história norte-americana. Mas esse recurso a um keynesianismo militar disfarçado, decisivo para uma recuperação das economias capitalistas da Europa ocidental e da América do Norte, não foi imitado. Somente os Estados Unidos, por causa de seu peso na economia mundial, podiam dar-se ao luxo do déficit massivo na balança de pagamentos que resultou de tal política (ANDERSON, Perry. Balanço do neoliberalismo. *In:* SADER, Emir; GENTILI, Pablo (Org.). *Pós-neoliberalismo*: as políticas sociais e o Estado democrático. Rio de Janeiro: Paz e Terra, 1995. p. 12-23).

[252] Em uma analogia aos "pais criadores" do constitucionalismo estadunidense.

[253] Sobre o balanço crítico do socialismo real pós-queda do murro de Berlim, vejam-se as obras KURZ, Robert. *O colapso da modernização*: "da derrocada do socialismo de caserna à crise da economia mundial". São Paulo: Paz e Terra, 1993 e DAHRENDORF, Ralf. *Após 1989*: moral, revolução e sociedade. São Paulo: Paz e Terra, 1997.

1989, e a independência de diversas repúblicas ligadas à Rússia e que formavam a poderosa União Soviética até seu fim, em 1991.

Foi nesse contexto que se sustentou a prevalência do mundo globalizado e o papel mínimo de cada Estado na atuação econômica direta. Daí vieram privatizações das empresas estatais, buscou-se reorganizar as finanças e reduzir os gastos do aparelho do estado, com destaque para a redução ou flexibilização dos monopólios estatais e a delegação dos serviços públicos.[254]

A escolha regulatória, portanto, não decorre, necessariamente, do modelo de política neoliberal:

> falar de função regulatória do Estado pressupõe que o sistema econômico não possa atingir por si próprio o equilíbrio, que se tenha necessidade da mediação do Estado para o alcançar. Essa visão se afasta do discurso neoliberal, que opõe à regulação estatal aquela que resulta da lógica do mercado.[255]

A associação da regulação ao neoliberalismo, de certa forma, está ligada à ideia de que o Estado deve intervir indiretamente em sistemas complexos que, por si só, não atinjam equilíbrio, função essa que é diretamente incrementada com as privatizações. Bresser-Pereira, que comandou, no Brasil, a reforma do aparelho do Estado, esclarece que a Administração Pública gerencial é frequentemente identificada com as ideias neoliberais, mas adverte que tal percepção decorre do fato de que as medidas decorrentes do modelo gerencial são quase sempre introduzidas ao mesmo tempo em que se implantam programas de ajuste estrutural que visam enfrentar a crise fiscal do Estado.[256] Acerca da organização administrativa estatal, segundo Chevallier, na pós-modernidade,

> a ordem burocrática, fundada sobre a hierarquização, é desestabilizada pela proliferação de estruturas de um novo tipo, colocadas fora do aparelho de gestão clássico e escapando ao poder de hierarquia. Vê-se delinear um novo princípio de organização do aparelho do Estado, congruente com a ideia da pós-modernidade: enquanto o modelo

---

[254] CLARK, Giovani. *O município em face do direito econômico*. Belo Horizonte: Del Rey, 2000. p. 16.

[255] CHEVALLIER, Jacques. *O Estado pós-moderno*. Tradução de Marçal Justen Filho. Belo Horizonte: Fórum, 2009. p. 72.

[256] BRESSER-PEREIRA, Luiz Carlos. Gestão do setor público: estratégia e estrutura para um novo Estado. *In:* BRESSER-PEREIRA, Luiz Carlos; SPINK, Peter Kevin (Org.). *Reforma do Estado e Administração Pública gerencial*. 7. ed. Rio de Janeiro: FGV, 2009. p. 31.

burocrático é do tipo "arborescente" (ele comporta um princípio de unidade, raízes, um centro), a existência de entidades autônomas evoca muito mais a imagem de "rizoma" (G.DELEUZE; F. GUATTARI, 1976) (que não apresenta uma estrutura estável mas se desenvolve a partir das conexões livres estabelecidas entre os seus elementos constitutivos); dispondo de uma capacidade de ação autônoma, essas entidades são religadas umas às outras, não mais por liames verticais de subordinação, mas por relações horizontais de interdependência. A figura pós-moderna da *rede* tende a partir daí a se substituir àquela da *pirâmide*.[257]

Com Gunther Teubner[258] anota-se que, na globalização, os processos dominantes de formação de direito transferem-se de seus centros, politicamente institucionalizados no Estado Nacional para a periferia do direito, para as fronteiras do direito com outros subsistemas globais. Daí a necessidade de uma releitura do direito administrativo pátrio para se adequar aos preceitos do pós-modernismo globalizado em que vivemos.

1.5.1.2 Novo constitucionalismo brasileiro e sua função reguladora

Após a Segunda Guerra Mundial, surgiram novas Constituições em alguns países europeus (as "Constituições pós-bélicas"),[259] com destaque para a Constituição italiana de 1947, a Lei Fundamental de Bonn de 1949, a Constituição portuguesa de 1976 e a Constituição espanhola de 1978, nas quais o eixo principal é o cidadão e a garantia de sua dignidade.[260] Esse novo constitucionalismo provocou uma grande modificação dos sistemas jurídicos contemporâneos em cotejo

---

[257] CHEVALLIER, Jacques. *O Estado pós-moderno*. Tradução de Marçal Justen Filho. Belo Horizonte: Fórum, 2009. p. 99.

[258] TEUBNER, Gunther. Regimes privados: direito neo-espontâneo e constituições dualistas na sociedade mundial. *In:* TEUBNER, Gunther. *Direito, sistema e policontexturalidade*. Tradução de Dorothee Susanne Rüdiger. Piracicaba: Unimep, 2005. p. 110.

[259] Na expressão de COMANDUCCI, Paolo. Formas de (neo)constitucionalismo: un análisis metateórico. *In:* CARBONELL, Miguel (Org.). *Neoconstitucionalismo(s)*. 2. ed. Madrid: Trotta, 2005. p. 75.

[260] Patrícia Baptista comenta esse aspecto no âmbito da Administração Pública como centro de convergência de interesses e de dignificação da pessoa humana (BAPTISTA, Patrícia. *Transformações do direito administrativo*. Rio de Janeiro: Renovar, 2003. p. 128). A elevação do princípio da dignidade da pessoa humana como eixo central do constitucionalismo atual não é uníssona. Acerca das críticas formuladas pela doutrina germânica sobre a superioridade hierárquica da dignidade da pessoa humana, ver a obra de TORRES, Ricardo Lobo. *Tratado de direito constitucional financeiro e tributário*. Rio de Janeiro: Renovar, 2005. v. 2. p. 46.

com os anteriores a essa época. O neoconstitucionalismo, difundido de um modo ainda impreciso para se referir a distintos aspectos de uma "nova cultura jurídica",[261] pode ser caracterizado por uma positivação, na Constituição, de um catálogo de direitos fundamentais, pela presença de valores, princípios e regras; isto é, por algumas peculiaridades na "interpretação moral do texto fundamental".[262] A perspectiva jusfilosófica desse tema pode ser encontrada no pensamento de alguns autores, em que se destacam Carlos Santiago Nino, Ronald Dworkin (notadamente na crítica a Hart), Gustavo Zagrebelsky e Robert Alexy.[263]

Como teoria, o neoconstitucionalismo representa uma alternativa em respeito à teoria juspositivista moderna[264] (*v.g.* Alf Ross em 1958, Hans Kelsen em 1960 e Herbert Hart em 1961) sucessora do positivismo

---

[261] Cf. PRIETO SANCHÍS, Luis. Neoconstitucionalismo y ponderación judicial. *In:* CARBONELL, Miguel (Org.). *Neoconstitucionalismo(s)*. 2. ed. Madrid: Trotta, 2005. p. 123. Essa nova cultura importa alguns "elementos concretos do constitucionalismo". Na visão de Peter Häberle, são eles: a dignidade da pessoa humana; a democracia pluralista; os direitos fundamentais; a divisão de poderes (com a possibilidade de receber inovações); a independência dos tribunais; a *rule of the law* (Estado de Direito) e o direito organizatório das ordenações constitucionais (competências, legislação, processo administrativo aberto aos cidadãos, transparência na administração e a jurisdição) (HÄBERLE, Peter. Novos horizontes e novos desafios do constitucionalismo. *Revista Latino-Americana de Estudos Constitucionais*, Belo Horizonte, n. 7, p. 1-26, jan./jun. 2006. p. 4-5).

[262] Cf. POZZOLO, Susanna. Un constitucionalismo ambiguo. *In:* CARBONELL, Miguel (Org.). *Neoconstitucionalismo(s)*. 2. ed. Madrid: Trotta, 2005. p. 198. Segundo Luis M. Cruz, esta concepção da Constituição corresponde, na Europa, ao desenvolvimento de uma teoria e práxis constitucionais comuns, nas quais tem desempenhado um importante papel a jurisprudência do Tribunal Constitucional Federal alemão e a ciência do direito público alemão (CRUZ, Luis M. *La constitución como orden de valores*: problemas jurídicos y políticos. Granada: Comares, 2005. p. 1).

[263] Para Susanna Pozzolo esses autores trazem, sob o rótulo do neoconstitucionalismo, uma leitura antijuspositivista ou jusnaturalista: "En realidad, todos estos autores se pueden poner en común porque critican el positivismo jurídico en tanto que incapaz de dar cuenta del moderno Estado constitucional. [...] La argumentación anti-iuspositivista del neoconstitucionalismo, grosso modo, se apoya en los cambios estructurales que han llevado al Estado legalista decimonónico" (POZZOLO, Susanna. Un constitucionalismo ambiguo. *In:* CARBONELL, Miguel (Org.). *Neoconstitucionalismo(s)*. 2. ed. Madrid: Trotta, 2005. p. 189). Especialmente sobre o trabalho de Carlos S. Nino, veja-se o artigo de BARBERIS, Mauro. Neoconstitucionalismo, democracia e imperialismo de la moral. *In:* CARBONELL, Miguel (Org.). *Neoconstitucionalismo(s)*. Madrid: Trota, 2003. p. 264 *et seq.*

[264] O neoconstitucionalismo, na visão de Comanducci, não se apresenta somente como uma ideologia e uma correlativa metodologia. É também uma teoria concorrente ao positivismo (COMANDUCCI, Paolo. Formas de (neo)constitucionalismo: un análisis metateórico. *In:* CARBONELL, Miguel (Org.). *Neoconstitucionalismo(s)*. 2. ed. Madrid: Trotta, 2005. p. 83).

tradicional (como de Bentham e Austin).[265] Segundo Comanducci,[266] "en particular, el estatalismo, el legicentrismo y el formalismo interpretativo, tres de las características destacadas del iuspositivismo teórico de matriz decimonónica, hoy no parecen sostenibles".

Nesse cenário, a lei deixaria de ser a única, suprema e racional fonte de direito que pretendeu ser em outra época, e, talvez, este seja o sintoma mais visível da crise da teoria do direito positivista.

> Pero seguramente la exigencia de renovación es más profunda, de manera que el constitucionalismo está impulsando una nueva teoría del Derecho, cuyos rasgos más sobresalientes cabría resumir en los siguientes cinco epígrafes, expresivos de otras tantas orientaciones o líneas de evolución: más principios que reglas; más ponderación que subsunción; omnipresencia de la Constitución en todas las áreas jurídicas y en todos los conflictos mínimamente relevantes, en lugar de espacios exentos en favor de la opción legislativa o reglamentaria; omnipotencia judicial en lugar de autonomía del legislador ordinario; y, por último, coexistencia de una constelación plural de valores, a veces tendencialmente contradictorios, en lugar de homogeneidad ideológica en torno a un puñado de principios coherentes entre sí y en torno, sobre todo, a las sucesivas opciones legislativas.[267]

O Brasil, de certa forma, sob os influxos do movimento neoliberal de reforma e redução do modelo de Estado-Providência,[268] promulgou,

---

[265] Pode-se conferir em BOBBIO, Norberto. *O positivismo jurídico*: lições de filosofia do direito. Tradução de Márcio Pugliesi, Edson Bini e Carlos E. Rodrigues. São Paulo: Ícone, 1995. p. 91-111 (capítulo IV).

[266] COMANDUCCI, Paolo. Formas de (neo)constitucionalismo: un análisis metateórico. *In:* CARBONELL, Miguel (Org.). *Neoconstitucionalismo(s)*. 2. ed. Madrid: Trotta, 2005. p. 83. Susanna Pozzolo adverte que esse debate decorreu de outro ocorrido na segunda metade dos anos cinquenta, em que funcionaram como protagonistas Norberto Bobbio e Nicola Matteucci (POZZOLO, Susanna. Un constitucionalismo ambiguo. *In:* CARBONELL, Miguel (Org.). *Neoconstitucionalismo(s)*. 2. ed. Madrid: Trotta, 2005. p. 207). Some-se, ainda, nesse rol de positivistas, o nome de Giovanni Sartori, conforme aponta BARBERIS, Mauro. Neoconstitucionalismo, democracia e imperialismo de la moral. *In:* CARBONELL, Miguel (Org.). *Neoconstitucionalismo(s)*. Madrid: Trota, 2003. p. 260.

[267] PRIETO SANCHÍS, Luis. Neoconstitucionalismo y ponderación judicial. *In:* CARBONELL, Miguel (Org.). *Neoconstitucionalismo(s)*. 2. ed. Madrid: Trotta, 2005. p. 131. Mauro Barberis apõe críticas ao neoconstitucionalismo ao afirmar que se trata do "imperialismo da moral" (BARBERIS, Mauro. Neoconstitucionalismo, democracia e imperialismo de la moral. *In:* CARBONELL, Miguel (Org.). *Neoconstitucionalismo(s)*. Madrid: Trota, 2003. p. 259 *et seq.*).

[268] A discussão sobre as vantagens e desvantagens do modelo neoliberal é destacada na obra de GIDDENS, Anthony. *A terceira via*: reflexões sobre o impasse político atual e o futuro da social-democracia. Tradução de Maria Luiza X. de A. Borges. 5. ed. Rio de Janeiro: Record, 2005. p. 76.

em 1988, uma Constituição Federal que, de certa forma, restringiu a intervenção direta sobre atividades econômicas e, por outro lado, foi extremamente detalhada e "invasora"[269] no que se refere aos direitos fundamentais.[270]

Segundo Barroso,[271] o renascimento do direito constitucional brasileiro se deu no ambiente de reconstitucionalização do país capaz de promover, de maneira bem-sucedida,[272] a travessia do Estado brasileiro de um regime autoritário para um Estado Democrático de Direito com o mais longo período de estabilidade institucional da história republicana do país. E adverte:

> Sob a Constituição de 1988, o Direito Constitucional no Brasil passou da desimportância ao apogeu em menos de uma geração. Uma Constituição não é só técnica. Tem de haver, por trás dela, a capacidade de simbolizar conquistas e de mobilizar o imaginário das pessoas para novos avanços. O surgimento de um *sentimento constitucional* no país é algo que merece ser celebrado. Trata-se de um sentimento ainda tímido, mas real e sincero, de maior respeito pela lei maior, a despeito da volubilidade de

---

269 A expressão é adotada por Riccardo Guastini, ao advertir que a constitucionalização do direito faz com que a constituição seja capaz de condicionar tanto a legislação quanto a jurisprudência e a doutrina, além dos atores políticos e as relações sociais (GUASTINI, Riccardo. La "constitucionalización" del ordenamiento jurídico: el caso italiano. *In*: CARBONELL, Miguel (Org.). *Neoconstitucionalismo(s)*. 2. ed. Madrid: Trotta, 2005. p. 49).

270 Sobre a necessidade de reforma constitucional para o atingimento dessa política não intervencionista, de fato ocorrida em 1995, é digno de menção o posicionamento de Diogo de Figueiredo Moreira Neto: "Dois são os temas de reforma: o da ordem econômica e o da ordem financeira. Com relação à necessidade de rever-se o capítulo da ordem econômica basta lembrar da Constituição de 1967-1969, dita estatizante e autocrática, era menos regulatória da economia e menos monopolista que a Constituição de 1988. Passamos de sete para mais de vinte modalidades de intervenção regulatória e de uma para seis previsões de intervenções monopolistas. Houve, portanto, um retrocesso. [...] O Estado, ao imiscuir-se na ordem econômica para competir com a sociedade ou para se substituir a ela com exclusividade, ou seja, nas modalidades de intervenção concorrencial e monopolista, se afasta do exercício regular de seu poder coercitivo, do qual detém o monopólio, para ser mais apenas uma empresa ou mais um concorrente. Com isso, ele perde suas características públicas. O Estado se privatiza, perdendo de vista os interesses gerais, que lhes são próprios, para ter interesses privados. Além de não existirem mais recursos para recapitalizar as empresas do Estado, escasseiam também os recursos para o desempenho de suas atividades públicas: o Estado privatizado acaba se despublicizando" (MOREIRA NETO, Diogo de Figueiredo. Reforma da ordem econômica e financeira. *Cadernos de Direito Constitucional e Ciência Política*, São Paulo, v. 3, n. 9, p. 22-25, out./dez. 1994).

271 BARROSO, Luís Roberto. Neoconstitucionalismo e constitucionalização do direito: o triunfo tardio do direito constitucional no Brasil. *Revista da EMERJ*, Rio de Janeiro, v. 9, n. 33, p. 43-92, 2006. p. 45.

272 Gilberto Bercovici parece discordar do constitucionalista carioca. Ver suas críticas em BERCOVICI, Gilberto. A Constituição dirigente e a crise da teoria da Constituição. *In*: SOUZA NETO, Cláudio Pereira de *et al*. *Teoria da Constituição*: estudos sobre o lugar da política no direito constitucional. Rio de Janeiro: Lumen Juris, 2003. p. 75 *et seq*.

seu texto. É um grande progresso. Superamos a crônica indiferença que, historicamente, se manteve em relação à Constituição. E, para os que sabem, é a indiferença, não o ódio, o contrário do amor.[273]

Interessam, à presente obra, as mudanças decorrentes do constitucionalismo brasileiro no campo de atuação estatal em relação à redução do Estado-Providência e à função de regulação das atividades econômicas desenvolvidas pela iniciativa privada.[274]

Como dito, o modelo seguido foi, apenas em parte, o de governança neoliberal, em que deve prevalecer a globalização[275] e o Estado

---

[273] BARROSO, Luís Roberto. Neoconstitucionalismo e constitucionalização do direito: o triunfo tardio do direito constitucional no Brasil. *Revista da EMERJ*, Rio de Janeiro, v. 9, n. 33, p. 43-92, 2006. p. 45. No mesmo sentido de Barroso, Castro anota: "Embora ainda se possa dizer prevalecente o quadro teórico de clausura legalista em meio ao qual foi desenvolvido o sistema abstrato-conceitual, que formou e ainda hoje seduz gerações e mais gerações de juristas da mais nobre linhagem, a viragem do pensamento jurídico para a abertura e mobilidade sistêmica que notabiliza o pós-modernismo (e o pós-positivismo) ganhou força a partir dos grandes momentos constituintes das últimas décadas do século passado, do que constitui exemplo a Carta Política promulgada no Brasil em 1988. Com efeito, o caráter precipuamente principiológico da Constituição Federal de 1998, o que já foi tantas vezes acentuado pela doutrina, permite considerar, não só a ela, mas a todo o ordenamento jurídico brasileiro, por força dos eflúvios irradiados pela lei fundamental, como um sistema aberto, no qual convivem, em reciprocidade, e em contínua interpelação mútua, normas de natureza principiológica – implícitas ou explícitas – e normas de natureza preceptiva (aquelas vindo alargar, fecundar e comunicar novas possibilidades semânticas, novos horizontes deontológicos ao plano básico da previsão textual contida na respectiva redação). Aliás, pode-se dizer que a ambiência natural dos princípios jurídicos é mesmo o texto constitucional. E dentro deste contexto de abertura jurídica, como condição para o contínuo adensamento do fenômeno jurídico, impõe-se ao jurista o dever de desconfiar de leituras herdadas, e mesmo de se inquietar com elas, se já não se afinam com o sentimento de justiça, ou não mais traduzem as expectativas contemporâneas da sociedade. Em verdade, mais do que catalogar, impõe-se, hoje, talvez como nunca, não só à jurisprudência, mas sobretudo ao profissional do direito, intensificar o conhecimento do fenômeno jurídico, encontrando novas conexões de sentido que as normas mantêm entre si e com os princípios éticos-diretivos do ordenamento jurídico, cujo epicentro repousa no *princípio da dignidade humana*" (CASTRO, Carlos Roberto Siqueira. *A constituição aberta e os direitos fundamentais:* ensaios sobre o constitucionalismo pós-moderno e comunitário. Rio de Janeiro: Forense, 2003. p. 51).

[274] Registre-se, nas palavras de Luís Roberto Barroso na introdução à obra de Diogo de Figueiredo Moreira Neto (*Direito regulatório*: a alternativa participativa e flexível para a Administração Pública de relações setoriais complexas no Estado democrático. Rio de Janeiro: Renovar, 2003. p. 18): "Não se deve encobrir, artificialmente, a circunstância de que o Brasil chega à pós-modernidade sem ter conseguido ser nem liberal nem moderno. [...] Findo o período entre 1985-1990, chegou-se à pós-modernidade, que enfrentou, logo na origem, a crise existencial de ter nascida associada ao primeiro governo constitucionalmente deposto pela história do país".

[275] Isto é, a intensificação das relações sociais em escala mundial, que ligam localidades distantes de tal maneira que acontecimentos locais são modelados por eventos ocorrendo a muitas milhas de distância e vice-versa. Cf. GIDDENS, Anthony. *As consequências da modernidade*. Tradução de Raul Fiker. São Paulo: Ed. Unesp, 1991. p. 69, e, do mesmo autor,

mínimo, alcançado por meio das privatizações[276] de empresas estatais, regulando-se[277] a economia de forma menos custosa (com a análise de custos e benefícios, por exemplo), revendo direitos sociais, diminuindo-se os gastos estatais e a prestação direta de serviços públicos.

Sobre essa governança, e comentando algumas características da *New Public Management* (NPM), Alketa Peci leciona:

> A governança entra no vocabulário da gestão pública [...] englobando conceitos contraditórios teoricamente e ideologicamente. Segundo Peters & Pierre (1998), [...] a governança é um movimento que se faz presente nos anos noventa e se refere ao reconhecimento da importância da boa interação entre governo, sociedade civil e setor privado. No contexto europeu e estadunidense, a governança se refere à existência de alguns elementos que se materializam a partir das reformas neoliberais implementadas em grande escala a partir dos anos setenta: a) o domínio das redes em políticas públicas: desde a concepção de Castells (1996), sobre o Estado em rede, até os dias de hoje prevalece a ideia de que as redes, definidas *stricto sensu* como coleções amorfas de atores públicos, privados e sem fins lucrativos, dominam a esfera da administração pública (Loyola; Moura, 1996; Mandell, 1999; Marsh; Rhodes, 1992). [...]; b) do controle à influência: geralmente, nessas redes de políticas públicas, o governo perde seu poder central e a capacidade de controlar diretamente os atores e os recursos e passa a usar mais a capacidade

---

afirmando tratar-se do principal tema de uma "nova agenda": A vida em uma sociedade pós-tradicional. *In:* BECK, Ulrich; GIDDENS, Anthony; LASH, Scott. *Modernização reflexiva*: política, tradição e estética na ordem social moderna. Tradução de Magda Lopes. São Paulo: Ed. Unesp, 1997. p. 75. Para Ferrajoli a globalização pode ser entendida como "un vacío de Derecho público producto de la ausencia de límites, reglas y controles frente a la fuerza, tanto de los Estados con mayor potencial militar como de los grandes poderes económicos privados" (FERRAJOLI, Luigi. Pasado y futuro del estado de derecho. *In:* CARBONELL, Miguel (Org.). *Neoconstitucionalismo(s)*. 2. ed. Madrid: Trota, 2005. p. 22).

[276] Acerca da polissemia do termo, ver o estudo de OTERO, Paulo. *Privatizações, reprivatizações e transferências de participações sociais no interior do sector público*. Coimbra: Coimbra Ed., 1999. p. 11.

[277] Giandomenico Majone adverte que o termo "desregulação" é enganador. Segundo o autor, não se trata de um desmantelamento da regulação governamental, uma volta ao *laissez-faire*, mas, em vez disso, uma combinação de desregulação com nova regulação (MAJONE, Giandomenico. Do estado positivo ao estado regulador: causas e consequências da mudança no modo de governança. *In:* MATTOS, Paulo Todescan L. (Coord.). *Regulação econômica e democracia*: o debate europeu. São Paulo: Singular, 2006. p. 57). Carlos Ari Sundfeld adverte que "desregulação" significa, em relação aos serviços públicos, a crescente opção de substituir a "regulação autoritária das tarifas" pela chamada "regulação pela concorrência". E conclui: "Sua adoção não significa a renúncia, pelo Estado, de suas competências relativamente a esses serviços, mas um possível modo para seu exercício". SUNDFELD, Carlos Ari. Preços e tarifas dos serviços de telecomunicações. *In:* SUNDFELD, Carlos Ari (Coord.). *Direito administrativo econômico*. São Paulo: Malheiros, 2000. p. 321.

de influência; c) uso de recursos públicos e privados: a existência e a institucionalização de parcerias formais e informais entre o setor público e o privado tornam possível o uso híbrido de recursos públicos e privados; d) criação de modelos organizacionais híbridos: em alguns casos, a mistura dos recursos se dá via organizações híbridas do tipo quangos (Reino Unido), que tornam possível a operacionalização do conceito da governança. Entretanto, é importante observar que o conceito de governança é substancialmente diferente dos movimentos de inspiração neoliberal dos anos 90 e apresenta a tentativa de uma nova síntese das relações do Estado com o mercado e com a sociedade civil organizada. Governança é um conceito essencialmente democrático: a redução do Estado como consequência das reformas neoliberais pode ter diminuído seu peso e transformado seu papel, mas o aumento das parcerias com o setor privado e com o terceiro setor também é impulsionado pela crescente pressão da sociedade. A NPM é ideologicamente marcada pelo neoliberalismo e busca tornar as organizações públicas similares às privadas, reconhecendo apenas a diferença no produto a ser entregue. A governança reconhece a importância das organizações públicas na rede de articulação com o privado. Governança tem foco interorganizacional: diferentemente da NPM, cujo principal foco são as práticas intraorganizacionais, a governança estimula as redes interorganizacionais como formas alternativas para o alcance do interesse público. O setor público é responsável pelo controle político e pelo desenvolvimento de estratégias que sustentam a capacidade de ação do governo. A NPM busca mudar o setor público, tornando-o próximo ao privado. Governança sustenta-se em bases ideológicas diferenciadas da NPM: a governança é maleável em diferentes contextos ideológicos ou culturais. De fato, redes interorganizacionais, intersetoriais e gestão integrada podem ser implementadas gradativamente, em diversos contextos socioculturais, adaptando-se às suas características. Já a NPM sustenta-se pela ideologia neoliberal e busca a penetração das forças do mercado no setor público. Não existe um modelo único de governança: diferentemente do modelo burocrático, a governança não pretende ser um modelo organizativo e funcional de validade universal. A governança é multifacetada e plural, busca eficiência adaptativa e exige flexibilidade, experimentação e aprendizagem via prova e erro. Resumindo, a governança deriva da cultura política do país onde se insere, enquanto a NPM não demonstra essa sensibilidade contextual e ideológica. Dessa forma, é de se esperar que os desenhos institucionais da governança sejam diferentes, dependendo do contexto onde são aplicados. De forma mais ampla, o conceito de governança pode ser utilizado na teoria de administração pública para qualificar as relações que o Estado (domínio dos políticos e burocratas) desenvolve com o setor privado (domínio das empresas e consumidores) e o terceiro setor (domínio da cidadania organizada em torno dos seus interesses). É esta interseção de relações entre o Estado, o setor privado e o terceiro setor que torna-se principal foco de pesquisa para os pesquisadores de administração pública na atualidade.[278]

Sob esse viés, se "é a economia que, efetivamente, calibra, baliza e pauta tanto a agenda quanto as decisões políticas e jurídicas",[279] a ordem econômica deve ter como eixo a liberdade para a atuação do poder econômico privado.[280]

José Eduardo Faria[281] adverte que, no cenário de relativização crescente da autoridade governamental, "rompendo com a concepção tradicional de 'administração pública' comumente apresentada nos manuais de direito administrativo" (que a definem como um aparato burocrático uniformemente hierarquizado), a linearidade do movimento de causa e efeito inerente ao direito positivo acaba gradativamente substituída pela crescente circularidade de sistemas normativos funcionalmente diferenciados e relativamente autônomos.

Diante desse quadro evolutivo que se afina à tese da pós-modernidade, e mesmo perante certa desconfiança,[282] com fundamentos e objetivos definidos na Constituição, o Estado teve que adotar uma nova forma de atuar no exercício das atividades econômicas, ancorando-se em novas bases funcionais e burocráticas.

---

278 PECI, Alketa. Regulação e administração pública. *In:* GUERRA, Sérgio (Org.). *Regulação no Brasil:* uma visão multidisciplinar. Rio de Janeiro: FGV, 2014. p. 72-74.

279 FARIA, José Eduardo. *O direito na economia globalizada.* 1. ed. 4. tir. São Paulo: Malheiros, 2004. p. 178.

280 Na visão de Daniel Sarmento, "sob o impacto da globalização, o Estado se debilita, na medida que vai perdendo o domínio sobre as variáveis que influem na sua economia. Deteriora-se a sua capacidade de formulação e implementação de políticas públicas, de regulamentação e fiscalização do seu mercado interno, e com isso o seu poder de garantir a eficácia dos direitos sociais" (SARMENTO, Daniel. *Direitos fundamentais e relações privadas.* Rio de Janeiro: Lumen Juris, 2004. p. 44).

281 FARIA, José Eduardo. *O direito na economia globalizada.* 1. ed. 4. tir. São Paulo: Malheiros, 2004. p. 179-180.

282 "Con mayor razón, en los países en desarrollo el auge del neoliberalismo es visto con desconfianza en la medida en que propugna por la privatización y el libre juego del mercado, dentro del contexto de globalización de las diferentes actividades, en el cual las naciones económicamente más débiles sienten el justificado temor de sólo poder participar en condiciones de desequilibrio, como simples suministradoras de mano de obra y de materias primas y como consumidoras; mientras que los países desarrollados, es un escenario de esas características, podrán obtener inmensas ventajas gracias a la explotación de los grandes capitales y de los avances tecnolóticos" (RODRÍGUEZ RODRÍGUEZ, Libardo. Las vicisitudes del derecho administrativo y sus desafíos en el siglo XXI. *In:* FERNÁNDEZ RUIZ, Jorge (Coord.). *Perspectivas del derecho administrativo en el siglo XXI.* Ciudad Universitaria: Universidad Nacional Autónoma de México, 2002. p. 98).

Nesse contexto do "novo Estado regulador",[283] em que se defende a "constitucionalização da Administração Pública",[284] o Poder Executivo passou a ter um papel de relevo, levando-se em conta "a genérica insuficiência demonstrada pelos Parlamentos contemporâneos para resolver completamente as inumeráveis exigências normativas do Estado".[285]

1.5.2 Pós-modernidade, regulação e direito administrativo: uma releitura obrigatória

O direito administrativo clássico era considerado um mero conjunto de condições necessárias à conformação da estrutura burocrática do governo às regras criadas pelo Poder Legislativo. Isto é, pensava-se o direito administrativo como a disciplina voltada apenas à organização da máquina administrativa do Estado, com características de unidade, centralização e uniformidade, em posição privilegiada em relação ao cidadão ("administrado") e direcionada à manutenção do funcionamento dos serviços públicos.

A inquestionável superioridade do interesse público sobre o privado[286] foi conjugada pela supremacia da administração, o princípio

---

[283] MATTOS, Paulo Todescan Lessa. *O novo Estado regulador no Brasil*: eficiência e legitimidade. 2. ed. São Paulo: Revista dos Tribunais, 2017. p. 109.

[284] Conforme lição de Canotilho e Vital Moreira, o "princípio da *constitucionalidade da administração* não é outra coisa senão a aplicação, no âmbito administrativo, do princípio geral da constitucionalidade dos actos do Estado: todos os poderes e órgãos do Estado (em sentido amplo) estão submetidos às normas e princípios hierarquicamente superiores da Constituição" (CANOTILHO, José Joaquim Gomes; MOREIRA, Vital. *Constituição da República Portuguesa anotada*. 3. ed. Coimbra: Coimbra Ed., 1993. p. 922. O tema foi tratado no artigo: MOREIRA NETO, Diogo de Figueiredo. Políticas públicas e parcerias: juridicidade, flexibilidade negocial e tipicidade na administração consensual. *Revista de Direito do Estado*, Rio de Janeiro, v. 1, p. 105-117, jan./mar. 2006. p. 108 *et seq.*).

[285] BISCARETTI DI RUFFIA, Paolo. *Derecho constitucional*. Tradução de Pablo Lucas Verdú. Madrid: Tecnos, 1973. p. 480.

[286] Acerca do tema que comporta, por si só, novas teses sobre a releitura da supremacia do interesse público sobre o privado, destacamos, para aqueles que desejam uma introdução sobre o assunto, a obra de MEDAUAR, Odete. *O direito administrativo em evolução*. 2. ed. São Paulo: Revista dos Tribunais, 2003. p. 185 *et seq.*, e, em maior profundidade, os diversos artigos que compõem a coletiva intitulada: SARMENTO, Daniel (Org.). *Interesses públicos versus interesses privados*: desconstruindo o princípio da supremacia do interesse público. Rio de Janeiro: Lumen Juris, 2005; o artigo de ÁVILA, H. B. Repensando o "princípio da supremacia do interesse público sobre o particular". *In:* SARLET, I. W. (Org.). *O direito público em tempos de crise*: estudos em homenagem a Ruy Ruben Ruschel. Porto Alegre: Livraria do Advogado, 1999. p. 99-127; o artigo de OSÓRIO, Fábio Medina. Existe uma supremacia do interesse público sobre o privado no direito administrativo brasileiro? *Revista de Direito Administrativo*, v. 220, p. 69-107, 2000; o capítulo 2 da obra de BAPTISTA,

da legalidade, os serviços públicos e a função discricionária.[287] Daí adveio o regime administrativo diferenciado, compreendendo as prerrogativas da Administração Pública: poder de polícia e radical desigualdade, unilateral e singular, tais como espécies diferentes de propriedade, contratos e responsabilidade (diversas, portanto, do direito privado), submetidas às causas desta matéria, inclusive, a um tribunal próprio.

Um passo importante para a evolução do direito administrativo europeu continental[288] ocorreu no início do século passado, com León Duguit, na obra *Les transformations du droit public*, ao doutrinar acerca das transformações do direito público.[289] Nessa obra, destacando a passagem, no direito administrativo, da *puissance public* para o *service public*, Duguit advertia que, com o desaparecimento do sistema imperialista, a noção de serviço público substituiu a de soberania e mudou a concepção de lei, do ato administrativo, da justiça administrativa e de responsabilidade estatal.[290]

Jacques Chevallier denota que, sob a noção jurídica, o serviço público conduziu à aplicação de regras de direito específicas e

Patrícia. *Transformações do direito administrativo*. Rio de Janeiro: Renovar, 2003. p. 181 *et seq.* e HACHEM, Daniel Wunder. *Princípio constitucional da supremacia do interesse público*. Belo Horizonte: Fórum, 2011.

287 CASSESE, Sabino. *La globalización jurídica*. Tradução de Luis Ortega, Isaac Martín Delgado e Isabel Gallego Córceles. Madrid: Marcial Pons, 2006. p. 181. Jacques Chevallier aduz que "o direito administrativo havia sido concebido, até então, como um direito de privilégio: justificado pelo particularismo do estatuto administrativo, ele exprimia de maneira tangível a superioridade da administração sobre os administrados e a irredutibilidade de sua posição no seio da sociedade" (CHEVALLIER, Jacques. *O serviço público*. Tradução de Augusto Neves Dal Pozzo e Ricardo Marcondes Martins. Belo Horizonte: Fórum, 2017. p. 29).

288 Acerca do trajeto por que passou a evolução do direito administrativo, passando pelas obras de Duguit, Otto Mayer, Hariou, Charles Eisenmann e Giannini, remeto o leitor para a obra de CASSESE, Sabino. *La globalización jurídica*. Tradução de Luis Ortega, Isaac Martín Delgado e Isabel Gallego Córceles. Madrid: Marcial Pons, 2006. p. 176 *et seq*.

289 Nesse sentido, consulte-se a obra DUGUIT, Léon. *Les transformations du droit public*. Paris: Éditions La Mémoire du Droit, 1999 (que reproduz a obra publicada em 1913 por Max Leclerc e H. Bourrelier pela Ed. Colin).

290 Em suas palavras: "Toutes les volontés sont des volontés individuelles: toutes se valent; il n'y a pas de hiérarchie des volontés. Toutes les volontés se valent si l'on ne considère que le sujet. Leur valer ne peut être déterminée que par le but qu'elles poursuivent. La volonté du gouvernant n'a aucune force comme telle; elle n'a de valeur et de force que dans la mesure où elle poursuit l'organisation et le fonctionnement d'un service public. Ainsi la notion de service public vient remplacer celle de souvenraineté. L'État n'est plus une puissance souveraine qui commande; il est un groupe d'individus détenant une force qu'ils doivent employer à créer et à gérer les services publics. La notion de service public devient la notion fondamentale du droit public moderrne. Les faits vont le démontrer" (DUGUIT, Léon. *Les transformations du droit public*. Paris: Éditions La Mémoire du Droit, 1999. p. XXIX).

derrogatórias de direito comum, culminando no denominado "regime de serviço público", constituindo o próprio direito administrativo.[291]

Na modernidade, a concepção de direito administrativo no Brasil, seguindo os influxos do direito administrativo francês,[292] estava totalmente conforme a uma atuação executiva estatal hierarquizada e suportada por decisões de "cima para baixo",[293] à luz da teoria clássica da separação de poderes. Esse fato era justificado pelo modelo de Estado Social, com forte intervenção executiva estatal direta nas atividades econômicas, e, portanto, "un estatismo considerado exagerado, por asfixiante y por invadir hasta los más íntimos sectores de la vida privada".[294]

Contudo, e conforme elucidativa lição de Odete Medauar,[295] a realidade político-institucional e social da segunda metade do século XX apresentou-se muito mais complexa em relação à época de Montesquieu. Nesse contexto muitas instituições que hoje existem em grande parte dos ordenamentos ocidentais são dificilmente enquadráveis em alguns dos três clássicos poderes quanto à vinculação estrutural e hierárquica.[296]

---

[291] CHEVALLIER, Jacques. *O serviço público*. Tradução de Augusto Neves Dal Pozzo e Ricardo Marcondes Martins. Belo Horizonte: Fórum, 2017. p. 19.

[292] Sobre esse aspecto, ver o didático texto de PESSOA, Robertônio Santos. *Curso de direito administrativo moderno*. 2. ed. Rio de Janeiro: Forense, 2003. p. 65-66.

[293] Expressão utilizada por Sérgio Buarque de Holanda para se referir aos movimentos "aparentemente reformadores" ocorridos no Brasil, conduzidos pelos grupos dominantes (na obra clássica HOLANDA, Sérgio Buarque de. *Raízes do Brasil*. 26. ed. 26. reimpr. São Paulo: Companhia das Letras, 2006. p. 160). Cumpre ressaltar que a modernidade acolheu, até mesmo, governos despóticos. Conforme advertência de Anthony Giddens "o 'despotismo' parecia ser principalmente característico de estados pré-modernos. Na esteira da ascensão do fascismo, do Holocausto, do stalinismo e de outros episódios da história do século XX, podemos ver que a possibilidade de totalitarismos é contida dentro dos parâmetros da modernidade ao invés de ser por eles excluída" (GIDDENS, Anthony. *As consequências da modernidade*. Tradução de Raul Fiker. São Paulo: Ed. Unesp, 1991. p. 17).

[294] RODRÍGUEZ RODRÍGUEZ, Libardo. Las vicisitudes del derecho administrativo y sus desafíos en el siglo XXI. *In:* FERNÁNDEZ RUIZ, Jorge (Coord.). *Perspectivas del derecho administrativo en el siglo XXI*. Ciudad Universitaria: Universidad Nacional Autónoma de México, 2002. p. 97.

[295] MEDAUAR, Odete. *O direito administrativo em evolução*. 2. ed. São Paulo: Revista dos Tribunais, 2003. p. 120.

[296] Sobre o papel do Poder Executivo nessa evolução, colhe-se a manifestação de Sabino Cassese: "El Derecho como instrumento de legitimidad de los Estados (*Rechtsstaat, rule of law*, principio da legalidad) nace en el transcurso del siglo XIX por efecto del liberalismo. En una primera fase se introducen las garantías de la libertad personal y de la (parcial) independencia de los jueces. Más tarde las garantías serán traspasadas del poder judicial al poder legislativo, con la introducción de los jueces de constitucionalidad de las leyes. En una tercera fase, en el curso de la segunda mitad del siglo XX, las garantías conquistarán igualmente el poder ejecutivo, con las autoridades independientes y las normas sobre el procedimiento administrativo" (CASSESE, Sabino. *La globalización jurídica*. Tradução de Luis Ortega, Isaac Martín Delgado e Isabel Gallego Córceles. Madrid: Marcial Pons,

Há, por certo, um enriquecimento do direito administrativo no século XXI com o intercâmbio de questões com "suas ramificações",[297] com o direito privado[298] e com o direito administrativo alienígena, este em um ambiente de internacionalização do próprio direito.[299]

O direito administrativo atual "ha pasado a constituirse, de guardián de los poderes del Estado, en el defensor de las libertades

2006. p. 104). Sobre o tema, ver o artigo ACKERMAN, Bruce. Good-bye Montesquieu. *In:* ROSE-ACKERMAN, Susan; LINDSETH, Peter L. (Org.). *Comparative administrative law*. Cheltenham, UK; Northampton, MA, USA: Edward Elgar Publishing, 2010.

[297] Acerca dos vários "direitos especiais" que ganharam autonomia frente ao direito administrativo, direciona-se o leitor para a obra de BAPTISTA, Patrícia. *Transformações do direito administrativo*. Rio de Janeiro: Renovar, 2003. p. 24-25.

[298] "Este fenómeno ha sido señalado por los juristas que han estudiado 'l'échec du critère unique' y la 'interaction between the two bodies of law' y ha sido, después, analizado por historiadores del Derecho administrativo, que hablan del 'recul du régime administratif' producido por el desarrollo de servicios públicos gestionados por particulares (servicios públicos de carácter industrial y comercial), de la gestión privada de servicios público, y de 'contracción de la especialidad administrativa' o de 'especialidad abierta o multiforme'" (CASSESE, Sabino. *La globalización jurídica*. Tradução de Luis Ortega, Isaac Martín Delgado e Isabel Gallego Córceles. Madrid: Marcial Pons, 2006. p. 186). No mesmo sentido, e buscando demonstrar a dificuldade de se encontrar, em nossos dias, a fronteira entre o direito público e o privado, ver o artigo de GARCÍA VILCHEZ, Julio; BORGE TAPIA, Roberto. El derecho administrativo en el siglo XXI. *In:* FERNÁNDEZ RUIZ, Jorge (Coord.). *Perspectivas del derecho administrativo en el siglo XXI*. Ciudad Universitaria: Universidad Nacional Autónoma de México, 2002. p. 146. Relativamente ao papel da Administração Pública entre o direito público e o direito privado, ver a obra: ESTORNINHO, Maria João. *A fuga para o direito privado*: contributo para o estudo da actividade de direito privado na Administração Pública. Coimbra: Almedina, 1996, notadamente o primeiro capítulo, e a obra de MEDAUAR, Odete. *O direito administrativo em evolução*. 2. ed. São Paulo: Revista dos Tribunais, 2003. p. 169.

[299] CASSESE, Sabino. *La globalización jurídica*. Tradução de Luis Ortega, Isaac Martín Delgado e Isabel Gallego Córceles. Madrid: Marcial Pons, 2006. p. 184: "El Derecho administrativo, primeiro ligado a cada Estado, está hoy ligado a una pluralidad de ordenamientos jurídicos y de Derechos". Acerca da internacionalização do direito administrativo (tema de capital importância em vista da globalização), veja-se o trabalho publicado por Agustín Gordillo, sob o título: La crecente internacionalización del derecho. *In:* FERNÁNDEZ RUIZ, Jorge (Coord.). *Perspectivas del derecho administrativo en el siglo XXI*. Ciudad Universitaria: Universidad Nacional Autónoma de México, 2002. p. 71 *et seq*. Nesta obra o autor argentino aborda a realidade econômica e jurídica supranacional no começo do século XXI; distintas fontes supranacionais; características gerais e a articulação da justiça nacional com a justiça supranacional. Registre-se, ainda, a advertência de Giddens, de que "poucas pessoas, em qualquer lugar do mundo, podem continuar sem consciência do fato de que suas atividades locais são influenciadas, e às vezes, até determinadas, por acontecimentos ou organismos distantes" (GIDDENS, Anthony. A vida em uma sociedade pós-tradicional. *In:* BECK, Ulrich; GIDDENS, Anthony; LASH, Scott. *Modernização reflexiva*: política, tradição e estética na ordem social moderna. Tradução de Magda Lopes. São Paulo: Ed. Unesp, 1997. p. 74). Sobre o direito administrativo na perspectiva comunitária, ver a obra de QUADROS, Fausto de. *A nova dimensão do direito administrativo*: o direito administrativo português na perspectiva comunitária. Coimbra: Almedina, 1999. Entre nós, remete-se o leitor para as advertências de MEDAUAR, Odete. *O direito administrativo em evolução*. 2. ed. São Paulo: Revista dos Tribunais, 2003. p. 95.

individuales",[300] e, portanto, as escolhas sob seu fundamento devem observar as normas principiológicas e o novo rol de temas que permeia a sociedade de riscos,[301] notadamente a eloquente tecnicidade que impõe uma análise sistêmica do campo jurídico para se alcançar a justiça.[302]

As experiências do cotidiano refletem o papel da tradição – em constante mutação – e, como também ocorre no plano global, devem ser consideradas no contexto do deslocamento e da reapropriação de especialidades sob o impacto da invasão dos sistemas abstratos. A tecnologia, no significado geral da "técnica", desempenha aqui o papel principal, tanto na forma de tecnologia material quanto da especializada expertise social.[303]

A associação do direito administrativo e da regulação à fase pós-moderna indica sua necessária adaptação, pela ruptura com a fase anterior, às mudanças econômicas e sociais, conduzindo a seu perfeito acoplamento ao contexto da realidade. Só assim o direito administrativo pode ser um instrumento para a efetividade dos direitos fundamentais.

A supremacia do interesse público e, indiretamente, da Administração Pública, nessa fase, deve deixar de ser um atributo permanente e prevalente "y se convierte en un privilegio que debe ser concedido caso

---

[300] MADARIAGA GUTIÉRREZ, Mónica. *Seguridad jurídica y administración pública en el siglo XXI*. 2. ed. Santiago: Jurídica de Chile, 1993. p. 11.

[301] Nesse campo de questões, e sob o ponto de vista da gradativa subsidiariedade (a responsabilidade pelas suas necessidades começa no indivíduo, passa à comunidade e, só depois, passa para o Estado) é que a sociedade contemporânea recebe de alguns autores (em que foi pioneiro o sociólogo alemão Ulrich Beck, em 1986) a denominação de *sociedade de riscos* edificada após os efeitos simbolicamente representados pela queda do muro de Berlim, em 1989. A sociedade de riscos tem os traços conformados pela "ambivalência, insegurança, a procura de novos princípios e o redesenho do relacionamento entre as atribuições das instituições do Estado e da própria sociedade" (TORRES, Ricardo Lobo. *Tratado de direito constitucional financeiro e tributário*. Rio de Janeiro: Renovar, 2005. v. 2. p. 177). O tema "sociedade de riscos" será aprofundado em 4.1.

[302] A transformação do direito administrativo atrelado às novas tecnologias é objeto do estudo de HERNÁNDEZ-MENDIBLE, Víctor Rafael. El derecho administrativo en la sociedad de la información (reflexiones sobre el impacto de las telecomunicaciones y la informática). *In:* FERNÁNDEZ RUIZ, Jorge (Coord.). *Perspectivas del derecho administrativo en el siglo XXI*. Ciudad Universitaria: Universidad Nacional Autónoma de México, 2002. p. 186. O tema também é objeto de estudo de PÉREZ LUÑO, Antonio-Enrique. *Nuevas tecnologías, sociedad y derecho*: el impacto socio-jurídico de las nuevas tecnologías de la información. Madrid: Fundesco, 1997. p. 65 *et seq*.

[303] GIDDENS, Anthony. A vida em uma sociedade pós-tradicional. *In:* BECK, Ulrich; GIDDENS, Anthony; LASH, Scott. *Modernização reflexiva*: política, tradição e estética na ordem social moderna. Tradução de Magda Lopes. São Paulo: Ed. Unesp, 1997. p. 77.

por caso por la ley. Después, supremacía e unilateralidad se substituyen por consenso y bilateralidad".[304]

Parece ser indisputável o fato de que os instrumentos e mecanismos de escolha administrativa do passado se apresentam, em determinados sistemas complexos, incapazes de compreender a contemporaneidade da sociedade de riscos.

Se, de um lado, a pós-modernidade "rejeita a proposta de que o direito possa resolver todos os problemas sociais"[305] e, no entanto, "se caracteriza pelo incremento da regulação jurídica sobre quase todos os setores da vida social",[306] como se pode pensar em adotar as fórmulas clássicas de direito administrativo diante da impossibilidade de os parlamentos editarem leis que ditem o papel do administrador público em todas as demandas e todos os conflitos distributivos da sociedade?

O que na prática vem ocorrendo é que "várias decisões de relevo são tomadas fora do circuito do Legislativo e até mesmo dos partidos políticos"[307] e, por conseguinte, "a trindade de poderes [...] tornou-se muito simples para explicar os múltiplos poderes do Estado contemporâneo e uma sociedade muito complexa".[308]

A Administração do século XIX, embora conceitualmente dotada de atribuições restritas, foi-se ampliando e assumindo novos papéis à medida que aumentavam as funções do Estado.[309] Hoje adquiriu dimensões gigantescas e se tornou fundamental à coletividade. Passou, com o tempo, a influenciar na tomada de decisões de relevo, de modo que dificilmente se sustentaria, na atualidade, a característica de mera executora da lei e alheia às decisões que deve aplicar.[310]

---

[304] CASSESE, Sabino. *La globalización jurídica*. Tradução de Luis Ortega, Isaac Martín Delgado e Isabel Gallego Córceles. Madrid: Marcial Pons, 2006. p. 185.

[305] JUSTEN FILHO, Marçal. *Curso de direito administrativo*. 2. ed. São Paulo: Saraiva, 2006. p. 15.

[306] JUSTEN FILHO, Marçal. *Curso de direito administrativo*. 2. ed. São Paulo: Saraiva, 2006. p. 14.

[307] MEDAUAR, Odete. *O direito administrativo em evolução*. 2. ed. São Paulo: Revista dos Tribunais, 2003. p. 122.

[308] JUSTEN FILHO, Marçal. *Curso de direito administrativo*. 2. ed. São Paulo: Saraiva, 2006. p. 122.

[309] JUSTEN FILHO, Marçal. *Curso de direito administrativo*. 2. ed. São Paulo: Saraiva, 2006. p. 122.

[310] Daí a importância da procedimentalização do direito administrativo, conforme elucidativa manifestação doutrinária de GONZÁLES PÉREZ, Jesús. Acto administrativo y pretensión procesal. *In:* FERNÁNDEZ RUIZ, Jorge (Coord.). Perspectivas del derecho administrativo en el siglo XXI. Ciudad Universitaria: Universidad Nacional Autónoma de México, 2002. p. 7 *et seq*.

O verdadeiro problema consiste em especificar a justa relação entre orientação política e imparcialidade no âmbito de uma discricionariedade administrativa inevitável, conotada pela tensão entre política e justiça e pela necessidade de compor, mais do que separar os dois elementos.[311]

Com efeito, as políticas nacionais típicas do Estado contemporâneo se põem em prática mediante a edição de muitas regras gerais, em grande parte com indeterminações técnicas, que acabam por exigir mais do que uma simples integração dessas mesmas normas, como ocorre com a escolha determinativa de conceito – conceito jurídico indeterminado – e a escolha discricionária – discricionariedade.[312]

Alguns elementos são necessários para formular uma base do enquadramento da escolha administrativa detida pelo Poder Executivo nas atuais funções que ele tem o dever constitucional de implementar.[313]

1.5.3 Novas funções estatais propícias às escolhas regulatórias

Com as premissas da pós-modernidade e que acabaram por impor fortes mudanças na condução da ordem econômica em diversos países, notadamente na Europa durante a década de 80, o modelo de Estado regulador foi confirmado no Brasil com a promulgação da Constituição Federal de 1988.[314]

Nesse novo sistema,[315] o modelo liberal e o intervencionismo social cedem lugar à intervenção estatal indireta na ordem econômica

---

311 MEDAUAR, Odete. *O direito administrativo em evolução*. 2. ed. São Paulo: Revista dos Tribunais, 2003. p. 137.

312 Sabino Cassese aponta, ainda, a difícil combinação do "novo" direito administrativo com o "velho" direito constitucional: "Como podem combinar-se o princípio constitucional da responsabilidade ministerial com a independência das autoridades independentes?" (CASSESE, Sabino. *La globalización jurídica*. Tradução de Luis Ortega, Isaac Martín Delgado e Isabel Gallego Córceles. Madrid: Marcial Pons, 2006. p. 189).

313 A teor do que dispõe o art. 174 da Constituição Federal.

314 Daniel Sarmento anota que a nossa Constituição, que consagrou um modelo de Estado do Bem-Estar Social, fortemente intervencionista, foi pega no contrapé pela onda neoliberal que varreu o mundo na fase final do século XX (SARMENTO, Daniel. *Direitos fundamentais e relações privadas*. Rio de Janeiro: Lumen Juris, 2004. p. 49).

315 "A noção 'pós-moderna' da intervenção do Estado na economia é por alguns qualificada como neoliberal. Cometem o equívoco de confundir a análise objetiva de determinado momento histórico com aquilo que ideologicamente se desejaria para ele. Naturalmente que a história pode ser vista à luz de diversas ideologias, mas a análise histórica em si não se confunde com esta ou aquela ideologia. No caso do pós-modernismo a impropriedade da identificação simplista é ainda mais evidente, já que pensadores dos mais variados matizes ideológicos sustentam estarmos vivendo a pós-modernidade (Boaventura de

social, impondo-se que novas carências "sejam identificadas e expostas, especialmente para que o Estado neutralize os excessos e se valha de seu poder como instrumento de controle da atuação privada".[316]

Diante desse contexto, em que há necessidade de atrair investimentos, sobretudo estrangeiros, a Administração Pública direta decidiu, na década de 90, abrir mão da função de regular diretamente os subsistemas privatizados de infraestrutura, tais como telecomunicações, energia elétrica e transportes, conferindo a competência para o exercício dessa escolha a entidades reguladoras dotadas de certa independência.

A regulação só existe quando a classe política se libera de uma parte de seus poderes a favor de entidades não eleitas pelo povo, que são capazes, até mesmo, de bloquear as pretensões políticas das eleitas visando preservar o equilíbrio de sistemas complexos. Para que essa condição ocorra, segundo Cassesse, não basta a separação entre regulador e operador. É também necessária a separação entre regulador e governo, cujo fim é evitar a politização das decisões. Ele permite distinguir toda forma de intervenção ou controle desenvolvida sob a direção do governo da regulação em sentido estrito.[317]

Bresser-Pereira comenta a questão do ponto de vista das burocracias tecnicamente especializadas:

> Um dos papéis que desempenham, além do meramente técnico, é o de desenvolver estratégias de articulação entre os aparatos de Estado e a sociedade como forma de neutralização de pressões clientelistas ou mesmo de ampliação de seus recursos. Nesse sentido, a burocracia pode ser um ator político no contexto da democracia, valendo-se dos instrumentos que esta faculta. Ela respeita as decisões dos políticos eleitos, mas desenvolve estratégias de legitimação por meio das quais

---

Souza Santos, Diogo de Figueiredo Moreira Neto, J.J. Gomes Canotilho, Antônio Carlos Wolkmer e muitos outros)" (ARAGÃO, Alexandre Santos de. *Direito dos serviços públicos*. Rio de Janeiro: Forense, 2007. p. 47).

316 JUSTEN FILHO, Marçal. *Curso de direito administrativo*. 2. ed. São Paulo: Saraiva, 2006. p. 18.

317 CASSESE, Sabino. *La globalización jurídica*. Tradução de Luis Ortega, Isaac Martín Delgado e Isabel Gallego Córceles. Madrid: Marcial Pons, 2006. p. 151. Nas palavras de Egon Bockmann Moreira, o fenômeno da concentração sem centralização faz com que o poder estatal seja fragmentado numa rede de autoridades independentes detentoras de competências autônomas, com o poder central apenas estabelecendo a política geral de todos os setores e as metas a serem atingidas (MOREIRA, Egon Bockmann. Agências reguladoras independentes, déficit democrático e a "elaboração processual de normas". *In:* MOREIRA, Egon Bockmann. *Estudos de direito econômico*. Belo Horizonte: Fórum, 2004. p. 172).

obtém autonomia dos próprios políticos, a partir da demanda ou do apoio da sociedade.[318]

O padrão decorrente da função estatal de regulação que, portanto, traz consigo a escolha regulatória, decorre do fenômeno de mutação constitucional,[319] desencadeado pelas alterações estruturais por que passou a sociedade e que teve como consequência, no plano das instituições políticas, o surgimento do imperativo de mudança nas formas de exercício das funções estatais clássicas.[320] O fenômeno da regulação, tal como concebido nos dias atuais, nada mais representa do que uma espécie de corretivo indispensável a dois processos que se entrelaçam. De um lado, trata-se de um corretivo às mazelas e às deformações do regime capitalista[321] e, de outro, um corretivo ao modo de funcionamento do aparelho do Estado engendrado por esse mesmo capitalismo.

Nesse vezo, quais devem ser os objetivos dessa função regulatória descentralizada, que produz um "eclipse do governo dentro do direito administrativo",[322] adotada em diversos países, inclusive no Brasil?

O objetivo da regulação não é tanto controlar as empresas, com as ferramentas características da função de poder de polícia; mas proteger a

---

318 BRESSER-PEREIRA, Luiz Carlos. *A reforma do estado para a cidadania*: a reforma gerencial brasileira na perspectiva internacional. São Paulo: 34, 1998. p. 160.

319 Na expressão de GOMES, Joaquim B. Barbosa. Agências reguladoras: a "metamorfose" do Estado e da democracia (uma reflexão de direito constitucional e comparado). *In:* ARAGÃO, Alexandre Santos de (Org.). Direito da regulação. *Revista de Direito da Associação dos Procuradores do Novo Estado do Rio de Janeiro*, Rio de Janeiro, v. 9, 2002. p. 90.

320 Sobre a tese de mutação da constituição administrativa dos Estados Unidos da América para admitir a criação de agências reguladoras, ver: MASHAW, Jerry L. *Creating the administrative constitution*: the lost of hundred years of American administrative law. New Haven: Yale University Press, 2012. p. 314.

321 O inconformismo com a ordem liberal econômica já se apresentava na penúltima década do século XIX. Em 1887 foi criada a primeira "agência reguladora" estadunidense, a *Interstate Commerce Commission*, e, uma década depois, editado o *Clayton Act* para combater as práticas anticoncorrenciais. Cf. MOREIRA, Vital. *Autorregulação profissional e Administração Pública*. Lisboa: Almedina, 1997. p. 17.

322 Na reflexão de Sabino Cassese: "Se produce un eclipse del gobierno dentro del Derecho administrativo. Este último estaba, en el pasado, dominado por los gobiernos nacionales. Ahora el Derecho administrativo es menos gubernamental por la influencia ejercitada por la Comisión de la Unión Europea, por la separación entre política y Administración producida por la exigencia de imparcialidad y por la ampliación de los poderes públicos, y, finalmente, por el desarrollo de las autoridades independientes en el centro" (CASSESE, Sabino. *La globalización jurídica*. Tradução de Luis Ortega, Isaac Martín Delgado e Isabel Gallego Córceles. Madrid: Marcial Pons, 2006. p. 187).

sociedade na execução de atividades econômicas pela iniciativa privada que sejam essenciais para a vida e o bem-estar daquela.[323]

São várias as razões para a adoção do modelo de regulação estatal por entidades independentes, em vez da utilização dos mecanismos de regulamentação de viés preponderantemente político pelo Poder Executivo. Uma dessas razões está atrelada ao real sentido de regulação administrativa. Com efeito, no modelo de Estado intervencionista havia uma confusão entre intervenção direta estatal na atividade econômica e as tarefas regulatórias e, em várias situações, a função regulatória competia ao próprio operador público, muitas vezes sob a figura do monopólio e sob a pressão política de não criar parâmetros de atestação da ineficiência.[324]

Com o aparecimento de novos operadores privados na execução de atividades econômicas, entendeu-se que deveria haver uma separação das funções de regulação e das funções de participação pública na própria atividade regulada.[325]

Carlos Ari Sundfeld pondera:

> a figura da regulação é necessária à teoria do direito administrativo brasileiro contemporâneo, que sem ela carece de categorias suficientes e adequadas para bem compreender e organizar a operacionalização do Direito positivo. O instrumental teórico consagrado – formado pela visão clássica de conceitos contrapostos como os de serviço público x atividade privada, poder concedente x poder de polícia, e outros relacionados – além de incapaz de servir à compreensão dos problemas e soluções jurídicas ligadas à intervenção do Estado na economia, está em franco desacordo com o ordenamento atual. O uso da figura da regulação é o caminho para superar essa deficiência e gerar reflexão nova.[326]

---

323 ARIÑO ORTIZ, Gaspar. *Economía y estado*: crisis y reforma del sector público. Madrid: Marcial Pons, 2003. p. 272-273.

324 MOREIRA, Vital; MAÇAS, Fernanda. *Autoridades reguladoras independentes*. Coimbra: Coimbra Ed., 2003. p. 10.

325 MOREIRA, Vital; MAÇAS, Fernanda. *Autoridades reguladoras independentes*. Coimbra: Coimbra Ed., 2003. p. 10. Conrado Hübner Mendes aduz: "As empresas que saem do domínio estatal e passam a fazer parte do domínio privado não podem estar submetidas, exclusivamente, às livres decisões de seus administradores, motivadas unicamente pelas contingências econômicas. Devem, sim, estar em consonância com interesses que transcendem os meramente capitalistas. Por esse motivo, ao retirar da máquina estatal tais empresas, nasce a necessidade de regulá-las intensamente" (MENDES, Conrado Hübner. Reforma do estado e agências reguladoras. *In:* SUNDFELD, Carlos Ari (Coord.). *Direito administrativo econômico*. São Paulo: Malheiros, 2000. p. 108).

326 SUNDFELD, Carlos Ari. Direito público e regulação no Brasil. *In:* GUERRA, Sérgio (Org.). *Regulação no Brasil*: uma visão multidisciplinar. Rio de Janeiro: FGV, 2014. p. 125-126.

Marcos Juruena Villela Souto[327] leciona que um processo de regulação implica, tipicamente, várias fases em que se destacam a formulação das orientações da regulação, a definição e operacionalização das regras, a implementação e aplicação das regras, o controle da aplicação das regras, o sancionamento dos transgressores e a decisão nos recursos.

Paralela e simultaneamente aos desafios colocados pela globalização, o Estado atual sofre a crise do financiamento de suas múltiplas funções. Diante dessa crise, segundo Aragão,[328] há inevitabilidade da retração do Estado frente às necessidades sociais, ou, alternativamente, adotam-se novas estratégias de atuação compatíveis com a escassez de recursos.

Além dessas premissas, o objetivo perseguido com a instituição de um padrão estatal regulatório deve ser a cessão da capacidade decisória sobre aspectos técnicos em sistemas complexos para entidades descentralizadas em troca da busca por credibilidade e estabilidade, demonstrando-se, com isso, que a regulação estatal deixa de ser assunto de governo para ser assunto de Estado.[329] A regulação permite, com maior efetividade, gerar salvaguardas institucionais que signifiquem um compromisso estatal com a manutenção de regras (segurança jurídica) e contratos administrativos de longo prazo.[330]

---

327 SOUTO, Marcos Juruena Villela. *Desestatização*: privatização, concessões, terceirizações e regulação. 4. ed. Rio de Janeiro: Lumen Juris, 2001. p. 441.

328 ARAGÃO, Alexandre Santos de. *Agências reguladoras e a evolução do direito administrativo econômico*. Rio de Janeiro: Forense, 2002. p. 68.

329 Sobre essa questão, nos Estados Unidos da América, ver STRAUSS, Peter L. The place of agencies in government: separation of powers and the fourth branch. *Columbia Law Review*, v. 84, n. 3, Apr. 1984. p. 573-66. Funções de Estado podem ser indicadas como aquelas dispostas na Constituição e nas leis, as quais devem necessariamente ser observadas e executadas pela Administração Pública, independentemente de quem seja o partido ou governante na chefia do Poder Executivo. De outro lado, as funções de governo, por sua vez, consistem nas prioridades concretas do governante democraticamente eleito para a implementação durante o seu governo e dizem respeito à orientação política e governamental que se pretende imprimir a um setor, sempre e em qualquer caso submetidas às políticas de Estado. Floriano de Azevedo Marques Neto observa que as políticas de governo são os objetivos concretos que determinado governante eleito pretende ver impostos a um dado setor da vida econômica ou social. Dizem respeito à orientação política e governamental que se pretende imprimir a um setor (MARQUES NETO, Floriano Peixoto de Azevedo. *Agências reguladoras independentes*: fundamentos e seu regime jurídico. Belo Horizonte: Fórum, 2005. p. 84 *et seq*.).

330 Sabino Cassese chega a afirmar que as entidades reguladoras independentes "não devem ponderar o interesse público a elas confiado com outros interesses públicos secundários, como sucede em outros órgãos públicos que formam parte do Estado, começando, sobretudo, pelo governo" (CASSESE, Sabino. *La globalización jurídica*. Tradução de Luis Ortega, Isaac Martín Delgado e Isabel Gallego Córceles. Madrid: Marcial Pons, 2006. p. 151).

Por esse novo papel do Estado Regulador deve-se abandonar o perfil autoritário em prol de uma maior interlocução do Poder Público com a sociedade. Enquanto na perspectiva do liberalismo compete ao Poder Público assegurar as regras do jogo para livre afirmação das relações de mercado, e no modelo social inverte-se este papel, permitindo que a atividade estatal seja a provedora das necessidades coletivas, ao Estado Regulador são exigidas funções de equalização, mediação e arbitragem das relações econômicas e sociais, ponderados os interesses em presença.[331]

A concepção regulatória retrata uma redução nas diversas dimensões da intervenção estatal no âmbito econômico,[332] incorporando uma concepção de subsidiariedade.[333] Isso importa reconhecer os princípios gerais da livre iniciativa e da livre empresa, reservando-se ao Estado o instrumento da regulação como meio de orientar a atuação dos particulares à realização de valores fundamentais.[334]

É por isso que ao Estado, no padrão regulatório, são reservadas as funções voltadas à fiscalização, ao fomento e ao planejamento, não

---

331 MARQUES NETO, Floriano Peixoto de Azevedo. A nova regulação dos serviços públicos. *Revista de Direito Administrativo*, Rio de Janeiro, v. 228, p. 13-29, abr./jun. 2002.

332 JUSTEN FILHO, Marçal. *O direito das agências reguladoras independentes*. São Paulo: Dialética, 2002. p. 21.

333 A "reabilitação" do "princípio do bom senso", denominado por Chantal Millon-Delsol por "Le principe de subsidiarité", é comentada no artigo DIAS, Francisco Mauro. As transformações da esfera administrativa e o poder público. *Revista Direito, Estado e Sociedade*, n. 7. http://sphere.rdc.puc-rio.br/direito/revista/online/rev7_mauro.html. Acesso em: 15 jul. 2006. Para um aprofundamento sobre o tema (princípio da subsidiariedade), ver: OTERO, Paulo. *Vinculação e liberdade de conformação jurídica do sector empresarial do estado*. Coimbra: Coimbra Ed., 1998. p. 23 *et seq*.; FERNÁNDEZ FARRERES, Germán. Reflexiones sobre el valor jurídico de la doctrina de la subsidiariedad en el derecho administrativo español. *In:* MOREIRA NETO, Diogo de Figueiredo (Org.). *Uma avaliação das tendências contemporâneas do direito administrativo*. Rio de Janeiro: Renovar, 2003; RIVERO YSERN, Enrique. El principio de subsidiariedad. *In:* MOREIRA NETO, Diogo de Figueiredo (Org.). *Uma avaliação das tendências contemporâneas do direito administrativo*. Rio de Janeiro: Renovar, 2003; TORRES, Silvia Faber. *Princípio da subsidiariedade no direito público contemporâneo*. Rio de Janeiro: Renovar, 2001. p. 12; e GABARDO, Emerson. *Interesse público e subsidiariedade*. Belo Horizonte: Fórum, 2009. O princípio da subsidiariedade na sociedade de riscos será abordado em 4.1.

334 Denominando esse modelo de Estado subsidiário, José Alfredo de Oliveira Baracho denota que, perseguindo seus fins, harmoniza a liberdade autonômica com a ordem social justa, com a finalidade de manter o desenvolvimento de uma sociedade formada de autoridades plurais e diversificadas, recusando o individualismo filosófico. Por isso, a ideia de subsidiariedade aparece como a solução intermediária entre o Estado-Providência e o Estado Liberal (BARACHO, José Alfredo de Oliveira. *O princípio de subsidiariedade*: conceito e evolução. Rio de Janeiro: Forense, 2000. p. 88).

devendo o Estado permanecer atuando diretamente em setores sem amparo constitucional.[335]

Nesse contexto, deve ser interrompida a participação direta do Estado naqueles setores que não se refiram a imperativos da segurança nacional e relevante interesse coletivo, que constituem seus pressupostos constitucionais. Afinal, como sustenta Marcos Juruena Villela Souto,[336] não é o lucro que está em jogo, mas um limite constitucional traçado para a atuação interventiva estatal. O desrespeito a esses limites é a negação do próprio Estado de Direito.

A importância da "nova" escolha regulatória está em conformar a garantia de equilíbrio de um subsistema complexo por meio de mecanismos que garantam sua efetividade com vistas ao ajuste das oscilações que impactam as decisões administrativas, notadamente, as econômicas e sociais.

A regulação não deve pender para qualquer lado, em especial. Uma correta regulação não deve pensar em privilegiar o Estado, o empresário, ou o consumidor/usuário. Deve perseguir, sob uma visão sistêmica, o equilíbrio entre os diversos aspectos envolvidos.

Para se alcançar o equilíbrio, por meio do atual modelo regulatório, deve-se buscar, inicialmente, o *planejamento preventivo*,[337] pois não se concebe mais a ideia de que há domínio, pelo Parlamento, de todas as informações indispensáveis para apontar as variáveis mercadológicas a serem objeto de regras. Deve-se perseguir a efetivação do *fomento*[338] para seu correto desenvolvimento em bases sólidas, firmes, e ainda sua

[335] Lúcia Valle Figueiredo aborda o tema sob o enfoque da "protagonização pelo Estado da atividade econômica" (FIGUEIREDO, Lúcia Valle. Intervenção do estado no domínio econômico e breves considerações sobre as agências reguladoras. *Revista de Direito Público da Economia – RDPE*, Belo Horizonte, n. 2, abr./jun. 2003. p. 263 *et seq*.).

[336] SOUTO, Marcos Juruena Villela. *Desestatização*: privatização, concessões, terceirizações e regulação. 4. ed. Rio de Janeiro: Lumen Juris, 2001. p. 26.

[337] Sobre o tema, remete-se o leitor para os capítulos II, III e IV da obra: SOUTO, Marcos Juruena Villela. *Direito administrativo da economia*. Rio de Janeiro: Lumen Juris, 2003.

[338] Um detalhamento sobre o fomento público na regulação – ao qual remete-se o leitor – é objeto da obra de MOREIRA NETO, Diogo de Figueiredo. *Direito regulatório*: a alternativa participativa e flexível para a Administração Pública de relações setoriais complexas no Estado democrático. Rio de Janeiro: Renovar, 2003. p. 140 *et seq*.; e de MENDONÇA, José Vicente. *Direito constitucional econômico*. Belo Horizonte: Fórum, 2014 (2ª parte, capítulo III). Permite-se apenas o registro feito por Marcos Juruena Villela Souto que elenca as seguintes espécies de incentivo e fomento: benefícios e incentivos tributários, garantias, subsídios, empréstimos em condições favoráveis, assistência técnica estatal, privilégios especiais, desenvolvimento do mercado de capitais, proteção à indústria nacional, bem como a criação de polos industriais e comerciais (SOUTO, Marcos Juruena Villela. *Direito administrativo da economia*. Rio de Janeiro: Lumen Juris, 2003. p. 30-31).

proteção[339] diante das pressões advindas dos interesses antinômicos, inseridos no próprio subsistema, ou do sistema social.

Sob esses pilares, a regulação melhor se estruturará para garantir a observância de direitos fundamentais, ponderando-os com outros interesses e direitos de idêntica dignidade jurídica e constitucional, observando-se princípios e valores sem uma predeterminada hierarquia entre eles.[340]

1.5.4. Formulando um conceito sobre a escolha regulatória

Diante das premissas antes apresentadas, pode-se formular o seguinte conceito da escolha regulatória: trata-se de uma espécie de escolha administrativa que viabiliza o exercício de uma função de intervenção estatal, indireta, exercida por autoridade pública descentralizada dotada de independência técnica, voltada à implementação de políticas públicas e à realização dos direitos sociais na execução de serviços públicos e realização de atividades econômicas de utilidade pública em setores complexos. A escolha regulatória, de forma transparente, deve perseguir o equilíbrio sistêmico, adotando os mecanismos que permitam, sempre que necessário, a efetiva participação popular. Nas questões complexas, a regulação deve ser precedida e motivada com base em estudos prévios que apontem os custos e benefícios da escolha, demonstrando os seus efeitos prospectivos.

A base das escolhas regulatórias deve ser a preponderância técnica (e não a preponderância política), baseando-se em *standards* e princípios inteligíveis previstos nas normas legais propositadamente abertas, reduzindo-se o espaço para as escolhas absolutamente vinculadas, escolhas relativamente vinculadas e escolhas discricionárias.

---

339 Sabino Cassese aduz que um mecanismo de proteção advém da separação entre governo e regulador: "En primero lugar, hay regulación cuando la clase política se desprende de una parte de sus poderes a favor de órganos no electivos que son capaces de bloquear las decisiones de las mayorías electas. Para que esta condición se dé, no basta que la separación entre regulador y operador se imponga, en el sector de los servicios públicos, por el Derecho comunitario. Es precisa también la separación entre regulación y gobierno, cuyo fin es evitar la politización de las decisiones. Ello permite distinguir toda forma de intervención o control desarrollada bajo la dirección del gobierno de la regulación en sentido estricto" (CASSESE, Sabino. *La globalización jurídica*. Tradução de Luis Ortega, Isaac Martín Delgado e Isabel Gallego Córceles. Madrid: Marcial Pons, 2006. p. 151). Sobre a separação entre política (governo) e regulação, remete-se o leitor para 2.6.3.1.

340 Veja-se a crítica de Alexy ao conceito de uma ordem hierárquica de valores (ALEXY, Robert. *Teoría de los derechos fundamentales*. 1. ed. 3. reimpr. Tradução de Ernesto Garzón Valdés. Madrid: Centro de Estudios Políticos y Constitucionales, 2002. p. 152-157).

1.5.5 Desafio da complexidade e tecnicidade para as escolhas administrativas

James Landis, um dos arquitetos da regulação norte-americana,[341] afirmava que o modelo de Estado Administrativo surgiu pela inadequação da forma tripartite clássica de exercício do poder do Estado (Legislativo, Executivo e Judiciário) para lidar com os complexos problemas modernos,[342] a exemplo do sistema de *trusts*, e do fato de que as cidades ficaram superpovoadas, as condições sanitárias eram péssimas, aumentou-se o número de doentes, além das péssimas condições de trabalho dos operários.

Um dos primeiros aspectos compreendidos nos princípios que norteiam o formato da escolha administrativa, na regulação estatal de atividades econômicas, refere-se ao desafio de implementação das funções e escolhas regulatórias, com ampla transparência e procedimentalização da participação da sociedade diante de temas que concentram a complexidade da vida cotidiana, notadamente diante da alta tecnicidade, sem amparo exclusivamente na compreensão discricionária e valorativa dos administradores públicos.

Os temas cotidianos se encontram com tamanha e progressiva complexidade, gerando novos riscos, novas exceções,[343] novas urgências, novas necessidades e, consequentemente, clamam por novos institutos jurídicos e mecanismos de compatibilização das relações entre sistema econômico, sistema social e sistema jurídico[344] sob uma verdadeira "sociedade em rede".[345]

---

[341] MCCRAW, Thomas K. *et al. Prophets of regulation*: Cf. Charles Francis, Adams Louis D. Brandeis, James M. Landis, Alfred E. Kahn. Massachussets: Harvard, 1984.

[342] LANDIS, James. *The administrative process*. New Haven: Yale Univesity Press, 1938. p. 1.

[343] Sobre o tema, ver BERCOVICI, Gilberto. *Constituição e estado de exceção permanente*. Rio de Janeiro: Azougue, 2004.

[344] Fábio Medina Osório comenta o dinamismo da sociedade pós-moderna e o descompasso entre o direito e os hodiernos problemas sociais: "As estruturas extremamente dinâmicas da sociedade pós-capitalista certamente produzem angústia no jurista, que pode se sentir incapaz de acompanhar a velocidade das mudanças sociais. Se o Direito, em geral, sempre caminhou atrás dos fatos, em uma sociedade veloz, instantânea, de informação, pluralista, este instrumento de controle social resulta ainda mais lento diante da assustadora rapidez dos acontecimentos e transformações de topos os tipos que ocorrem nas civilizações globalizadas. O fenômeno jurídico, de um lado, vive um profundo descompasso com os fatos cuja regulação é necessária (e ambicionada) e, de outro, se mostra insuficiente como instrumento destinado a solucionar graves problemas sociais, não conseguindo atender demandas emergentes" (OSÓRIO, Fábio Medina. *Direito administrativo sancionador*. 2. ed. rev., atual. e ampl. São Paulo: Revista dos Tribunais, 2005. p. 74).

[345] Acerca dessa questão, em que se conforma informação com economia, sociedade e cultura, ver a trilogia de CASTELLS, Manuel. *Sociedade em rede*. 8. ed. Tradução de Roneide Venancio Majer e Klauss Brandini Gerhardt. São Paulo: Paz e Terra, 2005.

A evolução tecnológica e científica põe também cada vez mais em risco os direitos fundamentais. Os atentados à liberdade ocorrem, sobretudo, em setores caracterizados por forte expansão, em virtude da acentuada evolução econômica e técnica. Vale citar a informática, que modificou a atividade bancária, o funcionamento da bolsa de valores, o mercado de seguros, a liberdade da concorrência ou as telecomunicações.[346] Trata-se de domínios em que a liberdade não pode ser encarada apenas em sua relação dialética com a autoridade estatal, mas também como limite e até garantia, no confronto com grupos privados e sujeitos econômicos fortes.

Diante do inevitável processo de complexidade social e evolução tecnológica, o legislador vê-se obrigado, cada vez mais, a deixar amplos espaços de escolha discricionária nas mãos do administrador.[347]

O déficit de informação do Parlamento, em termos comparativos com o governo, tanto mais grave quanto cada questão, envolve crescente tecnicidade e uma pluralidade de interesses contraditórios e reforça a diminuição da capacidade parlamentar, fazendo-o surgir como um órgão destituído de elementos que habilitem uma intervenção decisória conveniente e oportuna, além de revelar sua própria dependência institucional de quem lhe forneça essa informação.[348]

Nesse contexto, a tecnicidade do mundo pós-moderno leva ao deslocamento da competência sobre sistemas complexos do Poder Legislativo para os reguladores, criando verdadeira "reserva do regulador".[349]

As operações que envolvem sistemas complexos, e que dependem de escolha de natureza preponderantemente técnica, não devem ser incluídas nas matérias reservadas à lei estrita na tentativa de apresentar um completo detalhamento das medidas regulatórias aplicáveis caso

---

346 MOREIRA, Vital; MAÇAS, Fernanda. *Autoridades reguladoras independentes*. Coimbra: Coimbra Ed., 2003. p. 52.

347 SILVA, Almiro do Couto e. Princípios da legalidade da administração pública e da segurança jurídica no estado de direito contemporâneo. *Revista de Direito Público*, São Paulo, v. 84, p. 46-63. p. 46-63.

348 OTERO, Paulo. *Legalidade e Administração Pública*: o sentido da vinculação administrativa à juridicidade. Coimbra: Almedina, 2003. p. 108.

349 O tema da "reserva do regulador" ainda é pouco explorado na doutrina pátrica. Sobre o debate, ver as recentes pesquisas realizadas no âmbito do Mestrado em Direito da Regulação, da FGV Direito Rio, em FONSECA, Francisco José Defanti. Reserva de regulação da administração pública. *In:* GUERRA, Sérgio (Org.). *Teoria do Estado Regulador*. Curitiba, Juruá, 2016. v. II. Na mesma obra coletiva, ver BLATTER, Stephanie. O reconhecimento da reserva do regulador no ordenamento jurídico brasileiro a partir do julgamento do caso da fosfoetanlamina sintética pelo STF. *In:* GUERRA, Sérgio (Org.). *Teoria do Estado Regulador*. Curitiba: Juruá, 2016. v. II.

a caso, haja vista que (i) a "vontade geral" não está na técnica (meio) e, sim, no resultado almejado (fim); (ii) o legislador não tem como exaurir o âmbito dessas questões, de grande complexidade tecnológica, e até mesmo econômicas, a serem reguladas paulatinamente em cada subsistema de acordo com o caso concreto.

Desse modo, não há de se falar em sede de escolha regulatória, de delegação legislativa, de regulamento autônomo, tampouco de discricionariedade,[350] mesmo considerando que "o conceito de discricionariedade (poder discricionário) é um dos conceitos mais plurissignificativos e mais difíceis da teoria do Direito".[351] Para as escolhas regulatórias deve haver maleabilidade normativa (legislativa), com *standards* e vetores para interpretação pelo regulador.

1.5.6 Maleabilidade normativa nas escolhas regulatórias

A mutabilidade econômica e a tecnicidade contemporânea – que permeiam todas as principais decisões regulatórias no país – importam que haja uma maleabilidade para os sucessivos ajustes ao longo dos tempos que não se conformam unicamente ao instituto da discricionariedade.

A constante alteração e a dispersão de normas sobre o mesmo objeto por vários diplomas fazem com que seja difícil, por vezes, definir claramente o estatuto jurídico de certas matérias. "Aos próprios juristas é muitas vezes difícil saber 'em que lei se vive', em especial em período de mutação profunda das estruturas econômicas e sociais". Exatamente por essa questão, não existe, em regra geral, uma codificação em textos sistematizados das normas de direito econômico.[352]

A realidade econômica e tecnológica não pode ser explicitada completamente em normas primárias; dependem, basicamente, da realidade social, econômica, ambiental e tecnológica do momento, muitas vezes só alcançável por meio da consensualidade. Devem ser levadas em consideração tanto as razões passadas quanto os efeitos prospectivos das escolhas estatais:

---

350 Os temas de delegação legislativa e de discricionariedade serão detalhados em 2.5.1.

351 ENGISCH, Karl. *Introdução ao pensamento jurídico*. 8. ed. Tradução de J. Baptista Machado. Lisboa: Fundação Calouste Gulbenkian, 2001. p. 214.

352 VAZ, Manoel Afonso. *Direito económico*: a ordem económica portuguesa. 2. ed. Coimbra: Coimbra Ed., 1990. p. 50.

> O dinamismo e a mobilidade social fazem deste ramo do Direito [econômico] gênese dos fatos aos quais estes objetivos se prendem e oferecem razões que o diferenciam dos demais. Quando se vai cuidar das razões que levaram cada objetivo definido em um Plano Econômico a ser nele incluído, e se chega depois a transformar em lei o próprio Plano, depara-se com toda uma visão global da vida econômica e se pretende substituí-la por uma outra realidade, outra visão global. A lei do Plano seguida das demais leis e instrumentos legislativos que a complementam serão encarregadas dessa transformação da realidade. Simplificar a explicação, dizendo apenas que em todos estes casos as fontes do Direito são estes instrumentos legais, não pode satisfazer ao raciocínio jurídico, pois há razões anteriores que os geraram e que se mergulham na realidade da vida social. Esta realidade é conhecida a partir da observação direta e por meio de instrumentos diferentes dos jurídicos como a observação, a análise econômica e outros.[353]

Além dessas considerações, há inúmeros termos técnicos empregados nas normas de regulação de setores complexos, muitos deles com grande indeterminação, e que, por isso, necessitam de certa margem de apreciação diante do caso concreto. Não obstante essa concretização da norma aberta ser de competência do regulador, a integração dos termos fluidos não deve ser fundamentada sob sua ótica pessoal, sob uma pretensa oportunidade e conveniência, mas ponderando-se motivadamente à luz dos princípios e valores constitucionais,[354] proporcionalmente aos custos e benefícios com perfeita identificação dos impactos prospectivos da escolha regulatória.

Nesse sentido, César David Ciriano Vela[355] ressalta a existência de peculiaridades nas normas que contêm termos técnicos empregados na ciência econômica. Ainda que a ciência econômica recorra ao uso de modelos e formas matemáticas, é certo que, por sua própria definição, os conceitos econômicos levam consigo a existência de interesses valorativos. Esses valores, muitas das vezes, implicam a realização de juízos que supõem a necessidade de ponderar entre diferentes interesses

---

353 SOUZA, Washington Peluso Albino de. *Direito econômico*. São Paulo: Saraiva, 1980. p. 112-113.

354 "Para que la coexistencia de los principios y valores sea posible es necesario que pierdan su carácter absoluto, este es, la condición que eventualmente permitiría construir un sistema formal cerrado a partir de uno sólo de ellos" (ZAGREBELSKY, Gustavo. *El derecho dúctil, ley, derechos, justicia*. Tradução de Marina Gascón. Madrid: Trotta, 1995. p. 125).

355 CIRIANO VELA, César David. *Administración económica y discrecionalidad*. Valladolid: Lex Nova, 2000. p. 133.

e garantias fundamentais envolvidas, suplantando, em muito, o instituto determinativo de conceitos ou da discricionariedade administrativa.

Registre-se ainda a necessidade de periódicas reformas regulatórias, notadamente em atividades que abrangem oscilações de mercado e muitos componentes tecnológicos, ou seja, a "progressiva tecnização no tratamento dos assuntos a cargo da Administração".[356]

Uma legislação primária minuciosa e exaustiva sobre a conduta administrativa regulatória em sede de temas complexos e arriscados não é garantia de lisura ou proteção do sistema regulado e, notadamente, dos cidadãos.[357]

A clareza das diretrizes e dos fundamentos da função administrativa, ao contrário, se exposta ao conhecimento e à deliberação dos cidadãos, pode funcionar como poderoso meio de constrangimento ao abuso do aparelho administrativo para fins que não interessam à coletividade. Vale dizer, a sociedade atual é um agregado altamente diferenciado, com numerosas interdependências, sendo muito comum que uma intervenção reguladora em um âmbito parcial do conjunto social repercuta em outros, fazendo com que a vantagem parcial seja menor que as desvantagens globais.[358]

---

[356] MEDAUAR, Odete. *O direito administrativo em evolução*. 2. ed. São Paulo: Revista dos Tribunais, 2003. p. 186. Sobre a inserção de inúmeros termos técnicos nas normas reguladoras, Alexandre Santos de Aragão denota que por meio das normas abertas, e mesmo de regras fixas, mas consideradas sob o prisma dos objetivos públicos aos quais se destinam, o direito insere em seu âmbito aspectos do subsistema regulado, aspectos estes de elevado conteúdo técnico-especializado (ARAGÃO, Alexandre Santos de. Regulação da economia: conceito e características contemporâneas. *In:* ARAGÃO, Alexandre Santos de (Coord.). Direito da regulação. *Revista de Direito da Associação dos Procuradores do Novo Estado do Rio de Janeiro*, Rio de Janeiro, v. 11, p. 27, 2002).

[357] BUCCI, Maria Paula Dallari. *Direito administrativo e políticas públicas*. São Paulo: Saraiva, 2002. p. 15-16. Podemos citar, a título exemplificativo, a Lei nº 4.131, de 18.7.2003, pela qual a Assembleia Legislativa do Estado do Rio de Janeiro, visando ao bem-estar dos usuários dos diversos serviços de transportes públicos concedidos a empresas privadas (rodoviário, metroviário, ferroviário e aquaviário), determinou que todas as concessionárias teriam que construir, em suas instalações, banheiros públicos com capacidade mínima para 6 usuários, em um prazo máximo de 180 dias, sob pena de multa diária por descumprimento da norma. Malgrado o pretendido benefício decorrente da norma, jamais os senhores deputados poderiam ter descido a esses detalhes. Com efeito, esses serviços são regulados por agência reguladora estadual, que deveria examinar tecnicamente as especificidades de cada caso e, só assim, apurar quais serviços comportam a construção de banheiros públicos, qual seria o impacto desses custos para as tarifas, em que prazo deveriam ser construídos e em que dimensão.

[358] ARAGÃO, Alexandre Santos de. Regulação da economia: conceito e características contemporâneas. *In:* ARAGÃO, Alexandre Santos de (Coord.). Direito da regulação. *Revista de Direito da Associação dos Procuradores do Novo Estado do Rio de Janeiro*, Rio de Janeiro, v. 11, p. 8, 2002.

Não é demais aduzir que essa mobilidade normativa, em vista da tecnicidade das escolhas regulatórias, que conduz a um "ciclo vital efêmero",[359] não pode ser classificada como um retrocesso do atual Estado Democrático de Direito, esculpido sob o princípio da legalidade como garantia máxima contra a autocracia oitocentista do Poder Executivo.

As regras "assumem um caráter *retrospectivo (past-regarding)*, na medida em que descrevem uma situação de fato conhecida pelo legislador"[360] e, de outro lado, mas ainda na esfera do "dever-ser" deontológico, os princípios regulatórios "possuem caráter *prospectivo (future-regarding)*, já que determinam um estado de coisas a ser construído".[361]

Ademais, não deve caber ao legislador primário tecer minúcias normativas em um subsistema moldado por aspectos técnicos de alta complexidade com vistas ao correto funcionamento. Diante da maior proximidade com os fatos concretos da vida, pelo maior contato com a sociedade, essa tarefa deve ser incumbida ao regulador, seja por estar em melhores condições de avaliar qual será, em determinado caso, a melhor solução para encontrar-se um grau ótimo de execução da norma legal ou das demais políticas públicas, seja por dispor de melhor aparato institucional para tecer maiores detalhamentos normativos.

Nesse sentido, o desafio da tecnicidade é apontado com clareza pelos doutrinadores lusitanos Vital Moreira e Fernanda Maças,[362] que advertem não ser indiferente o acentuado progresso científico e tecnológico que se tem verificado com a consequente manifesta insuficiência ou incapacidade das estruturas da Administração tradicional para responderem aos problemas das sociedades complexas e evolutivas atuais. A inadequação dos instrumentos do agir administrativo tradicional é especialmente notória em determinados setores em que a evolução tecnológica redefine e altera diariamente os mercados, transfere capitais e destrói artificialmente as fronteiras territoriais, como acontece com o setor financeiro.

É certo inferir que, dada a tecnicidade que se apresenta diante da sociedade brasileira, impõe-se uma crítica acerca dos institutos que

---

359 BERMEJO VERA, José. *El declive de la seguridad jurídica en el ordenamiento plural*. Madrid: Civitas, 2005. p. 33.

360 ÁVILA, Humberto. *Teoria dos princípios*: da definição à aplicação dos princípios jurídicos. 2. ed. São Paulo: Malheiros, 2003. p. 67.

361 ÁVILA, Humberto. *Teoria dos princípios*: da definição à aplicação dos princípios jurídicos. 2. ed. São Paulo: Malheiros, 2003. p. 67.

362 MOREIRA, Vital; MAÇAS, Fernanda. *Autoridades reguladoras independentes*. Coimbra: Coimbra Ed., 2003. p. 52.

atribuem espaços para escolhas administrativas,[363] de modo, inclusive, a conter os excessos perpetrados contra direitos fundamentais, exigindo-se uma metodologia própria para manter as garantias advindas com o Estado Democrático de Direito, extirpando-se qualquer tentativa de estabelecimento de uma tecnocracia.[364]

1.5.7 Fundamentos jurídicos da regulação estatal de atividades econômicas no atual constitucionalismo brasileiro

Vistos os objetivos da regulação estatal sobre atividades econômicas privadas e os desafios apresentados à doutrina administrativista quanto à distância do Poder Legislativo de temas complexos que envolvem alta tecnicidade e complexidade da sociedade atual (de riscos), cumpre perquirir os fundamentos jurídicos dessa forma de intervenção indireta.

Há pelo menos três concepções quanto à amplitude do conceito de intervenção regulatória.[365] A primeira delas alcançaria toda forma de intervenção na economia, independentemente dos instrumentos e fins – *intervenção ampla*. Uma intervenção *menos abrangente* corresponderia àquela aplicada na economia mediante condicionamento, coordenação e disciplina da atividade econômica. Por fim, sob uma modelagem *restritiva*, somente haveria o condicionamento normativo da atividade econômica privada.[366]

---

363 SILVA, Vasco Manuel Pascoal Dias Pereira da. *Em busca do acto administrativo perdido*. Coimbra: Almedina, 2003. p. 107-108: "Estamos, pois, perante uma transformação radical da actividade administrativa, que deixou de ser o domínio da pura 'escolha' ou da discricionariedade, para passar a ser cada vez mais o universo da técnica".

364 Na tecnocracia, pretende-se que alguns poucos que detêm o conhecimento técnico sejam convocados para decidir. Cf. BOBBIO, Norberto. *O futuro da democracia*: uma defesa das regras do jogo. Tradução de Marco Aurélio Nogueira. Rio de Janeiro: Paz e Terra, 1992. p. 34. Sobre a tecnocracia, inserida no debate modernidade/pós-modernidade, vale conferir a obra de BAUMAN, Zygmunt. *Modernidade e ambivalência*. Tradução de Marcus Penchel. Rio de Janeiro: Jorge Zahar, 1999. p. 223 *et seq*. (a autorreprodução da competência especializada). A observação também é feita por MARQUES NETO, Floriano Peixoto de Azevedo. A nova regulação estatal e as agências independentes. *In:* SUNDFELD, Carlos Ari (Org.). *Direito administrativo econômico*. São Paulo: Malheiros, 2000. p. 97.

365 MOREIRA, Vital. *Autorregulação profissional e Administração Pública*. Lisboa: Almedina, 1997. p. 3-7.

366 Miguel Ángel Sendín García sistematiza o tema por meio de medidas estruturais e medidas de conduta. O autor comenta modelos de regulação com arrimo na classificação organizada por Braconnier: *sunshine regulation*, *autorregulación*, *light-handed regulation*, *regulación sectorial*

Associa-se a regulação à própria política econômica como característica de um certo modelo em que o Estado não assume diretamente o exercício da atividade empresarial. Entretanto, este intervém enfaticamente no mercado utilizando instrumentos de autoridade.[367] A escolha regulatória, como espécie de intervenção estatal, manifesta-se tanto por poderes e ações com objetivos declaradamente econômicos – o controle de concentrações empresariais, a repressão de infrações à ordem econômica, o controle de preços e tarifas, a admissão de novos agentes no mercado – como por outros com justificativas diversas, mas efeitos econômicos inevitáveis – medidas ambientais, urbanísticas, de normalização, de disciplina das profissões etc.[368]

Sobre essas medidas setoriais, a doutrina[369] destaca a complexidade técnica que permeia as decisões de cunho regulatório, advertindo-se que o desenvolvimento e a sofisticação do conhecimento humano trazem uma especialização dos ramos jurídicos sem precedentes. Isso se revela na edição de legislações cada vez mais herméticas para a compreensão e operação das quais não bastam sólidos conhecimentos jurídicos, fazendo necessário a eles acoplar conhecimentos técnicos do setor específico normatizado.

Tal especialização vai implicar não apenas uma segmentação dos instrumentos legais[370] como vai construir diversos subsistemas. Nesse vezo, Diogo de Figueiredo Moreira Neto, ao tecer comentário acerca das modalidades de atuação do Estado, com vistas a assegurar o império dos princípios e normas constitucionalmente adotadas para tornar efetivo o ordenamento econômico, destaca a relevância da implantação efetiva de uma modalidade reguladora, impondo um regime especial para as

---

independiente e o modelo de regulação norte-americano (SENDÍN GARCÍA, Miguel Ángel. *Regulación y servicios públicos*. Granada: Comares, 2003. p. 8 *et seq.*).

367 SUNDFELD, Carlos Ari. Serviços públicos e regulação estatal. *In:* SUNDFELD, Carlos Ari (Org.). *Direito administrativo econômico*. São Paulo: Malheiros, 2000. p. 23. Calixto Salomão Filho anota que "a acepção que se pretende atribuir ao termo 'regulação', a fim de estudar as concepções a seu respeito que têm influenciado o sistema brasileiro, é bastante e propositadamente ampla. Engloba toda forma de organização da atividade econômica através do Estado, seja a intervenção através da concessão de serviço público ou o exercício de poder de polícia" (SALOMÃO FILHO, Calixto. *Regulação da atividade econômica*: princípios e fundamentos jurídicos. São Paulo: Malheiros, 2001. p. 15).

368 SUNDFELD, Carlos Ari. Serviços públicos e regulação estatal. *In:* SUNDFELD, Carlos Ari (Org.). *Direito administrativo econômico*. São Paulo: Malheiros, 2000. p. 23.

369 MARQUES NETO, Floriano Peixoto de Azevedo. A nova regulação estatal e as agências independentes. *In:* SUNDFELD, Carlos Ari (Org.). *Direito administrativo econômico*. São Paulo: Malheiros, 2000. p. 80.

370 Ver 2.6.1, quando se tratou do tema acerca da deslegalização de matérias.

finanças ou para certos bens de importância para o desenvolvimento, para a segurança, ou para o equilíbrio social de determinadas regiões.[371]

Considerando-se a adoção pelo Brasil de uma modelagem de intervenção reguladora temperada (menos abrangente), é de se inferir que esta representa um estado de equilíbrio e de regularidade no funcionamento de um subsistema complexo, mediante regras, em sua maioria, elaboradas com alto grau de tecnicidade e complexidade, e que devem ser observadas em determinado comportamento ou determinada situação, afetando-se, minimante, direitos e garantias fundamentais do cidadão.[372]

Somando-se os aspectos antes destacados ao postulado da eficiência, a regulação estatal, como fundamento jurídico, deve alcançar a maior satisfação do interesse público substantivo com o menor sacrifício possível de outros interesses constitucionalmente protegidos e, secundariamente, com o menor dispêndio de recursos públicos.[373]

A escolha regulatória fundamenta-se, portanto, do ponto de vista da teoria da justiça,[374] na atuação do Estado sobre decisões e atuações empresariais de maneira adequada, necessária e proporcional. A regulação deve levar em conta fundamentos técnicos e científicos que visem atender ao interesse público substantivo sem, contudo, deixar de sopesar os efeitos dessas decisões no subsistema regulado com os

---

371 MOREIRA NETO, Diogo de Figueiredo. *Curso de direito administrativo*. 14. ed. Rio de Janeiro: Forense, 2006. p. 475.

372 M. Chemillier-Gendreau, da Universidade Paris VII, anota que a regulação resume os vários mecanismos que levam o sistema econômico ao equilíbrio. Por suas palavras: "est utilisé pour rendre compte des différents mécanismes par lesquels le système économique parvient à l'équilibre: le couple équilibre/régulation est au centre des analyses économiques, la régulation étant posée comme la condition de réalisation de l'équilibre" (CHEMILLIER-GENDREAU, M. De quelques usages du concept de régulation. *In:* MIAILLE, Michel (Org.). *La régulation entre droit et politique*. Paris: Éditions L'Harmattan, 1995. p. 79).

373 MOREIRA NETO, Diogo de Figueiredo. *Direito regulatório*: a alternativa participativa e flexível para a Administração Pública de relações setoriais complexas no Estado democrático. Rio de Janeiro: Renovar, 2003. p. 93.

374 A teoria da justiça – que, por si só, comporta várias teses – não será aqui enfrentada. Remetemos o leitor para algumas das importantes obras que detiveram um aprofundamento sobre o tema: TEIXEIRA, António Braz. *Sentido e valor do direito*: introdução à filosofia jurídica. 2. ed. rev. e ampl. Lisboa: Imprensa Nacional – Casa da Moeda, 2001, notadamente na parte II, capítulo II; KOLM, Serge-Christophe. *Teorias modernas da justiça*. Tradução de Jefferson Luiz Camargo e Luís Carlos Borges. São Paulo: Martins Fontes, 2000, com destaque para a parte introdutória; LUMIA, Giuseppe. *Elementos de teoria e ideologia do direito*. Tradução de Denise Agostinetti. São Paulo: Martins Fontes, 2003, no capítulo V; BITTAR, Eduardo Carlos Bianca. *Teorias sobre a justiça*: apontamentos para a história da filosofia do direito. São Paulo: Juarez de Oliveira, 2000, no item 1; e FERRAZ JÚNIOR, Tercio Sampaio. *Estudos de filosofia do direito*: reflexões sobre o poder, a liberdade, a justiça e o direito. 2. ed. São Paulo: Atlas, 2003.

interesses de segmentos da sociedade e, até mesmo, com o interesse individual no caso concreto.

Esses fundamentos levam à indicação de alguns princípios fundamentais e norteadores da base jurídica regulatória: (i) a perfeita concepção da tecnicidade das escolhas regulatórias, para que "esta ameaça"[375] não seja um instrumento de embaraço ao Estado Democrático de Direito (tecnocracia), (ii) a especialização dos ramos jurídicos em subsistemas que impõem uma pluralidade de fontes,[376] em cotejo com a difícil tarefa de discernir onde começa e termina o espaço de cada uma à luz do princípio tripartite de separação dos poderes e (iii) a permanente ambivalência,[377] que não apenas se vale de regras primárias e regulamentares, mas aspira o sopesamento de valores e princípios regulatórios.[378]

---

375 MOREIRA, Vital; MAÇAS, Fernanda. *Autoridades reguladoras independentes*. Coimbra: Coimbra Ed., 2003. p. 53.

376 Cf. BERMEJO VERA, José. *El declive de la seguridad jurídica en el ordenamiento plural*. Madrid: Civitas, 2005. p. 26. Acerca da teoria germânica da essencialidade da lei, que desaconselha uma reserva absoluta da lei, ver a obra de CABRAL DE MONCADA, Luis S. *Lei e regulamento*. Coimbra: Coimbra Ed., 2002. p. 196-198. Entre nós, ver os comentários acerca da pluralidade de fontes de MOREIRA NETO, Diogo de Figueiredo. *Mutações do direito público*. Rio de Janeiro: Renovar, 2006. p. 38, e MARQUES NETO, Floriano Peixoto de Azevedo. A nova regulação estatal e as agências independentes. *In*: SUNDFELD, Carlos Ari (Org.). *Direito administrativo econômico*. São Paulo: Malheiros, 2000. p. 94. A pluralidade de fontes também é destacada como base da sociedade de riscos, conforme adverte TORRES, Ricardo Lobo. *Tratado de direito constitucional financeiro e tributário*. Rio de Janeiro: Renovar, 2005. v. 2. p. 411.

377 A *ambivalência* aparece diante da impossibilidade de que da execução de políticas públicas surja sempre o consenso por parte dos cidadãos. Há uma distribuição não só de benefícios, como se pretendia ao tempo do Estado de Bem-Estar Social, mas também de malefícios, como se dá, por exemplo, na construção de vias expressas ou de instalações nucleares (TORRES, Ricardo Lobo. *Tratado de direito constitucional financeiro e tributário*. Rio de Janeiro: Renovar, 2005. v. 2. p. 177). Beck chega a afirmar que, diante das questões de riscos, a sociedade necessita do reconhecimento da ambivalência ou apela para ele (BECK, Ulrich. A reinvenção da política: rumo a uma teoria da modernização reflexiva. *In*: BECK, Ulrich; GIDDENS, Anthony; LASH, Scott. *Modernização reflexiva*: política, tradição e estética na ordem social moderna. Tradução de Magda Lopes. São Paulo: Unesp, 1997. p. 21). Ver, ainda, questões sobre ambivalência nos artigos de Ulrich Beck e Scott Lash na obra já citada *Modernização reflexiva*: política, tradição e estética na ordem social moderna. Tradução de Magda Lopes. São Paulo: Unesp, 1997.

378 Acerca da classificação e critérios sistêmicos para resolver as antinomias jurídicas de natureza axiológica, remeto o leitor à obra de FREITAS, Juarez. *A interpretação sistemática do direito*. 4. ed. São Paulo: Malheiros, 2004. p. 84 *et seq*.

1.5.8 Novas tecnologias e assimetria regulatória

A regulação estatal deve variar de acordo com a atividade a sofrer intervenção estatal indireta, especialmente quando afetada pelas inovações disruptivas que podem exigir assimetrias.

Nos casos em que a regulação incidir sobre a prestação de serviços públicos, a que se refere o art. 175 da Constituição Federal, sob um regime jurídico diferenciado (tarifa, bens, intervenção, caducidade etc.), a regulação deverá ser forte, intensa. Tem-se como exemplo os serviços públicos de telecomunicações, energia elétrica, distribuição de gás canalizado, transporte, radiodifusão sonora e imagem etc.

Caso a regulação incida sobre atividade econômica, isto é, de titularidade exclusiva do particular nos termos do art. 170 da Constituição Federal, a regulação deve ser aplicada de forma mínima (fraca). É o caso, por exemplo, da regulação do exercício de atividades de turismo. Caso a regulação incida sobre atividade que não seja de titularidade estatal, mas possa impactar serviços de utilidade pública prestados à sociedade, de modo que tenham que ser permanentemente adaptados, o nível de regulação deve ser médio (art. 174 da Constituição Federal). A regulação nesse nível e intensidade sobre certas atividades econômicas pode ser representada na telefonia celular, saúde suplementar, TV a cabo, determinadas atividades portuárias etc.

Essas questões podem provocar assimetria regulatória, que estará presente nos casos em que seja estabelecida uma competição em determinadas atividades que sejam reguladas pelo Estado sob diferentes graus de intervenção (forte, média ou fraca). Isto é, os regulados estarão participando do mesmo subsistema regulado (a mesma atividade, como exemplo, telecomunicações), porém submetidos à regulação assimétrica, desigual (concessão de telefonia fixa e autorização de telefonia fixa).

Nesse contexto, em uma mesma atividade (por exemplo, o serviço público de infraestrutura portuária), um agente regulado atuará por meio de delegação de serviço público por "arrendamento" e outro regulado poderá exercer atividade econômica, de titularidade privada, sob "autorização". No primeiro caso, haverá, na regulação, a observância do regime jurídico de direito público, inerente aos contratos que envolvem a delegação de um serviço público disciplinado no art. 175 do texto constitucional. No segundo caso, a atuação de particular, pelo regime da livre iniciativa, alcançará exploração de atividade econômica de interesse público, sujeita à regulação (arts. 170 e 174 da Constituição Federal).

Em casos como estes, quando a concessionária de serviço público e a autorizatária de atividade econômica compitam entre si, no mesmo subsistema regulado, deverá haver intervenção por assimetria regulatória, justificando-se níveis diferenciados na intensidade de intervenção.

É, por exemplo, o que vem ocorrendo no setor de telecomunicações regulado pela Anatel. Nos termos da normativa de regência, de um lado, as relações econômicas no setor de telecomunicações devem observar os princípios constitucionais da soberania nacional, função social da propriedade, liberdade de iniciativa, livre concorrência, defesa do consumidor, redução das desigualdades regionais e sociais, repressão ao abuso do poder econômico e continuidade do serviço prestado no regime público. De outro lado, quando prestados no regime de direito privado, os serviços de telecomunicações serão organizados com base no princípio da livre, ampla e justa competição entre todas as prestadoras.

Se essa classificação dos serviços de telecomunicações em públicos e privados conduz naturalmente à assimetria regulatória, a dicotomia público/privado já não é suficiente para a regulação desse importante subsistema, pelo surgimento de um complexo relacionamento entre as operadoras de telecomunicações e as empresas de serviço de valor adicionado, conhecidas como Over The Top (WhatsApp, Facebook, Google etc.).

Nesse caso o Poder Público deverá atuar para propiciar a concorrência, corrigindo os efeitos da competição imperfeita e a repressão às infrações da ordem econômica, e a Anatel terá que adotar assimetria regulatória de modo a equilibrar o mercado de telecomunicações para acompanhar a evolução dos serviços OTTs.

Outra situação que merece destaque é o conflito de interesses entre o serviço de táxi e o Uber. O Uber é um serviço estruturado sob uma plataforma tecnológica, utilizado via *smartphones* (APP) e os motoristas privados, que utilizam a tecnologia do Uber, exercem atividade privada como decidiu o Supremo Tribunal Federal.[379]

Todas as transações financeiras são *on-line*. São motoristas privados que prestam um serviço diferenciado àqueles que optam por

---

[379] Duas teses foram decididas pelo STF: "A proibição ou restrição da atividade de transporte por motorista cadastrado em aplicativo é inconstitucional, por violação aos princípios da livre iniciativa e livre concorrência"; e "No exercício de sua competência para regulamentação e fiscalização do transporte privado individual de passageiros, os municípios e o Distrito Federal não podem contrariar os parâmetros fixados pelo legislador federal na Lei 13.640 e pela Constituição Federal". RE nº 1.054.110 e ADPF nº 449.

deslocar-se na cidade de forma alternativa. Sua qualidade é controlada apenas pelos usuários, sob a ótica colaborativa. Os preços das corridas variam, dependendo do veículo utilizado ou da disponibilidade da frota no momento do chamado.

A lei de mobilidade urbana, alterada para permitir a hereditariedade do táxi,[380] definiu o transporte individual como atividade econômica. E o Uber permaneceu diferenciado em relação ao sistema prestado pelo táxi. Os veículos vinculados ao aplicativo não são operados por um taxista. A atividade de taxista, como profissão, está disciplinada na Lei nº 12.468/2011, que se limitava ao antigo serviço público de transporte individual, que, pela lei federal, não mais existe.

Por fim, registre-se a evolução tecnológica na radiodifusão sonora e de imagem. Os serviços de radiodifusão, compreendendo a transmissão de sons (radiodifusão sonora) e a transmissão de sons e imagens (televisão), a serem direta e livremente recebidas pelo público em geral, constituem serviço de interesse público. Posteriormente, surgiram televisões a cabo e, mais recentemente, os sistemas de streaming (ex.: Netflix).[381]

Enquanto a TV aberta e a TV a cabo sofrem forte e média regulação pela Anatel e Ancine, a Netflix não se submete a qualquer regulação estatal. Ademais, está isenta de exibir um tempo mínimo de sua "programação" com conteúdo nacional, conforme determina a lei. Diante disso, há estudos visando regular o serviço de *streaming*, haja vista os possíveis impactos dessas novas tecnologias nos demais serviços regulados.

Consideradas as premissas e especificidades antes apresentadas acerca da regulação administrativa, identificando-a como nova categoria de escolha pela Administração Pública, cumpre criticar, no próximo capítulo, os instrumentos clássicos e modernos que interferem nesta atuação pública contemporânea.

---

[380] O STF decidiu que os dispositivos da lei de mobilidade urbana que permitiam a transferência de alvarás de taxi a herdeiros de taxista são inconstitucionais (ADI nº 5.337).

[381] A Netflix é um provedor de filmes e séries de televisão, que utiliza o sistema de *streaming* para assinantes e surgiu em 1997 nos Estados Unidos.

1.6 Conclusão parcial

Com o surgimento do Estado de Direito, trazendo consigo o constitucionalismo, buscava-se a preservação da liberdade individual e a segurança do território no primado da lei geral e abstrata.

O Brasil sentiu, no campo do direito administrativo, os influxos das concepções revolucionárias e napoleônicas, de modo que a análise evolucionista do princípio legalitário naquele país da Europa continental – e suas repercussões nas escolhas administrativas – apresenta-se extremamente relevante para o conhecimento das origens e a reavaliação do próprio direito administrativo pátrio.

A doutrina que deu base aos revolucionários franceses para a estruturação do governo sustentava que todas as carências deveriam ser supridas pelo contido na lei, sob a forma da vontade geral hobbesiana. Perfilhava-se a ideia de uma divisão de poderes na qual não se identificavam muitos espaços para a escolha administrativa, cabendo à Administração Pública poucas funções de ordenação.

Verificou-se que, inicialmente, o princípio da legalidade, no molde constitucional, tinha um viés positivo, permitindo à Administração Pública fazer somente aquilo que constava, expressamente, da norma. A sociedade política era monista, fazendo com que a lei fosse a expressão jurídica da hegemonia da burguesia liberal, reconhecida com superioridade frente a todos os demais atos jurídicos, até mesmo o constitucional.

Como se pôde constatar, um fato, porém, foi decisivo para o futuro da Administração Pública francesa. Os revolucionários, diante do receio e da postura dos antigos parlamentos judiciais, não seguiram a ortodoxia doutrinal. Despontou dessa atuação um Poder Executivo forte, que proporcionou a fundamentação do poder regulamentar da lei (inicialmente de mera execução e, posteriormente, autônomo).

Para além disso, e considerando que seria impossível que o Poder Legislativo estivesse, a toda hora, legislando sobre tudo, especialmente pelo fato de que a realidade dos sistemas político, social e econômico, com o passar dos tempos, se mostrou muito mais complexa, a lei, indicando apenas soluções unívocas e inalteráveis, passou a ser insuficiente. Daí surgiram espaços e aberturas normativas para o exercício de escolhas pela Administração Pública, conferindo-lhe certo protagonismo político.

A redução do Estado a um aglomerado de serviços públicos retirou a pretendida autoridade especial a suas manifestações legislativas e preparou o terreno para que a ordem normativa da lei pudesse ser substituída no contato com o cidadão por meio de regulamentos.

O Poder Executivo, por meio de escolhas determinativas de conceitos legais e escolhas discricionárias, tornou-se praticamente autônomo.

Some-se a isso o fato de que o Estado Liberal entrou em crise por não atender aos interesses da maior parte da população. Criou-se um antagonismo classista, gerando o recrudescimento de questões sociais. O Estado passou a implantar uma intervenção econômica, enfrentando o conflito distributivo em vista das necessidades das minorias.

Surgiram novas Constituições (México, Weimar etc.), tidas como eixo normativo do intervencionismo estatal, abrindo-se espaço para uma forte atuação discricionária do Poder Executivo.

Na ação discricionária, o administrador passou a ter uma alta dose de liberdade de escolha sob o binômio "conveniência e oportunidade", constituindo, então, um imperscrutável mérito do ato administrativo pelo Poder Judiciário.

De acordo com sua exclusiva compreensão e com seus valores, o administrador público, isolado na sua repartição, passou a escolher a solução que entendia ser cabível para a efetivação do fim público, supostamente unívoco e predeterminado.

A integração da norma por critérios identificados pelo administrador público, muitas vezes com abuso ou desvio de poder, passou a não ser considerada uma faculdade ilegal. Ao contrário, apresentava-se diante da atribuição estabelecida pela própria lei.

Diante de todos esses fatos, pretendeu-se destacar, neste capítulo, a dificuldade de se distinguir discricionariedade e arbítrio, notadamente diante da base estrutural desse instituto: a conveniência e a oportunidade, que exclui a participação do cidadão na definição dos interesses em presença.

Constatou-se haver incompatibilidade entre esse instituto e um dos principais traços da pós-modernidade, qual seja, o fato de a atuação estatal, em determinado aspecto do conjunto social, tender a produzir reflexos em outro segmento e afetar o direito individual.

Verificou-se que a regulação de atividades econômicas pelo Estado desponta como uma "nova" categoria de escolha pela Administração Pública, sendo a estrutura estatal que mais se aproxima de um modelo para equilibrar os subsistemas regulados, suprir as falhas do mercado, mediar e ponderar os diversos interesses ambivalentes. Sempre com uma visão prospectiva e sem pender para qualquer um dos lados.

Chegou-se à conclusão de que a escolha regulatória descentralizada tem mais condições de enfrentar os desafios da reflexividade da vida social, que consiste no fato de que as práticas sociais são constantemente examinadas e reformadas à luz de informação renovada sobre estas próprias práticas, alterando assim seu caráter.

Concluiu-se que a compatibilização desse modelo de atuação estatal com a pós-modernidade está no fato de que o Estado deve, ainda, conter os excessos perpetrados pelos agentes que detêm o poder econômico privado por meio de valores e princípios garantidos pela força normativa da Constituição Federal.

A associação do direito administrativo à fase pós-moderna indica sua necessária adaptação às mudanças econômicas e sociais, permitindo seu perfeito acoplamento ao contexto da realidade para ser instrumento de efetividade dos direitos fundamentais. A supremacia do interesse público e, indiretamente, da Administração Pública, nessa fase, deve deixar de ser um atributo permanente e prevalente.

Com efeito, as políticas nacionais típicas do Estado contemporâneo se põem em prática mediante a edição de muitas regras gerais, em grande parte com indeterminações técnicas, que acabam por exigir mais do que uma simples integração dessas mesmas normas, como ocorre com a escolha determinativa de conceito (conceito jurídico indeterminado) e a escolha discricionária (discricionariedade).

Com as premissas da pós-modernidade e o ingresso do Brasil no modelo regulador, inferiu-se que novas necessidades devem ser identificadas e expostas, especialmente para que o Estado neutralize os excessos e utilize seu "poder" como instrumento de controle da atuação privada.

Tratou-se, neste capítulo, do objetivo da escolha regulatória descentralizada vinculando-o à cessão de capacidade decisória sobre aspectos técnicos para entidades descentralizadas em troca da busca por credibilidade e estabilidade, demonstrando que a regulação estatal, ao menos quando da sua implantação, deixava de ser assunto de governo para ser uma prioridade de Estado.

A importância da escolha regulatória foi detectada na conformação da garantia de equilíbrio de um subsistema complexo, por meio de mecanismos para sua efetividade com vistas ao ajuste das oscilações econômicas e sociais, ainda que possam parecer surpreendentes por suas características inovadoras em relação ao passado.

Como se pôde constatar, por meio do atual modelo de Estado, propício à escolha regulatória, deve-se buscar um *planejamento preventivo*, pois não se concebe mais a ideia de que há domínio, pelas casas legislativas, de todas as informações indispensáveis para apontar as variáveis mercadológicas a serem objeto de regras. Deve-se, ainda, perseguir a efetivação do *fomento* para seu correto desenvolvimento em bases sólidas, firmes; além de estar atento à *proteção dos subsistemas*, diante das pressões advindas dos interesses antinômicos – inseridos no próprio subsistema – ou do sistema social. Sob esses pilares, pensa-se que a regulação estará em condições próximas de se apresentar como apta a garantir direitos fundamentais, ponderando-os com outros interesses e direitos de idêntica dignidade jurídica e constitucional, observando-se princípios e valores sem uma predeterminada hierarquia entre eles.

Diante dessas considerações, é plausível sustentar que se apresenta diante da doutrina publicista o desafio de enfrentar as heranças do passado e que influenciam o presente, e estruturar um novo direito administrativo – menos preocupado com rótulos – que traga alguma resposta às demandas por uma nova forma de atuação estatal, como ora se pretende no campo das escolhas administrativas.

Essa resposta pode vir por meio da escolha regulatória, que se fundamenta na atuação do Estado sobre decisões e atuações empresariais de forma adequada, necessária e proporcional, com fundamentos técnicos e científicos. Estes devem atender ao interesse público substantivo, sem, contudo, deixar de sopesar os efeitos dessas decisões no subsistema regulado com os interesses de segmentos da sociedade e, até mesmo, com o interesse individual no caso concreto.

Esses fundamentos levaram à indicação, neste capítulo, de alguns princípios fundamentais e norteadores da filosofia jurídica regulatória: (i) a perfeita concepção da tecnicidade dos atos regulatórios, para que esta ameaça não seja um instrumento de embaraço ao Estado Democrático de Direito (tecnocracia), (ii) a especialização dos ramos jurídicos em subsistemas que impõe uma pluralidade de fontes em confronto com a difícil tarefa de discernir onde começa e termina o espaço de cada uma à luz do princípio tripartite de separação dos poderes e (iii) a permanente ambivalência, que aspira o sopesamento de valores e princípios.

CRÍTICAS E PROPOSTAS ACERCA DOS INSTRUMENTOS CLÁSSICOS E MODERNOS QUE CONFORMAM A ESCOLHA ADMINISTRATIVA

O direito administrativo, notadamente aquele – como o do Brasil – de inspiração francesa, foi construído sob alguns pilares que o caracterizam, entre os quais destacamos (i) a supremacia da Administração Pública nas relações com os cidadãos (em que estão presentes, no campo das contratações, as cláusulas exorbitantes e o fato do príncipe), (ii) a prevalência do interesse público sobre o interesse privado, (iii) a forte hierarquia na burocracia estatal e (iv) a submissão absoluta ao princípio da legalidade, com a criação legiferante de espaços para o exercício de escolhas administrativas discricionárias, o poder de polícia, os serviços públicos e a imperatividade, a coercibilidade e a autoexecutoriedade de seus atos.[1]

Em vista dos influxos decorrentes da difusão de ideias democráticas em grande parte do globo terrestre, dos movimentos globalizantes da economia,[2] do acesso dos cidadãos às informações – em que se

---

1 Acerca da reafirmação do processo legislativo como espaço de deliberação coletiva dos esquemas e medidas comuns da comunidade, que aceita e reconhece abertamente as inevitáveis diferenças de opinião entre seus membros, ver a obra clássica de WALDRON, Jeremy. *A dignidade da legislação*. Tradução de Luiz Carlos Borges. São Paulo: Martins Fontes, 2003. p. 3 *et seq*.

2 Daniel Sarmento adverte acerca desse aspecto: "Com a globalização, o que ocorre a milhares de quilômetros, forma dos limites de um Estado, pode influenciar, em tempo real, a vida cotidiana de um cidadão daquele Estado" (SARMENTO, Daniel. *Direitos fundamentais e relações privadas*. Rio de Janeiro: Lumen Juris, 2004. p. 44).

destaca a rede mundial de computadores –,[3] da complexidade de temas, da pluralidade de ideias e de interesses que conduzem aos conflitos distributivos, da força normativa da Constituição de 1988 e, ainda, dos riscos a que todos estão submetidos, o direito administrativo não se conforma à realidade nos moldes concebidos após o movimento revolucionário iluminista.

José Eduardo Faria,[4] ao comentar o dogmatismo jurídico diante das alterações provocadas nos Estados pela globalização, leciona o seguinte:

> Toda essa sofisticada técnica, anteriormente esboçada em termos bastante esquemáticos e singelos, é que está sendo posta em questão pelo complexo fenômeno da globalização econômica, envolvendo a um só tempo uniformidade e diferenciação, integração e fragmentação, continuidade e ruptura, codificação e deslegalização, controles diretos e controles indiretos, formalismo e informalismo, disciplina e punição, acumulação de riquezas e regulação privada, ordem jurídico-positiva estatal nacional e ordens normativas autônomas infranacionais e supranacionais etc. Desde a eclosão de tal questionamento, essa noção de "fronteira do conhecimento" revelou-se insustentável; cada vez mais o tipo de reflexão jurídica até agora prevalecente na formação profissional dos operadores de direito se mostra incapaz de interpretar, em seus próprios termos, fatos inéditos; e de reescrever, em sua própria linguagem, teorias de natureza "crítica".

Diante dessas questões, o direito administrativo, como foi institucionalizado,[5] entrou em crise,[6] pois vem sendo incapaz de apresentar

---

[3] Nesse sentido, ver a trilogia de CASTELLS, Manuel. *Sociedade em rede*. 8. ed. Tradução de Roneide Venancio Majer e Klauss Brandini Gerhardt. São Paulo: Paz e Terra, 2005.

[4] FARIA, José Eduardo. *O direito na economia globalizada*. 1. ed. 4. tir. São Paulo: Malheiros, 2004. p. 46.

[5] Sobre a formatação do direito administrativo clássico, *vide* 2.2.

[6] Para o detalhamento da "crise" do direito administrativo, remetemos o leitor para a doutrina de CABRAL DE MONCADA, Luis S. *Lei e regulamento*. Coimbra: Coimbra Ed., 2002. p. 21; CASSESE, Sabino. *La globalización jurídica*. Tradução de Luis Ortega, Isaac Martín Delgado e Isabel Gallego Córceles. Madrid: Marcial Pons, 2006. p. 179; bem como, entre nós, e sob pontos de vistas diversos, o capítulo intitulado "Crise e crítica do direito administrativo", de MEDAUAR, Odete. *O direito administrativo em evolução*. 2. ed. São Paulo: Revista dos Tribunais, 2003. p. 65; o item 2.5 do artigo intitulado "Mutações dos serviços públicos" de MOREIRA NETO, Diogo de Figueiredo. *Mutações do direito público*. Rio de Janeiro: Renovar, 2006. p. 364; o item 4 do capítulo I de SOUTO, Marcos Juruena Villela. *Direito administrativo regulatório*. Rio de Janeiro: Lumen Juris, 2002. p. 17; e o item 1.3.3 de OSÓRIO, Fábio Medina. *Direito administrativo sancionador*. 2. ed. rev., atual. e ampl. São Paulo: Revista dos Tribunais, 2005. p. 67-72.

as respostas necessárias para atingir os interesses ambivalentes da sociedade, garantindo-lhe justiça, respeito aos direitos individuais e real igualdade entre os cidadãos. Em muitas situações, o administrador público cumpre a lei, ainda que o objeto seja imoral ou o seu ato seja completamente ineficiente.[7]

Considerando o objetivo da presente obra, serão apresentadas críticas aos temas que afetam, diretamente, as categorias e os respectivos institutos/fórmulas de direito administrativo que concebem espaços para a escolha administrativa, vis-à-vis o momento atual vivenciado sob o signo da pós-modernidade.

2.1 Crítica à aplicação do princípio legalitário iluminista nos tempos atuais

Razões sociais,[8] políticas e jurídicas buscaram justificar o fato de que a legalidade se configurasse, ao longo dos últimos duzentos anos,[9] como verdadeira coluna vertebral do direito administrativo de matriz francesa como expressão da subordinação da Administração Pública ao direito, e, desse modo, da função administrativa à função legislativa.[10]

O positivismo pretendeu, à luz de um legalismo acrítico, ser uma teoria do direito fundada em juízos de valor,[11] e que resultou em

---

7 Sobre a forma como os institutos de direito administrativo são manejados pelos operadores de direito, ver: RIBEIRO, Leonardo Coelho. *O direito administrativo como "caixa de ferramentas"*. São Paulo: Malheiros, 2016.

8 Conforme advertência de Sérgio Buarque de Holanda: "O prestígio da palavra escrita, da frase lapidar, do pensamento inflexível, o horror ao vago, ao hesitante, ao fluido, que obrigam à colaboração, ao esforço e, por conseguinte, a certa dependência e mesmo abdicação da personalidade, têm determinado assiduamente nossa formação espiritual. Tudo quanto dispense qualquer trabalho mental aturado e fatigante, as ideias claras, lúcidas, definitivas, que favorecem uma espécie de atonia da inteligência, parece-nos constituir a verdadeira essência da sabedoria. É possível compreender o bom sucesso do positivismo entre nós e entre outros povos parentes do nosso, como Chile e México, justamente por esse repouso que permitem ao espírito e as definições irresistíveis e imperativas do sistema de Comte" (HOLANDA, Sérgio Buarque de. *Raízes do Brasil*. 26. ed. 26. reimpr. São Paulo: Companhia das Letras, 2006. p. 158).

9 Seja do ponto da *vertente negativa*, de origem nitidamente francesa e já exposta neste livro em 1.1 e 1.2, e a *vertente positiva*, sustentada por Kelsen e materializada na obra de Adolfo Merkl. Notadamente sobre esse aspecto, ver a obra desse integrante da Escola de Viena: MERKL, Adolfo. *Teoría general del derecho administrativo*. Granada: Comares, 2004. p. 41. Essa obra foi originalmente editada em 1927 (não consta desta edição o nome do tradutor, tampouco o título original).

10 OTERO, Paulo. *Legalidade e Administração Pública*: o sentido da vinculação administrativa à juridicidade. Coimbra: Almedina, 2003. p. 16.

11 A discussão dos valores na atuação do Estado em cotejo com a legalidade constitui um dos principais debates atuais do direito. Em que pese não ser este o foco de estudo da presente

uma ideologia movida por juízos de fato servindo de disfarce para autoritarismos de matizes variadas.[12]

Diante dessa constatação, indaga-se: até que ponto tais ideias recebem hoje um genuíno acolhimento no ordenamento jurídico diante do desaparecimento das características clássicas da lei, sobretudo diante da sociedade contemporânea condicionada a uma ampla diversidade de grupos e extratos sociais?

A escolha regulatória no mundo globalizado é capaz de ser exercida tendo como eixo único a legalidade (incidência do princípio da reserva legal absoluta)?[13]

Essa observação refere-se ao período em que vivemos – a pós-modernidade –, significando que, no campo do direito, representa, entre outros aspectos, a ideia de transposição do positivismo jurídico, doutrina de pensamento que se hospedou em diversos países – como o Brasil – filiados ao tronco jurídico romano-germânico.

2.1.1 Ortodoxia kelseniana

Malgrado a doutrina contemporânea[14] sustentar que a estrutura normativa é composta por princípios e regras jurídicas, isto é, os

---

obra, alguns aspectos são abordados em 4.4, quando é enfrentada a segurança jurídica nas escolhas regulatórias.

[12] BARROSO, Luís Roberto. *Interpretação e aplicação da Constituição*. 6. ed. São Paulo: Saraiva, 2004. p. 324. (GARCÍA DE ENTERRÍA, Eduardo. *Justicia y seguridad jurídica en un mundo de leyes desbocadas*. Madrid: Civitas, 2000. p. 41-42): "En esta recepción de la concepción americana de la Constitución como norma suprema efectiva, invocable ante los Tribunales, canon de validez de las Leyes y criterio primero para la interpretación y aplicación de éstas, pesó, indudablemente, la experiencia de los totalitarismos europeos, en todos los cuales los dictadores dispusieron a su arbitrio del poder legislativo, haciendo aparecer a la Ley como destructora, y no protectora, de la libertad".

[13] José Eduardo Faria tece o seguinte comentário sobre o papel do Poder Legislativo no âmbito da economia globalizada: "Com o fenômeno da globalização, as estruturas institucionais, organizacionais, políticas e jurídicas forjadas desde os séculos XVII e XVIII tendem a perder tanto sua centralidade quanto sua exclusividade. No âmbito de uma economia transnacionalizada, as relações entre os problemas internacionais e os problemas internos de cada país vão sendo progressivamente invertidas, de tal forma que os primeiros já não são mais apenas parte dos segundos; pelo contrário, os problemas internacionais não só passam a estar acima dos problemas nacionais como também a condicioná-los. [...] *Como, nesse novo contexto, a decisão de participar ou não do fenômeno da economia globalizada muitas vezes acaba ficando fora do alcance dos legisladores* e dos formuladores da política econômica nacional, por mais estranho e paradoxal que isso possa parecer [...]" (FARIA, José Eduardo. *O direito na economia globalizada*. 1. ed. 4. tir. São Paulo: Malheiros, 2004. p. 32-33. Grifos nossos).

[14] A doutrina aqui referida, inserida na questão dos princípios, foi examinada em 4.3 da presente obra como embasamento para a identificação das bases da segurança jurídica.

princípios, que são mais genéricos e abstratos do que as regras, não estão subsumidos a uma situação de fato (possuindo uma dimensão de peso ou importância),[15] o normativismo lógico, nos termos sustentados pela Escola de Viena (e que teve Hans Kelsen como seu grande luminar – criador da chamada teoria pura de direito), ainda impregna o mundo jurídico e vincula os atos da Administração Pública.[16]

De fato, "o paradigma científico-jurídico predominante em nosso país, especialmente na área do Direito Público, ainda é fortemente influenciado pela ortodoxia kelseniana",[17] de modo que há de enfrentar, em sede doutrinária, o grande risco a que conduz o normativismo lógico nos tempos atuais, notadamente em termos de regulação de atividades econômicas privadas: o de se cavar um abismo instransponível entre o mundo da vida e o mundo ideativo das normas, em um incontornável déficit de realidade.

Com efeito, tal perigo radica no fato de que, para o positivismo, como "abordagem avalorativa do direito",[18] o "dever-ser" – direito – não pode derivar do "ser" – realidade. Essa, em apertada síntese, representa a tese primordial dessa doutrina gerada no seio do liberalismo econômico burguês.

Entretanto, a dissociação entre realidade e direito conduz à ilusão de que o direito "se autoproduz",[19] cria sua própria realidade (uma realidade fossilizada, puramente normativa, e meramente ideativa, infensa a valores, a considerações políticas, sociológicas, econômicas

---

[15] A ampliação das tarefas das Constituições contemporâneas também contribuiu para a mudança da posição ocupada pela lei no ordenamento jurídico. Enquanto no passado as Constituições se ocupavam exclusivamente do estabelecimento de direitos individuais e políticos e da estrutura básica do Estado, no constitucionalismo contemporâneo passaram a também estabelecer direitos de caráter prestacional – que exigem, do Poder Público, atuações positivas, e não mais meras abstenções –, e a dispor sobre uma série de temas sobre os quais anteriormente silenciavam, a exemplo das ordens econômica e cultural, e das relações familiares. Assim foi que as Constituições deixaram de ser vistas apenas como as leis básicas do Estado, circunscritas à temática do direito público, para tornarem-se o estatuto fundamental do Estado e da sociedade (SARMENTO, Daniel. *Direitos fundamentais e relações privadas*. Rio de Janeiro: Lumen Juris, 2004. p. 70-78).

[16] Ver, nesse sentido, CANOTILHO, José Joaquim Gomes. *Direto constitucional e teoria da Constituição*. 4. ed. Coimbra: Almedina, 2000. p. 724, ao advertir que, nos casos em que se apresentam vantagens e encargos para os cidadãos, as decisões têm de, necessariamente, seguir o comando da lei.

[17] GUERRA FILHO, Willis Santiago. *Teoria processual da constituição*. 2. ed. São Paulo: Celso Bastos, 2002. p. 202.

[18] BOBBIO, Norberto. *O positivismo jurídico*: lições de filosofia do direito. Tradução de Márcio Pugliesi, Edson Bini e Carlos E. Rodrigues. São Paulo: Ícone, 1995. p. 135.

[19] FARIA, José Eduardo. *O direito na economia globalizada*. 1. ed. 4. tir. São Paulo: Malheiros, 2004. p. 45.

etc.), dissociada da realidade complexa e sempre dinâmica da vida, notadamente no campo do sistema econômico.

O normativismo lógico, ao tratar dos problemas jurídicos como problemas meramente de catalogação normativa, simplificando, dessa forma, o pensamento acerca dos fenômenos concretos, criou "um realismo fora da realidade social",[20] e consagrou determinado tipo de comportamento mental (tendo como modelo o formalismo das certezas matemáticas, ditas puristas, das ciências da natureza), que "conduz à total separação do intérprete da realidade, fazendo-o tornar-se insensível aos êxitos práticos do próprio operar".[21]

Esse distanciamento entre o "ser" e o "dever-ser", contudo, especialmente em termos de escolha regulatória, não resiste às necessidades cotidianas da pós-modernidade, e, portanto, deve ser categoricamente recusado (ou melhor, "refundado").[22]

O "ser" e o "dever-ser" são considerados as duas faces de uma mesma realidade, de uma realidade concebida como uma unidade que se divide dialeticamente, a ponto de ela se limitar a reconhecer que o sentido de uma norma isolada não pode jamais ser compreendida ao modo da sistematização lógica, mas somente, e fundamentalmente, na relação com a totalidade da realidade social no interior da qual a norma vale.[23]

No processo efetivo de concretização prática do direito, este e a realidade não constituem duas grandezas independentes, existentes cada uma por si. A norma encontra-se constantemente ligada ao contexto

---

[20] VASCONCELLOS, Arnaldo. *Teoria pura do direito*: repasse crítico de seus principais fundamentos. Rio de Janeiro: Forense, 2003. p. 8. Segundo o autor, "para Kelsen, toda teoria jurídica verdadeira deve, necessariamente, simplificar a complexidade dos fenômenos concretos, reduzindo-os a noções gerais. [...] À Teoria Pura do Direito não interessa, de modo algum, o que ocorre com o Direito como fenômeno social, como atividade da vida prática. Dela, procura-se Kelsen desviar-se a todo custo. [...] O pensamento de Kelsen, todo ele, encontra suporte lógico-epistemológico no irredutível dualismo das categorias ser e dever ser, sem o qual seria impossível pensar a Teoria pura do Direito" (KELSEN, Hans. *Teoria pura do direito*. 6. ed. Tradução de João Baptista Machado. São Paulo: Martins Fontes, 1998. p. 29).

[21] PERLINGIERI, Pietro. *Perfis do direito civil*: introdução ao direito civil constitucional. Tradução de Maria Cristina De Cicco. Rio de Janeiro: Renovar, 2002. p. 104.

[22] A "refundação do princípio da legalidade" é tratada por FERRAJOLI, Luigi. Pasado y futuro del estado de derecho. *In:* CARBONELL, Miguel (Org.). *Neoconstitucionalismo(s)*. 2. ed. Madrid: Trota, 2005. p. 22.

[23] MÜLLER, Friedrich. *Discours de la méthode juridique*. Tradução de Olivier Jouanjan. Paris: Presses Universitaires de France, 1996. p. 11.

das situações sociais e das concepções sociopolíticas com base nas quais ele deve agir.[24]

Para uma metodologia que renda justiça à tarefa da concretização das "inovações tecnológicas, a complexidade, variedade e especificidade dos assuntos da vida moderna",[25] que afetem direitos fundamentais dos cidadãos, é indisputável a necessidade de não mais opor a "realidade" ao "direito". Ao contrário, na ótica aqui defendida, a realidade econômica e social deve ser diferenciada em seu detalhe, de uma parte, como espaço de validade do direito em geral, e de outra parte, como setor da realidade pressuposta, recebida ou produzida por um texto da norma particular.[26]

Não mais se pode identificar, como se defendeu no período da Ilustração, o direito única e exclusivamente na lei "e esta com a vontade do Estado".[27] A lei já não é a expressão pacífica de uma sociedade política internamente coerente; é manifestação e instrumento de competição e enfrentamento social. Não é o final, mas a continuação de um conflito. Não é um ato impessoal, geral e abstrato, expressão de interesses objetivos, coerentes, racionalmente justificáveis. Ao contrário, a lei é um ato personalizado que persegue interesses particulares.[28]

A concepção positivista e a própria sacralização da legalidade levaram ao legalismo, ao formalismo excessivo de decretos, circulares e portarias, com a predominância da letra dos textos sobre seu espírito ou sobre a realidade dinâmica da vida.[29]

---

24 MÜLLER, Friedrich. *Discours de la méthode juridique*. Tradução de Olivier Jouanjan. Paris: Presses Universitaires de France, 1996.

25 SILVA, Clarissa Sampaio. *Legalidade e regulação*. Belo Horizonte: Fórum, 2005. p. 54.

26 SILVA, Clarissa Sampaio. *Legalidade e regulação*. Belo Horizonte: Fórum, 2005. p. 192.

27 OTERO, Paulo. *Legalidade e Administração Pública*: o sentido da vinculação administrativa à juridicidade. Coimbra: Almedina, 2003. p. 23.

28 No sentido de que provém de grupos identificáveis de pessoas e está dirigida a outros grupos igualmente identificáveis (ZAGREBELSKY, Gustavo. *El derecho dúctil, ley, derechos, justicia*. Tradução de Marina Gascón. Madrid: Trotta, 1995. p. 38).

29 MEDAUAR, Odete. *O direito administrativo em evolução*. 2. ed. São Paulo: Revista dos Tribunais, 2003. p. 146.

Além desses aspectos, que demonstram a crise do princípio da legalidade, tem-se, ainda, a "desvalorização"[30] ou "esgarçamento"[31] da lei pela inconcebível "inflação legislativa".[32]

A ideia oitocentista de uma sociedade livre, movendo-se dentro de uma moldura legal e codificada, em textos claros, concisos e tendencialmente estáveis, transformou-se pela inundação de leis e regulamentos instáveis –[33] o mundo de incertezas jurídicas – e com frenéticas alterações.[34]

---

30 GARCÍA DE ENTERRÍA, Eduardo. *Justicia y seguridad jurídica en un mundo de leyes desbocadas*. Madrid: Civitas, 2000. p. 47; 97. O autor espanhol complementa, taxativamente, a impossibilidade da manutenção do positivismo como método: "La extraordinaria movilidad de las Leyes, que parte de la creencia de que las Leyes son capaces de resolver todos y cada uno de los problemas que presenta sin cesar una cambiante sociedad, ha venido a hacer imposible, paradójicamente, el positivismo como método. [...] El positivismo exacerbado ha matado definitivamente al positivismo" (p. 103).

31 BAPTISTA, Patrícia Ferreira. *Segurança jurídica e proteção da confiança legítima no direito administrativo*: análise sistemática e critérios de aplicação no direito administrativo brasileiro. 2006. 374 p. Tese (Doutorado em Direito do Estado) – Universidade de São Paulo, São Paulo, 2006. p. 58.

32 Expressão utilizada por TORRES, Ricardo Lobo. *Tratado de direito constitucional financeiro e tributário*. Rio de Janeiro: Renovar, 2005. p. 465. v. 2. O autor destaca, nessa ordem de questões, o exagero do princípio da reserva legal, o casuísmo legislativo, o despreparo de parlamentares e funcionários envolvidos na elaboração do texto e o intervencionismo estatal. Associando a inflação legislativa à incerteza, ver o comentário de MEDAUAR, Odete. Segurança jurídica e confiança legítima. *In:* ÁVILA, Humberto (Coord.). *Fundamentos do Estado de direito*: estudos em homenagem ao professor Almiro do Couto e Silva. São Paulo: Malheiros, 2005. p. 118. Daniel Sarmento aborda o tema sob outro viés, nos seguintes termos: "No contexto do Estado Social, a produção de normas jurídicas se multiplica, ocasionando uma verdadeira 'inflação legislativa'. Com efeito, a expansão das missões governamentais acarretou como consequência uma intensificação sem precedentes da atuação regulamentar do Estado, que foi convocado para disciplinar juridicamente os mais variados campos da vida social. Se no Estado Liberal as normas eram feitas para durar indefinidamente, agora a tônica são as 'leis-medida', editadas para a solução de algum problema concreto, muitas vezes passageiro. A estabilidade das normas é substituída pela efemeridade, e o direito positivo torna-se verdadeiramente caótico, afastando-se da placidez quase parnasiana do ordenamento do Estado Liberal, que se resumia às codificações privadas e algumas poucas leis processuais e penais. Nesta babel jurídica, esvai-se a segurança, e a presunção do conhecimento das leis pelo cidadão torna-se uma ficção absurda. Fala-se em declínio e até em morte do Direito" (SARMENTO, Daniel. *Direitos fundamentais e relações privadas*. Rio de Janeiro: Lumen Juris, 2004. p. 39).

33 Verificada fundamentalmente a partir do advento do *Welfare State*, a inflação legislativa a que se aludiu anteriormente foi responsável pela constituição de inúmeros microssistemas normativos regidos por valores e objetivos distintos daqueles de origem liberal que regiam o Código Civil e que com este coexistiam, importando, deste modo, no fenômeno intitulado "descodificação do direito". Desta maneira, o Código Civil foi gradualmente perdendo a posição de centralidade que até então ocupava (BINENBOJM, Gustavo. *Uma teoria do direito administrativo*: direitos fundamentais, democracia e constitucionalização. Rio de Janeiro: Renovar, 2006. p. 62).

34 GARCÍA DE ENTERRÍA, Eduardo. *Justicia y seguridad jurídica en un mundo de leyes desbocadas*. Madrid: Civitas, 2000. p. 47-48.

Antes mesmo de proceder à interpretação sistemática das normas, o jurista tem de transformar-se em "jurista detetive":

> El simple y sencillo acceso a la información está siendo convertido, día tras día, en un proceso lleno de complicaciones cada vez mayores donde la labor de interpretación no puede alcanzarse sin una previa labor de investigación acerca de los textos vigentes y su eficacia real. El jurista intérprete cede paso al jurista detective, el erudito cede ante el informático avezado. La tarea de búsqueda de normas resulta, sobre todo en ciertos aspectos del ordenamiento, cada vez más ardua, pero, y este es algo que luego se examinará en detalle, prácticamente ninguna de las ramas del tronco jurídico está actualmente siendo ajena a esta lenta contaminación que aquella el panorama del Derecho.[35]

Deve-se, ainda, tal crise do princípio legatário à hoje amplamente consolidada noção da incompletude intrínseca às leis, impotentes e incapazes que são para estabelecer, *a priori* e de maneira exaustiva, todos os atos que o administrador deverá praticar para atender ao interesse público. Em virtude de tal constatação, impôs-se ao legislador que, na impossibilidade de prever todas as situações que exigiriam a atuação do Poder Público, conferisse certa margem de liberdade à Administração na determinação do conteúdo dos preceitos legais.[36]

Some-se a isso, que, em muitos casos e em vista dos acordos entre partidos políticos e parlamentares, a lei é elaborada, propositadamente ou não, de maneira ambígua, isso quando não é mal redigida,[37] provocando imprecisões e dificuldades para a aplicação no caso concreto. Dessa forma, em técnica legislativa intitulada "escolha discricionária" passaram as leis a ser menos determinadas, menos claras e mais gerais.[38]

Em busca de resposta à indagação antes trazida que envolve as escolhas regulatórias, importa afirmar que é preciso redefinir a divisão clássica de tarefas e competências normativas, considerando as características da composição do Poder Legislativo e as dificuldades

---

35 PALMA FERNÁNDEZ, José Luis. *La seguridad jurídica ante la abundancia de normas*. Madrid: Centro de Estudos Políticos y Constitucionales, 1997. p. 14.

36 ARAGÃO, Alexandre Santos de. Princípio da legalidade e poder regulamentar no estado contemporâneo. *Revista de Direito Administrativo*, Rio de Janeiro, v. 225, jul./set. 2001. p. 116.

37 BAPTISTA, Patrícia Ferreira. *Segurança jurídica e proteção da confiança legítima no direito administrativo*: análise sistemática e critérios de aplicação no direito administrativo brasileiro. 2006. 374 p. Tese (Doutorado em Direito do Estado) – Universidade de São Paulo, São Paulo, 2006. p. 15.

38 ARAGÃO, Alexandre Santos de. Princípio da legalidade e poder regulamentar no estado contemporâneo. *Revista de Direito Administrativo*, Rio de Janeiro, v. 225, jul./set. 2001. p. 116.

naturais para regular em detalhes todos os subsistemas regulados pelo Estado, haja vista, notadamente, seu distanciamento do caso concreto e dos desafios advindos da tecnologia.

Em muitas situações, a busca de exaustiva regulação por meio da norma primária, isto é, uma "omnímoda submissão da sociedade a uma excessiva padronização e detalhamento de comportamentos por via legislativa, a pretexto de racionalizá-los e de impor critérios tidos como superiores",[39] pode produzir consequências nefastas ao interesse público, pois a adequação da ação no campo regulatório a determinadas circunstâncias que se apresentam no cotidiano exige uma flexibilidade de regras para sua correta apreciação e decisão.[40]

Cogita-se que não deve caber ao legislador primário tecer minúcias normativas, sobretudo para adentrar em aspectos preponderantemente técnicos. "La sustración (parcial) de las Administraciones al gobierno modifica el sentido de la función del principio de legalidad".[41] Até mesmo em vista de estar mais próximo aos fatos pelo contato direto no dia a dia com a sociedade, deve incumbir tal tarefa ao Executivo, por estar em melhores condições de avaliar qual será, em determinado caso, a justa solução para se encontrar um grau ótimo de execução das políticas públicas, e por dispor de estrutura operacional para tecer maiores detalhamentos normativos.[42]

A disciplina de algumas matérias ou questões, por via legal ou regulamentar, não chega, com frequência, a satisfazer interesses de distinta natureza. Em algumas ocasiões, porque os órgãos e as instituições legitimadas carecem do suficiente conhecimento e da capacidade de adaptação evolutiva para a ordenação de determinadas matérias, e, em outras, porque se deixa, deliberadamente, uma margem de atuação aberta à autodeterminação normativa dos próprios interessados que operam em certos setores (*softlaw*).[43]

---

[39] MOREIRA NETO, Diogo de Figueiredo. *Direito regulatório*: a alternativa participativa e flexível para a Administração Pública de relações setoriais complexas no Estado democrático. Rio de Janeiro: Renovar, 2003. p. 124.

[40] Esse aspecto está desenvolvido neste livro em 1.5.4.

[41] CASSESE, Sabino. *La globalización jurídica*. Tradução de Luis Ortega, Isaac Martín Delgado e Isabel Gallego Córceles. Madrid: Marcial Pons, 2006. p. 187.

[42] Nesse sentido, ver MEDAUAR, Odete. *O direito administrativo em evolução*. 2. ed. São Paulo: Revista dos Tribunais, 2003. p. 128.

[43] BERMEJO VERA, José. *El declive de la seguridad jurídica en el ordenamiento plural*. Madrid: Civitas, 2005. p. 24. O autor complementa, sobre esse novo direito suave, "que tratan de recoger aquellas especificaciones basadas en la ciencia, la experiencia o la tecnología necesarias o convenientes para concretar características de los bienes y productos de las actividades industriales. Estas normas técnicas ofrecen una doble dimensión. Por una parte,

Ainda que se cogite a existência de diversos graus de vinculação do regulador público às regras legais,[44] parece ser indisputável que, dada a tecnicidade que se apresenta diante das sociedades contemporâneas, foi sendo reconhecida com o tempo, ou ao menos tolerada, de um modo ou de outro, nos ordenamentos jurídicos dos países de constitucionalismo adiantado, alguma forma de delegação ou deslegalização normativa do Legislativo a órgãos e entidades descentralizadas do Poder Executivo.[45]

Notadamente no que diz respeito à regulação de atividades econômicas e sociais pelo Estado, observa-se que a estrutura de algumas regras é singular, pois as políticas nacionais típicas do Estado contemporâneo se põem em prática mediante a edição de muitas normas gerais com indeterminações que acabam por atribuir a escolha à Administração Pública, como adiante se pretende demonstrar.

2.1.2 Reserva de lei

É assinalável que, mesmo diante da patente "crise da legalidade",[46] a lei deve ser considerada no disciplinamento de sistemas complexos, haja vista que não deixa de ser um padrão a ser observado pela

hay normas de aplicación voluntaria. Pero, por otro lado, existen reglamentaciones técnicas de naturaleza obligatoria. Son en todo caso respuestas al desarrollo tecnológico y, aunque diferenciadas en su origen, estructura y efectos, las reglamentaciones técnicas poseen una extraordinaria importancia en el momento actual" (p. 25).

[44] Charles Eisenmann comenta a ausência de simplicidade entre os termos "legal" e "legalidade". O autor sustenta haver algumas possíveis concepções (e não apenas uma) da legalidade: "Parece-me que, na realidade, acontece o seguinte: quando se fala de legalidade dos atos administrativos, pode-se pensar em uma ou em outra de duas relações extremamente diferentes, às quais correspondem duas noções do princípio da legalidade, uma delas poder-se-ia chamar [...] de mínima, e a outra, de máxima. Segundo a noção mínima, a legalidade é uma relação de não-contrariedade, de não-incompatibilidade, ou, positivamente, de compatibilidade. Segundo a noção máxima, a legalidade é uma relação de conformidade" (EISENMANN, Charles. O direito administrativo e o princípio da legalidade. *Revista de Direito Administrativo*, Rio de Janeiro, v. 56, p. 47-70, 1959. p. 54). Os diversos sentidos do termo "lei" podem também ser conferidos em GUASTINI, Riccardo. Ley. *In:* CARBONELL, Miguel; PEDROZA DE LA LLAVE, Susana Thalia (Org.). *Elementos de técnica legislativa*. Cidade do México: Instituto de Investigaciones Jurídicas de la Unam, 2003. p. 13 *et seq*.

[45] Esse tema será abordado em 2.6.1.

[46] ZAGREBELSKY, Gustavo. *El derecho dúctil, ley, derechos, justicia*. Tradução de Marina Gascón. Madrid: Trotta, 1995. p. 39 e FERRAJOLI, Luigi. Pasado y futuro del estado de derecho. *In:* CARBONELL, Miguel (Org.). *Neoconstitucionalismo(s)*. 2. ed. Madrid: Trota, 2005. p. 20.

sociedade.[47] Esse aspecto da questão é didaticamente focalizado pelo jurista português Cabral de Moncada:[48]

> A reserva da lei continua, portanto, a ter uma função garantística essencial. É esse o seu sentido principal, sem esquecer que ela é também um elemento fundamental de um sistema democrático de base parlamentar. A única coisa que perdeu foi a capacidade de claramente distinguir a esfera do direito da irrelevância jurídica, melhor dizendo: se o critério subjetivista que presidia à reserva de lei tradicional era um critério seguro, relativamente rígido e pouco susceptível de variações na sua extensão, o mesmo se não passa hoje, pois que o critério que a identifica é variável e foi mesmo pensado para o ser, susceptível de um escalonamento entre um máximo e um mínimo e só assim compreensível e utilizável, pelo que não pode ter a pretensão de fornecer de uma vez por todas, sem margem para dúvidas, a lista de todo o material que carece de disciplina legislativa. Do critério moderno de reserva de lei, de que a teoria da essencialidade é a síntese mais feliz, não transparece imediatamente todo o mostruário da relevância jurídico-legislativa. É por isso que ele é um critério aberto e pluralista. Aberto porque há nele lugar para o compromisso político entre as forças actuantes na sociedade e no estado, assumindo a abertura precisamente a forma de um compromisso variável entre visões políticas diversas com diferente força de pressão, mas aspirando cada uma delas a deixar a sua marca na disciplina normativa a eleger e no catálogo de assuntos a escolher, que podem ir desde a maior repressão da criminalidade ao segredo bancário, desde a protecção do ambiente à emigração estrangeira, etc. [...] Pluralista porque a matriz axiológica a requerer disciplina legislativa há muito que virou costas aos problemas e aspirações do indivíduo isolado e à questão de protecção da sua liberdade e propriedade subjetivas.

A lei deve ser, na maioria dos casos, a fonte preferencial como ponto de partida para a atual função administrativa e materialização por meio de suas escolhas,[49] levando-se em conta a advertência de Marcos

[47] Nesse sentido, GARCÍA FIGUEROA, Alfonso. La teoría del derecho en tiempos de constitucionalismo. *In:* CARBONELL, Miguel (Org.). *Neoconstitucionalismo(s)*. 2. ed. Madrid: Trotta, 2005. p. 186.

[48] CABRAL DE MONCADA, Luis S. *Lei e regulamento*. Coimbra: Coimbra Ed., 2002. p. 315.

[49] OTERO, Paulo. *Legalidade e Administração Pública*: o sentido da vinculação administrativa à juridicidade. Coimbra: Almedina, 2003. p. 27. Veja-se, ainda, a visão de Luís Roberto Barroso: "A redemocratização no Brasil impulsionou uma volta ao Direito. É certo que já não se alimenta a crença de que a lei seja 'a expressão da vontade geral institucionalizada' e se reconhece que, frequentemente, estará a serviço de interesses, e não da razão. Mas ainda assim ela representa a despersonalização do poder e a institucionalização da vontade política. O tempo das negações absolutas passou. Não existe compromisso com o outro sem a lei"

Juruena Villela Souto, de que "a noção de ordem jurídica é [...] mais ampla que a de norma jurídica"[50] e, portanto, não decifra o "politeísmo de valores" necessário para propiciar uma decisão proporcional diante dos inúmeros conflitos sociais.[51]

Desse modo, e em que pesem as premissas acima apresentadas, registre-se as críticas à legalidade estrita e vinculativa da atuação administrativa diante de sua incompatibilidade com a escolha regulatória, notadamente por seu distanciamento do caso concreto.

2.1.3 Distanciamento do circuito legiferante das especificidades tecnológicas e do caso concreto submetido à regulação

De um lado, se regular é, sob o ponto de vista do Estado Democrático de Direito, observar normas constitucionais, legais e regulamentares, e se, de outro lado, as normas fundamental, primária

---

(BARROSO, Luís Roberto. *Interpretação e aplicação da Constituição*. 6. ed. São Paulo: Saraiva, 2004. p. 317). Em sentido próximo: BARCELLOS, Ana Paula de. *Ponderação, racionalidade e atividade jurisdicional*. Rio de Janeiro: Renovar, 2005. p. 165-166. Não me parece ser esta a melhor motivação doutrinária para a observância da lei. Perfilha-se a linha pós-positivista de Humberto Ávila: "[...] as regras consistem em normas preliminarmente decisivas e abarcantes, na medida em que, a despeito da pretensão de abranger todos os aspectos relevantes para a tomada de decisão, têm a aspiração de gerar uma solução específica para o conflito entre razões. [...] Os princípios possuem, pois, pretensão de complementaridade, na medida em que, sobre abrangerem apenas parte dos aspectos relevantes para uma tomada de decisão, não têm a pretensão de gerar uma solução específica, mas de contribuir, ao lado de outras razões, para a tomada de decisão. Os princípios são, pois, normas com pretensão de complementaridade e de parcialidade. As regras possuem, em vez disso, pretensão terminativa, na medida em que, sobre pretenderem abranger todos os aspectos relevantes para a tomada de decisão têm a pretensão de gerar uma solução específica para a questão. O preenchimento das condições de aplicabilidade é a própria razão de aplicação das regras. As regras são, pois, normas preliminares decisivas e abarcantes" (ÁVILA, Humberto. *Teoria dos princípios*: da definição à aplicação dos princípios jurídicos. 2. ed. São Paulo: Malheiros, 2003. p. 68-69). Conforme elucidativa lição de Ricardo Lobo Torres, ao comentar a efetividade da norma ética em nossos dias, anota: "Com a *virada kantiana* e a reaproximação entre ética e direito, passou-se a cogitar da efetividade da regra moral abstrata. Claro que não se chega ao exagero de advogar que a norma ética possa anular a regra jurídica positivada, eis que tal possibilidade destruiria completamente a segurança jurídica" (TORRES, Ricardo Lobo. *Tratado de direito constitucional financeiro e tributário*. Rio de Janeiro: Renovar, 2005. p. 8. v. 2). Juarez Freitas, sob outro viés, também realista, aponta o espaço da regra ao doutrinar: "Superado qualquer originalismo extremado, urge perceber que a intenção do legislador, justamente porque de difícil aferição, mostra-se secundária, mas não irrelevante" (FREITAS, Juarez. *A interpretação sistemática do direito*. 4. ed. São Paulo: Malheiros, 2004. p. 180).

50 SOUTO, Marcos Juruena Villela. *Direito administrativo da economia*. Rio de Janeiro: Lumen Juris, 2003. p. 2.

51 FARIA, José Eduardo. *O direito na economia globalizada*. 1. ed. 4. tir. São Paulo: Malheiros, 2004. p. 43.

e secundária não têm condições de criar um completo subsistema normativo compatível com a complexidade cotidiana, desponta a controvérsia acerca da intervenção regulatória estatal exercida por entidades descentralizadas e dotadas de autonomia em relação à Administração Pública central.

Com efeito, e do ponto de vista infraconstitucional, a relação entre lei e regulamento, entre delegação legislativa e ampliação e "limites do poder regulamentar"[52] tem sido o eixo da discussão dogmática sobre a distribuição de competências normativas no direito público brasileiro.[53] Aquela relação é considerada ora de complementação, ora de exclusão recíproca. Em termos de "regulação orgânica"[54] no Brasil, a maior polêmica insere-se, portanto, nos limites de atuação normativa do Poder Executivo e, consequentemente, a insegurança jurídica decorrente dessa atuação deslegalizada.

Fábio Konder Comparato afirma que a própria política de regulação acaba por produzir, paradoxalmente, uma abundância de normas, pois "o processo de liberalização da vida econômica, como todo processo, só se desenvolve por meio de normas".[55]

É indisputável, sob qualquer ângulo, o distanciamento do circuito legiferante das especificidades tecnológicas e do caso concreto sujeito às oscilações decorrentes do sistema social, a ser decidido paulatinamente no curso da regulação econômica e social, mediante a tentativa de

---

[52] SUNDFELD, Carlos Ari. *Direito administrativo ordenador*. 1. ed. 3. tir. São Paulo: Malheiros, 2003. p. 32 *et seq*.

[53] ROCHA, Jean Paul Cabral Veiga da. Regulação econômica e separação dos poderes: a delegação legislativa na tradição do direito público brasileiro. *In:* ARAGÃO, Alexandre Santos de (Coord.). Direito da regulação. *Revista de Direito da Associação dos Procuradores do Novo Estado do Rio de Janeiro*. v. 11. Rio de Janeiro: Lumen Juris, 2002. p. 71.

[54] A regulação orgânica corresponde àquela que se estrutura por diversos órgãos e entidades, diversamente da regulação baseada praticamente em contratos, a exemplo das concessões de rodovias.

[55] COMPARATO, Fábio Konder. Ordem econômica na Constituição brasileira de 1988. *Revista do Direito Público*, São Paulo, v. 23, n. 93, p. 263-276, jan./mar. 1990. p. 268. O autor complementa seu pensamento: "Já no tocante à supressão do poder normativo de certos órgãos da Administração Pública, determinada no art. 25 das Disposições Constitucionais Transitórias, a medida, se concretizada, irá acarretar sério descontrole no campo econômico. A Constituição admitiu que o Congresso prorrogasse o prazo de seis meses para a entrada em vigor dessa proibição, o que foi feito pela Lei 7.770, de 30 de maio de 1989, até 30 de outubro do mesmo ano. Na verdade, reconhecendo-se a indispensabilidade de uma ação normativa originária pelo Governo – que a Constituição francesa de 1958 de fato reconheceu – *seria preciso pensar em descentralizar essa competência, mormente em matéria de política creditícia*" (p. 269. Grifos nossos). O autor conclui favoravelmente à instituição de entidades reguladoras independentes: "Essa descentralização administrativa pode dar-se em favor de independent regulatory commissions, como nos Estados Unidos [...]" (p. 269).

suprimento das falhas provocadas pelas forças do mercado sob forte competição.[56]

Ao contrário do que ocorreu no modelo liberal,[57] em muitas situações, a busca de exaustiva regulação de atividades econômicas por meio da norma primária, decorrente do processo legislativo, pode produzir consequências nefastas ao interesse público e, até mesmo, a aspectos que malferem direitos de setores do segmento privado, haja vista que a adequação da ação no campo regulatório a determinadas circunstâncias que se apresentam no cotidiano exige certa flexibilidade para sua correta apreciação e decisão.

Em nossos dias, é um fato de elementar evidência que a norma, frente à complexidade das situações com que se depara, deixa de ser clara e precisa. Pensar de outra forma seria uma suposta e ingênua crença da existência de uma legalidade racionalizada, fechada e definitiva do direito, que é uma herança da filosofia mecanicista do século XVIII, surgida com o Estado Legislador posto em marcha pela insurreição de 1789.[58]

Se o Poder Legislativo não tem capacidade e condições de regular em detalhes científicos, sopesando interesses conflitantes decorrentes da regulação dos subsistemas submetidos a uma intervenção estatal, o desafio passa a ser outro. Deve compreender a "nova" categoria da regulação estatal brasileira,[59] com todas suas características, com a redefinição da divisão de funções, tarefas e competências do Estado

---

[56] Acerca dessa assertiva, vale consultar o artigo de POSNER, Richard A. Teorias da regulação econômica. *In:* MATTOS, Paulo (Org.). *Regulação econômica e democracia*: o debate norte-americano. São Paulo: 34, 2004. p. 68 *et seq*.

[57] Nos Estados Unidos da América argumenta-se que as agências são fundamentais para a solução dos problemas de uma sociedade complexa e pluralista, haja vista que o Legislativo (poder político) não tem condições, nos tempos modernos, de legislar a todo instante e em detalhes. Se quiser fazê-lo, em determinado assunto, deve exercer seu poder. Nada pode impedi-lo, cabendo a ele decidir o momento. Nesse contexto, o Congresso, muito provavelmente, possuia condições de editar normas sobre praticamente todas as demandas da sociedade agrária e monista pós-independência (século XVIII); contudo, a partir do momento em que passou a não ter condições materiais de atender às demandas de uma sociedade industrializada e complexa, outra solução teve que ser encontrada para a proteção da sociedade: as agências. Sobre um amplo debate acerca da delegação de poderes para as agências pelo Congresso norte-americano, ver SCHOENBROD, David. *Power without responsability*: how congress abuses the people through delegation. New Haven: Yale University Press, 1993. Parte IV.

[58] GARCÍA DE ENTERRÍA, Eduardo. *Legislación delegada, potestad reglamentaria y control judicial*. 3. ed. Madrid: Civitas, 1998. p. 37-38.

[59] "Penso haver um árduo trabalho doutrinário a ser desenvolvido nestes novos tempos. Os administrativistas que abandonemos nosso hábito de viajar sobre o Estado ideal. A partir de agora, ou nos enfronhamos nas particularidades – não só as normativas, mas inclusive as técnicas e econômicas – de cada setor da economia, ou nada teremos a dizer sobre o Direito

para enfrentar o desafio da tecnicidade regulatória em cotejo com a necessária ponderação de interesses no caso concreto.[60]

Nas palavras de Karl Larenz,[61] os direitos cujos limites não estão fixados de uma vez por todas, mas que, em certa medida, são "abertos", "móveis", e, mais precisamente, os princípios podem, justamente por esse motivo, entrar facilmente em colisão entre si, porque sua amplitude não está de antemão fixada. Em caso de conflito, um ou outro direito tem de ceder até certo ponto perante o outro ou cada um entre si. A jurisprudência dos tribunais consegue isso mediante uma ponderação dos direitos ou bens jurídicos que estão em jogo conforme o peso que ela confere ao bem respectivo na respectiva situação. Entretanto, ponderar e sopesar é apenas uma imagem; não se trata de grandezas quantitativamente mensuráveis, mas do resultado de valorações que – nisso reside sua maior dificuldade – não só devem ser orientadas a uma pauta geral como também à situação concreta em cada caso. Valer-se de uma ponderação de bens no caso concreto é, na verdade, consequência de que não existe uma ordem hierárquica de todos os bens e valores jurídicos em que se possa ler o resultado como se fosse uma tabela.[62]

Na esteira da lição de Larenz, segundo o qual ponderar é resultado de valorações, não se pode deixar de constatar, ultrapassando-se a visão voltada puramente à integração dos conceitos jurídicos indeterminados

---

vigente" (SUNDFELD, Carlos Ari. Introdução às agências reguladoras. *In:* SUNDFELD, Carlos Ari (Coord.). *Direito administrativo econômico*. São Paulo: Malheiros, 2000. p. 34).

60 A ponderação aqui mencionada corresponde à técnica jurídica de solução de conflitos normativos (regras e princípios) que envolvem valores ou opções políticas em tensão, insuperáveis pelas formas hermenêuticas tradicionais. Cf. BARCELLOS, Ana Paula de. *Ponderação, racionalidade e atividade jurisdicional*. Rio de Janeiro: Renovar, 2005. p. 23. Sobre esse aspecto de superlativa importância, colhe-se a manifestação doutrinária de Patrícia Baptista: "Tradicionalmente, como já se viu, a disciplina jurídica da Administração Pública construiu-se sobre o pilar da legalidade: a lei expressava o interesse público que à Administração cabia apenas executar. A falência da lei como limite da atividade administrativa e a pressão exercida pela multiplicidade de interesses sociais vêm, no entanto, levando a Administração Pública para longe do papel de autômata executora de um interesse público legalmente corporificado. Nesse novo contexto, a participação administrativa se qualifica como o canal necessário para tornar viável a expressão dos interesses sociais na formação da vontade administrativa, conferindo-lhe legitimação. É aí, então, que se abre o espaço para o método de ponderação de interesses" (BAPTISTA, Patrícia. *Transformações do direito administrativo*. Rio de Janeiro: Renovar, 2003. p. 177-178).

61 LARENZ, Karl. *Metodologia da ciência do direito*. Tradução de José Lamego. Lisboa: Fundação Calouste Gulbenkian, 1997. Título original: *Methodenlehre der Rechtswissenschaft*. p. 575-576.

62 Em sentido próximo, ver ALEXY, Robert. *Teoria de los derechos fundamentales*. 1. ed. 3. reimpr. Tradução de Ernesto Garzón Valdés. Madrid: Centro de Estudios Políticos y Constitucionales, 2002. p. 159.

e ao ato discricionário puro,[63] que, em algumas decisões de natureza regulatória, não se pode pensar em simplesmente executar o que está indicado em lei, seja ela propiciadora de uma suposta delegação legislativa inominada, ou mesmo no restrito espaço destinado à função regulamentar.[64]

Para que a administração possa cumprir sua função é preciso reduzir as condutas e soluções previamente estabelecidas e cristalizadas na lei, "deixando mais espaço para uma normatização em nível infralegal, que permita um melhor ajustamento às peculiaridades de cada caso e a circunstâncias conjunturais".[65]

A lei, em sentido estrito (princípio da reserva legal absoluta), deve conter as decisões políticas fundamentais, traçando rumos, fixando objetivos *standards* e princípios claros (*intelligible principle*),[66] mas sem engessar a atividade reguladora; deve, sim, conferir-lhe maior agilidade e aptidão na escolha de meios para atingir os fins legalmente estabelecidos.

Nas escolhas regulatórias, na maioria das vezes, o administrador público tem de observar linhas mestras da política econômica e social, fazendo com que esteja subsumida a um novo referencial normativo a ser aplicado de formas diversas, dependendo do momento e da circunstância em que a regra esteja sendo utilizada.[67] Diante da mobilidade (ou mutabilidade) do direito público na economia, as regras deste ramo de direito não podem aspirar à longa duração, pois as frequentes alterações conjunturais tendem a encurtar o ciclo biológico dos diplomas. Desse modo, resta indisputável que ganha maior peso o Poder Executivo na

---

[63] Em que o legislador, de maneira positiva, acaba por remeter a Administração à valoração subjetiva quanto às condições não identificadas na norma.

[64] O tema que envolve a delegação legislativa na função regulatória será tratado em 2.5.1.

[65] DALLARI, Adilson Abreu. Privatização, eficiência e responsabilidade. *In:* MOREIRA NETO, Diogo de Figueiredo (Coord.). *Uma avaliação das tendências contemporâneas do direito administrativo*. Rio de Janeiro: Renovar, 2003. p. 221.

[66] *Intelligible principles* são os princípios presentes na lei, em que o Congresso delega poderes à agência para editar normas, contendo *standards* para que a agência exerça as suas funções de acordo com as premissas constitucionais previstas em alguns casos submetidos à Suprema Corte. Um esclarecido objetivo sobre essa doutrina e a lista dos casos podem ser encontrados em: DELEO, John D. *Administrative law*. New York: Delmar Gengage Learning, 2008. p. 17.

[67] "O direito muitas vezes é visto como um grande empecilho a ser vencido, ou como um conjunto de truques utilizáveis ora para cá, ora para lá. Parece estranho dizer isso, mas a regulação, na prática, ainda não entrou no direito" (SUNDFELD, Carlos Ari. Introdução às agências reguladoras. *In:* SUNDFELD, Carlos Ari (Coord.). *Direito administrativo econômico*. São Paulo: Malheiros, 2000. p. 38).

participação estatal efetiva, para mediar interesses e ponderá-los no caso concreto, materializando-os por meio de atos normativos.[68]

Vale juntar a crítica de Eros Roberto Grau[69] à doutrina tradicional de direito administrativo que, isolando-se da realidade, olimpicamente ignora que um conjunto de elementos de índole técnica aliado a motivações de premência e celeridade na conformação do regime a que se subordina a atividade de intermediação financeira tornam o procedimento legislativo, com seus prazos e debates prolongados, inadequado à ordenação de matérias essencialmente conjunturais.

Nas palavras do autor: "Não é estranho, assim, que essa doutrina – no mundo irreal em que se afaga – não avance um milímetro além da afirmação, por exemplo, de que todas as resoluções do Conselho Monetário Nacional, editadas pelo Banco Central, são inconstitucionais!".

Nesse diapasão, em termos de regulação estatal de atividades econômicas privadas, há de se deslocar o centro de gravidade da produção normativa legiferante – esta que se limitaria a ser o eixo do marco regulatório, trazendo *standards* e princípios inteligíveis –[70] para a escolha do regulador.[71]

---

68 CABRAL DE MONCADA, Luis S. *Direito económico*. 2. ed. Coimbra: Coimbra Ed., 1988. p. 62.

69 GRAU, Eros Roberto. *O direito posto e o direito pressuposto*. São Paulo: Malheiros, 2002. p. 173. Permite-se citar o debate ocorrido no julgamento do Recurso Extraordinário nº 286.963-5, de Minas Gerais, em que foi relator o Ministro Sepúlveda Pertence. Neste aresto, houve, como dito, um prolongado debate sobre a validade da Lei nº 4.595/64 na parte em que outorga poderes ao Conselho Monetário Nacional para dispor sobre as taxas de juros bancários por meio de normas editadas após o período de 180 (cento e oitenta) dias assinalado naquele artigo. Merece destaque o seguinte trecho da manifestação do Ministro Eros Grau: "V.Exa. tem a exata medida dos efeitos da decisão, se tomada, no sentido de se impedir que o Conselho Monetário Nacional continue a expedir resoluções através do Banco Central, no sentido de dar regulação às atividades do mercado financeiro? V. Exa. tem a dimensão das consequências?". O Ministro Marco Aurélio, após outras colocações, afirmou: "A Carta de 1988 objetivou – é o princípio básico – colocar um ponto final nas delegações [...] Não julgo vislumbrando apenas consequências, julgo a partir da Carta da República". O Ministro Eros Grau concluiu: "As políticas governamentais não são as políticas deste ou daquele partido. Insisto que não podemos ignorar a realidade".

70 Nesse sentido, decidiu a Suprema Corte norte-americana no caso Mistretta *v.* United States, 488 U.S. 361 (1989): "Applying this 'intelligible principle' test to congressional delegations, our jurisprudence has been driven by a practical understanding that, in our increasingly complex society, replete with ever-changing and more technical problems, Congress simply cannot do its job absent an ability to delegate power under broad general directives".

71 Por essa mesma linha de raciocínio, Celso Ribeiro Bastos observa que o conjunto de normas que compõe o direito econômico está disperso na Constituição Federal de 1988, que é rica em normas dessa natureza. Essas normas estão dispostas pelas demais normas inferiores (leis, decretos etc.), consideradas suas fontes. As meras normas não são suficientes para desvendar todo o direito econômico, de modo que é preciso buscar seu sentido profundo, o alcance de sua significação (BASTOS, Celso Ribeiro. *Direito econômico brasileiro*. São Paulo: Celso Bastos, 2000. p. 60). Corrobora no mesmo sentido o pensamento de Eros Roberto

É, segundo a doutrina de Sebastião Botto de Barros Tojal,[72] absolutamente imperativo reconhecer que as normas típicas do direito econômico não se conformam aos modelos clássicos de um direito concebido à luz de paradigmas estatutários, informados por princípios como certeza e segurança jurídicas. São inerentes a esse processo de rematerialização da racionalidade legal o particularismo, a legitimidade determinada pela inobservância de critérios fundados em uma ética de convicção, com base na qual os fins acabam por definir os meios necessários para sua consecução, tudo perfeitamente em consonância com os novos desígnios constitucionais.

Esse aspecto não se insere no espaço destinado à escolha discricionária, fulcrada em oportunidade e conveniência para se alcançar o fim público.

Mesmo sob o signo da pós-modernidade, deve haver, em determinadas situações, escolhas administrativas decorrentes dos espaços emanados pelo corpo legiferante; contudo, não podem as escolhas depender de leis que pontuem, a cada instante, até onde o agente estatal, no exercício da função regulatória de temas altamente complexos, imprevisíveis e em permanente mutação, deve ir para alcançar o equilíbrio de um sistema complexo.

No contexto atual, não basta só atuar de acordo com a lei, devendo ser considerado o princípio da eficiência[73] para, diante do caso concreto, se buscar a melhor forma de satisfação do interesse público.[74]

Destacando a complexidade, o pluralismo e a especialização da sociedade atual, somados estes aspectos aos princípios equanimizadores

---

Grau, para quem a instabilidade de determinadas situações e estados econômicos, sujeitos a permanentes flutuações, impõe que sejam extremamente flexíveis e dinâmicos os instrumentos normativos de que deve lançar o Estado para dar correção a desvios ocorridos no desenrolar do processo econômico e no curso das políticas públicas que esteja a implementar (GRAU, Eros Roberto. *O direito posto e o direito pressuposto*. São Paulo: Malheiros, 2002. p. 232).

72 TOJAL, Sebastião Botto de Barros. Controle judicial da atividade normativa das agências reguladoras. *In:* MORAES, Alexandre de (Org.). *Agências reguladoras*. São Paulo: Atlas, 2002. p. 148.

73 Deve-se levar em conta os custos e benefícios visando alcançar um resultado voltado à economicidade e à eficácia da medida. Nesse sentido, dispõe a Constituição Federal de 1988: "Art. 74. Os Poderes Legislativo, Executivo e Judiciário manterão, de forma integrada, sistema de controle interno com a finalidade de: [...] II - comprovar a legalidade e avaliar os resultados, quanto à eficácia e eficiência, da gestão orçamentária, financeira e patrimonial nos órgãos e entidades da administração federal, bem como da aplicação de recursos públicos por entidades de direito privado".

74 DALLARI, Adilson Abreu. Privatização, eficiência e responsabilidade. *In:* MOREIRA NETO, Diogo de Figueiredo (Coord.). *Uma avaliação das tendências contemporâneas do direito administrativo*. Rio de Janeiro: Renovar, 2003. p. 220.

do Estado Democrático de Direito, Alexandre Santos de Aragão[75] conclui que essas razões levam à multiplicação do número de medidas regulatório-estatais legítimas (diga-se, não apenas simples regulamentos ou escolhas discricionárias),[76] para a consecução concreta de seus objetivos.

Denota o autor que a igualdade material só é alcançável por meio da diferenciação entre os desiguais, diferenciação esta que deve ser efetivada pela consideração dos dados concretos que envolvem as pessoas e suas realidades.

Diante dessas considerações, apresenta-se diante da doutrina publicista o desafio de enfrentar o passado e o presente, colaborando com a estruturação de um novo direito administrativo que procure trazer respostas às demandas por uma nova categoria de atuação estatal, como ora se pretende no campo das escolhas regulatórias.[77]

2.2 Crítica à configuração da escolha determinativa de conceito jurídico e de seu correspondente instituto de integração da norma na busca da única solução regulatória possível

Nos campos submetidos à escolha regulatória estatal em que a lei atua, sobretudo, como medida de sustentação a este ou aquele aspecto que atinge parcela da sociedade, experimenta-se uma "negociação" parlamentar, em que, para se lograr um acordo político entre partidos, parte-se para uma redação da lei geralmente contraditória, ambígua e obscura.[78]

---

[75] ARAGÃO, Alexandre Santos de. Regulação da economia: conceito e características contemporâneas. *In:* ARAGÃO, Alexandre Santos de (Coord.). Direito da regulação. *Revista de Direito da Associação dos Procuradores do Novo Estado do Rio de Janeiro*, Rio de Janeiro, v. 11, 2002. p. 38.

[76] Incluímos.

[77] "Hoy, el derecho administrativo condiciona y determina la función pública. Los agentes del Estado ya no son libres para actuar en la forma en que lo estimen conveniente sino que, por el contrario, sólo pueden, legítimamente, satisfacer el rol que tienen asignado" (MADARIAGA GUTIÉRREZ, Mónica. *Seguridad jurídica y administración pública en el siglo XXI*. 2. ed. Santiago: Jurídica de Chile, 1993. p. 12).

[78] Conforme palestra do Ministro Nelson Jobim, ex-presidente do Supremo Tribunal Federal e do Conselho Nacional de Justiça, no 1º Seminário Estabilidade Econômica e Poder Judiciário, promovido pela Fundação Getulio Vargas, no Rio de Janeiro, no dia 31.8.2006 (informação verbal). Esse aspecto também é comentado em sede doutrinária por Gustavo Zagrebelsky (*El derecho dúctil, ley, derechos, justicia*. Tradução de Marina Gascón. Madrid: Trotta, 1995. p. 38) e Odete Medauar (Segurança jurídica e confiança legítima. *In:* ÁVILA, Humberto (Coord.). *Fundamentos do Estado de direito*: estudos em homenagem ao professor Almiro do Couto e Silva. São Paulo: Malheiros, 2005. p. 118): "Vem se tornando habitual

Desse modo, a lei, por si só, não pode ser o instrumento para a garantia de estabilidade nas relações entre os cidadãos.

Especialmente pela crescente utilização de conceitos jurídicos indeterminados no processo legiferante, para se alcançar a dita "negociação entre partidos políticos", as regras para sua adoção não aparecem bem delineadas, não obstante indiquem sua aplicação em determinados casos concretos.

Nessas circunstâncias, a norma não determina o exato e preciso sentido desses conceitos, haja vista que estes não admitem uma rigorosa e abstrata quantificação ou limitação, somente devendo ser identificados, caso a caso, diante do fato real.

Os conceitos jurídicos indeterminados, previstos na lei, surgem, em especial, diante das numerosas forças heterogêneas que reclamam proteção legalitária e expressam essas "necessidades públicas pluralistas", a exemplo das expressões "risco iminente à saúde", "serviço adequado", "modicidade tarifária", "eficiência" etc.

Identifica-se, nesta crítica, o debate polarizado entre duas correntes doutrinárias que interessam à presente obra: uma afirma que o conceito jurídico indeterminado é integrado por um simples processo de interpretação, e outra sustenta que a concretização dos termos fluidos se identifica com o instituto da discricionariedade administrativa.[79]

Por trás dessa polêmica se controverte acerca dos limites da escolha administrativa, que, reflexamente, decorre do embate sobre os espaços que cabem ao regulador na mediação dos conflitos distributivos, em que é necessário identificar as categorias econômicas e sociais para apuração dos custos e benefícios[80] presentes em cada solução encontrada nas diversas circunstâncias.

---

o uso de termos vagos nos textos normativos. Uma das explicações oferecidas advém da necessidade de conciliar interesses, para que a lei seja votada, o que leva utilizar palavras que possibilitem flexibilidade justamente para não haver mudanças frequentes".

79 O confronto entre a chamada teoria da multivalência e a teoria da univocidade foi examinado em 1.3.1.

80 A adoção de políticas baseadas em custos e benefícios deve observar alguns direitos fundamentais que precisam ser assegurados incondicionalmente. Essa é a advertência feita por BAYÓN, Juan Carlos. Derechos, democracia y constitución. *In:* CARBONELL, Miguel (Org.). *Neoconstitucionalismo(s)*. 2. ed. Madrid: Trotta, 2005. p. 211. Em sentido próximo, Cass Sunstein anota: "I also suggest that in deciding what should be done, regulators must focus on who is helped and who is hurt – a question on which cost-benefit balancing says nothing. But these points should not be taken to mean that such balancing is to be rejected. They mean only that an assessment of costs and benefits tells us far less than we need to know" (SUNSTEIN, Cass R. *Laws of fear*: beyond the precautionary principle. Cambridge: Cambridge University Press, 2005. p. 7). Em tradução livre: "Eu sugiro também que em se decidindo o que deve ser feito, os reguladores devem focar em quem é beneficiado e quem é

Considerando que a clarificação dos conceitos jurídicos indeterminados se dá na aplicação em casos concretos, a doutrina alemã criou uma teoria de que só existiria uma única solução justa em cada caso,[81] determinável em um processo cognitivo. Essa linha de pensamento adveio após a primeira década seguinte ao segundo pós-guerra, período em que a jurisprudência contenciosa-administrativa da Alemanha foi se consolidando no sentido de que o Estado de Direito, proclamado com a promulgação da Lei Fundamental de Bonn, de 1949, excluía a discricionariedade da Administração Pública na aplicação dos conceitos jurídicos indeterminados.[82]

---

prejudicado – uma pergunta em que o sopesamento de custos e benefícios não diz nada. Mas estes pontos não devem ser levados em consideração para significar que essa ponderação deve ser rejeitada. Significam somente que uma avaliação de custos e benefícios nos diz menos do que precisamos saber". Ver, também, artigo MARTINEZ, Ana Paulo. Análise de custo-benefício na adoção de políticas públicas e desafios impostos ao seu formulador. *Revista de Direito Administrativo*. v. 251, p. 29-60, maio/ago. 2009.

81 Cesar Ciriano Vela destaca essa questão: "Lo que sucede, en la realidad, es que las normas recurren a la utilización de conceptos en mayor o menor medida vagos e indeterminados, en donde es preciso realizar una labor interpretativa por el órgano competente. Se trata de los llamados conceptos jurídicos indeterminados. E estos casos, hasta bien entrado este siglo se consideraba que eran conceptos discrecionales. Sin embargo, la doctrina alemana acuño varias décadas después la teoría de los conceptos normativos indeterminados (*Umbestimmterechtsbegriffe*) que, a diferencia de lo que se consideraba hasta entonces, en su interpretación iban a dar lugar a una única solución justa" (CIRIANO VELA, César David. *Administración económica y discrecionalidad*. Valladolid: Lex Nova, 2000. p. 127). Sobre a tese de Ronald Dworkin acerca da única solução justa (o juiz Hércules detentor de capacidade, sabedoria e paciência sobre-humanas, que aceita o direito como integridade e é capaz de emitir os melhores juízos sobre cada caso), ver, entre outras obras em que o tema é tratado, em seus livros: *O império do direito* (Tradução de Jefferson Luiz Camargo. São Paulo: Martins Fontes, 1999. p. 311) e *Levando os direitos a sério* (Tradução de Nelson Boeira. São Paulo: Martins Fontes, 2002. p. 132).

82 Considerando que algumas decisões judiciais seguiam reconhecendo o poder discricionário da Administração Pública na aplicação de alguns conceitos jurídicos indeterminados de difícil controle judicial, a partir dos conceitos doutrinários trazidos por Otto Bachof e Carl Hermann Ule, foram surgindo teses em sentido contrário àquela que defendia a existência de apenas uma solução justa. Por essa linha de pensamento, os tribunais deveriam reconhecer, na interpretação de alguns conceitos jurídicos indeterminados, certa *margem de apreciação* (*Beurteilungsspilraum*, na terminologia de Bachof), considerando-o algo estruturalmente distinto da discricionariedade. Na esteira desse raciocínio, a "margem de apreciação" se refere ao suposto do fato da norma (*Tatbestand*), a sua interpretação e a subsunção aos fatos a que se refira. Por outro lado, a discricionariedade se manifesta na consequência jurídica da norma (*Rechtsfolge*), pois consistiria na faculdade da Administração de decidir se aplicaria ou não a consequência jurídica, uma vez verificado o cumprimento do suposto do fato, ou na possibilidade de eleger, nesse caso, entre as diversas consequências jurídicas previstas pela norma (MAGIDE HERRERO, Mariano. *Límites constitucionales de las administraciones independientes*. Madrid: INAP, 2000. p. 261-262).

Esse fato é perfeitamente compreensível no contexto daquela época, em que a atuação nazista havia demonstrado o "risco do poder" nas mãos do Executivo.[83]

Caracterizada a escolha discricionária por oferecer à Administração Pública mais de uma possibilidade juridicamente plausível, os Tribunais consideravam que a aplicação de um conceito jurídico indeterminado somente comportava uma única solução justa, adequada ao ordenamento legal.

Desse modo, o controle judicial do ato de integração desses conceitos fluidos poderia ser total, ou seja, os Tribunais aprofundavam a sindicância e até mesmo substituíam decisões emanadas do Executivo, demonstrando que a escolha administrativa decorrente da integração de conceitos jurídicos indeterminados não passava de atos relativamente vinculados. Foi nesse cenário que se consolidou a teoria dominante da completa separação entre o exercício da escolha discricionária e a escolha determinativa de conceitos jurídicos.[84]

Vale ressaltar que essa corrente – pela qual não há uma vinculação entre a discricionariedade administrativa e os conceitos jurídicos indeterminados – foi introduzida na doutrina espanhola no ano de 1962 por Eduardo García de Enterría, vindo depois a ser assumida pela maioria da doutrina e jurisprudência ibérica.[85]

Por essa linha de pensamento, a lei utiliza conceitos de experiência – incapacidade para o exercício de suas funções, premeditação, força irresistível – ou de valor – boa-fé, *standard* de conduta do bom pai de família, justo preço –, porque as realidades referidas não admitem outro tipo de determinação mais precisa.[86] Contudo, ao estar referindo-se a

---

83 Surgiram, após esse período, métodos de trabalho do direito constitucional, abordados nesta obra em 3.3.2.

84 Andreas Krell adverte que houve uma mudança na doutrina administrativista da Alemanha, que começou a criticar a propriedade teórico-normativa e efetivo-funcional desse controle judicial abrangente. Nas últimas décadas, cresceu consideravelmente o número de autores germânicos que não aceitam mais a distinção rígida entre conceitos indeterminados e discricionariedade (KRELL, Andreas J. Discricionariedade administrativa, conceitos jurídicos indeterminados e controle judicial. *Revista da ESMAFE – Escola de Magistratura Federal da 5ª Região*, Recife, v. 8, p. 177-224, 2004. p. 191).

85 Cf. nosso *Controle judicial dos atos regulatórios*. Rio de Janeiro: Lumen Juris, 2005. p. 174.

86 GARCÍA DE ENTERRÍA, Eduardo; FERNÁNDEZ, Tomás-Ramón. *Curso de derecho administrativo*. 10. ed. Madrid: Civitas, 2001. p. 457. t. I. É importante ressaltar que uma leitura mais apressada da doutrina sustentada pelos autores, de que a "unidad de solución justa [...] no significa que haya una sola y única conducta capaz de merecer, entre todas las posibles, la calificación a la que el concepto apunta", pode levar o leitor a um equivocado entendimento de que eles não defendem a corrente antes exposta. Nos referimos precisamente ao trecho em que denotam: "Conviene notar a este respecto, para evitar un malentendido bastante frecuente sobre el que suelen construirse las críticas ulteriores, que esa 'unidad de

fatos concretos e não a vagas, imprecisas ou contraditórias situações, a aplicação de tais conceitos ou a qualificação de circunstâncias concretas não admite mais que uma solução: ou se dá ou não se dá o conceito.[87]

Em se considerando somente uma solução justa para determinado conceito jurídico indeterminado, não haveria, portanto, de se cogitar a existência de discricionariedade, pois se o primeiro só admitiria uma única solução justa, o segundo, fundamentando-se normalmente em critérios metajurídicos de conveniência e oportunidade, permitiria diversas soluções justas. Em outros termos, permitiria optar entre diversas alternativas que seriam igualmente justas à luz do direito.[88]

Nesse sentido, García de Enterría e Tomás-Ramón Fernández sustentam que a diferença entre a escolha discricionária e a escolha determinativa de conceitos jurídicos é aguda. Em sendo a aplicação dos conceitos jurídicos indeterminados, em um caso de aplicação e interpretação da lei que utilizou tal conceito, o juiz pode controlar tal aplicação, valorando-se a solução a que com ela se chegou, esta sendo a única solução justa que a lei permite.[89]

Asseveram esses doutrinadores que, ao contrário, o juiz não pode fiscalizar a entranha da decisão discricionária, haja vista que, seja esta no

---

solución justa' a la que nos referimos no significa que haya una sola y única conducta capaz de merecer, entre todas las posibles, la calificación a la que el concepto apunta. Lo que quiere decir exactamente es que en un caso dado la concreta conducta objeto de enjuiciamiento o es de buena fe o no lo es, lo que remite a una 'apreciación por juicios disyuntivos', en la expresiva fórmula alemana, ya que no puede ser las dos cosas al mismo tiempo, como es evidente" (p. 458).

87 GARCÍA DE ENTERRÍA, Eduardo; FERNÁNDEZ, Tomás-Ramón. *Curso de derecho administrativo*. 10. ed. Madrid: Civitas, 2001. p. 458. t. I. Alejandro Nieto García, em obra doutrinária de 1964, sustentou nesse mesmo sentido. Quando se exercita uma função discricionária *stricto sensu*, a operação que deve realizar a Administração é de natureza volitiva, e quando esta se aplica aos conceitos jurídicos indeterminados, a operação que realiza é de natureza intelectiva (NIETO GARCIA, Alejandro. Reducción jurisdiccional de la discrecionalidad en materia disciplinaria. *Revista de Administración Pública*, n. 44, 1964. p. 147). É certo que a consolidação dessa teoria se deu naquela nação da Europa continental por obra de Fernando Sáinz Moreno, no ano de 1976, com uma tese em que aprofundava o tema a partir de uma construção dogmática, contendo vários exemplos (SÁINZ MORENO, Francisco. *Conceptos jurídicos, interpretación y discrecionalidad administrativa*. Madrid: Civitas, 1976).

88 GARCÍA DE ENTERRÍA, Eduardo; FERNÁNDEZ, Tomás-Ramón. *Curso de derecho administrativo*. 10. ed. Madrid: Civitas, 2001. p. 458. t. I.

89 GARCÍA DE ENTERRÍA, Eduardo; FERNÁNDEZ, Tomás-Ramón. *Curso de derecho administrativo*. 10. ed. Madrid: Civitas, 2001. p. 459. t. I. O tema também foi abordado por García de Enterría em sua obra *Democracia, jueces y controle de la administración*. 5. ed. reimpr. Madrid: Civitas, 2005. p. 148-149; 155; 253. Mesmo reafirmando sua posição acerca da diferença entre discricionariedade e conceito jurídico indeterminado, Enterría afirma que a natureza do conceito jurídico indeterminado é "no muy distinta de la que corresponde al ejercicio de una genuina potestad discrecional" (p. 253).

sentido que seja, se foi produzida dentro dos limites da remissão legal da apreciação administrativa, é necessariamente justa. A escolha discricionária seria uma liberdade de eleição entre alternativas igualmente justas, porque a decisão fundamenta-se em critérios extrajurídicos que não estão incluídos na lei, e sim no juízo subjetivo da Administração Pública. Por outro lado, a escolha determinativa de conceito jurídico estaria atrelada a um caso de aplicação da lei, posto que se trata de subsumir, em uma categoria legal, determinadas circunstâncias reais.[90]

Delineados os principais aspectos da teoria germânica da existência de apenas uma solução justa em cada caso concreto, cumpre trazer o pensamento contrário ao raciocínio antes identificado.

Sobre a técnica germânica – que defende a existência de apenas uma solução justa na integração de um conceito jurídico indeterminado – observa-se que não está claro que sempre exista uma diferença entre conceitos jurídicos indeterminados e discricionariedade administrativa.[91] Nem sempre é factível assegurar, com total exatidão, qual seria a única solução justa, fato este que está exigindo que os juízes resolvam essa dúvida sob seus próprios valores.

Tanto a aplicação de conceitos jurídicos indeterminados em sua zona de incerteza como o exercício da discricionariedade consistem em uma mesma tarefa de integração da norma na aplicação em um fato concreto. Ambas se concebem como manifestações de um mesmo fenômeno de natureza materialmente normativa. Desse modo, fica difícil admitir que se possa estabelecer alguma distinção entre discricionariedade e conceitos jurídicos indeterminados em vista do grau

---

90 Nas palavras de García de Enterría e Fernández: "La discrecionalidad es esencialmente una libertad de elección entre alternativas igualmente justas, o, si se prefiere, entre indiferentes jurídicos, porque la decisión se fundamenta normalmente en criterios extrajurídicos (de oportunidad, económicos, etc.), no incluidos en la Ley y remitidos al juicio subjetivo de la Administración. Por el contrario, la aplicación de conceptos jurídicos indeterminados es un caso de aplicación de la Ley, puesto que se trata de subsumir en una categoría legal (configurada, no obstante su imprecisión de límites, con la intención de acotar un supuesto concreto) unas circunstancias reales determinadas; justamente por ello es un proceso reglado, que se agota en el proceso intelectivo de comprensión de una realidad en el sentido de que el concepto legal indeterminado ha pretendido, proceso en el que no interfiere ninguna decisión de voluntad del aplicador, como es lo propio de quien ejercita una potestad discrecional" (GARCÍA DE ENTERRÍA, Eduardo; FERNÁNDEZ, Tomás-Ramón. *Curso de derecho administrativo*. 10. ed. Madrid: Civitas, 2001. p. 458-459. t. I).

91 SÁNCHEZ MORÓN, Miguel. *Discrecionalidad administrativa y control judicial*. Madrid: Tecnos, 1994. p. 116.

de vinculação normativa e, em consequência, a intensidade de sua sindicância judicial.[92]

Prevalecendo a tese de que existe apenas uma solução justa na interpretação das escolhas determinativas de conceitos jurídicos, ter-se-ia de apoiar essa ideia em um conceito transcendental de justiça – e de verdade – e em uma fé absoluta da possibilidade de discernimento humano, idealismo esse de difícil aceitação.[93]

É inevitável uma margem de apreciação que há de se conceder à Administração na aplicação de certos conceitos normativos indeterminados, de modo que parece ser incompatível seguir afirmando que em sua aplicação existe uma unidade de solução justa. Quando se admite uma margem de apreciação em favor da Administração na aplicação de um conceito normativo indeterminado, se está admitindo que podem existir distintas interpretações lícitas e, em consequência, que não cabe falar em uma única solução justa.[94]

Para a determinação de escolhas baseadas em alguns conceitos jurídicos, o direito oferece pautas, critérios ou regras interpretativas. Entretanto, para outros conceitos indeterminados, a densidade normativa é muito escassa. Nestes casos, têm-se, ao mesmo tempo, margem de apreciação e escassa ou nula densidade normativa. O direito não oferece parâmetros suficientes ou positivos, razão pela qual resulta complicado, quando não impossível, encontrar essa única solução legal que anularia a discricionariedade.[95]

Como alhures, a doutrina pátria também controverte acerca da correlação entre as escolhas determinativas de conceitos jurídicos e a escolha discricionária.[96] Eros Roberto Grau comparte do pensamento de García de Enterría, chegando a sustentar que não existem conceitos jurídicos indeterminados ao argumento de que todo conceito é uma suma de ideias que, para ser conceito, tem de ser, no mínimo, determinada.

---

92 BACIGALUPO, Mariano. *La discrecionalidad administrativa*: estructura normativa, control judicial y límites constitucionales de su atribución. Madrid: Marcial Pons, 1997. p. 203.

93 SÁNCHEZ MORÓN, Miguel. *Discrecionalidad administrativa y control judicial*. Madrid: Tecnos, 1994. p. 118.

94 MAGIDE HERRERO, Mariano. *Límites constitucionales de las administraciones independientes*. Madrid: INAP, 2000. p. 268. Ou seja, a defesa que García de Enterría faz em termos disjuntivos da ideia da "unidade de solução justa" não serviria para rechaçar estas críticas (p. 268-269).

95 BELTRÁN DE FELIPE, Miguel. *Discrecionalidad administrativa y constituición*. Madrid: Tecnos, 1995. p. 110.

96 Nesse sentido, Tercio Sampaio Ferraz Júnior adverte que a doutrina não é pacífica a esse respeito, e a distinção entre conceito indeterminado e discricionário é disputada (FERRAZ JÚNIOR, Tercio Sampaio. Discricionariedade nas decisões do CADE sobre atos de concentração. *Revista do IBRAC*, São Paulo, v. 4, n. 6, p. 87-89, 1997. p. 88).

Para ele, é, na verdade, "*noção*, vale dizer, ideia temporal e histórica, homogênea ao desenvolvimento das coisas; logo, passível de interpretação".[97] E, peremptoriamente, conclui: "se o conceito não for, em si, uma suma determinada de ideias, não chega a ser conceito".[98]

Nessa quadra, e com arrimo em Ascarelli, distinguem-se os conceitos jurídicos *meramente formais* – *regulae juris* – e os *tipológicos* – *fattispecie* –, que cumprem diferentes funções na linguagem jurídica. Sobre este último – os tipológicos – perfilha entendimento de que se inserem os conceitos jurídicos apontados como indeterminados, pois, universalmente, são expressões da história e indicam os ideais dos indivíduos e grupos, povos e países. Ligam-se a esquemas e elaborações de caráter lógico – independentemente dos quais é eventualmente impossível a disciplina, e que poderão ser diferentes, mesmo obedecendo, cada um, a uma coerência própria – bem como a preocupações e hábitos econômicos e fé religiosa, à história do Estado e à estrutura econômica, a orientações filosóficas e concepções do mundo.[99]

Após suas digressões sobre o tema, conclui que só existirão escolhas discricionárias quando a norma jurídica atribuir ao administrador público juízos de oportunidade. Fora dessa hipótese o agente público estará jungido, unicamente, à lei. Em suma, sustenta que a escolha determinativa de conceitos jurídicos se submete, exclusivamente, a um processo interpretativo/aplicativo de textos normativos.[100]

Nesse sentido, a vagueza e a ambiguidade de certos termos dão lugar a uma distinção entre conceitos indeterminados e conceitos discricionários, pois nem sempre o vago e ambíguo gera discricionariedade. "Quando o conceito é determinado, apesar de vago e ambíguo, o ato com base nele é vinculado".[101] Daí, dispositivos tradicionalmente tidos como "poderes discricionários" são, na verdade, simples enunciados de conceitos jurídicos indeterminados. Conceitos como "calamidade pública", "ordem pública", "utilidade pública", não permitem em sua

---

97 GRAU, Eros Roberto. *O direito posto e o direito pressuposto*. São Paulo: Malheiros, 2002. p. 202.

98 GRAU, Eros Roberto. *O direito posto e o direito pressuposto*. São Paulo: Malheiros, 2002. p. 196.

99 GRAU, Eros Roberto. *O direito posto e o direito pressuposto*. São Paulo: Malheiros, 2002. p. 199.

100 GRAU, Eros Roberto. *O direito posto e o direito pressuposto*. São Paulo: Malheiros, 2002. p. 203-204. O autor defende seu ponto de vista trazendo de modo literal para o vernáculo as conclusões de García de Enterría e Tomás-Ramón Fernández.

101 FERRAZ JÚNIOR, Tercio Sampaio. Discricionariedade nas decisões do CADE sobre atos de concentração. *Revista do IBRAC*, São Paulo, v. 4, n. 6, p. 87-89, 1997. p. 88.

aplicação uma pluralidade de soluções justas, mas, apenas, uma só solução em cada caso concreto.[102]

Em sentido diametralmente oposto, ao conceituar discricionariedade administrativa, Celso Antônio Bandeira de Mello sustenta que a margem de liberdade que remanesce ao administrador para eleger um entre pelo menos dois comportamentos cabíveis diante de um caso concreto surge quando há fluidez das expressões da lei ou da liberdade conferida no mandamento.[103] Isso ocorre porque, muitas vezes, e exatamente porque o conceito é fluido, é impossível contestar a possibilidade de conviverem inteleções diferentes em que, por isso, uma delas tenha de ser avaliada como incorreta, desde que quaisquer delas sejam igualmente razoáveis. Por isso não se aceita a tese de que o tema dos conceitos legais fluidos seja estranho ao tema da discricionariedade. Os efeitos de direito são idênticos quando o administrador, ao aplicar a regra ao caso concreto, apreende o significado de um conceito impreciso dentro da significação contextual que comportavam, ou decide segundo critérios de conveniência e oportunidade – este traduzindo opção por um, entre dois ou mais comportamentos que se conformam à finalidade da norma a ser aplicada.

Nesse preciso sentido, nenhuma diferença existe entre estas análises, e em ambas a extensão da investigação judicial é a mesma. Dessa forma, tanto em uma como em outra, se for o caso, a escolha administrativa não será passível de censura porque a Administração atuou dentro de esfera legítima, isto é, dentro do campo de liberdade (intelectiva ou volitiva) que a lei lhe proporcionava, seja porque não se excedeu ao decidir que tal ou qual comportamento era o mais conveniente e oportuno, seja por ter se mantido dentro dos limites da razoabilidade.[104]

---

102 Nessa corrente doutrinária se insere o posicionamento de Diogo de Figueiredo Moreira Neto (*Mutações do direito público*. Rio de Janeiro: Renovar, 2006. p. 300).

103 BANDEIRA DE MELLO, Celso Antônio. *Discricionariedade e controle jurisdicional*. 2. ed. 5. tir. São Paulo: Malheiros, 2001. p. 23. Francisco Campos sustentava em sentido próximo que a indeterminação do conceito legal constituiu o fundamento lógico e jurídico do juízo discricionário (CAMPOS, Francisco. *Direito administrativo*. Rio de Janeiro: Freitas Bastos, 1958. p. 22. v. 1).

104 BANDEIRA DE MELLO, Celso Antônio. *Discricionariedade e controle jurisdicional*. 2. ed. 5. tir. São Paulo: Malheiros, 2001. p. 27. Germana de Oliveira Moraes, nessa linha de pensamento, aduz que a abertura da norma tanto pode residir na previsão incompleta dos pressupostos necessários à edição do ato administrativo, quanto na indeterminação parcial dos efeitos a serem produzidos com sua edição. A primeira hipótese se evidencia em face da utilização pela lei de conceitos indeterminados atributivos de discricionariedade, como exemplo, "conveniência para o serviço" (MORAES, Germana de Oliveira. *Controle jurisdicional da Administração Pública*. São Paulo: Dialética, 2002. p. 39).

Filia-se à doutrina que admite mais de uma solução justa na integração de conceitos jurídicos indeterminados, incluindo-se, portanto, esse instituto, nos espaços para escolhas administrativas discricionárias.[105]

A solução justa, notadamente em termos de intervenção reguladora econômica e social, com a necessária ponderação de interesses[106] e observância de custos e benefícios, somente poderá existir em um plano da filosofia pura, não se sustentando diante de todos os casos concretos em que o administrador público precisa trabalhar com categorias econômicas e sociais na decisão a ser tomada diante de conflitos distributivos.[107]

Os conceitos jurídicos indeterminados contêm termos ou expressões de textura aberta, dotados de plasticidade, que fornecem um início de significação a ser complementado pelo intérprete, levando em conta as circunstâncias do caso concreto. A norma em abstrato não contém integralmente os elementos de sua aplicação.[108]

Ao lidar com locuções como ordem pública, interesse social e boa-fé, entre outras, o intérprete precisa fazer a valoração de fatores objetivos e subjetivos presentes na realidade fática, definindo o sentido e o alcance da norma. Como a solução não se encontra, integralmente, no enunciado normativo, sua função não poderá limitar-se à revelação do

---

105 No mesmo sentido, veja-se o artigo de ZEGARRA VALDIVIA, Diego. Control judicial de la discrecionalidad administrativa: viejo problema y nuevo excursus (sus alcances en la doctrina española). *Revista de Derecho Administrativo*, año 1, n. 1, p. 33-62, mar. 2006.

106 Ainda que essa ponderação, como justificativa *ex post* possa aumentar a indeterminação *ex ante* do direito. As razões para esse aumento da indeterminação são apresentadas por Paolo Comanducci em seu artigo Formas de (neo)constitucionalismo: un análisis metateórico. *In:* CARBONELL, Miguel (Org.). *Neoconstitucionalismo(s)*. 2. ed. Madrid: Trotta, 2005. p. 92-93.

107 Nas palavras de Andreas Krell, com arrimo em Fritz Ossenbühl: "Há cada vez mais decisões e medidas administrativas que somente podem ser tomadas na base de uma ponderação das condições e circunstâncias concretas e que não são abertas para uma previsão legal mais densa. Nesses casos, a norma legal recua em favor de uma decisão justa na situação individual" (KRELL, Andreas J. Discricionariedade administrativa, conceitos jurídicos indeterminados e controle judicial. *Revista da ESMAFE – Escola de Magistratura Federal da 5ª Região*, Recife, v. 8, p. 177-224, 2004. p. 183).

108 BARROSO, Luís Roberto. Neoconstitucionalismo e constitucionalização do direito: o triunfo tardio do direito constitucional no Brasil. *Revista da EMERJ*, Rio de Janeiro, v. 9, n. 33, p. 43-92, 2006. p. 54. Conforme elucidativa manifestação de Mauro Cappelletti: "É verdadeiro que, na vida dos homens, toda situação de fato é nova e única e, consequentemente, sempre existe a possibilidade de 'distinguir' em relação aos precedentes, ou de 'argumentar a contrário', mais do que 'por analogia' (ou vice-versa) em face do direito legislativo, razão pela qual o resultado final da interpretação jurídica nunca é inequívoca e mecanicamente predeterminado" (CAPPELLETTI, Mauro. *Juízes legisladores?* Tradução de Carlos Alberto Alvaro de Oliveira. Porto Alegre: Sergio Antonio Fabris, 1993. Reimpr. 1999. p. 25).

que lá se contém; ele terá de ir além, integrando o comando normativo com sua própria avaliação.[109]

Pensar que somente existe uma solução justa seria aniquilar qualquer tentativa de se perseguir uma "regulação negociada",[110] isto é, uma atuação estatal mediadora de interesses públicos e privados, extinguindo-se a consensualidade. Mais do que isso, suprimindo-se a possibilidade de se alcançar qualquer termo de ajustamento ou "acordos regulatórios"[111] nos casos em que fosse menos oneroso ao interesse público a aplicação pura e simples da lei interpretada de maneira uníssona.

Segundo Beck, "a decisão autoritária e a ação do Estado dão lugar ao Estado de negociação, que prepara os palcos e as negociações e dirige o espetáculo".[112] Isto é, a vocação do Estado contemporâneo "em negociar é supostamente até mais importante que sua capacidade hierárquica unilateral para agir, que está se tornando cada vez mais problemática".[113]

A adoção da regra na composição de conceitos fluidos[114] sob a alegação de que se trata apenas de uma única interpretação, em determinados casos, pode ser antitética e contraproducente, e, portanto, inconstitucional.[115]

---

[109] BARROSO, Luís Roberto. Neoconstitucionalismo e constitucionalização do direito: o triunfo tardio do direito constitucional no Brasil. *Revista da EMERJ*, Rio de Janeiro, v. 9, n. 33, p. 43-92, 2006. p. 54.

[110] Acerca do modelo de "regulação negociada", veja-se o artigo de REICH, Norbert. A crise regulatória: ela existe e pode ser resolvida? Análise comparativa sobre a situação da regulação social nos Estados Unidos e na Comunidade Econômica Europeia. *In:* MATTOS, Paulo Todescan L. (Coord.). *Regulação econômica e democracia*: o debate europeu. São Paulo: Singular, 2006. p. 44.

[111] ARAGÃO, Alexandre Santos de. A consensualidade no direito administrativo: acordos regulatórios e contratos administrativos. *Revista de Direito do Estado*, Rio de Janeiro, v. 1, p. 155-173, jan./mar. 2006. p. 155-173, e em seu *Direito dos serviços públicos*. Rio de Janeiro: Forense, 2007. p. 361.

[112] BECK, Ulrich. A reinvenção da política: rumo a uma teoria da modernização reflexiva. *In:* BECK, Ulrich; GIDDENS, Anthony; LASH, Scott. *Modernização reflexiva*: política, tradição e estética na ordem social moderna. Tradução de Magda Lopes. São Paulo: Unesp, 1997. p. 54.

[113] BECK, Ulrich. A reinvenção da política: rumo a uma teoria da modernização reflexiva. *In:* BECK, Ulrich; GIDDENS, Anthony; LASH, Scott. *Modernização reflexiva*: política, tradição e estética na ordem social moderna. Tradução de Magda Lopes. São Paulo: Unesp, 1997. p. 54.

[114] Veja-se que Eros Grau, defensor da separação entre conceito jurídico indeterminado e discricionariedade, destaca que o positivismo jurídico encontra dificuldades insuperáveis para explicar os conceitos jurídicos indeterminados (GRAU, Eros Roberto. *O direito posto e o direito pressuposto*. São Paulo: Malheiros, 2002. p. 31).

[115] Até porque, como afirma Riccardo Guastini, não existe um texto normativo que tenha um só significado, determinado antes da interpretação. Cada interpretação de

Especialmente na integração de conceitos jurídicos indeterminados que, para serem concretizados, dependem de outros aspectos a serem sopesados (*v.g.* risco iminente à saúde, modicidade tarifária etc.), a "atuação determinante do particular"[116] no fornecimento de dados e informações essenciais para a tomada de decisão final pelo Poder Público pode conduzir a situação do caso a soluções nem mesmo vislumbradas pelo Estado e mais benéficas à sociedade.[117]

Diante desse posicionamento, ao considerar a decisão integrativa de conceitos indeterminados pelo administrador público como inserida na escolha discricionária, passa-se a examinar a compatibilidade ou não da fórmula que dá sustentabilidade à mesma – discricionariedade administrativa – aos preceitos atuais sob o signo da pós-modernidade.

2.3 Crítica à escolha discricionária no pós-positivismo do século XXI

A crítica que desponta da análise do ambiente jurídico de escolhas administrativas em que se desenvolveu a fórmula da discricionariedade, bem como da interpretação doutrinária[118] acerca de seus pilares - oportunidade e conveniência - que sustentam o mérito do ato administrativo discricionário, traz ao debate sua compatibilização,

---

um mesmo texto normativo produz uma norma diversa (GUASTINI, Riccardo. La "constitucionalización" del ordenamiento jurídico: el caso italiano. *In:* CARBONELL, Miguel (Org.). *Neoconstitucionalismo(s)*. 2. ed. Madrid: Trotta, 2005. p. 56).

116 "Na atuação determinante do particular [...] a Administração deve ouvir os particulares, podendo com eles negociar as melhores soluções, em termos de atendimento de todos os interesses juridicamente protegidos envolvidos na relação, mas estará vinculada à decisão que vier a prevalecer, em obediência ao processo adotado" (MOREIRA NETO, Diogo de Figueiredo. *Mutações do direito público*. Rio de Janeiro: Renovar, 2006. p. 72).

117 "Quer se trate de uma decisão unilateral, quer de uma decisão contratual, a participação dos particulares no procedimento administrativo é a garantia de uma maior ponderação de todos os interesses envolvidos e de uma decisão administrativa mais correcta e eficaz, porque mais facilmente aceito pelos destinatários" (SILVA, Vasco Manuel Pascoal Dias Pereira da. *Em busca do acto administrativo perdido*. Coimbra: Almedina, 2003. p. 107).

118 Quanto à *interpretação doutrinária*, segundo Bonavides, com arrimo em Alessandro Groppali, se compreende como aquela que deriva da doutrina, dos doutores, dos mestres e teoristas do direito, dos que, mediante obras, pareceres, estudos e ensaios jurídicos intentam precisar, a uma nova luz, o conteúdo e os fins da norma, ou abrir-lhe caminhos de aplicação a situações inéditas ou de todo imprevistas. A autoridade dessa interpretação depende, naturalmente, do grau de reputação intelectual e da força lógica dos argumentos expendidos pelos seus autores, podendo, aliás, desempenhar, indiretamente, um relevantíssimo papel na complementação das formas interpretativas (BONAVIDES, Paulo. *Curso de direito constitucional*. 12. ed. São Paulo: Malheiros, 2002. p. 400).

ou não, ao atual contexto jurídico-constitucional da função executiva estatal pós-positivista[119] em tempos de Estado Regulador.

A doutrina vem sustentando o juízo de oportunidade e conveniência na escolha das soluções regulatórias quando se estiver diante de várias situações possíveis. Nesse sentido, afirma Marçal Justen Filho:

> A técnica delimita o campo decisório, na acepção de que o conhecimento técnico-científico produz a exclusão de algumas alternativas. Mas não produz o surgimento de uma única e exclusiva solução. Na quase totalidade dos casos, a agência reguladora disporá de um elenco de alternativas reciprocamente excludentes entre si. *A seleção de algumas delas far-se-á segundo um juízo de conveniência e oportunidade.*[120]

Essa correlação entre regulação e discricionariedade decorre do fato de que a maleabilidade inerente ao direito administrativo econômico se manifesta "na relativa imprecisão de suas regras e, por consequência, na extensão da liberdade de apreciação que consente à administração".[121] Isto é, na função discricionária.

> Esta imprecisão voluntária explica-se facilmente pela dificuldade que o direito experimenta, como sublinhámos mais atrás, em apreender os fenómenos económicos e dominá-los. Esta dificuldade não impede que a regulamentação económica seja abundante em todas as matérias (este ponto não sofre contestação) mas ela inspira o reconhecimento às autoridades administrativas de muito vastas liberdades de apreciação nas decisões particulares que têm de tomar; *as suas competências são muito mais vezes discricionárias que vinculadas.* A lei deixa-lhes frequentemente a possibilidade de serem exercidas "por fases (*coup par coup*)" a fim de que

---

119 O pós-positivismo aqui mencionado é retratado por Luís Roberto Barroso como um processo ainda inacabado, pelo qual faz-se uma reflexão sobre o direito, sua função social e sua interpretação: "O pós-positivismo é a designação provisória e genérica de um ideário difuso, no qual se incluem a definição das relações entre valores, princípios e regras, aspectos da chamada nova hermenêutica constitucional, e a teoria dos direitos fundamentais, edificada sobre o fundamento da dignidade humana. A valorização dos princípios, sua incorporação, explícita ou implícita, pelos textos constitucionais e o reconhecimento pela ordem jurídica de sua normatividade fazem parte desse ambiente de reaproximação entre Direito e Ética" (BARROSO, Luís Roberto. *Interpretação e aplicação da Constituição*. 6. ed. São Paulo: Saraiva, 2004. p. 350). Do ponto de vista da discussão metodológica atual, ver o capítulo 3 da obra de CAMARGO, Margarida Maria Lacombe. *Hermenêutica e argumentação*: uma contribuição ao Estado de direito. 3. ed. 2. tir. Rio de Janeiro: Renovar, 2005. p. 135-175.

120 JUSTEN FILHO, Marçal. *O direito das agências reguladoras independentes*. São Paulo: Dialética, 2002. p. 528. Grifos nossos.

121 LAUBADÈRE, André de. *Direito público económico*. Tradução de Maria Teresa Costa. Coimbra: Almedina, 1985. p. 112.

as decisões se possam adaptar melhor às realidades; o direito económico, diz normalmente, *é um direito "realista" ou "factual"*.[122]

Ocorre que "aos poucos, o caráter totalmente livre invocado na ideia originária de discricionariedade vai se atenuando",[123] o que requer uma visão diversa do atual quadro que ainda se mantém[124] na interpretação doutrinária[125] e pretoriana[126] brasileira.

---

122 LAUBADÈRE, André de. *Direito público económico*. Tradução de Maria Teresa Costa. Coimbra: Almedina, 1985. p. 112-113. Grifos nossos.

123 MEDAUAR, Odete. *O direito administrativo em evolução*. 2. ed. São Paulo: Revista dos Tribunais, 2003. p. 195.

124 Vale trazer a advertência de Andreas Krell: "Há inúmeros juízes, promotores, procuradores e advogados que evitam uma discussão mais profunda e acabam aderindo à jurisprudência tradicional, *que costuma usar uma classificação ultrapassada referente à discricionariedade administrativa, a qual não consegue fornecer soluções aos problemas*" (KRELL, Andreas J. A recepção das teorias alemãs sobre "conceitos jurídicos indeterminados" e o controle da discricionariedade no Brasil. *Revista Interesse Público*, Porto Alegre, v. 23, p. 21-49, 2004. p. 22. Grifos nossos).

125 "A relação das agências reguladoras com o Direito se dá em face de uma *nova legalidade*: a lei define as metas principais e os contornos da atividade do órgão regulador, cometendo-lhe (nestes limites e sob controle do Judiciário e do próprio Legislativo) ampla margem de atuação. Atuação, esta, *que segue um novo tipo de discricionariedade*, pautado fundamentalmente pelos objetivos definidos na lei para serem implementados no setor regulado" (MARQUES NETO, Floriano Peixoto de Azevedo. A nova regulação estatal e as agências independentes. *In:* SUNDFELD, Carlos Ari (Org.). *Direito administrativo econômico*. São Paulo: Malheiros, 2000. p. 95. Grifos nossos).

126 No Recurso Especial nº 79.937/DF, em que foi relatora a Ministra Nancy Andrighi, julgado pela Segunda Turma em 6.2.2001, até mesmo o tabelamento de preços em valor abaixo da realidade de mercado foi considerado um ato discricionário e, portanto, inalterável pelo Poder Judiciário. Veja-se a ementa: "Direito Econômico. Intervenção do Estado no domínio econômico. Tabelamento. Preço único. Setor sucro-alcooleiro. Congelamento de preços. Planos econômicos. IAA – Instituto do Álcool e do Açúcar. Apuração de custo de produção pela FGV – Fundação Getulio Vargas. Indenização pleiteada por prejuízo ocasionado por política de fixação de preços em desacordo com os critérios do art. 9º da Lei nº 4.870/65. I – O exercício da atividade estatal, na intervenção no domínio econômico, não está jungido, vinculado, ao levantamento de preços efetuado por órgão técnico de sua estrutura administrativa ou terceiro contratado para esse fim específico; *isto porque há discricionariedade* do Estado na adequação das necessidades públicas ao contexto econômico estatal; imprescindível a conjugação de critérios essencialmente técnicos com a valoração de outros elementos de economia pública. II – O tabelamento de preços não se confunde com o congelamento, que é política de conveniência do Estado, enquanto intervém no domínio econômico como órgão normativo e regulador do mercado, não havendo quebra do princípio da proporcionalidade ao tempo em que todo o setor produtivo sofreu as consequências de uma política econômica de forma ampla e genérica. [...] Vale destacar que foi interposto Recurso Extraordinário ao Supremo Tribunal Federal" (RE nº 422.941/DF. Rel. Min. Carlos Velloso, Segunda Turma, j. 6.12.2005. *DJ*, 24 mar. 2006). O voto do relator, não acompanhado apenas pelo Ministro Joaquim Barbosa, gerou a seguinte ementa, corrigindo a situação em bases próximas àquela apontada nesta tese: "Constitucional. Econômico. Intervenção estatal na economia: *Regulamentação e regulação* de setores econômicos: Normas de intervenção. Liberdade de iniciativa. CF, art. 1º, IV; art. 170. CF, art. 37, §6º. I – *A intervenção estatal na economia, mediante regulamentação e regulação de setores econômicos, faz-se com respeito aos*

O momento por que passa a humanidade requer a atuação estatal por meio de escolhas administrativas que, para além de uma suposta prevalência do interesse público, efetivamente sopesem interesses, examinem custos e benefícios à luz de questões técnicas e científicas, atuem nos riscos[127] à sociedade pluriclasse e a cada cidadão, isto é, de acordo com a realidade e com visão prospectiva.

Os riscos surgem a cada dia em vista da alta complexidade[128] que permeia as relações decorrentes das premissas da pós-modernidade, impossíveis de serem disciplinadas em detalhes e a todo tempo pelo legislador.

De acordo com a nova compreensão do direito administrativo no constitucionalismo atual, e de modo aparentemente paradoxal, se de um lado há uma "tendência a reduzir margem",[129] um "decréscimo"[130] e mesmo "limitação"[131] da discricionariedade na atuação

---

princípios e fundamentos da Ordem Econômica. CF, art. 170. O princípio da livre iniciativa é fundamento da República e da Ordem econômica: CF, art. 1°, IV; art. 170. II – Fixação de preços em valores abaixo da realidade e em desconformidade com a legislação aplicável ao setor: empecilho ao livre exercício da atividade econômica, com desrespeito ao princípio da livre iniciativa. III – Contrato celebrado com instituição privada para o estabelecimento de levantamentos que serviriam de embasamento para a fixação dos preços, nos termos da lei. Todavia, a fixação dos preços acabou realizada em valores inferiores. Essa conduta gerou danos patrimoniais ao agente econômico, vale dizer, à recorrente: obrigação de indenizar por parte do poder público. CF, art. 37, §6°. IV – Prejuízos apurados na instância ordinária, inclusive mediante perícia técnica. V – RE conhecido e provido". Colhe-se do voto do relator: "No caso, o acórdão recorrido ignorou os prejuízos causados à recorrida pelo poder público, prejuízos apurados na instância ordinária, inclusive mediante perícia. Ignorou, olimpicamente, os prejuízos, ao curioso argumento de que assiste ao Estado o poder discricionário 'na adequação das necessidades públicas ao contexto econômico estatal'. É dizer, com base na discricionariedade inadmissível num Estado de Direito, é possível ao Estado, ao intervir no domínio econômico, desrespeitar liberdades públicas e causar prejuízos aos particulares, impunemente".

127 Nesse sentido, ver KRELL, Andreas J. A recepção das teorias alemãs sobre "conceitos jurídicos indeterminados" e o controle da discricionariedade no Brasil. *Revista Interesse Público*, Porto Alegre, v. 23, p. 21-49, 2004. p. 24.

128 Conforme alinha Jorge Eduardo Bustamante: "Con el advenimiento de la sociedad industrial, la convivencia social se ha hecho más compleja y las posibilidades de que ciertas formas de ejercicio de los derechos individuales puedan interferir el libre ejercicio de los demás, se han multiplicado. En la mayor parte de los casos, se trata de problemas vinculados a asimetrías de información (marco contractual) o a las llamadas externalidades negativas (marco no contractual)" (BUSTAMANTE, Jorge Eduardo. *Desregulación*: entre derecho y la economía. Buenos Aires: Abeledo-Perrot, 1993. p. 49).

129 GARCÍA DE ENTERRÍA, Eduardo. *Democracia, jueces y controle de la administración*. 5. ed. reimpr. Madrid: Civitas, 2005. p. 135.

130 MEDAUAR, Odete. *O direito administrativo em evolução*. 2. ed. São Paulo: Revista dos Tribunais, 2003. p. 230.

131 BARROSO, Luís Roberto. Neoconstitucionalismo e constitucionalização do direito: o triunfo tardio do direito constitucional no Brasil. *Revista da EMERJ*, Rio de Janeiro, v. 9, n. 33, p. 43-92, 2006. p. 58.

do administrador público,[132] uma verdadeira "restrição à dimensão constitucional e democrática"[133] e "mayor objetividad en la apreciación de los elementos",[134] importando "redefini-la, de acordo com os postulados do constitucionalismo pós-positivista, a partir da noção do princípio da juridicidade";[135] de outro lado, a complexidade cotidiana impactada pela tecnologia, que conduz ao permanente ambiente de ambivalência, impõe uma maior maleabilidade legiferante contendo *standards*, atuação executiva e, portanto, espaços para a escolha administrativa.[136]

Isso se aplica até mesmo adotando-se uma hierarquia imprópria em que o administrador público deve seguir regras editadas pelo parlamento de modo preferencial – e não absoluto.[137] Esses fatores trazem mais imprevisibilidade na atuação executiva estatal, afetando direitos fundamentais dos cidadãos. Antonio Francisco de Souza[138] expõe essa questão nos seguintes termos:

> É claro que não se deve perder de vista que a Administração moderna necessita (talvez mais do que nunca, dada a sua intervenção crescente em certos domínios como os da planificação administrativa, da protecção do ambiente, da economia e até mesmo do domínio de polícia) ter as

---

[132] Merece destaque o trabalho desenvolvido por Juarez Freitas, em que só admite a discricionariedade administrativa vinculada a princípios (FREITAS, Juarez. *O controle dos atos administrativos e os princípios fundamentais*. 3. ed. São Paulo: Malheiros, 2004. p. 224).

[133] JUSTEN FILHO, Marçal. *Curso de direito administrativo*. 2. ed. São Paulo: Saraiva, 2006. p. 14.

[134] MADARIAGA GUTIÉRREZ, Mónica. *Seguridad jurídica y administración pública en el siglo XXI*. 2. ed. Santiago: Jurídica de Chile, 1993. p. 47.

[135] MORAES, Germana de Oliveira. *Controle jurisdicional da Administração Pública*. São Paulo: Dialética, 2002. p. 37. Acerca da juridicidade da solução reguladora, remetemos o leitor para a obra de MOREIRA NETO, Diogo de Figueiredo. *Direito regulatório*: a alternativa participativa e flexível para a Administração Pública de relações setoriais complexas no Estado democrático. Rio de Janeiro: Renovar, 2003. p. 93.

[136] "A partir da segunda metade do século XX, com a dinâmica intervencionista, ampliaram-se as atribuições administrativas; um número crescente de decisões passou a afetar com mais amplitude direitos e interesses dos indivíduos. Ficava a impressão de que aumentara o campo de atuação livre da Administração" (MEDAUAR, Odete. *O direito administrativo em evolução*. 2. ed. São Paulo: Revista dos Tribunais, 2003. p. 195).

[137] Notadamente na integração de cláusulas gerais como dignidade da pessoa humana, razoabilidade, solidariedade e eficiência, que transfere para o intérprete uma dose importante de discricionariedade. Cf. BARROSO, Luís Roberto. Neoconstitucionalismo e constitucionalização do direito: o triunfo tardio do direito constitucional no Brasil. *Revista da EMERJ*, Rio de Janeiro, v. 9, n. 33, p. 43-92, 2006. p. 54. Sobre a definição de cláusulas gerais, remetemos o leitor para a obra de ENGISCH, Karl. *Introdução ao pensamento jurídico*. 8. ed. Tradução de J. Baptista Machado. Lisboa: Fundação Calouste Gulbenkian, 2001. p. 192.

[138] SOUZA, António Francisco de. *Conceitos indeterminados no direito administrativo*. Coimbra: Almedina, 1994. p. 110. Grifos nossos.

mãos suficientemente livres para responder atempada e adequadamente aos múltiplos imponderáveis com que se defronta e que caracterizam a sua dinâmica própria. Esta é uma realidade que não deve nem pode ser desconhecida. *No entanto, essas razões nunca poderão ter por consequência prática a desprotecção, ou de qualquer forma a diminuição de garantias, do cidadão.*

Em síntese, a questão que se apresenta diante dos estudiosos do direito administrativo encerra esses três pontos de capital e superlativa relevância acerca da escolha discricionária:

(i) se a discricionariedade decorre da abertura daquilo que foi disciplinado na Constituição Federal ou por lei (inclusive, para a corrente que a defende quando há integração de conceitos jurídicos indeterminados);
(ii) se a discricionariedade está fulcrada em critérios de oportunidade e conveniência, constituindo o mérito da escolha executiva pública "formulados por ela mesma",[139] isto é, de acordo com "as decisões de vontade",[140] seus próprios valores; e
(iii) se a complexidade exige a cada dia, "para desespero do jurista tradicional",[141] uma "atuação célere e eficaz da Administração Pública",[142] ampliando os espaços para as escolhas do Executivo, indaga-se: é possível empregar o instituto/fórmula da discricionariedade administrativa em todas as questões cotidianas, em que se destaca a ambivalência do Estado pluriclasse, amparada em novas tecnologias, altamente arriscadas e organizadas em sistemas complexos, que se apresentam diante do administrador público?

Tudo isso deve ser examinado no ambiente da pós-modernidade, em que se sustenta a redução da discricionariedade com vistas à mediação, transparência, "auscutação",[143] "ponderação das condições

---

[139] BANDEIRA DE MELLO, Celso Antônio. *Curso de direito administrativo*. 21. ed. rev. e atual. São Paulo: Malheiros, 2006. p. 392.

[140] ENGISCH, Karl. *Introdução ao pensamento jurídico*. 8. ed. Tradução de J. Baptista Machado. Lisboa: Fundação Calouste Gulbenkian, 2001. p. 206.

[141] SARMENTO, Daniel. *Direitos fundamentais e relações privadas*. Rio de Janeiro: Lumen Juris, 2004. p. 52.

[142] KRELL, Andreas J. A recepção das teorias alemãs sobre "conceitos jurídicos indeterminados" e o controle da discricionariedade no Brasil. *Revista Interesse Público*, Porto Alegre, v. 23, p. 21-49, 2004. p. 23.

[143] CABRAL DE MONCADA, Luis S. *Lei e regulamento*. Coimbra: Coimbra Ed., 2002. p. 22. O autor comenta a necessidade de pluralidade de fontes (legalidade administrativa) nos

e circunstâncias concretas"[144] e procedimentalização, com vistas à interdição do arbítrio.[145]

Por outro lado, não parece também ser suficiente o argumento de que, para o bem da sociedade e na tentativa de se evitar o arbítrio, por força da juridicidade[146] decorrente do constitucionalismo atual,

---

seguintes termos: "A legalidade administrativa não é indiferente à estrutura social em que é chamada a operar. Numa sociedade complexa e diferenciada como a actual, atravessada por interesses conflitantes, a função de integração que compete ao Estado subentende uma actuação que saiba conciliar os movimentos contraditórios da sociedade civil, realizando o melhor equilíbrio possível entre o pluralismo por vezes anárquico dos interesses e a direcção do processo social. Para a realização daquele equilíbrio é indispensável uma estruturação do procedimento conducente à decisão administrativa que saiba integrar e dar voz aos interesses em presença. A legalidade administrativa muda de sentido: não se manifesta agora tanto na garantia de uma execução fidedigna da lei mas sim na certeza de observância de um 'iter' procedimental adequado à devida audição dos interesses e parceiros patentes na sociedade civil. Aqui os caminhos da legalidade administrativa, embora com eles se não confundam, são paralelos aos da respectiva legitimação" (p. 25).

144 KRELL, Andreas J. A recepção das teorias alemãs sobre "conceitos jurídicos indeterminados" e o controle da discricionariedade no Brasil. *Revista Interesse Público*, Porto Alegre, v. 23, p. 21-49, 2004. p. 25.

145 Veja-se, por exemplo, a ementa a seguir que compreende a decisão da Agência Nacional de Petróleo *não como decorrente de uma discricionariedade, mas de um ato vinculado à lei*: "Processual Civil, Administrativo e Constitucional – Agravo de instrumento – Tutela antecipada visando a prorrogação de contrato de exploração do bloco BCAM-40, para garantir ao consórcio agravante a continuidade dos trabalhos de pesquisa e exploração de gás natural e de petróleo – Decisão da ANP fundada em parecer do TCU – Incompetência do Tribunal de Contas na edição de normas gerais e vinculantes à Administração – Tratamento anti-isonômico, haja vista a prorrogação de outros trinta e seis contratos nas mesmas condições. I – A tutela antecipada foi indeferida, negando-se às agravantes a prorrogação do contrato de concessão, para exploração de gás natural e petróleo, tendo por objeto o bloco BCAM-40, de 924 km2, localizado na Bacia de Camamu, Bahia. II – A relevância dos fundamentos das agravantes se justificam, haja vista que foram prorrogados outros 36 contratos, baseando-se na Teoria da Imprevisão, situação análoga a dos autos. III – A ANP negou ao consórcio formado pelas agravantes tal prorrogação, lastreada em parecer do Tribunal de Contas da União, que, por sua vez, não tem o condão de vedar o deferimento de novos pedidos de prorrogação, por não deter competência constitucional para editar atos normativos vinculantes à Administração. IV – A própria ANP, analisando pedido de reconsideração formulado pelas agravantes, reconheceu inexistir óbice legal ao atendimento do pleito. V – *Não houve discricionariedade, por parte da Administração, quando indeferiu o requerimento de prorrogação formulado pelo consórcio, e sim, vinculação, tendo em vista que a prorrogação seria a solução que mais se aproximaria dos princípios constitucionais que devem nortear a Administração Pública, consubstanciados na razoabilidade, eficiência, boa-fé, isonomia e impessoalidade*. VI – Agravo de instrumento provido" (Tribunal Regional Federal da 2ª Região, Quarta Câmara. Agravo de Instrumento nº 86.362. Rel. Juiz Benedito Gonçalves. *DJU*, 30 out. 2002. Grifos nossos).

146 O princípio da juridicidade é uma expressão cunhada por MERKL, Adolfo. *Teoría general del derecho administrativo*. Granada: Comares, 2004. p. 202 *et seq*., e objeto de amplo e profundo estudo de OTERO, Paulo. *Legalidade e Administração Pública*: o sentido da vinculação administrativa à juridicidade. Coimbra: Almedina, 2003. p. 15 *et seq*.

não mais deve ser possível a atuação administrativa sob o manto da discricionariedade.[147]

Em determinadas situações, com as ressalvas desta obra, o administrador público deverá atuar discricionariamente, porque a este compete o papel de escolher quando estiver diante de situações que comportam mais de um caminho – meio – para atingir-se o resultado esperado e voltado ao interesse público – fim.[148]

A crítica, portanto, que se faz em relação à escolha discricionária é de que esta, fundada no binômio "oportunidade e conveniência", não mais se apresenta totalmente compatível com os casos complexos e sistêmicos submetidos à regulação estatal, em que devem ser sopesados, para além do disposto em regras legais, os custos e benefícios (econômicos, sociais, ambientais etc.) para a solução de conflitos sociais distributivos.

Sob três ângulos se apresenta a questão, que agrava a insegurança jurídica: (i) a primeira está ligada à impossibilidade de a regulação de assuntos técnicos, econômicos e sociais, altamente complexa e dependente de análise sistêmica, depender de soluções que o legislador ordinário "descobriu" e positivou (princípio da reserva legal absoluta), ou soluções de mera "vontade" engastada na "órbita de livre decisão";[149] (ii) a segunda consiste no risco da concentração e excesso de funções nas mãos do Poder Executivo em sistemas complexos, envoltos em matérias altamente técnicas, sem referenciais objetivos e predeterminados, de difícil acesso e compreensão pela maior parte da população brasileira; (iii)

---

[147] Na obra de Gustavo Binenbojm (*Uma teoria do direito administrativo*: direitos fundamentais, democracia e constitucionalização. Rio de Janeiro: Renovar, 2006. p. 229), atribuem-se graus a uma escala de vinculação da Administração ao direito. O autor, em sentido diverso ao sustentado nesta obra, defende que os atos vinculados diretamente a princípios são impropriamente denominados atos discricionários.

[148] Alexandre Aragão anota: "A adoção de meio diverso do formalmente previsto em lei só pode ser levada a cabo quando o juízo de que atende melhor aos fins legais se encontrar em uma zona de certeza positiva, ou seja, se estiver fora de dúvida razoável que o meio não previsto expressamente em lei atende melhor aos objetivos dela. Se houver juízos razoáveis (mesmo que não unânimes) de que o meio expressamente previsto em lei poderia ser igualmente eficiente do ponto de vista do atendimento dos objetivos alvejados, ele, obviamente, deverá prevalecer. É nessa perspectiva que, por exemplo, nada impede, ao revés, pode até aconselhar, *de acordo com o juízo de conveniência e oportunidade do poder concedente*, que, *ao invés de impor coercitivamente a realização de investimentos com os quais a concessionária havia se comprometido no contrato de concessão, adote, em consenso com a concessionária, um novo plano de investimentos que, indubitavelmente, seja adequado à realidade do momento*" (ARAGÃO, Alexandre Santos de. *Direito dos serviços públicos*. Rio de Janeiro: Forense, 2007. p. 375. Grifos nossos).

[149] KRELL, Andreas J. A recepção das teorias alemãs sobre "conceitos jurídicos indeterminados" e o controle da discricionariedade no Brasil. *Revista Interesse Público*, Porto Alegre, v. 23, p. 21-49, 2004. p. 23.

o terceiro refere-se ao possível "esvaziamento da discricionariedade"[150] por meio de mecanismos normativos.

Veja-se a manifestação de Maria Sylvia Zanella Di Pietro,[151] em que adverte que *a escolha discricionária segue os contornos daquilo que foi identificado pelo Poder Legiferante*:

> Em outras hipóteses, o regramento não atinge todos os aspectos da atuação administrativa; a lei deixa certa margem de liberdade de decisão diante do caso concreto, de tal modo que a autoridade poderá optar por uma dentre várias soluções possíveis, todas válidas perante o direito. Nesses casos, o poder da Administração é discricionário, porque a adoção de uma ou outra solução *é feita segundo critérios de oportunidade, conveniência, justiça, equidade, próprios da autoridade, porque não definidos pelo legislador*. Mesmo aí, entretanto, o poder de ação administrativa, embora discricionário, não é totalmente livre, porque, sob alguns aspectos, em especial a competência, a forma e a finalidade, a lei impõe limitações. Daí porque se diz que a discricionariedade *implica liberdade de atuação nos limites traçados pela lei*; se a Administração ultrapassa esses limites, a sua decisão passa a ser arbitrária, ou seja, contrária à lei.[152]

Se a discricionariedade administrativa corresponde a uma margem de liberdade conferida pela Constituição Federal e/ou Parlamento à Administração,[153] que surge quando sua atividade não está plenamente definida em lei, esse instituto não é suficiente para legitimar atuações executivas estatais dinâmicas em sistemas complexos que precisem de algo mais do que aquilo que a regra previu e foi "atribuída por via legislativa, caso a caso".[154]

---

150 O "esvaziamento" da competência discricionária é comentado por Paulo Otero na obra *Legalidade e Administração Pública*: o sentido da vinculação administrativa à juridicidade. Coimbra: Almedina, 2003. p. 850 *et seq*.

151 DI PIETRO, Maria Sylvia Zanella. *Direito administrativo*. 20. ed. São Paulo: Atlas, 2007. p. 196-197.

152 DI PIETRO, Maria Sylvia Zanella. *Direito administrativo*. 20. ed. São Paulo: Atlas, 2007. Grifos nossos.

153 Como atesta Diogo de Figueiredo Moreira Neto, em suas palavras: "Convém lembrar, porém, que este poder de instituir as hipóteses de discricionariedade é exclusivo do legislador e jamais do administrador público. [...] Em outros termos, o assim denominado 'poder discricionário' é efetivamente exercido pelo Poder Legislativo, quando resolve abrir na lei um espaço decisório substantivo à Administração para que seja por ela integrado, e não por esta, quando preencha os requisitos de legalidade e de legitimidade necessários para torná-la exequível" (MOREIRA NETO, Diogo de Figueiredo. *Mutações do direito público*. Rio de Janeiro: Renovar, 2006. p. 299).

154 JUSTEN FILHO, Marçal. *Curso de direito administrativo*. 2. ed. São Paulo: Saraiva, 2006. p. 169. Nesse sentido, colhe-se a manifestação doutrinária de Patrícia Baptista: "A pluralidade dos interesses existentes na sociedade deve convergir para a formação de um novo *interesse*

A regulação, diante da tecnicidade, com farta integração de conceitos técnico-jurídicos indeterminados,[155] não se enquadra nos diminutos espaços puramente residuais do processo legiferante, tampouco, conforma-se no estreito vezo regulamentar, autônomo ou de execução.[156] Ela carece de mobilidade, flexibilidade e "remete

---

público, que não se confunde com aquele fixado pelo legislador, mas, ao contrário, é tido como uma grandeza autônoma pluralista" (BAPTISTA, Patrícia. *Transformações do direito administrativo*. Rio de Janeiro: Renovar, 2003. p. 204).

155 O Superior Tribunal de Justiça já teve oportunidade de se manifestar acerca do controle judicial sobre a integração, pelas agências reguladoras, dos *conceitos jurídicos indeterminados*: "Administrativo. Telecomunicações. Telefonia fixa. Lei n. 9.472/97. Cobrança de tarifa interurbana. Suspensão. Área local. Ação Civil Pública. Código de Defesa do Consumidor. 1. A regulamentação do setor de telecomunicações, nos termos da Lei n. 9.472/97 e demais disposições correlatas, visa a favorecer o aprimoramento dos serviços de telefonia, em prol do conjunto da população brasileira. Para o atingimento desse objetivo, é imprescindível que se privilegie a ação das Agências Reguladoras, pautada em regras claras e objetivas, sem o que não se cria um ambiente favorável ao desenvolvimento do setor, sobretudo em face da notória e reconhecida incapacidade do Estado em arcar com os eventuais custos inerentes ao processo. 2. *A delimitação da chamada 'área local' para fins de configuração do serviço local de telefonia e cobrança da tarifa respectiva leva em conta critérios de natureza predominantemente técnica, não necessariamente vinculados à divisão político-geográfica do município*. Previamente estipulados, esses critérios têm o efeito de propiciar aos eventuais interessados na prestação do serviço a análise da relação custo-benefício que irá determinar as bases do contrato de concessão. 3. *Ao adentrar no mérito das normas e procedimentos regulatórios que inspiraram a atual configuração das 'áreas locais' estará o Poder Judiciário invadindo seara alheia na qual não deve se imiscuir*. 4. Se a prestadora de serviços deixa de ser devidamente ressarcida dos custos e despesas decorrentes de sua atividade, não há, pelo menos no contexto das economias de mercado, artifício jurídico que faça com que esses serviços permaneçam sendo fornecidos com o mesmo padrão de qualidade. O desequilíbrio, uma vez instaurado, vai refletir, diretamente, na impossibilidade prática de observância do princípio expresso no art. 22, *caput*, do Código de Defesa do Consumidor, que obriga a concessionária, além da prestação contínua, a fornecer serviços adequados, eficientes e seguros aos usuários. 4. Recurso especial conhecido e provido (REsp nº 572.070/PR; Recurso Especial – 2003/0128035-1. Rel. Min. João Otávio de Noronha, Segunda Turma, j. 16.3.2004. *DJ*, p. 206, 14 jun. 2004. Grifos nossos).

156 Vale trazer acórdão da 1ª Turma do Eg. Superior Tribunal de Justiça, no Agravo Regimental na Medida Cautelar nº 10.443/PB, em que funcionou como relator o Ministro Francisco Falcão, no julgamento ocorrido em 13.12.2005, publicado no *Diário de Justiça* de 6.3.2006. Consistiu em medida cautelar, com pedido de liminar, ajuizada pela TNL PCS S/A – OI, buscando atribuir efeito suspensivo ao recurso especial interposto contra o acórdão proferido em agravo de instrumento, o qual reverteu decisão que havia indeferido tutela antecipada em ação civil pública para acabar com a prescrição dos créditos do sistema de celulares pré-pagos. O julgamento em questão levou em consideração o voto-vista do Ministro Luiz Fux, que assim ementou sua decisão, enfrentando o tema da capacidade técnica das entidades reguladoras independentes: "Liminar e telefonia. Serviço pré-pago. Defesa ao consumidor. Legitimação do ministério público. Recurso especial admitido. Cautelar e efeito suspensivo. *Fumus boni iuris* e *periculum in mora* presentes. Atuação conforme ato da agência reguladora. 1. Vigente ato normativo da Agência Reguladora cujo escopo é regular o segmento, não podem os estabelecimentos regulados absorverem danos e punições pelo fato do cumprimento das regras maiores, posto engendrarem exercício regular do direito. 2. A modificação *ex abrupto* dessas regras da Agência Reguladora por tutela provisória em liminar concedida em ação, acarreta *periculum in mora*, mercê de o *fumus boni iuris* repousar

o intérprete do direito a um tipo de função [...] dotada de riqueza e dinamismo sensivelmente maior do que a mera regulamentação".[157]

Esses aspectos vêm à tona no questionamento da discricionariedade, como advertiu Odete Medauar,[158] ao afirmar que a realidade atual retrata a existência de inúmeros centros políticos titulares de poderes e a ampliação dos direitos dos indivíduos, o que, em síntese, leva à heterogeneidade dos interesses e à pressão dos indivíduos e grupos sobre a Administração para o atendimento de suas reivindicações.

A autora registra a progressiva tecnicização no tratamento dos assuntos afetos à Administração Pública com a adoção de práticas consensuais e conciliatórias, não somente, portanto, as dotadas de imperatividade. "O conjunto desses fatores acarreta a mudança da natureza pura da discricionariedade", pregando-se a "necessidade de nova disciplina para que se torne objetiva, imparcial, controlável".[159] Até porque "não há discricionariedade ampla na atuação dos agentes econômicos, mas mera integração técnica do comando legal que reflete a decisão política".[160]

no cumprimento do ato da Agência. 3. Deveras, somente a ausência de nulificação específica do ato da Agência autoriza o Judiciário e intervir no segmento, sob pena de invadir seara administrativa estranha ao Poder Judiciário. (GUERRA, Sérgio. *Controle judicial dos atos regulatórios*. Rio de Janeiro: Lumen Juris, 2005. p. 355/369). 4. *Ratio essendi* dos precedentes da Corte Especial na análise de Suspensões de Segurança calcadas em atos das Agências e no princípio *pacta sunt servanda*. (AgRg na SL 57/DF, Rel. Min. EDSON VIDIGAL, *DJ*, 06 set. 2004). 5. Impossibilidade de atendimento técnico da decisão liminar, que configurou para o Relator *periculum in mora* inverso, máxime porque a adoção da providência contrária ao ato da ANATEL (art. 55 da Resolução 316/2002, e itens 4.6 e 4.6.1, da Norma 03/98). 6. Notória inversibilidade do provimento (art. 273, §5°, do CPC), revelando-se prematura, em sede de liminar, *alterar-se um quadro normativo complexo e idealizado pela Agência Reguladora, induzindo o Judiciário não só a invadir a seara administrativa exclusiva da Agência, como também a atuar como legislador positivo, em manifesta afronta à sedimentada jurisprudência da Corte Suprema*. 7. Agravo Regimental provido, para deferir a medida liminar, acompanhando o E. Relator" (grifos nossos).

157 TOJAL, Sebastião Botto de Barros. Controle judicial da atividade normativa das agências reguladoras. *In:* MORAES, Alexandre de (Org.). *Agências reguladoras*. São Paulo: Atlas, 2002. p. 159. Ainda segundo o autor: "o desafio, portanto, reside no isolamento dessa categoria de atos relativos ao direito regulatório, isto é, provimentos originários do exercício do poder normativo, inconfundíveis, entretanto, com o clássico poder regulamentar, mas que formalmente não têm o status de lei".

158 MEDAUAR, Odete. *O direito administrativo em evolução*. 2. ed. São Paulo: Revista dos Tribunais, 2003. p. 196.

159 MEDAUAR, Odete. *O direito administrativo em evolução*. 2. ed. São Paulo: Revista dos Tribunais, 2003.

160 SOUTO, Marcos Juruena Villela. *Direito administrativo regulatório*. Rio de Janeiro: Lumen Juris, 2002. p. 37.

Nesse contexto, para o alcance do ponto ótimo da regulação, não se verifica condições de enquadrar todo o espaço destinado à atuação da Administração Pública como decorrente de uma escolha discricionária.

2.4 Crítica à doutrina que enquadra a escolha regulatória estatal na teoria da discricionariedade técnica

A doutrina buscou, de certa forma, sistematizar um instituto que se amoldasse ao contexto jurídico-constitucional brasileiro para uma atuação executiva estatal diferenciada, incluindo a integração de conceitos jurídicos com indeterminações técnicas. Buscou-se enquadrar essa atuação do Poder Executivo com enfoque valorativo como decorrente de uma *discricionariedade técnica*[161] despida de valores políticos e supostamente infensa ao controle de mérito pelo Poder Judiciário.[162] Vital Moreira e Fernanda Maças[163] destacam essa questão:

> É de salientar, porém, que, atendendo aos amplos poderes discricionários que em geral lhes são conferidos, tal circunstância implica uma restrição à possibilidade de controlo jurisdicional dos seus actos [das entidades reguladoras independentes], sobretudo por se tratar fundamentalmente de *"discricionariedade técnica"*.

[161] Veja a utilização desse termo neste acórdão: "Suspensão de liminar e sentença. Agravo interno. Reajuste de contratos de planos de saúde firmados anteriormente à Lei nº 9.656/98. Função institucional da Agência Nacional de Saúde – ANS. 1. Considerados o alto interesse público envolvido, os efeitos prospectivos da medida, os riscos e resultados que conclusões açodadas possam ocasionar (desarmonia e desequilíbrio para o setor da saúde suplementar), deve ser deferido o pedido para suspender a decisão que concedeu o efeito modificativo ativo ao Agravo de Instrumento. 2. Lesão à saúde e à ordem pública administrativa caracterizada, com a interferência na legítima atividade regulatória desempenhada pela ANS, respaldada em *discricionariedade técnica*. 3. Agravo Interno não provido" (AgRg na SLS nº 163/PE; Agravo Regimental na Suspensão de Liminar e de Sentença 2005/0128970-7. Rel. Min. Edson Vidigal, Corte Especial, j. 19.12.2005. *DJ*, p. 133, 27 mar. 2006. Grifos nossos).

[162] "Ao se tratar da função regulatória, a discricionariedade não é tão ampla, visto que limitada à escolha de técnicas igualmente válidas e eficientes ao atendimento de um interesse coletivo; daí se falar em discricionariedade técnica" (SOUTO, Marcos Juruena Villela. *Direito administrativo regulatório*. Rio de Janeiro: Lumen Juris, 2002. p. 31).

[163] MOREIRA, Vital; MAÇAS, Fernanda. *Autoridades reguladoras independentes*. Coimbra: Coimbra Ed., 2003. p. 37. Grifos nossos.

Doutrinadores italianos estudaram o tema da "discricionariedade técnica" com bastante profundidade – Federico Cammeo,[164] Enrico Presutti,[165] Massimo Severo Giannini,[166] Renato Alessi[167] e Aldo Sandulli.[168]

Na Península Ibérica, destacam-se Martín González,[169] Miguel Sánchez Morón,[170] Francisco Lópes Menudo,[171] Eva Desdentado Daroca,[172] Maria Concepción Barrero Rodríguez[173] e César David Ciriano Vela.[174] Em Portugal, vale conferir a tese de Antonio Francisco de Souza.[175] Entre nós, o tema da "discricionariedade técnica" não foi objeto de teorização doutrinária, havendo comentários sobre esse tipo de discricionariedade em livros-texto, ensaios sobre discricionariedade administrativa ou em obras sobre regulação.[176]

164 O pensamento de Cammeo está registrado em suas obras *Commentario delle leggi sulla giustizia amministrativa*. Milano: Casa ed. Vallardi, [s.d.]; *La competenza di legittimità della IV Sezione e l'apprezzamento dei fatti valutabili secondo criteri tecnici*. Torino: Giurisprudenza Italiana, 1902. Pode se conferir, ainda, na obra *Discrezionalità pura e discrezionalità tecnica*. Torino: Giurisprudenza Italiana, 1910. p. 44 *et seq*. v. IV, e, de maneira resumida, em seu *Corso di diritto amministrativo*. Pádua: Cedam, 1960.

165 PRESUTTI, Enrico. *Discrezionalità pura e discrezionalità tecnica*. Torino: [s.n.], 1910.

166 A tese de Giannini foi exposta inicialmente em *Il potere discrezionale della pubblica amministrazione*. Milano: Giuffrè, 1939, resumida em seu *Diritto amministrativo*. 2. ed. Milano: Giuffrè, 1988. p. 483 *et seq*. v. 2.

167 ALESSI, Renato. *Principi di diritto amministrativo*. Milano: Giuffrè, 1978. p. 245 *et seq*. v. 1.

168 SANDULLI, Aldo. *Manuale di diritto amministrativo*. Napoli: Ed. Casa Editrice dott. Eugenio Jovene, 1989. p. 595-596.

169 MARTÍN GONZÁLEZ, M. El grado de determinación legal de los conceptos jurídicos, *Revista de Administración Pública*, n. 54, p. 227, 1967.

170 SÁNCHEZ MORÓN, Miguel. *Discrecionalidad administrativa y control judicial*. Madrid: Tecnos, 1994. p. 129.

171 LÓPEZ MENUDO, Francisco. El control judicial de la administración en la CE. *In:* HINOJOSA MARTÍNEZ, Eduardo; GONZÁLES-DELEITO DOMÍNGUEZ, Nicolás, (Org.). *Discrecionalidad administrativa y control judicial*. Madrid: Civitas, 1996. p. 37-38.

172 DESDENTADO DAROCA, Eva. *Discrecionalidad administrativa y planeamiento urbanístico*: construcción teórica y análisis jurisprudencial. Pamplona: Aranzadi, 1997. p. 110, e, da mesma autora, a obra *Los problemas del control judicial de la discrecionalidad técnica*. Madrid: Civitas, 1997.

173 BARRERO RODRÍGUEZ, Maria Concepción. Discrecionalidad administrativa y patrimônio historico. *In:* HINOJOSA MARTÍNEZ, Eduardo; GONZÁLES-DELEITO DOMÍNGUEZ, Nicolas (Org.). *Discrecionalidad administrativa y control judicial*. Madrid: Civitas, 1996. p. 297.

174 CIRIANO VELA, César David. *Administración económica y discrecionalidad*. Valladolid: Lex Nova, 2000. p. 131.

175 SOUZA, António Francisco de. *A discricionariedade administrativa*. Lisboa: Danúbio, 1987. p. 307.

176 DI PIETRO, Maria Sylvia Zanella. *Discricionariedade administrativa na Constituição de 1988*. 2. ed. São Paulo: Atlas, 2001. p. 93 *et seq*.; MOREIRA NETO, Diogo de Figueiredo. *Direito regulatório*: a alternativa participativa e flexível para a Administração Pública de relações setoriais complexas no Estado democrático. Rio de Janeiro: Renovar, 2003, em várias passagens, e, do mesmo autor, *Mutações do direito administrativo*. 2. ed. Rio de Janeiro: Renovar, 2001. p. 168 *et seq*. e *Mutações do direito público*. Rio de Janeiro: Renovar, 2006; GRAU, Eros Roberto.

Com efeito, e após examinar a doutrina local e alienígena, pode-se verificar que, em linhas gerais, não existem correntes doutrinárias que polarizem a denominada "discricionariedade técnica"; vale dizer, não restou detectada uma uniformidade de linha de pensamento acerca do tema em comento.[177] Constatam-se entendimentos no sentido de haver "discricionariedade técnica" em determinados atos administrativos, haja vista a existência de uma margem de discrição e subjetividade na eleição de uma solução para o caso concreto, entre outras auferidas segundo critérios técnicos. De acordo com essa concepção, existe "discricionariedade técnica" quando os critérios técnicos são suficientes para alcançar a única solução correta para o caso.[178]

Verifica-se ainda que há entendimentos de que a "discricionariedade técnica" está vinculada aos interesses públicos, enquanto outros vislumbram essa espécie de discricionariedade apenas nos atos com repercussões administrativas internas. Sob outro ponto de vista, sustenta-se a ideia de que a teoria da "discricionariedade técnica" não deve ser admitida, sustentando-se a existência de uma discricionariedade intermediária entre a pura e a técnica. Ademais, constatam-se posições no sentido de que há uma diferença entre "discricionariedade técnica" própria e imprópria sem uma precisa identificação dessa antinomia.[179]

Como se vê, o tema admite uma série de digressões; entretanto, tem-se que a natureza e a dimensão da denominada "discricionariedade técnica" variam de país para país, e, mesmo naqueles que a adotam, ela permanece obscura. Para uns, trata-se de um poder livre, para outros, de um poder vinculado, mas que não é suscetível de ser controlado pelos tribunais administrativos; para outros, trata-se de um poder vinculado que deve ser, ainda que não integralmente, controlado judicialmente; para outros, ainda, sua natureza varia de caso para caso.[180]

O direito posto e o direito pressuposto. São Paulo: Malheiros, 2002. p. 214-215; SOUTO, Marcos Juruena Villela. *Direito administrativo regulatório*. Rio de Janeiro: Lumen Juris, 2002. p. 358; e ARAGÃO, Alexandre Santos de. *Agências reguladoras e a evolução do direito administrativo econômico*. Rio de Janeiro: Forense, 2002. p. 85.

[177] O tema mereceu aprofundamento em nossa obra: GUERRA, Sérgio. *Controle judicial dos atos regulatórios*. Rio de Janeiro: Lumen Juris, 2005. p. 189 *et seq*.

[178] Essa linha de pensamento está em consonância com a tese que enquadra a questão da discricionariedade técnica na teoria dos conceitos jurídicos indeterminados, e que considera que a aplicação dos conceitos que remetem a critérios de experiência técnica não admite, como qualquer outro conceito jurídico indeterminado, mais de uma solução justa diante do caso concreto.

[179] Para o detalhamento dessas questões, remete-se o leitor para o nosso GUERRA, Sérgio. *Controle judicial dos atos regulatórios*. Rio de Janeiro: Lumen Juris, 2005. p. 191 *et seq*.

[180] SOUZA, António Francisco de. *A discricionariedade administrativa*. Lisboa: Danúbio, 1987. p. 307.

Conclui-se que o termo "discricionariedade técnica" visa apenas a uma tentativa de limitação do controle jurisdicional, no sentido de evitar que as escolhas técnicas da Administração não sejam substituídas pelas opções técnicas realizadas pelo juiz. A crítica, portanto, à tentativa de solucionar a "crise" da discricionariedade administrativa por meio da "discricionariedade técnica" começa na ausência, no atual ordenamento jurídico-constitucional brasileiro, de qualquer instituto juridicamente aplicável à segunda como uma pseudoespécie da discricionariedade administrativa que possa atender a uma fórmula que isole valores e questões políticas dos aspectos técnicos, supostamente despersonalizados e, portanto, mais legítimos que os outros. O Poder Executivo não goza de uma função discricionária estritamente técnica na expedição de seus atos, e, sim, nos casos em que se aplica, de uma discricionariedade administrativa pura.[181]

Esse entendimento é mantido ainda que se cogite que a Administração Pública, em determinados assuntos, se valerá apenas de conhecimentos técnicos – e não políticos – para decidir o caso concreto.[182] Isso porque, para a integração de uma norma – seja por sua propositada abertura ou pela existência de conceitos jurídicos indeterminados – e diante de técnicas conhecidas e disponíveis, se o administrador identificar vários meios igualmente racionais, razoáveis e proporcionais para a consecução do fim público, resta indisputável que deverá selecionar o que, em seu juízo, seja mais oportuno e conveniente para o caso concreto.

Em suma, pode-se inferir que em determinadas e especialíssimas situações de regulação orgânica – até porque na regulação de atividades econômicas por meio de contratos administrativos a entidade reguladora se vê diante de uma vinculação ao edital de licitação e ao próprio contrato – se reconhece uma margem de apreciação para exarar atos

---

[181] Sobre o tema, veja-se: CAVALLI, Cássio. O controle da discricionariedade administrativa e a discricionariedade técnica. *Revista de Direito Administrativo*, v. 251, p. 61-76, maio/ago. 2009.

[182] Conforme denota Miguel Sánchez Morón, "la discrecionalidad comporta, como se reconoce por doquier, la necesidad de tomar en cuenta criterios no estrictamente jurídicos para adoptar la decisión, es decir, criterios políticos, técnicos o de mera oportunidad o conveniencia (económica, social, organizativa), según los casos. [...] El ejercicio de la potestad discrecional no es, pues, un mero proceso intelectivo de aplicación de la ley (y del derecho), es decir, un proceso lógico íntegramente guiado o dominado por el razonamiento jurídico, sino que es también, al mismo tiempo, un proceso volitivo de decisión que ha de tener en cuenta otros elementos" (SÁNCHEZ MORÓN, Miguel. *Discrecionalidad administrativa y control judicial*. Madrid: Tecnos, 1994. p. 114).

discricionários puros.[183] Parece ser esse o entendimento de Odete Medauar[184] ao afirmar:

> A distinção entre discricionariedade pura e discricionariedade técnica teria, segundo Piras, um sentido de apontar limites dados pela lei nesse ou naquele caso de discricionariedade. Mas, como Mortati, Piras, Fiorini e Giannini, *afirmamos o caráter unitário da discricionariedade*, na sua essência; podem variar os assuntos ou matérias sobre as quais se exerce. O recurso a conhecimentos técnicos pode ser necessário em vários momentos da atividade administrativa; mas, ou esses conhecimentos e dados representam somente um aspecto vinculado do poder discricionário em determinada decisão, ou a Administração fica, ainda, com a possibilidade de cotejar vários critérios técnicos para determinar qual o mais eficaz e conveniente.

Não se vislumbra, sob uma interpretação sistemática[185] dos dispositivos constitucionais da Carta de 1988, como se amoldar uma tese jurídica de que haveria uma possibilidade de atuação do Poder Executivo por meio de uma discricionariedade diferenciada ("discricionariedade técnica"), exclusivamente fulcrada em valorações técnicas e infensa ao controle judicial.

2.5 Crítica à teoria dos regulamentos administrativos como fundamento para o exercício da escolha regulatória estatal

Outra crítica que se impõe ao tema das escolhas administrativas refere-se à tentativa doutrinária de resgatar, na teoria do *regulamento administrativo*, uma resposta para solucionar a crise das escolhas administrativas na pós-modernidade.[186]

---

[183] Isto porque o único valor simples é a coexistência pluralista (ZAGREBELSKY, Gustavo. *El derecho dúctil, ley, derechos, justicia*. Tradução de Marina Gascón. Madrid: Trotta, 1995. p. 17).

[184] MEDAUAR, Odete. Poder discricionário da administração. *Revista dos Tribunais*, São Paulo, n. 610, p. 38-45, ago. 1996. p. 42. Grifos nossos.

[185] Nos moldes sustentados no aspecto central da obra de FREITAS, Juarez. *A interpretação sistemática do direito*. 4. ed. São Paulo: Malheiros, 2004.

[186] Nas palavras de Carlos Ari Sundfeld: "Desejo deixar bem vincado aqui o meu ponto de vista a respeito do poder normativo das agências. Quanto reconheço ser constitucionalmente viável que elas desfrutem de um tal poder, *de modo algum estou sugerindo que elas produzam 'regulamentos autônomos' ou coisa parecida*, pois todas as suas competências dever ter base legal – mesmo porque só a lei pode criá-las, conferindo-lhes (ou não) poderes normativos. A constitucionalidade da lei atributiva depende de o legislador haver estabelecido *standards*

Essa investida advém do fato de que os reguladores brasileiros vêm editando uma série de regras com vistas a traduzir, por critérios técnicos, os comandos previstos na Carta Magna e na legislação infraconstitucional acerca do subsistema regulado. A função normativa das entidades reguladoras decorre, em parte, da denominada tecnicidade complexa e impossível de ser predeterminada pela lei, que desponta como um desafio aos estudiosos do direito administrativo econômico[187] ao clamar por novos paradigmas de atuação estatal e categorias jurídicas para o alcance do interesse público no caso concreto.

Maria Sylvia Zanella Di Pietro,[188] censurando a multiplicidade de opiniões doutrinárias acerca da competência das entidades reguladoras para baixar atos normativos,[189] aponta os seguintes argumentos – com os quais discorda – utilizados a favor da admissão do exercício dessa função por essas entidades: (i) exercem função normativa por delegação legislativa; e (ii) baixam regulamentos autônomos e exercem poder regulamentar.[190]

Nesse sentido, impõe-se perquirir as razões pelas quais as normas emanadas de entidades reguladoras, qualificadas como autarquias especiais – não sediadas em escalões hierarquicamente subordinados ao titular do Poder Executivo – não correspondem à delegação legislativa, tampouco enquadram-se nos preceitos constitucionais que versam sobre a função regulamentar.

---

suficientes, pois do contrário haveria delegação pura e simples da função legislativa" (SUNDFELD, Carlos Ari. Introdução às agências reguladoras. *In:* SUNDFELD, Carlos Ari (Coord.). *Direito administrativo econômico*. São Paulo: Malheiros, 2000. p. 27).

187 A expressão, bastante utilizada nos atuais debates sobre a evolução do direito administrativo, é utilizada por Odete Medauar para focalizar o tema das escolhas regulatórias por meio de entidades independentes (as agências reguladoras) (MEDAUAR, Odete. *O direito administrativo em evolução*. 2. ed. São Paulo: Revista dos Tribunais, 2003. p. 183).

188 DI PIETRO, Maria Sylvia Zanella. Limites da função reguladora das agências diante do princípio da legalidade. *In:* DI PIETRO, Maria Sylvia Zanella. *Direito regulatório*: temas polêmicos. Belo Horizonte: Fórum, 2003. p. 52.

189 Veja-se a complexidade do tema em duas obras: ARAGÃO, Alexandre Santos de (Coord.). *O poder normativo das agências reguladoras*. Rio de Janeiro: Forense, 2006; e CARDOSO, Henrique Ribeiro. *O poder normativo das agências reguladoras*. 2. ed. Rio de Janeiro: Lumen Juris, 2017.

190 DI PIETRO, Maria Sylvia Zanella. *Direito regulatório*: temas polêmicos. Belo Horizonte: Fórum, 2003. p. 71.

2.5.1 Inaplicabilidade da delegação legislativa

Na estrutura do princípio tripartite da separação de poderes, se três são, conceitualmente, as funções de Estado, uno e indivisível,[191] na prática, é o Poder que deve ser exercido não apenas para aplicar a lei como também para concretizar, de um modo geral, os valores e princípios políticos compartilhados na sociedade. Então, aplica-se e realiza-se o direito mais que a lei propriamente dita.

Nesse sentido, caberia à lei, como diretriz geral que contempla e procura acolher essa ordem de valores e princípios políticos, definir os parâmetros normativos e as estradas jurídicas a serem perfilhadas, e não detalhar e tecer minúcias quanto ao modo de trilhar tais caminhos e, ao administrador público, a instrumentalização da lei.

Diante da complexidade e a tecnicidade que notabilizam as sociedades contemporâneas, foi sendo reconhecida com o tempo, ou ao menos consentida tacitamente – de um modo ou de outro, ainda que *contra constitutionem*[192] – alguma forma de delegação normativa do Legislativo a órgãos do Poder Executivo, como exceção à via do legalismo *tout court*, e para fazer face à necessidade de suprir, de modo célere e adequado, as lacunas regulamentares que não raro travam o curso do desenvolvimento de determinados setores da sociedade e da economia e frustram, por ausência normativa, a consecução de interesses superiores dos cidadãos.

Veja-se o pensamento de Diogo de Figueiredo Moreira Neto[193] sobre a transição daquela fase racionalista que propugnava uma

---

[191] Conforme leciona Clèmerson Merlin Cléve, o poder político é indivisível, teoricamente, porque seu titular é o povo que não o divide, senão que, em face da ação do Poder Constituinte, confere o exercício a diferentes órgãos encarregados de exercer distintas tarefas ou atividades, ou ainda diferentes funções. Ademais, o poder é indivisível por natureza. Não corresponde a uma coisa que a ela se possa aceder, algo com fim e começo, um objeto capaz de ser tomado, destruído ou multiplicado (CLÈVE, Clèmerson Merlin. *Atividade legislativa do Poder Executivo*. 2. ed. São Paulo: Revista dos Tribunais, 2000. p. 30).

[192] "A crescente complexificação das matérias e a impossibilidade de o parlamento dar resposta pronta e conveniente a todas as exigências de um modelo de Estado de bem-estar conduziram a uma progressiva assunção de poderes normativos por parte do executivo, incluindo a permanente feitura de actos com força de lei cuja prática pelo executivo a Constituição configurava como tendo uma natureza excepcional, podendo falar-se, num primeiro momento, em tentativa de fraude à Constituição e hoje, atendendo a reiterada prática e à ausência de qualquer sancionamento judicial, será possível defender-se formação de um costume constitucional *contra constitutionem*" (OTERO, Paulo. *Legalidade e Administração Pública*: o sentido da vinculação administrativa à juridicidade. Coimbra: Almedina, 2003. p. 107-108).

[193] MOREIRA NETO, Diogo de Figueiredo. *Direito regulatório*: a alternativa participativa e flexível para a Administração Pública de relações setoriais complexas no Estado democrático. Rio de Janeiro: Renovar, 2003. p. 118; 124.

legalidade ortodoxa e totalmente avessa a qualquer tipo de delegação normativa para inaugurar, nas sociedades pluralistas e de massa, a fase de uma legalidade temperada, em que se admitia o instituto da delegação normativa, nos seguintes termos:

> Este princípio de reserva legal, que se constitui numa garantia individual fundamental, tem sido, por longa tradição, adotado nos ordenamentos constitucionais, ditando uma interpretação restritiva do princípio da separação de poderes, que assim prevaleceu durante um longo período de amadurecimento do Direito Público, passando por duas fases: a primeira, de absoluta inaceitação e, depois, da aceitação limitada da delegabilidade da função normativa [...] A lei, como conceito iluminista-racionalista, enquanto produto do Estado formalmente manifestado pelos órgãos legislativos constitucionais, parece ter atingido seu zênite como instrumento regrador de condutas sociais. Com efeito, o pluralismo, ao multiplicar os centros de poder na sociedade, tornando-a policrática, fez despontar novas fontes normativas autônomas e semi-autônomas que atuam com vantagem como sucedânea da norma legal. Por outro lado, a omnímoda submissão da sociedade a uma excessiva padronização e detalhamento de comportamentos por via legislativa, a pretexto de racionalizá-los e de impor critérios tidos como superiores, acaba paradoxalmente desservindo à ordem jurídica, não só por banalizá-la, como pelo desgaste que causa a babel provocada pelo incontrolável chorrilho legiferante a que se dedicam legisladores federais, estaduais e municipais de milhares de casas legislativas.

Nessa linha de considerações, surgiu em alguns países[194] a "delegação legislativa" para a edição de normas pelo Poder Executivo. O argumento utilizado é o de que o instituto se revelava uma necessidade do Estado Moderno, um expediente atenuador e de cooperação entre os poderes Legislativo e Executivo, sempre reservada a via do Judiciário para discutir a juridicidade de todo e qualquer ato normativo.

Delegação legislativa, no sentido ora focalizado,[195] é a transferência da função normativa atribuída originária e constitucionalmente ao Poder Legislativo a órgãos ou agentes especializados do próprio Legislativo

---

194 Conforme anota Clèmerson Clève, os regulamentos delegados são aceitos, por exemplo, na Espanha e na Itália. No Brasil, em determinado momento e sob os influxos da doutrina norte-americana, chegou-se a aceitar os regulamentos delegados sem maiores problemas (CLÈVE, Clèmerson Merlin. *Atividade legislativa do Poder Executivo*. 2. ed. São Paulo: Revista dos Tribunais, 2000. p. 301).

195 CASTRO, Carlos Roberto de Siqueira. *O Congresso Nacional e as delegações legislativas*. Rio de Janeiro: Forense, 1986. p. 81-82.

ou integrantes dos demais poderes do Estado. Seria assim o repasse da competência constitucional para a edição de normas jurídicas por meio da desconcentração de competência institucional do Estado (a competência legiferante), isso em virtude da pletora de atribuições assumidas pelo Poder Executivo que reduziu por toda parte a suficiência do Poder Legislativo para regrar juridicamente a miríade de aspectos e complexidades das dinâmicas relações sociais.[196]

Com a promulgação da Constituição Federal de 1988 não foi positivada a indelegabilidade normativa, a exemplo do ocorrido nas outras Cartas. Ao contrário, a matéria constou do art. 25 dos Atos das Disposições Constitucionais Transitórias para revogar tais delegações anteriormente outorgadas. Nesse artigo, revogaram-se todos os dispositivos legais que atribuíssem ou delegassem a órgão do Poder Executivo competência assinalada pela Constituição ao Congresso Nacional, especialmente no que tange à ação normativa.[197]

---

[196] De acordo com essa doutrina, duas, a rigor, são as espécies de delegação: a *nominada*, que emerge diretamente da Constituição, e a *inominada*, que advém da Constituição Federal ou do ordenamento infraconstitucional. A polêmica que envolve o tema se limita à segunda espécie – a delegação inominada – pois a primeira tem tratamento constitucional expresso. A delegação inominada compreende as variadas experiências de atribuição de função normativa sem a nomeação constitucional, e que costumeiramente se perfazem no curso da estruturação de determinado órgão da Administração direta ou indireta que, juntamente com sua missão executiva, recebe competência materialmente normativa para disciplinar, no mais das vezes, por via de resolução ou instrução normativa, o setor ou a atividade abrangida pelo serviço público assim descentralizado. Desde que não se trate de matéria de reserva estrita de lei, como se dá com a definição de tributos ou de crimes, ou desde que não se trate de matéria de competência exclusiva do Congresso Nacional, da Câmara dos Deputados ou do Senado, não há se falar em ilegalidade ou em usurpação de poderes ou competências quando o administrador editar normas no exercício de um poder delegado. Pois há, ou deve haver, em toda delegação, um fundamento legal. Castro sustentou que tais delegações decorrem ou devem decorrer de uma outorga legal e, desde que se atenham e sejam exercidas nos limites dos poderes que foram transferidos (*intra legem*), são compatíveis com a ordem jurídica, isto é, não são atentatórias do direito, antes, como já mencionado, decorrem até de uma exigência da vida moderna. De fato, para que a delegação normativa possa coadunar-se com os parâmetros da juridicidade, é imperioso que estejam presentes os seguintes requisitos: a) previsão na Constituição ou na lei formal; b) ato expresso de delegação da competência normativa; c) transferência da função legiferante ordinária ou a órgão ou agente de outro Poder do Estado; d) limitações fixadas pelo Poder Delegante; e) possibilidade de revogação e indelegabilidade da delegação; f) preservação da idêntica competência delegada pelo Poder Delegante; g) controle político do órgão delegante sobre a legislação delegada; h) controle jurisdicional sobre a observância pela autoridade delegada das condições e limites estabelecidos pelo Poder Legislativo no ato da delegação (CASTRO, Carlos Roberto de Siqueira. *O Congresso Nacional e as delegações legislativas*. Rio de Janeiro: Forense, 1986. p. 96).

[197] "Art. 25. Ficam revogados, a partir de cento e oitenta dias da promulgação da Constituição, sujeito este prazo a prorrogação por lei, todos os dispositivos legais que atribuam ou deleguem a órgão do Poder Executivo competência assinalada pela Constituição ao

Defende-se hoje a tese de que, com a nova Carta Política, estaria definitivamente sepultada qualquer possibilidade de delegação legislativa que não se dê por meio de lei delegada. Isso porque, no momento que a Constituição prevê expressamente a possibilidade de edição de lei delegada, parcela considerável desse exercício hermenêutico perde, efetivamente, qualquer sentido. Dessa forma, teria a Constituição da República de 1988 evitado o que ocorrera no passado para que isso não mais se repetisse no presente.[198]

Malgrado esse posicionamento, uma corrente doutrinária refere-se à função normativa para atuação regulatória como sendo uma "delegação de poderes" inominada. Vejam-se algumas manifestações.

Ao examinar a função legiferante à luz da teoria da separação dos poderes, o constitucionalista Alexandre de Moraes sustenta que as entidades reguladoras até poderão receber do Poder Legislativo, por meio de lei de iniciativa do Poder Executivo, uma "delegação" para exercer seu poder normativo de regulação. Contudo, compete ao Congresso Nacional a fixação das finalidades, dos objetivos básicos e da estrutura das agências, bem como a fiscalização de suas atividades.[199]

Marçal Justen Filho, inicialmente, afirma que o instituto da delegação legislativa não se aplica ao tema em estudo; entretanto, logo adiante, utiliza o termo ao afirmar que "pode se dar uma delegação normativa de cunho secundário".[200] Gustavo Binenbojm, ao comentar o disposto no art. 174 da Constituição Federal, destaca que a expressão "na forma da lei" significa que o legislador "poderá delegar" tais funções a entidades setoriais especializadas, as quais só ele pode criar.[201] Indo além do debate sobre delegação normativa, Tercio Sampaio Ferraz Júnior anota que, com a criação de entidades reguladoras, teria ocorrido "uma

Congresso Nacional, especialmente no que tange a: *I – ação normativa*" (Constituição de 1988 – Disposições Transitórias).

198 CLÈVE, Clèmerson Merlin. *Atividade legislativa do Poder Executivo*. 2. ed. São Paulo: Revista dos Tribunais, 2000. p. 304. Acerca dessa disposição do art. 25 das disposições transitórias do texto constitucional, vale conferir o já citado debate ocorrido no julgamento do Recurso Extraordinário n° 286.963-5, de Minas Gerais, em que foi relator o Ministro Sepúlveda Pertence. Neste aresto, houve um prolongado debate sobre a validade da Lei n° 4.595/64 na parte em que outorga poderes ao Conselho Monetário Nacional para dispor sobre as taxas de juros bancários por meio de normas editadas após o período de 180 (cento e oitenta) dias assinalado naquele artigo.

199 MORAES, Alexandre de. Agências reguladoras. *In:* MORAES, Alexandre de (Org.). *Agências reguladoras*. São Paulo: Atlas, 2002. p. 20.

200 JUSTEN FILHO, Marçal. *O direito das agências reguladoras independentes*. São Paulo: Dialética, 2002. p. 512-513.

201 BINENBOJM, Gustavo. *Uma teoria do direito administrativo*: direitos fundamentais, democracia e constitucionalização. Rio de Janeiro: Renovar, 2006. p. 155.

ostensiva delegação de poderes, quase-legislativos, outros quase-judiciais e outros quase-regulamentares".[202]

Se, de um lado, parte da interpretação doutrinária antes apresentada refere-se à atuação normativa das entidades reguladoras independentes como uma forma de "delegação", parece certo afastar esse rótulo ao perfilhar o entendimento de que não se trata da delegação legislativa, esta sim, positivada constitucionalmente.

Conforme lição de Alexandre Santos de Aragão,[203] nestes casos, há execução, pela Administração Pública, da lei, que, contudo, deixou de estabelecer maiores detalhes sobre a matéria legislada, fixando apenas *standards* e finalidades gerais. Leila Cuéllar também não compartilha do entendimento de que se trata de delegação de "poder normativo", na medida em que a delegação é sempre precária e excepcional. Caso a função normativa das entidades reguladoras derivasse de delegação, poderia, em tese, ser cassada essa competência, o que acarretaria extinção dos reguladores ou a frustração de sua natureza jurídica essencial, além de o controle dessas funções ser inviável no sistema brasileiro.[204]

As normas reguladoras são opções administrativas, também abstratas, embora formuladas com maior densidade técnica, visando à incidência sobre específicas relações interprivadas críticas que foram previamente deslegalizadas, voltadas, assim, não mais a aplicar uma regra legislativa predefinida, mas a equilibrar interesses e valores em concorrência por meio de uma nova regra a ser administrativamente definida pelo método da ponderação.[205]

Entende-se, dessa forma, que só há delegação quando se faculta ao regulamento a inovação absoluta como se lei fosse – o que, no caso, parece não ocorrer. Vale dizer, só se delega aquilo que se detém: *regulação é mais do que simplesmente baixar regras normativas*, fato esse que gera verdadeira "reserva do regulador".

---

[202] FERRAZ JÚNIOR, Tercio Sampaio. Agências reguladoras: legalidade e constitucionalidade. *Revista Tributária de Finanças Públicas*, Rio de Janeiro, v. 35, p. 143-158, nov./dez. 2000. p. 143-158.

[203] ARAGÃO, Alexandre Santos de. *Agências reguladoras e a evolução do direito administrativo econômico*. Rio de Janeiro: Forense, 2002. p. 411.

[204] CUÉLLAR, Leila. *As agências reguladoras e seu poder normativo*. São Paulo: Dialética, 2001. p. 116. No mesmo sentido, BACELLAR FILHO, Romeu Felipe. O poder normativo dos entes reguladores e a participação dos cidadãos nesta atividade. Serviços públicos e direitos fundamentais: os desafios da regulação na experiência brasileira. *Revista de Direito Administrativo*, Rio de Janeiro, v. 230, p. 153-162, out./dez. 2002. p. 160.

[205] MOREIRA NETO, Diogo de Figueiredo. *Direito regulatório*: a alternativa participativa e flexível para a Administração Pública de relações setoriais complexas no Estado democrático. Rio de Janeiro: Renovar, 2003. p. 114.

Esse, aliás, é o entendimento que vem prevalecendo nos Estados Unidos da América, berço da função regulatória. O fundamento argumentativo para essa interpretação consiste no fato de que as regras emanadas do Congresso (*statutes*) são genéricas e abstratas e, por isso, são expedidas em seu sentido estrito com *standards* e princípios inteligíveis. Por outro lado, as regras expedidas pelas agências são "subleis", que interpretam e dão concretude às leis aprovadas pelo Congresso. Por esse entendimento, as normas regulatórias não têm a mesma dimensão que as leis, de competência exclusiva do Congresso, não ferindo o texto constitucional. É outra categoria normativa que não foi desenvolvida pelos *Framers*.[206]

No direito brasileiro, as obrigações são criadas por lei e o poder regulamentar do presidente da República limita-se a fixar os parâmetros. De outra parte, permite o texto constitucional delegações do Legislativo ao Executivo nos termos do art. 68 da Constituição da República. Entretanto, "há todo um regime jurídico a ser observado, que certamente, não é a hipótese das agências reguladoras".[207]

Pelas normas regulatórias permite-se o exercício da capacidade técnica dessas entidades descentralizadas – tecnicismo –, para dispor com maior densidade sobre as matérias que lhe competem para equilibrar subsistemas complexos. Diversamente, as leis editadas pelo Poder Legislativo assumem caráter genérico, distante do cidadão e sem concretude; e os regulamentos elaborados pelo chefe do Poder Executivo representam uma manifestação política decidida em gabinetes herméticos à participação e controle da sociedade.

Nas palavras de Marcos Juruena Villela Souto,[208] o legislador não tem, necessariamente, o conhecimento técnico nem a proximidade dos fatos para editar a norma. Por isso, deve-se manter em um plano de generalidade para abrigar todas as situações, inviabilizando que se adentre em detalhes. Ademais, as normas sobre o funcionamento do

---

206 CUSHMAN, Robert E. *The independent regulatory commissions*. New York: Octagonn Books, 1972. p. 430 *et seq*.

207 FIGUEIREDO, Lúcia Valle. Intervenção do estado no domínio econômico e breves considerações sobre as agências reguladoras. *Revista de Direito Público da Economia – RDPE*, Belo Horizonte, n. 2, abr./jun. 2003. p. 267. Sobre a veiculação da delegação legislativa somente por meio de resolução, esta como meio formalmente idôneo, consulte-se o acórdão proferido na Ação Direta de Inconstitucionalidade nº 1.296-PE, em que foi relator o Ministro Celso de Mello, em julgamento ocorrido em 14.6.1995 perante o Plenário do Supremo Tribunal Federal.

208 SOUTO, Marcos Juruena Villela. *Direito administrativo regulatório*. Rio de Janeiro: Lumen Juris, 2002. p. 46.

mercado tendem a ser normas técnicas, econômicas e financeiras, que mudam com a evolução tecnológica ou comercial.

Se a lei cuidasse de cada detalhe, estaria constantemente desatualizada e provocaria a frequente necessidade de movimentação do Poder Legislativo. Conclusivamente, não há de se falar, em sede de normatização por reguladores independentes, de delegação do Poder Legislativo.

2.5.2 Inaplicabilidade do enquadramento da normativa regulatória como função regulamentar, de execução ou autônoma

Outro aspecto do debate acerca das funções normativas detidas pelas entidades reguladoras independentes volta-se à competência privativa do chefe do Poder Executivo para expedir regulamentos.[209] Este argumento é utilizado por alguns para justificar a escolha administrativa por entidades reguladoras independentes.

Sobre essa questão, Lúcia Valle Figueiredo,[210] ao afirmar que as determinações normativas oriundas das entidades reguladoras devem se limitar a aspectos técnicos estritamente pertinentes a usuários, sugere que a grande dúvida e celeuma que o tema traz envolve o conceito de regulação. Desse modo, a autora indaga se se difere regulação de regulamentação para, a seguir, concluir:

> *Se regulação for diferente de regulamentação, não haveria qualquer impedimento constitucional*, porque às agências reguladoras estaria reservada, dentro

---

[209] Segundo Oswaldo Aranha Bandeira de Mello, regulamentar é "desenvolver os preceitos constantes da lei, expressos ou implícitos, dentro da órbita por ela circunscrita, isto é, as diretrizes, em pormenor, por ela determinadas" (BANDEIRA DE MELLO, Oswaldo Aranha. *Princípios gerais de direito administrativo*. Rio de Janeiro: Forense, 1969. p. 314). Nas palavras de Bonifácio Fortes, "visa o regulamento desdobrar, ampliar, detalhadamente, o conteúdo da Lei. Com este propósito pode o regulamento dispor sobre o que a lei não cogitou, sem, no entanto, contrariar o seu espírito, pois a lei não pode prever todas as situações e minúcias. A lei dispõe apenas sobre a substância e os princípios, cabendo ao Executivo criar condições propícias à sua execução de tal forma que a sua efetivação se realize" (FORTES, Bonifácio. O poder regulamentar. *Revista de Direito Administrativo*, Rio de Janeiro, jul./set. 1961. p. 39).

[210] FIGUEIREDO, Lúcia Valle. Intervenção do estado no domínio econômico e breves considerações sobre as agências reguladoras. *Revista de Direito Público da Economia – RDPE*, Belo Horizonte, n. 2, abr./jun. 2003. p. 267.

daquela margem de liberdade técnica da interpretação, a fixação das condições de atuação dos setores por ela fiscalizados.[211]

Parece ser esta a reflexão crítica a ser enfrentada, haja vista que, na teoria clássica, editar regras corresponde à regulamentação. Veja-se, de início, a manifestação de J. J. Gomes Canotilho:

> A função de regulação (e de controle) de um determinado sector (mercado de valores mobiliários, comunicação social, energia, água e resíduos) atribuídas por lei a certas entidades independentes fará delas essencialmente autoridades reguladoras que estabelecem as regras e controlam a aplicação das normas. *Fixar "regras reguladoras" corresponde, tendencialmente, a regulamentar matérias no figurino clássico da administração pública.*[212]

Se, de um lado, o poder de decisão das questões de natureza política primária compete ao Poder Legislativo na edição de normas jurídicas, por outro é indisputável que a lei, regra geral, não consegue disciplinar o direito nos detalhes que a solução dos problemas cotidianos exige.[213]

Há necessidade de que o regulador tenha, em muitas situações, de atuar sem uma conduta totalmente predeterminada por uma regra legal, sempre, porém, balizado por certos limites jurídicos. Nesse contexto, a doutrina publicista, desde remota data, trilha o caminho do poder regulamentar para a consecução de tal desiderato, fundamentando, nessa linha de pensamento, a impossibilidade da "simples aplicação mecânica da lei"[214] pelo administrador público sem qualquer inovação. Este é o ponto. Tanto os que querem defender a função normativa das entidades reguladoras quanto aqueles que são contra levam o tema para esse campo de questões.

---

211 FIGUEIREDO, Lúcia Valle. Intervenção do estado no domínio econômico e breves considerações sobre as agências reguladoras. *Revista de Direito Público da Economia – RDPE*, Belo Horizonte, n. 2, abr./jun. 2003. p. 267.

212 CANOTILHO, José Joaquim Gomes. *Direto constitucional e teoria da Constituição*. 4. ed. Coimbra: Almedina, 2000. p. 818.

213 Segundo Teubner: "Temos de abandonar a visão do processo legislativo como constituindo primariamente uma espécie de emissor de informação para os sistemas sociais, já que não é o legislador que cria ordem nos subsistemas sociais mas são os próprios subsistemas que, lançando mão selectiva e arbitrariamente daquela, criam a sua própria ordem" (TEUBNER, Gunther. *O direito como sistema autopoiético*. Tradução de José Engrácia Antunes. Lisboa: Fundação Colouste Gulbenkian, 1993. p. 150-151).

214 BINENBOJM, Gustavo. *Uma teoria do direito administrativo*: direitos fundamentais, democracia e constitucionalização. Rio de Janeiro: Renovar, 2006. p. 157.

Cabe ressaltar, de início, que a polêmica doutrinária inicialmente suscitada acerca da função normativa das entidades reguladoras deve-se, em parte, ao fato de que a Constituição Federal, em seu art. 25 do Ato das Disposições Constitucionais Transitórias, revogou todos os dispositivos legais que atribuam ou deleguem a órgão do Poder Executivo competência assinalada ao Congresso Nacional.[215] Some-se a isso o fato de que a Constituição Federal de 1988 faz menção à criação de apenas dois agentes reguladores, sendo o primeiro referente ao controle e à fiscalização das concessões ou permissões dos serviços de telecomunicações, e o segundo refere-se às atividades econômicas voltadas à indústria do petróleo.[216]

Os argumentos utilizados a favor da admissão do exercício dessa função por essas entidades são a crise do princípio da legalidade e o surgimento de outras formas de produção normativa, a distinção entre relações jurídicas gerais e relações jurídicas especiais, a complexidade dos temas econômicos, e a necessidade de flexibilização e rápida adaptação das normas.[217] Contra esses argumentos, e sustentando que "quando a Constituição quis, ela deu competência normativa a órgãos administrativos",[218] Di Pietro aduz que a competência das agências reguladoras, constituídas à luz do texto constitucional, limita-se à regulação do contido na lei, no regulamento, no edital de privatização e nos contratos de concessão, desde que tais atos observem estritamente os parâmetros e princípios estabelecidos em lei.[219] Para essa publicista,

---

[215] Marcos Juruena Villela Souto adverte que esse dispositivo constitucional não vedou o exercício de funções normativas pela Administração e, sim, que os atos normativos infralegais editados sob a égide da CF/67 e EC nº 1/69 não foram recepcionados (SOUTO, Marcos Juruena Villela. *Direito administrativo regulatório*. Rio de Janeiro: Lumen Juris, 2002. p. 52).

[216] Como se vê, por exemplo, nas palavras de Mônica Nicida Garcia: "De acordo com o sistema jurídico vigente no Brasil [...] constituindo-se as agências reguladoras em autarquias, ainda que ditas de 'regime especial', sua função reguladora deveria ser limitada à expedição de atos estabelecendo regras gerais e abstratas de conduta, sempre de alcance limitado ao âmbito de atuação do órgão expedidor, exceção podendo ser feita à ANP e à ANATEL, cuja previsão constitucional poderia ser interpretada como autorizadora da expedição de normas inovadoras do ordenamento jurídico" (GARCIA, Mônica Nicida. A função reguladora do poder executivo. *Revista de Direito Constitucional e Internacional*, São Paulo, v. 38, p. 205-233, jan./mar. 2002. p. 228).

[217] DI PIETRO, Maria Sylvia Zanella. Limites da função reguladora das agências diante do princípio da legalidade. *In:* DI PIETRO, Maria Sylvia Zanella. *Direito regulatório*: temas polêmicos. Belo Horizonte: Fórum, 2003. p. 52.

[218] DI PIETRO, Maria Sylvia Zanella. Limites da função reguladora das agências diante do princípio da legalidade. *In:* DI PIETRO, Maria Sylvia Zanella. *Direito regulatório*: temas polêmicos. Belo Horizonte: Fórum, 2003. p. 52.

[219] DI PIETRO, Maria Sylvia Zanella. *Parcerias na Administração Pública*: concessão, permissão, franquia, terceirização, parceria público-privada e outras formas. 5. ed. São Paulo: Atlas, 2005. p. 192 *et seq*.

ainda que se entenda que essas agências exercem poder regulamentar, essa função não se equipara à exercida pelo chefe do Poder Executivo, mas se apresenta como novo tipo de direito.[220]

Nessa ordem de convicções, Di Pietro, em um dos primeiros trabalhos doutrinários sobre o tema em comento, defendia que a competência das entidades reguladoras se limitava às matérias relativas aos chamados regulamentos administrativos ou de organização, só podendo dizer respeito às relações entre os particulares que estão em situação de "sujeição especial" ao Estado.[221] Por esse pensamento, quaisquer atos emanados das entidades reguladoras que ensejam a edição de normas estariam contrariando o dispositivo constitucional que estabelece que o poder para editar regulamento da lei é atribuição exclusiva do chefe do Poder Executivo, e, ainda, estariam violando o princípio da legalidade previsto no inc. II do art. 5º da Constituição Federal.[222]

---

[220] DI PIETRO, Maria Sylvia Zanella. Limites da função reguladora das agências diante do princípio da legalidade. *In:* DI PIETRO, Maria Sylvia Zanella. *Direito regulatório*: temas polêmicos. Belo Horizonte: Fórum, 2003. p. 53.

[221] DI PIETRO, Maria Sylvia Zanella. *Parcerias na Administração Pública*: concessão, permissão, franquia, terceirização, parceria público-privada e outras formas. 3. ed. São Paulo: Atlas, 1999. p. 147. A autora reviu, em parte, seu posicionamento na 5ª edição da obra, editada em 2005, p. 203 *et seq*. Para um aprofundamento do tema da sujeição especial ver CABRAL DE MONCADA, Luis S. *Estudos de direito público*. Coimbra: Coimbra Ed., 2001. p. 223 *et seq*. Em relação a esse assunto diretamente ligado às agências reguladoras, ver JUSTEN FILHO, Marçal. *O direito das agências reguladoras independentes*. São Paulo: Dialética, 2002. p. 535.

[222] Sobre a questão da legalidade, eis o pensamento de Sebastião Botto de Barros Tojal: "Não se trata [...] de negar o reconhecimento do que se denominou aqui de perda da centralidade política da produção normativa, enfim, da perda do Poder Legislativo do monopólio da produção normativa. Nessa toada, é de reconhecer que a norma do art. 5º, inciso II, da Constituição Federal, em virtude da qual ninguém será obrigado a fazer ou deixar de fazer alguma coisa senão em virtude de lei, há de ser tomada como uma garantia constitucional de ninguém estar obrigado a fazer ou deixar de fazer alguma coisa senão em virtude da ação normativa do Estado. Nessa medida, salta a toda evidência que o que garante a legitimidade do comando normativo não é a retórica da legalidade formal, mas a materialidade desse mesmo comando normativo. Pretender o contrário, isto é, que a lei, como tal formalmente considerada, seja tomada como única fonte primária legítima de direitos e obrigações, implica desprestigiar o próprio texto constitucional, pelo que ele tem de mais caro, vale dizer, a condução do Estado no sentido da edificação de uma nova ordem econômica e social, legítima por seus próprios fundamentos e finalidades" (TOJAL, Sebastião Botto de Barros. Controle judicial da atividade normativa das agências reguladoras. *In:* MORAES, Alexandre de (Org.). *Agências reguladoras*. São Paulo: Atlas, 2002. p. 162). Sobre essas teorias, em especial acerca da questão da legitimidade das normas editadas pelas agências reguladoras, não enfrentada nesta obra em vista da complexidade do tema, ver CABRAL DE MONCADA, Luis S. *Direito económico*. 2. ed. Coimbra: Coimbra Ed., 1988. p. 61; BRUNA, Sérgio Varella. *Agências reguladoras*: poder normativo, consulta pública e revisão judicial. São Paulo: Revista dos Tribunais, 2003. p. 251; MATTOS, Paulo Todescan Lessa. Agências reguladoras e democracia. *In:* SALOMÃO FILHO, Calixto (Org.). *Regulação e desenvolvimento*. São Paulo: Malheiros, 2002. p. 182 *et seq*.

Como já se teve oportunidade de comentar,[223] Di Pietro ressalva que não há óbice de ordem jurídica aos atos normativos de efeitos concretos emanados de entidades reguladoras, ou seja, aqueles que, formalmente, se apresentam como atos normativos, mas que, quanto ao conteúdo, são verdadeiros atos administrativos. Por suas palavras:

> À medida que as agências vão se deparando com situações irregulares, com atividades que quebram o equilíbrio de mercado, que afetam a concorrência, que prejudicam o serviço público e seus usuários, que geram conflitos, *elas vão baixando atos normativos para decidir esses casos concretos*. Para esse tipo de ato também não há óbice de ordem jurídica. Eu diria que aí é que está o que há de mais típico na função reguladora: ela vai organizando determinado setor que lhe está afeto, respeitando o que resulta das normas superiores (e que garantem o aspecto de estabilidade, de continuidade, de perenidade) e adaptando as normas às situações concretas, naquilo que elas *permitem certa margem de flexibilidade ou de discricionariedade*.[224]

Conclusivamente, admite os atos normativos de entidades reguladoras que visam "interpretar ou explicitar conceitos indeterminados, especialmente de natureza técnica, contidos em lei e regulamentos".[225]

Em ensaio específico sobre as entidades reguladoras independentes, no qual sustenta que as características delas são "franca e irremediavelmente inconstitucionais (meras repartições públicas)", Eros Roberto Grau parece associar a função normativa dessas entidades

[223] GUERRA, Sérgio. Normatização por entidades reguladoras independentes: uma contribuição para o desafio da tecnicidade. *In:* GUERRA, Sérgio (Coord.). *Temas de direito regulatório*. Rio de Janeiro: Freitas Bastos, 2005. p. 5.

[224] DI PIETRO, Maria Sylvia Zanella. Limites da função reguladora das agências diante do princípio da legalidade. *In:* DI PIETRO, Maria Sylvia Zanella. *Direito regulatório*: temas polêmicos. Belo Horizonte: Fórum, 2003. p. 57-58. Grifos nossos. Veja-se, ainda, em DI PIETRO, Maria Sylvia Zanella. *Parcerias na Administração Pública*: concessão, permissão, franquia, terceirização, parceria público-privada e outras formas. 5. ed. São Paulo: Atlas, 2005. p. 205.

[225] A conclusão da mencionada autora acaba por conduzir o tema da função normativa das agências reguladoras à integração de conceitos jurídicos indeterminados e à discricionariedade administrativa (DI PIETRO, Maria Sylvia Zanella. Limites da função reguladora das agências diante do princípio da legalidade. *In:* DI PIETRO, Maria Sylvia Zanella. *Direito regulatório*: temas polêmicos. Belo Horizonte: Fórum, 2003. p. 58). Em sentido próximo, Lucia Valle Figueiredo sustenta que o poder regulamentar do presidente da República limita-se a fixar *standards* para a execução da lei, e que essa competência pertence exclusivamente ao chefe do Poder Executivo. Conclui no sentido de que a lei não pode dar às agências reguladoras papel normatizador em sentido estrito (FIGUEIREDO, Lúcia Valle. *Curso de direito administrativo*. 5. ed. São Paulo: Malheiros, 2001. p. 142).

ao poder regulamentar.[226] Celso Antônio Bandeira de Mello também comenta o exercício dessa função em determinadas situações restritas aos concessionários de serviços públicos. Para o jurista, nos casos em que suas disposições se voltem para concessionários ou permissionários de serviços públicos, pode haver normas e determinações de alçada do poder concedente, ou para quem esteja incluso no âmbito doméstico da Administração.[227]

Alguns doutrinadores favoráveis à corrente que sustenta a juridicidade da função normativa das agências reguladoras anotam que o poder regulamentar pode ser exercido por outras autoridades executivas, além do chefe do Poder Executivo.[228]

---

226 As agências reguladoras são "entidades ubicadas no cerne do Poder Executivo, desempenhando funções administrativas e normativas, estas últimas no exercício de capacidade regulamentar" (GRAU, Eros Roberto. As agências, essas repartições públicas. *In:* SALOMÃO FILHO, Calixto (Org.). *Regulação e desenvolvimento*. São Paulo: Malheiros, 2002. p. 27-28).

227 E conclui: "cabe-lhes expedir normas que se encontrem abrangidas pelo campo da chamada 'supremacia especial'" (BANDEIRA DE MELLO, Celso Antônio. *Curso de direito administrativo*. 21. ed. rev. e atual. São Paulo: Malheiros, 2006. p. 151). Marçal Justen Filho admite que seja conferida função normativa às agências reguladoras. É certo que uma leitura menos atenta de sua doutrina pode levar o leitor ao entendimento de que o autor é contrário à corrente doutrinária que sustenta a conferência dessa função às agências reguladoras. No entanto, parece-nos que esse doutrinador apresenta sua crítica à tese que defende o exercício, pelas agências reguladoras, de uma competência normativa autônoma (JUSTEN FILHO, Marçal. *O direito das agências reguladoras independentes*. São Paulo: Dialética, 2002. p. 498 *et seq*.). Diz o autor: "O princípio da legalidade significa a ausência de poder normativo da agência para instituir norma jurídica que não tenha sido, anteriormente, delineada legislativamente. Como já destacado, a instituição de uma norma faz-se pela previsão de uma hipótese de incidência a que se vincula um mandamento. O princípio da legalidade impõe que uma lei tenha previsto alguns aspectos da hipótese e o núcleo do mandamento normativo. Caberá à agência complementar essa espécie de espaço normativo em branco, que se verifica a propósito da norma editada legislativamente. [...]... não há defeito se a lei produzir a descrição sumária de uma hipótese e estabelecer os aspectos fundamentais do mandamento, atribuindo à agência a competência para, em face das circunstâncias e tomando em vista os critérios mais apropriados, editar atos que complementem a disciplina normativa – entendendo-se por isso a enunciação das demais circunstâncias de fato constituintes da hipótese e ângulos complementares do mandamento" (p. 523).

228 Nesse sentido, Marçal Justen Filho (*O direito das agências reguladoras independentes*. São Paulo: Dialética, 2002. p. 519), ao tecer uma série de considerações acerca do poder regulamentar, aduz que a competência para editar regulamentos não é privativa do presidente da República, ou seja, a redação do art. 84, IV, da CF/88, não significa uma reserva constitucional privativa para o presidente da República editar normas gerais, de natureza regulamentar, visando à perfeita execução das leis. Assim, para o autor, essa competência se distribui entre as diversas entidades integrantes da Administração Pública. Sobre o tema, e com apoio em Arnoldo Wald e Victor Nunes Leal, Leila Cuéllar (*As agências reguladoras e seu poder normativo*. São Paulo: Dialética, 2001. p. 117) sustenta que se reconhece na atualidade que a função regulamentar pode ser exercida não somente pelo presidente da República, mas também pelos ministros de estado e por órgãos e entidades da Administração Pública, como as autarquias. Desse modo, afirma a autora que as agências reguladoras, por serem autarquias integrantes da Administração indireta, "podem deter competência regulamentar". Egon Bockmann Moreira

Parece não haver dúvidas quanto à juridicidade de as entidades reguladoras exercerem uma função normativa, desde que observadas as normas hierarquicamente superiores, a exemplo de diversas outras autarquias, especiais ou não. Isto compreendendo-se essa função normativa como não sendo primária,[229] e sim medidas tipicamente regulatórias,[230] haja vista que, entre nós, a função normativa primária é precípua do Poder Legislativo, sendo exercida de modo extravagante pelo Poder Executivo, seja por meio de medidas provisórias ou delegação legislativa –[231] casos em que não se enquadra a função normativa ora em comento.

Por sua vez, além dos regulamentos destinarem-se a dar fiel execução à lei,[232] e, nesse caso, estarem a ela vinculados, sustenta-se, doutrinariamente, a existência de *regulamentos autônomos* na função normativa das entidades reguladoras, supostamente expedidos dentro

---

(Agências administrativas, poder regulamentar e o sistema financeiro nacional. *Revista Diálogo Jurídico*, Salvador, v. 1, n. 7, out. 2001. Disponível em: http://www.direitopublico.com.br. Acesso em: 25 mar. 2006) também admite essa tese ao dizer que o presidente da República e os ministros de estado são titulares de competência constitucional para expedir decretos, regulamentos e instruções para a fiel execução das leis, mas tal previsão não é exaustiva e supressora de outros títulos competenciais, detidos pelas demais entidades da Administração Pública. Nesse sentido, sustenta que cada qual detém, dentro de seu âmbito de atuação e, na medida da competência a si conferida, possibilidade de emanar regulamentos.

229 Sobre a primariedade das normas, Eros Roberto Grau leciona que "os ordenamentos jurídicos são referidos como primários porque se impõem, aos grupos sociais a que respeitam, por virtude própria, isto é, por força primária – tal como ocorre com as normas. Assim, se o caráter inovador da norma o peculiariza, seus reflexos, em termos de inovação – para que existam como tais –, penetram o próprio ordenamento. Por isso que a norma configura inovação no ordenamento jurídico e, daí, é de ser definida como preceito primário. A característica da inovação, destarte, está subsumida na primariedade da norma" (GRAU, Eros Roberto. *O direito posto e o direito pressuposto*. São Paulo: Malheiros, 2002. p. 239).

230 MOREIRA NETO, Diogo de Figueiredo. *Direito regulatório*: a alternativa participativa e flexível para a Administração Pública de relações setoriais complexas no Estado democrático. Rio de Janeiro: Renovar, 2003. p. 108-109.

231 Veja-se como devem ser os procedimentos para as delegações legislativas a teor do que dispõe o art. 68 da Constituição de 1988: "As leis delegadas serão elaboradas pelo Presidente da República, que deverá solicitar a delegação ao Congresso Nacional. §1° Não serão objeto de delegação os atos de competência exclusiva do Congresso Nacional, os de competência privativa da Câmara dos Deputados ou do Senado Federal, a matéria reservada à lei complementar, nem a legislação sobre: I - organização do Poder Judiciário e do Ministério Público, a carreira e a garantia de seus membros; II - nacionalidade, cidadania, direitos individuais, políticos e eleitorais; III - planos plurianuais, diretrizes orçamentárias e orçamentos. §2° A delegação ao Presidente da República *terá a forma de resolução do Congresso Nacional, que especificará seu conteúdo e os termos de seu exercício*. §3° Se a resolução determinar a apreciação do projeto pelo Congresso Nacional, este a fará em votação única, vedada qualquer emenda".

232 Uma ampla sistematização dos regulamentos é feita por CAETANO, Marcello. *Princípios fundamentais do direito administrativo*. 2. reimpr. portuguesa da edição brasileira de 1977. Coimbra: Almedina, 2003. p. 79-85.

da competência discricionária conferida por lei à Administração.[233] Para alguns autores,[234] há um excesso de rigorismo na doutrina publicista pátria que advoga o purismo nessa matéria, no sentido de não admitir a teoria dos regulamentos autônomos em nosso ordenamento jurídico, mas, sim, e tão apenas, a do regulamento por decreto executivo, dito regulamentar, que se presta a detalhar a lei quanto a seu modo de execução, e que deve orientar-se *secundum legem*, jamais *praeter-legem*.[235] Isto é, deve traduzir-se no fiel detalhamento das condições de realização de direitos, deveres e demais disposições normativas previstas, explícita ou implicitamente, na lei que lhe confere fundamento de validade.

O argumento presente é de que há certas hipóteses em que não é possível conferir fiel regulamentação à lei sem dispor sobre certos aspectos implícitos na *ratio essendi* daquela, e sem cuja normatização,

---

233 Sobre essa espécie de regulamento, colhe-se a manifestação doutrinária de Castro: "Chega-se, assim, ao regulamento autônomo, instituto tão atual quanto problemático e que insta ser bem distinguido da delegação legislativa. Trata-se de ato administrativo normativo incondicionado à lei ordinária, pelo qual o governo edita normas com arrimo na reserva regulamentar autônoma prevista expressa ou implicitamente em algumas constituições da atualidade e que expressam genuíno poder legislativo governamental. Cuida-se, enfim, de normas editadas com base na competência discricionária do Executivo e destinadas a disciplinar setores não ocupados pela legislação, mas para os quais não subsiste reserva legal por imperativo da Constituição. Como já se sustentou, 'o regulamento autônomo, ainda que não tenha poderes derrogatórios de normas legais, em sentido formal, isto é, não prospere 'contra legem', cria direito novo, sem que se fundamente em lei que esteja regulando ou que lhe delegue competência para outras disciplinas 'intra legem', porque se alicerça na competência discricionária da Administração, criando direito novo 'praeter legem'. [...] A jurisprudência liberal e tradicionalista, mormente aquela que floresceu a sombra da Constituição de 1946, também repudia a utilização do regulamento para a criação de direitos e obrigações independentes da lei formal. Contudo, essa orientação tem sido minimizada através dos tempos, conforme deixa entrever o enunciado da Súmula 186 do Supremo Tribunal Federal. A tendência hoje, portanto, em sintonia com os reclamos da moderna administração pública, é de se permitir o exercício do poder regulamentar autônomo, desde que, segundo esclarece com propriedade Diogenes Gasparini, 'calcada numa expressa disposição da Lei Maior ou no costume constitucional, ou, ainda, na construção do próprio texto'" (CASTRO, Carlos Roberto de Siqueira. *O Congresso Nacional e as delegações legislativas*. Rio de Janeiro: Forense, 1986. p. 121-125).

234 Confira-se em GRAU, Eros Roberto. *O direito posto e o direito pressuposto*. São Paulo: Malheiros, 2002. p. 252. Sobre a questão dos regulamentos autônomos após a Emenda Constitucional nº 32/2001, ver BRUNA, Sérgio Varella. *Agências reguladoras*: poder normativo, consulta pública e revisão judicial. São Paulo: Revista dos Tribunais, 2003. p. 89-91 e BINENBOJM, Gustavo. *Uma teoria do direito administrativo*: direitos fundamentais, democracia e constitucionalização. Rio de Janeiro: Renovar, 2006. p. 160 *et seq*.

235 Cabral de Moncada, ao comentar o alcance inicial do princípio da legalidade, tendo como pano de fundo a relação de forças políticas entre o parlamento e o executivo monárquico, anota que o Poder Executivo dispunha de poder regulamentar autônomo em áreas que a lei não aparecesse, sob a veste de um poder regulamentar *praeter-legem* (CABRAL DE MONCADA, Luis S. *Lei e regulamento*. Coimbra: Coimbra Ed., 2002. p. 73).

por inteiro, e em todos seus aspectos, sobretudo os de ordem técnica, não é possível conferir-lhe fiel executoriedade.

Em sede pretoriana, o Supremo Tribunal Federal tem admitido os regulamentos autônomos,[236] ao passo que em diversos julgados o Superior Tribunal de Justiça os repele.[237]

Todo esse debate, a nosso sentir, acaba por conduzir o tema para o sítio da discricionariedade, não se aplicando, portanto, às escolhas regulatórias. A expedição de regulamentos corresponde à atuação da Administração pela via da discricionariedade – pois alguma margem de discricionariedade sempre é legada ao administrador, tanto mais quando se trata de estabelecer critérios e condições de possibilidade de execução da lei –,[238] operando, assim, *intra legem*. De fato, a escolha discricionária não se exerce à margem da lei, mas, em determinadas situações, ainda é um meio de aplicá-la.[239]

---

[236] O Supremo Tribunal Federal admite analisar a constitucionalidade dos regulamentos autônomos. Exemplo desse posicionamento está no Agravo Regimental na Ação Direta de Inconstitucionalidade nº 2.950-9, Rio de Janeiro, julgado em 6.10.2004. O relator vencido foi o Ministro Marco Aurélio e o ministro-relator para lavratura do acórdão foi Eros Grau. Assim foi publicado o aresto em comento: "AGRAVO REGIMENTAL NA AÇÃO DIRETA DE INCONSTITUCIONALIDADE. AÇÃO DIRETA QUE QUESTIONA A CONSTITUCIONALIDADE DE DECRETO ESTADUAL. FUNÇÃO NORMATIVA, REGULAMENTO E REGIMENTO. ATO NORMATIVO QUE DESAFIA O CONTROLE DE CONSTITUCIONALIDADE CONCENTRADO. NEGATIVA DE SEGUIMENTO. ARTIGO 102, INCISO I, ALÍNEA 'a', DA CONSTITUIÇÃO DO BRASIL. REFORMA DO ATO QUE NEGOU SEGUIMENTO À ADI. 1. Estão sujeitos ao controle de constitucionalidade concentrado os atos normativos, expressões da função normativa, cujas espécies compreendem a função regulamentar (do Executivo), a função regimental (do Judiciário) e a função legislativa (do Legislativo). Os decretos que veiculam ato normativo também devem sujeitar-se ao controle de constitucionalidade exercido pelo Supremo Tribunal Federal. 2. O Poder Legislativo não detém o monopólio da função normativa, mas apenas de uma parcela dela, a função legislativa. 3. Agravo regimental provido".

[237] Como exemplo, o REsp nº 778.338/DF, em que foi relator o Ministro Luiz Fux, perante a 1ª Turma. Esse julgamento ocorreu em 12.3.2007, e obteve a seguinte ementa: "ADMINISTRATIVO E PROCESSUAL CIVIL. RECURSO ESPECIAL. VIOLAÇÃO A DECRETO NÃO CONFIGURADA. CONSELHO FEDERAL DE MEDICINA VETERINÁRIA. EXAME NACIONAL DE CERTIFICAÇÃO PROFISSIONAL. DESCABIMENTO. ACÓRDÃO CALCADO NO PRINCÍPIO DA LEGALIDADE. 1. [...] 3. A imposição do registro não pode ser inaugurada por Resolução, haja vista que o ato administrativo de caráter normativo subordina-se ao ordenamento jurídico hierarquicamente superior, *in casu*, à lei e à Constituição Federal, não sendo admissível que o poder regulamentar extrapole seus limites, ensejando a edição dos chamados 'regulamentos autônomos', vedados em nosso ordenamento jurídico".

[238] Essa afirmação, para sua correta compreensão da linha seguida nesta tese, deve ser lida no contexto exposto em 2.3.

[239] Elucidativa é a lição de Garcia Oviedo acerca da distinção entre arbitrariedade e agir discricionariamente: "Agir discricionariamente equivale a agir livremente, ainda que acomodando a conduta a um fim público específico: fim fiscal, fim de polícia etc. [...] A diferença entre ato discricionário e ato arbitrário percebe-se claramente: é uma diferença teleológica. O ato discricionário se converte em ato arbitrário, quando a Administração não

2.5.3 Enquadramento dos regulamentos no sítio da discricionariedade administrativa

Tanto a delegação legislativa quanto a teoria dos regulamentos não trazem respostas seguras para o enfrentamento da regulação normativa por meio das entidades reguladoras, por não se enquadrarem na modalidade tradicional de regulamentação secundária.[240]

Diante de todo esse debate doutrinário, tanto faz, a nosso ver, falar-se, no caso, quer em regulamento delegado, quer em regulamento executivo ou autônomo incidente, sobre o sítio da discricionariedade. Em essência, é tudo o mesmo, pois se operam dentro dos padrões legais e, portanto, *intra legem*, com as críticas apontadas nesta obra sobre esse instituto.

Acerca do tema, vale colacionar os comentários de Clèmerson Merlin Clève:[241]

> Nesse campo, a Administração atua em virtude de delegação (autorização) do Legislativo, podem afirmar alguns. Aí, não há delegação, porque a Administração simplesmente executa a lei, podem afirmar outros. *Ora, admita-se que a diferença entre as posições é meramente nominal*. Designados como regulamentos delegados ou como regulamentos de execução, os rótulos indicam realidade fenomênica única. Idênticos fenômenos, embora com nomes distintos. Ambos constituem regulamento *intra legem*, aceitos não apenas pela doutrina, como também pela jurisprudência. Com efeito, o Supremo Tribunal Federal, em acórdão prolatado ainda sob a égide da Constituição de 1946, mais perfeitamente compatível com a ordem constitucional em vigor, decidiu que o princípio da indelegabilidade não exclui certas medidas a serem adotadas pelo órgão executor no tocante a fatos e operações de natureza técnica, dos quais dependerá a aplicação da lei.

Diogo de Figueiredo Moreira Neto esclarece a questão ao anotar que, além da modalidade tradicional da regulamentação secundária, que produz efeitos incontroversos como característica dos órgãos

---

ajusta sua conduta ao fim em vista do qual a lei o autorizou. Por exemplo, se a Administração realizou um ato autorizado por uma lei de polícia ou de sanidade com um fim fiscal ou político. É o caso do chamado desvio de poder introduzido pelo direito francês" (GARCIA OVIEDO, C. *Derecho administrativo*. 8. ed. Madrid: E.I.S.A., 1962. p. 245-246. v. 1).

240 Até porque o art. 84 da Constituição Federal dispõe que compete privativamente ao chefe do Poder Executivo o poder regulamentar.

241 CLÈVE, Clèmerson Merlin. *Atividade legislativa do Poder Executivo*. 2. ed. São Paulo: Revista dos Tribunais, 2000. p. 307. Grifos nossos.

administrativos, existem medidas tipicamente regulatórias, que se caracterizam por seus efeitos extroversos sobre as matérias deslegalizadas e na estrita medida em que o tenham sido.[242] Esse mesmo jurista, ao examinar os limites da competência normativa outorgada às entidades reguladoras autônomas de serviços públicos, adverte que ultrapassar tais limites, ao acrescentar às normas reguladoras critérios político-administrativos onde não deveriam existir, caracteriza invasão de poderes que são próprios à esfera das decisões do Poder Legislativo e propositadamente retirados dos agentes da burocracia administrativa direta.[243]

Com efeito, as entidades reguladoras não recebem competências do Legislativo para formular normas abertas conformadas por aspectos políticos; por isso, e considerando ser "extremamente difícil submetê-las a uma ordem hierárquica definida",[244] devem merecer um novo enquadramento na clássica pirâmide normativa[245] prevista no vigente texto constitucional brasileiro.

É indene de dúvidas que, no ordenamento jurídico brasileiro, a Constituição Federal está no grau mais elevado da hierarquia, à qual todas as demais normas devem se adaptar. Em ordem decrescente, têm-se as leis complementares, as leis ordinárias, os decretos e os demais regulamentos e atos normativos inferiores. Nestes incluem-se as instruções, portarias e resoluções, que, em virtude do princípio da legalidade, têm caráter estritamente subordinado e dependente de lei.[246]

---

[242] MOREIRA NETO, Diogo de Figueiredo. *Direito regulatório*: a alternativa participativa e flexível para a Administração Pública de relações setoriais complexas no Estado democrático. Rio de Janeiro: Renovar, 2003. p. 108-109.

[243] MOREIRA NETO, Diogo de Figueiredo. Agência nacional de vigilância sanitária: natureza jurídica, competência normativa, limites dos poderes regulatórios. *Revista de Direito Administrativo*, Rio de Janeiro, v. 215, p. 71-83, jan./mar. 1999. p. 71-83.

[244] MOREIRA NETO, Diogo de Figueiredo. *Mutações do direito público*. Rio de Janeiro: Renovar, 2006. p. 40.

[245] Há de se interpretar a questão da hierarquia à luz da teoria principiológica e dos valores, pois não se interpreta a lei em tiras, ou aos pedaços, muito menos a Constituição. Como observa Pietro Perlingieri, "pensar que se possa interpretar a norma singular 'na sua nudez linguística, como realidade solitária, irregular, errante', torna-se, de um ponto de vista lógico, uma petição de princípio e, de um ponto de vista axiológico, uma escolha não conforme à vigente hierarquia das fontes e dos valores" (PERLINGIERI, Pietro. *Perfis do direito civil*: introdução ao direito civil constitucional. Tradução de Maria Cristina De Cicco. Rio de Janeiro: Renovar, 2002. p. 79; 101).

[246] Bem a propósito da ora cogitada hierarquia das leis, vale a transcrição de nota doutrinária de J. J. Gomes Canotilho, nos seguintes termos: "A ideia básica do princípio da hierarquia é esta: os actos normativos (leis, decretos-leis, tratados, decretos legislativos regionais, regulamentos) não têm todos a mesma hierarquia, isto é não se situam num plano de horizontalidade uns em relação aos outros, mas sim num plano de verticalidade, à semelhança de uma pirâmide

Contudo, em nosso sistema constitucional, essencialmente um sistema normativo de valores – ora contrapostos, ora afinados, mas que se pretendem sempre harmônicos – marcado pela "hegemonia axiológica dos princípios",[247] "nenhuma norma de direito positivo se encontra isolada em si, mas sempre inserida dentro de um contexto formado pela ordem jurídica no seu conjunto".[248] Desse modo, "perante um problema a resolver, não se aplica, apenas, a norma primacialmente vocacionada para a solução: todo o Direito é chamado a depor".[249]

Daí que a missão das entidades reguladoras dotadas de autonomia e certa independência, como pré-intérpretes da Constituição[250] mediante um trabalho exegético que procure encontrar, na "autorreferência do subsistema",[251] uma solução de concordância prática entre as normas constitucionais em tese aplicáveis a determinado caso concreto, submetido à regulação, é a de fugir dos reducionismos do pensamento catalogatório da hierarquia normativa e simplificado sob a forma piramidal,[252] tudo isso com vistas a aguçar e intensificar – à luz das

---

jurídica" (CANOTILHO, José Joaquim Gomes. *Direto constitucional e teoria da Constituição*. 4. ed. Coimbra: Almedina, 2000. p. 680).

247 BONAVIDES, Paulo. *Curso de direito constitucional*. 12. ed. São Paulo: Malheiros, 2002. p. 237.

248 MÜLLER, Friedrich. *Discours de la méthode juridique*. Tradução de Olivier Jouanjan. Paris: Presses Universitaires de France, 1996. p. 275.

249 CORDEIRO, Antonio Menezes. Introdução. *In:* CANARIS, Claus-Wilhelm. *Pensamento sistemático e conceito de sistema na ciência do direito*. Lisboa: Fundação Calouste Gulbenkian, 1996. p. CXI.

250 Com predomínio do papel do julgador na "filtragem" constitucional, Peter Häberle apresentou uma teoria metodológica (1975) sob o ponto de vista epistemológico, voltada à sociedade aberta. A essência dessa metódica se atém à ampliação dos intérpretes da constituição, que inclui, além do Poder Judiciário, os cidadãos e os órgãos estatais, que passam a constituir força produtiva de interpretação, ao menos como pré-intérpretes (*Vorinterpreten*) do complexo normativo constitucional (HÄBERLE, Peter. *Hermenêutica constitucional*: a sociedade aberta dos intérpretes da constituição: contribuição para a interpretação pluralista e "procedimental" da constituição. Tradução de Gilmar Ferreira Mendes. Porto Alegre: Sergio Antonio Fabris, 1997. Reimpr. 2002). Gilmar Ferreira Mendes esclarece esse ponto na apresentação da citada obra de Häberle (p. 9-10): "A norma não é uma decisão prévia, simples e acabada, tem-se, necessariamente, de indagar sobre os participantes no seu desenvolvimento funcional sobre as forças ativas da *law in public action*. A ampliação do círculo dos intérpretes constituiria para Häberle apenas uma consequência da necessidade de integração da realidade no processo de interpretação".

251 Nos termos apresentados em 2.6.2.

252 "O marco regulatório dos serviços públicos é constituído de elementos *que não se relacionam apenas de maneira piramidal*, havendo uma teia normativa disposta de forma flexível e inter-relacionável, que produz fluxos normativos multidirecionais, tanto de forma horizontal (normas de idêntica hierarquia), como vertical (normas de hierarquia diversa integrantes do mesmo setor normativo) e diagonalmente (normas de hierarquia diversa integrante de distintos setores normativos – ex.: resolução da ANATEL versus lei consumerista)"

especificidades do caso concreto – o questionamento normativo em sua pluralidade, estabelecendo conexões de valor entre as normas.[253]

Com isso, editar atos normativos regulatórios representa a materialização de escolhas, com base na Constituição Federal e na lei, que busquem confrontar o problema a ser solucionado em face da Constituição, e os bens e valores jurídicos que ali estariam conflitando, estabelecendo-se qual ou quais desses valores em conflito deverá prevalecer.

Na lição de Meilán Gil,[254] a função normativa do Estado pode dirigir-se tanto à regulação dos meios e requisitos técnicos para a prestação do serviço, de acordo com as inovações que se produzem, como redefinindo o conteúdo das obrigações. E afirma: "una adecuada apreciación de la realidad social obligará a ponderar la amplitud de esa potestad normativa".

Desse modo, normas editadas por entidades reguladoras devem, em tese, obedecer aos preceitos legais – *standards*[255] e princípios inteligíveis –,[256] pois a Administração Pública não tem um poder normativo incondicional e geral, como ocorre com o Poder Legislativo.[257] Entretanto,

---

(ARAGÃO, Alexandre Santos de. *Direito dos serviços públicos*. Rio de Janeiro: Forense, 2007. p. 370. Grifos nossos).

253 Patrícia Baptista, com arrimo em Marco Bombardelli, Sabino Cassese e Jerry Mashaw, argumenta que "no correr do século XX, ocorreu uma significativa multiplicação dos centros de decisão no interior da própria Administrativa. Foram criadas agências, empresas e entes autônomos em profusão, de modo que hoje não existe só uma, mas várias Administrações Públicas. Dentre essas diversas Administrações, algumas, inclusive, apresentam relativa independência normativa e certa autonomia em relação ao poder central. Ora, diante de um tal cenário, é até risível pretender continuar reconduzindo a legitimidade da Administração àquela do chefe do Poder Executivo, sobretudo no que diz respeito ao poder de realizar escolhas discricionárias. Ainda mais quando se sabe que uma enorme parcela da atividade administrativa pública passa inteiramente ao largo daquele mandatário ou mesmo de seus delegatários mais diretos" (BAPTISTA, Patrícia. *Transformações do direito administrativo*. Rio de Janeiro: Renovar, 2003. p. 125.

254 MEILÁN GIL, José Luis. *Progreso tecnológico y servicios públicos*. Madrid: Civitas, 2006. p. 126.

255 CABRAL DE MONCADA, Luis S. *Lei e regulamento*. Coimbra: Coimbra Ed., 2002. p. 23.

256 DELEO, John D. *Administrative law*. New York: Delmar Gengage Learning, 2008. p. 17.

257 Nesse sentido, tem-se a oportunidade de transcrever a manifestação de Celso Antônio Bandeira de Mello adotada contra a função normativa das agências reguladoras: "Reitera-se, pois, neste campo, a submissão total ou parcial dos atos administrativos à lei, ao encarecer-se que só por lei é possível restringir a liberdade econômica. [...] Este último traço é que faz do regulamento, além de regra de menor força jurídica que a lei, norma dependente dela, pois forçosamente a pressupõe, sem o quê nada poderia dispor. No Direito pátrio, sem lei não haveria espaço jurídico para o regulamento" (BANDEIRA DE MELLO, Celso Antônio. *Curso de direito administrativo*. 21. ed. rev. e atual. São Paulo: Malheiros, 2006. p. 315). Em complemento ao mesmo entendimento, Castro já se pronunciou sobre o tema, nos termos seguintes: "Assim, qualquer excesso do poder regulamentar, ou seja, qualquer

não se pode enquadrar essas normas como sendo função regulamentar da lei, de competência do presidente da República, pois, em termos de regulação de atividades econômicas, a lei não consegue tudo prever, havendo um espaço normativo de "reserva do regulador".[258] Assim, a polêmica acerca da função normativa das entidades reguladoras se insere em uma discussão mais profunda, que envolve sua adaptação ao sistema tripartite oitocentista, subsumido no princípio da separação e do equilíbrio entre os poderes estatais, que impõe também uma revisão da hierarquia normativa.[259]

---

desconformidade com a lei matriz v.g., a criação de obrigações ou supressão de direitos não previstos na lei regulamentada, importa em quebra da legalidade por abuso de poder, segundo a festejada lição de San Tiago Dantas, ao expor: 'sempre que um regulamento sobre matéria já disciplinada em lei, depara-se-nos o problema da perfeita adequação do regulamento ao texto da lei. E isso porque, sendo o regulamento uma simples particularização ou desenvolvimento da lei, a cujo espírito deve incondicional obediência, será ilegal e, portanto, inaplicável a disposição regulamentar que se puser em oposição ao comando do Legislativo, seja por contradizê-lo, seja por alargar ou reduzir o âmbito de suas palavras'. E mesmo a sua utilização para finalidades espúrias e não visadas pelo legislador do diploma subordinante pode deflagrar os mecanismos para a anulação por desvio de poder" (CASTRO, Carlos Roberto Siqueira. *O devido processo legal e a razoabilidade das leis na nova Constituição do Brasil*. 2. ed. Rio de Janeiro: Forense, 1989. p. 125). E, tratando especificamente das normas editadas pelas agências reguladoras, esse constitucionalista assim averbou: "Dada a natureza subalterna e infralegal dos atos de caráter normativo (deliberações, resoluções etc.) editáveis pelas agências regulatórias, os mesmos devem indispensavelmente guardar observância às normas e princípios constitucionais, como também às normas e princípios constantes da legislação complementar ou ordinária dita pelo Poder Legislativo, que detém o poder legislativo primário. Com efeito, a suposta reserva material regulatória titulada por tais agências, para editar regramentos na área técnica de suas respectivas competências setoriais, não possui aptidão, tampouco hierarquia juspositiva, para indispor-se contra os atos legislativos formais aprovados pelo Congresso Nacional" (CASTRO, Carlos Roberto Siqueira. *A constituição aberta e os direitos fundamentais:* ensaios sobre o constitucionalismo pós-moderno e comunitário. Rio de Janeiro: Forense, 2003. p. 213). Edmir Netto de Araújo, admitindo a edição de atos administrativos que significam o exercício do "poder normativo" das entidades reguladoras, denota que a função normativa das agências reguladoras, ou seja, a "função não regulamentar", vincula-se às normas legais pertinentes, sem inovar na ordem jurídica, e não é o de regulamentar leis e muito menos situações jurídicas autônomas (leis em sentido material) que criem direitos, deveres ou penalidades (ARAÚJO, Edmir Netto de. A aparente autonomia das agências reguladoras. *In:* MORAES, Alexandre de (Org.). *Agências reguladoras*. São Paulo: Atlas, 2002. p. 41).

[258] Acerca dessa afirmação, remete-se o leitor para 1.5.4.

[259] A doutrina, em um outro contexto, identificou a importância crescente dos chamados "regulamentos autorizados" (ou "autorizativos"), isto é, aqueles que dispõem sobre matérias que, embora não cheguem a serem disciplinadas detalhadamente em lei formal, mas nela encontram seu fundamento de validade. Veja, acerca dos regulamentos autorizados, o pensamento de Eros Roberto Grau (*O direito posto e o direito pressuposto*. São Paulo: Malheiros, 2002. p. 252). Fabrício Motta denomina de "remissões normativas" os casos em que a lei "reenvia a um ato normativo inferior e posterior, a ser elaborado pela Administração, a regulação de certos elementos que complementam a ordenação estabelecida na própria lei" (MOTTA, Fabrício. *Função normativa da Administração Pública*. Belo Horizonte: Fórum, 2007. p. 146).

Nessa ordem de convicções, é jurídico sustentar a constitucionalidade do exercício da função normativa pelas entidades reguladoras por não se detectar qualquer usurpação da função legiferante, de competência do Poder Legislativo, tampouco, do poder regulamentar de atribuição precípua do chefe do Poder Executivo.[260] Só há delegação quando se faculta ao regulamento a inovação da lei – o que não parece ser o caso das agências reguladoras.[261]

Vale dizer, congregando diversas tarefas, regulação é mais do que simplesmente baixar atos normativos. Pela regulação se permite o exercício da capacidade técnica das entidades descentralizadas – tecnicismo –[262] para dispor com maior densidade sobre as matérias que

---

260 Diogo de Figueiredo Moreira Neto é taxativo: "Uma vez operada a deslegalização, a regulação, como produção normativa decorrente, não se confunde com as normas de regulamentação editadas pelo Poder Executivo e, muito menos, com as normas emanadas das Casas Legislativas" (MOREIRA NETO, Diogo de Figueiredo. *Mutações do direito público*. Rio de Janeiro: Renovar, 2006. p. 400).

261 Veja-se, nesse sentido, julgamento perante o Superior Tribunal de Justiça, no REsp nº 104.8317/PR – em que foi relator o Ministro Herman Benjamin perante a 2ª Turma, em julgamento publicado em 30.9.2010: "PROCESSUAL CIVIL E ADMINISTRATIVO. OFENSA AO ART. 535 DO CPC NÃO CONFIGURADA. AGÊNCIA NACIONAL DO PETRÓLEO. LEI 9.487/1997. PODER REGULAMENTAR. PORTARIA 201/1999/ANP. EMPRESA TRANSPORTADORA-REVENDEDORA-RETALHISTA – TRR. DISTRIBUIÇÃO DE COMBUSTÍVEIS. 1. [...] 9. A norma administrativa tida por inexigível é compatível com a competência da Agência Nacional do Petróleo, conforme preceitua a Lei 9.478/1997, pois se caracteriza como mera exteriorização do seu poder de disciplina e fiscalizatório. 10. No Direito brasileiro, os chefes do Poder Executivo podem regulamentar a lei por meio de Decreto, facultando-se, ademais, à autoridade administrativa editar atos normativos administrativos gerais – como Portarias e Resoluções – com o intuito de disciplinar e instrumentalizar a boa aplicação da legislação que lhes é superior. Em ambos os casos as normas administrativas editadas não precisam repetir, palavra por palavra, o que está na lei, desde que respeitem seus limites, principiologia, estrutura e objetivos. 11. Recurso Especial provido".

262 Em sede pretoriana, veja-se esse destaque no Recurso Especial nº 714.110/RJ, em que foi relatora a Ministra Eliana Calmon, perante a 2ª Turma, em julgamento ocorrido em 13.9.2005 e publicado em 3.10.2005: "Administrativo – Portaria 202/99, da ANP – Compatibilidade com os arts. 1º, I, II, IX, e 8º da Lei 9.478/97 – Falta de objetividade normativa – Dispositivos que apenas traçam objetivos e princípios relacionados às políticas nacionais de aproveitamento de energia conduzidas pelo Poder Executivo. 1. Os comandos dos arts. 1º, I, II, IX, e 8º da Lei 9.478/97 *não se revestem de objetividade normativa com o condão de inibir a regulamentação perpetrada pela Portaria 202/99 da ANP*, que criou, para a concessão de autorização de funcionamento das distribuidoras de combustíveis, o requisito de que as empresas do setor possuíssem base própria de armazenamento com capacidade mínima de 750 m³. 2. Não se pode, por um critério objetivo, afirmar que a exigência da ANP tenha maculado princípios relacionados às políticas nacionais de aproveitamento racional das fontes de energia, tais como: preservação do interesse nacional, promoção do desenvolvimento, aplicação do mercado de trabalho, valorização de recursos energéticos, promoção da livre concorrência, ampliação da competitividade do País no mercado internacional, garantia do suprimento de derivados de petróleo em todo o território nacional e proteção dos interesses dos consumidores. 3. A averiguação da satisfação dos referidos princípios e objetivos pela atividade administrativa ou, especificamente, pela Portaria 202/99, não tem lugar em ação

lhe competem, por força de lei, para equilibrar o subsistema regulado, diversamente das leis que, editadas pelo Poder Legislativo, assumem caráter genérico e sem concretude.[263]

Resta dizer, "regular" abrange outros institutos diversos e muito mais densos do que a "regulamentação" de uma lei, seja de execução ou autônoma. Nas palavras de Caio Tácito, a função regulamentar detida pelo chefe do Poder Executivo não é somente reproduzir analiticamente a lei, mas ampliá-la e completá-la, segundo seu espírito e seu conteúdo, sobretudo nos aspectos que a própria lei, expressa ou implicitamente, outorga à esfera regulamentar.[264] Por outro lado, a função regulatória (ou reguladora) visa realizar o gerenciamento dos múltiplos e antinômicos interesses da sociedade, traduzindo-se "em restrições à autonomia privada para evitar que o exercício abusivo de certas prerrogativas ponha em risco a realização de outros valores".[265]

A regulamentação cometida a chefes de Estado ou governo é uma função política, voltada a interesses de governo, que visa impor regras de caráter secundário em complementação às normas legais (primárias), com o objetivo de explicitá-las e dar-lhes execução. A regulação é uma função administrativa, que não decorre da prerrogativa do poder político, e, sim, da abertura da lei (maleabilidade normativa, com *standards* e princípios inteligíveis) para que o agente regulador pondere, de modo neutro, os interesses concorrentes em conflitos setoriais, sejam eles potenciais ou efetivos, com preocupações sistêmicas e prospectivas.[266]

---

judicial, *pois dizem respeito à condução de políticas pública pelo Poder Executivo, nelas não podendo se imiscuir o Judiciário*. 4. Recurso especial improvido".

263 Alexandre Santos de Aragão (*Agências reguladoras e a evolução do direito administrativo econômico*. Rio de Janeiro: Forense, 2002. p. 381) adverte que muitas vezes a lei confere "poder regulamentar" a titular de órgão ou a entidade da Administração Pública distinta do chefe do Poder Executivo. O autor se vale da expressão cunhada por San Tiago Dantas, "descentralização do poder normativo do Executivo" para órgãos ou entidades tecnicamente mais aparelhados. Por essa descentralização, o poder de estatuir normas jurídicas inferiores e subordinadas à lei, mas que nem por isso deixam de reger coercitivamente as relações sociais, é uma atribuição constitucional do presidente da República, mas a própria lei pode conferi-la, em assuntos determinados, a um órgão da Administração Pública ou a uma dessas entidades autônomas que são as autarquias.

264 TÁCITO, Caio. As delegações legislativas e o poder regulamentar. *In:* TÁCITO, Caio. *Temas de direito público*. Rio de Janeiro: Renovar, 1997. v. 2. p. 510.

265 JUSTEN FILHO, Marçal. *O direito das agências reguladoras independentes*. São Paulo: Dialética, 2002. p. 556.

266 MOREIRA NETO, Diogo de Figueiredo. *Direito regulatório*: a alternativa participativa e flexível para a Administração Pública de relações setoriais complexas no Estado democrático. Rio de Janeiro: Renovar, 2003. p. 132-133. Nesse mesmo sentido, Marcos Juruena Villela Souto afirma que enquanto a regulação é técnica, a regulamentação é política, havendo legitimidade eleitoral para tanto. O mesmo não ocorre na regulação, que se limita a implementar a decisão política. A regulação atende a interesses coletivos (setoriais), enquanto a regulamentação, a

Diante desses argumentos, a competência normativa exercida pelas entidades reguladoras, que não interfere no sistema de separação de poderes e considerando-se a proeminência da instituição legislativa para a positivação das regras jurídicas ("legalidade formal axiológica, legalidade material leve ou legalidade principiológica"),[267] é inconfundível tanto com a lei quanto com o "poder regulamentar", executivo ou autônomo, de competência do chefe do Poder Executivo.[268]

2.5.4 Manifestações do Supremo Tribunal Federal sobre a juridicidade da escolha regulatória

O entendimento do autor, teorizado nesta obra, sobre a natureza e características da escolha regulatória – e sua diferença em relação à reserva legal e ao regulamento – vem, de certo modo, sendo adotado por alguns ministros do STF.

Com as recentes decisões proferidas pelo Supremo Tribunal Federal, resumidamente, o entendimento jurisprudencial sobre a função e escolha regulatória vem se encaminhando no sentido aqui sustentado de que: (i) em regra não incide o "princípio da reserva legal absoluta" em setores regulados por agências reguladoras dotadas de acentuado grau de autonomia, sendo constitucional norma legal que dispuser, de forma aberta (maleável), sobre tais setores, por meio de *standards* e princípios inteligíveis; (ii) a escolha regulatória não se confunde com a função regulamentar ("reserva do administrador"), de competência da chefia do Poder Executivo; (iii) a escolha regulatória, deslegalizada e materializada por meio de atos administrativos, deliberações colegiadas e normas regulatórias expedidas com o fim de integrar a lei, se insere

---

interesses públicos, gerais (SOUTO, Marcos Juruena Villela. *Direito administrativo regulatório*. Rio de Janeiro: Lumen Juris, 2002. p. 233). Em igual pensamento, Sebastião Botto de Barros Tojal expõe que, pelas competências conferidas às agências reguladoras, estas projetam as iniciativas do Poder Público para o futuro, à medida que dizem respeito a objetivos, diretrizes, metas a serem traçadas com vistas em consolidar o processo de intervenção estatal. Destaca que essas funções são diversas do papel exercido pelo regulamento administrativo, cuja utilidade consiste, fundamentalmente, em complementar a lei, facilitar a aplicação da lei, em suma, torná-la útil, facilitando sua implementação (TOJAL, Sebastião Botto de Barros. Controle judicial da atividade normativa das agências reguladoras. *In:* MORAES, Alexandre de (Org.). *Agências reguladoras*. São Paulo: Atlas, 2002. p. 161).

[267] ARAGÃO, Alexandre Santos de. *Direito dos serviços públicos*. Rio de Janeiro: Forense, 2007. p. 335.

[268] Nesse sentido, CASTRO, Carlos Roberto Siqueira. *A constituição aberta e os direitos fundamentais:* ensaios sobre o constitucionalismo pós-moderno e comunitário. Rio de Janeiro: Forense, 2003. p. 213.

na denominada "reserva do regulador", sendo, em tese, constitucional e legítima e, assim, deve ser objeto de deferência política e jurisdicional.

2.5.4.1 ADI nº 5.501-DF: regulação do uso da fosfoetanolamina sintética pela ANVISA

Em um dos casos submetidos ao Supremo Tribunal Federal, em que foi deferida a concessão de medida liminar na Ação Direta de Inconstitucionalidade nº 5.501, buscava-se suspender a eficácia da Lei nº 13.269/2016 que autorizava o uso da fosfoetanolamina sintética, conhecida como "pílula do câncer", por pacientes diagnosticados com neoplasia maligna.

O voto do relator, Ministro Marco Aurélio, destacou o papel do regulador (entidade técnica) diante de questões complexas e alta tecnicidade, concluindo, aparentemente de forma inédita na jurisprudência brasileira, pela impropriedade na substituição do crivo técnico de agência reguladora, vinculada ao Poder Executivo (órgão político), pelo Poder Legislativo (órgão político):

> No caso, a lei suprime, casuisticamente, a exigência do registro da fosfoetanolamina sintética como requisito para comercialização, evidenciando que o legislador deixou em segundo plano o dever constitucional de implementar políticas públicas voltadas à garantia da saúde da população. O fornecimento de medicamentos, embora essencial à concretização do Estado Social de Direito, não pode ser conduzido com o atropelo dos requisitos mínimos de segurança para o consumo da população, sob pena de esvaziar-se, por via transversa, o próprio conteúdo do direito fundamental à saúde. Vislumbro, na publicação do diploma combatido, ofensa ao postulado da separação de Poderes. A Constituição incumbiu o Estado, aí incluídos todos os respectivos Poderes, do dever de zelar pela saúde da população. No entanto, considerada a descentralização técnica necessária para a fiscalização de atividades sensíveis, foi criada, nos termos do artigo 37, inciso XIX, do Diploma Maior, a Agência Nacional de Vigilância Sanitária – ANVISA, à qual compete, enquanto autarquia vinculada ao Ministério da Saúde, autorizar a distribuição de substâncias químicas, segundo protocolos cientificamente validados. O controle dos medicamentos fornecidos à população é efetuado, tendo em conta a imprescindibilidade de aparato técnico especializado, por agência reguladora supervisionada pelo Poder Executivo. A atividade fiscalizatória – artigo 174 da Constituição Federal – dá-se mediante atos administrativos concretos de liberação das substâncias, devidamente precedidos dos estudos técnicos – científicos

e experimentais. Ao Congresso Nacional não cabe viabilizar, por ato abstrato e genérico, a distribuição de qualquer medicamento. Essa visão não resulta no apequenamento do Poder Legislativo. A Carta Federal reservou aos parlamentares instrumentos adequados para a averiguação do correto funcionamento das instituições pátrias, como a convocação de autoridades para prestar esclarecimentos e a instauração de comissão parlamentar de inquérito, previstas no artigo 58, §2º, inciso III, e §3º, da Lei Fundamental. Surge imprópria, porém, a substituição do crivo técnico de agência vinculada ao Poder Executivo.

No mesmo sentido, merece destaque parte do voto do Ministro Luís Roberto Barroso que, mesmo com base na teoria da "reserva da administração", comumente adotada para as escolhas discricionárias (Poder Executivo), e fundamentado no princípio da separação de poderes, manifestou-se a favor de que matérias técnicas dotadas de alto grau de complexidade e de competência de agência reguladora devam ser decididas por "escolha regulatória", exercida sem a participação do próprio Poder Legislativo que criou a agência:

> 24. Pois bem. A separação de Poderes, princípio fundamental do Estado e cláusula pétrea no sistema constitucional brasileiro, atribui ao Executivo um domínio de funções tipicamente administrativas, que devem ser desempenhadas com exclusividade, sem margem para interferências legislativas ou judiciais. Tais funções correspondem à chamada reserva de administração. Na definição de José Joaquim Gomes Canotilho, esta reserva corresponde a "um núcleo funcional de administração "resistente" à lei, ou seja, um domínio reservado à administração contra as ingerências do parlamento". Na mesma linha, segundo Arícia Fernandes Correia, a reserva de administração constitui "um espaço autônomo – e, por isso, insubordinado e autorresponsável – de exercício da função administrativa, normativa e concretizadora da tutela dos direitos, infenso à sub-rogação legislativa e jurisdicional, à vista do princípio da separação de poderes." 25. A ideia de preservação da reserva de administração como corolário do princípio da separação de poderes vem sendo empregada em diversas ocasiões pelo Supremo Tribunal Federal para declarar a inconstitucionalidade de normas editadas pelo Poder Legislativo em matérias reservadas à competência administrativa do Poder Executivo. Nesse sentido, confira-se: ADI 969 (Rel. Min. Joaquim Barbosa), ADI 3343 (Rel. p/ acórdão Min. Luiz Fux), ADI 3075 (Rel. Min. Gilmar Mendes), ADI 2364 MC (Rel. Min. Celso de Mello), e RE 427.574 ED (Rel. Min. Celso de Mello). A título exemplificativo, veja-se a ementa da decisão desta Corte no RE 427.574 ED: [...] A Anvisa tem, assim, o poder-dever de avaliar e decidir, em cada caso, se a substância em questão cumpre

> todas as exigências legais de segurança, eficácia e qualidade. 27. Esse domínio legítimo de atuação administrativa da Anvisa, balizado pela lei, deve ser respeitado pelas diferentes instâncias de controle, inclusive pelo Poder Legislativo. Trata-se de uma exigência que decorre logicamente da separação de poderes. Daí porque a Lei nº 13.269/2016, ao substituir uma escolha técnica e procedimental da Agência por uma decisão política do Legislador, interferiu de forma ilegítima no funcionamento da Administração Pública, em afronta à reserva de administração e à separação de poderes. [...] Ou seja, se uma lei (a Lei nº 9.782/1999) conferiu a um órgão administrativo (a Anvisa) competência para conceder registros sanitários a medicamentos, a partir de um análise caso a caso e de acordo com o procedimento nela estabelecido, não pode o legislador, por meio de outra lei (a Lei nº 13.269/2016) usurpar a atividade executória, subvertendo casuisticamente o sistema regulatório vigente. 28. As razões que impõem essa deferência são simples. A Anvisa recebeu da ordem jurídica a atribuição de realizar o controle sanitário dos medicamentos, porque detém as melhores condições institucionais para tomar tais decisões. Tais capacidades referem-se aos maiores níveis de informação, de expertise, de conhecimento técnico e aptidão operacional em relação ao procedimento de registro sanitário, marcado por grande complexidade.

Em que pese o voto do Ministro Barroso citar a teoria da "reserva da administração", a questão parece estar mais próxima àquilo defendido nesta tese e que já se denomina doutrinariamente de "reserva do regulador". [269]

Merece destaque, ainda, observação trazida pelo Ministro Edson Fachin, no julgamento da referida medida cautelar ao se referir à competência da Anvisa para exigir registro prévio de produto, com o objetivo de garantir a segurança, a eficácia e a qualidade. Essa função (reguladora) – destacou o julgador – não se confunde com a função regulamentar:

> Essa decisão transcende, ainda, os limites de um mero juízo de adequação normativa hierárquica, razão pela qual não se deve buscar a fonte de legitimidade para essa decisão no poder regulamentar da Administração Pública (art. 84, VI, da Constituição Federal), embora haja

---

[269] Sobre a reserva do regulador, ver FONSECA, Francisco José Defanti. Reserva de regulação da administração pública. *In:* GUERRA, Sérgio (Org.). *Teoria do Estado Regulador*. Curitiba, Juruá, 2016. v. II e BLATTER, Stephanie. O reconhecimento da reserva do regulador no ordenamento jurídico brasileiro a partir do julgamento do caso da fosfoetanolamina sintética pelo STF. *In:* GUERRA, Sérgio (Org.). *Teoria do Estado Regulador*. Curitiba: Juruá, 2016. v. II.

pronunciamento desta Corte em sentido diverso (ADI 1.668, Rel. Ministro Marco Aurélio, DJ 16.04.2004). A formulação dessa política encontra fundamento na função regulatória do Estado e, mais genericamente, na atuação do Estado na economia.

A cautelar foi confirmada em 26.10.2020 julgando-se procedente o pedido para declarar a inconstitucionalidade da Lei nº 13.269, de 13 de abril de 2016, com a seguinte ementa: SAÚDE – MEDICAMENTO – AUSÊNCIA DE REGISTRO – INCONSTITUCIONALIDADE. É inconstitucional ato normativo mediante o qual autorizado fornecimento de substância, sem registro no órgão competente, considerados o princípio da separação de poderes e o direito fundamental à saúde – artigos 2º e 196 da Constituição Federal.

2.5.4.2 ACO 2865-RJ: regulação da indústria do petróleo pela ANP

Um segundo caso foi decidido, também em sede de cognição sumária, pelo Ministro Luiz Fux na Ação Cível Originária – ACO nº 2.865-RJ, reconhecendo a autoridade normativa conferida às agências reguladoras e pondo em xeque concepções tradicionais sobre a centralidade da lei formal em determinadas matérias submetidas à escolha regulatória. A ementa, no que se refere ao tema específico, assim dispôs:

> LEI Nº 9.478/97. DECRETO Nº 2.705/98. ATRIBUIÇÕES DA AGÊNCIA NACIONAL DE PETRÓLEO, GÁS NATURAL E BIOCOMBUSTÍVEIS – ANP E DO CONSELHO NACIONAL DE POLÍTICA ENERGÉTICA – CNPE. AUTONOMIA, INDEPENDÊNCIAS E DISCRICIONARIEDADE TÉCNICA DAS AGÊNCIAS REGULADORAS. PORTARIA ANP Nº 206/2000. APARENTE INTROMISSÃO, PELO CNPE, EM MATÉRIA DE COMPETÊNCIUA RESERVADA POR ATO NORMATIVO À ANP.

No seu voto, o Ministro Luiz Fux decidiu que o espaço reservado para a lei deve ser o de trazer *standards* e princípios, sob a forma de "lei-quadro" (moldura), abrindo-se espaços para as escolhas regulatórias:

> Com efeito, ressalto que a questão jurídica suscitada na presente ação toca o cerne da atual dogmática juspublicista e, não por outro motivo, vem sendo objeto de acalorados debates doutrinários. Cuida-se de definir os limites da autonomia e dos poderes normativos conferidos às agências reguladoras, pauta temática que, no Brasil, passou a ganhar

relevo na vida política e jurídica com a reforma gerencial por que passou a Administração Pública a partir da década de 90 do século passado. Sua importância é autoevidente: o reconhecimento de autoridade normativa a agências reguladoras independentes põe em xeque concepções mais tradicionais quanto à centralidade da lei formal na disciplina das relações sociais, colocando-se em discussão a própria noção conceitual de legalidade, pedra de toque do Estado de Direito. O debate, porém, não pode ignorar que a comunidade política que temos hoje já não é a mesma da que existia ao tempo da insurgência dos movimentos de ruptura com o Antigo Regime no final do século XVIII. O Estado, como registrou o Min. Joaquim Barbosa em sede doutrinária, sofreu uma verdadeira "metamorfose" marcada pelas "frequentes e profundas alterações, todas elas desencadeadas pela formidável evolução da técnica, pela radical transformação do modo de produção econômica e pela consequente modificação das estruturas sociais". [...] Com efeito, o modelo oitocentista de Estado, de perfil minimalista no que diz respeito à atuação junto à iniciativa privada, deu lugar a um Estado interventor nas esferas antes hegemônicas da sociedade civil, assumindo o papel de provedor de necessidades fundamentais. Esse novo perfil interventivo passou a exigir cada vez mais conhecimento técnico e especializado dos órgãos estatais, além de respostas mais rápidas do que as propiciadas pelo naturalmente moroso processo legislativo formal. A resposta institucional a essa demanda da sociedade contemporânea veio na forma de agências reguladoras independentes. No Brasil, essas autoridades surgem como autarquias de regime especial, dotadas de autonomia reforçada e concentradoras de funções públicas normalmente distribuídas entre poderes do Estado. Destaca-se, para os fins do presente julgamento, a autonomia e independência, ainda que não absolutas, das agências reguladoras para o exercício de sua competência regulatória e normativa. Essa função é, em boa medida, decorrente das conhecidas "leis-quadro" (*lois-cadre*) ou standartizadas, que acabam por abrir espaços, mais ou menos amplos, à atividade normativa das agências reguladoras. [...] Vê-se, portanto, que a autoridade normativa das agências reguladoras não implica, per se, uma crise da legalidade (e, a fortiori, do Estado de Direito), mas antes a superação de uma forma oitocentista (e totalizante) de enxergá-la.

2.5.4.3 ADI nº 4.923-DF: regulação da TV por assinatura pela ANCINE

Registre-se, ainda, na linha aqui teorizada, o acórdão proferido na Ação Direta de Inconstitucionalidade – ADI nº 4.923, que decidiu pela constitucionalidade do marco regulatório da televisão por assinatura (Lei nº 12.485/2011). Uma vez mais, ficou evidenciada a constitucionalidade da escolha regulatória detida pelas agências reguladoras, fazendo-se expressa menção ao caráter aberto (*standard*) e principiológico (*intelligible principles*) das leis inerentes à regulação:

> HIGIDEZ CONSTITUCIONAL DOS PODERES NORMATIVOS CONFERIDOS À ANCINE (ART. 9º, PARÁGRAFO ÚNICO; ART. 21 E ART. 22). NOVA FEIÇÃO DO PRINCÍPIO DA LEGALIDADE (CRFB, ART. 37, CAPUT). ACEPÇÃO PRINCIPIOLÓGICA OU FORMAL AXIOLÓGICA. EXISTÊNCIA DE PRINCÍPIOS INTELIGÍVEIS (ART. 3º) APTOS A LIMITAR A ATUAÇÃO ADMINISTRATIVA.

Neste caso, o autor da ADI havia sustentado que a lei, embora disponha que "as atividades de programação e de empacotamento serão objeto de regulação e fiscalização pela Agência Nacional do Cinema – Ancine", não teria positivado em detalhes as competências para o exercício da função regulatória. Ademais, argumentou que a lei não teria trazido os princípios com densidade normativa suficiente para restringir escolhas discricionárias da agência. Nesse sentido, defendeu que haveria inconstitucional delegação de poderes do Congresso Nacional à Ancine, configurando abuso do poder legislativo ao traspassar competência indelegável, violando o princípio da reserva legal de lei federal estabelecida expressamente na Constituição (art. 220, §3º).

O colegiado do STF, confirmando o voto do relator Ministro Luiz Fux, decidiu que no atual Estado Regulador a lei define apenas metas principais e contornos da atividade do ente regulador (*standards* e princípios inteligíveis), cabendo à agência integrar a matéria deslegalizada:

> A bem de ver, a técnica legislativa empregada no diploma em exame é exatamente aquela típica do Estado regulador contemporâneo, em que a lei define as metas principais e os contornos da atividade do órgão regulador, cometendo-lhe (nestes limites e sob o controle do Judiciário e do próprio Legislativo) margem relativamente ampla de atuação. E, como também já apontado, é bom que assim o seja, na medida em que (i) a matéria, de um lado, se reveste de significativo dinamismo, como denotam as tendências de convergência tecnológica que tornaram obsoleta a legislação nacional anterior, e (ii) a disciplina do setor audiovisual, em diferentes aspectos, suscita questões de elevada complexidade técnica, a exigir conhecimento especializado, como aquele titularizado pela ANCINE. Nesse cenário, exigir que a lei formal esgote o conteúdo normativo aplicável à espécie é tanto impraticável quanto

> desaconselhável, reconduzindo-nos a um paradigma de legalidade criado para um perfil de Estado que já não existe mais. Essa conclusão se aplica também aos arts. 21 e 22 da Lei nº 12.485/11. Note-se, em primeiro lugar, que a definição da impossibilidade do cumprimento das cotas é matéria evidentemente técnica, a envolver o emprego do conhecimento especializado da ANCINE na análise de variáveis concretas muito voláteis. Hoje, inclusive, algumas dessas variáveis constam de ato regulamentar expedido pela própria agência. São elas o porte econômico da programadora ou da empacotadora, seu número de assinantes e o tempo de atuação no mercado, consoante a Seção III do Capítulo VII da Instrução Normativa nº 100/2012. Parece-me que, aqui, o legislador agiu com prudência e remeteu a análise de tais aspectos ao caso concreto, ao invés de engessar o tema com regras gerais incapazes de (i) assimilar os nuances de cada situação particular dos agentes econômicos e (ii) incorporar o próprio dinamismo da matéria, que, por exemplo, comporta compensações entre canais e pacotes para fins de cumprimento das obrigações de conteúdo criadas pela Lei nº 12.485/11, tais como registra o portal da ANCINE na internet, em que constam – com ampla publicidade e transparência – diversos pedidos de dispensa bem como as respetivas decisões

O Ministro Edson Fachin, em seu voto, fundamentou a competência legal atribuída à Ancine com base no art. 174 da Constituição Federal de 1988, compreendendo que a abertura legal que atribui função normativa às agências reguladoras não ofenderia o princípio da legalidade:

> Na seara das invalidades constitucionais de natureza material, há irresignação quanto ao poder normativo da Ancine, haja vista que há reserva legal para dispor sobre as matérias delegadas à agência reguladora. Nesse sentido, ofenderia o princípio da legalidade a discricionariedade técnica atribuída sem a fixação de parâmetros de objetividade mínimos. [...] No tocante ao poder normativo da Anatel, o Pleno do STF conferiu na ADI-MC 1668, de relatoria do Ministro Marco Aurélio, j. 20.08.1998, DJ 16.04.2004, interpretação conforme a dispositivos para fixar a interpretação segundo a qual é constitucional a competência da agência para expedir normas, desde que subordinada aos preceitos legais e regulamentares que regem a outorga, prestação e fruição dos serviços de telecomunicações no regime público e no regime privado. Logo, a jurisprudência desta Corte reconhece a autoridade normativa das agências reguladoras para regulamentar administrativamente em dinâmica própria setor econômico de sua alçada. Penso ser o mesmo raciocínio aplicável ao caso, uma vez que a Ancine possui relativa

liberdade de conformação e discricionariedade técnica no que diz respeito à área artística audiovisual.

A Ministra Rosa Weber destacou, nesse mesmo julgamento, a diferença entre função reguladora da função regulamentar, conforme sustentado nesta obra:

> É certo que não se confunde, a função normativa das agências reguladoras, com a função tradicionalmente exercida pela Administração de regulamentar as leis de modo a viabilizar o seu cumprimento (art. 84, IV, da Lei Maior) e nem com a figura do regulamento autônomo (art. 84, VI).

2.5.4.4 ADI nº 4.093-SP: regulação de artigos de conveniência em farmácias pela ANVISA

A função de regulação foi apreciada na ADI nº 4.093-SP, relatada pela Ministra Rosa Weber, ao examinar a constitucionalidade de norma questionada pelo Governador do Estado de São Paulo em face da Lei nº 12.623 do Estado de São Paulo, de 25 de maio de 2007, que disciplina o comércio de artigos de conveniência em farmácias e drogarias.

Em seu voto, foi evidenciada a competência normativa da ANVISA para, diferentemente da função legislativa, disciplinar sobre temas técnicos dos setores cuja regulação lhes foi incumbida por lei.

A ANVISA defendeu a inconstitucionalidade do ato estadual sob o argumento de que editou a Resolução nº 328/99, alterada pela Resolução RDC nº 173/2002, a qual veda a venda "de produtos alheios aos conceitos de medicamentos, cosméticos, produto para saúde e acessórios, alimento para fins especiais, alimento com alegação de propriedade funcional e alimento com alegação de propriedade de saúde". Do ponto de vista técnico, argumentou que as farmácias e drogarias, ao disponibilizarem uma infinidade de produtos e serviços não ligados à saúde, se distanciam de seu papel sanitário, inerente ao contexto da integralidade do direito a saúde. Afirma que a comercialização de outros produtos não correlatos traria a concepção do medicamento como simples mercadoria, estimulando o seu uso de forma irracional e indiscriminada, bem como a automedicação.

Segundo a Relatora, que votou pela improcedência da ação, "a norma regulatória deve se compatibilizar com a ordem legal, integrar a espécie normativa primária, adaptando e especificando o seu conteúdo, e não substituí-la ao inovar na criação de direitos e obrigações". Sobre esse aspecto, ficou assentado que o espaço normativo das agências reguladoras se revela qualitativamente diferente daquele em que exercida a competência legiferante.

Mais precisamente sobre a natureza da norma reguladora, a relatora, de início, apontou para a necessária observância, pelo regulador, das margens definidas na escolha legislativa, e, na sequência, evidenciou a diferença ontológica entre a lei e os atos regulatórios:

> Para ser legítima, a atuação normativa do agente regulador deve ser capaz de ser justificada como a integração de uma evidente escolha legislativa. Em outras palavras, a orientação seguida pelo Administrador deve necessariamente traduzir uma escolha previamente realizada pelo Legislador, que lhe confere autoridade, e não uma interpretação possível, entre tantas outras, de conceitos jurídicos indeterminados. Isso em absoluto significa reduzir a regulação setorial ao preenchimento de lacunas e muito menos à execução mecânica da lei. Dotada de inquestionáveis relevância e responsabilidade, a função regulatória só é dignificada pelo reconhecimento de que não é inferior nem exterior à legislação. Exercida em um espaço que se revela qualitativamente diferente daquele em que exercida a competência legiferante, a competência regulatória é, no entanto, conformada pela ordem constitucional e legal vigente.

2.5.4.5 ADI nº 2.095-RS: Regulação de saneamento básico pela AGERGS

A Ação Direta de Inconstitucionalidade (ADI) nº 2.095 tramitou por vários anos perante o Supremo Tribunal Federal. É uma ação iniciada em 1998, em que litigaram o Governador do Rio Grande do Sul e a Assembleia Legislativa do Rio Grande do Sul. A ação questionava alguns dispositivos de leis que dispuseram sobre a criação da Agência Estadual de Regulação dos Serviços Públicos Delegados do Rio Grande do Sul – AGERGS.

Houve alegação de que o inciso IV do artigo 4º da lei seria inconstitucional por atribuir à AGERGS competência para revisar todos os instrumentos de concessão e permissão celebrados antes da sua vigência, o que derrogaria o artigo 58, inciso I, da Lei 8.666/1993 e, por conseguinte, violaria o artigo 22, inciso XXVII, da Constituição Federal. Ademais, questionava-se que a subordinação do poder concedente à AGERGS implicaria a subordinação do chefe do Poder Executivo, a quem compete a direção superior da administração estadual.

Em 1998 o STF indeferiu o pedido de medida cautelar e, no mérito, o pedido foi negado em 2019. Para o tema, objeto desta pesquisa, interessa-nos o questionamento sobre a usurpação ou não de competência privativa do chefe do poder executivo de exercer a direção superior da administração.

Para além das questões envolvendo a competência dos entes federados para a prestação dos serviços de saneamento básico, nos termos do voto da Relatora Ministra Came Lúcia e com fundamento na doutrina de Diogo de Figueiredo Moreira Neto, foi evidenciada a ideia de que "para cumprir políticas de governo e implementar os direitos fundamentais, o estado intervém na vida social e econômica dos sujeitos públicos e privados nos limites da Constituição e da legislação vigente, adotando, para eficiência da atuação, mecanismos de regulação," editando-se a seguinte ementa:

> AÇÃO DIRETA DE INCONSTITUCIONALIDADE. CRIAÇÃO DA AGÊNCIA ESTADUAL DE REGULAÇÃO DOS SERVIÇOS PÚBLICOS DO RIO GRANDE DO SUL – AGERGS. AUSÊNCIA DE AFRONTA À AUTONOMIA DO CHEFE DO PODER EXECUTIVO OU DE USURPAÇÃO DE COMPETÊNCIA DA UNIÃO. LEGITIMIDADE PARA ATUAR NA ÁREA DE SANEAMENTO BÁSICO. COMPETÊNCIA COMUM ENTRE UNIÃO, ESTADOS E MUNICÍPIOS. COMPETÊNCIA REGULADORA DE NATUREZA TÉCNICO-ADMINISTRATIVA. PRECEDENTES. AÇÃO DIRETA DE INCONSTITUCIONALIDADE JULGADA IMPROCEDENTE. 1. A atuação da Agência Estadual de Regulação dos Serviços Públicos do Rio Grande do Sul – AGERGS não se opõe à autonomia do Chefe do Poder Executivo (inc. II do art. 84 da Constituição da República). Não lhe incumbe atuar na conformação de políticas de governo, mas prevenir e arbitrar, conforme a lei e os contratos, os conflitos de interesses entre concessionários e usuários ou entre aqueles e o Poder concedente. 2. É da essência da regulação setorial a autonomia das agências para a definição dos valores de tarifas, observados os termos e a juridicidade do contrato subjacente. Precedentes. 3. Ação direta de inconstitucionalidade julgada improcedente.

Fazendo menção à necessidade de se manter a estabilidade das ações regulatórias, evitando-se a descontinuidade administrativa e de políticas públicas implementadas pela simples troca de governo ou direção, conforme decidiu-se na ADI nº 1.949, o Ministro Gilmar Mendes acompanhou o voto da Relatora, destacando algumas características da função reguladora e da deslegalização de matérias para as Agências

Reguladoras, sendo esta necessária para dar conta da ampla tecnicidade, mudanças e inovações que afetam os sistemas social e econômico:

> Isso porque a Autarquia em questão possui natureza de Agência Reguladora e, como tal, possui autonomia decisória e financeira, independência administrativa e poder normativo técnico para exercer a função de controle e fiscalização das pessoas privadas incumbidas da prestação de serviço público sob a forma de concessão, permissão ou autorização. Sabe-se que as agências reguladoras surgiram no processo de modernização do Estado, que visava a adoção de um regime de desestatização de certas atividades administrativas típicas do Estado. Para tanto, o Plano Nacional de Desestatização (PND), com o objetivo de reduzir o deficit público na prestação de serviços públicos essenciais, bem como sanear as finanças governamentais, transferiu à iniciativa privada atividades próprias do Estado, definindo os parâmetros de sua prestação por meio de lei. O afastamento do Estado dessas atividades, que passaram a ser exercidas pela iniciativa privada mediante contratos de concessão ou permissão, exigiu a instituição de órgãos reguladores, com típica atividade de controle da prestação dos serviços públicos e da atuação das pessoas privadas que passaram a executá-lo. Assim, com vistas a evitar o abuso do poder econômico, a dominação de mercado e a eliminação da concorrência, conferiu-se a essas agências poder normativo, conhecido pela doutrina como "deslegalização", que consiste na edição de normas gerais de caráter técnico que não usurpam a competência de órgãos ou pessoas da Administração Pública, sobretudo por se tratar de norma particularizada e contextualizada, a exigir resposta estatal rápida diante das inovações tecnológicas e mudanças econômicas e sociais vivenciadas pelo setor econômico em questão.

2.5.4.6 ADI nº 4.874 – regulação setorial do tabaco pela ANVISA

Este caso se refere ao controle de constitucionalidade de lei e, por arrastamento, de norma regulatória envolvendo o controle do tabaco, objeto da Resolução da Diretoria Colegiada nº 14/2012, da Agência Nacional de Vigilância Sanitária – ANVISA.[270] O Plenário do Supremo Tribunal Federal – STF trouxe importantes entendimentos sobre a função regulatória e os limites materiais do poder normativo,

[270] Este caso foi objeto de estudo publicado em GUERRA, Sérgio. Regulamentação e regulação: distinções necessárias – caso ANVISA: 'regulação setorial do tabaco': ADI nº 4.874, STF. *Revista de Direito Público da Economia*, v. 71, p. 4, 2020.

contemplando, dentre outros, a distinção entre regulamento, expedido pelo Chefe do Poder Executivo, e norma de regulação editada pela ANVISA, assim como acerca da conformação do princípio da legalidade e da deslegalização na regulação setorial.

A autora da ADI, Confederação Nacional da Indústria, questionava a definição dos contornos e limites da função normativa exercida pela ANVISA, notadamente a referida norma regulatória que proibi a importação e a comercialização no país de produtos fumígenos derivados do tabaco que contenham as substâncias ou compostos que define como aditivos.

Nos termos do voto da Relatora, Ministra Rosa Weber, o escopo da competência normativa das agências reguladoras, bem como suas repercussões sobre os princípios da legalidade, da separação de poderes e da legitimação democrática das decisões políticas, passa pela "gradual sofisticação do conceito de poder de polícia", diante da complexidade das relações sociais.

Com arrimo em Marcos Juruena Villela Souto, Rosa Weber decidiu que a função normativa das agências reguladoras não se confunde com a função, tradicionalmente exercida pela Administração, de regulamentar as leis de modo a viabilizar o seu cumprimento (art. 84, IV, da Lei Maior), e nem com a figura do regulamento autônomo (arts. 84, VI, 103-B, § 4º, I, e 237 da CF). Não as enquadrando em normas primárias, asseverou que a liberdade de ação – ou discricionariedade normativa – das agências reguladoras encontra limites nos objetivos fixados na lei e nas políticas públicas estabelecidas pela Administração central.

Quanto ao pedido sucessivo à declaração de inconstitucionalidade da Resolução da Diretoria Colegiada (RDC) nº 14/2012 da ANVISA, em caráter autônomo, por violação direta à Constituição da República, a Relatora também votou pelo conhecimento. Reconheceu a cognoscibilidade do pedido de declaração de inconstitucionalidade por se tratar, a Resolução impugnada, de ato normativo que, destinado a expressar imperatividade e coerção estatais, reúne as características da abstração, da generalidade e da autonomia.

Entendeu que ao transferir às agências reguladoras parte da tarefa de elaboração normativa não pode o Estado prescindir de mecanismos institucionais de fiscalização, em face da Constituição da República, da legitimidade formal e material dessa produção normativa extraparlamentar, sob pena de se admitir uma situação paradoxal: as normas gerais e abstratas emanadas do Congresso Nacional ficam sujeitas ao controle de constitucionalidade ao mesmo tempo em que normas de mesma densidade, igualmente marcadas pelos traços de generalidade e abstração, pairam acima dos limites impostos pela Carta da República ao Poder Legislativo quando emanadas das mais diversas estruturas burocráticas que não contam com a mesma legitimação democrática proporcionada pelo voto popular.

No mérito, a magistrada votou no sentido de que a atuação da ANVISA se legitima em expressa atribuição contida no conceito jurídico indeterminado sobre produtos que envolvem risco à saúde pública, os cigarros, cigarrilhas, charutos e qualquer outro produto fumígeno, derivado ou não do tabaco, nos termos do art. 8º, § 1º, X, da Lei nº 9.782/1999. Este dispositivo legal seria suficiente para estabelecer um regime específico e diferenciado de controle e fiscalização sanitária da ANVISA, à qual incumbe, nos termos do caput, regulamentá-los, controlá-los e fiscalizá-los:

Ressalte-se, ainda, o destaque no voto para a teoria da deferência judicial em cotejo entre as limitações à atividades privadas com escolhas regulatórias que traduzem imposições aos particulares ao amparar o direito fundamental à saúde, pugnando que "em face de ato normativo editado por agência reguladora com base em exegese do diploma legislativo definidor das suas próprias competências e atribuições, a tônica do exame de constitucionalidade deve ser a deferência da jurisdição constitucional à interpretação empreendida pelo ente administrativo." Diante desses aspectos, a Relatora julgou improcedente o pedido sucessivo, declarando a constitucionalidade dos arts. 6º, 7º e 9º da Resolução da Diretoria Colegiada (RDC) nº 14/2012 da ANVISA.

Acompanhando parcialmente o voto relator, o Ministro Alexandre de Moraes sustentou ter havido uma evolução do princípio da legalidade, de modo que o próprio STF vem reconhecendo a constitucionalidade da função regulatória exigindo apenas que o ato regulatório "apresente 'lastro legal', isto é, uma correspondência direta com diretrizes e propósitos afirmados em lei ou na própria Constituição":

> Em conclusão, pedindo vênia à Ministra Relatora, conheço integralmente a presente ação, mas a julgo improcedente em relação à lei e parcialmente procedente em relação à Resolução, da seguinte forma: (a) para declarar a nulidade parcial com redução de texto do artigo 1º da Resolução da ANVISA, excluindo o texto que diz que essa resolução se aplica à "restrição do uso de aditivos em todos os produtos fumígenos derivados do tabaco comercializados no Brasil", porque a resolução não trata somente disso. A resolução trata de dois assuntos: (i) trata dos níveis máximo e mínimo de nicotina, alcatrão – aí o papel, a meu ver, da Agência

Reguladora, e (ii) aproveita para proibir de forma absoluta a questão dos aditivos. (b) para declarar inconstitucionais os artigos 3º, 6º, 7º e 9º da Resolução, porque se referem à regulamentação dessa vedação. (c) para declarar nulidade parcial com redução de texto do artigo 10, excluindo-se somente a menção ao artigo 6º.

Na sequência de votos, o Ministro Edson Fachin acompanhou o voto da Relatora, entendendo que os padrões constitucionais e de legalidade infraconstitucional foram cumpridos pela ANVISA, tendo a lei agido de forma coerente com o dispositivo do art. 174 da Constituição Brasileira, que atribui ao Estado o papel normativo regulador. Para o ministro, estão presentes os standards legais autorizativos para que a ANVISA regule os produtos e serviços que o próprio legislador reputou envolverem riscos à saúde:

> A rigor, a força – real e simbólica – dos arts. 173 e 174 (máxime este) reside na positivação de várias competências, múltiplas, simultâneas e dúcteis ('exploração direta'; 'agente normativo e regulador'; 'fiscalização'; 'incentivo'; 'planejamento') a serem exercitadas na dependência da realidade concreta e derivadas, sobretudo, das opções do legislador ordinário. Ao mesmo tempo em que se referem à realidade econômica brasileira, tais signos estampados na Constituição constituem essa mesma realidade. Ampliara-se, por conseguinte, as alternativas do Poder Legislativo, a fim de que ele possa definir, setor a setor, caso a caso, momento a momento, como se dará a interação do Estado com a Economia. E as opções são muito mais amplas e dinâmicas: podem ocorrer por meio de normas (legais e/ou regulamentares) e/ou exploração direta; com caráter hard e/ou soft; dirigidas à Administração e/ou às pessoas privadas; e assim por diante. Devem, inclusive, conjugar harmoniosamente tais perspectivas - nem sempre de modo idêntico em cada um dos setores econômicos e/ou respectivos atores (que certamente apresentarão demandas sociorregulatórias diferentes entre si). Porém uma coisa é certa: não se trata da mesma lógica anterior – constatação que é confirmada pela estruturação infraconstitucional do relacionamento do Estado Brasileiro com a Economia, em especial depois de 1995".

O Ministro Luiz Fux tratou da questão sobre a ótica da deferência e da motivação dos atos regulatórios. Sustentou que o controle judicial tem o seu lugar notadamente quando as normas extrapolarem sua competência, existir a necessidade de tutela efetiva de direitos fundamentais e, também, quando o tema afetar solução técnica que possa ser equacionada de várias maneiras possíveis e proporcionais. Sobre o dever de motivação e fundamentação técnico-científica dos atos administrativos normativos exarados pela agência reguladora, aduziu que o questionamento em juízo será cabível quando pareça desbordar do papel institucional legalmente criado para tanto:

> Como já nos adverte Sérgio Guerra (Controle judicial dos atos regulatórios, 2005. p. 264), 'para a validade dos atos regulatórios emanados das Agências Reguladoras impõe-se que os mesmos sejam profundamente motivados, com a perfeita identificação da fundamentação técnica e a razoabilidade e proporcionalidade justificadora da decisão que atingirá todo um subsistema'.

Quanto ao poder normativo das agências reguladoras, evidenciou, no caso, tratar-se de deslegalização, pela qual um preceito normativo (lei), de forma genérica, fundamenta a atuação da agência reguladora. Nesses casos, decidindo questões de índole predominantemente técnica com base em abertura normativa muito ampla, exige-se da Agência um ônus argumentativo mais elevado. O Ministro sustentou que a deslegalização ocorre pela manifesta incapacidade de o Poder Legislativo acompanhar a complexidade atual, de modo que se vale de princípios e de regras contendo conceitos jurídicos indeterminados, de modo a deferir substancial parcela de poder decisório ao aplicador diante do caso concreto.

Assevera que este fenômeno denominado "crise da lei" tem conduzido, em setores e sistemas, à atuação de Agências Reguladoras, dotadas de competência para "desenvolver o conteúdo das regras gerais e abstratas editadas pelo Legislativo com atenção às particularidades e especificidades do domínio regulado, com a possibilidade de resposta ágil diante da evolução da matéria provocada por novos desafios tecnológicos." E fazendo alusão à doutrina estadunidense, complementa:

> Se, por certo, não se pode mais ignorar a possibilidade de que o Legislador habilite formalmente às agências reguladoras a desenvolverem o conteúdo normativo previsto em Lei, nem por isso deve-se rejeitar qualquer perspectiva crítica do fenômeno à luz do princípio democrático. É que, a habilitação das agências não pode configurar uma renúncia do Poder Legislativo quanto à sua competência para expressar a vontade geral do povo, devendo, ao contrário, ser fixada invariavelmente acompanhada de standards de conteúdo, de diretrizes políticas que limitem a atuação da Administração Pública a fim de que a norma habilitante não corresponda a um "cheque em branco". Nesse sentido é que a jurisprudência da Suprema Corte norte-americana já

estabeleceu a denominada "intelligible principle doctrine", considerando inconstitucionais as delegações operadas por Lei sem a previsão de parâmetros claros que direcionem a atuação normativa do Executivo [...].

E, sobre a deslegalização, manifestou-se no sentido de que é amplamente possível, e modernamente aconselhável, desde que operada com o estabelecimento de parâmetros inteligíveis, em prestígio ao princípio democrático. Para que a deslegalização seja considerada legítima, (i) não poderá envolver matérias sujeitas, por decisão constitucional, à reserva de lei, e (ii) há de ser acompanhada de parâmetros mínimos e claros, que, de modo enfático, limitem a atuação da agência reguladora, e permitam a fiscalização dos seus atos.

Quanto ao mérito, e não obstante os argumentos acima, entendeu que a intensidade regulamentar e restritiva não se justifica no presente caso e, assim, com ênfase no argumento de que o propósito da regulação jamais deve ser o puro desestímulo ou banimento de insumo não danoso à saúde, votou em sentido oposto à Relatora pelo conhecimento do pedido formulado na ADI e pela sua procedência. Acolheu o pleito a fim de que seja emprestada interpretação conforme a Constituição ao artigo 7º, XV, parte final, da Lei 9.782/1999, sem redução de texto, para fixar a exegese de que o propósito da regulação deve ser o da proteção da saúde e da liberdade de escolha informada dos consumidores, bem como declarar, por arrastamento, a inconstitucionalidade da Resolução da Diretoria Colegiada da ANVISA 14/2012.

Quanto ao Ministro Ricardo Lewandowski, votou integralmente com a Relatora Ministra Rosa Weber, entendendo que existem fundamentos constitucionais e legais para que a ANVISA editasse a resolução em comento, julgando improcedente o pedido formulado na inicial. E a Ministra Carmen Lúcia votou pelo improvimento da ADI, fundamentando seu voto no sentido de que não ter havido exorbitância da ANVISA ao dispor nos termos da resolução impugnada. Aduziu que a escolha regulatória está conforme o art. 196 da Constituição da República, ao determinar ao Estado que garanta o direito à saúde, "mediante políticas sociais e econômicas que visem à redução do risco de doença e outros agravos". Com isso, julgou improcedente a ADI, cassando a medida liminar que suspendeu a eficácia dos arts. 6º, 7º e 9º, da Resolução da Diretoria Colegiada – RDC nº 14/2012, da Agência Nacional de Vigilância Sanitária.

2.5.4.7 RE 1083955 AGr-DF: revisão judicial das decisões do CADE

O presente caso se refere a um agravo interno interposto contra decisão do Ministro Luiz Fux que negou seguimento a recurso extraordinário. Na decisão em que o Ministro nega provimento ao agravo há uma ampla fundamentação nas teses e doutrinas sobre a teoria das escolhas administrativas.

A ementa, por si só, demonstra a linha adotada que ressalta a relevância das escolhas regulatórias, considerando a capacidade institucional das entidades reguladoras e o dever de deferência do Poder Judiciário pela falta de expertise em questões técnicas e complexas que requeiram análises sistêmicas e prospectivas.

> 1. A capacidade institucional na seara regulatória, a qual atrai controvérsias de natureza acentuadamente complexa, que demandam tratamento especializado e qualificado, revela a reduzida expertise do Judiciário para o controle jurisdicional das escolhas políticas e técnicas subjacentes à regulação econômica, bem como de seus efeitos sistêmicos. 2. O dever de deferência do Judiciário às decisões técnicas adotadas por entidades reguladoras repousa na (i) falta de expertise e capacidade institucional de tribunais para decidir sobre intervenções regulatórias, que envolvem questões policêntricas e prognósticos especializados e (ii) possibilidade de a revisão judicial ensejar efeitos sistêmicos nocivos à coerência e dinâmica regulatória administrativa. 3. A natureza prospectiva e multipolar das questões regulatórias se diferencia das demandas comumente enfrentadas pelo Judiciário, mercê da própria lógica inerente ao processo judicial. 4. A Administração Pública ostenta maior capacidade para avaliar elementos fáticos e econômicos ínsitos à regulação. [...] 5. A intervenção judicial desproporcional no âmbito regulatório pode ensejar consequências negativas às iniciativas da Administração Pública. Em perspectiva pragmática, a invasão judicial ao mérito administrativo pode comprometer a unidade e coerência da política regulatória, desaguando em uma paralisia de efeitos sistêmicos acentuadamente negativos. 6. A expertise técnica e a capacidade institucional do CADE em questões de regulação econômica demanda uma postura deferente do Poder Judiciário ao mérito das decisões proferidas pela Autarquia. O controle jurisdicional deve cingir-se ao exame da legalidade ou abusividade dos atos administrativos, consoante a firme jurisprudência desta Suprema Corte. [...] 7. Os controles regulatórios, à luz do consequencialismo, são comumente dinâmicos e imprevisíveis. Consoante ressaltado por Cass Sustein, "as normas regulatórias podem interagir de maneira surpreendente com o mercado, com outras normas

> e com outros problemas. Consequências imprevistas são comuns. Por exemplo, a regulação de novos riscos pode exacerbar riscos antigos (...). As agências reguladoras estão muito melhor situadas do que os tribunais para entender e combater esses efeitos" [...] 8. A atividade regulatória difere substancialmente da prática jurisdicional [...] 9. In casu, o Conselho Administrativo de Defesa Econômica - CADE, após ampla análise do conjunto fático e probatório dos autos do processo administrativo, examinou circunstâncias fáticas e econômicas complexas, incluindo a materialidade das condutas, a definição do mercado relevante e o exame das consequências das condutas das agravantes no mercado analisado. No processo, a Autarquia concluiu que a conduta perpetrada pelas agravantes se enquadrava nas infrações à ordem econômica previstas nos artigos 20, I, II e IV, e 21, II, IV, V e X, da Lei 8.884/1994 (Lei Antitruste). 10. O Conselho Administrativo de Defesa Econômica - CADE detém competência legalmente outorgada para verificar se a conduta de agentes econômicos gera efetivo prejuízo à livre concorrência, em materialização das infrações previstas na Lei 8.884/1994 (Lei Antitruste). 11. As sanções antitruste, aplicadas pelo CADE por força de ilicitude da conduta empresarial, dependem das consequências ou repercussões negativas no mercado analisado, [...].

As decisões do Supremo Tribunal Federal, aqui coligidas, comprovam os desafios para a compreensão da escolha regulatória no âmbito da evolução das escolhas administrativas, indo, portanto, além das teorias sobre a escolha absolutamente vinculada, a escolha determinativa de conceitos e a escolha discricionária.

2.6 Bases da escolha regulatória compatíveis com os preceitos da pós-modernidade

O Estado existe para o bem do homem, não o homem para o bem do Estado.[271]

A partir da segunda metade do século XX, e, notadamente, nesse início de milênio, há uma busca do direito e da justiça além das

---

[271] "Em agosto de 1948, em Herrenchiemsee, os autores do anteprojeto de constituição para a Alemanha pós-guerra formularam a primeira sentença da Lei Fundamental" (DENNINGER, Erhard. Segurança, diversidade e solidariedade ao invés de "liberdade, igualdade e fraternidade". *Revista Brasileira de Estudos Políticos*, v. 88, p. 21-45, dez. 2003. p. 41).

prescrições legalitárias. "O novo século se inicia fundado na percepção de que o Direito é um sistema aberto de valores",[272] de modo que, pelo primado dos direitos fundamentais, não deve haver espaços para a arbitrariedade, ainda que escondida nas vestes da lei e da discricionariedade administrativa.

Vive-se uma grande fase do constitucionalismo, da história dos direitos e da própria liberdade. Diante desse quadro, os cidadãos se deparam com a "descoberta de um direito administrativo dotado de uma unidade interna consideravelmente distante dos postulados tradicionais do modelo liberal".[273]

O direito não pode ser reduzido a um simples produto da vontade normativa estatal. A lei não esgota o direito, pois a proteção dos valores inerentes ao homem depassa, de muito, o que se possa conter na legalidade estrita.[274] A regra, como materialização da vontade geral, não obstante sua importância para regular situações simples e corriqueiras demandadas pela sociedade, e que requerem certa uniformidade,[275] acaba, por vezes, sendo, nos casos complexos, um entrave à análise dos reais efeitos (eficiência, proporcionalidade etc.) e dos custos e benefícios da decisão estatal no caso concreto.

Se, de um lado, pela textura principiológica, caminha-se na busca de uma solução contra o vetusto primado da lei, por sua distância do caso concreto, pois as sociedades "assistem hoje a um transitar silencioso do 'Estado legislativo-parlamentar' para um 'Estado administrativo-governamental'",[276] de outro lado, essa transferência de funções aos reguladores em bases deontológicas e "perspectivas axiológicas"[277] pode

[272] BARROSO, Luís Roberto. *Interpretação e aplicação da Constituição*. 6. ed. São Paulo: Saraiva, 2004. p. 332.

[273] OTERO, Paulo. *Legalidade e Administração Pública*: o sentido da vinculação administrativa à juridicidade. Coimbra: Almedina, 2003. p. 17.

[274] OTERO, Paulo. *Legalidade e Administração Pública*: o sentido da vinculação administrativa à juridicidade. Coimbra: Almedina, 2003.

[275] "Se a lei, entendida como produto das casas legislativas, é insuficiente para regrar toda a complexidade da vida humana nas sociedades contemporâneas, não se pode olvidar que seja imprescindível para garantir-lhes a coesão e a coerência, de modo que ela ocupa o centro da ordem jurídica subconstitucional, conformada por uma constelação de todo tipo de normas" (MOREIRA NETO, Diogo de Figueiredo. *Mutações do direito público*. Rio de Janeiro: Renovar, 2006. p. 49).

[276] OTERO, Paulo. *Legalidade e Administração Pública*: o sentido da vinculação administrativa à juridicidade. Coimbra: Almedina, 2003. p. 131.

[277] Conforme expressão de BRITTO, Mariano. Perspectivas del derecho administrativo en el siglo XXI. *In:* FERNÁNDEZ RUIZ, Jorge (Coord.). *Perspectivas del derecho administrativo en el siglo XXI*. Ciudad Universitaria: Universidad Nacional Autónoma de México, 2002. p. 178.

ser acolhida como um "superpoder", que, se utilizado equivocadamente, conduzirá ao ambiente do arbítrio.[278]

Sobre essa forte atuação executiva estatal, Paulo Otero denota:

> A própria responsabilidade política do Governo perante o Parlamento, além de ser completamente formal em situações de governo maioritário, tende a tornar-se um "tigre de papel" pelo fato de estar concentrada nas mãos do Governo uma informação vasta e complexa, designadamente pela sua especialização e tecnicidade, que fundamenta hoje quase todas as decisões, impossibilitando o acesso ou a compreensão da grande maioria das matérias aos deputados, neste sentido, debilitando a sua missão de fiscalizar o executivo.[279]

A adoção pelo Brasil de uma modelagem de escolha regulatória representou a busca por um estado de equilíbrio e de regularidade no funcionamento de um ou mais subsistemas complexos. Desse modo, a regulação estatal foi estruturada para alcançar a maior satisfação do interesse da maioria sem, contudo, deixar de preservar o núcleo de outros interesses constitucionalmente protegidos, dentro de um ambiente que privilegie a eficiência e a eficácia, visando ao menor dispêndio de recursos públicos. "A tensão entre eficiência, de um lado, e a legitimidade democrática, de outro, é uma das marcas da Administração Pública na atualidade".[280]

Como consequência desse componente nas funções do Poder Executivo, depara-se a sociedade com questões de capital importância para a manutenção do Estado Democrático de Direito com a proteção dos direitos fundamentais. Na regulação, não há permanente discricionariedade para a administração integrar a definição de uma conduta; há uma faculdade de ponderar interesses concorrentes e de perseguir resultados eficientes, dentro de um espaço de opções deslegalizadas criado pelo legislador, para a integração do qual não se exige mais que a observância de princípios e de *standards* balizadores da deslegalização.[281]

---

[278] Sabe-se que a eliminação do arbítrio, nas palavras de Bermejo Vera, só é possível de modo utópico (BERMEJO VERA, José. *El declive de la seguridad jurídica en el ordenamiento plural*. Madrid: Civitas, 2005. p. 208).

[279] OTERO, Paulo. *Legalidade e Administração Pública*: o sentido da vinculação administrativa à juridicidade. Coimbra: Almedina, 2003. p. 132.

[280] BARROSO, Luís Roberto. Neoconstitucionalismo e constitucionalização do direito: o triunfo tardio do direito constitucional no Brasil. *Revista da EMERJ*, Rio de Janeiro, v. 9, n. 33, p. 43-92, 2006. p. 79.

[281] MOREIRA NETO, Diogo de Figueiredo. *Mutações do direito público*. Rio de Janeiro: Renovar, 2006. p. 395.

Deve-se, portanto, admitir a regulação como uma nova categoria de escolha do direito administrativo[282] que comporte essas peculiaridades,[283] isto é, que dê base jurídica para uma atuação administrativa diante de um sistema complexo, que leve em consideração, de forma cíclica, cumulativa e com visão sistêmica, valores, normas – regras e princípios –, custos e benefícios, dados empíricos, fatos e efeitos prospectivos da decisão estatal.[284]

Um novo encaminhamento do tema "acarretaria a atenção, não tanto para o ato discricionário como resultado do exercício do poder, mas para o processo formativo da decisão ou para o conhecimento dos mecanismos decisionais":[285]

> O administrativista contemporâneo tem consciência da diversificação e capilaridade das funções do Estado atual, realizadas, em grande parte, pela atuação da Administração Pública. Por conseguinte, *o direito administrativo, além da finalidade de limite ao poder e garantia dos direitos individuais ante o poder, deve preocupar-se em elaborar fórmulas para a efetivação de direitos sociais e econômicos, de direitos coletivos e difusos, que exigem prestações positivas.* O direito administrativo tem papel de relevo no desafio de uma sociedade em constante mudança. A transformação sociopolítica é propícia a mudança de conteúdo e de forma do direito administrativo para que se torne mais acessível nos seus enunciados, para que se traduza vínculos mais equilibrados entre Estado e sociedade, para que priorize o administrado, isolado ou em grupos, e não a autoridade. O enfoque evolutivo do direito administrativo significa, sobretudo, o

---

282 Segundo Diogo de Figueiredo Moreira Neto, "a regulação se afirma e se expande como instrumento interventivo preferencial dos estados democráticos de direito" (MOREIRA NETO, Diogo de Figueiredo. *Mutações do direito público*. Rio de Janeiro: Renovar, 2006. p. 389).

283 "A leitura que tradicionalmente se faz da Constituição Federal, porém, não se harmoniza inteiramente com certos traços que algumas autarquias (as agências reguladoras) atualmente possuem. Uma interpretação conservadora, por conseguinte, acabaria por derrubar toda esta nova construção. Sendo assim, para admitirmos esse novo modelo de regulação, à luz do ordenamento constitucional brasileiro, que se mostra necessário à própria manutenção do Estado Democrático de Direito, precisamos vislumbrar uma nova realidade que acaba por transformar conotações já ultrapassadas em nossa cultura" (MENDES, Conrado Hübner. Reforma do estado e agências reguladoras. *In:* SUNDFELD, Carlos Ari (Coord.). *Direito administrativo econômico*. São Paulo: Malheiros, 2000. p. 137).

284 "A moderna administração, prestadora de serviços, que assume tarefas de provisão, de elaboração de infraestrutura, de planejamento e de previsão de riscos, portanto, tarefas de regulação política em sentido amplo, age voltada para o futuro e para a cobertura de grandes espaços" (HABERMAS, Jürgen. *Direito e democracia*: entre facticidade e validade. Tradução de Flávio Beno Siebeneichler. Rio de Janeiro: Tempo Brasileiro, 1997. p. 174. v. 2).

285 MEDAUAR, Odete. *O direito administrativo em evolução*. 2. ed. São Paulo: Revista dos Tribunais, 2003. p. 197.

intuito do seu aprimoramento como técnica do justo e, por isso, da paz social.[286]

O enfoque tradicional do direito administrativo nesse campo de questões é repudiado por Marçal Justen Filho ao advertir que a supremacia da Constituição não pode ser um mero elemento de discurso político inferiorizado pela sacralização da lei, a exemplo do constitucionalismo oitocentista francês. As "soluções opacas e destituídas de transparência",[287] tais como discricionariedade administrativa e seus pilares – conveniência e oportunidade –, não devem ser suprimidas, "mas sua extensão e importância têm de ser restringidas à dimensão constitucional e democrática".[288] Supera-se, na visão de Barroso,[289]

> a ideia restrita de vinculação positiva do administrador à lei, na leitura convencional do princípio da legalidade, pela qual sua atuação estava pautada por aquilo que o legislador determinasse ou autorizasse. O administrador pode e deve atuar tendo por fundamento direto a Constituição e independentemente, em muitos casos, de qualquer manifestação do legislador ordinário. O princípio da legalidade transmuda-se, assim, em princípio da constitucionalidade, ou, talvez mais propriamente, em princípio da juridicidade, compreendendo sua subordinação à Constituição e à lei, nessa ordem.

Há um risco na concentração e no excesso de poder nas mãos da Administração Pública na regulação de sistemas complexos, envoltos em matérias altamente técnicas, sem referenciais objetivos na lei.[290] A escolha discricionária e sua correspondente fórmula (discricionariedade

---

[286] MEDAUAR, Odete. *O direito administrativo em evolução*. 2. ed. São Paulo: Revista dos Tribunais, 2003. p. 267-268. Grifos nossos.

[287] JUSTEN FILHO, Marçal. *Curso de direito administrativo*. 2. ed. São Paulo: Saraiva, 2006. p. 14.

[288] JUSTEN FILHO, Marçal. *Curso de direito administrativo*. 2. ed. São Paulo: Saraiva, 2006. p. 14.

[289] BARROSO, Luís Roberto. Neoconstitucionalismo e constitucionalização do direito: o triunfo tardio do direito constitucional no Brasil. *Revista da EMERJ*, Rio de Janeiro, v. 9, n. 33, p. 43-92, 2006. p. 80.

[290] Daí a necessidade de uma regulação descentralizada, qualificada e independente. Nas palavras de Cristiane Derani: "A concessão de serviços públicos e a criação das agências implicam numa ampliação da atividade normativa do Estado. E, quanto mais complexa for a atividade concedida, quanto mais abrangente e fundamental forem os serviços entregues à atividade privada, maior será a necessidade de funcionários altamente qualificados, independentes e vinculados a um extenso rol de deveres normatizados" (DERANI, Cristiane. *Privatização e serviços públicos*: as ações do Estado na produção econômica. São Paulo: Max Limonad, 2002. p. 93-94).

administrativa) concede um "passaporte para o absoluto",[291] pois baseiam-se na conveniência, que "significa a possibilidade de determinar o conteúdo de certa providência"[292] e na oportunidade, que consiste na "ponderação quanto ao momento em que determinada providência deverá ser adotada",[293] tudo isso de acordo com as valorações de cada administrador público, "insuscetível de impugnação", em grande parte, por serem não sindicáveis pelo Poder Judiciário.[294] Daí a importância da escolha regulatória antes sustentada nesta obra.

Veja-se, por exemplo, o caso ocorrido em 2017 envolvendo o complexo sistema elétrico brasileiro. Em 2012 a Ex-Presidente Dilma Rousseff apresentou-se, em rede nacional de TV, e anunciou uma redução média de 20% na tarifa de energia elétrica. Essa escolha discricionária, materializada por meio de decreto, foi de natureza essencialmente política, com fins eleitorais, sem qualquer análise de custo e benefício e dos efeitos prospectivos da medida.

O fato é que, cinco anos após a aprovação de Medida Provisória nº 579, restou um prejuízo, a favor das empresas delegatárias, que foi repassado para os usuários por meio de assunção de uma dívida de dezenas de bilhões de reais. Com efeito, a Aneel, agência reguladora do setor elétrico, deliberou pela remuneração das concessionárias de distribuição de energia elétrica para cobrir os investimentos realizados pelas transmissoras em valor que deveria ter sido pago em 2013 e, como dito, foi suspenso por escolha discricionária da chefia do Poder Executivo (política).

Para evitar situações como estas "prega-se, então, a necessidade de nova disciplina [categoria] para que se torne objetiva, imparcial, controlável"[295] e previsível, à luz dos valores, fundamentos e objetivos que alcançam força normativa pela Constituição Federal de 1988.[296]

---

291 MEDAUAR, Odete. *O direito administrativo em evolução*. 2. ed. São Paulo: Revista dos Tribunais, 2003. p. 196.

292 JUSTEN FILHO, Marçal. *Curso de direito administrativo*. 2. ed. São Paulo: Saraiva, 2006. p. 175.

293 JUSTEN FILHO, Marçal. *Curso de direito administrativo*. 2. ed. São Paulo: Saraiva, 2006. p. 14.

294 Sobre os limites da discricionariedade administrativa, ver interessante abordagem acerca desse instituto em termos de contratação com a Administração Pública na obra de FIGUEIREDO, Lúcia Valle. *Extinção dos contratos administrativos*. 3. ed. São Paulo: Malheiros, 2002. p. 54.

295 JUSTEN FILHO, Marçal. *Curso de direito administrativo*. 2. ed. São Paulo: Saraiva, 2006. p. 175.

296 "A Constituição brasileira de 1988 determina que todos os entes e órgãos da administração pública obedeçam ao princípio da legalidade (art. 37, caput); a compreensão do princípio deve abranger não somente a lei formal, mas também os preceitos decorrentes de um Estado Democrático de Direito, que é o modo de ser do Estado brasileiro, conforme prevê

Levando-se em conta que o assunto "parece não receber suficiente atenção da doutrina",[297] o que ora se propõe nesta obra é a catalogação da escolha regulatória como a categoria de direito administrativo que se apresenta mais próxima das premissas da pós-modernidade, por compatibilizar-se com a crescente "tecnicização"[298] dos temas submetidos à Administração Pública em sistemas complexos, acompanhado da "crescente adoção de práticas consensuais, conciliatórias e não somente decisões imperativas".[299]

As escolhas discricionárias, como aquela adotada em 2013 pela Ex-Presidente Dilma Rousseff, acabam sendo adotadas de acordo com regras positivadas (medidas provisórias ou decretos), mas sem qualquer análise de custo e benefício ou avaliação dos impactos e efeitos prospectivos, materializando-se, apenas, por "vontades particulares"[300] e interesses político-partidários sob o manto da oportunidade e conveniência.[301] Nesse sentido, parece ser necessário compreender que,

---

o art. 1º caput da Constituição; e ainda, deve incluir os demais fundamentos e princípios de base constitucional. Desse modo vincula-se a atividade administrativa aos valores que informam o ordenamento como um todo, associando-se, de modo mais estreito, o direito administrativo às disposições constitucionais" (MEDAUAR, Odete. *O direito administrativo em evolução*. 2. ed. São Paulo: Revista dos Tribunais, 2003. p. 149).

[297] MARQUES NETO, Floriano Peixoto de Azevedo. Discricionariedade e regulação setorial: o caso do controle dos atos de concentração por regulador setorial. *In:* ARAGÃO, Alexandre Santos de (Coord.). *O poder normativo das agências reguladoras*. Rio de Janeiro: Forense, 2006. p. 571.

[298] Um dos fenômenos jurídicos decorrentes de uma nova perspectiva da atuação executiva estatal, conforme anotação de SILVA, Vasco Manuel Pascoal Dias Pereira da. *Em busca do acto administrativo perdido*. Coimbra: Almedina, 2003. p. 99.

[299] "A ideia de abertura se comunica com a Constituição e traduz a sua permeabilidade a elementos externos e a renúncia à pretensão de disciplinar, por meio de regras específicas, o infinito conjunto de possibilidades apresentadas pelo mundo real" (BARROSO, Luís Roberto. *Interpretação e aplicação da Constituição*. 6. ed. São Paulo: Saraiva, 2004. p. 332).

[300] Na expressão utilizada por Sérgio Buarque de Holanda, ao comentar essa característica do povo brasileiro: "No Brasil, pode dizer-se que só excepcionalmente tivemos um sistema administrativo e um corpo de funcionários puramente dedicados a interesses objetivos e fundados nesses interesses. Ao contrário, é possível acompanhar, ao longo de nossa história, *o predomínio constante das vontades particulares que encontram seu ambiente próprio em círculos fechados e pouco acessíveis a uma ordenação impessoal*" (HOLANDA, Sérgio Buarque de. *Raízes do Brasil*. 26. ed. 26. reimpr. São Paulo: Companhia das Letras, 2006. p. 146).

[301] MEDAUAR, Odete. *O direito administrativo em evolução*. 2. ed. São Paulo: Revista dos Tribunais, 2003. p. 196. Cass Sunstein afirma a importância da regulação estatal ao preconizar: "In terms of general orientation, I do not believe that it makes the slightest sense to oppose government regulation as such, or to claim that 'deregulation' is an appropriate response to the problem of excessive public fear. Of course overregulation can be found in many places, and of course it is a problem; but the problem of under regulation is also serious. In many domains, government regulation is indispensable, particularly in the context of health, safety, and the environment. Nothing said here should be taken to suggest otherwise" (SUNSTEIN, Cass R. *Laws of fear*: beyond the precautionary principle. Cambridge: Cambridge University Press, 2005. p. 9). Em tradução livre: "Nos termos da orientação geral, eu não acredito fazer

nos casos de alta complexidade sistêmica e tecnicização submetidos à regulação estatal, se, de um lado, deve-se "reduzir a liberdade própria aos juízos discricionários",[302] de outro, deve-se enquadrar essa atuação do Estado em nova categoria estruturada sob outras bases teóricas e jurídicas.

Com isso, na manifestação de Medauar,[303] um novo tratamento para o tema acarretaria a atenção, *não tanto para o ato discricionário como resultado do exercício do poder, mas para o processo formativo da decisão ou para o conhecimento dos mecanismos decisionais.*

Ao contrário da atuação executiva estatal por meio de largas margens de opção em torno do juízo de oportunidade, conveniência e modo de intervir, o atual Estado Regulador deve atuar sob novos fundamentos decorrentes dos valores e princípios constitucionais[304] voltados à precaução quanto aos riscos e à mediação, "o que esvazia significativamente o espaço de conveniência e oportunidade administrativas".[305]

A atuação administrativa deve ter a possibilidade de buscar a melhor solução do caso concreto no "consenso democrático",[306] demonstrando-se este ser, no atual modelo preponderantemente positivista, com larga discricionariedade, de difícil aplicação prática.

---

sentido a mais ligeira oposição à regulação do governo como está, ou para reivindicar que a regulação é uma resposta apropriada ao problema do medo público excessivo. Naturalmente a super-regulação pode ser encontrada em muitos lugares, e naturalmente é um problema; mas o problema da subregulação é também sério. Em muitos domínios, a regulação pelo governo é indispensável, particularmente no contexto da saúde, da segurança, e do meio ambiente. Nada dito aqui deve ser visto de forma que sugira de outra maneira".

302 MARQUES NETO, Floriano Peixoto de Azevedo. Discricionariedade e regulação setorial: o caso do controle dos atos de concentração por regulador setorial. *In:* ARAGÃO, Alexandre Santos de (Coord.). *O poder normativo das agências reguladoras*. Rio de Janeiro: Forense, 2006. p. 571.

303 MEDAUAR, Odete. *O direito administrativo em evolução*. 2. ed. São Paulo: Revista dos Tribunais, 2003. p. 197.

304 "A Constituição, porém, não é só fonte direta de habilitação de competências administrativas, como funciona também qual critério imediato da tomada de decisões pelo administrador. Neste aspecto, evidencia-se a constitucionalização do direito administrativo, numa clara limitação dos espaços discricionários da Administração Pública, que se devem pautar não apenas na finalidade legal, como também nos fins constitucionais. É dizer: entre duas opções legalmente possíveis, o juízo de conveniência e oportunidade será cercado para que a opção preferencial seja aquela que atenda às normas da Constituição, o que trará como consequência a possibilidade de que o Administrador, em certos casos, atue segundo um juízo de ponderação" (BINENBOJM, Gustavo. *Uma teoria do direito administrativo*: direitos fundamentais, democracia e constitucionalização. Rio de Janeiro: Renovar, 2006. p. 131-132).

305 BINENBOJM, Gustavo. *Uma teoria do direito administrativo*: direitos fundamentais, democracia e constitucionalização. Rio de Janeiro: Renovar, 2006. p. 132.

306 GARCÍA DE ENTERRÍA, Eduardo. *Democracia, jueces y controle de la administración*. 5. ed. reimpr. Madrid: Civitas, 2005. p. 165.

O contínuo aperfeiçoamento institucional, absolutamente requerido para que se possa acompanhar e controlar o mais proximamente possível os riscos que se sucedem e que proliferam caleidoscopicamente nas sociedades pós-modernas e sobre eles – e a despeito deles – manter a segurança proporcionada pelo direito, não pode depender apenas das manifestações reativas, quase como fruto do acaso histórico ou da eventual vontade política destes ou daqueles governos de plantão. Deve ser um aperfeiçoamento institucional produzido de modo meditado, metódico, criativo, preventivo e direcionado à previsão de abusos, de crises e de quaisquer outros acontecimentos que sejam capazes de pôr em risco o delicado equilíbrio de poder entre pessoas e grupos de qualquer espécie.[307]

Daí a importância das escolhas administrativas tomadas em ambientes regulatórios consensuais:

> É inegável que a renovada preocupação com o consenso, como forma alternativa de ação estatal, representa para a Política e para o Direito uma benéfica renovação, pois, como já se consignou, contribui para aprimorar a governabilidade (eficiência), propicia mais freios contra os abusos (legalidade), garante a atenção de todos os interesses (justiça), proporciona decisão mais sábia e prudente (legitimidade), evita os desvios morais (licitude), desenvolve a responsabilidade das pessoas (civismo) e torna os comandos estatais mais aceitáveis e facilmente obedecidos (ordem).[308]

A autoridade do consenso é abordada por Cass Sunstein[309] do ponto de vista da própria democracia, e por Rawls,[310] para além de determinada forma de governo, como princípio moral. Nesse sentido, a regulação jurídica passa a ser o eixo do direito administrativo

---

307 MOREIRA NETO, Diogo de Figueiredo. *Mutações do direito público*. Rio de Janeiro: Renovar, 2006. p. 24-25.

308 MOREIRA NETO, Diogo de Figueiredo. *Mutações do direito público*. Rio de Janeiro: Renovar, 2006. p. 59. Sobre o tema, ver PALMA, Juliana Bonacorsi de. *Sanção e acordo na Administração Pública*. São Paulo: Malheiros, 2015.

309 "Deliberative democracies do best if they abstract from the largest question and try to obtain a consensus from people who disagree on, or are unsure about, how to resolve those questions. In the context of fear, I suggest, it is often possible to obtain just such a consensus" (SUNSTEIN, Cass R. *Laws of fear*: beyond the precautionary principle. Cambridge: Cambridge University Press, 2005. p. 3). Em tradução livre: "As democracias deliberativas fariam melhor se abstraíssem as grandes perguntas e tentassem obter um consenso das pessoas que discordam sobre, ou estivessem inseguros, como resolver aquelas perguntas. No contexto do medo, eu sugiro, se possível for, chegar-se ao consenso".

310 RAWLS, John. *Uma teoria da justiça*. Tradução de Almiro Pisetta e Lenita Maria Rímoli Esteves. São Paulo: Martins Fontes, 2002. p. 18.

regulatório,[311] compatível com as pautas da sociedade atual. Diversamente do que ocorre na discricionariedade administrativa (oportunidade e conveniência), propugna-se em ter, na base que sustenta essa nova fórmula, adaptável às premissas do constitucionalismo atual, a prevenção e a mediação. Adere-se ao pensamento de Diogo de Figueiredo Moreira Neto[312] no sentido de que o Executivo passa a ter uma ampliação e flexibilização de suas alternativas jurídicas de escolha administrativa, com a redefinição de seu papel de ponderação de valores todas as vezes que deva atuar na fixação de conceitos jurídicos indeterminados, no emprego da discricionariedade, e, sobretudo, no exercício da regulática nos setores deslegalizados.

2.6.1 Busca da legitimidade da escolha regulatória no atual contexto jurídico-constitucional por meio da deslegalização

Sob uma perspectiva sociojurídica sistêmica, é irrefutável o fato de que, em vista da permeação de dados da realidade no direito, notadamente pelas novas relações sociais, econômicas, científicas e, especialmente, as tecnológicas, a filtragem dos novos ramos do conhecimento para a adequação da normatização tem se tornado cada vez mais problemática.

A transposição do direito racional para um texto aprovado pela vontade geral (de viés rousseauniano) impedia qualquer outra forma de se cogitar a existência de direito diverso deste. Contudo, nos dias atuais, essa premissa não mais se sustenta.[313]

---

311 "O Direito Administrativo da Economia institucionaliza a Administração Pública (incluindo-se aí as agências reguladoras) e o exercício da função administrativo-econômica – a qual, ao seu tempo, intervém sobre o poder econômico dos agentes que interagem no mercado" (MOREIRA, Egon Bockmann. Agências reguladoras independentes, poder econômico e sanções administrativas (reflexões iniciais acerca da conexão entre os temas). *In:* GUERRA, Sérgio (Coord.). *Temas de direito regulatório*. Rio de Janeiro: Freitas Bastos, 2004. p. 164).

312 MOREIRA NETO, Diogo de Figueiredo. *Mutações do direito público*. Rio de Janeiro: Renovar, 2006. p. 87. Ainda sobre a ampliação das escolhas administrativas, completa o autor: "Por isso, como o legislador não mais tem a possibilidade de atender a contento à quantidade, à especialidade e à temporariedade das demandas normativas, passou a ser necessário dispor de um instituto que permitisse uma ampliação em escala sistêmica do espaço decisório da Administração, já que somente a ela se havia outorgado, com a separação de poderes, a disponibilidade técnico-administrativa de fazer opções entre alternativas postas em escala tópica – que, como se expôs, lhes haviam sido abertas pelo instituto da discricionariedade" (p. 361).

313 Acerca de nossas críticas ao princípio da legalidade estrita, veja-se 2.1.

Segundo Parejo Alfonso,[314] o legislador, ao atribuir ao Poder Executivo tarefas públicas, está legitimado para conferir a esse poder – e, de fato, o confere com toda normalidade – um âmbito de responsabilidade própria, sobretudo na avaliação de questões técnicas, na ponderação de interesses contraditórios e na apreciação das evoluções futuras.[315] Nesse contexto, Meilán Gil[316] adverte que as modificações na prestação dos serviços públicos se realizam em conformidade com a dinâmica da competência mercadológica. O Estado, dessa forma, tem de ponderar sua capacidade de resposta com o objetivo de alcançar os fins impostos pelo interesse público.

Desse modo, e ainda na busca de trazer respostas às críticas antes apontadas neste capítulo, acerca da atuação normativa das entidades reguladoras – e que transborda para alcançar outras entidades que editam diversas normas no Brasil – perfilha-se a construção doutrinária acerca da deslegalização de matérias do Legislativo para entidades do Executivo. O tema já foi agitado em sede doutrinária[317] e pretoriana,[318]

---

314 PAREJO ALFONSO, Luciano. *Administrar y juzgar*: dos funciones constitucionales distintas y complementarias. Madrid: Tecnos, 1993. p. 31.

315 Maria Sylvia Zanella Di Pietro critica a função normativa exercida pelas entidades reguladoras: "A intenção de colocar tais atividades [serviços públicos] sob regime jurídico de direito privado vem sendo frustrada pela atividade regulatória exercida pelas agências, que acaba substituindo o direito administrativo criado por lei pelo direito administrativo criado por agências pretensamente independentes, na realidade muito mais autoritárias do que independentes" (DI PIETRO, Maria Sylvia Zanella. Privatização e o novo exercício de funções públicas por particulares. *In:* MOREIRA NETO, Diogo de Figueiredo (Coord.). *Uma avaliação das tendências contemporâneas do direito administrativo*. Rio de Janeiro: Renovar, 2003. p. 434).

316 MEILÁN GIL, José Luis. *Progreso tecnológico y servicios públicos*. Madrid: Civitas, 2006. p. 127. Com efeito, a escolha administrativa em sede de regulação de subsistemas permeados pelo sistema social revela-se uma necessidade do Estado Pós-Moderno, um expediente atenuador e de cooperação entre os poderes Legislativo e Executivo, estando sempre preservada a via do Judiciário para se discutir a juridicidade de todo e qualquer ato administrativo que viole princípios de direito, notadamente a razoabilidade, a proporcionalidade e a igualdade, com reflexo na segurança jurídica das relações.

317 Merecem destaque, sobre essa questão, os estudos realizados por Diogo de Figueiredo Moreira Neto, notadamente a obra *Mutações do direito administrativo*. 2. ed. Rio de Janeiro: Renovar, 2001. p. 162 *et seq.*

318 O Plenário do Supremo Tribunal Federal, ao julgar o Recurso Extraordinário nº 140.669-1/PE, tendo como relator o eminente Ministro Ilmar Galvão, apreciando a constitucionalidade de leis ainda editadas sob a égide da Constituição anterior, já teve o ensejo de examinar e acolher a tese da "deslegalização", desde que a norma observe não só os parâmetros de legalidade que lhe foram traçados, mas, também, em um sentido mais lato, os padrões de juridicidade delineados em determinado sistema jurídico, e desde que não se trate de matéria sujeita à reserva de lei. E note-se que ali se estava diante, inclusive, de matéria tributária (embora não se tratasse de ato normativo definidor de tributo ou de elemento essencial deste, mas de elemento secundário). Contudo, mesmo assim foi reconhecida a juridicidade de transferência normativa de lei para o Executivo, para que este, por meio de

notadamente em temas cuja detalhada positivação pelas casas legislativas apresenta-se inviável.

García de Enterría[319] comenta o instituto francês de deslegalização de matérias pelo Legislativo ao Executivo:

> Desde la famosa Ley de 17 de agosto de 1948 se sortea de la técnica de la *deslegalización* o rebajamiento del rango normativo de la regulación de determinadas materias, que quedan así entregadas al poder reglamentario (*matières relevant de la compétence du pouvoir règlementaire*, dice expresamente esa Ley). Esta práctica, que se repetirá cada vez con mayor osadía, recordando ya casi exactamente la técnica de los anteriores Decretos-Leyes [...], va a ser sancionada por la autoridad del Consejo de Estado, consultado especialmente por el Gobierno sobre su compatibilidad con la Constitución.

A regulação administrativa apresenta-se como uma nova etapa, uma real evolução do processo de mutação da escolha administrativa, que poderá ser legitimada e conformada ao contexto jurídico-constitucional brasileiro por meio da deslegalização de matérias, a conviver com as regras constitucionais e com a primeira fonte normativa ordinária: a lei. Segundo Aragão, a lei não precisa preestabelecer os elementos das relações jurídicas a serem formadas. Não é necessário que ela tenha de chegar a fixar os direitos e as obrigações que teriam apenas a forma de

---

portaria, alterasse o prazo de recolhimento do tributo ali em questão. Entendeu-se, então, que a fixação de prazo para o recolhimento de tributo não é matéria submetida à reserva legal. Logo, poderia ser objeto de "deslegalização". É o que se colhe da ementa do acórdão, *in verbis*: "Tributário. IPI. Art. 66 da Lei nº 7.450/85, que autorizou o Ministro da Fazenda a fixar prazo de recolhimento do IPI, e Portaria nº 266/88/MF, pela qual dito prazo foi fixado pela mencionada autoridade. Elemento do tributo em apreço que, conquanto não submetido pela Constituição ao princípio da reserva legal, fora legalizado pela Lei nº 4.502/64 e assim permaneceu até a edição da Lei nº 7.450/85, que, no art. 66, o deslegalizou, permitindo que sua fixação ou alteração se processasse por meio da legislação tributária (CTN, art. 160), expressão que compreende não apenas as leis, mas também os decretos e as normas complementares (CTN, art. 96)". Digna de nota também é a seguinte passagem constante do corpo do acórdão, nos seguintes termos: "O juiz Tift emitiu um voto brilhante dizendo que a indelegabilidade – que tem origem constitucional – não pode jamais ser encarada em termos absolutos. Acrescentou que pode a lei estabelecer, inclusive em matéria tributária, atribuições ao Poder Executivo – autoridade administrativa. Para que isso aconteça é preciso que haja autorização legal e que o exercício desse poder se faça dentro dos limites razoáveis. A deslegalização encontra limites constitucionais nas matérias constitucionalmente reservadas à lei. Sempre que exista reserva material de lei, a lei ou a decreto-lei (no caso de autorização legislativa) não poderão limitar-se a entregar aos regulamentos a disciplina jurídica da matéria constitucionalmente reservada à lei".

319 GARCÍA DE ENTERRÍA, Eduardo. *Legislación delegada, potestad reglamentaria y control judicial*. 3. ed. Madrid: Civitas, 1998. p. 106.

seu mero exercício definida pelos regulamentos necessários à "mera" execução.[320]

A deslegalização não envolve a atribuição de uma discricionariedade diferenciada (especialmente a suposta "discricionariedade técnica"),[321] pois não se trata de atuar sob o manto "intocável" da conveniência e oportunidade discricionária. Decorre de uma ampliação (e evolução) das fontes normativas necessárias não só ao atingimento do fim público, em que é necessária à prevenção e mediação do caso concreto, como, notadamente, para considerar as "consequências específicas sobre o setor regulado".[322]

Quando se cogita a deslegalização para a compatibilização da escolha regulatória ao atual contexto jurídico-constitucional brasileiro, não se pretende sustentar a retirada da base legalitária para a atuação das entidades administrativas na regulação de atividades econômicas e setores sensíveis à sociedade (saúde, vigilância sanitária etc.).[323] O que ora se sustenta é a manutenção do "monopólio da política legislativa"[324] nas

---

[320] ARAGÃO, Alexandre Santos de. *Direito dos serviços públicos*. Rio de Janeiro: Forense, 2007. p. 328. O autor enfatiza seu ponto de vista ao anotar: "Integramos a corrente daqueles para quem deve haver uma habilitação legal dos poderes da Administração Pública, sem que a lei precise entrar na matéria a ser regulada pela Administração".

[321] Sobre o tema da discricionariedade técnica, remeto o leitor para 3.4.

[322] MOREIRA NETO, Diogo de Figueiredo. *Direito regulatório*: a alternativa participativa e flexível para a Administração Pública de relações setoriais complexas no Estado democrático. Rio de Janeiro: Renovar, 2003. p. 112.

[323] Nesse sentido, Alexandre Santos de Aragão e Patrícia Sampaio comentam a possibilidade e os limites da função normativa das agências reguladoras: "Deve ser compreendida à luz da finalidade do exercício da atividade administrativa, a qual reside no cumprimento das competências constitucional e legalmente consagradas às autoridades. Nessa perspectiva, entende-se a feição normativa do poder de polícia como instrumento legítimo de concretização desses objetivos. Não se trata, em qualquer hipótese, de autoridades administrativas exercendo competência legislativa ou quase-legislativa (no Brasil, a figura do regulamento autônomo mostra-se excepcional – art. 84, VI, da Constituição Federal), mas sim de atividade normativa inserida no bojo das competências administrativas do Estado e, por conseguinte, subordinada, sempre, à legalidade" (ARAGÃO, Alexandre Santos de; SAMPAIO, Patrícia Regina Pinheiro. Omissão no exercício do poder normativo das agências e a concorrência desleal. *In:* ARAGÃO, Alexandre Santos de (Coord.). *O poder normativo das agências reguladoras*. Rio de Janeiro: Forense, 2006. p. 547).

[324] O monopólio da política legislativa "vem a ser a competência para firmar princípios e baixar as normas gerais que deverão ser observadas pelas demais fontes intraestatais" (MOREIRA NETO, Diogo de Figueiredo. *Mutações do direito público*. Rio de Janeiro: Renovar, 2006. p. 262). O autor conclui seu raciocínio nos seguintes termos: "Persegue-se a norma que ganha em *eficiência quanto ao conteúdo*, porque mais próxima da realidade dos fatos, não só na aplicação como na elaboração: ela é mais técnica, menos vaga, de maior precisão, por isso, menos controvertida, e produz mais segurança jurídica aos jurisdicionados. Mas, ao mesmo tempo, ela ganha em *eficiência quanto ao tempo*, pois, dispensando os pesados e demorados processos legislativos nas casas parlamentares, ela é formulada na medida em que é necessária e, com a mesma celeridade pode ser revogada, alterada ou substituída" (MOREIRA NETO, Diogo

mãos do Legislativo, que tem o "poder" de inovar, e a abertura, prevista na norma primária, para que entes descentralizados do Poder Público possam estruturar a "moldura normativa",[325] o marco regulatório de determinado subsistema especializado e complexo, sem estar atrelado às situações detalhadas anteriormente pela lei e sem a preocupação com os impactos nas urnas.[326]

Deslegalizar, no sentido ora enfocado, significa não estarem perfeitamente indicados na lei os meios para atuação dos agentes estatais responsáveis pela regulação de subsistemas sensíveis ao equilíbrio das ambivalências sociais. Também não corresponde ao "cheque em branco" associado ao instituto da discricionariedade administrativa, que se sustenta em bases axiológicas opacas e próprias do administrador público, impermeável à atuação dos regulados e da sociedade em geral. Representa, isso sim, um avanço na possibilidade de se acompanhar a necessária abertura e o crescimento dos espaços procedimentais para a atuação do regulador na busca de soluções para o equilíbrio cíclico dos subsistemas complexos e do exercício legítimo de políticas distributivas, com a redução da escolha discricionária e inconclusivos debates acerca da impossibilidade ou limitação da sindicância dessas escolhas pelo Poder Judiciário.[327]

---

de Figueiredo. Governo e governança em tempos de mundialização: reflexões à luz dos novos paradigmas do direito. *Revista de Direito Administrativo*, São Paulo, v. 243, p. 41-47, set./dez. 2006. p. 46).

325 TORRES, Ricardo Lobo. *Tratado de direito constitucional financeiro e tributário*. Rio de Janeiro: Renovar, 2005. p. 507. v. 2.

326 Parece ser este o ponto nodal da questão apreciada, por mais de uma vez, pelo Supremo Tribunal Federal. A título exemplificativo colhe-se, ao acaso, o seguinte aresto: "O princípio da reserva de lei atua como expressiva limitação constitucional ao poder do Estado, cuja competência regulamentar, por tal razão, não se reveste de suficiente idoneidade jurídica que lhe permita restringir direitos ou criar obrigações. Nenhum ato regulamentar pode criar obrigações ou restringir direitos, sob pena de incidir em domínio constitucionalmente reservado ao âmbito de atuação material da lei em sentido formal. O abuso de poder regulamentar, especialmente nos casos em que o Estado atua *contra legem* ou *praeter legem*, não só expõe o ato transgressor ao controle jurisdicional, mas viabiliza, até mesmo, tal a gravidade desse comportamento governamental, o exercício, pelo Congresso Nacional, da competência extraordinária que lhe confere o art. 49, inciso V, da Constituição da República e que lhe permite 'sustar os atos normativos do Poder Executivo que exorbitem do poder regulamentar [...]'. Doutrina. Precedentes (RE 318.873-AgR/SC, Rel. Min. Celso de Mello, v.g.). Plausibilidade jurídica da impugnação à validade constitucional da Instrução Normativa STN n. 01/2005" (AC nº 1.033/DF – AgR-QO (Questão de Ordem no Agravo Regimental na Ação Cautelar). Rel. Min. Celso de Mello, Tribunal Pleno, j. 25.5.2006. *Diário Oficial*, p. 00004, 16 jun. 2006).

327 Para Paulo Otero a deslegalização torna-se um processo de reforço da escolha administrativa gerando um correlativo enfraquecimento da tradicional esfera de intervenção vinculativa do poder legislativo. Torna a legalidade administrativa mais dócil ou adaptável aos propósitos da Administração Pública, encurtando, assim, os espaços de heterovinculação da legalidade

Há, na doutrina de Marcos Juruena Villela Souto, a clareza de que se trata de interpretar conceitos já contidos na lei em face da complexidade das relações modernas, não podendo se cogitar delegação de poder, tampouco de discricionariedade.[328] A interpretação, que não se confunde com integração, não é atividade livre, haja vista que as palavras são signos que detêm um âmbito de abrangência comumente conhecido, e não há delegação, porque a lei já traz todos os elementos dela exigidos, dependendo apenas de atos concretos de execução. Também não se trata de discricionariedade, porque a regulação é um processo técnico (e não subjetivo), de ponderação de custos e benefícios envolvidos no equilíbrio sistêmico ou em um potencial ou eventual conflito de interesses. A busca do ponto ótimo, no qual se alcança o ponto de equilíbrio, não envolve escolhas segundo critérios de conveniência e oportunidade; entretanto, esta se baseia segundo pautas preponderantemente técnicas.

Juruena afirma:

> negar a necessidade de escolha regulatória como técnica indispensável para a concretização de vontade política é deixar a lei ao desamparo, não se alcançando com a precisão desejada os fatos da vida que se deseja estimular ou desestimular, o que a complexidade dos fenômenos econômicos e sociais não autoriza.[329]

Nesse mesmo sentido, e com enfoque na pluralidade de fontes, Alexandre Santos de Aragão[330] leciona que, chamada a atenção para os riscos da tecnização do direito, é relevante notar a grande conexão que ela possui com a evolução das fontes normativas, já que foi, justamente com o pluralismo social, a grande causadora da erosão legislativa formal. Isso fez com que o próprio Parlamento, progressivamente, descentralizasse a normatização social, atribuindo-a a entidades regulatórias independentes e, em alguns casos, a entidades – não estatais – da sociedade civil.

Nessa senda, a deslegalização pode ocorrer pela exclusão legal de um comportamento a qualquer tipo de regra ou pela substituição do

---

(OTERO, Paulo. *Legalidade e Administração Pública*: o sentido da vinculação administrativa à juridicidade. Coimbra: Almedina, 2003. p. 903).

328 SOUTO, Marcos Juruena Villela. *Direito administrativo em debate*. Rio de Janeiro: Lumen Juris, 2004. p. 281.

329 SOUTO, Marcos Juruena Villela. *Direito administrativo em debate*. Rio de Janeiro: Lumen Juris, 2004. p. 281-282.

330 ARAGÃO, Alexandre Santos de. As agências reguladoras independentes e a separação dos poderes: uma contribuição da teoria dos ordenamentos setoriais. *Revista dos Tribunais*, São Paulo, v. 786, p. 11-56, abr. 2001. p. 41.

referencial normativo, indicando a nova fonte regradora, mas sempre com vistas à maior efetividade da norma legalitária.[331]

Um bom exemplo da deslegalização do Legislativo diretamente para o regulador está na Lei nº 11.934, de 5.5.2009, que dispõe sobre limites da exposição humana a campos elétricos, magnéticos e eletromagnéticos. O art. 10 dessa normativa dispõe que é obrigatório o compartilhamento de torres pelas prestadoras de serviços de telecomunicações que utilizam estações transmissoras de radiocomunicação, conforme definição constante do art. 73 da Lei nº 9.472, de 16.7.1997, nas situações em que o afastamento entre elas for menor que 500 (quinhentos) metros, *exceto quando houver justificado motivo técnico*. Nesse mesmo dispositivo legal (§2º) o legislador definiu, acerca da dispensa, que: "O órgão regulador federal de telecomunicações [Anatel] estabelecerá as condições sob as quais o compartilhamento poderá ser dispensado devido a motivo técnico".

Casos como este não configuram temas que devam estar sujeitos à reserva absoluta de lei. Quanto a sistemas complexos, que requeiram exame técnico por agências reguladoras, a deslegalização atua como mecanismo de materialização da nova fase da escolha administrativa, instrumentalizada pela fórmula da *reflexividade administrativa*, adiante proposta, que se adequa na visão do autor às necessidades de legitimação da mobilidade e flexibilidade das regras regulatórias editadas pela Administração Pública, direta e indireta, nos termos das leis que deslegalizarem a matéria.[332]

2.6.2 Nova fórmula de sustentação da escolha regulatória: *a reflexividade administrativa* sob o binômio prevenção/mediação

O direito, na lição de Pablo Lucas Verdú,[333] é sempre produto da consciência jurídica de uma convivência, movendo-se ou tendendo

---

331 MOREIRA NETO, Diogo de Figueiredo. *Direito regulatório*: a alternativa participativa e flexível para a Administração Pública de relações setoriais complexas no Estado democrático. Rio de Janeiro: Renovar, 2003. p. 125. Nos termos do art. 48 da Constituição Federal: "Cabe ao Congresso Nacional, com a sanção do Presidente da República, não exigida esta para o especificado nos arts. 49, 51 e 52, dispor sobre todas as matérias de competência da União".

332 Em sentido contrário à deslegalização, ver a obra de BINENBOJM, Gustavo. *Uma teoria do direito administrativo*: direitos fundamentais, democracia e constitucionalização. Rio de Janeiro: Renovar, 2006. p. 272.

333 VERDÚ, Pablo Lucas. *O sentimento constitucional*: aproximação ao estudo do sentir constitucional como modo de integração política. Tradução de Agassiz Almeida Filho. Rio de Janeiro: Forense, 2004. p. 37.

a mover-se em harmonia com as exigências da vida comum. Se o desafio do passado foi não mais que o de simplesmente acompanhar o desenvolvimento das sociedades, adaptando reativamente as decisões políticas e as soluções jurídicas aos fatos, o desafio do presente é o de anteciparem-se as decisões e as soluções ao futuro, para que cada vez mais o tenhamos sob controle.[334]

No caso específico do direito administrativo, materializado por meio de escolhas feitas pelos administradores públicos, este deve não mais se limitar a acompanhar os acontecimentos apenas para acudir e prover *a posteriori* as soluções demandadas. Deve, ao contrário, criar condições para a condução do conhecimento científico pela previsão dos problemas, que se esboçam na evolução das tendências identificadas.[335]

> El mejor gobierno del Estado es aquel que con eficiencia es capaz de asegurar el desenvolvimento estable de las libertades; que garantiza el orden y la seguridad en el ejercicio de los derechos y prerrogativas ciudadanas; que genera oportunidades para todos los miembros de una comunidad organizada; que se ocupa de restablecer los equilibrios cuando éstos se ven quebrantados, alterados o seriamente amenazados. *Y que sabe prever lo que será el futuro para proporcionar información oportuna y confiable a los agentes productivos de la nación.*[336]

Se a escolha regulatória não pode acoplar-se, simplesmente, a uma generalização da competência vinculada, sendo, assim, indispensável adaptar-se constantemente às circunstâncias particulares e mutáveis,[337] de outro lado, a Administração instrumentada por campos de atuação discricionária, ainda que se sustente a vinculação direta à Constituição,[338] na prática não oferece aos cidadãos garantia de respeito a seus direitos.

---

[334] MOREIRA NETO, Diogo de Figueiredo. *Mutações do direito público*. Rio de Janeiro: Renovar, 2006. p. 25.

[335] MOREIRA NETO, Diogo de Figueiredo. *Mutações do direito público*. Rio de Janeiro: Renovar, 2006. p. 226.

[336] MADARIAGA GUTIÉRREZ, Mónica. *Seguridad jurídica y administración pública en el siglo XXI*. 2. ed. Santiago: Jurídica de Chile, 1993. p. 11. Grifos nossos.

[337] Sobre esse aspecto, Alexandre Santos de Aragão anota: "Com efeito, evoluiu-se para se considerar a Administração Pública vinculada não apenas à lei, mas a todo um bloco de legalidade, que incorpora os valores, princípios e objetivos jurídicos maiores da sociedade, com diversas constituições (por exemplo, a alemã e a espanhola) passando a submeter a Administração Pública expressamente à 'lei e ao Direito', o que também se infere implicitamente da nossa Constituição e expressamente da Lei de Processo Administrativo Federal (art. 2º, parágrafo único, I)" (ARAGÃO, Alexandre Santos de. *Direito dos serviços públicos*. Rio de Janeiro: Forense, 2007. p. 336-337).

[338] Na advertência de Gustavo Binenbojm: "A Constituição, porém, [...] funciona também qual critério imediato da tomada de decisões pelo administrador. Neste aspecto,

Com efeito, no campo da discussão doutrinária acerca da distinção entre política e administração, "situa-se a ambiguidade da ideia de Administração executora e neutra" e "se coteja à existência de atuações com ampla discricionariedade".[339] Contudo, esta se volta, em diversas situações, ao arbítrio despótico.

Nesse contexto,[340] propõe-se nesta obra que o direito administrativo deve se valer de uma nova fórmula que se adeque à *pós-modernidade*.[341] A fórmula – ou instituto – de direito administrativo de que ora se cogita suportando a escolha regulatória é a que se denomina *reflexividade administrativa*.

A proposta de teorização da *reflexividade administrativa* não se limita a rebatizar a vetusta discricionariedade, dar-lhe uma nova denominação a exemplo do que outrora ocorreu com a denominada "discricionariedade técnica". O *nomen iuris*, se não é irrelevante, parece ser desinfluente. A ideia que norteia a pretensão de deslocar a discricionariedade administrativa do eixo de atuação do regulador público está no fato de que o Poder Executivo central e o Poder Judiciário,[342] cada um dentro de suas competências constitucionais, carecem de um instituto de direito administrativo para, efetivamente, exercerem um papel ativo na atuação executiva – e respectivo controle – dos temas cotidianos atrelados às escolhas regulatórias que afetam direitos e garantias fundamentais dos cidadãos.

---

evidencia-se a constitucionalização do direito administrativo, numa clara limitação dos espaços discricionários da Administração Pública, que se devem pautar não apenas na finalidade legal, como também nos fins constitucionais. É dizer: entre duas opções legalmente possíveis, o juízo de conveniência e oportunidade será cerceado para que a opção preferencial seja aquela que atenda às normas da Constituição, o que trará como consequência a possibilidade de que o Administrador, em certos casos, atue segundo um juízo de ponderação" (BINENBOJM, Gustavo. *Uma teoria do direito administrativo*: direitos fundamentais, democracia e constitucionalização. Rio de Janeiro: Renovar, 2006. p. 131-132).

339 MEDAUAR, Odete. *O direito administrativo em evolução*. 2. ed. São Paulo: Revista dos Tribunais, 2003. p. 137.

340 As críticas à discricionariedade administrativa estão em 2.3.

341 Sobre as características da "pós-modernidade", remete-se o leitor para 1.5.1.

342 Por exemplo, Marçal Justen Filho assevera, em termos de controle judicial dos atos regulatórios discricionários, o seguinte: "Insista-se em que o ato produzido pela agência, ainda quando apto a produzir efeitos abstratos e gerais, continua a se qualificar como ato administrativo. *Trata-se de* uma manifestação de *discricionariedade*, que demanda exame e qualificação pelo Judiciário segundo os princípios gerais vigentes. Isso significa que o exercício de competências vinculadas comporta ampla investigação pelo Judiciário. Mesmo no tocante à discricionariedade é possível cogitar da fiscalização jurisdicional. O controle jurisdicional não pode invadir aquele *núcleo de autonomia decisória inerente à discricionariedade*" (JUSTEN FILHO, Marçal. *O direito das agências reguladoras independentes*. São Paulo: Dialética, 2002. p. 590, Grifos nossos.

Mas por que *reflexividade administrativa*? Por que não *mediação administrativa* ou, quem sabe, outra denominação mais popular?

Reflexividade, que, classicamente nas teorias sociais contemporâneas, apresentou-se quase como um sinônimo de *razão*, não recebe da doutrina uma definição clara e precisa.[343] Contudo, delineia ser relevante quando da revisitação do tema que destaca a questão da insegurança.[344]

No século passado, buscou-se, na maioria das vezes implicitamente, a elaboração de alternativas a essa perspectiva reflexiva, com enfoque variado; entretanto, a própria sociologia reintroduziu, em grande medida, essa abordagem em seu arcabouço conceitual.

Doutrina contemporânea, na qual se destacam os estudos de Gunther Teubner[345] e, no Brasil, de Eduardo Faria,[346] traduz a reflexividade e o direito reflexivo como a capacidade de um sistema de tematizar sua própria identidade, de perceber como, em seu meio, operam outros sistemas e relações de interdependência. É a relação que um objeto tem consigo mesmo:

> O direito produz o seu modelo interno do mundo externo, de acordo com o qual orienta as respectivas operações, através de informação internamente selecionada e jamais importada do exterior [...]. Por outro lado, interferências externas entre o direito e a respectiva envolvente social são responsáveis pelo estabelecimento de uma relação de ´articulação estrutural` entre eles. É a combinação destes dois mecanismos que torna possível a regulação social através do direito, ainda que sob formas extremamente indiretas e até incertas. Tornando-se "reflexivo", no sentido de que orienta as respectivas normas e processos em função dessa situação social, o direito aumenta a sua eficácia regulatória; todavia, e malgrado toda a "reflexividade" possível, o direito mantém-se um sistema

[343] Lash, por exemplo, divide a reflexividade em "estrutural", em que a ação, libertada das restrições da estrutura social, reflete as "regras" e os "recursos" dessa estrutura nas condições sociais da existência, e em "autorreflexividade", em que a ação reflete em si mesma (LASH, Scott. A reflexividade e seus duplos: estrutura, estética, comunidade. *In:* BECK, Ulrich; GIDDENS, Anthony; LASH, Scott. *Modernização reflexiva*: política, tradição e estética na ordem social moderna. Tradução de Magda Lopes. São Paulo: Ed. Unesp, 1997. p. 141).

[344] LASH, Scott. A reflexividade e seus duplos: estrutura, estética, comunidade. *In:* BECK, Ulrich; GIDDENS, Anthony; LASH, Scott. *Modernização reflexiva*: política, tradição e estética na ordem social moderna. Tradução de Magda Lopes. São Paulo: Ed. Unesp, 1997. p. 141-142.

[345] TEUBNER, Gunther. *O direito como sistema autopoiético*. Tradução de José Engrácia Antunes. Lisboa: Fundação Colouste Gulbenkian, 1993.

[346] FARIA, José Eduardo. *O direito na economia globalizada*. 1. ed. 4. tir. São Paulo: Malheiros, 2004. p. 195-196.

autopoiético operando num universo de sistemas autopoiéticos fechados, sendo por isso impossível pensar em romper com esta clausura.[347]

Cada sistema – ou subsistema – coloca a si mesmo no papel de outros sistemas para ver, dessa perspectiva, seu próprio papel, institucionalizando mecanismos aptos a viabilizar uma recíproca autolimitação das possibilidades de ação e tendo em vista seus respectivos valores, seus interesses e suas necessidades.

A reflexividade caminha no sentido de viabilizar a autonomia regulada dos sistemas, facilitando a maximização de sua racionalidade interna mediante adequados procedimentos de formação do consenso e tomada de decisão coletiva.

Gunther Teubner, com base em Luhman[348] e Habermas,[349] destacou-se no estudo da reflexividade ("processualização dos processos")[350] inserida na "autorreferência"[351] do direito como sistema autopoiético. O autor genebrino teorizou uma nova autorreferencialidade do direito, de modo diverso do sistema fechado (de viés positivista)[352] e do sistema

---

[347] TEUBNER, Gunther. *O direito como sistema autopoiético*. Tradução de José Engrácia Antunes. Lisboa: Fundação Colouste Gulbenkian, 1993. p. 195-196

[348] LUHMANN, Niklas. *Das Recht der Gesellschaft*. Frankfurt a. M.: Suhrkamp, 1993 (O direito da sociedade: tradução Saulo Krieger. São Paulo: Martins Fontes, 2016).

[349] Teubner partiu dos estudos de Luhmann e Habermas, conforme advertência de Sanford E. Gaines: "In this initial exposition of reflexive law, Teubner melded the work of two other German sociologists, the systems analysis perspective of Niklas Luhmann, which emphasized the aspect of coordination between social subsystems, and the arguments of Juergen Habermas about the need for democratization of social subsystems to institutionalize 'procedural legitimation.' Teubner thus included attention to both the 'procedures of internal discourse' within social subsystems and to their 'methods of coordination with other social systems'." (GAINES, Sanford E. Reflexive law as a legal paradigm for sustainable development. *Buffalo Environmental Law Journal*, v. 10, 2002-2003). Não se pretende adentrar no debate sociológico acerca da *reflexividade*. Remete-se o leitor, por ser conciso, mas bastante esclarecedor, ao artigo de DOMINGUES, José Maurício. Reflexividade, individualismo e modernidade. *Revista Brasileira de Ciências Sociais*, São Paulo, v. 17, n. 49, p. 55-169, jun. 2002.

[350] TEUBNER, Gunther. *O direito como sistema autopoiético*. Tradução de José Engrácia Antunes. Lisboa: Fundação Colouste Gulbenkian, 1993. p. 134.

[351] TEUBNER, Gunther. *O direito como sistema autopoiético*. Tradução de José Engrácia Antunes. Lisboa: Fundação Colouste Gulbenkian, 1993. p. 35.

[352] O autor afirma que o sistema autopoiético não se confunde nem se imbrica com o positivismo nos seguintes termos: "A fim de afastar todas as suspeições de positivismo e autarcia há que esclarecer desde já que a ideia de autoprodução de modo algum implica que todas as causas – nem sequer que as causas mais importantes (e quem poderá determinar o critério dessa importância?) ou as mais frequentes – estejam localizadas dentro do sistema. A verdade é que – não obstante todas as afirmações e interpretações em sentido contrário feitas pelos seus opositores – *a teoria autopoiética considera que a influência das condicionantes sociais, econômicas e políticas do direito não está excluída, mas é mesmo pressuposta, por um sistema jurídico autoprodutivo*. Não é a inexistência desta influência proveniente do meio envolvente o que a teoria autopoiética veio inovadoramente sublinhar, mas apenas a forma particular como

aberto (sob bases axiológicas).[353] Teubner utiliza a reflexividade como uma das partes da leitura autopoiética do direito, na qual as observações sistêmicas de comunicação hermeticamente fechadas e autônomas são recíprocas.

Conforme Sanford Gaines,[354] Teubner identifica o direito reflexivo na evolução do direito substantivo:

> The term "reflexive law" was coined by German sociologist Gunther Teubner in a 1983 article analyzing the late-20th century evolution of law. In Teubner's view, modem law's first evolutionary stage was the "formal" private law of the early twentieth century, which vindicated personal freedom of action and primarily served to set rules governing the relations between autonomous private parties. In law's second evolutionary stage, which began in the 1930s and culminated in the mid-century social welfare state, the law became "substantive" or purposive, seeking to direct private action and state action to assure specific outcomes for society as a whole. The Reagan-Thatcher political revolution of the early 1980s reflected increasing skepticism about the ability of substantive law to deliver the desired welfare results, but neither was the law ready to return to earlier laissez-faire policies. Teubner saw, then, an emerging "third way," and he sought both to explain it and to show why it represented a normative improvement over the first two stages of law for mediating the complexities of the post-industrial world.[355]

Para Teubner, só por meio de auto-observação e referência a si próprios podem os sistemas continuar a se organizar e se reproduzir como tais, como sistemas distintos do respectivo meio envolvente. São as próprias operações sistêmicas que, em uma dinâmica circular, produzem seus elementos, suas estruturas e processos, seus limites e sua unidade essencial.[356]

---

aquela se repercute no sistema" (TEUBNER, Gunther. *O direito como sistema autopoiético*. Tradução de José Engrácia Antunes. Lisboa: Fundação Colouste Gulbenkian, 1993. p. 35; 44. Grifos nossos).

353 TEUBNER, Gunther. *O direito como sistema autopoiético*. Tradução de José Engrácia Antunes. Lisboa: Fundação Colouste Gulbenkian, 1993. p. 27 *et seq*.

354 GAINES, Sanford E. Reflexive law as a legal paradigm for sustainable development. *Buffalo Environmental Law Journal*, v. 10, 2002-2003.

355 Uma das fontes primárias para a análise desse pensamento do autor está em TEUBNER, Gunther. Substantive and reflexive elements in modern law. *Law & Society Review*, v. 17, p. 239-285, 1982-1983.

356 TEUBNER, Gunther. *O direito como sistema autopoiético*. Tradução de José Engrácia Antunes. Lisboa: Fundação Colouste Gulbenkian, 1993. p. 31-32.

Essa teoria viria em busca de algumas respostas:

> Legal theoreticians in Western Europe posited a re-conceptualization of regulatory law by emphasizing the necessity of law's reflexivity, its capacity to respond to the changing conditions of regulatory implementation and the proceduralization of law. Reflexive law promoted the opening of the law to the different, varied and competing rationalities of a society highly differentiated along functional lines. As the project of reflexive law became formulated in the context of an exhausted welfare state's regulatory capacities, the nature of law's involvement in societal processes was still at the heart of a critical inquiry into the role, function and status of law. With reflexive law emerging out of the eggshells of a fast-decaying welfare state, it was conceived in light of a long generation of negative and positive civil rights, of a strong interconnection between deliberation over social policy on the one hand and of the cross fertilization of administrative and constitutional law on the other.[357]

Julia Black resume a questão ao afirmar, segundo o pensamento de Teubner, que o "objetivo de fundo do direito reflexivo ou procedimental é a democratização dos subsistemas".[358] No lugar de o subsistema repetir a mesma função, a reflexividade faz com que ele construa suas operações de modo "a informar o futuro desenvolvimento de suas próprias operações",[359] assegurando a "integração de seus sistemas parciais diferenciados"[360] e desenvolvendo "laços com a realidade social".[361] A "norma procedimental"[362] não se destaca pela imperatividade, não sendo

---

357 ZUMBANSEN, Peer. Beyond the State: rethinking private law. *The American Journal of Comparative Law*, v. 56, n. 3, p. 769-808, Summer 2008. Special Symposium.

358 BLACK, Julia. Procedimentalizando a regulação. *In:* MATTOS, Paulo Todescan L. (Coord.). *Regulação econômica e democracia*: o debate europeu. 2. ed. São Paulo: Revista dos Tribunais, 2017. p. 145.

359 TEUBNER, Gunther. *O direito como sistema autopoiético*. Tradução de José Engrácia Antunes. Lisboa: Fundação Colouste Gulbenkian, 1993. p. 41.

360 FARIA, José Eduardo. *O direito na economia globalizada*. 1. ed. 4. tir. São Paulo: Malheiros, 2004. p. 196.

361 TEUBNER, Gunther. *O direito como sistema autopoiético*. Tradução de José Engrácia Antunes. Lisboa: Fundação Colouste Gulbenkian, 1993. p. 143.

362 FARIA, José Eduardo. *O direito na economia globalizada*. 1. ed. 4. tir. São Paulo: Malheiros, 2004. p. 184. Nas palavras do autor sobre essa norma procedimental: "Na elaboração teórica desse tipo de norma, que até certo ponto se insere na tradição dos projetos juspolíticos dos séculos XVII e XVIII de recomendar a conversão da sociabilidade e da solidariedade potencialmente existentes na sociedade internacional em fonte de definição e afirmação de anseios e valores comuns, enfatizando um cálculo positivo de combinação de interesses, estimulando as partes a se conscientizar dos ganhos possíveis com a substituição de posturas conflitivas por posturas cooperativas e realçando a funcionalidade de uma interdependência infra,

capaz de atuar como um comando vinculado a ameaças de sanções punitivo-repressivas com o objetivo de prescrever comportamentos obrigatórios.

A reflexividade é compatível com a escolha regulatória, com a maleabilidade do direito administrativo econômico[363] e, consequentemente, com a deslegalização. Limitada ao estabelecimento de condições contextuais destinadas a facilitar a operatividade autônoma de cada subsistema regulado e "por assegurar um mínimo de critérios e de referências comuns e forjar uma estrutura normativa que não incida de maneira direta no funcionamento interno de qualquer subsistema",[364] facilita entendimentos, estimula negociações e viabiliza soluções adaptáveis para cada situação específica, "introduzindo na ordem jurídica uma flexibilidade inédita e desconhecida pelos padrões legais prevalecentes, tanto no Estado liberal quanto no Estado intervencionista".[365]

Ou seja, a reflexividade, como "novo paradigma científico"[366] é concebida "com base no postulado de que a hipercomplexidade da sociedade contemporânea a impede de ser regulada pelos instrumentos normativos tradicionais" e, por isso, trabalhando com *standards*, não "estabelece *a priori* a regra do jogo nem, muito menos, impõe a consecução de resultados com base numa racionalidade substantiva ou material".[367]

Esse, portanto, parece ser o ponto central que conduziu esta obra à *reflexividade administrativa*, notadamente no cenário da sociedade de riscos.[368]

---

inter e supra-estatal, o pensamento jurídico contemporâneo vem chamando de 'responsivo', 'reflexivo' ou 'relacional' o direito por ele constituído" (p. 186).

[363] Sobre a mobilidade do direito administrativo econômico, veja-se 1.5.4.

[364] FARIA, José Eduardo. *O direito na economia globalizada*. 1. ed. 4. tir. São Paulo: Malheiros, 2004. p. 194.

[365] FARIA, José Eduardo. *O direito na economia globalizada*. 1. ed. 4. tir. São Paulo: Malheiros, 2004. p. 185.

[366] FARIA, José Eduardo. *O direito na economia globalizada*. 1. ed. 4. tir. São Paulo: Malheiros, 2004. p. 186.

[367] FARIA, José Eduardo. *O direito na economia globalizada*. 1. ed. 4. tir. São Paulo: Malheiros, 2004. p. 185.

[368] Como dito, Teubner utiliza a reflexividade como uma das partes da leitura autopoiética do direito. *É nesse sentido que se utiliza a reflexividade nesta obra*. Isto é, não constitui objetivo desta obra enfrentar o ácido debate, inconcluso – como, aliás, quase tudo em direito – acerca da teoria da autopoiese do direito e suas repercussões interdisciplinares desde as ciências biológicas até as ciências sociais com Luhmann. Permite-se, por se aproximar aos ideais deste livro, citar a advertência de Raffaele de Giorgi: "O pensamento autopoiético foi elaborado há pouco mais de vinte anos. Um período, a um só tempo, muito curto para que se possa chegar a conclusões fundamentadas e por demais longo para que se pudesse considerá-lo

Beck[369] informa que na sociedade de risco o reconhecimento da imprevisibilidade das ameaças provocadas pelo desenvolvimento técnico-industrial exige a *autorreflexão* em relação às bases da coesão social e o exame das convenções e dos fundamentos predominantes da racionalidade. Giddens[370] fala, do ponto de vista reflexivo, em "monitoramento" das atividades sociais sujeitas à revisão decorrente de "novas informações" e "novos conhecimentos". Tudo isso, na visão de Lash,[371] aponta uma nova mudança para a dialética do esclarecimento.

Segundo Benjamin Zymler,[372] os mecanismos intersistêmicos da observação e da interferência estabelecidos entre o subsistema jurídico e os demais subsistemas tendem a produzir efeitos regulatórios mais eficientes, a partir da incorporação de um maior grau de reflexividade ao direito. Dessa forma, a reflexão jurídica deve tomar em conta o fato de que o direito constitui um sistema autopoiético de segundo grau diferenciado funcionalmente e que interage limitadamente com outros

---

um modismo. É por isso que nos maravilha o fato de que ainda hoje o pensar autopoiético seja capaz de despertar a um só tempo enormes interesses e inarredáveis aversões, paixões inflamadas e resistências inexplicáveis" (DE GIORGI, Raffaele. *Direito, democracia e risco*: vínculos com o futuro. Vários tradutores. Porto Alegre: Sergio Antonio Fabris, 1998. p. 19). Na linha das afirmações de Marcelo Pereira de Mello, o modelo explicativo de Teubner, bastante enrobustecido com o desenvolvimento da reflexividade (ou, mais especificamente, direito reflexivo), demonstra que a preocupação de Teubner é dotar a teoria sistêmica e o conceito de *autopoiesis* de poder explicativo das configurações institucionais concretas (isto é, empíricas) do sistema jurídico (MELLO, Marcelo Pereira. A perspectiva sistêmica na sociologia do direito: Luhmann e Teubner. *Tempo Social – Revista de Sociologia da USP*, São Paulo, v. 18, n. 1, p. 351-373, jun. 2006. p. 360). Conclusivamente, seguiu-se a advertência de Alexandre Aragão, ao preconizar: "As relações intersistêmicas são, sob as mais diversas denominações, há muito estudadas pelo Direito, *e que a Teoria Autopoiética pode, ainda que não acolhida em sua inteireza, fornecer muitas luzes aos desafios regulatórios contemporaneamente enfrentados no Direito Administrativo*" (ARAGÃO, Alexandre Santos de. Ensaio de uma visão autopoiética do direito administrativo. *Revista de Direito Público da Economia – RDPE*, Belo Horizonte, ano 1, n. 4, p. 9-15, out./dez. 2003. p. 14. Grifos nossos).

369 BECK, Ulrich. A reinvenção da política: rumo a uma teoria da modernização reflexiva. *In*: BECK, Ulrich; GIDDENS, Anthony; LASH, Scott. *Modernização reflexiva*: política, tradição e estética na ordem social moderna. Tradução de Magda Lopes. São Paulo: Unesp, 1997. p. 19. Acompanhando esse pensamento, ver HABERMAS, Jürgen. *Direito e democracia*: entre facticidade e validade. Tradução de Flávio Beno Siebeneichler. Rio de Janeiro: Tempo Brasileiro, 1997. p. 176. v. 2.

370 GIDDENS, Anthony. *As consequências da modernidade*. Tradução de Raul Fiker. São Paulo: Ed. Unesp, 1991. p. 54.

371 LASH, Scott. A reflexividade e seus duplos: estrutura, estética, comunidade. *In*: BECK, Ulrich; GIDDENS, Anthony; LASH, Scott. *Modernização reflexiva*: política, tradição e estética na ordem social moderna. Tradução de Magda Lopes. São Paulo: Ed. Unesp, 1997. p. 138.

372 ZYMLER, Benjamin. Política, direito e reforma do estado: uma visão funcional-sistêmica. *Revista de Informação Legislativa*, Brasília, ano 37, n. 147, p. 35-49, jul./set. 2000. p. 44. O tema foi tratado, com maior profundidade, em ZYMLER, Benjamim. *Direito administrativo e controle*. Belo Horizonte: Fórum, 2010. p. 60 *et seq*.

subsistemas autopoiéticos de segundo grau também diferenciados funcionalmente. Daí, conclui o autor: "Para isso, indispensável que doutrina jurídica passe a formular modelos de interação intersistêmicos mais apropriados e a promover gradativamente os ajustes necessários à otimização da regulação social pelo Direito".

Para os objetivos desta obra, *reflexividade administrativa* não implica apenas a "reflexão" feita pelo regulador sobre as questões postas diante de si para a construção da escolha administrativa; pretende-se ir mais longe. A *reflexividade administrativa*, como nova fórmula que pretende ser juridicamente viabilizadora da escolha regulatória, deve conformar a capacidade de o regulador pensar a situação concreta em si mesma para estabilizar o subsistema complexo e minimizar a insegurança.[373]

Sob ótica da estrutura *reflexiva*, o regulador deve, por meio de uma "clausura autorreferencial"[374] do subsistema, permitir que brote, de modo cíclico, a produção de encaminhamentos decorrentes das próprias condições originárias de produção do subsistema. Este deve deixar de fazer suas escolhas com base no que entende ser, em sua ótica, *conveniente e oportuno*, encarando a situação (*o caso concreto*) em si mesma, sistemática e transparentemente, ao longo de uma interpretação analítica e empírica, examinando custos e benefícios, para além de suas experiências pessoais, de difícil – se não impossível – sindicabilidade por terceiros.

Na busca da realização dos fins últimos da lei, o direito, para ter eficácia diante da realidade prática do setor regulado, deve tentar "compreender os códigos do sistema social regulado, buscando, através da permeabilização das fronteiras dos sistemas jurídico e econômico, o acoplamento de suas respectivas lógicas".[375] Isto é,

> o agente econômico age para alcançar objetivos do subsistema social econômico (lucro-prejuízo), não por ditames do subsistema do Direito (legal-ilegal). Para ele o cumprimento ou o descumprimento da norma jurídica é um dos elementos das relações custo-benefício com as quais lida na condução dos seus negócios. Assim, podem existir atos contrários ao

---

373 Para Lash, esse enfoque (reflexividade como minimização da insegurança da sociedade) é a tônica do pensamento de Beck e Giddens (LASH, Scott. A reflexividade e seus duplos: estrutura, estética, comunidade. *In:* BECK, Ulrich; GIDDENS, Anthony; LASH, Scott. *Modernização reflexiva*: política, tradição e estética na ordem social moderna. Tradução de Magda Lopes. São Paulo: Ed. Unesp, 1997. p. 142.

374 TEUBNER, Gunther. *O direito como sistema autopoiético*. Tradução de José Engrácia Antunes. Lisboa: Fundação Colouste Gulbenkian, 1993. p. 32.

375 ARAGÃO, Alexandre Santos de. *Direito dos serviços públicos*. Rio de Janeiro: Forense, 2007. p. 366.

> Direito que não apenas sejam admitidos, como às vezes até se imponham do ponto de vista da economia. Nesses casos, há uma contradição entre o que é verdadeiro no subsistema jurídico e o que é imposto no subsistema econômico.[376]

A hipercomplexidade da sociedade contemporânea a impede de ser regulada apenas por categorias normativas tradicionais cunhadas no liberalismo e no intervencionismo, com racionalidades, respectivamente, formal e material. "Mais do que a existência de regras originais, é a preocupação de descobrir novas noções que parece caracterizar principalmente o direito administrativo económico atual".[377] Nessa senda, o direito administrativo deve perseguir uma atuação pública por meio da escolha regulatória reflexiva, que construa espaços abertos pela deslegalização e uma "espécie de ciência das perguntas"[378] em vez de uma "ciência das respostas".[379]

Não se está, aqui, defendendo o completo abandono do direito posto nas escolhas regulatórias, não sendo essa uma das premissas do direito reflexivo. Como bem explica Sanford Gaines:

> Teubner insists that the proceduralization focus of autopoiesis does not mean doing away with substantive legal norms. "[S]ubstantive legal norms remain indispensable. It is only that the process of their production and justification has to give way to a "socially adequate"

---

376 ARAGÃO, Alexandre Santos de. *Direito dos serviços públicos*. Rio de Janeiro: Forense, 2007. p. 367.

377 LAUBADÈRE, André de. *Direito público económico*. Tradução de Maria Teresa Costa. Coimbra: Almedina, 1985. p. 121.

378 BECK, Ulrich. A reinvenção da política: rumo a uma teoria da modernização reflexiva. *In:* BECK, Ulrich; GIDDENS, Anthony; LASH, Scott. *Modernização reflexiva*: política, tradição e estética na ordem social moderna. Tradução de Magda Lopes. São Paulo: Unesp, 1997. p. 44.

379 BECK, Ulrich. A reinvenção da política: rumo a uma teoria da modernização reflexiva. *In:* BECK, Ulrich; GIDDENS, Anthony; LASH, Scott. *Modernização reflexiva*: política, tradição e estética na ordem social moderna. Tradução de Magda Lopes. São Paulo: Unesp, 1997. No conceito conclusivo apresentado por Alexandre Santos de Aragão: "A regulação estatal da economia é o conjunto de medidas legislativas, administrativas e convencionais, abstratas ou concretas, pelas quais o Estado, de maneira restritiva da liberdade privada ou meramente indutiva, determina, controla, ou influencia o comportamento dos agentes econômicos, evitando que lesem os interesses sociais definidos no marco da Constituição e orientando-se em direções socialmente desejáveis. É nesta perspectiva que o jurista, as entidades e os órgãos reguladores devem estar atentos para paradigmas regulatórios como a administrativização, fluidez, consensualidade, reflexividade, consensualismo, valorização dos resultados em relação aos meios, permeabilidade aos demais subsistemas sociais, etc." ARAGÃO, Alexandre Santos de. *Agências reguladoras e a evolução do direito administrativo econômico*. Rio de Janeiro: Forense, 2002. p. 37.

proceduralization. The question is whether we are dealing with command and control regulation through state economic policy or with regulation through decentralized mechanisms of selfregulation. In the latter case, the law of the state regulates only the contextual conditions".[380]

Por meio dessa nova fórmula – *reflexividade administrativa* – pretende-se que sejam possíveis e melhor controláveis (i) a observância de mecanismos de prevenção dos riscos, e (ii) a "articulação e a mediação de interesses"[381] com vistas ao planejamento dos limites entre os subsistemas.[382] Tudo isso, sob uma transparente procedimentalização, com a participação da sociedade na definição das principais pautas sociais e econômicas em permanente "interlocução com as corporações contemporâneas",[383] haja vista, notadamente, que *normas de prevenção*, "emitidas pelo legislador, só conseguem regular parcialmente programas de ação tão complexos e dinâmicos que antecipam o futuro e dependem de prognóstico e autocorreção".[384]

2.6.2.1 Primeira dimensão da reflexividade administrativa: a prevenção regulatória

A prevenção que ora se cogita corresponde à base para escolhas administrativas difíceis em sistemas regulados, no sentido de que o Estado se antecipe aos desafios decorrentes da complexidade cotidiana, que traz riscos à sociedade – por isso, alguns autores a denominam de sociedade de riscos.[385] Não se trata do princípio da precaução, normalmente associado às questões ambientais. O princípio da precaução é aquele que determina que não se produzam intervenções no meio

[380] GAINES, Sanford E. Reflexive law as a legal paradigm for sustainable development. *Buffalo Environmental Law Journal*, v. 10, 2002-2003.

[381] MARQUES NETO, Floriano Peixoto de Azevedo. A nova regulação estatal e as agências independentes. *In:* SUNDFELD, Carlos Ari (Org.). *Direito administrativo econômico*. São Paulo: Malheiros, 2000. p. 81.

[382] BECK, Ulrich. A reinvenção da política: rumo a uma teoria da modernização reflexiva. *In:* BECK, Ulrich; GIDDENS, Anthony; LASH, Scott. *Modernização reflexiva*: política, tradição e estética na ordem social moderna. Tradução de Magda Lopes. São Paulo: Unesp, 1997. p. 42.

[383] BECK, Ulrich. A reinvenção da política: rumo a uma teoria da modernização reflexiva. *In:* BECK, Ulrich; GIDDENS, Anthony; LASH, Scott. *Modernização reflexiva*: política, tradição e estética na ordem social moderna. Tradução de Magda Lopes. São Paulo: Unesp, 1997. p. 82.

[384] HABERMAS, Jürgen. *Direito e democracia*: entre facticidade e validade. Tradução de Flávio Beno Siebeneichler. Rio de Janeiro: Tempo Brasileiro, 1997. p. 176. v. 2.

[385] O desenvolvimento deste tema se encontra em 4.1.

ambiente antes de ter a certeza de que estas não serão adversas a ele.[386] Isto é, enquanto a prevenção se aplica aos impactos que são desconhecidos, a precaução corresponde à aplicabilidade de impactos que já se conhece, mas que são, no entanto, incertos.

Deve-se ter a prevenção como base da *reflexividade administrativa* para contenção dos perigos abstratos[387] a que está submetida a sociedade. O conteúdo cautelar da prevenção se relaciona com a necessária detenção e disponibilização de informações certas e, na medida do possível, precisas, sobre os riscos que podem afetar o subsistema regulado e, consequentemente, os usuários, consumidores e agentes regulados que prestam serviços públicos e exercem atividades econômicas reguladas.

Com base nessa dimensão, os reguladores devem se valer de instrumentos, tais como estudos científicos, pesquisas teóricas e empíricas, planejamento, parcerias e contratações, fomento, consultas e audiências públicas, análise de custos e benefícios, normatização técnica, agenda e revisão do estoque regulatório, fiscalização, sanção, elaboração de *guidelines*, e experimentalismos a exemplo da *sandbox* regulatória.

2.6.2.2 Segunda dimensão da reflexividade administrativa: a mediação regulatória

A mediação regulatória deve ser a outra parte da base teórica de sustentação que compõe o binômio de estruturação da *reflexividade administrativa*. Esse novo instituto, com base na advertência de Faria,[388] pode configurar o meio capaz de produzir um ordenamento apto a substituir, em determinadas situações, a coerção pelo consenso, o comando pela negociação, a decisão imperativa pela persuasão, a imposição pelo acordo, a subordinação pela coordenação, a intervenção controladora por mecanismos descentralizados de autodireção.

---

386 ANTUNES, Paulo de Bessa. *Direito ambiental*. 7. ed. Rio de Janeiro: Lumen Juris, 2004. p. 36-37. Para uma correta análise da diferença entre precaução e prevenção, remete-se o leitor para o artigo de FREITAS, Juarez. Os princípios constitucionais da precaução, proporcionalidade e motivação no direito ambiental. *Revista Latino-Americana de Estudos Constitucionais*, Belo Horizonte, n. 7, p. 551-570, jan./jun. 2006.

387 Conforme advertência de Anthony Giddens, perigo e risco estão intimamente relacionados, mas não são a mesma coisa. Sobre essa questão, remete-se o leitor para a obra do autor: GIDDENS, Anthony. *As consequências da modernidade*. Tradução de Raul Fiker. São Paulo: Ed. Unesp, 1991. p. 42.

388 FARIA, José Eduardo. *O direito na economia globalizada*. 1. ed. 4. tir. São Paulo: Malheiros, 2004. p.194.

Por considerar a existência de uma nova ambivalência, a instituição de uma "mediação sistêmica"[389] pode ser capaz de formar o consenso. Segundo Beck, os fóruns de negociações certamente não são máquinas de produção de consenso com uma garantia de sucesso. Eles não podem abolir o conflito tampouco os perigos incontroláveis da produção industrial. Contudo, podem estimular a prevenção e a precaução e atuar rumo a uma simetria de sacrifícios inevitáveis.[390]

A força da regra de direito, segundo Jacques Chevallier,[391] não provém mais de ser ela formulada como uma ordem obrigatória, à qual todos são obrigados a se submeter, de modo que a regra de direito depende do consenso de que é cercada, supondo que os destinatários da norma sejam partes integrantes de sua elaboração (a concertação prévia e a participação na definição da regra, tornando-a garantia de sua legitimidade).

Com arrimo em Giannini, Nigro e Plantey, Odete Medauar[392] conjuga a ideia de que, subjacente ao modo de atuar contemporâneo da Administração Pública, encontra-se a "ideia de troca de pontos de vista", de elaboração em comum de soluções. Ainda que surjam situações em que não será possível "substituir indiscriminadamente a atuação unilateral da Administração",[393] o consenso entre vários sujeitos possibilita mais facilmente a compatibilização de interesses, todos públicos ou em parte públicos e em parte privados, trocando-se a decisão pela discussão, o comando pela negociação, evitando-se decisões unilateralmente impostas.

> A atividade de consenso-negociação entre Poder Público e particulares, mesmo informal, passa a assumir papel importante no processo de identificação e definição de interesses públicos e privados, tutelados pela Administração. Esta não mais detém exclusividade no estabelecimento

---

389 BECK, Ulrich. A reinvenção da política: rumo a uma teoria da modernização reflexiva. *In:* BECK, Ulrich; GIDDENS, Anthony; LASH, Scott. *Modernização reflexiva*: política, tradição e estética na ordem social moderna. Tradução de Magda Lopes. São Paulo: Unesp, 1997. p. 41.

390 BECK, Ulrich. A reinvenção da política: rumo a uma teoria da modernização reflexiva. *In:* BECK, Ulrich; GIDDENS, Anthony; LASH, Scott. *Modernização reflexiva*: política, tradição e estética na ordem social moderna. Tradução de Magda Lopes. São Paulo: Unesp, 1997. p. 41; 43.

391 CHEVALLIER, Jacques. *O Estado pós-moderno*. Tradução de Marçal Justen Filho. Belo Horizonte: Fórum, 2009. p. 164.

392 MEDAUAR, Odete. *O direito administrativo em evolução*. 2. ed. São Paulo: Revista dos Tribunais, 2003. p. 209-210.

393 BAPTISTA, Patrícia. *Transformações do direito administrativo*. Rio de Janeiro: Renovar, 2003. p. 270.

> do interesse público; *a discricionariedade se reduz, atenua-se a prática de imposição unilateral e autoritária de decisões*. A Administração volta-se para a coletividade, passando a conhecer melhor os problemas e aspirações da sociedade. *A Administração passa a ter atividade de mediação para dirimir e compor conflitos de interesses entre várias partes ou entre estas e a Administração*. Daí decorre um novo modo de agir, não mais centrado sobre o ato como instrumento exclusivo de definição e atendimento do interesse público, mas como atividade aberta à colaboração dos indivíduos. Passa a ter relevo o momento do consenso e da participação.[394]

Diante da patente ambivalência, o Estado deve aparecer agora como interlocutor junto aos diversos grupos de interesses econômicos, sociais e culturais existentes na sociedade, encontrando-se a legitimidade de suas próprias decisões, normativas ou não, em um procedimento negocial e autorreferencial visando a obter o consenso mediado.[395] A consensualidade, decorrente da mediação, faz dos contratos e acordos de programa[396] as formas jurídicas típicas da atuação administrativa que permitem vislumbrar a cooperação entre Estado e sociedade, que passam a atuar em um mesmo nível no instante em que se busca a redução dos riscos e conflitos.[397]

Inserem-se na mediação regulatória, exemplificativamente, mecanismos de interlocução, mediação, conciliação, *dispute board*, arbitragem regulatória, e instrumentos variados de consensualidade, tais como os acordos de programa e os ajustes de conduta.

---

394 MEDAUAR, Odete. *O direito administrativo em evolução*. 2. ed. São Paulo: Revista dos Tribunais, 2003. p. 211. Grifos nossos.

395 OTERO, Paulo. *Legalidade e Administração Pública*: o sentido da vinculação administrativa à juridicidade. Coimbra: Almedina, 2003. p. 142 *et seq*.

396 O tema foi por nós explorado em GUERRA, Sérgio. *Controle judicial dos atos regulatórios*. Rio de Janeiro: Lumen Juris, 2005. p. 136. Maior profundidade sobre o tema pode ser conferida em PALMA, Juliana Bonacorsi de. *Sanção e acordo na Administração Pública*. São Paulo: Malheiros, 2015.

397 "A crescente importância dos instrumentos consensuais na governança moderna vem alicerçada em sólidas premissas: aprimorar a governabilidade pelo incremento da eficiência; reduzir o abuso de poder pela ampliação do controle de legalidade; facilitar a aceitação da decisão pela participação legitimatória; melhorar o atendimento dos interesses envolvidos, aperfeiçoando a licitude; elevar o senso de responsabilidade dos administrados sob a res publica, resultando no aperfeiçoamento do civismo, e garantir maior aceitabilidade social, do que resulta incremento na ordem" (MOREIRA NETO, Diogo de Figueiredo. *Direito regulatório*: a alternativa participativa e flexível para a Administração Pública de relações setoriais complexas no Estado democrático. Rio de Janeiro: Renovar, 2003. p. 110).

2.6.2.3 Contornos da reflexividade administrativa

Os contornos da *reflexividade administrativa* – fórmula – antes propostos adaptam-se à realidade da nova categoria de direito administrativo: a *escolha regulatória*. Para se evitar a abstração, cumpre mencionar um caso ocorrido no subsistema de telecomunicações, regulado pela Agência Nacional de Telecomunicações (Anatel).

Trata-se da mudança das regras para a conversão da cobrança das ligações telefônicas de pulso para minuto – a tarifação por minuto foi estabelecida na renovação dos contratos das concessionárias de telefonia fixa. Os motivos da mudança foram as limitações da tarifação por pulso e a dificuldade para detalhar as ligações locais nas contas; isto é, o usuário será beneficiado com uma forma de tarifação mais transparente (base normativa: art. 1º da Resolução nº 423, de 6.12.2005 e itens 2.1 e 3.1 do Anexo da Resolução nº 423, de 6.12.2005).

Em que pese a ideia inicial de *imperatividade* dessa regra sobre as empresas reguladas – e, após, a realização de *consulta* e *audiência públicas*, manifestações de associações de usuários, do Departamento de Proteção e Defesa do Consumidor, dos Procons estaduais e municipais etc. –, chegou-se, por meio da *mediação*, a um *consenso* entre regulador e regulados. A Anatel não compeliu as concessionárias a implementarem a conversão em áreas em que *os custos* (com a conversão) *não justificassem os benefícios* aos usuários (detalhamento das contas) nas localidades em que houvesse baixa densidade de linhas telefônicas. Por outro lado, as empresas reguladas *concordaram* em não cobrar dos usuários as chamadas locais entre telefones fixos que excedam a franquia com determinado número de pulsos.[398]

Nesse caso, entende-se que *não houve* "conveniência" e "oportunidade" dos reguladores para alcançar essa *solução justa* que, como sustentou-se no âmbito da regulação, atende a maior parte dos envolvidos no subsistema. A construção da escolha regulatória, surgida *preventivamente* por meio do *consenso* (adequado, necessário e proporcional), indica terem sido levadas em consideração as *consequências* decorrentes da autorreferência cíclica do próprio subsistema de telecomunicações, preservando-se os direitos fundamentais dos usuários e a segurança

[398] Mais detalhes podem ser conferidos em OLIVEIRA, Eliane. Metade das cidades não terá conta por minuto: nos municípios onde as telefônicas não fizeram conversão dos pulsos, ligações locais entre fixos serão de graça. *O Globo*, Rio de Janeiro, p. 30, 15 mar. 2007. Caderno de Economia.

jurídica dos regulados – que não serão sancionados por deixarem de cumprir a determinação da regra.[399]

Desse modo, e para efeito da teorização da *nova* fórmula que dê supedâneo à atual categoria de escolha administrativa (regulatória),[400] pode-se estruturar a *reflexividade administrativa* nos seguintes termos:

(i) a *reflexividade* correspondente à fórmula que dá base à atuação das entidades descentralizadas e com certo grau de independência decisória da Administração Pública direta na regulação de atividades econômicas e sociais (escolha regulatória), que surge quando sua atividade está autorizada, de modo geral e abstrato, em lei (*standards* e princípios inteligíveis);

(ii) a *reflexividade* não se sustenta na *oportunidade* e *conveniência* de agir do administrador público – deve se basear na situação concreta, em si mesma, de maneira cíclica, prospectiva, para estabilizar sistemas complexos e minimizar a insegurança jurídica;

(iii) por meio da *reflexividade* deve-se buscar a prevenção regulatória de riscos sistêmicos que possam comprometer os direitos dos envolvidos e, prospectivamente, o equilíbrio do subsistema regulado;

(iv) a fórmula da *reflexividade administrativa* deve servir de base para a busca e concretização procedimentalizada da mediação regulatória dos interesses ambivalentes identificados pela Administração Pública, por agentes regulados (e seus representantes) e pela sociedade em geral, priorizando-se a participação dos interessados na decisão final;

(v) mediante a *reflexividade administrativa*, as experiências técnicas e científicas, as práticas inovadoras e pesquisas, os dados empíricos e estudos que trabalhem com custos e benefícios devem ser permanentemente acompanhados,

---

[399] "O acoplamento do Direito dos serviços públicos com a lógica econômica dos setores regulados se dá através de uma série de mecanismos, da abertura semântica de suas disposições à utilização de termos e objetivos técnicos e econômicos, passando pela remissão e poderes normativos de entidades autorreguladoras, trazendo para dentro das normas jurídicas a lógica do setor econômico regulado, *e pela preponderância de uma hermenêutica consequencialista*" (ARAGÃO, Alexandre Santos de. *Direito dos serviços públicos*. Rio de Janeiro: Forense, 2007. p. 368-368. Grifos nossos).

[400] Diogo de Figueiredo Moreira Neto, ao concluir pela necessidade dessa "nova fórmula", propõe, como solução, a utilização da "deslegalização" ou "deslegificação" (MOREIRA NETO, Diogo de Figueiredo. *Mutações do direito público*. Rio de Janeiro: Renovar, 2006. p. 362).

avaliados, apropriados, renovados e disponibilizados pelo ente regulador com vistas ao estabelecimento de certa "previsibilidade do curso dos acontecimentos";[401]

(vi) o regulador, sempre que comprovada a necessidade de reequilíbrio do subsistema regulado (ou autorregulado) de acordo com as informações colhidas, disponibilizadas e debatidas com a sociedade e, notadamente, com os afetados pela escolha – por meio da permeabilização das fronteiras dos sistemas jurídico, econômico e social –, deverá promover os ajustamentos devidos, correspondendo esta conformação ao mérito da escolha regulatória.

Veja-se que o que designamos, nesta obra, como "reflexividade administrativa" está em perfeita consonância com outra teoria de direito administrativo, estruturada por Juarez Freitas em 2011[402] como sendo a *sustentabilidade regulatória*:

> a) a regulação sustentável precisa passar a ser mais de Estado do que "governativa", no sentido de o regulador exercer atividade indelegável e típica de Estado, inconfundível com a do Poder Executivo ou concedente. Logo, convém deixar sulcada a tipicidade dessas funções. b) A regulação sustentável pode ser desempenhada por entidades que não levam o nome de agências reguladoras, mas importa que sejam autônomas, vale dizer, não subordinadas às pressões políticas e que exerçam tal função precípua, em regime especial, contemplando as relações de administração necessariamente num horizonte de longo prazo. c) a regulação sustentável deve ser redutora de assimetrias e promotora, concomitantemente, da correção de falhas de mercado e de governo. Ou seja, precisa corrigir, em tempo útil, as disfunções administrativas *lato sensu*, coibir as fraudes, avaliar e informar os riscos de mercado. d) a regulação sustentável deve observar o princípio da máxima transparência, isto é, precisa agir de molde a afastar, inteiramente, a opacidade do processo regulatório e a respeitar o aludido princípio da participação. e) a regulação sustentável deve observar, com rigor, a Lei de Processo Administrativo: no tocante ao processo regulatório, incide a Lei nº 9.784/99, inclusive quanto ao dever de motivação em todas as etapas, em especial perante as propostas

---

[401] MOREIRA NETO, Diogo de Figueiredo. *Mutações do direito público*. Rio de Janeiro: Renovar, 2006. p. 227. Bauman afirma que a tecnologia se torna sua própria legitimação (BAUMAN, Zygmunt. *Modernidade e ambivalência*. Tradução de Marcus Penchel. Rio de Janeiro: Jorge Zahar, 1999. p. 228). Remetemos o leitor para 4.7.1, em que abordaremos o tema do ponto de vista da mitigação da abertura das escolhas administrativas decorrentes da reflexividade.

[402] FREITAS, Juarez. *Sustentabilidade*: direito ao futuro. Belo Horizonte: Fórum, 2011. p. 261 *et seq*.

formuladas nas audiências públicas. A eventual rejeição de uma proposta da sociedade precisa ser consistentemente motivada. Ademais, o processo de regulação deve observar a necessária adequação entre meios e fins, com o emprego da interpretação da norma administração que "melhor garanta o atendimento do fim público a que se dirige". Dito de outro modo, os reguladores devem assegurar o contraditório e a ampla defesa (sem prejuízo das medidas cautelares devidamente justificadas), inclusive com a abertura de prazo para a correção de falhas, superando o unilateralismo do Direito Administrativo de séculos anteriores. [...] i) a regulação sustentável precisa assumir metas traçadas pela lei, mas, antes disso, pela Constituição, ciente de que o descumprimento de tais compromissos superiores pode render ensejo à responsabilização, por conduta omissiva ou comissiva. j) a regulação sustentável guarda deferência à "reserva de administração", salvo hipóteses de violação a princípios, objetivos e direitos fundamentais. Inovação regulatória, se houver, terá de conter-se nos limites da juridicidade sistemática. Quer dizer, a regulação não pode litigar com a "reserva da lei", mas conviver com ela, produtivamente. [...] r) a regulação sustentável das atividades econômicas sistematicamente relevantes e dos serviços públicos deve ser norteada pela equação adequada de custos e benefícios e pela avaliação acurada dos riscos, de maneira a incentivar retornos proporcionais aos setores regulados, evitando o efeito colateral da desproporcionalidade por omissão, que mantém setores estratégicos à margem de qualquer regulação. Os princípios da prevenção e da precaução merecem introjeção redobrada dos reguladores, que não podem superestimar, nem subestimar os riscos reais, vedados os retrocessos.

A escolha regulatória (ou, como diria Juarez Freitas, a "escolha sustentável" ou a "regulação sustentável"), com fulcro nas premissas da *reflexividade administrativa*, permite, assim, o alargamento do controle jurisdicional e, portanto, é compatível com o papel censório do Poder Judiciário,[403] pois "as consequências da reflexividade podem demasiadamente resultar em novas inseguranças, em novas formas de subjugação".[404] Com arrimo em Nigro, Vasco Manuel da Silva anota:

O fenómeno de generalização do uso da técnica na actividade administrativa, apresenta igualmente consequências do ponto de vista do controlo jurisdicional da Administração. De facto, a "tecnicização" da

[403] Os limites desse controle serão apresentados em 2.6.3, a seguir.

[404] LASH, Scott. A reflexividade e seus duplos: estrutura, estética, comunidade. *In:* BECK, Ulrich; GIDDENS, Anthony; LASH, Scott. *Modernização reflexiva*: política, tradição e estética na ordem social moderna. Tradução de Magda Lopes. São Paulo: Ed. Unesp, 1997. p. 139.

vida administrativa *reduz o âmbito da discricionariedade*, o que produz regularidade e previsibilidade mesmo em apreciações não puramente técnicas. A utilização de meios técnicos por parte da Administração Pública permite, assim, o *alargamento do controlo jurisdicional* que, não podendo ser igual ao das vinculações legais, possibilita, no entanto, a fiscalização dos casos extremos de má utilização de meios e de conhecimentos técnicos, mediante a via do "erro manifesto" ou da violação do princípio da proporcionalidade.[405]

A efetiva participação do Poder Judiciário em tema afeto à escolha regulatória ocorreu em caso de grande repercussão no país. O tema foi objeto de apreciação, pelo Supremo Tribunal Federal, quando da análise acerca da constitucionalidade do exame exigido pela Ordem dos Advogados do Brasil (OAB) aos bacharéis em direito. A escolha regulatória sob o instituto da *autorregulação* exercida pela OAB foi associada, diretamente, à *reflexividade administrativa* pelo Ministro Luiz Fux em seu voto:

> A advocacia se submete, no Brasil, ao que VITAL MOREIRA (*Autorregulação Profissional e Administração Pública*. Coimbra: Almedina, 1998, p. 88) denomina de *autorregulação pública*. Nas palavras do mestre português, "A autorregulação pública é aquela protagonizada por organismos profissionais ou de representação profissional dotados de estatuto jurídico-público. A autorregulação é legalmente estabelecida: os organismos autorregulatórios dispõem de poderes típicos das autoridades públicas. As normas de regulação profissional são para todos os efeitos normas jurídicas dotadas de coercibilidade. A autorregulação pública pode resultar de dois movimentos totalmente distintos. De um lado, pode ser consequência da publicização de formas de auto-regulação privada preexistente; do outro lado, pode resultar da entrega de funções reguladoras originariamente estaduais a organismos de auto-regulação propositadamente criados para o efeito. Nos sistemas de direito administrativo continental, o exemplo mais típico de auto-regulação profissional é a das ordens profissionais que são organismos de regulação das chamadas profissões liberais. O seu nome e número varia de país para país. Mas, para além dessas diferenças, subsiste um conjunto de características comuns essenciais: a natureza jurídico-pública, como 'corporações públicas' (exceptuado o caso controvertido da França); a filiação obrigatória, como condição do exercício da profissão; o poder regulamentar; a regulamentação e/ou implementação das regras de

---

[405] SILVA, Vasco Manuel Pascoal Dias Pereira da. *Em busca do acto administrativo perdido*. Coimbra: Almedina, 2003. p. 109. Grifos nossos.

acesso à profissão e do exercício desta; a formulação e/ou aplicação dos códigos de deontologia profissional; o exercício da disciplina profissional, mediante aplicação de sanções, que podem ir até a expulsão, com a consequente interdição do exercício profissional." (grifou-se) O modelo brasileiro se enquadra na segunda definição de VITAL MOREIRA, em que a lei prevê normas gerais para a disciplina de sua atividade, mas confere à OAB, observados os parâmetros legais previamente determinados, atribuição para regulamentar o exercício profissional. No caso, a Lei nº 8.906/94 fixou, como requisito indispensável à inscrição na OAB – e, portanto, ao exercício da advocacia – a aprovação no Exame de Ordem. Percebe-se, com isso, que a restrição à liberdade fundamental de ofício está presente na *lei formal*, atendendo-se, portanto, ao limite imanente da reserva de lei. A delegação legislativa de regulamentação do Exame de Ordem ao Conselho Federal da OAB não fere a reserva de lei, ao menos sob uma perspectiva moderna do princípio da legalidade. ALEXANDRE SANTOS DE ARAGÃO (A Concepção Pós-Positivista do Princípio da Legalidade. In *Revista de Direito Administrativo 236: 51-64* Rio de Janeiro: Renovar, abr./jun. 2004.), forte no magistério de CHARLES EISENMANN, assinala que a concepção da reserva legal deve deixar à lei formal a previsão de habilitação de competências e a principiologia que deverá orientar a sua regulamentação infralegal. Do contrário, impor-se-ia uma rigidez à disciplina do Exame de Ordem incompatível com a dinâmica da sociedade. A evolução social demanda flexibilidade das normas regulatórias, o que não é diferente no campo da advocacia. A multiplicidade e a complexidade crescentes das relações sociais aumentam a necessidade de permanente reavaliação dos critérios e métodos de aferição da qualificação profissional do advogado, sendo certo que o esgotamento da matéria na lei rapidamente causaria a obsolescência da sua disciplina. De outro giro, também não seria adequado afirmar que a regulamentação deveria dar-se exclusivamente por intermédio do decreto presidencial, na forma do art. 84, IV, da Constituição Federal. Trata-se de ideia já superada pela solidificação do Direito Regulatório, admitindo-se pacificamente a delegação legislativa em favor das agências reguladoras independentes. Não se pretende, evidentemente, classificar a OAB como uma agência reguladora – já se assinalou a sua natureza privada. No entanto, sua condição *sui generis* desafia a clássica repartição de funções estatais e a coloca, de algum modo, entre os centros de poder político daquilo que o emérito Professor DIOGO DE FIGUEIREDO MOREIRA NETO (*Poder, Direito e Estado: O Direito Administrativo em Tempos de Globalização* – in memoriam *de Marcos Juruena Villela Souto*. Belo Horizonte: Fórum, 2011) denomina de *Estado policrático*. Afinal, cuida-se de entidade com atribuições institucionais relevantíssimas, como, por exemplo, a propositura de ações do controle abstrato de constitucionalidade das leis e atos normativos, como a ADI, a ADC e a ADPF, para as quais exibe o *status* de legitimada universal, isto é, fica dispensada de demonstração de pertinência temática. Ao mesmo tempo, remanesce a OAB como entidade de autorregulação profissional, à qual se confia a disciplina infralegal da advocacia. Faz sentido que assim o seja, pois a própria legitimidade democrática da regulação profissional da advocacia também repousará na observância da visão concreta do mercado e de suas práticas usuais (em constante transformação), sem prejuízo das medidas corretivas que se eventualmente fizerem necessárias. *Portanto, conferir à entidade de classe a fixação dos marcos regulatórios que orientarão a atividade profissional de seus próprios filiados é, em princípio, consagrar a reflexividade* que, segundo SERGIO GUERRA (*Discricionariedade e reflexividade: uma nova teoria sobre as escolhas administrativas*. Belo Horizonte: Fórum, 2008), legitima a atividade regulatória.

Esta decisão do STF é um bom exemplo de como o controle judicial dos atos regulatórios[406] deve observar os valores, os princípios e as regras garantidas pela força normativa da Constituição Federal, com vistas a conter os excessos perpetrados pelo administrador público, pelos agentes regulados (ou profissionais que desejam ingressar na categoria, como no caso da autorregulação exercida pela OAB) – que detêm o poder econômico privado –, ou mesmo por manipulação de informações de segmentos da sociedade – e seus representantes.

2.6.3 Ampliação dos espaços propícios à prática da nova categoria de escolha administrativa vis-à-vis o controle jurisdicional

A função jurisdicional instituída, entre outros fins, para evitar ou sustar as escolhas administrativas com erro, abuso e arbitrariedade, é imprescindível para o Estado Democrático de Direito e para a manutenção das garantias e direitos fundamentais dos cidadãos.[407] Entretanto, em alguns casos, o excesso da atuação jurisdicional sobre escolhas administrativas traz consigo a controvérsia acerca da

[406] Já tivemos oportunidade de propor limites ao controle judicial dos atos expedidos por entidades regulatórias em nosso GUERRA, Sérgio. *Controle judicial dos atos regulatórios*. Rio de Janeiro: Lumen Juris, 2005.

[407] Nas palavras de Seabra Fagundes: "A finalidade essencial e característica do contrôle jurisdicional é a proteção do indivíduo em face da Administração Pública" (SEABRA FAGUNDES, Miguel. *O contrôle dos atos administrativos pelo Poder Judiciário*. 4. ed. Rio de Janeiro: Forense, 1967. p. 8).

substituição das decisões de agentes públicos, democraticamente eleitos ou não, pelos magistrados.[408]

Alejandro Nieto García[409] adverte sobre essa questão:

> Si admitimos que la discrecionalidad era el caballo de Troya del Estado de Derecho [...] hay que admitir también que el control judicial de tales actos es el caballo de Troya del decisionismo judicial en la actividad política y estrictamente administrativa, que en cualquier Estado está confiada a los políticos y a los administradores, no a los jueces.

A escolha discricionária, como dito, representa um "cheque em branco" ao administrador público, não suscetível, em regra, ao controle positivo.[410] Em determinadas situações, se reconhece ao administrador uma margem de apreciação para exarar atos discricionários puros, de modo que escolha uma entre duas ou mais soluções técnicas, razoáveis, proporcionais e eficientes, na busca dos superiores interesses públicos

---

408 Há questionamento doutrinário acerca de muitas decisões judiciais que, motivadas nos princípios gerais de direito, acabam por extrapolar no controle do mérito do ato administrativo. Nesse sentido, Miguel Sánchez Morón aduz "en ocasiones su sobrevaloración, unida a la abstracción del contenido de algunos principios (interdicción de arbitrariedad, proporcionalidad, principios rectores de la política social y económica...) está teniendo como consecuencia su utilización como fórmulas passe-partout, en las que se engarzan, a veces sin mayor razonamiento, algunas resoluciones judiciales". E completa: "basta pensar, por ejemplo, en las numerosas decisiones judiciales que rebajan el quantum de las sanciones impuestas por la Administración por considera-las desproporcionadas, sin detenerse a explicar en qué consiste la desproporción. Es más, en algún caso se ha llegado a sostener que la cuantificación de las sanciones administrativas tiene siempre carácter reglado, incluso si la norma habilitante confiere a la Administración la facultad de determinar 'discrecionalidad' la cuantía de las multas, y ello utilizando una vez más la técnica de los conceptos jurídicos indeterminados" (SÁNCHEZ MORÓN, Miguel. *Discrecionalidad administrativa y control judicial*. Madrid: Tecnos, 1994. p. 22-23). Sobre o debate estadunidense atual que envolve as decisões políticas tomadas pelos magistrados, recomenda-se a obra de SUNSTEIN, Cass R. *et al*. *Are judges political?* An empirical analysis of the federal judiciary. Washington, D.C.: Brookings Institution Press, 2006.

409 NIETO GARCIA, Alejandro. Reducción jurisdiccional de la discrecionalidad en materia disciplinaria. *Revista de Administración Pública*, n. 44, 1964. p. 274.

410 Veja sobre o tema o pensamento de Germana de Moraes: "O poder judiciário, quando revê os atos administrativos não vinculados, poderá invalidá-los, mas não poderá, via de regra, determinar sua substituição por outro". E conclui: "em certas situações excepcionais [...] é possível ao Juiz inferir, da realidade e da ordem jurídica, qual a única decisão comportável pelo Direito para solucionar o caso". Leciona a magistrada que "Cabe ao juiz, ao controlar a juridicidade da atuação administrativa não vinculada, depois de identificar se se cuida de discricionariedade ou da valoração dos conceitos jurídicos indeterminados, vencer as seguintes etapas (não necessariamente nesta ordem cronológica): 1º) extrair do sistema constitucional os critérios de controle jurisdicional; 2º) fixar, à luz dos princípios constitucionais, as fronteiras da sindicabilidade judicial da atividade administrativa não vinculada; 3º) ditar as consequências de sua atuação revisora" (MORAES, Germana de Oliveira. *Controle jurisdicional da Administração Pública*. São Paulo: Dialética, 2002. p. 155-156).

envolvidos. Essa é uma das razões de os limites de atuação do Poder Judiciário para controlar os atos administrativos discricionários terem voltado a inúmeros debates, em especial, no que tange à busca da segurança jurídica nas relações entre a iniciativa privada e o Estado.

Há, na disputa acerca do incremento das escolhas administrativas, a necessária revisitação do tema concernente à colisão entre o princípio constitucional da inafastabilidade da tutela jurisdicional e o clássico princípio oitocentista tripartite da separação dos poderes. O controle judicial das escolhas discricionárias, em vista da fórmula que se sustenta na conveniência e oportunidade de decisão exclusiva do administrador público, na maioria das vezes, e em vista da tradição de insindicabilidade do mérito do ato administrativo,[411] vem limitando-se à mera invalidação deste mesmo ato para que a Administração Pública edite outro que não esteja maculado de arbitrariedade, irrazoabilidade, desproporcionalidade ou afronta a outros princípios.

Diante da "judicialização das relações sociais"[412] e da "judicialização da política",[413] é cada vez mais comum que, em determinadas situações submetidas à escolha regulatória, notadamente de grande

---

[411] Di Pietro adverte, neste sentido: "O tema concernente às limitações à discricionariedade administrativa é conexo com o do controle jurisdicional dos atos da Administração Pública. Esses limites definem a esfera dentro da qual a Administração pode decidir livremente, segundo seus próprios critérios, inapreciáveis pelo Poder Judiciário" (DI PIETRO, Maria Sylvia Zanella. *Discricionariedade administrativa na Constituição de 1988*. 2. ed. São Paulo: Atlas, 2001. p. 133).

[412] "Ao lado desse exercício amplo de jurisdição constitucional, há um outro fenômeno que merece ser destacado. Sob a Constituição de 1988, aumentou de maneira significativa a demanda por justiça na sociedade brasileira. Em primeiro lugar, pela redescoberta da cidadania e pela conscientização das pessoas em relação aos próprios direitos. Em seguida, pela circunstância de haver o texto constitucional criado novos direitos, introduzido novas ações e ampliado a legitimação ativa para tutela de interesses, mediante representação ou substituição processual. Nesse ambiente, juízes e tribunais passaram a desempenhar um papel simbólico importante no imaginário coletivo" (BARROSO, Luís Roberto. Neoconstitucionalismo e constitucionalização do direito: o triunfo tardio do direito constitucional no Brasil. *Revista da EMERJ*, Rio de Janeiro, v. 9, n. 33, p. 43-92, 2006. p. 84).

[413] "Parece difundido o reconhecimento de que o Poder Judiciário realmente transcendeu o seu papel clássico e adquiriu uma função política, cabendo-lhe não apenas aplicar a norma ao caso concreto como adaptá-la, integrar a ordem jurídica e, até, examinar a norma legal diante de padrões principiológicos de assento constitucional" (MOREIRA NETO, Diogo de Figueiredo. *O sistema judiciário brasileiro e a reforma do estado*. São Paulo: Celso Bastos, 1999. p. 32). No mesmo sentido, ao comentar a "explosão dos litígios judiciais, na busca de segurança mediante decisões do Poder Judiciário", ver o pensamento de MEDAUAR, Odete. *O direito administrativo em evolução*. 2. ed. São Paulo: Revista dos Tribunais, 2003. p. 105.

apelo popular, a invalidação da escolha administrativa pelo Judiciário seja seguida de um comando judicial que a substitui no mérito.[414]

Conforme já se apurou em algumas situações concretas,[415] que ressaltam a alta complexidade sistêmica e tecnicidade, que dependem da análise econômica dos custos e benefícios das concessões e ponderação de interesses no caso concreto, o controle judicial sobre escolhas regulatórias – sob a fórmula da reflexividade administrativa – não pode seguir as premissas adotadas para o controle das escolhas discricionárias – sob a fórmula da discricionariedade administrativa. O controle judicial, de um lado, não deve inviabilizar o serviço delegado ou a atividade econômica regulada, que acaba por prejudicar a todos, e, de outro, não deve deixar desprotegidos a sociedade e os direitos de cada cidadão. Daí a importância dos fatos e impactos decorrentes da decisão judicial sobre o caso concreto.

Se, de um lado, é sustentável uma maior participação do Poder Judiciário na sindicância das escolhas administrativas para evitar-se o arbítrio do administrador, de outro, também é necessária uma comedida e moderada atuação das funções jurisdicionais na revisão dessas

---

[414] Renato Alessi, analisando o mérito dos atos administrativos e os limites do controle judicial, denota que o conceito de mérito pode ser considerado sob esses dois aspectos diversos. O primeiro é o aspecto meramente negativo, como limite ao poder de cognição do juiz de mera legitimidade (em sentido estrito). O segundo é sob o aspecto positivo, para indicar o pleno e perfeito ajustamento da medida à norma jurídica, ou seja, sua correspondência ao concreto interesse público, segundo um critério de efetiva oportunidade e conveniência (ALESSI, Renato. *Principi di diritto amministrativo*. Milano: Giuffrè, 1978. p. 135).

[415] A título exemplificativo, anote-se que no dia 29.6.2003 (um domingo) as empresas delegatárias dos serviços públicos de telefonia fixa, que atuam no estado do Rio de Janeiro, foram proibidas de aplicar reajustes autorizados pela Agência Nacional de Telecomunicações – Anatel, de até 41,7%, nas tarifas. A decisão foi proferida por um juiz de plantão do Tribunal de Justiça do Rio de Janeiro, que concedeu liminar em ação popular impetrada pelo então secretário de Justiça do Estado. Nos termos daquela decisão, as empresas foram proibidas de aplicar os índices de reajustes autorizados regularmente pela Anatel, sob pena de aplicação de multa diária de, no mínimo, um milhão de reais por dia. Ocorre que no ano de 2005 o índice geral de preços – antes fortemente criticado – despencou, propiciando uma contenção nos preços das tarifas. Em outro caso envolvendo as escolhas regulatórias houve decisão judicial no estado de São Paulo que determinou o bloqueio de sinais para celulares, próximos a presídios, sem consultar, previamente, a Anatel, e sem qualquer amparo técnico. Em decorrência, causou-se significativo transtorno aos moradores das cidades em que se localizavam presídios. O resultado desse imbróglio foi a suspensão dessa medida por não se sustentar diante do caso real (os custos seriam maiores do que os benefícios). Ademais, registre-se, ainda, a decisão judicial que, também na complexa área de telecomunicações, determinou que as operadoras de telefonia fixa detalhassem as ligações locais, isto é, aquelas realizadas dentro do mesmo município, na fatura telefônica de todos os usuários. Foi constatada, logo após a liminar, a impossibilidade técnica em atender à determinação, uma vez que o sistema "analógico" utilizado pelas empresas não permitiria a contagem das ligações por tempo, o que só seria possibilitado com altos custos operacionais que inviabilizam as concessões ou oneram substancialmente os usuários.

escolhas, *notadamente em sede de cognição liminar*. É grande, em sede de escolha regulatória – que, como proposto, não deve mais ser adotada discricionariamente, e, sim, reflexivamente – o risco de o magistrado usurpar a competência (técnica) do regulador para levar em conta a mediação de interesses e a apreciação dos custos e benefícios da decisão com origem na autorreferência cíclica do subsistema regulado.

Quando um julgador decide modificar uma escolha administrativa de caráter geral, seja ela vinculada ou discricionária, com o fim de apreciar determinado direito, individual ou coletivo, os efeitos dessa escolha, em regra, afetam apenas os cidadãos envolvidos, ou seus impactos quase sempre são abrandados e diluídos na coletividade. Por outro lado, nas escolhas regulatórias reflexivas, a atuação do regulador, em determinado aspecto do sistema social, tende a produzir impacto em outro sistema, regulado ou não. Por essa razão, quando o Poder Judiciário altera uma escolha regulatória,[416] que envolve, fundamentalmente, a eleição dos meios técnicos necessários para o alcance dos fins e interesses setoriais,

[416] Nessa linha de pensamento, registre-se o REsp nº 2005/0212409-1, em que foi relator o Ministro Luiz Fux, em julgamento ocorrido em 2.12.2008: "PROCESSUAL CIVIL. ADMINISTRATIVO. AÇÃO CIVIL PÚBLICA. SERVIÇO DE TELEFONIA CELULAR PRÉ-PAGO. CRÉDITOS ADQUIRIDOS MEDIANTE CARTÕES PRÉ-PAGOS. FIXAÇÃO DE PRAZO PARA UTILIZAÇÃO. DIREITO CONSUMERISTA. INTERESSES INDIVIDUAIS HOMOGÊNEOS. LEGITIMIDADE ATIVA DO MINISTÉRIO PÚBLICO. ARTS. 81 E 82, DO CÓDIGO DE DEFESA DO CONSUMIDOR. ART. 129, III, DA CF. LEI COMPLEMENTAR Nº 75/93. DIVERGÊNCIA JURISPRUDENCIAL NÃO DEMONSTRADA. 1. A regulação das atividades pro populo exercida pelas agências reguladoras, mediante normas secundárias, como, v.g., as Resoluções, são impositivas para as entidades atuantes no setor regulado. 2. Sob esse enfoque leciona a abalizada doutrina sobre o tema: [...] Dado o princípio constitucional da legalidade, e consequente vedação a que os atos inferiores inovem inicialmente na ordem jurídica (v. Capítulo II, ns. 7 a 10), resulta claro que as determinações normativas advindas de tais entidades há de cifrar a aspectos estritamente técnicos, que estes, sim, podem, na forma da lei, provir de providências subalternas, a presunção de legitimidade desses atos equipara-se a de qualquer ato administrativo, por isso que, enquanto não revogados, produzem os seus efeitos. 4. [...] 5. É da exclusiva competência das agências reguladoras estabelecer as estruturas tarifárias que melhor se ajustem aos serviços de telefonia oferecidos pelas empresas concessionárias. 6. O Judiciário sob pena de criar embaraços que podem comprometer a qualidade dos serviços e, até mesmo, inviabilizar a sua prestação, não deve intervir para alterar as regras fixadas pelos órgãos competentes, salvo em controle de constitucionalidade. Precedente do STJ: AgRg na MC 10915/RN, *DJ*, 14 ago. 2006. 7. O ato normativo expedido por Agência Reguladora, criada com a finalidade de ajustar, disciplinar e promover o funcionamento dos serviços públicos, objeto de concessão, permissão e autorização, assegurando um funcionamento em condições de excelência tanto para fornecedor/produtor como principalmente para o consumidor/usuário, posto urgente não autoriza que os estabelecimentos regulados sofram danos e punições pelo cumprimento das regras maiores às quais se subsumem, mercê do exercício regular do direito, sendo certo, ainda, que a ausência de nulificação específica do ato da Agência afasta a intervenção do Poder Judiciário no segmento, sob pena de invasão na seara administrativa e violação da cláusula de harmonia entre os poderes. Consectariamente, não há no cumprimento das regras regulamentares, violação *prima facie* dos deveres do consumidor".

com menor impacto para a sociedade e de modo mais eficiente, poderá, por uma decisão voltada a apenas um dos aspectos em questão, danificar a harmonia – clausura autorreferencial – de um sistema complexo.[417]

Para motivar se determinada escolha regulatória deve ser considerada justa para a hipótese, é necessário, na perspectiva do direito contemporâneo, não apenas que a justificativa seja retrospectiva, levando em conta dados do passado, mas que sejam considerados também elementos justificativos voltados para o futuro por meio de um exercício prospectivo. Desse modo, será possível demonstrar que as soluções adotadas, uma vez aplicadas, não comprometerão outros valores que mereçam ser salvaguardados ou, pelo menos, que o farão em nível proporcionalmente tolerável em relação a esses valores fundamentais, que a própria ordem jurídica declara e preserva.[418]

O controle judicial é balizado pelo direito, de modo que essa perspectiva limita o acesso do magistrado a todos os aspectos e impactos prospectivos da escolha regulatória que se fundamenta, para além do direito, em critérios metajurídicos.[419] A confrontação de razões do regulador com as razões dos Tribunais não se desenvolve em um plano de igualdade; isto é, não é simétrica.[420] Ao regulador compete eleger,

---

[417] A exemplo do serviço público de energia elétrica, que envolve diversas fases (geração, distribuição e comercialização). Diogo de Figueiredo Moreira Neto destaca a importância de a escolha regulatória alcançar a totalidade dos cidadãos: "Não se trata, portanto, de ministrar justiça às partes em conflito, *mas de encontrar o próprio conceito de justiça que se harmonize com todos os valores protegidos da sociedade.* Em outros termos, mesmo decidindo administrativamente conflitos concretos, o exercício da regulação deve estar geral, abstrata e permanentemente referido a todos os administrados" (MOREIRA NETO, Diogo de Figueiredo. *Direito regulatório*: a alternativa participativa e flexível para a Administração Pública de relações setoriais complexas no Estado democrático. Rio de Janeiro: Renovar, 2003. p. 105. Grifos nossos).

[418] MOREIRA NETO, Diogo de Figueiredo. *Direito regulatório*: a alternativa participativa e flexível para a Administração Pública de relações setoriais complexas no Estado democrático. Rio de Janeiro: Renovar, 2003. p. 101-102.

[419] Carlos Ari Sundfeld cita como exemplo: "Os conflitos entre uma indústria poluidora, uma outra indústria que usa a água poluída lançada no rio e os vizinhos que também consomem, quer-se que eles sejam julgados por quem entenda do assunto. Não alguém que entenda de Direito apenas (isto é, das técnicas de produção e hermenêutica normativa), mas que entenda do problema específico: quem saiba das dificuldades para compor harmonicamente o conflito, consiga dar a solução mais harmoniosa por equidade, baseando-se em critérios técnicos, etc." (SUNDFELD, Carlos Ari. Serviços públicos e regulação estatal. *In:* SUNDFELD, Carlos Ari (Org.). *Direito administrativo econômico.* São Paulo: Malheiros, 2000. p. 30).

[420] FERNÁNDEZ, Tomás-Ramón. *De la arbitrariedad de la administración.* 3. ed. Madrid: Civitas, 1999. p. 247. Fábio Medina Osório comenta o dinamismo da sociedade pós-moderna e o descompasso entre o direito e os hodiernos problemas sociais: "As estruturas extremamente dinâmicas da sociedade pós-capitalista certamente produzem angústia no jurista, que pode se sentir incapaz de acompanhar a velocidade das mudanças sociais. Se o Direito, em geral, sempre caminhou atrás dos fatos, em uma sociedade veloz, instantânea, de informação,

dentro do amplo espaço que em cada caso lhe permitem a lei e o direito, as razões – jurídicas, econômicas, sociais, técnicas, ambientais –, em curto, médio e longo prazo, que servem de suporte a suas decisões. Essas razões não podem ser utilizadas pelos Tribunais para justificar as suas, como dito, apenas de direito sobre determinados conflitos entre partes conflitantes.[421]

Em conformidade com o vigorante princípio norteador da ordem econômica, a liberdade de iniciativa visa a assegurar a dignidade da pessoa humana, conforme os ditames da justiça social. Desse modo, a regulação das atividades econômicas *lato sensu*, com "critérios técnicos"[422] se legitima por meio da ponderação de valores e interesses envolvidos com visão prospectiva. Nessa ordem de ideias, em regra os parâmetros de controle judicial da escolha discricionária são insuficientes para desvendar todas as indagações que envolvem os fins e as repercussões do controle judicial da tecnicidade e reflexividade da escolha regulatória.[423]

Em termos de escolha regulatória, o controle judicial deve estar presente sempre que houver dúvida acerca da observância do *due process of law*, notadamente na apreciação da vinculação da decisão regulatória aos dados empíricos, custos e benefícios, estudos de impacto regulatório e demais fatos do caso real. Entretanto, o Judiciário não deve perscrutar a interpretação cíclica (reflexiva) e prospectiva que afeta o subsistema, que deve levar o regulador a concentrar sua preocupação nos impactos futuros, mediante a ponderação dos benefícios e dos ônus advindos da regulação.

---

pluralista, este instrumento de controle social resulta ainda mais lento diante da assustadora rapidez dos acontecimentos e transformações de topos os tipos que ocorrem nas civilizações globalizadas. O fenômeno jurídico, de um lado, vive um profundo descompasso com os fatos cuja regulação é necessária (e ambicionada) e, de outro, se mostra insuficiente como instrumento destinado a solucionar graves problemas sociais, não conseguindo atender demandas emergentes" (OSÓRIO, Fábio Medina. *Direito administrativo sancionador*. 2. ed. rev., atual. e ampl. São Paulo: Revista dos Tribunais, 2005. p. 74).

421 Em sentido próximo, ver GARCÍA DE ENTERRÍA, Eduardo. *Democracia, jueces y controle de la administración*. 5. ed. reimpr. Madrid: Civitas, 2005. p. 50.

422 Nas palavras de Magide Herrero, em tradução livre: "Os critérios técnicos podem ser utilizados para a realização de uma ponderação dos diferentes interesses em presença, com o fim de completar a determinação do interesse geral que a lei remeteu, parcialmente, a Administração" (MAGIDE HERRERO, Mariano. *Límites constitucionales de las administraciones independientes*. Madrid: INAP, 2000. p. 297).

423 Conforme leciona Fábio Medina Osório: "Nenhum Juiz parece estar preparado para controlar litígios que envolvem temas multidisciplinares, v.g., economia, sociologia, moral, em prazo fixado em semanas ou, no máximo, meses. Esses controles judiciários têm se revelado claramente insuficientes, incapazes de inibir abusos que implicam o atropelamento de fórmulas legais ou mesmo constitucionais" (OSÓRIO, Fábio Medina. *Direito administrativo sancionador*. 2. ed. rev., atual. e ampl. São Paulo: Revista dos Tribunais, 2005. p. 75).

No confronto entre o regulador e Tribunais, o juízo técnico não é apenas uma valorização – relativamente – autônoma de certos fatos, é também a expressão de uma função. Assim, deve o juiz aceitar a valorização feita pelo regulador, não sendo devida a fiscalização contenciosa, "*não por estarmos perante qualquer pretensa discricionariedade,* mas porque a Administração dispõe aqui de verdadeira reserva de avaliação".[424]

Há escolhas regulatórias que supõem tal grau de especialização técnica que somente aquele que as toma, a partir da consideração de elementos altamente complexos e sistêmicos, as pode valorar.[425] O Poder Judiciário deve acatá-las, exercendo controle unicamente em relação aos erros manifestos que nelas se exteriorizam, de modo que o regulador, nesses casos, goza de liberdade técnica de escolha, liberdade que, no entanto, não é absoluta, visto que coartada quando seu exercício resultar viciado por erro manifesto.[426]

---

424 CABRAL DE MONCADA, Luis S. *Estudos de direito público*. Coimbra: Coimbra Ed., 2001. p. 216-217.

425 GRAU, Eros Roberto. *O direito posto e o direito pressuposto*. São Paulo: Malheiros, 2002. p. 214. Nesse mesmo sentido, Carlos Ari Sundfeld e Jacintho Arruda Câmara lecionam: "O Judiciário recebeu a atribuição constitucional de apreciar qualquer lesão ou ameaça a direito que lhe venha a ser submetida. [...] Todavia, também se extrai dessa mesma prescrição constitucional que os ao Judiciário somente foi imputada responsabilidade sobre o exame jurídico dos conflitos de interesse que lhe forem submetidos" (SUNDFELD, Carlos Ari; CÂMARA, Jacintho Arruda. Controle judicial dos atos administrativos: as questões técnicas e os limites da tutela de urgência. *Interesse Público*, Porto Alegre, ano 4, p. 23-38, out./dez. 2002. p. 24).

426 "As actividades de carácter técnico da Administração Pública – tal como as que são realizadas por professores, engenheiros, técnicos de informática, ou condutores de viaturas – não se pautam por critérios estritamente 'jurídicos', nem têm nada a ver com o exercício de funções de autoridade, elas não seguem os cânones de uma conduta 'legal-racional', mas regras técnicas de actuação" (SILVA, Vasco Manuel Pascoal Dias Pereira da. *Em busca do acto administrativo perdido*. Coimbra: Almedina, 2003. p. 109). Carlos Ari Sundfeld e Jacintho Arruda Câmara sustentam em sentido próximo (SUNDFELD, Carlos Ari; CÂMARA, Jacintho Arruda. Controle judicial dos atos administrativos: as questões técnicas e os limites da tutela de urgência. *Interesse Público*, Porto Alegre, ano 4, p. 23-38, out./dez. 2002. p. 36). Registre-se que este não é o pensamento de Di Pietro. Para esta jurista qualquer decisão exarada pelo órgão regulatório pode ser revista pelo Judiciário, com o auxílio de peritos. Nesse sentido, a administrativista denota que "não há fundamento para a reserva de uma discricionariedade técnica para as agências. Embora se reconheça aos órgãos administrativos, em função de sua especialidade, a possibilidade de estabelecer normas sobre aspectos técnicos da matéria que lhes é afeta, não se pode, a priori, excluir esses aspectos do controle judicial. Na medida em que se reconhece, sem qualquer controvérsia, a possibilidade do Judiciário examinar a matéria de fato, por mais técnica que seja (*e o faz, em regra, com a ajuda de peritos*), e na medida em que é perfeitamente possível o abuso de poder, o arbítrio, o erro, o dolo, a culpa, no estabelecimento de critérios técnicos, também não se pode deixar de reconhecer que a chamada discricionariedade técnica pode causar lesão ou ameaça de lesão e, portanto, ensejar correção judicial" (DI PIETRO, Maria Sylvia Zanella. *Parcerias na Administração*

Em matérias submetidas às escolhas feitas pelos reguladores, é decisivo que o Poder Judiciário seja deferente com postura de autocontenção em relação às decisões administrativas.[427] Ou seja, somente deverá invalidar as escolhas quando elas não puderem resistir ao teste de estrita validade jurídica que configure evidente falha regulatória.[428] Fora dessas hipóteses, o Judiciário deve ser conservador em relação às escolhas regulatórias, especialmente em relação àquelas informadas por critérios preponderantemente técnicos, sob pena de cair no domínio da incerteza e do subjetivismo. Pensar em sentido diverso seria transferir a escolha regulatória para o magistrado e, indiretamente, para seus peritos judiciais.[429]

Na busca de sistematizar e trazer mais concretude aos níveis de controles das escolhas regulatórias em cotejo com a evolução dos espaços para seu exercício, tem-se:

(i) se os conceitos jurídicos indeterminados inserem-se no contexto da escolha discricionária, aplicam-se a esses as conclusões sobre esta – a apreciação das escolhas determinativas de conceitos jurídicos poderá dar margem a mais de um resultado (solução justa),[430] impedindo que, nestes casos,

---

Pública: concessão, permissão, franquia, terceirização, parceria público-privada e outras formas. 5. ed. São Paulo: Atlas, 2005. p. 211.

427 A regulação e os limites do controle positivo das questões técnicas/complexas pelo Poder Judiciário podem ser conferidos em JORDÃO, Eduardo. *Controle judicial de uma administração pública complexa*. São Paulo: Malheiros, 2016. (Capítulo I, 3.)

428 SUNSTEIN, Cass R. *After the rights revolution: reconceiving the regulatory state*. MA: Harvard University Press, 1990. Ocorreu na ADI 5.543, quando o STF entendeu que norma da ANVISA, que proibia homossexuais doarem sangue, viola a dignidade humana, afrontando o direito fundamental à igualdade. Relator Ministro Edson Fachin.

429 Nesse sentido, e fazendo menção diretamente a princípios, ver BARROSO, Luís Roberto. Apontamentos sobre as agências reguladoras. *In:* MORAES, Alexandre de (Org.). *Agências reguladoras*. São Paulo: Atlas, 2002. p. 127. Em sentido próximo, manifesta-se Alexandre Santos de Aragão. Segundo sua lição, em vista do caráter técnico-especializado da entidade regulatória, deve prevalecer, na dúvida e desde que razoável, a decisão executiva, "até porque, pela natureza da matéria, ela acabaria deixando de ser decidida pela agência para, na prática, passar a ser decidida pelo perito técnico do judiciário" (ARAGÃO, Alexandre Santos de. *Agências reguladoras e a evolução do direito administrativo econômico*. Rio de Janeiro: Forense, 2002. p. 350-351).

430 Acerca dessa questão, Marcos Juruena Villela Souto apostilou: "A solução justa de um conflito entre partes é da essência da função judicial, mas o juiz não pode reduzir todas as variáveis a uma solução justa, pois a Administração não está obrigada a reduzir seu leque de opções às regras de interpretação jurídica, até porque, como dito, voltada para o impacto futuro da regulação" (SOUTO, Marcos Juruena Villela. *Direito administrativo regulatório*. Rio de Janeiro: Lumen Juris, 2002. p. 359.

a escolha decorrente desses atos seja revista positivamente pelo Poder Judiciário;[431]

(ii) na hodierna concepção de que o Poder Judiciário pode e deve controlar as escolhas discricionárias da Administração Pública, diante de afronta a valores e princípios, pode-se concluir que somente no caso concreto, em que o regulador comprove haver mais de uma possibilidade técnica, igualmente satisfatória, este poderá decidir, por meio dos critérios de conveniência e oportunidade, qual a melhor opção – constituindo, portanto, o mérito não substituível pelo Poder Judiciário;[432]

(iii) nas escolhas regulatórias, não mais baseadas em oportunidade e conveniência, em que suscitarem dúvidas acerca da decisão ideal adotada, sempre comportará análise dos precedentes regulatórios de acordo com mecanismos que tragam previsibilidade técnica;[433] contudo, desde que cumprida corretamente toda a procedimentalização necessária, notadamente a apresentação da motivação regulatória com análise de custos e benefícios, a escolha técnica, salvo em casos extremos de falha regulatória, não deve ser alterada pelo Poder Judiciário. A escolha regulatória corresponderá a um encaminhamento decorrente das próprias condições originárias do subsistema regulado, confrontado pelo regulador. Em outras palavras, espelhará a circularidade

---

431 Sérgio Varella Bruna sustenta que "a utilização de conceitos jurídicos indeterminados pelo legislador sugere a hipótese de vinculação, permitindo ao judiciário investigar com maior proximidade se o comando normativo foi atendido no caso concreto, mas por si só não é capaz de excluir a hipótese de discricionariedade [...]". E, abordando o tema quando investiga o *judicial review* das agências reguladoras, adverte: "Embora em regra do Judiciário norte-americano esteja disposto a examinar mais amplamente questões atinentes à interpretação dos textos legais, há decisões que parecem reconhecer o caráter discricionário da interpretação administrativa de certos conceitos legais abertos (ou indeterminados), especialmente quando sejam eles demasiadamente imprecisos" (BRUNA, Sérgio Varella. *Agências reguladoras*: poder normativo, consulta pública e revisão judicial. São Paulo: Revista dos Tribunais, 2003. p. 141; 240).

432 Nessa linha de pensamento, Carlos Ari Sundfeld e Jacintho Arruda Câmara sustentam que "eleger critérios importa escolher com discricionariedade técnica entre vários atributos que se prestem à mesma finalidade [...]. Entre os critérios disponíveis, compete ao ente administrativo eleger o que se mostra mais adequado ao interesse público, *de acordo com seu juízo técnico de conveniência ou oportunidade*. Trata-se de decisão tipicamente político-administrativa, de mérito, que foge ao âmbito do exame da estrita legalidade ou juridicidade" (SUNDFELD, Carlos Ari; CÂMARA, Jacintho Arruda. Controle judicial dos atos administrativos: as questões técnicas e os limites da tutela de urgência. *Interesse Público*, Porto Alegre, ano 4, p. 23-38, out./dez. 2002. p. 35).

433 Tratada em 4.7.1.

ocorrida na clausura autorreferencial do subsistema, ocorrida mediante análise de custos e benefícios a serem alocados, de modo prospectivo, na sociedade.[434]

O pluralismo conduz a atuação estatal para uma modelagem de escolha regulatória, que deve representar a reflexividade e o equilíbrio dos diversos subsistemas complexos submetidos à intervenção estatal indireta. A assunção de atividades econômicas de relevante compromisso social (a exemplo da saúde suplementar) e serviços públicos pelo setor privado impõe a clausura autorreferencial (reflexividade) da regulação.

Por meio desse mecanismo de estruturação da escolha regulatória pode-se buscar, com maior chance de êxito, um ambiente de segurança jurídica plural,[435] em que haverá demonstração de maturidade política, respeitabilidade externa e atratividade dos investidores nacionais e estrangeiros cujo produto final deve reverter os objetivos e fundamentos do Estado Democrático de Direito e atender a eles. Nesse novo contexto, o Poder Judiciário precisa compreender a nova realidade da reflexividade e efeitos prospectivos da escolha regulatória e conviver com eles.

Apresenta-se diante do Poder Judiciário um desafio e oportunidade de modernizar a vetusta ordem jurídica típica do administrativismo francês. Urge que a magistratura nacional se adapte a esses novos paradigmas do controle judicial das escolhas regulatórias reflexivas,

---

[434] García de Enterría e Tomás-Ramón Fernández anotam o mecanismo de *judicial review* estadunidense sobre as decisões das escolhas regulatórias. Lecionam que essa verificação judicial remete à realização de um *teste duplo*, para observar a racionalidade e a razoabilidade da decisão. Na primeira fase, o Tribunal examina se a Administração respeitou ou falseou algum fato. Se levou em consideração, ou não, algum fator juridicamente relevante, ou, ainda, se ela introduziu algum fator irrelevante. Ademais, se a Administração levou em conta ou não o maior peso e valor que, eventualmente, o ordenamento jurídico outorgue a algum desses fatores. E, finalmente, se os fatores equivalentes foram levados em consideração de modo racional, e se na opção em favor de um deles resulta inconsistente com a realidade dos fatos. Se o resultado do primeiro teste for desfavorável para a Administração, o juiz deverá anular a decisão submetida ao seu controle. Em sentido contrário, se o teste for favorável nessa fase, ou seja, a decisão for racional, o magistrado deverá lançar mão do *teste de razoabilidade*, de modo a aferir se na decisão há ausência de adequação da norma e o seu fim, o que resulta ser desproporcional. Após esses testes, e em sendo uma vez mais negativa a avaliação judicial, ou seja, há racionalidade, razoabilidade e proporcionalidade no ato discricionário, nada poderá fazer o julgador, goste ou não da opção escolhida pelo administrador (GARCÍA DE ENTERRÍA, Eduardo; FERNÁNDEZ, Tomás-Ramón. *Curso de derecho administrativo*. 10. ed. Madrid: Civitas, 2001. p. 479-480. t. I).

[435] "*A segurança jurídica plural* visa a consolidar um sistema baseado na transparência, que seja apto a dar resposta aos anseios de toda a sociedade e não de uma pequena parcela que tem acesso à justiça [...]" (RIBEIRO, Ricardo Lodi. *A segurança jurídica do contribuinte na sociedade de risco*. 2007. 382 p. Tese (Doutorado em Direito) – Universidade Gama Filho, 2007. p. 68).

que se insere nas hodiernas premissas do direito administrativo contemporâneo.[436]

2.6.3.1 Dicotomia (ou antinomia?) entre as escolhas regulatórias e as escolhas políticas

Não se desconhece que o debate acerca das escolhas regulatórias traz consigo a remota e inconclusiva discussão acerca da dicotomia, isto é, a divisão em dois ramos[437] entre as escolhas executivas, quando permeadas por questões políticas, e a implantação do modelo de regulação descentralizada e independente.[438] Ao menos em tese, a regulação exercida por autarquias especiais não deve orientar-se por juízo preponderantemente político, permanecendo equidistante dos interesses em jogo, ou seja, do Estado, dos agentes regulados e dos usuários/consumidores.

Sabe-se que as escolhas políticas devem ser feitas por aqueles eleitos pelo povo;[439] contudo, os esquemas teóricos destinados a conceituar as questões políticas a partir de supostos atributos de sua natureza ou com base na doutrina da separação de poderes não são suficientes para a reflexão doutrinária.[440]

Apresenta-se insuficiente ao debate afirmar que determinados tipos de questões submetidas às escolhas regulatórias, por sua índole parcialmente política, não se prestam a uma solução de tipo jurisdicional, ao argumento de que esta, se adotada, contrariaria os espaços do

---

436 GUERRA, Sérgio. *Controle judicial dos atos regulatórios*. Rio de Janeiro: Lumen Juris, 2005. p. 279.

437 Ou seria uma contradição apenas aparente (antinomia)?

438 Veja-se a advertência feita, nesse sentido, por MEDAUAR, Odete. *O direito administrativo em evolução*. 2. ed. São Paulo: Revista dos Tribunais, 2003. p. 140.

439 Acerca da diferença entre as escolhas políticas e o direito, colhe-se a manifestação doutrinária de Diogo de Figueiredo: "À política cabe a arte de interpretar os interesses da sociedade e de chegar a decisões capazes de satisfazê-los; ao Direito, a não menos difícil arte de cristalizar em normas de observância geral e obrigatória as vivências sociais" (MOREIRA NETO, Diogo de Figueiredo. *Legitimidade e discricionariedade*: novas reflexões sobre os limites e controle da discricionariedade. Rio de Janeiro: Forense, 1989. p. 13).

440 Esse aspecto é observado por Cretella Júnior, ao preconizar: "Adotada nos vários sistemas jurídicos contemporâneos, servindo para designar certos atos das altas esferas do Poder Executivo, manifestações concretas volitivas do Governo, que, pela própria natureza e índole especialíssima, se distinguem em razão do privilégio da imunidade jurisdicional que os matiza, a expressão ato político ou ato de governo é oriunda da jurisprudência francesa de conteúdo administrativo, que a consagrou e tentou, em vão, circunscrever-lhe o campo exato" (CRETELLA JÚNIOR. José. *Controle jurisdicional do ato administrativo*. 4. ed. Rio de Janeiro: Forense, 2001. p. 161).

administrador ou o cânone separatista entre os poderes orgânicos do Estado. Considerando a hodierna tendência de alguns Estados que buscam separar o "Governo" da "Administração"[441] com o fim de instituir uma "neutralidade política"[442] em determinados contextos, desponta a seguinte indagação: como identificar na reflexividade das escolhas regulatórias, decorrentes de entidades descentralizadas do governo central, um caráter estritamente técnico ou permeado por interesses ou ideologias políticas?[443]

Como agravante para essa questão, cumpre ressaltar que, hodiernamente, diante da abertura dos termos das leis que visam a positivar diretrizes para a adoção de políticas públicas,[444] o Poder Executivo

---

[441] Nesse sentido, ver a obra de GARCÍA DE ENTERRÍA, Eduardo. *Democracia, jueces y controle de la administración*. 5. ed. reimpr. Madrid: Civitas, 2005. p. 131-133.

[442] Sobre os denominados "poderes neutrais", Alexandre Santos de Aragão aponta a existência de autoridades estatais não eleitas com elevado grau de autonomia desde remota data: "No advento da Revolução Francesa acreditava-se que apenas os órgãos da soberania popular, ou seja, os mandatários eleitos, poderiam levar a vida em sociedade a bom termo. Logo, porém, foi verificada a necessidade da criação de órgãos estatais com autonomia de gestão e independência funcional para, fora do círculo político-eleitoral, controlar e equilibrar as relações entre os titulares de cargos eletivos para assegurar a observância dos valores maiores da coletividade. Surgiram, então, os poderes neutrais do Estado, que abrangem realidades díspares, desde as cortes constitucionais às agências reguladoras independentes, passando pelos tribunais de contas, conselhos com sede constitucional etc. O que há de comum a todos estes órgãos, que, sem dúvida possuem escala de autonomia variável, é o (1) caráter não eletivo do provimento dos seus titulares, (2) a natureza preponderantemente técnica de suas funções e (3) a independência, ou seja, a ausência de subordinação hierárquica aos poderes políticos eletivos do Estado como forma de propiciar (4) o exercício imparcial das suas funções em relação aos diversos interesses particulares que estiverem em jogo, aos interesses do próprio Estado do qual fazem parte e à vontade majoritária da sociedade manifestada por seus representantes" (ARAGÃO, Alexandre Santos de. *Agências reguladoras e a evolução do direito administrativo econômico*. Rio de Janeiro: Forense, 2002. p. 441-442).

[443] Sobre essa separação entre "Governo" e "Administração", Magide Herrero denota: "Existen dos formas esencialmente distintas de plantear la diferenciación [...]. La primera no consiste más que en considerar que el Gobierno, como órgano supremo y director de la Administración que depende de la confianza política del Congreso, tiene unos rasgos peculiares que lo singularizan en algunos aspectos respecto del resto de la Administración. La segunda supone la afirmación de que el Gobierno no forma parte de la Administración pública, de que es algo distinto y externo a ella. El primero de los esquemas descritos es suficiente para dar acogida a las medidas sobre las que se ha asentado tradicionalmente en nuestro entorno jurídico-cultural la despolitización de la Administración, fundamentalmente la funcionarización del personal a su servicio, o las que están ahora en la vanguardia de ese proceso, como la creación de Administraciones independientes. Así, las peculiaridades del Gobierno respecto de los demás órganos de la Administración bastan para excluirlo del proceso de funcionarización, o para determinar que en ciertos supuestos resulta conveniente la creación de Administraciones independientes protegidas contra la influencia gubernativa" (MAGIDE HERRERO, Mariano. *Límites constitucionales de las administraciones independientes*. Madrid: INAP, 2000. p. 257-258).

[444] Como exemplo a Lei nº 9.478, de 6.8.1997 (a chamada Lei do Petróleo), que assim está posta: "Art. 1º As políticas nacionais para o aproveitamento racional das fontes de energia visarão aos seguintes objetivos: I - preservar o interesse nacional; II - promover o desenvolvimento,

acaba por fazer escolhas discricionárias acerca das políticas públicas às quais deseja aderir, deixando, na verdade, de ser mero executor dessas políticas, como ocorria no período do Estado Liberal.[445]

Segundo Paulo Otero,[446] a legalidade das políticas públicas, vinculativa para a Administração Pública,[447] é cada vez mais o simples produto da vontade política do Executivo que é imposta ao Parlamento por sua maioria partidária ou, em alternativa, é emanada do próprio Executivo no exercício de funções normativas. O risco para tal é de que, "sujeito às vicissitudes negociais determinadas pela conveniência e oportunidade políticas do executivo",[448] a atuação estatal pode estar "totalmente à margem [...] de uma real e objectiva prossecução do interesse público".[449] Odete Medauar[450] adverte quanto à importância dessa questão ao destacar que, vinculada à concepção clássica da separação de poderes,

---

ampliar o mercado de trabalho e valorizar os recursos energéticos; III - proteger os interesses do consumidor quanto a preço, qualidade e oferta dos produtos; IV - proteger o meio ambiente e promover a conservação de energia; V - garantir o fornecimento de derivados de petróleo em todo o território nacional, nos termos do §2º do art. 177 da Constituição Federal; VI - incrementar, em bases econômicas, a utilização do gás natural; VII - identificar as soluções mais adequadas para o suprimento de energia elétrica nas diversas regiões do País; VIII - utilizar fontes alternativas de energia, mediante o aproveitamento econômico dos insumos disponíveis e das tecnologias aplicáveis; IX - promover a livre concorrência; X - atrair investimentos na produção de energia; XI - ampliar a competitividade do País no mercado internacional; XII - incrementar, em bases econômicas, sociais e ambientais, a participação dos biocombustíveis na matriz energética nacional".

445 A questão da abertura das normas que ditam políticas públicas no Brasil foi comentada por Carlos Ari Sundfeld em palestra proferida no Congresso Brasileiro de Regulação, realizado pela Associação Brasileira de Agências de Regulação entre os dias 6 e 9.5.2007, em Recife (PE). Esse jurista fez menção às dificuldades de afirmar, no Brasil, o que são políticas públicas. Para ele, em termos de subsistema de telecomunicações, um exemplo de política pública seria instalar determinado número de telefones públicos em determinado período. Nesse caso seria fácil separar o que é "definir política pública" e "executar política pública". Ao contrário, o que se tem são dispositivos amplos, abertos, sem qualquer concretude para seu controle (informação verbal).

446 OTERO, Paulo. *Legalidade e Administração Pública*: o sentido da vinculação administrativa à juridicidade. Coimbra: Almedina, 2003. p. 146.

447 Veja-se que, entre nós, é vinculativa para toda a Administração Pública, não se limitando aos órgãos e entidades do Poder Executivo. Nesse sentido, veja-se a Constituição Federal de 1988: "Art. 37. A administração pública direta e indireta de qualquer dos Poderes da União, dos Estados, do Distrito Federal e dos Municípios obedecerá aos princípios de legalidade, impessoalidade, moralidade, publicidade e eficiência e, também, ao seguinte: [...]".

448 OTERO, Paulo. *Legalidade e Administração Pública*: o sentido da vinculação administrativa à juridicidade. Coimbra: Almedina, 2003. p. 143.

449 OTERO, Paulo. *Legalidade e Administração Pública*: o sentido da vinculação administrativa à juridicidade. Coimbra: Almedina, 2003.

450 MEDAUAR, Odete. *Direito administrativo moderno*. São Paulo: Revista dos Tribunais, 2001. p. 136.

apresenta-se a distinção entre política e Administração Pública como pressuposto essencial de alguns capítulos do direito administrativo:

> A Administração desempenhava funções de *out-put*, isto é, de execução de políticas decididas por órgãos de representação política. Esse caráter executivo traz algumas implicações, como a "exaltação do valor da neutralidade administrativa", que, por sua vez, acarreta a ideia de que a burocracia deve ser igualmente disponível para executar quaisquer comandos políticos, sejam quais forem os titulares do poder; e a ideia do caráter técnico e não político da atividade administrativa. Por outro lado, assegura à burocracia o exercício do poder político, sem a responsabilidade correspondente.

No que se refere, especialmente, às entidades reguladoras dotadas de independência decisória, Alexandre Santos de Aragão inicialmente sustenta que são entes especializados relativamente alheios ao comando político, seja administrativo ou legislativo, dotados de funções regulatórias, atuando principalmente com base em princípios e finalidades gerais fixadas pela lei.[451] Ao comentar a tecnicidade na atuação regulatória, acrescenta que é sempre acompanhada da imparcialidade, já que, salvo em casos limites, o saber técnico pode perfeitamente ser instrumentalizado em favor de diversos fins políticos. E, peremptoriamente, conclui que o elevado conteúdo técnico das múltiplas funções dessas entidades regulatórias não lhes retira o conteúdo político. A tentativa de legitimá-las por uma suposta característica exclusivamente técnica de suas competências acaba levando ao risco de não serem enfrentados os verdadeiros problemas de sua legitimação democrática.[452]

Considerando, de um lado, uma ingenuidade supor que as escolhas regulatórias são fundadas estritamente em critérios técnico-científicos, e, de outro, ser inegável que as entidades reguladoras representam um instrumento de redução das influências político-partidárias,[453] Marçal

---

[451] ARAGÃO, Alexandre Santos de. *Agências reguladoras e a evolução do direito administrativo econômico*. Rio de Janeiro: Forense, 2002. p. 89.

[452] ARAGÃO, Alexandre Santos de. *Agências reguladoras e a evolução do direito administrativo econômico*. Rio de Janeiro: Forense, 2002. p. 324.

[453] Nesse sentido, Diogo de Figueiredo Moreira Neto anota: "Assim é que a descentralização autárquica, depois de um certo declínio, ressurgiu, restaurada, como a melhor solução encontrada para conciliar a atuação típica de Estado, no exercício de manifestações imperativas, de regulação e de controle, que demandam personalidade jurídica de direito público, com a flexibilidade negocial, que é proporcionada por uma ampliação da autonomia administrativa e financeira, pelo afastamento das burocracias típicas da administração direta e, sobretudo [...] pelo relativo isolamento de suas atividades administrativas em relação

Justen Filho sustenta que é indefensável a tese da dissociação entre gestão técnica e decisão política, pois as escolhas, ditas técnicas, pressupõem avaliações políticas, ainda que subjacentes e, eventualmente, ocultas.[454] Em sentido diverso, Marcos Juruena Villela Souto defende a existência de escolhas regulatórias com motivações estritamente técnicas: "se a escolha da técnica envolver uma decisão política, não se pode atribuí-la ao agente regulador (que poderá, quando muito, opinar na formulação da política)".[455]

É justo inferir que, se as escolhas regulatórias visam a ponderar os múltiplos interesses envolvidos, poderá haver em seus atos certa dose de política que, logicamente, não pode divorciar-se das políticas públicas traçadas para o setor, nem deve ser voltada ao partidarismo.

Parece ser este o entendimento de Floriano de Azevedo Marques Neto ao ressaltar que, embora não sejam os entes reguladores os núcleos formuladores das políticas públicas para o setor regulado, é inegável que a escolha regulatória envolve não só a concretização destas políticas, como também lhes reporta uma certa margem construtiva neste sentido. A atuação em um sentido de mediação ativa, de proteção e de promoção – nos limites das políticas governamentais – de interesses públicos difusos, caracteriza uma dimensão política irrenunciável.[456]

No contexto atual do princípio constitucional da jurisdição una, o fato é que as escolhas regulatórias, sendo consideradas, em cotejo com as escolhas políticas, uma dicotomia ou antinomia,[457] serão consideradas "políticas" de acordo com a avaliação que delas fizer o Poder Judiciário em cada caso concreto. Claras são as palavras de Sabino Cassese:[458]

à arena político-partidária" (MOREIRA NETO, Diogo de Figueiredo. *Mutações do direito administrativo*. 2. ed. Rio de Janeiro: Renovar, 2001. p. 147).

454 JUSTEN FILHO, Marçal. *O direito das agências reguladoras independentes*. São Paulo: Dialética, 2002. p. 376-377.

455 SOUTO, Marcos Juruena Villela. *Direito administrativo regulatório*. Rio de Janeiro: Lumen Juris, 2002. p. 31.

456 MARQUES NETO, Floriano Peixoto de Azevedo. A nova regulação estatal e as agências independentes. *In:* SUNDFELD, Carlos Ari (Org.). *Direito administrativo econômico*. São Paulo: Malheiros, 2000. p. 93.

457 Segundo anotação de Alexandre Aragão, não há qualquer antinomia à democracia, diante da teoria dos poderes neutrais do Estado, da atuação das agências reguladoras independentes: "Longe de serem antinômicos à democracia em razão da possibilidade de contradição com as forças políticas majoritárias, asseguram o pluralismo no seio do Estado sem retirar totalmente os poderes do chefe do Poder Executivo e do Poder Legislativo" (ARAGÃO, Alexandre Santos de. *Agências reguladoras e a evolução do direito administrativo econômico*. Rio de Janeiro: Forense, 2002. p. 442.

458 CASSESE, Sabino. *La globalización jurídica*. Tradução de Luis Ortega, Isaac Martín Delgado e Isabel Gallego Córceles. Madrid: Marcial Pons, 2006. p. 152-153.

> Donde existen autoridades independientes y procedimientos de regulación "contenciosos" existen jueces, que fijan su atención en el respeto de la contradicción y de otras reglas del juego (razonabilidad, proporcionalidad, motivación, etc.). La presencia de jueces en el proceso regulador se percibe como una intromisión, pero ello es por un defecto óptico. En el pasado, estaben menos presente, por respeto a las decisiones político-gubernamentales o a la discrecionalidad de las administraciones multi-purpose. Cuando las decisiones se toman bajo el principio del justo procedimiento y por autoridades single-mission, que no deben, por tanto, ejercitar una discrecionalidad-ponderación entre intereses públicos distintos, entran en el juego los jueces, que llevan a consecuencias extremas el due process y glorifican el procedimiento administrativo.

Há entendimento no sentido de que Administração e governo existem de modo separado, mas sem caráter rígido, havendo certo emaranhado que permite evitar, de um lado, um governo puramente político e, de outro, uma Administração tecnocrática.[459]

Considerando que o mutualismo entre Administração e política, com uma aparente separação, é discutido – "à facilidade de fundamentá-la teoricamente contrapõe-se a dificuldade de distinguir, na prática, os dois âmbitos" –,[460] espera-se que a reflexividade administrativa seja, em parte, pelas características aqui propostas, uma fórmula de direito administrativo que auxilie nessa composição, mesmo sabendo que tudo se encerra no julgamento cometido pelo Judiciário quanto à valoração política sobre o tema submetido à sua apreciação pela parte que se sentir prejudicada com a escolha regulatória.

2.7 Conclusão parcial

O direito administrativo brasileiro foi construído observando, entre outros aspectos, a supremacia da Administração Pública nas relações com os cidadãos: prevalência do interesse público sobre o interesse privado, forte hierarquia na burocracia estatal, submissão quase absoluta ao princípio da legalidade, espaços para a atuação executiva

---

[459] MEDAUAR, Odete. *O direito administrativo em evolução*. 2. ed. São Paulo: Revista dos Tribunais, 2003. p. 143.

[460] MEDAUAR, Odete. *O direito administrativo em evolução*. 2. ed. São Paulo: Revista dos Tribunais, 2003. p. 137. Seabra Fagundes assim também averbou: "O ato administrativo político admite uma conceituação muito elástica, seno dificílimo defini-lo precisamente, o que, aliás, reconhecem doutrinadores dos mais notáveis" (SEABRA FAGUNDES, Miguel. *O contrôle dos atos administrativos pelo Poder Judiciário*. 4. ed. Rio de Janeiro: Forense, 1967. p. 162).

discricionária, além da estrutura tradicional de serviço público. Com a difusão de ideias democráticas e globalizantes, o direito administrativo, notadamente de viés econômico, não pode mais se comportar como nos tempos da Ilustração francesa.

Existe uma crise do direito administrativo pela falta de categorias/fórmulas que tragam respostas objetivas a essa nova fase, que clama pela justiça social, que deve levar em conta aspectos econômicos, ambientais etc.

Algumas críticas propostas neste capítulo despontam diretamente dessa análise.

A primeira crise referiu-se ao princípio da legalidade, até então a coluna vertebral do direito administrativo pátrio. Nos dias atuais, não deve ser mantida a separação moderna do "ser" e do "dever-ser". Especialmente em termos de escolha regulatória, o positivismo não resiste às necessidades cotidianas. Na busca da justiça no caso concreto há necessidade de não mais opor a "realidade" ao "direito". Ao contrário, a realidade econômica e social, observando a preocupação no balanceamento entre custos e benefícios, deve ser diferenciada em seu detalhe, de uma parte, como espaço de validade do direito em geral, e, de outra parte, como setor da realidade pressuposta, recebida ou produzida por um texto da norma particular.

Não se sustentou neste capítulo a desconsideração absoluta da regra legiferante, haja vista que não deixa de ser um padrão a ser observado no sistema jurídico-constitucional brasileiro. Contudo, ela vem sendo insuficiente, pois não decifra o politeísmo de valores necessário para propiciar uma decisão proporcional diante dos inúmeros conflitos sociais.

Considerando as características da composição e atuação do Poder Legislativo, somadas às dificuldades naturais para regular em detalhes todos os subsistemas regulados pelo Estado, é necessário, portanto, redefinir a divisão clássica de tarefas e competências normativas. Até porque, em muitas situações, a busca de exaustiva regulação por meio da norma primária pode produzir consequências nefastas ao interesse público. A adequação da ação no campo regulatório a determinadas circunstâncias que se apresentam no cotidiano exige uma flexibilidade (maleabilidade) de regras para sua correta apreciação e decisão.

Impõe-se o afastamento do legislador primário das minúcias normativas, sobretudo para adentrar em aspectos técnicos que, por sua natureza, não representam a "vontade geral". Essa tarefa deve estar afeta ao Poder Executivo, seja por estar em melhores condições de avaliar qual será, em determinado caso, a justa solução para se encontrar um grau ótimo de execução das políticas públicas – que precisam ser mais bem definidas nas regras legais –, seja por dispor de melhor aparato institucional para tecer maiores detalhamentos normativos.

Outra crítica registrada neste capítulo que se apresenta diante da doutrina administrativista refere-se à configuração do *conceito jurídico indeterminado* como instituto de integração da norma na busca da única solução regulatória possível. Os conceitos indeterminados também surgem nas regras diante da "negociação" parlamentar, em que, para se lograr um acordo político entre partidos, chega-se a uma redação da lei geralmente contraditória, ambígua e obscura. Portanto, as normas compostas desses conceitos não indicam, de *per si*, uma única solução.

Identificou-se ainda dessa crítica o debate polarizado entre duas correntes doutrinárias: a primeira de que a integração desses conceitos se dá por um simples processo de interpretação; a outra sustenta que a concretização dos termos fluidos se identifica com o instituto da discricionariedade administrativa. Por trás dessa polêmica controverte-se acerca dos limites da escolha administrativa que, reflexamente, decorre do embate sobre os espaços que cabem ao Poder Executivo na mediação dos conflitos distributivos, em que é necessário identificar as categorias econômicas para apuração dos custos e benefícios presentes em cada solução encontrada e em cada circunstância.

Mesmo diante do exame das posições perfilhadas pelas duas correntes, propugnou-se o enquadramento desta obra na doutrina que admite mais de uma solução justa na integração de conceitos jurídicos indeterminados, incluindo-se, portanto, esse instituto nos espaços para escolhas administrativas discricionárias. A solução justa, no ambiente de ponderação de interesses e observância dos custos e benefícios da escolha inerentes à intervenção reguladora, somente poderá existir em um plano da filosofia pura, não se sustentando diante de todos os casos concretos em que o regulador precisa trabalhar com categorias econômicas e sociais na decisão a ser tomada diante de conflitos distributivos.

Chegou-se à conclusão de que pensar que somente existe uma solução justa seria aniquilar qualquer tentativa de se perseguir uma atuação estatal mediadora de interesses públicos e privados, extinguindo-se a consensualidade. Mais do que isso, suprimindo-se a possibilidade de se alcançar qualquer termo de ajustamento de conduta nos casos em que fosse menos oneroso ao interesse público a aplicação pura e simples da lei interpretada de maneira uníssona. Especialmente na integração de conceitos jurídicos indeterminados que, para serem concretizados, dependem de outros aspectos a serem sopesados, a atuação determinante do particular no fornecimento de dados e informações essenciais para a tomada de decisão final pelo Poder Público pode conduzir a situação do caso a soluções nem mesmo vislumbradas pelo Estado e mais benéficas à sociedade.

Outra crítica que se reputou primordial neste capítulo concentra-se no instituto da *discricionariedade administrativa*. Com efeito, não se identificou compatibilidade entre seus pilares – oportunidade e conveniência –, que sustentam o mérito da escolha discricionária, com o atual contexto jurídico-constitucional pós-moderno da função executiva estatal. De acordo com a nova compreensão do direito administrativo no (neo)constitucionalismo e de modo aparentemente paradoxal, se de um lado há uma tendência de se buscar a redução da discricionariedade na atuação do administrador público, de outro lado, a complexidade cotidiana, que conduz ao permanente ambiente de ambivalência, impõe uma maior atuação e espaço para a escolha administrativa.

Conclusivamente, deparou-se, neste capítulo, com questões de capital relevância acerca da escolha discricionária: (i) a discricionariedade decorre da abertura daquilo que foi disciplinado por lei – inclusive, para a corrente que o defende quando há integração de conceitos jurídicos indeterminados, (ii) a discricionariedade está fulcrada em critérios de oportunidade e conveniência, constituindo o mérito da escolha executiva pública, formulados por ela mesma, isto é, de acordo com seus próprios valores e (iii) a complexidade sistêmica exige, a cada dia, pluralidade de fontes com regras legiferantes abstratas (*standards*), ampliando os espaços para as escolhas do Executivo.

Na evolução das escolhas administrativas, a regulação, diante da tecnicidade, vem como nova categoria suficiente para remeter o intérprete do direito a um tipo de função dotada de riqueza e dinamismo sensivelmente maior do que a mera lei ou sua regulamentação.

Esses aspectos vieram à tona no questionamento da escolha discricionária, pois a realidade atual retrata a existência de inúmeros centros políticos titulares de poderes e a ampliação dos direitos dos indivíduos, o que, em síntese, leva à heterogeneidade dos interesses e à pressão dos indivíduos e grupos sobre a Administração para o atendimento de suas reivindicações.

Os fatores identificados acarretam a metamorfose – e não mera mutação – da natureza pura da discricionariedade, impondo-se uma nova fórmula que permita uma atuação executiva estatal mais objetiva, imparcial e controlável.

Constatou-se que a doutrina buscou, de certa forma, sistematizar um instituto que se amoldasse ao contexto jurídico-constitucional brasileiro pós-moderno para uma atuação executiva estatal diferenciada, incluindo a integração de conceitos jurídicos com indeterminações técnicas. Buscou-se enquadrar essa atuação do Poder Executivo com enfoque valorativo como decorrente de uma "discricionariedade técnica" despida de valores e políticas e supostamente infensa ao controle de mérito pelo Poder Judiciário.

Não se identificou, após examinar a doutrina local e alienígena, correntes doutrinárias que polarizem a questão. O termo "discricionariedade técnica" visa apenas a uma tentativa de limitação jurisdicional do controle de seu exercício, no sentido de evitar que as escolhas técnicas da Administração não sejam substituídas pelas opções técnicas realizadas pelo juiz.

A crítica à tentativa de solucionar a "crise" da escolha discricionária por meio da "discricionariedade técnica" foi posta neste capítulo na ausência, no atual ordenamento jurídico-constitucional brasileiro, de qualquer instituto juridicamente aplicável como uma pseudoespécie da discricionariedade administrativa que pudesse atender a uma fórmula em que se isolassem valores e questões políticas dos aspectos técnicos supostamente despersonalizados e, portanto, mais legítimos que os outros.

Aduziu-se também uma crítica à teoria dos regulamentos administrativos, em que pesem inúmeros trabalhos sobre o tema. Entendeu-se relevante trazer esse debate para a presente obra haja vista que essa teoria ainda é utilizada como resposta para justificar ou repudiar o exercício da função regulatória estatal. Sustentou-se que as normas emanadas por entidades reguladoras não correspondem a uma delegação legislativa, tampouco se enquadram nos preceitos constitucionais que versam sobre a função regulamentar de competência do chefe do Poder Executivo. Procurou-se afastar o rótulo da delegação inominada ao perfilhar-se o entendimento de que não se trata da delegação legislativa, positivada constitucionalmente para determinadas situações.

O fato é que tanto a delegação legislativa quanto a teoria dos regulamentos não trazem respostas seguras para o enfrentamento da regulação normativa por meio das entidades reguladoras, haja vista que a regulação não se enquadra pura e simplesmente na modalidade tradicional de regulamentação secundária. Os reguladores não recebem competências do Legislativo para formular normas abertas, conformadas por aspectos políticos; por isso, e considerando ser extremamente difícil submetê-las a uma ordem hierárquica definida, propôs-se um novo enquadramento na clássica pirâmide normativa prevista no vigente texto constitucional brasileiro.

Com isso, pôde-se concluir que editar atos normativos regulatórios representa confrontar o problema de modo reflexivo – clausura autorreferencial –, a ser solucionado em face da Constituição, com os bens e valores jurídicos que ali estariam conflitando, de modo que se estabeleça qual ou quais dos valores em conflito deverá ou deverão prevalecer. Pelas normas regulatórias não se deve pretender alcançar a "vontade geral" de viés liberal; pode ser alcançado, ao contrário, o exercício da capacidade técnica dessas entidades descentralizadas (tecnicismo) para dispor, com maior densidade, sobre as matérias que lhe competem para equilibrar, reflexivamente, o subsistema regulado, diversamente das leis que, editadas pelo Poder Legislativo, assumem caráter genérico e sem concretude.

Diante dessas críticas, propôs-se legitimar a regulação administrativa por meio da deslegalização de matérias. É irrefutável o fato de que, em vista da permeação de dados da realidade no direito, notadamente pelas novas relações sociais, econômicas, científicas e, especialmente, as tecnológicas, a filtragem dos novos ramos do conhecimento para a adequação da tecnologia jurídica tem-se tornado cada vez mais problemática.

A escolha administrativa em sede de regulação de subsistemas permeados pelo sistema social revela-se uma necessidade do Estado pós-moderno, um expediente atenuador e de cooperação entre os poderes Legislativo e Executivo. Dessa forma, sustentou-se que a categoria "regulação administrativa" se apresenta como uma nova etapa, uma real evolução do processo de mutação da escolha administrativa, que poderá ser legitimada e conformada ao contexto jurídico-constitucional brasileiro por meio da deslegalização de matérias, a conviver com as regras constitucionais e com a primeira fonte normativa ordinária: a lei.

Quando se cogitou a aplicação da deslegalização, não se quis sustentar a retirada da base legalitária para a atuação das entidades administrativas na regulação de atividades econômicas e setores sensíveis à sociedade – saúde, vigilância sanitária etc. O que se buscou perfilhar foi a autorização, prevista na própria norma primária, para que entes descentralizados do Poder Público possam complementar o marco regulatório de determinado subsistema especializado sem estar atrelado às poucas situações previstas – caso eventualmente detalhadas – anteriormente pela lei.

A deslegalização significa não estarem completamente indicados na lei os meios necessários para se alcançar os fins na atuação dos agentes estatais responsáveis pela regulação de subsistemas sensíveis. Desse modo, o controle judicial das escolhas em bases deslegalizadas – não mais baseadas em oportunidade e conveniência – deve observar os encaminhamentos decorrentes das condições originárias do subsistema regulado, confrontado pelo regulador por meio da ponderação de custos e benefícios.

Após tentar sistematizar a função normativa na escolha regulatória, faltava ainda a identificação de um instituto que fosse compatível com as características dessa nova categoria. Concentrou-se, portanto, na proposta de estruturação desse novo instituto na *reflexividade administrativa*. Para além da "reflexão" a ser feita pelo regulador público nas questões postas diante de si para a construção da escolha administrativa, intentou-se que ela molde a capacidade do regulador de pensar a situação concreta em si para estabilizar o subsistema e minimizar a insegurança jurídica.

Sob bases de *prevenção regulatória* e *mediação regulatória*, partiu-se da ideia de que o regulador deve, por meio de uma "clausura autorreferencial" do subsistema, permitir que brote, de forma cíclica, a produção de encaminhamentos decorrentes das próprias condições originárias de produção do subsistema. O regulador deixa de fazer suas escolhas com base exclusivamente em sua ótica, naquilo que reputa ser "conveniente" e "oportuno", de difícil – se não impossível – compreensão e sindicabilidade por terceiros, para encarar o caso concreto de modo sistemático e transparente, sob uma interpretação analítica e empírica.

CONSTITUCIONALIDADE DA REGULAÇÃO DE ATIVIDADES ECONÔMICAS E SERVIÇOS PÚBLICOS NO BRASIL POR ENTIDADES ADMINISTRATIVAS DOTADAS DE CERTA INDEPENDÊNCIA

Não existe interpretação constitucional independente de problemas concretos.[1]

Com o fim de governos ditatoriais – a exemplo, na segunda metade do século XX, da Espanha, Portugal e Brasil – o forte clamor por uma "democracia substantiva"[2] e pela melhoria das condições de vida da população provocou um sucessivo processo de mutação das

[1] HESSE, Konrad. *Elementos de direito constitucional da República Federal da Alemanha.* Tradução de Luís Afonso Heck. Porto Alegre: Sérgio Antônio Fabris, 1998. p. 62. Segundo o autor: "Também a compreensão do problema pressupõe, nisso, um 'entendimento'; ela é, por causa disso, igualmente dependente da (pré-compreensão) do intérprete que, por sua vez, carece da fundamentação teórico-constitucional. Teoria da Constituição converte-se, com isso, em condição tanto da compreensão da norma como do problema" (p. 63).

[2] Peña Freire, em seu clássico livro *La garantía en el estado constitucional de derecho* (Madrid: Trotta, 1997. p. 67), averbou: "La legitimidad mayoritaria es un criterio o expediente técnico para la adopción de decisiones pero no agota el contenido de la democracia. Ésta es mucho más rica, mucho más extensa y participa de derechos tan complejos y alejados de la simple validación mayoritaria como son la libertad de conciencia, de expresión, la diversidad moral, las exigencias de autonomía, etc.". Acerca da concretude do conceito de democracia com base na Constituição, ver HESSE, Konrad. *Elementos de direito constitucional da República Federal da Alemanha.* Tradução de Luís Afonso Heck. Porto Alegre: Sérgio Antônio Fabris, 1998. p. 115. Diogo de Figueiredo Moreira Neto apresenta interessante sistematização do tema no artigo intitulado: Juridicidade, pluralidade normativa, democracia e controle social: reflexões sobre alguns rumos do direito público neste século. *In:* ÁVILA, Humberto (Org.). *Fundamentos do estado de direito*: estudos em homenagem ao professor Almiro do Couto e Silva. São Paulo: Malheiros, 2005. p. 106-112.

estruturas estatais.[3] Inserida no contexto e com algumas características neoliberais, houve, no Brasil da década de 90, a opção pela participação no amplo processo econômico globalizante,[4] e, em seu bojo, a adoção de um programa de redução do papel do Estado na exploração de atividades econômicas e prestação direta de serviços públicos mediante a desestatização.[5]

Uma das propostas do neoliberalismo atribui às forças do mercado o papel de protagonista na organização da economia, de modo que à iniciativa privada seriam destinados os bônus e os ônus da flutuação mercadológica. Esta revisitação ao modelo minimalista do liberalismo oitocentista, em que o Estado valoriza a livre- iniciativa,[6] foi mitigada na Carta brasileira de 1988, com freios e contrapesos que visam assegurar garantias e direitos fundamentais à pessoa humana.[7] Isto é, se de um

---

[3] Eros Grau sustenta que há marcante contradição entre neoliberalismo e democracia, que supõe o acesso de um número cada vez maior de cidadãos aos bens sociais. Nesse sentido, aduz que a racionalidade econômica do neoliberalismo já elegeu seu principal inimigo: o Estado Democrático de Direito (GRAU, Eros Roberto. *A ordem econômica na Constituição de 1988*: interpretação e crítica. 7. ed. São Paulo: Malheiros, 2002. p. 47).

[4] Sobre os desdobramentos da globalização e os impactos na sociedade de riscos, recomenda-se a leitura da obra GIDDENS, Anthony. *Mundo em descontrole*: o que a globalização está fazendo de nós. Tradução de Maria Luiza X. de A. Borges. 4. ed. Rio de Janeiro: Record, 2005. Entre nós, ver o capítulo intitulado "Direito público e a globalização", da obra de MOREIRA NETO, Diogo de Figueiredo. *Mutações do direito público*. Rio de Janeiro: Renovar, 2006. p. 243.

[5] Sobre as reformas jurídicas internas por força da globalização e seu impacto no direito administrativo, ver SUNDFELD, Carlos Ari. *Direito administrativo para céticos*. 2. ed. São Paulo: Malheiros, 2014. p. 281 *et seq*.

[6] Acerca dessa orientação constitucional da Carta de 1988, Manoel Gonçalves Ferreira Filho denota que "condenada pelo liberalismo clássico, a intervenção do Estado no domínio econômico é hoje admitida pelos próprios neoliberais. Na verdade, raros são os que ainda discutem a sua legitimidade, embora ferva a polêmica sobre seus limites. [...] Esta [orientação] considera inabalado o princípio de que a vida econômica é regida por leis naturais, cuja ação não deve ser embaraçada. Contudo, reconhece que os embaraços à ação dessas leis podem provir também de indivíduos e grupos e não apenas do Estado, embaraços que as próprias leis econômicas viriam a suplantar mas a longo prazo e com alto custo. Destarte, convém que esses óbices sejam eliminados, não sendo antinatural a intervenção que o fizer. *Assim, admitem os neoliberais a intervenção repressiva do Estado no domínio econômico – a intervenção destinada a suprimir os entraves ao livre jogo das leis naturais*. Essa orientação é que, por exemplo, inspira a legislação americana antitrustes, pois estes impedem a ação da concorrência" (FERREIRA FILHO, Manoel Gonçalves. *Curso de direito constitucional*. 28. ed. São Paulo: Saraiva, 2002. p. 356-357. Grifos nossos).

[7] A ponderação desses princípios no Brasil é um tema espinhoso. A importante questão acerca da legitimidade da intervenção estatal sobre as atividades econômicas perante os investidores vis-à-vis os interesses da sociedade é abordada por Marcos Juruena Villela Souto, nos seguintes termos: "O problema, neste contexto, é a falta de tradição no Brasil e de outros países em desenvolvimento [...], com a formulação e continuidade de políticas públicas de longo prazo, bem como de captar e manter a confiança do investidor" (SOUTO, Marcos Juruena Villela. *Direito administrativo em debate*: 2ª série. Rio de Janeiro: Lumen Juris, 2007. p. 3).

lado a Constituição Federal assegura a livre- iniciativa como um dos pilares dessa nova era, de outro, o texto constitucional valoriza, como eixo principal, a dignidade da pessoa humana[8] e outros princípios, a serem observados e sopesados no caso concreto.[9]

Para a atuação executiva sob esse novo enfoque, destaque-se a função regulatória, disposta de forma ampla no art. 174 da Constituição Federal de 1988,[10] a qual surge como uma nova categoria de escolha administrativa. Sua implantação no contexto político-econômico-social vem gerando novas competências e estratégias para o exercício das escolhas administrativas,[11] com vistas à perfeita conformação dessas mudanças e desses acoplamentos à práxis.[12]

Sob os influxos dessa onda, em que se impôs uma reforma administrativa[13] para a renovação de estruturas estatais absorvidas

---

8 A dignidade da pessoa humana como eixo do constitucionalismo atual pode ser conferida em BARROSO, Luís Roberto. *Interpretação e aplicação da Constituição*. 6. ed. São Paulo: Saraiva, 2004. p. 334 *et seq*.

9 É judicioso o entendimento esposado por João Bosco Leopoldino da Fonseca, no sentido de que a intervenção do Estado no domínio econômico atua de modo pendular. Vale dizer, a períodos em que se sustenta o absenteísmo do Estado da esfera econômica sucedem-se outros em que se deseja e se exige que o Estado intervenha, e até mesmo atue, no domínio econômico. Em movimento de ordem inversa, a períodos em que o Estado interveio e atuou no domínio econômico, às vezes mesmo de maneira excessiva, sucedem-se outros em que se defende e se impõe uma retração, uma retirada (FONSECA, João Bosco Leopoldino da. *Direito econômico*. 5. ed. Rio de Janeiro: Forense, 2007. p. 102). Acerca do princípio da subsidiariedade na sociedade de riscos, ver 4.3 da presente obra.

10 Sobre o direito da nova regulação econômica, ver MOREIRA, Egon Bockmann. Qual é o futuro do direito da regulação no Brasil? *In:* Carlos Ari Sundfeld (Coord.). *Direito da regulação e políticas públicas*. São Paulo: Malheiros, 2014. p. 125.

11 Esse fato ocorreu em diversos outros países. A esse respeito, e para uma análise comparativa entre as entidades reguladoras independentes nos Estados Unidos da América, Reino Unido, Alemanha, França, Itália e Espanha, ver as obras: SALVADOR MARTÍNEZ, Maria. *Autoridades independentes*. Barcelona: Ariel, 2002; CARDOSO, José Lucas. *Autoridades administrativas independentes e constituição*. Coimbra: Coimbra Ed., 2002; e MOREIRA, Vital; MAÇAS, Fernanda. *Autoridades reguladoras independentes*. Coimbra: Coimbra Ed., 2003.

12 Como leciona Vital Moreira, o processo de privatização pode conduzir ao estabelecimento de esquemas reguladores que a anterior propriedade pública permitia dispensar. Muitos dos serviços públicos geridos pelo Estado começaram por ser serviços públicos concedidos altamente regulados, de modo que o binômio privatização/regulação significa, de certa maneira, retorno às origens (MOREIRA, Vital. *Autorregulação profissional e Administração Pública*. Lisboa: Almedina, 1997. p. 38).

13 Uma ampla abordagem sobre as reformas administrativas (série de intervenções, promovidas pelo corpo político ou administrativo, para adaptar as administrações públicas às mudanças econômicas e sociais) é apresentada por Sabino Cassese, na obra *La globalización jurídica*. Tradução de Luis Ortega, Isaac Martín Delgado e Isabel Gallego Córceles. Madrid: Marcial Pons, 2006. p. 191 *et seq*., da qual destaca-se: "Las reformas administrativas del último cuarto del siglo XX se han presentado como vehículo de renovación o modernización de las Administraciones públicas; se han presentado en todos los países, independientemente del color de la mayoría gobernante; se han difundido en países donde el rendimiento

do modelo burocrático francês, o Governo Federal brasileiro editou, em 1995, o Plano Diretor da Reforma do Estado,[14] direcionando a Administração Pública para um padrão de gerência eficiente.[15] Além

---

administrativo es bueno y en aquellos donde no los es tanto; y son una materia sobre la que hay consenso entre mayoría y oposición" (p. 195-196). Entre nós, ver os comentários sobre o Plano Diretor da Reforma do Estado e a ideia de administração pública gerencial, na obra de MEDAUAR, Odete. *O direito administrativo em evolução.* 2. ed. São Paulo: Revista dos Tribunais, 2003. p. 132-133; e SARMENTO, Daniel. *Direitos fundamentais e relações privadas.* Rio de Janeiro: Lumen Juris, 2004. p. 50.

14 Convém registrar alguns trechos da apresentação do Plano Diretor da Reforma do Aparelho do Estado lançado em 1995, que bem refletem os seus objetivos: "A crise brasileira da última década foi também uma crise do Estado. Em razão do modelo de desenvolvimento que Governos anteriores adotaram, o Estado desviou-se de suas funções básicas para ampliar sua presença no setor produtivo, o que acarretou, além da gradual deterioração dos serviços públicos, a que recorre, em particular, a parcela menos favorecida da população, o agravamento da crise fiscal e, por consequência, da inflação. Nesse sentido, a reforma do Estado passou a ser instrumento indispensável para consolidar a estabilização e assegurar o crescimento sustentado da economia. Somente assim será possível promover a correção das desigualdades sociais e regionais. Com a finalidade de colaborar com esse amplo trabalho que a sociedade e o Governo estão fazendo para mudar o Brasil, determinei a elaboração do 'Plano Diretor da Reforma do Aparelho do Estado', que define objetivos e estabelece diretrizes para a reforma da administração pública brasileira. O grande desafio histórico que o País se dispõe a enfrentar é o de articular um novo modelo de desenvolvimento que possa trazer para o conjunto da sociedade brasileira a perspectiva de um futuro melhor. Um dos aspectos centrais desse esforço é o fortalecimento do Estado para que sejam eficazes sua *ação reguladora*, no quadro de uma economia de mercado, bem como os serviços básicos que presta e as políticas de cunho social que precisa implementar. Este 'Plano Diretor' procura criar condições para a reconstrução da administração pública em bases modernas e racionais. No passado, constituiu grande avanço a implementação de uma administração pública formal, baseada em princípios racional-burocráticos, os quais se contrapunham ao patrimonialismo, ao clientelismo, ao nepotismo, vícios estes que ainda persistem e que precisam ser extirpados. Mas o sistema introduzido, ao limitar-se a padrões hierárquicos rígidos e ao concentrar-se no controle dos processos e não dos resultados, revelou-se lento e ineficiente para a magnitude e a complexidade dos desafios que o País passou a enfrentar diante da globalização econômica. A situação agravou-se a partir do início desta década, como resultado de reformas administrativas apressadas, as quais desorganizaram centros decisórios importantes, afetaram a 'memória administrativa', a par de desmantelarem sistemas de produção de informações vitais para o processo decisório governamental. É preciso, agora, dar um salto adiante, no sentido de *uma administração pública que chamaria de 'gerencial'*, baseada em conceitos atuais de administração e eficiência, voltada para o controle dos resultados *e descentralizada para poder chegar ao cidadão*, que, numa sociedade democrática, é quem dá legitimidade às instituições e que, portanto, se torna 'cliente privilegiado' dos serviços prestados pelo Estado" (BRASIL. *Plano Diretor da Reforma do Aparelho do Estado* – Bresser 1995. Brasília, nov. 1995. Disponível em: http://www.planalto.gov.br/publi_04/colecao/plandi.htm. Acesso em: 4 jan. 2007. Grifos nossos).

15 Segundo advertência de Bresser Pereira, a Reforma Desenvolvimentista, ocorrida na década de 60 e que foi materializada por meio do Decreto-Lei nº 200/67, pode ser considerada "como um primeiro momento da administração gerencial no Brasil" (BRESSER-PEREIRA, Luiz Carlos. *A reforma do estado para a cidadania*: a reforma gerencial brasileira na perspectiva internacional. São Paulo: 34, 1998. p. 172).

disso, promulgou-se uma série de emendas constitucionais[16] visando "abrir" determinados subsistemas econômicos – como exemplo, telecomunicações, petróleo, gás natural – e, nesta senda, adaptar os deveres do Estado a esse modelo *neoadministrativo*. Buscou-se, no Brasil, no início da segunda metade da década de 90, um novo marco teórico para a Administração Pública, que substituísse a perspectiva burocrática *weberiana*[17] até então seguida.[18]

A abordagem, então disciplinada democraticamente pelo Poder Legislativo, decorreu do reconhecimento de que as democracias contemporâneas (verdadeiras sociedades de riscos),[19] diante de uma forte tecnicidade e complexidade das questões cotidianas, carecem de entidades autônomas e com certo grau de independência,[20] voltadas para

---

16 As emendas constitucionais cujas matérias estão voltadas à nova política de retirada do Estado da execução direta das atividades econômicas são a de nº 5, de 15.8.1995, que transferiu aos estados a competência para a exploração diretamente, ou mediante concessão, dos serviços públicos de distribuição de gás canalizado; a de nº 6, de 15.8.1995, que pôs fim à distinção entre o capital nacional e estrangeiro; a de nº 7, de 15.8.1995, que tratou da abertura para navegação de cabotagem; a de nº 8, de 15.8.1995, que flexibilizou o monopólio dos serviços de telecomunicações e de radiodifusão sonora e de sons e imagens; e a de nº 9, de 9.11.1995, que flexibilizou o monopólio da exploração do petróleo e do gás natural.

17 Segundo o princípio da hierarquia de cargos e da sequência de instâncias, o modelo weberiano apresenta um sistema fixamente regulamentado de mando e subordinação das autoridades, com fiscalização das inferiores pelas superiores (WEBER, Max. *Economia e sociedade*. Tradução de Regis Barbosa e Karen Elsabe Barbosa. São Paulo: Imprensa Oficial, 2004. p. 199. v. 2). Sobre os problemas ocorridos no Brasil, no processo de burocratização ou de racionalização burocrática, como fenômeno histórico que decorre da superioridade da administração pública sobre as formas patrimonialistas, ver BRESSER-PEREIRA, Luiz Carlos. *A reforma do estado para a cidadania*: a reforma gerencial brasileira na perspectiva internacional. São Paulo: 34, 1998. p. 48.

18 Enrique Saravia leciona que, nas décadas de 80 e 90, vários países – entre eles o Brasil – tentaram reformas que permitissem maior agilidade e flexibilidade à atividade estatal. Os diversos planos de melhora receberam a denominação comum de Nova Gerência Pública (*New Public Management*) e seus principais enunciados foram sintetizados num memorável relatório da OCDE (1996). Tratava-se de medidas destinadas a dotar a Administração Pública de um comportamento gerencial que aliviasse a máquina ou o aparelho do Estado. Muitos países avançaram por esse caminho e se registraram melhoras efetivas em muitos deles. No entanto, o modelo funcionou melhor nos países de democracias e economias evoluídas e estáveis. Não aconteceu idêntico fenômeno nos países com fortes desigualdades sociais e regionais, com pesados endividamentos e déficits fiscais, ou com sistemas políticos em transição (SARAVIA, Enrique J. Governança social no Brasil contemporâneo. *Revista Governança Social – IGS*, Belo Horizonte, ano 3, ed. 7, p. 21-23, dez./mar. 2010. p. 22).

19 O tema será abordado em 4.1.

20 Canotilho afirma que o Estado Social assume hoje a forma moderna de Estado regulador de atividades econômicas essenciais, de modo que, de uma forma crescente, a própria regulação e supervisão é *confiada a entidades administrativas independentes não diretamente subordinadas ao poder político governamental*. A razão desta mudança quanto à responsabilidade estatal pela regulação de atividades econômicas não se assenta apenas em premissas ideológicas ("menos Estado, melhor Estado", "autorregulação da economia contra planificação estatal", "concorrência econômica como expressão da liberdade") mas na verificação de que a

a regulação de atividades econômicas preponderantemente calcadas em aspectos técnicos e científicos e, paralelamente, com certa proteção às pressões político-partidárias.[21]

As modernas formas de administração do interesse público – em evolução para não mais ser encarado como "poder supremo"[22] – devem ordenar e implementar políticas estratégicas para suas respectivas sociedades de maneira sistêmica; isto é, tanto no sistema social como no campo científico e tecnológico, ambos umbilicalmente atados ao sistema econômico. Nesse contexto, o Estado vê-se compelido a adotar ponderadamente práticas de gestão modernas e eficazes, sem priorizar o aspecto econômico,[23] tampouco perder de vista sua função eminentemente voltada ao interesse público, direcionada ao bem de cada um dos cidadãos.

Diante desse novo cenário, e considerando que no estágio em que se encontra o pluralismo social há um conjunto de valores conflituosos, a intervenção regulatória estatal em determinado aspecto do conjunto social tende a produzir reflexos em outro segmento, regulado ou não, e afetar o direito individual.[24] Com efeito, em determinadas situações, os benefícios advindos da intervenção para determinada camada social

---

prossecução de muitas tarefas do Estado (serviços essenciais, investigação, emprego) faz apelo a recursos financeiros, saberes, competências, experiências técnicas e profissionais que se encontram fora do aparelho do Estado (CANOTILHO, José Joaquim Gomes. *Direto constitucional e teoria da Constituição*. 4. ed. Coimbra: Almedina, 2000. p. 346).

21 Sobre a dicotomia entre as escolhas regulatórias e escolhas políticas, veja-se 2.6.3.1.

22 Acerca da releitura do denominado "poder supremo" da Administração Pública, ver a obra de FREITAS, Juarez. *O controle dos atos administrativos e os princípios fundamentais*. 3. ed. São Paulo: Malheiros, 2004. p. 28.

23 Cass Sunstein sugere que a eficiência econômica deve ser a única base das decisões regulatórias. No original: "I also believe that an assessment of both costs and benefits is highly relevant to regulatory choices. For many problems, a form of cost-benefit balancing is far more helpful than the Precautionary Principle. But I believe that 'economic efficiency' should be the exclusive foundation of regulatory decisions" (SUNSTEIN, Cass R. *Laws of fear*: beyond the precautionary principle. Cambridge: Cambridge University Press, 2005. p. 9). Em tradução livre: "Eu também acredito que uma avaliação dos custos e benefícios é altamente relevante às escolhas regulatórias. Por diversas razões, a ponderação dos custos e benefícios é mais útil do que o princípio da precaução. Mas eu acredito que a eficiência econômica deve ser a base exclusiva de decisões regulatórias".

24 Esse é para Willis Santiago Guerra Filho um dos traços da pós-modernidade. Segundo o autor, o problema básico de qualquer Constituição política contemporânea não pode mais ser captado em toda sua extensão por aquela fórmula clássica, em que se tinha um problema de delimitação do poder estatal em face do cidadão individualmente considerado. Hoje entidades coletivas demandam igualmente um disciplinamento de sua atividade política e econômica, de modo a que possam satisfazer o interesse coletivo que as anima, compatibilizando-o com interesses de natureza individual e pública, com base em um princípio de proporcionalidade (GUERRA FILHO, Willis Santiago. *Teoria da ciência jurídica*. São Paulo: Saraiva, 2001. p. 159).

podem: (i) gerar aporias,[25] (ii) não ser adequados aos problemas e às desvantagens que acarretarão para outro grupo da sociedade, ou mesmo (iii) comprometer garantias individuais.[26] Nos desafios para o exercício desse poder-dever, e também considerando as exigências mercadológicas do ambiente globalizado[27] com o ingresso de capital de circulação global em diversos segmentos industriais e serviços públicos, foram criadas entidades reguladoras com autonomia e certa independência.[28]

Além das atribuições inerentes à escolha regulatória de viés executivo[29] e com a ampliação das funções para edição de normas e

---

25 Sob o ponto de vista filosófico, *aporia* é a dificuldade de escolher entre duas opiniões contrárias e igualmente racionais sobre dado problema.

26 Acerca do denominado "novo individualismo", em que os indivíduos são obrigados a fazer uso crescente de suas faculdades reflexivas, ver a obra de GIDDENS, Anthony. *A terceira via*: reflexões sobre o impasse político atual e o futuro da social-democracia. Tradução de Maria Luiza X. de A. Borges. 5. ed. Rio de Janeiro: Record, 2005. p. 44.

27 Afirma Celso Campilongo que a globalização impõe ao direito o tratamento jurídico de matérias não rotinizadas e muito específicas. É certo que essa fragmentação normativa diminui a capacidade de o Estado-nação fazer prevalecer os interesses públicos sobre os interesses específicos dos agentes produtivos (CAMPILONGO, Celso Fernandes. *O direito na sociedade complexa*. São Paulo: Max Limonad, 2000. p. 153).

28 Sobre as características da regulação, Sabino Cassese adverte: "La regulación se produce cuando presentes al menos seis elementos: independencia de la autoridad pública reguladora; atribución a ésta de una única tarea; naturaleza condicional; relación trilateral; sumisión a los principios procedimentales; y control jurisdiccional de las decisiones" (CASSESE, Sabino. *La globalización jurídica*. Tradução de Luis Ortega, Isaac Martín Delgado e Isabel Gallego Córceles. Madrid: Marcial Pons, 2006. p. 150-151). Chevallier assinala que "o estatuto da independência é inerente à ideia de regulação: com efeito, a regulação não pode ser eficaz senão quando as instâncias dela encarregadas dispuserem de uma capacidade de ação autônoma" (CHEVALLIER, Jacques. *O Estado pós-moderno*. Tradução de Marçal Justen Filho. Belo Horizonte: Fórum, 2009. p. 101).

29 A função das agências reguladoras não se resume à executiva. Floriano de Azevedo Marques Neto identifica seis espécies de competências típicas para o regulador e que estarão presentes sempre, ainda que por vezes possam se manifestar de modo parcial ou conjunto. A regulação envolve o manejo de: i) competências normativas, correspondentes à regulamentação da atividade regulada (edição de normas e padrões a serem observados pelos regulados); ii) competências adjudicatórias, entendidas como a emissão de comandos concretos necessários ao exercício de direitos referentes à exploração da atividade regulada; iii) competências fiscalizatórias, decorrentes do poder-dever de acompanhar, monitorar e verificar se a atuação dos regulados se coaduna com as normas e condições de adjudicação adrede estabelecidas; iv) competências sancionatórias correspondentes à aplicação de sanções aos comportamentos desconformes com os padrões de conduta estabelecidos para os que atuem no setor regulado; v) competências arbitrais para dirimir e compor, administrativamente, os conflitos que surjam entre agentes atuantes no setor; e, por fim, vi) competências de recomendação ou orientação, afetas ao conhecimento específico do regulador para orientar, subsidiar ou informar o processo decisório estatal na produção de normas que sejam de competência do regulador (por exemplo, para orientar a edição de políticas públicas específicas que recaiam sobre o setor regulado) (MARQUES NETO, Floriano Peixoto de Azevedo. Pensando o controle da atividade regulação estatal. *In:* GUERRA, Sérgio (Coord.). *Temas de direito regulatório*. Rio de Janeiro: Freitas Bastos, 2004. p. 213-214).

solução de conflitos entre agentes regulados, conformam-se elementos diferenciados para a confirmação da independência das entidades regulatórias.[30]

De todas essas questões decorrentes das mutações do direito administrativo, a doutrina administrativista pátria, malgrado a relevância do tema, comenta a constitucionalidade do modelo regulatório brasileiro do ponto de vista formal. O pensamento formalista, nessa ordem de questões, por não encontrar, expressamente, a estrutura e as atribuições das autarquias especiais responsáveis pelas escolhas regulatórias no texto constitucional, ou mesmo por se basear nas vetustas categorias do direito administrativo local, limita-se a sustentar a increpação de inconstitucionalidade do modelo local inspirado no padrão estadunidense.[31]

Com isso, pretende-se, nesta obra, para sustentar as questões propostas no primeiro e no segundo capítulos, enfrentar uma das pautas que decorrem, diretamente, da evolução dessa fonte de direito; isto é, a compatibilização jurídico-constitucional do atual aparelho público que protagoniza as escolhas regulatórias, estruturadas para assegurar

---

[30] Luís Roberto Barroso bem resume a questão ao denotar que "é desnecessário, com efeito, enfatizar que as agências reguladoras somente terão condições de desempenhar adequadamente seu papel se ficarem preservadas de ingerências externas inadequadas, especialmente por parte do Poder Público, tanto no que diz respeito a suas decisões político-administrativas quanto a sua capacidade financeira. Constatada a evidência, o ordenamento jurídico cuidou de estruturá-las como autarquias especiais, dotadas de autonomia político-administrativa e autonomia econômico-financeira" (BARROSO, Luís Roberto. Apontamentos sobre as agências reguladoras. *In:* MORAES, Alexandre de (Org.). *Agências reguladoras*. São Paulo: Atlas, 2002. p. 121). Sobre o tema, concorda-se com Alexandre Santos de Aragão quando adverte que a qualificação de independente conferida a muitas das agências reguladoras deve ser entendida em termos. Em nenhum país em que foram instituídas possuem independência em sentido próprio, mas apenas uma maior ou menor autonomia, dentro dos parâmetros fixados pelo ordenamento jurídico (ARAGÃO, Alexandre Santos de. As agências reguladoras independentes e a separação dos poderes: uma contribuição da teoria dos ordenamentos setoriais. *Revista dos Tribunais*, São Paulo, v. 786, p. 11-56, abr. 2001. p. 45). Carlos Ari Sundfeld classifica a opção por um sistema de agências reguladoras independentes em relação ao Executivo como uma medida cautelar contra "a concentração de poderes nas mãos do Estado, inevitável nos contextos intervencionistas" (SUNDFELD, Carlos Ari. Introdução às agências reguladoras. *In:* SUNDFELD, Carlos Ari (Coord.). *Direito administrativo econômico*. São Paulo: Malheiros, 2000. p. 25).

[31] Anote-se a advertência feita por Alexandre Aragão: "Há de se permear as transformações da sociedade, do Direito, do Estado e da economia com as preocupações sociais da Constituição de 1988, elaborando metodologica e hermeneuticamente mecanismos capazes de fazer com que as novas manifestações da realidade política, social, econômica e jurídica se deem consentamente com valores constitucionais [...]. *Devemos, assim, ter cautela com as opiniões que, face à evolução do Direito Administrativo, optem por refutar, geralmente com argumentos de inconstitucionalidade, todos os modelos que não estiverem acordes com seus paradigmas tradicionais*" (ARAGÃO, Alexandre Santos de. *Direito dos serviços públicos*. Rio de Janeiro: Forense, 2007. p. 18. Grifos nossos).

o princípio da livre- iniciativa aos anseios de justiça e de plena garantia dos direitos fundamentais.

Para tanto, introduz-se a questão sob as premissas do direito administrativo na pós-modernidade, em que o "referencial de ordem e segurança garantidos pelo formalismo[32] abre espaço para o valor da justiça",[33] de modo a propor o enquadramento do disciplinamento ordinário da regulação estatal das atividades econômicas, desenvolvidas pela iniciativa privada, na denominada "nova hermenêutica".[34] Tudo isso na busca de uma interpretação pós-moderna[35] para a concretização do texto constitucional de 1988.[36]

---

32 Acerca do formalismo, como característica da definição juspositiva do direito, ver BOBBIO, Norberto. *O positivismo jurídico*: lições de filosofia do direito. Tradução de Márcio Pugliesi, Edson Bini e Carlos E. Rodrigues. São Paulo: Ícone, 1995. p. 144.

33 CAMARGO, Margarida Maria Lacombe. *Hermenêutica e argumentação*: uma contribuição ao Estado de direito. 3. ed. 2. tir. Rio de Janeiro: Renovar, 2005. p. 64.

34 Registre-se, desde logo, que a "nova hermenêutica", aqui destacada, refere-se aos *métodos de interpretação que se alinham à corrente voltada à busca da realidade constitucional*. "Os métodos clássicos de interpretação, quais os formulou Savigny, sempre tiveram grande voga na jurisprudência dos séculos XIX e XX. Toda a velha metodologia está, porém, debaixo de pressões renovadoras. Em nenhum ramo do Direito sua influência se fez mais patente do que no Direito Constitucional. De origem civilista, os métodos clássicos tinham já dificuldades em acomodar-se ao objeto – a Constituição – que, sobre a dimensão jurídica, comporta uma outra lata, de natureza política, entretecida de valores – o que fazia deveras precário o emprego da hermenêutica tradicional. Como as Constituições na sociedade heterogênea e pluralista, repartida em classes e grupos, cujos conflitos e lutas de interesse são os mais contraditórios possíveis, não podem apresentar senão sob a forma de compromisso ou pacto, sendo sua estabilidade quase sempre problemática, *é de convir que a metodologia clássica tinha que ser substituída ou modificada por regras interpretativas correspondentes à concepção mais dinâmica do método de perquirição da realidade constitucional*" (BONAVIDES, Paulo. *Curso de direito constitucional*. 12. ed. São Paulo: Malheiros, 2002. p. 452. Grifos nossos). A "nova hermenêutica", aproximada à tópica e à argumentação, também se apresenta na mudança de paradigma na teoria do direito, que corresponde ao movimento geral de *refundação das ciências humanas com vistas à busca da solução dos conflitos complexos*. Nesse sentido, direcionamos o leitor para a tese de CAMARGO, Margarida Maria Lacombe. *Hermenêutica e argumentação*: uma contribuição ao Estado de direito. 3. ed. 2. tir. Rio de Janeiro: Renovar, 2005. p. 135 *et seq*.

35 Não se desconhece o pensamento de Gadamer quanto à relação entre hermenêutica e métodos de interpretação. Para o autor, não é tarefa da hermenêutica encontrar métodos interpretativos. O trabalho da hermenêutica não é desenvolver um procedimento compreensivo, mas esclarecer as condições sobre as quais surge a compreensão. Nem todas essas condições possuem o modo de ser de um "procedimento" ou de um método, de modo que quem as compreendesse poderia aplicá-las por si mesmo. O tema, cuja profundidade foge ao escopo da presente obra, pode ser examinado em GADAMER, Hans-Georg. *Verdade e método I*: traços fundamentais de uma hermenêutica filosófica. Tradução de Flávio Paulo Meurer. Revisão de Enio Paulo Giachini. 6. ed. São Paulo: Vozes, 2004. p. 391.

36 Alexandre de Moraes adverte que a importância da ideia de constitucionalização do direito administrativo é flagrante, pois, sendo um direito fortemente jurisprudencial, *passou a sofrer a influência dos métodos de hermenêutica constitucional mais abertos*. Isso, em face da principiologia sempre presente no texto constitucional, e, inegavelmente, por se tratarem de métodos mais politizados (MORAES, Alexandre de. Princípio da eficiência e controle

Nessa senda, e diante da constatação de que a utilização pura e simples de métodos clássicos de interpretação para a concretização do modelo regulatório brasileiro parece ser insuficiente para um debate acerca de sua constitucionalidade,[37] neste desafio devem estar presentes os juízos de valoração, os problemas cotidianos, os anseios da sociedade e, portanto, inserir-se a *tópica* –[38] "que ajuda a potencializar seu âmbito de significação, ao invés de cercear a ação interpretativa" –[39] na compreensão[40] do direito administrativo contemporâneo, notadamente

---

jurisdicional dos atos administrativos discricionários. *Revista de Direito Administrativo*, São Paulo, v. 243, p. 13-28, set./dez. 2006. p. 13-28).

37 "La pluralidad de métodos, cada uno de los cuales puede ser utilizado alternativamente frente a cualquiera de los otros, y el eclecticismo de las doctrinas de la interpretación son un indicio de lo que hoy aparece como una indeterminación de la naturaleza del derecho legislativo. En efecto, todo método, de por sí, remite a una cierta concepción ontológica del derecho: por exemplo, la interpretación exegética remite a la idea del derecho como expresión de una voluntad legislativa perfecta y completamente declarada; la interpretación según la intención del legislador, a la idea positivista del derecho como (mera) voluntad de aquél; la interpretación sistemática, a la idea del derecho como sistema; la interpretación histórica, a la idea del derecho como hecho de formación histórica; la interpretación sociológica, al derecho como producto social; la interpretación según cánones de justiça racional, al direito natural" (ZAGREBELSKY, Gustavo. *El derecho dúctil, ley, derechos, justicia*. Tradução de Marina Gascón. Madrid: Trotta, 1995. p. 135).

38 A *tópica* não se refere a um método, mas a um modo de pensar a partir do problema. Sobre o tema merece destaque a obra de VIEHWEG, Theodor. *Tópica de jurisprudência*. Tradução de Tercio Sampaio Ferraz Jr. Brasília: Departamento de Imprensa Nacional, 1979. p. 17. Margarida Camargo adverte que *a tópica se tornou referência obrigatória na filosofia do direito da segunda metade do século XX*, enquadrando-se, na visão do autor, perfeitamente ao escopo da presente obra (CAMARGO, Margarida Maria Lacombe. *Hermenêutica e argumentação*: uma contribuição ao Estado de direito. 3. ed. 2. tir. Rio de Janeiro: Renovar, 2005. p. 139).

39 CAMARGO, Margarida Maria Lacombe. *Hermenêutica e argumentação*: uma contribuição ao Estado de direito. 3. ed. 2. tir. Rio de Janeiro: Renovar, 2005. p. 59. Paulo Roberto Soares Mendonça sustenta que o raciocínio tópico é, até certo ponto, incômodo para o homem moderno, condicionado que é pelos sistemas dedutivos, que têm sua referência básica em axiomas indiscutíveis. Segundo o autor, raciocinar com base no problema exige uma capacidade de buscar soluções que ao mesmo tempo sejam palatáveis em termos sistêmicos e que não impliquem a pura desconsideração das peculiaridades do caso sob análise. A impossibilidade de cumprimento destas duas exigências finda por conduzir ou a uma absoluta ignorância do problema ou a construções isoladas e incoerentes com outras anteriormente elaboradas (MENDONÇA, Paulo Roberto Soares. *A tópica e o Supremo Tribunal Federal*. Rio de Janeiro: Renovar, 2003. p. 102).

40 Merece destaque a *teoria geral da compreensão*, do teólogo e filósofo alemão Friedrich E. E. Schleiermacher, que no início do século XIX desenvolveu a arte e a técnica da interpretação a partir da linguagem e das condições pelas quais ocorre a relação falante-ouvinte, sob o signo da historicidade (dependência mútua entre dialética e hermenêutica) (SCHLEIERMACHER, Friedrich E. E. *Hermenêutica*: arte e técnica da interpretação. Tradução de Celso Reni Braida. São Paulo: Ed. Universitária São Francisco, 2003). É relevante, ainda sobre a *compreensão*, o trabalho já citado e desenvolvido por Margarida Maria Lacombe Camargo, no qual sustenta que a *compreensão* pode ser realizada e apresentada concretamente mediante o recurso técnico da *argumentação* como instância dialógica. Compreender, para a autora, é buscar o significado de alguma coisa em função das razões que a orientam, isto é, buscar os valores subjacentes à lei, e que fogem da mera relação causa-efeito (CAMARGO, Margarida Maria

de viés econômico, que não mais corresponde ao administrativismo clássico oitocentista, cunhado pela escola francesa e adotado, desde longa data, no Brasil.

3.1 Direito administrativo na pós-modernidade e a controvertida constitucionalidade da regulação de atividades econômicas e serviços públicos, exercida por entidades descentralizadas da Administração Pública e dotadas de autonomia

Conforme anota Patrícia Baptista, o direito administrativo, construído para lidar com o embate entre a autoridade e a liberdade, viu-se, de súbito, tomado por questões de organização e de execução da função administrativa que antes lhe eram, senão estranhas, ao menos subalternas. Completa a autora que esse quadro de transformações se aprofundou com a crise do Estado-Providência, a partir dos anos oitenta do século XX, de modo que, diante da desregulação e, em seu bojo, a privatização, o direito administrativo, ainda mal ajustado ao modelo anterior, é novamente impelido a adaptar-se.

Em decorrência de toda a "transformação em marcha", o direito administrativo vem experimentando uma forte influência do direito econômico, despontando um viés denominado pela doutrina[41] "direito administrativo econômico", emergindo com grande pujança o estudo das escolhas regulatórias e, em seu bojo, as entidades reguladoras dotadas de certa independência frente ao poder central.

Nesse vezo, o direito administrativo, em mutação para atender a pautas da atualidade, deve observar as normas principiológicas e o novo rol de temas que permeia a sociedade de risco,[42] notadamente a eloquente tecnicidade que impõe uma análise sistêmica do campo jurídico para se alcançar a justiça.

Lacombe. *Hermenêutica e argumentação*: uma contribuição ao Estado de direito. 3. ed. 2. tir. Rio de Janeiro: Renovar, 2005. p. 8-13).

41 Nesse sentido, ver, entre nós, a obra de Alexandre Santos de Aragão, intitulada *Agências reguladoras*, que tem o sugestivo subtítulo de *e a evolução do direito administrativo econômico* (Rio de Janeiro: Forense, 2002).

42 "O Estado de Direito, em sua configuração mais recente de Estado Democrático e Social, que se afirmou a partir da queda do Muro de Berlim (1989), traz nova inflexão na problemática da segurança jurídica, tendo em vista que se caracteriza como Estado da Sociedade de Risco" (TORRES, Ricardo Lobo. *Tratado de direito constitucional financeiro e tributário*. Rio de Janeiro: Renovar, 2005. p. 176. v. 2).

É nesse espaço que reguladores estão (ou deveriam estar) atuando para criar e aplicar regras sob fundamento técnico e exercer os mecanismos de controle de serviços públicos delegados e áreas sensíveis da sociedade, a exemplo da distribuição de energia elétrica, vigilância sanitária e saúde suplementar.[43]

Diante desse quadro, cria certa controvérsia na doutrina, à luz da rígida e hermética ótica constitucional formal-positivista,[44] a regulação de atividades econômicas e de serviços públicos exercida por entidades descentralizadas da Administração Pública. A essas entidades foram conferidas funções objetivando uma pré-interpretação[45] constitucional, com vistas à identificação de aporias e à correção de falhas nos mercados dos complexos subsistemas regulados. Tudo isso deve ocorrer em um ambiente de segurança jurídica das relações,[46] com vistas à conformação de uma regulação que leve em conta custos e benefícios e efeitos sistêmicos de viés prospectivo.

Nesse diapasão, em que o Brasil (i) promulga uma Constituição Federal numa fase influenciada por tendências neoliberais de origem inglesa,[47] (ii) promove um amplo processo de desestatização, (iii) edita um plano para reforma do aparelho estatal e cria entidades reguladoras dotadas de certa independência no padrão próximo ao estadunidense,

---

[43] Utiliza-se a expressão "áreas sensíveis", não desconhecendo que a regulação de atividades privadas (não concedidas ou permitidas) envolve inúmeras questões não enfrentadas nesta obra. Remete-se, quanto ao aprofundamento da questão, para o artigo: ARAGÃO, Alexandre Santos de. Atividades privadas regulamentadas. *In:* OSÓRIO, Fábio Medina; SOUTO, Marcos Juruena Villela (Coord.). *Direito administrativo*: estudos em homenagem a Diogo de Figueiredo Moreira Neto. Rio de Janeiro: Lumen Juris, 2006. p. 755 *et seq.*

[44] O conceito de Constituição no sentido formal e material está na obra de BACHOF, Otto. *Normas constitucionais inconstitucionais*. Tradução de José Manuel M. Cardoso da Costa. Coimbra: Almedina, 1994. p. 38-39. Entre nós, José Afonso da Silva apresenta a seguinte visão acerca do conceito formal de Constituição: "O conceito *formal* de constituição é de suma importância para a fixação da eficácia jurídica das normas constitucionais. [...] Constituição formal será, portanto, a peculiar forma de existir do Estado, reduzida, sob a forma escrita, ou a um ou mais documentos solenemente estabelecidos pelo poder constituinte e somente modificáveis por processos e formalidades especiais previstas no texto constitucional. [...] O conceito, aqui adotado, de constituição *formal* corresponde ao conceito de constituição escrita e rígida, constituição como norma objetiva, legislada" (SILVA, José Afonso da. *Aplicabilidade das normas constitucionais*. 6. ed. 2. tir. São Paulo: Malheiros, 2003. p. 39-41).

[45] No sentido apontado por Juarez Freitas, de que o intérprete deve abondar qualquer reducionismo conducente à dicotomia rígida entre sujeito e objeto da exegese, não descurando da pré-interpretação textual nem do exame crítico e autocrítico de qualidade ético-jurídica das condicionantes pré-compreensões, as quais não podem usurpar as razões da Constituição e nunca se confundem com secundárias "razões do Estado" (FREITAS, Juarez. *A interpretação sistemática do direito*. 4. ed. São Paulo: Malheiros, 2004. p. 184).

[46] No sentido sustentado no capítulo 4 deste livro.

[47] Sobre essa questão, remete-se o leitor para 1.5.1.1.

que requer uma releitura do direito administrativo pátrio, parte da interpretação doutrinária[48] sustenta que o modelo regulatório brasileiro, concretizado por meio dessas entidades, é inconstitucional.[49]

Um dos principais argumentos contrários a esse modelo consiste na alegação de que a Constituição Federal de 1988 não comportaria, em seu texto, a criação de entidades estatais dotadas de maior autonomia do Poder Executivo, este de viés *weberiano*. Por isso, as leis que disciplinam esse modelo estariam por malferir o princípio tripartite da separação de poderes.

Contesta-se, ainda, nessa crítica, a expedição de normas pelas agências reguladoras por, supostamente, não observar o art. 84, VI, da Constituição, combinado com o art. 25 do Ato das Disposições Constitucionais Transitórias.[50]

Algumas dessas críticas merecem ser enumeradas para o aclaramento da questão: (i) somente às agências reguladoras previstas no texto constitucional (arts. 21, X, I e 177, §2º, III) podem ser reconhecidas funções reguladoras,[51] (ii) as agências reguladoras não podem inovar na ordem jurídica diante do princípio da legalidade – e sua indelegabilidade – previsto no art. 5º, II, da Constituição Federal,[52] (iii) os mandatos dos dirigentes das agências reguladoras não podem ultrapassar a duração do mandato do presidente da República que os indicou.[53]

---

48 Alguns doutrinadores serão adiante identificados.

49 Como exemplo, afirma Eros Grau. Em ácido ensaio sobre as entidades reguladoras independentes, sustenta que as características das agências reguladoras são "franca e irremediavelmente inconstitucionais (meras repartições públicas)" (GRAU, Eros Roberto. As agências, essas repartições públicas. *In:* SALOMÃO FILHO, Calixto (Org.). *Regulação e desenvolvimento*. São Paulo: Malheiros, 2002. p. 27-28).

50 Especialmente sobre o impacto do disposto no art. 25 do Ato das Disposições Constitucionais Transitórias sobre a função normativa das agências reguladoras, *vide* 2.5 do presente trabalho.

51 Nesse sentido DI PIETRO, Maria Sylvia Zanella. *Parcerias na Administração Pública*: concessão, permissão, franquia, terceirização, parceria público-privada e outras formas. 5. ed. São Paulo: Atlas, 2005. p. 211 e FIGUEIREDO, Lúcia Valle. *Curso de direito administrativo*. 5. ed. São Paulo: Malheiros, 2001. p. 141.

52 DI PIETRO, Maria Sylvia Zanella. *Parcerias na Administração Pública*: concessão, permissão, franquia, terceirização, parceria público-privada e outras formas. 5. ed. São Paulo: Atlas, 2005. p. 211.

53 BANDEIRA DE MELLO, Celso Antônio. *Curso de direito administrativo*. 21. ed. rev. e atual. São Paulo: Malheiros, 2006. p. 153. Veja-se, ainda, a posição de Eros Roberto Grau, ao examinar especificamente a questão do mandato fixo e a estabilidade dos dirigentes das agências reguladoras: "A suposição de que auxiliares menores do chefe do Poder Executivo, dirigentes de autarquias, não possam ser livremente nomeados e exonerados por ele é, mesmo em tese, incompatível com o regime presidencialista. Mais do que isso, o artigo 84, II, da Constituição do Brasil afirma ser da competência privativa do Presidente da República o exercício da direção superior da administração federal. Daí ser absurda a ideia de que os dirigentes de autarquias seriam titulares de direito a serem mantidos em seus

Sob o enfoque material[54] e a interpretação sistemática,[55] outra corrente doutrinária[56] sustenta, em sentido contrário, a constitucionalidade das leis que criaram esse modelo regulatório. Com efeito, a favor da plausibilidade da tese que sustenta a constitucionalidade, são aduzidas algumas ponderações: (i) o legislador primário não tem condições de tecer minúcias normativas, sobretudo para adentrar em aspectos técnicos (por isso, há uma redefinição da divisão clássica de tarefas e competências normativas);[57] (ii) na regulação de atividades econômicas e serviços públicos delegados pelo Estado, a estrutura das normas editadas pelo Parlamento deve ter, em regra, um aspecto geral (*standards*), com conceitos técnicos indeterminados que acabam por atribuir uma escolha a ser concretizada pelo ente regulador e (iii) a função regulatória é diversa da função regulamentar exercida pelo

---

cargos além de um mesmo período governamental, o que, na expressão de Celso Antônio, consubstanciaria uma fraude contra o próprio povo" (GRAU, Eros Roberto. As agências, essas repartições públicas. *In:* SALOMÃO FILHO, Calixto (Org.). *Regulação e desenvolvimento*. São Paulo: Malheiros, 2002. p. 27-28).

54 O termo *material* refere-se a uma postura não formal, adotada por aqueles que abandonam uma visão meramente analítica e assumem o caráter prático da ciência jurídica, enquanto disciplina que se presta não só a compreender, mas também, e principalmente, a orientar a conduta humana por meio das normas que estuda (GUERRA FILHO, Willis Santiago. *Teoria da ciência jurídica*. São Paulo: Saraiva, 2001. p. 20).

55 Cujo grande sistematizador foi Claus-Wilhelm Canaris, em sua obra *Pensamento sistemático e conceito de sistema na ciência do direito* (Tradução de A. Menezes Cordeiro. 2. ed. Lisboa: Fundação Calouste Gulbenkian, 1996).

56 De um modo geral, essa doutrina se destaca pelos seguintes autores e suas obras: MOREIRA NETO, Diogo de Figueiredo. *Direito regulatório*: a alternativa participativa e flexível para a Administração Pública de relações setoriais complexas no Estado democrático. Rio de Janeiro: Renovar, 2003; SOUTO, Marcos Juruena Villela. *Direito administrativo regulatório*. Rio de Janeiro: Lumen Juris, 2002; ARAGÃO, Alexandre Santos de. *Agências reguladoras e a evolução do direito administrativo econômico*. Rio de Janeiro: Forense, 2002; SUNDFELD, Carlos Ari. Introdução às agências reguladoras. *In:* SUNDFELD, Carlos Ari (Coord.). *Direito administrativo econômico*. São Paulo: Malheiros, 2000; JUSTEN FILHO, Marçal. *O direito das agências reguladoras independentes*. São Paulo: Dialética, 2002; MARQUES NETO, Floriano Peixoto de Azevedo. *Regulação estatal e interesses públicos*. São Paulo: Malheiros, 2002; BRUNA, Sérgio Varella. *Agências reguladoras*: poder normativo, consulta pública e revisão judicial. São Paulo: Revista dos Tribunais, 2003; CUÉLLAR, Leila. *As agências reguladoras e seu poder normativo*. São Paulo: Dialética, 2001; CUNHA, Paulo César Melo da. *Regulação jurídica da saúde suplementar no Brasil*. Rio de Janeiro: Lumen Juris, 2003; SOUZA, Horácio Augusto Mendes de. *Regulação jurídica do transporte rodoviário de passageiros*. Rio de Janeiro: Lumen Juris, 2003; GARCIA, Flávio Amaral. *Regulação jurídica das rodovias concedidas*. Rio de Janeiro: Lumen Juris, 2004, entre outros ilustres juristas, e, de nossa autoria, *Controle judicial dos atos regulatórios*. Rio de Janeiro: Lumen Juris, 2005.

57 Especialmente acerca da tentativa de esgotamento de todas as situações possíveis pela lei, veja-se: BUCCI, Maria Paula Dallari. *Direito administrativo e políticas públicas*. São Paulo: Saraiva, 2002. p. 15-16.

chefe do Poder Executivo e por seus ministros, portanto, não usurpam a competência privativa prevista no art. 84, VI da Constituição Federal.[58]

Contudo, pode-se inferir que essa mesma linha de pensamento doutrinário, ainda que favorável à tese da constitucionalidade do modelo regulatório brasileiro, não aprofundou essa teorização à luz da ciência do direito,[59] permanecendo, portanto, sujeita a um maior detalhamento, em base jurídico-constitucional, que dê supedâneo a tais afirmações.

Em resumo, o agrupamento das críticas contra o modelo regulatório brasileiro – e, consequentemente, da nova categoria de escolha administrativa teorizada nesta obra (escolha regulatória) – concentra-se, basicamente, na premissa formalista de que as entidades regulatórias dotadas de certa independência, como disciplinadas pelo Poder Legislativo, não foram contempladas no texto constitucional; enquanto isso, os posicionamentos favoráveis ao modelo apoiam-se em disposições difusas e espraiadas no texto da Carta Política sem uma identificação mais precisa.

Esses são os pontos da questão a serem enfrentados.

Apenas para contextualizar a controvérsia, cumpre destacar, quanto às normas provenientes das entidades reguladoras, que é fato inconteste que outras entidades descentralizadas do Poder Estatal editam normas desde longa data, antes mesmo da promulgação da Constituição Federal de 1988, sem maiores questionamentos em sede doutrinária

---

58 Tecendo comentários sobre a função normativa detida pela entidade reguladora dos valores mobiliários, Caio Tácito sustenta que se o "poder regulamentar" é um princípio e dominantemente exercido pelo presidente da República, em razão de sua competência constitucional, nada impede – antes em determinadas circunstâncias aconselha – a lei de habilitar outras autoridades à prática do poder normativo. Para esse jurista, a norma de competência do presidente da República é enumerativa, não sendo válido o raciocínio *a contrario sensu*, excludente de outra fórmula de ação normativa que a discricionariedade do Legislativo entenda necessária ou conveniente (TÁCITO, Caio. Comissão de valores mobiliários: poder regulamentar. *In:* TÁCITO, Caio. *Temas de direito público*. Rio de Janeiro: Renovar, 1997. p. 1079; 1088. v. 2).

59 Não constitui objeto da presente obra avançar na controvérsia doutrinária acerca de o direito ser ou não uma ciência. Quando me refiro nesta tese à ciência do direito (ou ciência jurídica) quero aludir àquela voltada à metodologia. Remeto o leitor, para um aprofundamento sobre esse tema, às obras de CABRAL DE MONCADA, Luis S. *Direito-positivo e ciência do direito*. Porto Alegre: Sérgio Antônio Fabris, 2003. p. 19 *et seq.*; FERRAZ JÚNIOR, Tercio Sampaio. *A ciência do direito*. 2. ed. 11. tir. São Paulo: Atlas, 1980, cap. 1; e GRAU, Eros Roberto. *O direito posto e o direito pressuposto*. São Paulo: Malheiros, 2002. p. 36 *et seq*. Quanto à ciência jurídica, do ponto de vista do neoconstitucionalismo, cumpre trazer a manifestação de Santiago Sastre Ariza: "Desde el momento en que algunos estándares de moralidad han adquirido la condición jurídica en las Constituciones, la tarea de determinar lo que el Derecho *dice no puede ser concebida como una actividad totalmente científica u objetiva, ya que pueden entrar en juego las opiniones o las consideraciones morales*" (SASTRE ARIZA, Santiago. La ciencia jurídica ante el neoconstitucionalismo. *In:* CARBONELL, Miguel (Org.). *Neoconstitucionalismo(s)*. 2. ed. Madrid: Trotta, 2005. p. 252. Grifos nossos).

ou mesmo pretoriana. Nesse sentido, Manoel Gonçalves Ferreira Filho adverte que é difundida e tolerada a prática de órgãos autárquicos "regulamentarem" as leis, lembrando que todos têm presentes as circulares e as portarias das quais certos órgãos da Administração Pública usam e abusam, fazendo "leis" que não raro mais interferem na vida do cidadão que as leis propriamente ditas.[60]

Ou seja, há muito tempo são editadas normas por autarquias sem que elas fossem, em sua maioria, atacadas por increpação de inconstitucionalidade. Contudo, a "novidade" surgida com o modelo regulatório brasileiro se encontra na berlinda,[61] sem uma solução teórica que seja favorável ou não a esse padrão.

Como enfrentar o tema à luz do direito, notadamente observando-se os preceitos constitucionais pátrios e os atuais paradigmas do direito administrativo?[62]

3.2 Hermenêutica voltada ao desafio de sustentar a constitucionalidade do modelo regulatório brasileiro

O que se persegue nos direitos constitucional e administrativo brasileiros – e que ora se pretende demonstrar – é uma abordagem teórica, fundamentada na *nova hermenêutica jurídica*, que dê suporte à constitucionalidade do fenômeno advindo da criação de entidades reguladoras, abandonando-se manifestos puramente formalistas sobre o tema. A hermenêutica, aqui referida, se atém "a todo um processo de interpretação e aplicação da lei que implica a compreensão total do fenômeno [regulatório estatal] que requer solução".[63]

---

60 FERREIRA FILHO, Manoel Gonçalves. Reforma do Estado: o papel das agências reguladoras e fiscalizadoras. *In:* MORAES, Alexandre de (Org.). *Agências reguladoras*. São Paulo: Atlas, 2002. p. 142.

61 Celso Antônio Bandeira de Mello, por exemplo, afirma que a denominação "agências reguladoras" deve ter sido copiada dos Estados Unidos da América, presumivelmente pelo fato de se imaginar que uma terminologia corrente na organização administrativa estadunidense conferiria prestígio e certa grandiosidade às nossas autarquias. "Aliás, é sabido que países subdesenvolvidos muitas vezes têm uma reverência servil para com os desenvolvidos. Será, talvez, o atavismo cultural dos colonizados" (BANDEIRA DE MELLO, Celso Antônio. *Curso de direito administrativo*. 21. ed. rev. e atual. São Paulo: Malheiros, 2006. p. 150).

62 Procurou-se apresentar os atuais paradigmas do direito administrativo ao longo de toda a obra, mas, em especial, em 3.1.

63 CAMARGO, Margarida Maria Lacombe. *Hermenêutica e argumentação*: uma contribuição ao Estado de direito. 3. ed. 2. tir. Rio de Janeiro: Renovar, 2005. p. 15.

Perceba-se que o reconhecimento da eficácia normativa dos princípios constitucionais consistiu em premissa fundamental para o desenvolvimento da nova hermenêutica constitucional. Não mais se sustentava a utilização exclusiva de sistemática interpretativa mecanicista, estritamente baseada no silogismo e na subsunção, e absolutamente alheia a valores. De fato, tornara-se necessário o desenvolvimento de fórmulas originais de realização da vontade desta Constituição aberta, principiológica e recheada de possibilidades interpretativas.

> A grande virada na interpretação constitucional se deu a partir da difusão de uma constatação que, além de singela, sequer era original: não é verdadeira a crença de que as normas jurídicas em geral – e as normas constitucionais em particular – tragam sempre em si um sentido único, objetivo, válido para todas as situações sobre as quais incidem. E que, assim, caberia ao intérprete uma atividade de mera revelação do conteúdo preexistente na norma, sem desempenhar qualquer papel criativo na sua concretização. A nova interpretação constitucional assenta-se no exato oposto de tal proposição: as cláusulas constitucionais, por seu conteúdo aberto, principiológico e *extremamente dependente da realidade subjacente*, não se prestam ao sentido unívoco e objetivo que uma certa tradição exegética lhes pretende dar. O relato das normas, muitas vezes demarca apenas uma moldura dentro da qual se desenham diferentes possibilidades interpretativas. *À vista dos elementos do caso concreto*, dos princípios a serem preservados e dos fins a serem realizados é que será determinado o sentido da norma, com vistas à produção da solução constitucionalmente *adequada para o problema a ser resolvido*.[64]

A Constituição Federal de 1988 carece de renovação interpretativa do ponto de vista metodológico, haja vista que a partir de então se entende haver, de modo definitivo, uma mutação da demarcação do espaço em que se deve desenvolver a atividade jurídica.[65]

> Se, por um lado, contudo, a perspectiva de trabalhar em um contexto bastante modificado e cheio de novidades é extremamente estimulante, por outro lado, o operador jurídico pode, com razão, sentir-se também intimidado diante de tarefa gigantesca com que se depara, quando se lhe põe em mãos, sem maiores explicações, um texto constitucional

---

[64] BARROSO, Luís Roberto; BARCELLOS, Ana Paula de. O começo da história: a nova interpretação constitucional e o papel dos princípios no direito brasileiro. *In:* BARROSO, Luís Roberto (Org.). *A nova interpretação constitucional*: ponderação, direitos fundamentais e relações privadas. Rio de Janeiro: Renovar, 2003. p. 331-332. Grifos nossos.

[65] GUERRA FILHO, Willis Santiago. *Teoria da ciência jurídica*. São Paulo: Saraiva, 2001. p. 115.

desconhecido, voltado para a instauração de novas práticas institucionais. É aí que se mostra, com toda clareza, o papel a ser desempenhado pelo teórico do direito, a quem cabe fornecer meios para o entendimento desse material jurídico inédito. *Urge, portanto, tematizar o problema, ainda pouco explorado entre nós, do método adequado para se interpretar uma Constituição, tal como a que recebemos no Brasil, com o intuito de fornecer a necessária legitimidade ao ordenamento jurídico, para o que deve servir de instrumento de radicais transformações no País.*[66]

O enfrentamento metodológico acerca da constitucionalidade do modelo regulatório brasileiro é de capital relevância doutrinária e prática. Malgrado esse aspecto, não se constata, para além de uma "interpretação tradicional",[67] uma teorização da matéria em nossas letras, em se considerando uma releitura do tema à luz da "nova hermenêutica",[68] que examine práticas que, de fato, já estão implantadas

---

[66] GUERRA FILHO, Willis Santiago. *Teoria da ciência jurídica*. São Paulo: Saraiva, 2001. p. 115. Grifos nossos.

[67] "A doutrina de interpretação tradicional procura, em geral, averiguar a vontade (objetiva) da norma ou a vontade (subjetiva) do legislador ao ela ter em conta o texto, o trabalho preparatório, a conexão sistemática da norma, a história da regulação e o sentido e finalidade, o 'telos', a 'ratio' da norma" (HESSE, Konrad. *Elementos de direito constitucional da República Federal da Alemanha*. Tradução de Luís Afonso Heck. Porto Alegre: Sérgio Antônio Fabris, 1998. p. 56).

[68] Veja-se a advertência de Sidney Guerra: "A concretização e os seus correspondentes momentos, mostram a importância do método concretizante para a configuração de uma Nova Hermenêutica projetada para melhor responder as demandas de uma sociedade plural e complexa, pois não perde de vista a realidade onde se insere. Tal abordagem não preconiza uma ausência total de influências de ordem subjetiva, como se a interpretação fosse uma atividade mecânica, tendo em vista a alusão a pré-compreensões do intérprete que participam do processo de concretização da norma. Este método também valoriza a realidade social, sem com isso perder de vista a sua cientificidade, a concretização não se realiza sem a avaliação dos influxos recebidos do ambiente normativo de onde a norma se originou. Assim, com a referência as pré-compreensões e ao âmbito normativo, somadas aos métodos tradicionais, operam-se uma importante mudança na hermenêutica que estará apta a atender de forma mais satisfatória as questões de interpretação dos direitos fundamentais. Isto porque a Nova Hermenêutica propõe uma ampliação do círculo dos intérpretes da Constituição para incluir outros agentes sociais, até o momento excluídos do processo interpretativo, o que favorece a consolidação de um Estado Democrático de Direito, esteio de uma ordem social preocupada com a garantia dos direitos fundamentais. Outra significativa contribuição do método concretizante para a interpretação dos direitos fundamentais consiste na identificação das pré-compreensões do intérprete, o que possibilita um desvio de uma visão viciada sobre determinadas demandas e pode, inclusive, abrir espaço para a criatividade interpretativa, fugindo um pouco do esquema de reiteração das decisões, embora não escapando da moldura dada pelo texto legal que lhe serve de limite. Esta abertura criativa do intérprete possibilita inovações que, se bem articuladas, podem provocar arejamento e renovação na interpretação dos direitos fundamentais. Por fim, a Nova Hermenêutica exerce uma influência positiva para a interpretação dos direitos fundamentais à medida que toma em consideração a realidade social evidenciada pelo âmbito normativo. Tem especial importância para tais direitos esta referência, por que, dentre outros fatores, o

e em funcionamento há vários anos,[69] buscando, com isso, a integração da realidade no processo de interpretação constitucional.

O direito administrativo, fortemente influenciado pelo direito constitucional,[70] deve se concretizar tendo o cidadão – e não mais o "súdito" ou o "administrado" –[71] como ponto nuclear, "figura central",[72] e deve se desprender de qualquer viés político-partidário quando no exercício da regulação de atividades econômicas por entidades dotadas de certa independência. Resta dizer, os institutos do direito administrativo têm de absorver as novas tendências globalizantes, em que o "Estado se amolda ao Direito"[73] para garantir a dignidade da pessoa humana.

Apresenta-se aos estudiosos do direito administrativo um grande desafio para o enquadramento da nova categoria de escolha e correspondentes figuras regulatórias ao ordenamento jurídico-constitucional nacional, tudo com vistas à realização, em uma "democracia realista",[74] dos direitos subjetivos dos cidadãos[75] e as garantias fundamentais.

---

seu rol é aberto, sujeito a modificações e recheado de normas-princípios, o que torna ainda mais necessário o reconhecimento da importância do âmbito normativo para a inclusão da realidade na tarefa de interpretação da norma" (GUERRA, Sidney. *Hermenêutica, ponderação e colisão de direitos fundamentais*. Rio de Janeiro: Lumen Juris, 2007. p. 45-46).

[69] A sustentação do modelo atual somente ocorrerá, logicamente, desde que na visão do autor seja compatível com o padrão de juridicidade delineado no nosso sistema jurídico-constitucional.

[70] "[...] a influência do moderno direito constitucional sobre o direito administrativo acabou sendo maior do que em qualquer outro ramo do direito, com importantes reflexos na evolução recente dessa disciplina" (BAPTISTA, Patrícia. *Transformações do direito administrativo*. Rio de Janeiro: Renovar, 2003. p. 29).

[71] SILVA, Vasco Manuel Pascoal Dias Pereira da. *Em busca do acto administrativo perdido*. Coimbra: Almedina, 2003. p. 212.

[72] Para Patrícia Baptista, "nas últimas décadas do século XX, a insuficiência das fórmulas tradicionais da democracia representativa e a necessidade de revalorização do indivíduo como figura central da vida do Estado impulsionaram o desenvolvimento de uma nova dimensão do fenômeno participativo na sociedade contemporânea" (BAPTISTA, Patrícia. *Transformações do direito administrativo*. Rio de Janeiro: Renovar, 2003. p. 120).

[73] LARENZ, Karl. *Derecho justo*: fundamentos de ética jurídica. Tradução de Luis Díez-Picazo. Madrid: Civitas, 1985. p. 154.

[74] Sobre as diferenças entre as concepções ingênua, idealista e realista de contemplar a relação entre direitos fundamentais e a democracia, ver o artigo de ALEXY, Robert. Derechos fundamentales y estado constitucional democrático. *In*: CARBONELL, Miguel. *Neoconstitucionalismo(s)*. 2. ed. Madrid: Trotta, 2005. p. 37-38.

[75] Ver didática exposição acerca da doutrina que sistematizou os direitos subjetivos do cidadão na obra de SEABRA FAGUNDES, Miguel. *O contrôle dos atos administrativos pelo Poder Judiciário*. 4. ed. Rio de Janeiro: Forense, 1967. p. 171. O tema, do ponto de vista da relação jurídica administrativa, é abordado por SILVA, Vasco Manuel Pascoal Dias Pereira da. *Em busca do acto administrativo perdido*. Coimbra: Almedina, 2003. p. 212 *et seq*.

3.2.1 Positivação constitucional da função regulatória

Malgrado a ideia de que não se interpreta a Constituição por tiras,[76] o ponto de partida para a "tarefa da interpretação doutrinária"[77] acerca da constitucionalidade do modelo regulatório brasileiro encontra-se no art. 174 da Constituição Federal, que dispõe: "*Como agente* normativo e *regulador* da atividade econômica, o Estado exercerá, *na forma da lei*, as funções de fiscalização, incentivo e planejamento, sendo este determinante para o setor público e indicativo para o setor privado".[78]

Como se vê, a Constituição Federal de 1988 dispõe, textualmente, que o Estado deve agir no exercício das atividades econômicas (art. 170)[79] e da prestação de serviços públicos pelo particular (art. 175)[80] como regulador dessas mesmas atividades.

É relevante ressaltar que o constituinte diferenciou, no capítulo referente à ordem econômica, a "normatização" – isto é, a edição de

---

[76] GRAU, Eros Roberto. *A ordem econômica na Constituição de 1988*: interpretação e crítica. 7. ed. São Paulo: Malheiros, 2002. p. 176.

[77] Tarefa da interpretação é, segundo Hesse, "encontrar o resultado constitucionalmente 'exato' em um procedimento racional e controlável, fundamentar esse resultado racional e controlavelmente e, deste modo, criar certeza jurídica e previsibilidade – não, por exemplo, somente decidir por causa da decisão" (HESSE, Konrad. *Elementos de direito constitucional da República Federal da Alemanha*. Tradução de Luís Afonso Heck. Porto Alegre: Sérgio Antônio Fabris, 1998. p. 55).

[78] Acerca da exegese do art. 174 da Constituição Federal, vejam-se os comentários em sede doutrinária de Egon Bockmann Moreira: "Para além da intervenção direta, a Constituição prevê a ação do Estado 'como agente normativo e regulador da atividade econômica', atribuindo-lhe, 'na forma da lei, as funções de fiscalização, incentivo e planejamento' (art. 174). Dentre essas três funções, apenas a de planejamento é meramente indicativa para o setor privado. [...] À evidência, o termo constitucional 'fiscalização' deve ser compreendido de forma ampla, subordinado ao exercício da condição de 'agente normativo e regulador' – e não apenas no sentido estreito 'de ver se algo foi feito como devia ser'. Envolve uma compreensão anterior à mera atividade de fiscalizar, que é aquela de estabelecer positivamente os parâmetros comportamentais que serão posteriormente examinados e controlados" (MOREIRA, Egon Bockmann. Agências reguladoras independentes, poder econômico e sanções administrativas (reflexões iniciais acerca da conexão entre os temas). *In:* GUERRA, Sérgio (Coord.). *Temas de direito regulatório*. Rio de Janeiro: Freitas Bastos, 2004. p. 177. Grifos nossos).

[79] "Art. 170. A ordem econômica, fundada na valorização do trabalho humano e na livre-iniciativa, tem por fim assegurar a todos existência digna, conforme os ditames da justiça social, observados os seguintes princípios: [...]" (Constituição Federal de 1988).

[80] "Art. 175. Incumbe ao Poder Público, na forma da lei, diretamente ou sob regime de concessão ou permissão, sempre através de licitação, a prestação de serviços públicos. Parágrafo único. A lei disporá sobre: I - o regime das empresas concessionárias e permissionárias de serviços públicos, o caráter especial de seu contrato e de sua prorrogação, bem como as condições de caducidade, fiscalização e rescisão da concessão ou permissão; II - os direitos dos usuários; III - política tarifária; IV - a obrigação de manter serviço adequado" (Constituição Federal de 1988).

normas – e a "regulação" – que envolve o manejo de outras competências.[81] Ademais, e ainda que a interpretação literal não seja o único método de exegese da norma, quando tratou da competência privativa do presidente da República para a execução das leis, adotou o termo "regulamentar" (art. 84, IV).[82]

Diversamente da função estatal normativa, devidamente disposta ao longo do texto constitucional, a função regulatória – e seu modo de execução – não foram explicitados na Carta de 1988. Com efeito, apenas no art. 20, XI, e no art. 177 da Constituição Federal estão previstas a criação de órgãos – e não entidades – reguladores para os serviços públicos de telecomunicações e as atividades monopolizadas da indústria do petróleo. Contudo, ambas as previsões não constavam do texto original, decorrendo de emendas constitucionais.[83]

Considerando que a Constituição Federal de 1988 é extremamente minuciosa,[84] indaga-se: quais seriam as razões para a não especificação ("incompletude")[85] do dever de regulação previsto no citado art. 174? Os constituintes teriam condições, por ocasião dos trabalhos de elaboração da Carta Magna, de prever algum modelo regulatório

---

[81] Desenvolveu-se este aspecto em 1.5.

[82] Esse mesmo questionamento foi feito por Lúcia Valle Figueiredo no seguinte artigo: FIGUEIREDO, Lúcia Valle. Intervenção do estado no domínio econômico e breves considerações sobre as agências reguladoras. *Revista de Direito Público da Economia – RDPE*, Belo Horizonte, n. 2, abr./jun. 2003. p. 267.

[83] "Art. 21. [...] XI - explorar, diretamente ou mediante autorização, concessão ou permissão, os serviços de telecomunicações, nos termos da lei, que disporá sobre a organização dos serviços, a *criação de um órgão regulador* e outros aspectos institucionais" (Emenda Constitucional nº 8, de 15.8.1995). "Art. 177. [...] §2º A lei a que se refere o §1º disporá sobre: I - a garantia do fornecimento dos derivados de petróleo em todo o território nacional; II - as condições de contratação; III - *a estrutura e atribuições do órgão regulador do monopólio da União*" (Emenda Constitucional nº 9, de 9.11.1995).

[84] "Vem daí o conceito de constituição-dirigente, de que a Constituição de 1988 é exemplo destacado, enquanto define fins e programas de ação futura no sentido de uma orientação social democrática. Por isso, ela, não raro, foi minuciosa e, no seu compromisso com as conquistas liberais e com um plano de evolução política de conteúdo social, o enunciado de suas normas assumiu, muitas vezes, grande imprecisão, comprometendo sua eficácia e aplicabilidade imediata, por requerer providências ulteriores para incidir concretamente" (SILVA, José Afonso da. *Aplicabilidade das normas constitucionais*. 6. ed. 2. tir. São Paulo: Malheiros, 2003. p. 136-137).

[85] Veja-se a advertência de Konrad Hesse sobre as "incompletudes" das Constituições: "A incompletude da Constituição pode ter a sua razão nisto. A Constituição não codifica, senão ela regula somente – muitas vezes, mais pontual e só em traços fundamentais – aquilo que aparece como importante e carente de determinação; todo o resto é tacitamente pressuposto ou deixado a cargo da configuração ou concretização pela ordem jurídica restante. Por causa disso, a Constituição de antemão não propõe a pretensão de uma ausência de lacunas ou até de unidade sistemática" (HESSE, Konrad. *Elementos de direito constitucional da República Federal da Alemanha*. Tradução de Luís Afonso Heck. Porto Alegre: Sérgio Antônio Fabris, 1998. p. 39).

que fosse compatível com os influxos da teoria democrática e dos fundamentos jurídicos e econômicos da regulação? Ou traçou-se um marco constitucional a ser concretizado pelo Poder Legislativo à luz de algum método moderno (ou pós-moderno, pós-positivista, reflexivo) de interpretação da Constituição?[86]

Um fato é indisputável no debate da questão: a função de regulação estatal está positivada no texto constitucional e está implementada pela legítima atuação legalitária para se perseguir a conformação das atividades econômicas aos princípios constitucionais, notadamente a ordem econômica e social com vistas ao "bem-estar da população e a autonomia tecnológica do país".[87] Contudo, o que se apresenta crucial para o enfrentamento da questão é saber se o legislador ordinário[88] teria competência discricionária para deliberar acerca da concretização do modelo regulatório – como efetivamente o fez –[89] com destaque para a natureza jurídica e funções das entidades reguladoras.[90]

---

[86] Sobre a polêmica acerca de existir, ou não, um método exclusivo de interpretação constitucional, colhe-se o pensamento de Luís Roberto Barroso: "A interpretação constitucional é uma modalidade de interpretação jurídica. Tal circunstância é uma decorrência natural da força normativa da Constituição, isto é, do reconhecimento de que as normas constitucionais são normas jurídicas, compartilhando de seus atributos. Porque assim é, aplicam-se à interpretação constitucional os elementos tradicionais de interpretação do Direito, de longa data definidos como o gramatical, o histórico, o sistemático e o teleológico. [...] Sem prejuízo do que se vem de afirmar, o fato é que as especificidades das normas constitucionais [...] levaram a doutrina e a jurisprudência, já de muitos anos, a desenvolver ou sistematizar um elenco próprio de princípios aplicáveis à interpretação constitucional. Tais princípios, de natureza instrumental, e não material, são pressupostos lógicos, metodológicos ou finalísticos da aplicação das normas constitucionais. São eles, na ordenação que se afigura mais adequada para as circunstâncias brasileiras: o da supremacia da Constituição, o da presunção de constitucionalidade das normas e atos do poder público, o da interpretação conforme a Constituição, o da unidade, o da razoabilidade e o da efetividade" (BARROSO, Luís Roberto. Neoconstitucionalismo e constitucionalização do direito: o triunfo tardio do direito constitucional no Brasil. *Revista da EMERJ*, Rio de Janeiro, v. 9, n. 33, p. 43-92, 2006. p. 51).

[87] Cf. art. 219 da Constituição Federal de 1988.

[88] Observando, logicamente, os temas de iniciativa privativa do Poder Executivo.

[89] Veja-se o comentário de Bresser Pereira, ao tratar da reforma constitucional de 1995: "Se a Constituição de 1988 é detalhista, reformá-la significa reduzir o número de seus artigos, de seus dispositivos, deixar para a lei ordinária temas que exijam adaptações mais frequentes a uma realidade em permanente mudança" (BRESSER-PEREIRA, Luiz Carlos. *A reforma do estado para a cidadania*: a reforma gerencial brasileira na perspectiva internacional. São Paulo: 34, 1998. p. 207).

[90] Colhe-se, nessa quadra de questões, o pensamento de Hesse: "Pode ser importante para a Constituição [...] não submeter um âmbito da vida à normalização jurídica ou somente em relações individuais; ela deixa determinadas questões, por exemplo, tais da 'constituição econômica', conscientemente abertas, para aqui deixar espaço à livre discussão, decisão e configuração" (HESSE, Konrad. *Elementos de direito constitucional da República Federal da Alemanha*. Tradução de Luís Afonso Heck. Porto Alegre: Sérgio Antônio Fabris, 1998. p. 39).

Para a análise dessa questão, impõe-se uma digressão acerca da evolução dos métodos hermenêuticos idealizados por juristas tedescos para a concretização de textos constitucionais contemporâneos.[91] Na visão de Daniel Sarmento,[92] se há algum consenso na moderna hermenêutica constitucional, este repousa na constatação de que a tarefa de aplicação da Constituição não se resume a um simples silogismo. A abertura da Constituição, seu caráter eminentemente político, a vagueza, a abstração e a densidade axiológica de suas cláusulas mais importantes tornam especialmente dinâmico e complexo o processo de hermenêutica constitucional.[93]

---

91 Segundo comentário de Luís Roberto Barroso, há consenso de que o marco inicial do processo de constitucionalização do direito foi estabelecido na Alemanha. Segundo o autor, ali, sob o regime da Lei Fundamental de 1949 e consagrando desenvolvimentos doutrinários que já vinham de mais longe, o Tribunal Constitucional Federal assentou que os direitos fundamentais, além de sua dimensão subjetiva de proteção de situações individuais, desempenham uma outra função: a de instituir uma ordem objetiva de valores. O sistema jurídico deve proteger determinados direitos e valores, não apenas pelo eventual proveito que possam trazer a uma ou a algumas pessoas, mas pelo interesse geral da sociedade na sua satisfação. Tais normas constitucionais condicionam a interpretação de todos os ramos do direito, público ou privado, e vinculam os poderes estatais (BARROSO, Luís Roberto. Neoconstitucionalismo e constitucionalização do direito: o triunfo tardio do direito constitucional no Brasil. *Revista da EMERJ*, Rio de Janeiro, v. 9, n. 33, p. 43-92, 2006. p. 60).

92 SARMENTO, Daniel. *A ponderação de interesses na Constituição Federal*. 1. ed. 3. tir. Rio de Janeiro: Lumen Juris, 2003. p. 123.

93 Em que pese pretender-se, nesta obra, confrontar o modelo regulatório com a questão metodológica enfrentada por alguns autores alemães que trabalharam com a abertura constitucional a partir do segundo Pós-Guerra Mundial. Cumpre comentar o pensamento de José Afonso da Silva, constitucionalista pátrio que sustenta e protagoniza uma visão puramente formalista da Constituição Federal de 1988. O estudo das normas constitucionais de eficácia limitada, na doutrina de José Afonso da Silva, se volta ao método e à interpretação: "A busca do termo próprio, a especificação do sentido em que uma palavra está sendo empregada, são tarefas que se colocam como preliminares, especialmente para o publicista, a quem não fica mal possuir a neurose do termo certo, da precisão técnica" (SILVA, José Afonso da. *Aplicabilidade das normas constitucionais*. 6. ed. 2. tir. São Paulo: Malheiros, 2003. p. 157). Sob o ponto de vista da constituição formal, o autor, com arrimo na doutrina italiana, delineia as características básicas das normas de princípios programáticos, nos seguintes termos: a) são normas que objetivam a disciplina dos interesses econômicos e sociais; b) essas normas não tiveram força suficiente para se desenvolver, integralmente, sendo acolhidas como programa a ser realizado pelo Estado mediante leis ordinárias; e c) as normas possuem eficácia reduzida, não sendo operantes relativamente aos interesses que lhes constituem objeto específico e essencial, mas produzem importantes efeitos jurídicos (p. 117-118). Juarez Freitas observa que na otimização máxima da efetividade do discurso normativo da Constituição, em havendo dúvida sobre se uma norma apresenta eficácia plena, contida ou limitada, é de preferir-se a concretização endereçada à plenitude, vendo-se a imperatividade como padrão (FREITAS, Juarez. *A interpretação sistemática do direito*. 4. ed. São Paulo: Malheiros, 2004. p. 197). Desse modo "devem-se evitar, entre várias alternativas, as inviabilizadoras de qualquer eficácia imediata" (SILVA, José Afonso da. *Aplicabilidade das normas constitucionais*. 6. ed. 2. tir. São Paulo: Malheiros, 2003. p. 157). Até mesmo sob um viés formalista, parece ser possível o enquadramento do modelo regulatório nesta sistematização. Com efeito, o art. 174 da Constituição Federal de 1988 apenas informa que

Confrontar-se-ão algumas teorias, naquilo que for cabível, com o atual modelo estatal de regulação adotado em nosso país. Adotar-se-á a concepção do modelo alemão, haja vista os influxos da tendência metodológica da Lei Fundamental de Bonn em nossa Carta de 1988,[94] na qual se destaca a possibilidade de se lidar com valores no direito com vistas à superação do juspositivismo axiologicamente neutro.

3.3 Método de trabalho para concretização constitucional do modelo de regulação brasileiro

Estamos vivendo o período de uma verdadeira sociedade de riscos,[95] e no campo do direito isso representa uma rediscussão de alguns conceitos fixados na modernidade. Tome-se como exemplo a transposição do positivismo jurídico – doutrina que ainda é valorizada entre nós no contexto formalista político-constitucional brasileiro –, bem como os métodos concretizadores da Carta Magna promulgada em 1988.

Para propor-se um método de trabalho para a concretização constitucional do modelo de regulação brasileiro, parte-se da análise da interpretação positivista, demonstrando sua incompatibilidade com as carências sociais dos dias atuais.

3.3.1 Notas introdutórias acerca do método de interpretação positivista

Sob o enfoque de uma concepção metodológica de concretização normativa e partindo-se do início do século XX até o período posterior ao fim da Primeira Guerra Mundial, a linha de pensamento predominante

o Estado, como agente regulador da atividade econômica, deverá exercer, *na forma da lei*, as funções de fiscalização, incentivo e planejamento. Seja uma norma programática vinculada ao princípio legalitário como sustentado por José Afonso da Silva, ou não (como exemplo, sustentado por Luís Roberto Barroso), cabe ao legislador ordinário o dever de concretizar a norma constitucional (SILVA, José Afonso da. *Aplicabilidade das normas constitucionais*. 6. ed. 2. tir. São Paulo: Malheiros, 2003. p. 147; BARROSO, Luís Roberto. *Interpretação e aplicação da Constituição*. 6. ed. São Paulo: Saraiva, 2004. p. 161).

[94] Acerca da reordenação política da Alemanha depois de 1945, com o estabelecimento de um novo Estado de Direito, remeto o leitor à obra de CRUZ, Luis M. *La constitución como orden de valores*: problemas jurídicos y políticos. Granada: Comares, 2005. p. 2 *et seq*.

[95] O tema é tratado em 4.1.

na doutrina publicista voltava-se ao positivismo.[96] Destacam-se, nesse período, Paul Laband[97] e Georg Jellinek.[98]

A Escola de Viena – com evidência para Hans Kelsen – seguiu na teoria juspositiva – normativismo –, cuja tese primordial, gerada no seio do liberalismo econômico burguês, se sustentava na linha do rigorismo da separação neokantiana[99] do ser e do dever ser, de que o segundo não pode derivar do primeiro.[100]

---

[96] Cumpre ressaltar, ainda, que na doutrina alemã a evolução da ciência jurídica ganhou luzes com a fundação, em outubro de 1922, da Associação dos Professores de Direito Público, onde se destacou Heinrich Triepel. Este jurista tedesco se preocupou com o entendimento material dos direitos fundamentais como valorações legais orientadoras e limitadoras da atividade do legislador e da Administração Pública. Em seu discurso de posse, no reitorado da Universidade Federico Guillermo de Berlin, em 1926, Triepel afirmou que o direito não é outra coisa se não um conjunto de juízos de valor sobre conflito de interesses, de modo que o método adequado para a ciência jurídica resulta ser o teleológico (TRIEPEL, Heinrich. *Derecho público y política*. Tradução de José Luis Carro. Madrid: Civitas, 1986. p. 74).

[97] O primeiro trabalho de Paul Laband sobre direito público (1871) se desenvolveu com extraordinária aceitação na doutrina, com consequências até os dias atuais. Trata-se da distinção entre *lei em sentido formal* e *lei em sentido material*. Sobre sua obra diz-se que constitui a ata de fundação da ciência do direito público europeu, por se estabelecer os problemas de direito público, pela primeira vez, com a ajuda de conceitos jurídicos, e não políticos (DOMINGO, Rafael (Ed.). *Juristas universales*. Madrid: Marcial Pons, 2004. p. 462. v. 3).

[98] A obra da doutrina alemã do século XIX, formulada originalmente por Laband, foi reformulada por Jellinek. Na grande obra do jurista intitulada *Die Allgemeine Staatslehre*, de 1900 (Teoria Geral do Estado), o Estado é descrito como o mais importante fenômeno social que se baseia em uma organização determinada pela vontade humana diante do conjunto de fenômenos sociais que carecem de uma direção intencionalmente ordenada. O conceito jurídico, isto é, o Estado como sujeito do direito, é definido como a corporação formada por um povo, dotada de um poder de mando originário em determinado território. Jellinek reúne em sua obra um positivismo severo, que exclui, da reflexão jurídica, os elementos políticos e sociais (*Die Allgemeine Staatslehre*) (JELLINEK, Georg. *Teoría general del Estado*. Tradução e prólogo de Fernando de los Ríos. México: FCE, 2000. p. 600).

[99] Immanuel Kant aparece como o grande sistematizador do pensamento "crítico". Essa afirmação, refletida em todo o esforço investigador de Kant, permeia, inclusive, os estudos em que ele apela à história ou às hipóteses antropológicas ou teológicas para explicar algum dos temas básicos de sua antologia, como exemplo, a índole da racionalidade humana. A história do pensamento filosófico de Kant o qualifica como fundador do pensamento crítico moderno e, diante disso, se reclamam, desde o final do século XX, as diferentes escolas neokantianas, e, posteriormente, no final do século XX, as escolas críticas "pós-modernas". Esta observação é de relevante interesse haja vista que estas tendências se ocupam de questões sociais, políticas e jurídicas, e para elas a "volta a Kant" é mais do que uma mera instrução, pois se trata de um variadíssimo intento de conectar-se com umas e outras de suas contribuições ao acervo filosófico ocidental (DOMINGO, Rafael (Ed.). *Juristas universales*. Madrid: Marcial Pons, 2004. p. 653. v. 2).

[100] Na advertência de Marcello Caetano, Kelsen, dentro da lógica de sua doutrina normativista donde eram expulsos todos os fenômenos do mundo do ser, excluiu a vontade psicológica da teoria jurídica e a substituiu pela vontade normativa, pois os fatos jurídicos tinham de ser todos vistos e compreendidos em termos de "dever-ser", isto é, da norma (CAETANO, Marcello. *Princípios fundamentais do direito administrativo*. 2. reimpr. portuguesa da edição brasileira de 1977. Coimbra: Almedina, 2003. p. 94).

Essa pretendida dissociação entre realidade e direito defende que o direito deve criar sua própria realidade,[101] isto é, o "rigoroso monismo metodológico",[102] decorrente do positivismo jusconstitucionalista, compreende a lei fundamental como um sistema formal de leis constitucionais, sendo a regra legal um ato de vontade estatal.

A vontade do Estado (da lei),[103] por esta doutrina, não apresenta um nexo material com dados da história e da sociedade atual. Neste vezo, estreito, o nexo entre realidade e direito não é desconhecido, mas os dois pontos devem ser tratados isolados da ciência jurídica. "Assim, o direito é compreendido equivocadamente como um ser que repousa em si, que só deve ser relacionado *ex post facto* com as relações da realidade histórica".[104]

Enquanto em outros países, a exemplo da Alemanha – que teve no nazismo e no *decisionismo* de Carl Schmitt[105] importantes marcos para a rediscussão da teoria da constituição –,[106] no direito constitucional pátrio, a doutrina – e, na mesma esteira, a jurisprudência do Pretório Excelso –

---

[101] Para José Afonso da Silva, a teoria de Kelsen teve o mérito de revelar a natureza de "dever-ser" da norma jurídica, mas caiu no exagero do normativismo, que reduz o objeto da ciência jurídica a pouco mais que uma lógica jurídica. Seu formalismo não se compadece com a experiência jurídica, especialmente no campo do direito constitucional, em que se verifica tanta influência da realidade social, política e ideológica, por sua vez exacerbada pelo sociologismo (SILVA, José Afonso da. *Aplicabilidade das normas constitucionais*. 6. ed. 2. tir. São Paulo: Malheiros, 2003. p. 31).

[102] "Este riguroso monismo metodológico supone defender la separación de la ciencia jurídica respecto del resto de las ciencias, concretamente de las ciencias empíricas, que se ocupan de los hechos que suceden en el ámbito del 'ser', y también de la ética, que se encarga de las normas morales, o sea, de enunciados de 'deber ser' de carácter axiológico" (SASTRE ARIZA, Santiago. La ciencia jurídica ante el neoconstitucionalismo. *In:* CARBONELL, Miguel (Org.). *Neoconstitucionalismo(s)*. 2. ed. Madrid: Trotta, 2005. p. 247).

[103] Sobre o que deve prevalecer entre a *vontade da lei* e a *vontade do legislador*, direciona-se o leitor para a obra de CAMARGO, Margarida Maria Lacombe. *Hermenêutica e argumentação*: uma contribuição ao Estado de direito. 3. ed. 2. tir. Rio de Janeiro: Renovar, 2005. p. 127 *et seq*.

[104] MÜLLER, Friedrich. *Métodos de trabalho do direito constitucional*. 3. ed. Tradução de Peter Naumann. Rio de Janeiro: Renovar, 2005. p. 24-25.

[105] Sobre as diferenças entre o decisionismo de Carl Schmitt e o normativismo de Kelsen, ver BONAVIDES, Paulo. *Curso de direito constitucional*. 12. ed. São Paulo: Malheiros, 2002. p. 152 *et seq*.

[106] "En esta recepción de la concepción americana de la Constitución como norma suprema efectiva, invocable ante los Tribunales, canon de validez de las Leyes y criterio primero para la interpretación y aplicación de éstas, pesó, indudablemente, la experiencia de los totalitarismos europeos, en todos los cuales los dictadores dispusieron a su arbitrio del poder legislativo, haciendo aparecer a la Ley como destructora, y no protectora, de la libertad" (GARCÍA DE ENTERRÍA, Eduardo. *Justicia y seguridad jurídica en un mundo de leyes desbocadas*. Madrid: Civitas, 2000. p. 41-42).

avançou muito pouco, no segundo pós-guerra,[107] em termos de uma metodologia própria de trabalho. A teoria material da Constituição surgiu e se consolidou na Alemanha em decorrência do constitucionalismo da tópica, com destaque para Viehweg e Esser.[108] Buscou-se um enfoque que abandonasse a ideia de ciência jurídica como mera descrição do comportamento humano positivado,[109] "decifrando em parte a natureza peculiar do Direito e mostrando que a jurisprudência deve ser vista também como discussão de problemas".[110]

Voltados aos *topoi*,[111] pretendeu-se ultrapassar a hermenêutica savignyana[112] para perseguir, sob a teoria da argumentação,[113] a solução

---

107 A menção ao segundo pós-guerra relaciona-se à advertência feita por Ricardo Lobo Torres: "Após a 2ª Guerra Mundial surgiu a necessidade de se superarem o positivismo normativista de Kelsen e o positivismo economicista de Griziotti, com a volta à natureza das coisas e à ideia de uma justiça material, das quais se pudessem extrair novamente as regras de ouro que dariam o conteúdo aos princípios do justo" (TORRES, Ricardo Lobo. *Tratado de direito constitucional financeiro e tributário*. Rio de Janeiro: Renovar, 2005. p. 131. v. 2).

108 BONAVIDES, Paulo. *Curso de direito constitucional*. 12. ed. São Paulo: Malheiros, 2002. p. 159.

109 Conforme lição de Eros Grau, Kelsen realizou a aspiração dos juristas do final do século XIX de criar uma ciência dotada de rigor e axiomatizada. O clima positivista clamava por uma "ciência do direito", e todo o conhecimento era expressado em termos de ciência positiva. Era natural, segundo o autor, que os juristas, "artífices da jurisprudência", reclamassem para si a qualidade de "cientistas". Kelsen teria os satisfeito construindo não uma "ciência do direito", mas uma "ciência das normas jurídicas". O objeto da teoria pura não é o direito, porém as normas jurídicas (GRAU, Eros Roberto. *O direito posto e o direito pressuposto*. São Paulo: Malheiros, 2002. p. 34).

110 FREITAS, Juarez. *A interpretação sistemática do direito*. 4. ed. São Paulo: Malheiros, 2004. p. 44.

111 A expressão *topos* significa *lugar-comum*. Segundo Tercio Sampaio Ferraz Junior, os *topoi* são fórmulas, variáveis no tempo e no espaço, de reconhecida força persuasiva, e que se usa, com frequência, mesmo nas argumentações não técnicas das discussões cotidianas. A título de exemplo esse autor apresenta as fórmulas do tipo "a maioria decide". Em determinado contexto, a ideia que apresenta a maior adesão é avaliada pelo grupo social como a mais importante do que outra, por melhor que seja, que tenha apoio de poucos. Nesses termos, a maioria seria um *topos* ou lugar-comum de argumentação, ao qual se contrapõe, por outro lado, o *topos* do mais sábio, do técnico, do especialista, quando se diz que uma decisão deve caber a quem entenda do assunto, e não a um conjunto de opinantes que se impõem pelo número (no prefácio da obra de VIEHWEG, Theodor. *Tópica de jurisprudência*. Tradução de Tercio Sampaio Ferraz Jr. Brasília: Departamento de Imprensa Nacional, 1979. p. 4). Para Margarida Camargo, os *topoi* referem-se a valores sedimentados culturalmente que podem ser identificados como princípios, embora não positivados, que servem de premissas e são capazes de comandar o raciocínio lógico (CAMARGO, Margarida Maria Lacombe. *Hermenêutica e argumentação*: uma contribuição ao Estado de direito. 3. ed. 2. tir. Rio de Janeiro: Renovar, 2005. p. 138).

112 Friedrich Carl von Savigny foi, na expressão de Willis Santiago Guerra Filho, o principal sistematizador da hermenêutica, pois defendeu, com primazia, a necessidade de se construir uma ciência jurídica (GUERRA FILHO, Willis Santiago. *Teoria da ciência jurídica*. São Paulo: Saraiva, 2001. p. 20). A Savigny estão associadas peças mestras da história cultural, como a "ciência jurídica histórica", a escola histórica, o historicismo, o neo-humanismo, o romanticismo, o idealismo, o direito natural, a metafísica jurídica, a doutrina do "Espírito

do problema pelo problema.[114] Abandonava-se, então, o enfoque meramente formal, enfatizando a necessidade de buscar a inserção social daquelas questões, os interesses que estavam por trás delas, os valores que elas faziam entrar em choque.[115]

Hesse examinou essa questão do ponto de vista da concretização de normas constitucionais:

> A vinculação da interpretação à norma a ser concretizada, à (pré) compreensão do intérprete e ao problema concreto a ser resolvido, cada vez, significa, negativamente, que não pode haver método de interpretação autônomo, separado desses fatores, positivamente, que o procedimento de concretização deve ser determinado pelo objeto da interpretação, pela Constituição e pelo problema. Se a Constituição, como mostrado, não contém um sistema concluído e uniforme, lógico-axiomático ou hierárquico de valores – e a interpretação de suas normas não só pode estar na assimilação de algo determinado, então ela requer um

---

do Povo", a crítica da legislação, a reforma conservadora e, inclusive, o formalismo, positivismo e a jurisprudência dos conceitos. Savigny foi antes de tudo um jurista. Ele propõe converter o direito em um trabalho científico. A direção que assumiu em sua época teve como resultado a sua posição na história sob duas orientações: deveria ser ao mesmo tempo histórica (positiva, concreta) e filosófica (absoluta, sistemática, geral). Com isso, ele se transformou em um grande mestre de várias gerações de juristas e de política científica (DOMINGO, Rafael (Ed.). *Juristas universales*. Madrid: Marcial Pons, 2004. p. 60. v. 3).

113 Argumentação, segundo Margarida Camargo, "é a técnica que visa ao acordo sobre a escolha do significado que pareça mais adequado às partes discursivas; acordo este fundamentado em provas concretas e opiniões amplamente aceitas. Com a argumentação temos condições de 'visualizar' a compreensão, na medida em que esta se traduz em algo de concreto" (CAMARGO, Margarida Maria Lacombe. *Hermenêutica e argumentação*: uma contribuição ao Estado de direito. 3. ed. 2. tir. Rio de Janeiro: Renovar, 2005. p. 21-22). O tema, por ser de alta complexidade, não será desenvolvido na presente obra. Direciona-se o leitor para a obra de Alexy, em que o autor destaca o que se deve entender por argumentação jurídica racional (ALEXY, Robert. *Teoria da argumentação jurídica*: a teoria do discurso racional como teoria da justificação jurídica. Tradução de Zilda Hutchinson Schild Silva. São Paulo: Landy, 2001); e para a obra de GÜNTHER, Klaus. *Teoria da argumentação no direito e na moral*: justificação e aplicação. Tradução de Cláudio Molz. São Paulo: Landy, 2004. Quanto à importância da argumentação para a abordagem tópica do direito, ver LARENZ, Karl. *Metodologia da ciência do direito*. Tradução de José Lamego. Lisboa: Fundação Calouste Gulbenkian, 1997. p. 201, e, entre nós, MENDONÇA, Paulo Roberto Soares. *A tópica e o Supremo Tribunal Federal*. Rio de Janeiro: Renovar, 2003. p. 241.

114 Neste contexto, aborda-se a diferença entre o pensamento jurídico dogmático e zetético, introduzido por Theodor Viehweg no final da década de 60. "A impressão que se tem, então, é de que, com a bipartição da teoria do direito em dogmática e zetética, buscou-se uma solução de compromisso, que permite admitir a validade de investigações do direito desvinculadas da normatividade positiva, ao mesmo tempo em que se imuniza contra os resultados dessas investigações a analítica jurídico-dogmática, legitimando a continuação do trabalho teórico dos juristas sem outra preocupação que não aquela com a harmonização do sistema normativo" (GUERRA FILHO, Willis Santiago. *Teoria da ciência jurídica*. São Paulo: Saraiva, 2001. p. 44-46).

115 GUERRA FILHO, Willis Santiago. *Teoria da ciência jurídica*. São Paulo: Saraiva, 2001. p. 45.

> procedimento de concretização que corresponda a este tipo: no avanço "tópico" guiado e limitado normativamente, isto é, porém, vinculado normativamente, devem ser achados e demonstrados pontos de vista dirigentes que, no caminho da *inventio* são buscados, no pró e no contra da conformidade com a opinião empregados, e fundamentem a decisão tão evidente e convincentemente quanto possível (*topoi*).[116]

O apego extremado à sistematicidade do direito coloca em um plano secundário aquilo que é a própria causa da existência do sistema jurídico: a realização da justiça.[117] Partindo-se do exame do caso concreto, a tópica empreende uma aproximação entre os conceitos jurídicos e seus fundamentos históricos e valorativos, de modo que não representa apenas um "meio útil e ancilar na condição ontologicamente complementar"[118] do pensamento sistêmico. Abre-se, dessa forma, uma hermenêutica constitucional[119] que reconhece a aporia nuclear,[120] tornando-se mais acessível aos elementos axiológicos e da práxis.

Vale destacar que nem a doutrina subjetivista tampouco a corrente objetivista "com razões ideológicas na raiz dos argumentos"[121]

---

[116] HESSE, Konrad. *Elementos de direito constitucional da República Federal da Alemanha*. Tradução de Luís Afonso Heck. Porto Alegre: Sérgio Antônio Fabris, 1998. p. 63-64.

[117] MENDONÇA, Paulo Roberto Soares. *A tópica e o Supremo Tribunal Federal*. Rio de Janeiro: Renovar, 2003. p. 206.

[118] FREITAS, Juarez. *A interpretação sistemática do direito*. 4. ed. São Paulo: Malheiros, 2004. p. 152.

[119] A diferenciação entre hermenêutica e interpretação, na linha de pensamento de Luís Roberto Barroso, é a seguinte "A *hermenêutica jurídica* é um domínio teórico, especulativo, cujo objeto é a formulação, o estudo e a sistematização dos princípios e regras de interpretação do direito. A *interpretação* é a atividade prática de revelar o conteúdo, o significado e o alcance de uma norma, tendo por finalidade fazê-la incidir em um caso concreto. A *aplicação* de uma norma jurídica é o momento final do processo interpretativo, sua concretização, pela efetiva incidência do preceito sobre a realidade do fato. Esses três conceitos são marcos do itinerário intelectivo que leva à realização do direito. Cuidam eles de apurar o conteúdo da norma, fazer a subsunção dos fatos e produzir a regra final, concreta, que regerá a espécie" (BARROSO, Luís Roberto. *Interpretação e aplicação da Constituição*. 6. ed. São Paulo: Saraiva, 2004. p. 103). Margarida Camargo sustenta que a hermenêutica não se resume no estudo das técnicas de interpretação. Remete à compreensão do próprio ser no mundo, que se encontra envolvido com questões que é chamado a resolver, entre elas a jurídica (CAMARGO, Margarida Maria Lacombe. *Hermenêutica e argumentação*: uma contribuição ao Estado de direito. 3. ed. 2. tir. Rio de Janeiro: Renovar, 2005. p. 10).

[120] Expressão adotada por Tercio Sampaio Ferraz Jr., no "prefácio de tradutor" à obra de Theodor Viehweg (*Tópica de jurisprudência*. Tradução de Tercio Sampaio Ferraz Jr. Brasília: Departamento de Imprensa Nacional, 1979. p. 3).

[121] FERRAZ JUNIOR, Tercio Sampaio. *A ciência do direito*. 2. ed. 11. tir. São Paulo: Atlas, 1980. p. 71. A primeira, na *linha subjetiva*, baseada na interpretação da norma à luz da compreensão da vontade do legislador, pode favorecer o autoritarismo. A moderna forma de interpretar a Constituição partiu, exatamente, do inconformismo de alguns juristas com o juspositivismo lógico-formal do modelo liberalizante. Por seus cânones lógicos, até mesmo o Estado

lograram respostas satisfatórias para o enfrentamento da questão. Desse modo, cumpre explorar, para além do pensamento sistemático, os enfoques tópicos,[122] fazendo um paralelo com a atual moldura regulatória brasileira, objetivando sua conformação com a Constituição Federal. A tópica, nesse sentido, deve ser observada no conjunto da sistematicidade do direito chamado como um todo diante do caso concreto,[123] pois "qualquer enfoque unilateral que hiperdimensione a tópica ou que a tome por preponderante peca pela incompreensão do pensamento jurídico".[124]

3.3.2 Métodos de trabalho do direito constitucional pós-nazismo para a estruturação de uma fórmula ideal de interpretação e concretização da regulação na Constituição Federal do Brasil de 1988[125]

As Constituições pós-período ditatorial, como em Portugal (1976), Espanha (1978) e no próprio Brasil (1988), receberam os influxos da Lei

---

nacional-socialista de Hitler era considerado um Estado de Direito, de modo que somente esse fato é suficiente para se constatar o ponto inadmissível alcançado pela teoria positivista. *A doutrina voltada ao ângulo objetivo traz ao debate o deslocamento da competência do legislador para o intérprete final da norma. Por isso, o que se persegue na atualidade é uma maior integração entre as normas constitucionais e os problemas da sociedade, buscando-se uma solução pelo problema* (BONAVIDES, Paulo. *Curso de direito constitucional*. 12. ed. São Paulo: Malheiros, 2002. p. 151).

122 Na linha de pensamento exposta por Juarez Freitas em sua teoria acerca da interpretação sistemática do direito, em que o autor associa os elementos sistêmicos com a tópica, notadamente no capítulo 7, intitulado "Essencial identidade do pensamento sistemático e da tópica: soluções no âmbito do sistema" (FREITAS, Juarez. *A interpretação sistemática do direito*. 4. ed. São Paulo: Malheiros, 2004).

123 "Os '*métodos*' *de interpretação* individuais, considerados em si, não são diretrizes suficientes" (HESSE, Konrad. *Elementos de direito constitucional da República Federal da Alemanha*. Tradução de Luís Afonso Heck. Porto Alegre: Sérgio Antônio Fabris, 1998. p. 58).

124 BONAVIDES, Paulo. *Curso de direito constitucional*. 12. ed. São Paulo: Malheiros, 2002. p. 154. O autor aduz, em complemento: "Nada há de específico na Tópica que possa opor, de modo irremediável, o pensamento problemático ao pensamento sistemático. [...] Somente haverá razoabilidade e justificativa (interna e externa) na medida em que, ultrapassando o aporético, o pensamento for capaz de engendrar o sentido da totalidade normativa em sintonia crescente com as exigências da racionalidade comunicativa, a qual requer permanente suplantação do puramente problemático. [...] Ademais, o intérprete tópico-sistemático deve aprender a minimizar os riscos de uma atitude desencorajada e simplesmente reativa, lenta e 'burocrática', na acepção nefasta do termo. Sob o estímulo da compreensão do sistema como uma rede interativa em lugar de codificação cerrada, há de proclamar a capital importância de não se restringir a métodos isolados de interpretação, já que o plexo de objetivos do Direito é que deve presidir o processo de compreensão sináptica dos dispositivos, inclusive das normas mais singelas" (p. 155-157; 172).

125 Segue-se, nesta etapa, a lição de Gustavo Zagrebelsky: "El pluralismo metodológico está tan arraigado en las exigencias del derecho actual que ninguna controversia sobre los

Fundamental de Bonn (1949), tendo como eixo dos direitos fundamentais a dignidade da pessoa humana.

Sob enfoques e objetivos diversos, e na busca de organização e evolução da teorização de métodos de trabalhos do direito constitucional, pós-Lei Fundamental de Bonn,[126] a doutrina alemã apresentou grande contribuição para a teoria da Constituição. Destacam, nesse tema, alguns aspectos que podem ser assim identificados: (i) a ciência constitucional, com uma análise acerca das tarefas e objetivos da interpretação constitucional; (ii) os métodos compostos por processos e regras de interpretação e a força normativa da Constituição e, por fim, (iii) a identificação e o papel dos intérpretes da Constituição, envolvendo o texto e a realidade constitucional.

Na escalada teórica até o surgimento dessas contribuições, merece destaque, no início do século XX, a doutrina de Rudolf Smend.[127] De modo precursor (1928), Smend teorizou a concepção integrativa da Constituição – método científico-espiritual –, em oposição ao método formal-positivista – em que se destacam Paul Laband, Jellinek e, posteriormente, Kelsen.[128] A doutrina de Smend atacou frontalmente a indiferença que o viés formal-positivista atribui à realidade.

O traço capital de separação entre esse método e a técnica interpretativa dos positivistas do século XIX consiste em, primeiro, tornar-se profundamente crítico com respeito ao conteúdo da Constituição, apreciada globalmente em seus aspectos teleológicos e materiais, que servem de critério para o trabalho jurídico de interpretação. Ao reconhecer o Estado como parte de uma realidade espiritual, que se caracteriza por uma multiplicidade de interações dos processos

---

métodos ha logrado jamás terminar imponiendo uno de ellos en detrimento de los demás y, al final, todas se han resuelto con la propuesta de añadir algún otro a la lista. Por ello, quien se esfuerza en imponer un método obtiene el efecto opuesto de contribuir a la libertad interpretativa y 'de este modo, se tiene la impresión de que los esfuerzos teóricos sobre los métodos [...] tienen algo de donquijotesco'" (ZAGREBELSKY, Gustavo. *El derecho dúctil, ley, derechos, justicia*. Tradução de Marina Gascón. Madrid: Trotta, 1995. p. 135).

126 A Lei Fundamental de Bonn não foi produto de uma Assembleia Constituinte. Ela foi elaborada por uma comissão de juristas, na qual se destacou Navisky, para vigorar até que outra fosse ratificada pelo povo alemão (HESSE, Konrad. *Elementos de direito constitucional da República Federal da Alemanha*. Tradução de Luís Afonso Heck. Porto Alegre: Sérgio Antônio Fabris, 1998. p. 77).

127 SMEND, Rudolf. *Constitución y derecho constitucional*. Tradução de J. M. Beneyto Pérez. Madrid: Centro de Estudios Constitucionales, 1985.

128 DOMINGO, Rafael (Ed.). *Juristas universales*. Madrid: Marcial Pons, 2004. p. 90. v. 4. Para detalhes sobre o tema, direciona-se o leitor para a obra de CITTADINO, Gisele. *Pluralismo, direito e justiça distributiva*. 2. ed. Rio de Janeiro: Lumen Juris, 2000. p. 29 *et seq*. Veja-se, ainda, o comentário de TORRES, Ricardo Lobo. *Tratado de direito constitucional financeiro e tributário*. Rio de Janeiro: Renovar, 2005. p. 45. v. 2.

individuais vitais, Smend entende o Estado como um processo de renovação e desenvolvimento constantes. O segundo – dos antigos positivistas – fica invariavelmente acorrentado a uma análise interpretativa de feição meramente formal, e que, segundo Smend, decompõe o direito constitucional em um agregado de normas e institutos isolados, submetidos a uma normatividade de todo abstrata.[129]

Por esse caminho de concretização das normas constitucionais, pretendeu-se buscar uma interpretação que se prendesse à realidade cotidiana, mutável e renovadora, privilegiando-se o aspecto político indispensável à integração do conteúdo material da Constituição, de acordo com as circunstâncias (*teoria da práxis*).[130] A ideia de "unidade da Constituição" e a compreensão dos direitos fundamentais como "um determinado sistema cultural de valores" marca o sentido da vida do Estado modelado pela Constituição.[131] O disciplinamento jurídico tenta demonstrar ser disfuncional por normas gerais e abstratas, editadas de acordo com fatos passados, mas voltadas para a solução dos problemas que se apresentam para serem resolvidos no futuro.[132]

Com a doutrina de Smend, ficou a crítica de que sua teoria afastava o direito, "subestimando o momento normativo da realidade estatal", abduzindo a justiça e a legislação.[133] Contudo, observadas as bases construídas por Smend, o ponto de partida para instigar uma nova contextualização da teoria da Constituição – e sua concretização – ocorreu no primeiro trimestre de 1933, quando Hitler recebeu autorização do

---

[129] Sobre esse ponto, dirige-se o leitor ao comentário de BONAVIDES, Paulo. *Curso de direito constitucional*. 12. ed. São Paulo: Malheiros, 2002. p. 437.

[130] Viehweg trabalhou nessa associação, entre *tópica* e *teoria da práxis* (VIEHWEG, Theodor. *Tópica de jurisprudência*. Tradução de Tercio Sampaio Ferraz Jr. Brasília: Departamento de Imprensa Nacional, 1979. p. 18).

[131] DOMINGO, Rafael (Ed.). *Juristas universales*. Madrid: Marcial Pons, 2004. p. 91. v. 4.

[132] "Se a Constituição deve possibilitar o vencimento da multiplicidade de situações problemáticas que se transformam historicamente, então seu conteúdo deve ficar necessariamente 'aberto para dentro do tempo'. Essa abertura e amplitude da Constituição não significa dissolução em uma dinâmica total, na qual a Constituição não estaria em condições de dar à vida da coletividade apoio dirigente. A Constituição deixa não só aberto, senão ela também determina com obrigatoriedade o que não deve ficar aberto" (HESSE, Konrad. *Elementos de direito constitucional da República Federal da Alemanha*. Tradução de Luís Afonso Heck. Porto Alegre: Sérgio Antônio Fabris, 1998. p. 40).

[133] BONAVIDES, Paulo. *Curso de direito constitucional*. 12. ed. São Paulo: Malheiros, 2002. p. 156. A crítica à doutrina de Smend, formulada por Forsthoff, é examinada na obra de CRUZ, Luis M. *La constitución como orden de valores*: problemas jurídicos y políticos. Granada: Comares, 2005. p. 60 *et seq*. Veja-se, ainda, os comentários de Ricardo Lobo Torres sobre a insustentabilidade da tese de "objetividade plena dos valores", constante da obra de Smend (TORRES, Ricardo Lobo. *Tratado de direito constitucional financeiro e tributário*. Rio de Janeiro: Renovar, 2005. p. 44-45. v. 2).

Parlamento alemão para editar normas dotadas de eficácia legislativa e que suspenderam direitos e garantias fundamentais.[134]

Após o fim da Segunda Guerra Mundial, a doutrina na Alemanha – que pensava ter logrado, em 1919, com a Constituição de Weimar,[135] um forte instrumento para garantia dos direitos individuais[136] – voltou-se para uma tendência ao jusnaturalismo. A revisitação ao jusnaturalismo ocorreu "menos por seus méritos intrínsecos do que pela flagrante contradição da neutralidade axiológica do positivismo em face do terrorismo estatal praticado no 'III Reich'".[137]

Nesse período, destacaram-se nomes como Günter Dürig, Otto Bachof e Gustav Radbruch, que, por terem vivido diretamente o regime nacional-socialista, o massacre da Segunda Guerra Mundial e suas consequências, buscaram "edificar um dique para conter qualquer possibilidade de retorno à situação anterior".[138]

Considerado o maior defensor da ordem de valores constitucional, para Dürig,[139] a garantia da dignidade da pessoa humana reconhecida no §1° do art. 1° da Lei Fundamental de Bonn supõe a assunção, no

---

[134] O estado de exceção sob o comando de Hitler durou 12 anos. Sobre o tema, ver a obra de AGAMBEN, Giorgio. *Estado de exceção*. Tradução de Iraci D. Poleti. São Paulo: Boi Tempo, 2004. Ver, ainda, o livro de BERCOVICI, Gilberto. *Constituição e estado de exceção permanente*. Rio de Janeiro: Azougue, 2004. p. 65.

[135] Sobre essa fase, colhe-se a manifestação doutrinária de Paulo Bonavides: "Os modernos métodos interpretativos floresceram por obra do anacronismo da hermenêutica formalista, impotente desde a Constituição de Weimar em acompanhar e explicar a transformação por que passaram as Constituições no século XX. Já não era possível prestar contas de variações emergenciais de sentido, cada vez mais frequentes, valendo-se apenas dos recursos lógicos ministrados pela interpretação formal, que naturalmente obrigavam o intérprete a ignorar o conteúdo da norma, a distanciar-se com segurança do lado material do problema, a situar-se enfim regaladamente à margem do respectivo mérito. O casuísmo interpretativo na jurisprudência constitucional de alguns países como a Alemanha, por exemplo, decorre sem dúvida das falhas de métodos tradicionais, de suas regras interpretativas inaplicáveis a casos ou questões que pedem interpretação diversa e especial, vinculada ao objeto e ao problema particularizado na lide constitucional" (BONAVIDES, Paulo. *Curso de direito constitucional*. 12. ed. São Paulo: Malheiros, 2002. p. 441).

[136] Os direitos fundamentais vigentes na Constituição de Weimar corresponderam, segundo Robert Alexy, apenas a declarações programáticas que não gozavam de tutela judicial (ALEXY, Robert. Derechos fundamentales y estado constitucional democrático. *In:* CARBONELL, Miguel. *Neoconstitucionalismo(s)*. 2. ed. Madrid: Trotta, 2005. p. 33).

[137] GUERRA FILHO, Willis Santiago. *Teoria da ciência jurídica*. São Paulo: Saraiva, 2001. p. 118.

[138] Ver em CRUZ, Luis M. *La constitución como orden de valores*: problemas jurídicos y políticos. Granada: Comares, 2005. p. 19. Luis Cruz registra, ainda, o nome de Theodor Maunz, da Ludwig-Maximilians-Universität, que em 1958 gravou seu pensamento em obra doutrinária em parceria com Dürig.

[139] DÜRIG. *Die Menschenauffausung des grundgesetzes*. Juristische Zeitung, 1952. p. 259-263 *apud* CRUZ, Luis M. *La constitución como orden de valores*: problemas jurídicos y políticos. Granada: Comares, 2005. p. 20.

direito constitucional, de um valor ético fundamental, predominante na história europeia. Esse postulado (dignidade da pessoa humana) seria o princípio supremo do direito constitucional, que se realiza gradualmente, dando forma a um sistema de valores – o reconhecimento de direitos humanos invioláveis e inalienáveis.

A importância da obra de Bachof[140] advém da defesa do Tribunal Constitucional Federal alemão como órgão encarregado de controlar formal e materialmente – conforme uma ordem de valores – os demais poderes públicos. Bachof sinalizava a questão sobre ângulo do papel do Tribunal Constitucional alemão na concretização das normas constitucionais, em cotejo com a redução do poder das casas legiferantes, bem como do Poder Executivo. Nesse sentido, Bachof sustentou que a Lei Fundamental introduziu, em primeiro lugar, um controle jurídico absoluto da Administração Pública pelos Tribunais, de certa forma confirmando a legislação dos "Länders" da Alemanha Ocidental. O cidadão, nos termos do art. 19, passou a ter direito à tutela jurisdicional do Estado diante de toda e qualquer ilegalidade perpetrada pelo Poder Executivo e, de igual modo, os atos normativos também passaram ao controle do Judiciário sob o enfoque da constitucionalidade das leis, com direta observância de valores e princípios para a garantia e proteção dos direitos fundamentais.[141]

Por sua vez, Radbruch[142] era um defensor do positivismo quando sustentava que o "justo" tem de ser determinado pelo direito, e o direito depende do legal. Surpreso com as atrocidades praticadas pelo nazismo,

---

[140] Ver o discurso pronunciado em maio de 1959 ao tomar posse, como reitor, da Eberhard-Karl-Universität Tübingen, publicado em BACHOF, Otto. *Jueces y constitución*. Tradução de Rodrigo Bercovitz Rodrígues-Cano. Madrid: Civitas, 1985 (a edição original desta obra, sob o título *Grundgesetz und Richtermacht*, foi publicada em 1959 pela editora J.C.B. Mohr, de Tübingen).

[141] A exemplo do que ocorreu nos Estados Unidos da América com o caso *Marbury vs. Madison*, em 1803, pelo qual se inferiu o princípio da supremacia da Constituição e o controle dos atos legislativos pelo Judiciário, fazendo com que a Constituição Federal de 1787 passasse a ser, como modelo clássico, o paradigma de um constitucionalismo moderno. O caso envolveu o Senhor Marbury que havia sido nomeado juiz de paz do distrito de Columbia pelo Presidente Adams, com a aprovação do Senado. Ele pleiteava credencial ao novo Presidente Jefferson, que, por sua vez, determinou que o secretário de estado (Sr. Madison) não a entregasse.

[142] Ver em RADBRUCH, Gustav. *Introdução à ciência do direito*. Tradução de Vera Barkow. São Paulo: Martins Fontes, 1999.

virou-se contra o positivismo e passou a perseguir uma *fórmula*[143] que compatibilizasse o direito positivo e a justiça.[144]

Valendo-se do rico e profundo desenvolvimento dessa base metodológica surgida no bojo da crise nazista e confrontando-a com o tema, objeto da presente obra, resta perquirir: qual seria a *fórmula* ideal e em quais valores[145] se fundaria e se criaria um "pensamento tópico e sistemático"[146] uniforme, e com coerência social diante do necessário combate das antinomias axiológicas para a interpretação e concretização da Constituição Federal de 1988?

Quais são os métodos e as eventuais fórmulas a serem adotadas para a concretização ótima dos direitos fundamentais, haja vista que o caráter de inviolabilidade da dignidade da pessoa humana se apresenta, especialmente, frente às atividades do Estado? Para essa concretização a Constituição Federal de 1988 deve e pode tudo disciplinar em detalhes? A leitura da Carta Constitucional está adstrita a seu texto? Quem são os intérpretes da Constituição Federal?

Para os limites da presente obra, impõe-se limitar o âmbito da pesquisa na concretização do texto constitucional pelo Poder Legislativo. Com efeito, o modelo regulatório brasileiro, partindo do art. 174 da Constituição Federal, foi disciplinado por leis aprovadas pelo Congresso Nacional e sancionadas pelo Poder Executivo,[147]

---

143 O argumento da justiça construído na fórmula de Radbruch é questionado no artigo: BUSTAMANTE, Thomas da Rosa de. Pós-positivismo: o argumento da injustiça além da fórmula de Radbruch. *Revista de Direito do Estado*, Rio de Janeiro, n. 4, p. 199-230, out./dez. 2006.

144 DOMINGO, Rafael (Ed.). *Juristas universales*. Madrid: Marcial Pons, 2004. p. 965. v. 3: "El pensamiento de Radbruch, de origen neokantiano, parece haber experimentado un giro hacia el Derecho natural en la última época de su vida. Ello en parte se debe a la conmoción que le produjo el régimen nazi. Los intérpretes se han dividido en cuanto al sentido de este giro. Mientras qie para unos se puede hablar de dos juristas distintos, el neokantiano y el iusnaturalista, para otros no hay ruptura, sino simple evolución".

145 Como sustenta, com propriedade, Juarez Freitas "é falaciosa qualquer postura unilateral que promova um valor jurídico em detrimento dos demais" (FREITAS, Juarez. *O controle dos atos administrativos e os princípios fundamentais*. 3. ed. São Paulo: Malheiros, 2004. p. 30).

146 FREITAS, Juarez. *A interpretação sistemática do direito*. 4. ed. São Paulo: Malheiros, 2004. p. 160.

147 Foram editadas diversas normas pelo Parlamento, mediante iniciativa do presidente da República, dispondo acerca das agências reguladoras, sua natureza jurídica, estrutura organizacional e funções: Lei nº 9.427, de 26.12.1996, que Institui a Agência Nacional de Energia Elétrica – Aneel, disciplina o regime das concessões de serviços públicos de energia elétrica e dá outras providências; Lei nº 9.472, de 16.7.1997, que dispõe sobre a organização dos serviços de telecomunicações, a criação e o funcionamento de um órgão regulador e outros aspectos institucionais, nos termos da Emenda Constitucional nº 8, de 1995; Lei nº 9.478, de 6.8.1997, que dispõe sobre a política energética nacional, as atividades relativas ao monopólio do petróleo, institui o Conselho Nacional de Política Energética e a Agência Nacional do Petróleo e dá outras providências; Lei nº 9.782, de 26.1.1999, que define o

privilegiando a descentralização da escolha regulatória, dependente, fortemente, de aspectos técnicos. O caminho seguirá a concepção da Constituição como ordem de valores – ou ordem objetiva axiológica –[148] às luzes das teorias tedescas de Hesse, Müller[149] e Häberle, haja vista que todas estas surgiram com o inconformismo presente na doutrina de Smend,[150] que buscava lograr um método interpretativo que estivesse voltado à realidade cotidiana, sempre mutável e renovável à luz das circunstâncias.[151]

Sistema Nacional de Vigilância Sanitária, cria a Agência Nacional de Vigilância Sanitária, e dá outras providências; Lei nº 9.961 de 28.1.2000, que cria a Agência Nacional de Saúde Suplementar – ANS e dá outras providências; Lei nº 9.984, de 17.7.2000, que dispõe sobre a criação da Agência Nacional de Águas – ANA, entidade federal de implementação da Política Nacional de Recursos Hídricos e de coordenação do Sistema Nacional de Gerenciamento de Recursos Hídricos, e dá outras providências; Lei nº 10.233, de 5.6.2001, que dispõe sobre a reestruturação dos transportes aquaviário e terrestre, cria o Conselho Nacional de Integração de Políticas de Transporte, a Agência Nacional de Transportes Terrestres, a Agência Nacional de Transportes Aquaviários e o Departamento Nacional de Infraestrutura de Transportes, e dá outras providências; e, por fim, Lei nº 11.182, de 27.9.2005, que cria a Agência Nacional de Aviação Civil – Anac, e dá outras providências. Desse modo, é jurídico concluir que se evidencia que todos os métodos e formas de pensamento devem ser chamados, pela sua relevância, para a interpretação da questão.

148 Voltaremos ao tema dos valores quando do exame da segurança jurídica (4.2).

149 Ricardo Lobo Torres aponta a influência exercida por Müller sobre Canotilho, demonstrando, assim, que Müller também pode ser considerado um positivista por acreditar em certa normatividade do fático ou da história (TORRES, Ricardo Lobo. *Tratado de direito constitucional financeiro e tributário*. Rio de Janeiro: Renovar, 2005. p. 55. v. 2). Em que pese a presente obra buscar seguir um viés pós-positivista, e, assim, parecer contraditória, adota-se a teoria de Müller naquilo que auxilia a tentativa de demonstrar-se que, em qualquer raciocínio hermenêutico, há de se projetar a escolha administrativa para a realidade. Segue-se o entendimento exposto por Diogo de Figueiredo Moreira Neto, ao preconizar: "Chega-se, portanto, com o respaldo da autoridade de Friedrich Müller, à conclusão de que a operação de concretização aplicativa de uma norma não significa apenas densificá-la em seus elementos para assim alcançar a realidade, mas, sobretudo, produzir uma norma para o caso, como se fora uma *norma nova* que, embora geral, é a que se faz *justa* para o caso" (MOREIRA NETO, Diogo de Figueiredo. *Direito regulatório*: a alternativa participativa e flexível para a Administração Pública de relações setoriais complexas no Estado democrático. Rio de Janeiro: Renovar, 2003. p. 103).

150 Veja-se o prefácio subscrito por Smend à obra de Konrad Hesse (*Elementos de direito constitucional da República Federal da Alemanha*. Tradução de Luís Afonso Heck. Porto Alegre: Sérgio Antônio Fabris, 1998), no qual o mestre tedesco cita esses professores como "assistentes no Instituto para Direito Público da Universidade de Freiburg".

151 Na jurisprudência do Tribunal Constitucional Federal alemão, aponta-se a sentença *Lüth* (BVerfGE 7, 198, 15.1.1958), como o *leading case* em que são estabelecidos os conceitos centrais de valor, ordenamento valorativo, hierarquia valorativa e sistema de valores. Conforme consta da obra *Cinquenta anos de jurisprudência do Tribunal Constitucional Alemão*, que constitui uma coletânea originalmente elaborada por Jürgen Schwabe, e publicada no Brasil pelo Programa Estado de Derecho para Sudamérica (organizada por Leonardo Martins), na página 381, "o alemão Erich Lüth conclamou, no início da década de cinquenta (à época era crítico de cinema e diretor do Clube de Imprensa da Cidade Livre e Hanseática de Hamburgo), todos os distribuidores de filmes cinematográficos, bem como o público em geral, ao boicote do filme lançado à época por Veit Harlan, uma antiga celebridade do

Além desses aspectos, será abordada a crítica pretoriana à ordem de valores na Constituição, notadamente no debate provocado por Böckenförd em seus votos proferidos no Tribunal Constitucional Federal alemão durante os anos oitenta, polarizando com a manifestação de Habermas,[152] este expressamente contrário ao posicionamento de Robert Alexy, que sustenta um modelo constitucional material-procedimental em que são confiados alguns temas à discricionariedade do legislador e outros, não.[153]

3.3.3 Força normativa da Constituição na visão de Konrad Hesse e o atual sistema de regulação brasileiro

Na doutrina pós-nazismo, Konrad Hesse[154] concentrou-se na abertura e na força normativa da Constituição, contrapondo as reflexões

---

filme nazista e corresponsável pelo incitamento à violência praticada contra o povo judeu (principalmente por meio de seu filme 'Jud Süß', de 1941). Harlan e os parceiros comerciais do seu novo filme (produtora e distribuidora) ajuizaram uma ação cominatória contra Lüth, com base no §826 BGB. O referido dispositivo da lei civil alemã obriga todo aquele que, por ação imoral, causar dano a outrem, a uma prestação negativa (deixar de fazer algo, no caso, a conclamação ao boicote), sob cominação de uma pena pecuniária. Esta ação foi julgada procedente pelo Tribunal Estadual de Hamburgo. Contra ela, ele interpôs um recurso de apelação junto ao Tribunal Superior de Hamburgo e, ao mesmo tempo, sua Reclamação Constitucional, alegando violação do seu direito fundamental à liberdade de expressão do pensamento garantida pelo Art. 5 I 1 GG. O TCF julgou a Reclamação procedente e revogou a decisão do Tribunal Estadual. Trata-se, talvez, da decisão mais conhecida e citada da jurisprudência do TCF. Nela, foram lançadas as bases, não somente da dogmática do direito fundamental da liberdade de expressão e seus limites, como também de uma dogmática geral (Parte Geral) dos direitos fundamentais. Nela, por exemplo, os direitos fundamentais foram, pela primeira vez, claramente apresentados, ao mesmo tempo, como direitos públicos subjetivos de resistência, direcionados contra o Estado e como ordem ou ordenamento axiológico objetivo".

152 Devo deixar bem vincado que não constitui objeto desta obra apresentar a crítica maior de Habermas à teoria dos direitos fundamentais de Alexy, notadamente à realidade das premissas e da metodologia para a aplicação concebida por Alexy. Habermas critica o recurso a valores por entender que essa ordem objetiva pode implicar uma indevida substituição dos juízos deônticos por axiológicos. Remetemos o leitor para a obra de HABERMAS. *Direito e democracia*: entre facticidade e validade, v. 1, p. 315. Um profundo estudo, nesse sentido, foi elaborado por SCHUARTZ, Luis Fernando. *Normas, contingência e racionalidade*: estudos preparatórios para uma teoria da decisão jurídica. Rio de Janeiro: Renovar, 2005. p. 179 *et seq*.

153 Virgílio Afonso da Silva adverte que o tema da Constituição-moldura (marco) é uma das mais vivas no debate jurídico-constitucional contemporâneo na Alemanha (SILVA, Virgílio Afonso da. *A constitucionalização do direito*: os direitos fundamentais nas relações entre particulares. São Paulo: Malheiros, 2005. p. 115).

154 O enfoque desse autor foi apresentado na aula inaugural ocorrida em 1959, na Universidade de Freiburg. Ver o texto publicado no Brasil: HESSE, Konrad. *A força normativa da Constituição*. Tradução de Gilmar Ferreira Mendes. Porto Alegre: Sérgio Antônio Fabris, 1991.

apresentadas por Ferdinand Lassalle, em 1862. Segundo a concepção de Lassalle, questões constitucionais não seriam jurídicas, e, sim, políticas. A Constituição seria apenas um pedaço de papel (*ein Strück Papier*), e sua concretização estaria limitada à compatibilidade com a "Constituição real".[155]

A teoria de Hesse – importante para a análise da questão posta neste capítulo, e que envolve saber se deve haver uma correlação entre o que está positivado e a realidade fática – baseia-se na existência, de um lado, do poder determinante das relações fáticas, expressas pelas forças políticas e sociais, e, de outro, uma força determinante do direito constitucional. Contudo, ambos os aspectos devem ser observados: Constituição real e jurídica "estão em uma relação de coordenação. Elas condicionam-se mutuamente, mas não dependem, pura e simplesmente, uma da outra".[156]

Segundo seu pensamento, a Constituição não configura apenas a expressão de um "dever-ser" (*Sollen*); ela significa mais do que o simples reflexo das condições fáticas de sua vigência, em especial as forças políticas e sociais ("graças à pretensão de eficácia, a Constituição procura imprimir ordem e conformação à realidade política e social").[157] Esse pensamento, como dito, foi outrora descartado pelo construtivismo juspositivista lógico-formal[158] de Paul Laband e Georg Jellinek, e, ao isolar norma e realidade, pelo positivismo sociológico de Carl Schmitt.[159]

---

[155] HESSE, Konrad. *A força normativa da Constituição*. Tradução de Gilmar Ferreira Mendes. Porto Alegre: Sérgio Antônio Fabris, 1991. p. 9. A principal obra de Lassalle foi traduzida para o vernáculo: LASSALLE, Ferdinand. *A essência da constituição*. 6. ed. Rio de Janeiro: Lumen Juris, 2001. Cumpre destacar a seguinte passagem desse texto que espelha o seu pensamento acerca da Constituição, dizendo que ela é a "soma dos fatores reais do poder que regem uma nação. Mas que relação existe com o que vulgarmente chamamos Constituição? Com a Constituição jurídica? Não é difícil compreender a relação que ambos os conceitos guardam entre si. Juntam-se esses fatores reais do poder, os escrevemos em uma folha de papel e eles adquirem expressão escrita. A partir desse momento, incorporados a um papel, não são simples fatores reais do poder, mas sim verdadeiro direito – instituições jurídicas" (p. 17-18).

[156] HESSE, Konrad. *A força normativa da Constituição*. Tradução de Gilmar Ferreira Mendes. Porto Alegre: Sérgio Antônio Fabris, 1991. p. 15.

[157] HESSE, Konrad. *A força normativa da Constituição*. Tradução de Gilmar Ferreira Mendes. Porto Alegre: Sérgio Antônio Fabris, 1991. p. 15.

[158] "La restauración de un método lógico-formal de tratamiento del derecho actual supondría, en cambio, esto sí, un retroceso, pues hoy sería imposible un 'formalismo' o un 'positivismo de los principios'. Su carácter abierto y su pluralismo son un obstáculo insuperable para ello" (ZAGREBELSKY, Gustavo. *El derecho dúctil, ley, derechos, justicia*. Tradução de Marina Gascón. Madrid: Trotta, 1995. p. 124).

[159] HESSE, Konrad. *A força normativa da Constituição*. Tradução de Gilmar Ferreira Mendes. Porto Alegre: Sérgio Antônio Fabris, 1991. p. 13.

A Constituição jurídica, segundo Hesse, logra converter-se em força ativa que se assenta na natureza singular do presente, isto é, embora a Constituição não possa, por si só, realizar nada, ela pode impor tarefas. Portanto, haverá concretização da força normativa da Constituição se essas tarefas forem efetivamente realizadas; se existir a disposição de orientar a própria conduta segundo a ordem nela estabelecida; se, a despeito de todos os questionamentos e reservas provenientes dos juízos de conveniência, for identificada a vontade de concretizar essa ordem. A Constituição se transformará em força ativa se estiver presente na consciência geral não só a vontade do poder (*Wille zur Macht*), como também a vontade de Constituição (*Wille zur Verfassung*).[160]

E essa vontade do poder e da Constituição deve se adaptar à eventual mudança de condicionantes (práxis), de modo que a Constituição se limite ao estabelecimento de alguns princípios fundamentais para não sofrer constantes revisões que desvalorizam sua força normativa[161] e trazem instabilidade (insegurança) ao ordenamento jurídico. As revisões constitucionais, ao argumento de suposta e inarredável necessidade política, se afiguram danosas para a força normativa da Constituição.[162] Essas revisões sinalizam que as questões de índole fática prevalecem sobre a ordem normativa vigente.

---

160 HESSE, Konrad. *A força normativa da Constituição*. Tradução de Gilmar Ferreira Mendes. Porto Alegre: Sérgio Antônio Fabris, 1991. p. 19.

161 HESSE, Konrad. *A força normativa da Constituição*. Tradução de Gilmar Ferreira Mendes. Porto Alegre: Sérgio Antônio Fabris, 1991. p. 20-21. Colhe-se, ainda, o pensamento do autor: "Direito Constitucional cria regras de atuação e decisão política; ele dá à política pontos de referência dirigentes, mas ele não pode substituí-los. Por isso, a Constituição deixa espaço para a atividade das forças políticas. Se ela não regula numerosas questões da vida estatal, ou somente em traços, então nisto está não somente uma renúncia à normalização determinante ou uma remissão à atualização concretizadora, mas muitas vezes, também uma garantia com força constitucional de discussão livre e decisão livre dessas questões" (HESSE, Konrad. *Elementos de direito constitucional da República Federal da Alemanha*. Tradução de Luís Afonso Heck. Porto Alegre: Sérgio Antônio Fabris Editor, 1998. p. 42).

162 Cumpre destacar, quanto ao modelo regulatório brasileiro, que tramita no Congresso Nacional um projeto de emenda constitucional (PEC nº 81/2003) que acrescenta o art. 174-A à Constituição Federal para fixar princípios da atividade regulatória e, assim, dar suporte às leis ordinárias que criaram as agências reguladoras com independência e autonomia. Esse dispositivo visa estabelecer que a atividade de regulação estatal será desempenhada por agências reguladoras, como órgãos de estado sujeitos ao regime autárquico especial com quadro de pessoal específico. Parece que a aprovação dessa emenda constitucional é desnecessária e serviria, apenas, para fazer a alegria dos formalistas e contribuir para a instabilidade do ordenamento jurídico. Sobre essa segunda questão (a instabilidade do direito) remete-se o leitor para a tese de doutorado de BAPTISTA, Patrícia Ferreira. *Segurança jurídica e proteção da confiança legítima no direito administrativo*: análise sistemática e critérios de aplicação no direito administrativo brasileiro. 2006. 374 p. Tese (Doutorado em Direito do Estado) – Universidade de São Paulo, São Paulo, 2006. p. 17-18.

Nesse contexto, a simples interpretação constitucional, submetida ao princípio da ótima concretização da norma, não pode ficar subsumida à lógica e aos conceitos. Isso porque, se o direito e, sobretudo, a Constituição têm sua eficácia condicionada pelos fatos concretos da vida, não se afigura possível que a interpretação faça deles tábula rasa. Ela há de contemplar essas condicionantes, correlacionando-as com as proposições normativas da Constituição. Considerando "o caráter sumamente sucinto e desde logo vazio das declarações do texto constitucional",[163] a interpretação adequada é aquela que consegue concretizar, de modo excelente, o sentido (*Sinn*) da proposição normativa dentro das condições reais dominantes em determinada situação.[164]

Em resumo, o que Hesse sustenta é que a Constituição jurídica não pode ser separada da realidade concreta de seu tempo, isto é, sua eficácia só será realizada se essa realidade for considerada. Graças ao elemento normativo, ela ordena e conforma a realidade política e social, de modo que as possibilidades e limites da força normativa da Constituição resultam na correlação entre *ser* e *dever ser*.[165]

Cumpre ressaltar ainda a diferença apontada por Hesse entre normatividade e força condicionante da realidade constitucional. Quanto a esse aspecto, sustenta que não se pode definir como fundamental a pura normatividade e tampouco a simples eficácia das condições sociopolíticas e econômicas. Tanto a Constituição normativa (jurídica) quanto a Constituição real (práxis) estão sob uma relação de permanente coordenação, sem, contudo, haver dependência uma da outra. Nesse contexto "o texto exige ir além do texto".[166]

Hesse sustenta que a concretização e a compreensão só serão possíveis em face do problema concreto, ao mesmo passo que a determinação de sentido da norma – e sua aplicação a um caso real – constituem um processo unitário.[167] Isso ocorre em sentido contrário aos

---

[163] ALEXY, Robert. Derechos fundamentales y estado constitucional democrático. *In:* CARBONELL, Miguel. *Neoconstitucionalismo(s)*. 2. ed. Madrid: Trotta, 2005. p. 35.

[164] HESSE, Konrad. *A força normativa da Constituição*. Tradução de Gilmar Ferreira Mendes. Porto Alegre: Sérgio Antônio Fabris, 1991. p. 21-22.

[165] HESSE, Konrad. *A força normativa da Constituição*. Tradução de Gilmar Ferreira Mendes. Porto Alegre: Sérgio Antônio Fabris, 1991. p. 24.

[166] FREITAS, Juarez. *A interpretação sistemática do direito*. 4. ed. São Paulo: Malheiros, 2004. p. 23.

[167] BONAVIDES, Paulo. *Curso de direito constitucional*. 12. ed. São Paulo: Malheiros, 2002. p. 439-440. Sobre esse aspecto, ver HESSE, Konrad. *Elementos de direito constitucional da República Federal da Alemanha*. Tradução de Luís Afonso Heck. Porto Alegre: Sérgio Antônio Fabris, 1998. p. 61 *et seq*.

outros métodos que fazem da compreensão da norma geral e abstrata e de sua aplicação dois momentos distintos e separados.

Como se aplicaria essa visão com os preceitos acerca da regulação estatal sobre atividades econômicas da Constituição brasileira de 1988?

3.3.3.1 Normatividade e força condicionante da realidade constitucional brasileira em termos de regulação administrativa

Pelo método concretista de interpretação antes examinado, observam-se três elementos de aguda importância: a norma que vai concretizar, a pré-compreensão e o problema concreto a resolver. Nesse contexto, é justo sustentar que a teoria de Hesse se molda ao tema da regulação no texto constitucional brasileiro. Como dito, a Carta Magna de 1988 distingue, na intervenção das atividades econômicas pelo Estado, as funções normativa e regulatória. A normatividade da Constituição jurídica está positivada nos detalhes necessários à sua compatibilização com a teoria da democracia.[168]

Quanto à regulação, traduz-se em um comando constitucional a ser contextualizado à luz da tópica, isto é, de acordo com os problemas e as situações reais sujeitas à mutação constitucional. Isso não significa que a Constituição seja um simples pedaço de papel, como caracterizou Lassalle, que outorga um "cheque em branco" ao legislador. Nesse caso, as variações e flutuações decorrentes do mercado, a enorme gama de possibilidades bem como as aporias que carecem de uma regulação diferenciada para cada subsistema – e que variam de acordo com cada realidade, cada contexto – são superiores aos elementos puramente normativos.[169]

Com arrimo na doutrina de Hesse, é justo inferir que a teoria da Constituição "não é mera ciência normativa, tal como imaginado

---

[168] Sobre o tema, ver SARTORI, Giovanni. *Teoría de la democracia*. Madrid: Alianza, 1987. Destaque-se nesta obra um aspecto relevante nesta tese, referente à democracia material (e não apenas formal).

[169] Conforme Hesse, a vontade do constituinte histórico não é capaz de fundamentar e, de todo, manter a validez real da Constituição assim criada. Até que ponto a Constituição consegue obter essa validez é, antes, uma questão de sua força normativa, de sua capacidade de produzir efeito determinante e regulador na realidade da vida histórica (HESSE, Konrad. *Elementos de direito constitucional da República Federal da Alemanha*. Tradução de Luís Afonso Heck. Porto Alegre: Sérgio Antônio Fabris Editor, 1998. p. 48).

pelo positivismo formalista".[170] A regulação prevista no atual sistema brasileiro deve ser considerada constitucional, pois deve-se perseguir, na interpretação do disposto no art. 174 da Constituição Federal de 1988, a maior eficácia possível, preservando-se a vontade da Constituição (*Wille zur Verfassung*), que representa sua força normativa.

A regulação de atividades econômicas e sociais não pode ser simplesmente positivada no texto constitucional, explicada em detalhes, pré-compreendida por uma lógica dedutiva. "Constituição e 'realidade', portanto, não podem ser isoladas uma da outra".[171] Há, indisputavelmente, de ser criada, construída passo a passo, de acordo com a práxis, de acordo com os *topoi*, ambos mutáveis.[172]

3.3.4 Metódica e âmbito da norma na teoria estruturante do direito de Friedrich Müller aplicada à regulação de atividades econômicas pelas entidades reguladoras brasileiras

Sob o aspecto da Constituição como elemento na concretização da norma, Friedrich Müller,[173] em sua doutrina de 1972, teorizou qual seria o real papel do texto constitucional e sua contextualização por seus concretizadores – seja o Estado, sejam aqueles atingidos pela norma –, cuja efetivação, necessariamente, passa pelo cotejo com o

---

[170] HESSE, Konrad. *A força normativa da Constituição*. Tradução de Gilmar Ferreira Mendes. Porto Alegre: Sérgio Antônio Fabris, 1991. p. 26.

[171] HESSE, Konrad. *Elementos de direito constitucional da República Federal da Alemanha*. Tradução de Luís Afonso Heck. Porto Alegre: Sérgio Antônio Fabris Editor, 1998. p. 44.

[172] "Em um contexto como o atual, com elevada complexidade e velocidade no surgimento de inovações nas sociedades, não se pode ter ilusões quanto ao que esperar do texto que é a Constituição, em seu sentido estritamente jurídico, que não pode ser visto como portador de soluções prontas para problemas dessa ordem. Seu texto é como uma obra aberta; ao ser interpretado, atribui-se-lhe a significação requerida no presente, levando em conta a Constituição em seu sentido empírico" (GUERRA FILHO, Willis Santiago. *Teoria da ciência jurídica*. São Paulo: Saraiva, 2001. p. 144). Nesse mesmo sentido, Luís Sérgio Soares Mamari Filho: "A tarefa de captar as ambições da sociedade e ampará-las em leis e Constituição, é, primeiramente, do legislador ordinário e constituinte, respectivamente. Cabe a eles identificar quais temas devem ser regulados, sendo certo que há margem para essa escolha, já que é impossível que todos os fenômenos ocorridos sejam legalmente previstos, e como fazê-lo. Isso porque entende-se que, quanto maior for a correspondência entre os juízos de valor da sociedade e o conteúdo da legislação e da Constituição, mais democrática e menos aleatória será a imposição desta" (MAMARI FILHO, Luís Sérgio Soares. *A comunidade aberta de intérpretes da constituição*: o *amicus curiae* como estratégia de democratização em busca do significado das normas. Rio de Janeiro: Lumen Juris, 2005. p. 3).

[173] MÜLLER, Friedrich. *Métodos de trabalho do direito constitucional*. 3. ed. Tradução de Peter Naumann. Rio de Janeiro: Renovar, 2005. p. 59 *et seq*.

âmbito da norma constitucional. A originalidade de sua teoria consiste na estruturação científica da práxis jurídica (atividade voltada para um resultado), alcançando tanto os conteúdos da norma quanto as propriedades formais do direito. Tudo isso sob uma interconexidade que considera todos os aspectos relevantes eventualmente omitidos com a dissociação da forma e da substância.[174]

O modelo positivista de ciência – combatido por Müller – compreende a descrição de um comportamento humano como uma tarefa científica. Um sistema de enunciados que seja capaz de descrever e explicar rigorosamente este comportamento deveria ser capaz de prevê-lo.[175] As ciências constroem as *teorias* (sistemas axiomáticos que constituem hipóteses genéricas que se confirmam pelos experimentos empíricos) que podem servir de prognósticos para a ocorrência de fenômenos que obedecem às mesmas condições ali descritas. Contudo, com o comportamento humano – social, político, econômico – não há como estabelecer prognósticos com bases científicas.

A "metódica"[176] sustentada por Müller, que compreende o conceito abrangente de hermenêutica, interpretação, métodos interpretativos e a metodologia propriamente dita, está atrelada a um modelo dinâmico de concretização da norma constitucional, antagonicamente à normatividade específica do positivismo legal[177] que se voltou para si sem buscar o acoplamento às ciências humanas.

Para Müller,[178] a hermenêutica não se refere à tradicional doutrina da técnica retórica em sua aplicação à ciência jurídica, mas às condições de princípio de concretização jurídica normativamente vinculada ao direito. A metodologia significa, no sentido tradicional, a totalidade das regras técnicas da interpretação no trato com normas jurídicas, como exemplo, a gramatical ou sistêmica, o procedimento analógico e regras similares. Em contrapartida, *hermenêutica* refere-se à teoria da estrutura

---

[174] Conforme palavras de Paulo Bonavides, no prefácio da mencionada obra de MÜLLER, Friedrich. *Métodos de trabalho do direito constitucional*. 3. ed. Tradução de Peter Naumann. Rio de Janeiro: Renovar, 2005.

[175] Tercio Sampaio Ferraz Jr., no prefácio da obra de VIEHWEG, Theodor. *Tópica de jurisprudência*. Tradução de Tercio Sampaio Ferraz Jr. Brasília: Departamento de Imprensa Nacional, 1979. p. 2.

[176] Tercio Sampaio Ferraz Jr., no prefácio da obra de VIEHWEG, Theodor. *Tópica de jurisprudência*. Tradução de Tercio Sampaio Ferraz Jr. Brasília: Departamento de Imprensa Nacional, 1979.

[177] O positivismo referido por Müller é o *positivismo do tratamento da norma* no tocante ao método (MÜLLER, Friedrich. *Métodos de trabalho do direito constitucional*. 3. ed. Tradução de Peter Naumann. Rio de Janeiro: Renovar, 2005. p. 155).

[178] MÜLLER, Friedrich. *Métodos de trabalho do direito constitucional*. 3. ed. Tradução de Peter Naumann. Rio de Janeiro: Renovar, 2005. p. 2.

da normatividade jurídica e dos pressupostos epistemológicos e de teoria do direito da metodologia jurídica, e *interpretação* diz respeito à possibilidade do tratamento jurídico-filológico do texto – interpretação de textos de normas.

O ponto marcante do pensamento *mülleriano* se concentra na ideia de que uma norma jurídica é mais do que seu texto. Norma é algo superior à interpretação do texto – no sentido tradicionalmente restrito que norteou os debates dos anos 20 do século passado – na tortuosa tarefa dos doutrinadores alemães quando da teorização dos direitos fundamentais.[179] Para a aplicação prática ao tema ora em comento – o modelo regulatório brasileiro – impende destacar que a metódica esquadrinhada por Müller está associada à concretização[180] do texto constitucional pelo Poder Legislativo e pelo Poder Executivo, não em menor graduação que a concretização, no caso concreto, pelo Poder Judiciário.

Dessa forma, "onde normas constitucionais estão em jogo, a legislação, a administração pública e o governo trabalham em termos de metódica da Constituição, do mesmo modo como trabalha o Poder Judiciário e a pesquisa da ciência jurídica".[181]

3.3.4.1 Metódica na formatação regulatória brasileira

Apontada a coluna vertebral da teoria de Müller, permite-se, então, perscrutar sua *metódica* para analisar a formatação regulatória engendrada pelos poderes Legislativo e Executivo brasileiro, notadamente criando entidades reguladoras responsáveis pela concretização de direitos fundamentais naqueles subsistemas em que a tecnicidade

---

[179] Alexy adverte que a teoria da norma em geral e da norma de direito fundamental, em particular, é inconciliável com a teoria semântica da norma que constitui o ponto de partida da definição de conceito de norma de direito fundamental apresentada em sua obra. O conceito de âmbito normativo, que na teoria da norma de Müller tem uma importância central, não aparece na tese de Alexy. Acerca das três objeções feitas por Alexy, ver em sua obra: *Teoría de los derechos fundamentales*. 1. ed. 3. reimpr. Tradução de Ernesto Garzón Valdés. Madrid: Centro de Estudios Políticos y Constitucionales, 2002. p. 77.

[180] Segundo Müller, a concretização da norma introduz os seguintes elementos: a) elementos metodológicos *strictiore sensu* (interpretações gramatical, histórica, genética, sistêmica e teleológica); b) elementos do âmbito da norma; c) elementos dogmáticos; d) elementos de teoria; e) elementos de técnica de solução; f) elementos de política do direito e política constitucional (MÜLLER, Friedrich. *Métodos de trabalho do direito constitucional*. 3. ed. Tradução de Peter Naumann. Rio de Janeiro: Renovar, 2005. p. 106).

[181] MÜLLER, Friedrich. *Métodos de trabalho do direito constitucional*. 3. ed. Tradução de Peter Naumann. Rio de Janeiro: Renovar, 2005. p. 3.

requer um corpo técnico altamente qualificado. Esse quadro técnico-regulatório deve deter uma pré-compreensão das questões para depurar as políticas públicas, compreender as aporias e, por fim, regular as atividades econômicas, com visão prospectiva, que, em seu livre exercício, frequentemente afetam direitos e garantias individuais.

Müller denota que somente no campo pretoriano (*Bundesverfassungsgericht*), ao lado da "ciência jurídica", apresentam-se concepções e tendências referentes a métodos interpretativos que buscam fornecer constantes e concatenadas representações de seus processos decisórios. Nesses casos, os fatos da vida subsumem-se à norma, sob a vontade do legislador ou a vontade da Constituição.[182]

A vontade do legislador, pela teoria precursora de interpretação de Savigny, deve ser interpretada a partir da literalidade da norma (interpretação gramatical), em função de seu nexo (interpretação sistêmica), visando à finalidade (interpretação teleológica) dos materiais legais e da história genética (interpretação histórica).[183] Nesse diapasão, só se interpreta dentro das "regras tradicionais" mais ou menos canônicas do espaço da própria lei, em seu texto.[184]

Mesmo as questões metodológicas adotadas pelo Tribunal Constitucional alemão são criticadas por Müller, notadamente o princípio da interpretação conforme a Constituição.[185] Esse princípio, de berço germânico, permite uma renúncia ao formalismo jurídico – comumente adotado em nossa Corte Suprema – e às interpretações convencionais, objetivando alcançar a justiça material inserida na teoria da democracia. Desse modo, uma norma que não seja patentemente inconstitucional não pode ser declarada nula enquanto for viável sua interpretação conforme a Lei Fundamental.[186]

---

[182] MÜLLER, Friedrich. *Métodos de trabalho do direito constitucional*. 3. ed. Tradução de Peter Naumann. Rio de Janeiro: Renovar, 2005. p. 5.

[183] MÜLLER, Friedrich. *Métodos de trabalho do direito constitucional*. 3. ed. Tradução de Peter Naumann. Rio de Janeiro: Renovar, 2005. p. 7.

[184] MÜLLER, Friedrich. *Métodos de trabalho do direito constitucional*. 3. ed. Tradução de Peter Naumann. Rio de Janeiro: Renovar, 2005. p. 11.

[185] Guastini anota que a prática de interpretação conforme a Constituição é ao menos muito discutível. Vejam-se as razões do autor na obra La "constitucionalización" del ordenamiento jurídico: el caso italiano. *In:* CARBONELL, Miguel (Org.). *Neoconstitucionalismo(s)*. 2. ed. Madrid: Trotta, 2005. p. 67.

[186] Esse, aliás, foi o entendimento da mais alta corte brasileira, o Supremo Tribunal Federal, em cognição liminar na ADIn nº 1.668, em que diversos partidos políticos questionaram dispositivos da Lei Federal nº 9.472/1997, que criou a Anatel. Entre os vários dispositivos legais atacados pela referida ADIn, destacam-se os incs. IV e X, do art. 19, da mencionada Lei nº 9.472/97, que trata da competência da Anatel para expedir normas quanto à outorga, prestação e fruição dos serviços de telecomunicações no regime público e no regime privado.

Sob o valor – justiça material –, a metodologia fornece maior flexibilização jurídica sempre que a norma infraconstitucional permitir diferentes meios de interpretação. Nesses casos, o julgador procederá à exclusão daquelas modalidades interpretativas consideradas inconstitucionais, adotando a que torne compatível com o padrão normativo esquadrinhado na Carta Política.[187] A Constituição é utilizada, por essa metodologia, como norma material para fins de identificação de conteúdo de prescrições legais ordinárias,[188] de modo que esse procedimento, na visão de Müller, acaba por ser reconhecidamente limitado pelo Tribunal Constitucional Federal. Mesmo nos casos em que a Corte rompe com o pragmatismo legalitário, ela deixa de fundamentar o método adotado para tal.[189]

Por meio da ótica da doutrina constitucional, Müller assevera que se opera um método que ainda não encontrou uma concepção superadora do positivismo legalista tributário de uma concepção que não pode ser mantida na prática. Percebe-se, nitidamente, que são insuficientes, na práxis, as possibilidades de concretização da norma para alcançar um resultado.[190] Mesmo a tendência atual de transformar

---

Com relação a esse dispositivo legal, foi deferido, em parte, o pedido cautelar requerido na ADIn, *no sentido de dar-lhes interpretação conforme a Constituição Federal*, com o objetivo de fixar exegese segundo a qual a competência da Anatel para expedir normas subordina-se aos preceitos legais e regulamentares que regem a outorga, prestação e fruição dos serviços de telecomunicações no regime público e no regime privado (GUERRA, Sérgio. Competências e conflitos de atribuições entre as agências. *In:* SARAIVA, Enrique; PECI, Alketa; BRASÍLICO, Edson Américo (Org.). *Regulação, defesa da concorrência e concessões.* Rio de Janeiro: FGV, 2002. p. 146).

187 Sobre esse aspecto, Egon Bockmann Moreira já teve a oportunidade de sustentar em sede doutrinária que "a interpretação conforme a Constituição exige que o hermeneuta direcione seu entendimento nos termos das previsões constitucionais. Ou seja, não se exige apenas a vedação à interpretação da norma que a coloque em choque com o Texto Maior (de forma implícita ou explícita, direta ou reflexa). Mais do que isso, a interpretação conforme a Constituição determina esforço hermenêutico no sentido de interpretar adequadamente a norma legal, adotando, dentre as compreensões cabíveis, aquela que melhor se ajuste ao espírito da Constituição" (MOREIRA, Egon Bockmann. *O processo administrativo no direito brasileiro.* São Paulo: Malheiros, 2003. p. 85-86).

188 MÜLLER, Friedrich. *Métodos de trabalho do direito constitucional.* 3. ed. Tradução de Peter Naumann. Rio de Janeiro: Renovar, 2005. p. 12.

189 MÜLLER, Friedrich. *Métodos de trabalho do direito constitucional.* 3. ed. Tradução de Peter Naumann. Rio de Janeiro: Renovar, 2005. p. 20.

190 O autor cita algumas teorias que buscam essa concretização, a exemplo da ponderação de valores de direitos fundamentais. Sustenta que o fracasso dessas teorias se funda na tentativa de superação do positivismo legalista sem ao mesmo tempo abandonar a sua estrutura (*back-ground*) teórica, a sua compreensão da norma, a sua identificação de norma jurídica e texto da norma e a sua concepção de prescrições jurídicas como ordens logicizadas ou juízos hipotéticos (em vez de modelos de ordenamento materialmente determinados) (MÜLLER, Friedrich. *Métodos de trabalho do direito constitucional.* 3. ed. Tradução de Peter Naumann. Rio de Janeiro: Renovar, 2005. p. 23).

categorias como "valor", "ordem de valor" ou "sistema de valores" em classes de concretização constitucional – e que corresponde a um retorno às regras tradicionais savignyanas da hermenêutica jurídica –, essas categorias não foram formuladas para o direito constitucional.[191]

A metódica jusconstitucional de Müller traduz-se, portanto, em uma teoria da concretização da norma jurídica que permite representar e verificar racionalmente a relevância de critérios normativos de aferição para a decisão, a relevância dos elementos do caso afetados por esses critérios de aferição e a sustentabilidade da decisão.

> A metódica deve poder decompor os processos de elaboração da decisão e da fundamentação expositiva em passos de raciocínio suficientemente pequenos para abrir o caminho ao *feed-back* controlador por parte dos destinatários da norma, dos afetados por ela, dos titulares de funções estatais (tribunais revisores, jurisdição constitucional etc.) e da ciência jurídica.[192]

Müller simboliza o teor literal de uma prescrição juspositiva como sendo apenas a "ponta do *iceberg*". A literalidade atende ao *programa da norma*, mas deixa em aberto o *âmbito da norma*. O âmbito da norma resulta dos dados extralinguísticos, estatal e social, e de um funcionamento, um reconhecimento e uma atualidade efetiva do ordenamento constitucional diante de motivações empíricas,[193] isto é, de dados que, mesmo que fossem desejados, não poderiam ser fixados no texto da norma constitucional para garantir sua pertinência.[194]

O modelo regulatório brasileiro – e, consequentemente, a nova categoria de *escolha regulatória* – ajusta-se à teoria da metódica de Müller.

O Constituinte de 1988 teria dificuldade em detalhar o padrão de regulação estatal a ser adotado pelos poderes Legislativo e Executivo. Por isso, os "impulsos de ordenamento, regulamentação e critérios de

---

[191] MÜLLER, Friedrich. *Métodos de trabalho do direito constitucional*. 3. ed. Tradução de Peter Naumann. Rio de Janeiro: Renovar, 2005. p. 27-28.

[192] MÜLLER, Friedrich. *Métodos de trabalho do direito constitucional*. 3. ed. Tradução de Peter Naumann. Rio de Janeiro: Renovar, 2005. p. 37-38.

[193] Hart, em sentido oposto, sustenta que o âmbito da norma é sempre uma questão de interpretação (HART, Herbert L. A. *O conceito de direito*. 4. ed. Tradução de A. Ribeiro Mendes. Lisboa: Fundação Calouste Gulbenkian, 2005. p. 51).

[194] A crítica de Alexy sobre esse ponto está na sua obra: *Teoría de los derechos fundamentales*. 1. ed. 3. reimpr. Tradução de Ernesto Garzón Valdés. Madrid: Centro de Estudios Políticos y Constitucionales, 2002. p. 79.

aferição que dela partem [...] não estão substancialmente 'presentes' no seu teor literal".[195]

A intervenção estatal por meio de escolhas regulatórias sobre decisões e atuações empresariais, inerentes à livre-iniciativa, deve basear-se em critérios técnicos e científicos, que visam a atender ao interesse público, sem, contudo, deixar de ponderar os efeitos dessas escolhas ao subsistema regulado com os interesses de segmentos da sociedade e, até mesmo, com o interesse individual no caso concreto.

> Não é o teor literal de uma norma (constitucional) que regulamenta um caso jurídico concreto, mas o órgão legislativo, o órgão governamental, o funcionário da administração pública, o tribunal que elaboram, publicam e fundamentam a decisão regulamentadora do caso, providenciando, quando necessário, a sua implementação fática – sempre conforme o fio condutor da formulação linguística dessa norma (constitucional) e com outros meios metódicos auxiliares de concretização.[196]

Essa visão alia-se ao direito consuetudinário à luz do pragmatismo,[197] cuja qualidade jurídica é admitida mesmo não se apresentando algum texto definido como autoridade para o caso concreto. Sua vinculação é conexa à teoria do Estado Democrático de Direito, em uma, até mesmo, *praeter constitutionem*. O enfoque que se espera de uma metódica jusconstitucional é a solução do problema, é concretizar a norma para efetivar o Estado Democrático de Direito em meio à massa de materiais de trabalhos resultantes da práxis e do direito. Nessa senda,

---

[195] MÜLLER, Friedrich. *Métodos de trabalho do direito constitucional*. 3. ed. Tradução de Peter Naumann. Rio de Janeiro: Renovar, 2005. p. 38.

[196] MÜLLER, Friedrich. *Métodos de trabalho do direito constitucional*. 3. ed. Tradução de Peter Naumann. Rio de Janeiro: Renovar, 2005. p. 39.

[197] O debate acerca do *pragmatismo*, por não estar diretamente associado ao escopo da presente obra, não será aqui desenvolvido. Desse modo, remete-se o leitor às obras de autores norte-americanos que vêm se destacando no assunto: Ronald Dworkin, Richard Posner e Cass Sunstein. O pensamento do primeiro pode ser conferido em DWORKIN, Ronald. *O império do direito*. Tradução de Jefferson Luiz Camargo. São Paulo: Martins Fontes, 1999; a doutrina do segundo em POSNER, Richard A. *Law, pragmatism and democracy*. Cambridge: Harvard University Press, 2003; e POSNER, Richard A. Legal pragmatism. *Metaphilosophy*, v. 35, n. 1-2, p. 147-159, jan. 2004. A visão do terceiro pode ser verificada em SUNSTEIN, Cass R. Must formalism be defended empirically? *The University of Chicago Law Review*, n. 66, p. 636-670, Summer 1999. Entre nós, pode-se conferir o tema na obra de SOUZA NETO, Cláudio Pereira de. A interpretação constitucional contemporânea entre o construtivismo e o pragmatismo. *In:* MAIA, A. C. *et al* (Org.). *Perspectivas atuais da filosofia do direito*. Rio de Janeiro: Lumen Juris, 2005; e, acerca do pragmatismo na regulação, os comentários feitos por MOREIRA NETO, Diogo de Figueiredo. *Direito regulatório*: a alternativa participativa e flexível para a Administração Pública de relações setoriais complexas no Estado democrático. Rio de Janeiro: Renovar, 2003 p. 93.

além do *programa da norma* contido na literalidade que representa a ordem jurídica, o *âmbito da norma* (recorte da realidade social em sua estrutura básica, que o programa da norma escolheu para si, gerado ou não pelo direito) pertence, em idêntico nível hierárquico, à norma.[198] Isto porque ele não é idêntico aos pormenores materiais do conjunto dos fatos; é parte integrante material da própria prescrição jurídica.[199]

De todo esse elenco de considerações da teoria mülleriana, conclui-se que a utilização pura e simples de métodos clássicos de interpretação para a concretização do modelo regulatório brasileiro é insuficiente para um debate acerca de sua constitucionalidade. A metódica fulcrada no *âmbito da norma*, arrastando para a própria norma os elementos da práxis, justifica a presença de entidades reguladoras com as funções conferidas nas leis de suas criações.[200] Segundo Müller:

> Uma metódica destinada a ir além do positivismo legalista deve indicar regra para a tarefa de concretização da norma no sentido abrangente da práxis efetiva. Não se pode aferrar-se nem ao dogma da evidência nem ao dogma voluntarista. Não pode conceber o processo bem como a tarefa da realização do direito normativamente vinculada como uma mera reelaboração de algo já efetuado. Ela deve elaborar os problemas da "pré-compreensão" da ciência jurídica e do fato da concretização estar referida ao caso. Ela deve *partir in totum* de uma teoria da norma que deixa para trás o positivismo legalista.[201]

---

198 Müller sustenta essa questão sob o argumento de que no direito constitucional evidencia-se, com especial nitidez, que uma norma jurídica não é um "juízo hipotético" isolável diante de seu âmbito de regulamentação, nem uma forma colocada sobre a realidade, entretanto, uma inferência classificadora e ordenadora a partir da estrutura material do próprio âmbito social regulamentado. Comenta que o Tribunal Constitucional Federal (BVerfGE 6, p. 132, 142-147 *et seq.*) repudiou a acusação de que tal procedimento decorreria de um sociologismo ou de que ele teria sucumbido a uma metódica não jurídica (MÜLLER, Friedrich. *Métodos de trabalho do direito constitucional*. 3. ed. Tradução de Peter Naumann. Rio de Janeiro: Renovar, 2005. p. 43-45).

199 MÜLLER, Friedrich. *Métodos de trabalho do direito constitucional*. 3. ed. Tradução de Peter Naumann. Rio de Janeiro: Renovar, 2005. p. 42-44.

200 "A norma jurídica é mais do que o seu teor literal. O teor literal funciona, de acordo com o tipo da norma, de maneiras distintas, como diretriz e limite da concretização admissível. A interpretação do texto da norma é um componente importante, mas não o único da implementação dos sinais de ordenamento normativo em casos determinados. Por isso não devemos falar de interpretação ou explicação, mas sim de concretização da norma" (MÜLLER, Friedrich. *Métodos de trabalho do direito constitucional*. 3. ed. Tradução de Peter Naumann. Rio de Janeiro: Renovar, 2005. p. 105).

201 MÜLLER, Friedrich. *Métodos de trabalho do direito constitucional*. 3. ed. Tradução de Peter Naumann. Rio de Janeiro: Renovar, 2005. p. 47.

No caso da regulação de atividades sociais e econômicas e diante das questões cotidianas plurais, em profunda mutação, não se deve perseguir no atual constitucionalismo aberto[202] uma predeterminação qualitativa ou quantitativa do modelo a ser seguido.[203] O texto aprovado pelos constituintes de 1988 passou a ser premissa no debate político, restando sempre um permanente processo de fazer a Constituição Federal uma realidade, interpretando-a e aplicando-a com o emprego de uma teoria e metodologia também renovadas.[204]

3.3.5 Interpretação pluralista e aberta da regulação no Brasil à luz da teoria de Peter Häberle

Considerando que a regra disciplinada no art. 174 da Constituição Federal de 1988 não prevê soluções para todas as situações concretas, e, no que tange às normas principiológicas, verifica-se que não há princípios absolutos, porque princípios são normas jurídicas essencialmente relativas – e ontologicamente abertas – a demandarem, antes de serem aplicadas, um juízo de ponderação à luz do caso concreto, o direito

---

202 Acerca da "abertura" da Constituição brasileira de 1988, Castro leciona que dentro do contexto de abertura jurídica, como condição para o contínuo adensamento do fenômeno jurídico, impõe-se ao jurista o dever de desconfiar de leituras herdadas, e mesmo de se inquietar com elas, se já não se afinam com o sentimento de justiça, ou não mais traduzem as expectativas contemporâneas da sociedade. Em verdade, mais do que catalogar, impõe-se, hoje, talvez como nunca, não só à jurisprudência, mas, sobretudo, ao profissional do direito, intensificar o conhecimento do fenômeno jurídico, encontrando novas conexões de sentido que as normas mantêm entre si e com os princípios éticos-diretivos do ordenamento jurídico, cujo epicentro repousa no princípio da dignidade humana. Enfim, trata-se de um dever que incumbe e vincula a todos, Administração Pública e administrados, governantes e governados, Estado e sociedade (CASTRO, Carlos Roberto Siqueira. *A constituição aberta e os direitos fundamentais:* ensaios sobre o constitucionalismo pós-moderno e comunitário. Rio de Janeiro: Forense, 2003. p. 52).

203 "A Constituição, por sua natureza, conteúdo, estrutura e finalidade, apresenta-se como um sistema aberto de regras e princípios que, recorrentemente, dependem da intervenção do legislador ou da mediação dos intérpretes para lograr efetividade. A Constituição não é apenas um texto jurídico, mas a expressão do desenvolvimento cultural de um povo e, por isso, permanentemente aberta para o futuro. Ela é detentora de uma capacidade de aprendizagem que a habilita para enfrentar os novos desafios que o porvir colocar-lhe-á, adaptando-se à mutante concepção de justiça" (MAMARI FILHO, Luís Sérgio Soares. *A comunidade aberta de intérpretes da constituição*: o *amicus curiae* como estratégia de democratização em busca do significado das normas. Rio de Janeiro: Lumen Juris, 2005. p. 33-34).

204 GUERRA FILHO, Willis Santiago. *Teoria da ciência jurídica*. São Paulo: Saraiva, 2001. p. 145. Hesse afirma que o legislador democrático tem a presunção de constitucionalidade de sua vontade e atuação para si; a ele está encarregada a configuração jurídica das condições da vida em primeiro lugar (HESSE, Konrad. *Elementos de direito constitucional da República Federal da Alemanha*. Tradução de Luís Afonso Heck. Porto Alegre: Sérgio Antônio Fabris, 1998. p. 73).

passa a ser interpretação. E interpretação, à luz da nova hermenêutica, é aplicação, concretização. Concretização é ter em conta o texto e o contexto sociopolítico, isto é, a realidade material circundante do mundo da vida e as consequências sociais do ato interpretativo.

Com essa premissa e o predomínio do papel do julgador na "filtragem" constitucional, Peter Häberle apresentou uma teoria metodológica (1975) sob o ponto de vista epistemológico voltada à sociedade aberta. A essência dessa metódica se atém à ampliação dos intérpretes da Constituição, que inclui, além do Poder Judiciário, os cidadãos e os órgãos estatais, que passam a constituir força produtiva de interpretação, ao menos como pré-intérpretes (*Vorinterpreten*) do complexo normativo constitucional.

Além das teorias interpretativas jusconstitucionais idealizadas para a sociedade fechada, materializadas na indagação sobre as tarefas e os objetivos da interpretação e sobre seus métodos (processo e regra de interpretação), Häberle propõe um terceiro aspecto a ser enfrentado na teoria da Constituição. Trata-se da "Constituição e a realidade constitucional".

A compatibilização da tese häberleniana ao padrão regulatório, disciplinado a partir do texto constitucional brasileiro de 1988, está no destaque que Häberle faz, exatamente, para a "realidade constitucional" bem como acerca de um dos principais intérpretes da Constituição: os parlamentares. A concretização legiferante da Constituição possui um diferencial qualitativo patente do juízo constitucional provocado no exercício da jurisdição.

> O legislador cria uma parte da esfera pública (*Öffentlichkeit*) e da realidade da Constituição, ele coloca acentos para o posterior desenvolvimento dos princípios constitucionais. Ele atua como elemento precursor da interpretação constitucional e do processo de mutação constitucional. [...] Muitas vezes, essas concretizações passam a integrar o próprio conteúdo da Constituição.[205]

Com isso, diante de um termo aberto do art. 174 da Carta de 1988 – o Estado como "agente regulador" –, parece ser plausível considerar constitucional a interpretação eleita pelo Parlamento para a eleição do modelo regulatório adotado em conformação com a práxis.

---

[205] HÄBERLE, Peter. *Hermenêutica constitucional*: a sociedade aberta dos intérpretes da constituição: contribuição para a interpretação pluralista e "procedimental" da constituição. Tradução de Gilmar Ferreira Mendes. Porto Alegre: Sérgio Antônio Fabris, 1997. Reimpr. 2002. p. 27.

Essa interpretação não se subsume, apenas, ao Poder Judiciário, mas, notadamente, aos eleitos pelo povo para a definição das políticas públicas e os meios para sua implementação. É o que Häberle denomina de teoria da legislação, na qual se ultrapassa a fixação exclusiva da jurisdição como intérprete da Constituição aberta.[206] Teoria constitucional "enquanto teoria da legislação deveria pesquisar [...] as peculiaridades da interpretação constitucional levada a efeito pelo legislador (contemplar-se-ia, assim, a alta relevância do Direito Parlamentar)".[207]

3.3.6 Modelo material-procedimental com base na teoria principiológica de Robert Alexy

Sob a mudança de paradigma do constitucionalismo brasileiro, Luís Roberto Barroso[208] adverte que se busca a efetividade das normas constitucionais fundada não só na premissa da força normativa da Carta Magna como também no desenvolvimento de uma dogmática da interpretação constitucional, baseada em novos métodos hermenêuticos e na sistematização de princípios específicos de interpretação constitucional. Não se pretende, aqui, por não constituir objeto central desta obra, discorrer acerca dos princípios inseridos na teoria dos direitos fundamentais de Alexy.[209] Contudo, é relevante para o tema em questão uma análise do enfoque dado pelo autor ao defender o modelo neoconstitucionalista diante das críticas de Habermas e Böckenförde, e,

---

[206] Constituição aberta, no sentido de que o que há de valer como direito constitucional se resolverá, cada vez, nos casos concretos. Conforme lição de Ricardo Lobo Torres, embora contenha também como elementos constitutivos os fatos e as instituições, o direito é fundamentalmente um sistema aberto de valores. Ele apresenta unidade e coerência interna. Essa unidade não leva ao fechamento; mas à compatibilização entre diversos valores (TORRES, Ricardo Lobo. *Tratado de direito constitucional financeiro e tributário*. Rio de Janeiro: Renovar, 2005. p. 43. v. 2).

[207] HÄBERLE, Peter. *Hermenêutica constitucional*: a sociedade aberta dos intérpretes da constituição: contribuição para a interpretação pluralista e "procedimental" da constituição. Tradução de Gilmar Ferreira Mendes. Porto Alegre: Sérgio Antônio Fabris, 1997. Reimpr. 2002. p. 54. Complementa o autor: "Tem-se, pois, de desenvolver uma compreensão positiva para o legislador, enquanto intérprete da Constituição seja enquanto ele, o legislador, pré-formula, no processo político, seja enquanto participa formalmente do processo constitucional" (p. 54-55).

[208] BARROSO, Luís Roberto. *Interpretação e aplicação da Constituição*. 6. ed. São Paulo: Saraiva, 2004. p. 343.

[209] A teoria principiológica será abordada de modo breve no capítulo 4, no qual enfrentar-se-á a configuração da atual segurança jurídica como princípio ou valor.

consequentemente, os mecanismos de ponderação de interesses à luz do princípio da proporcionalidade.[210]

A crítica à teoria alexyana segue, por um lado, a alegação de Habermas de que a ponderação orientada para os fins (teleológica) conduziria a uma perda das forças dos direitos fundamentais. Isso porque, sob essa fórmula, os direitos individuais poderiam ser sacrificados por uma ponderação irracional em razão de fins coletivos. Outra crítica – a de Böckenförde –[211] sustenta que, pela teoria de Alexy, os clássicos direitos fundamentais se reduziriam ao alcance de uma parte do sistema jurídico, isto é, a relação entre o Estado e o cidadão. O ordenamento jurídico, em seu conjunto, estaria contido na Constituição e, dessa forma, haveria falta de concretização, conforme a irônica expressão adotada por Forsthoff: "ovo jurídico originário".[212] Por essa linha de pensamento, o legislador perderia toda a sua autonomia, pois sua atividade esgotar-se-ia na mera definição daquilo que já estaria decidido na Constituição. Com isso, o processo político democrático perderia, consideravelmente, seu significado – haveria uma mudança da matriz legiferante do Estado para um Estado Jurisdicional. O legislador, sob esse enfoque, estaria condenado a somente declarar algo, sujeito, sempre, ao controle jurisdicional "que substituiria a valoração do Parlamento por um juízo de valor seu",[213] aquilo que já havia sido decidido pela Constituição.

---

210 Constante da obra de ALEXY, Robert. *Epílogos a la teoría de los derechos fundamentales*. Tradução de Carlos Bernal Pulido. Madrid: Fundación Beneficentia et peritia iuris, 2004.

211 Para Böckenförde, as disposições sobre direitos fundamentais da Lei Fundamental de Bonn constituem fórmulas lapidárias e preceitos de princípios que carecem, em si mesmo, de um único sentido material. Sobre a teoria axiológica, Böckenförde questiona se é realmente possível uma fundamentação à luz dos valores e, com ela, dos direitos fundamentais. Além dos problemas filosóficos da teoria dos valores, o autor apresenta objeções a ela (BÖCKENFÖRDE, E. W. Teoría e interpretación de los derechos fundamentales. Tradução de Villaverde Menéndez. *In:* BÖCKENFÖRDE, Ernst-Wolfgang. *Escritos sobre derechos fundamentales*. Baden-Baden: Nomos, 1993. p. 44 *et seq.*).

212 Forsthoff combateu a tendência de reduzir a Constituição a um sistema de valores. Para Forsthoff, os elementos sociais não podem incorporar estruturalmente o edifício constitucional do Estado de Direito sem que, com ele, se percam outros elementos constitucionais essenciais. Não pretende negar a justificativa ou a necessidade do Estado Social; contudo, se mantidas as condições próprias do Estado de Direito, a realização do Estado Social não pode ser alçada ao plano constitucional, devendo permanecer no plano da lei e da atividade administrativa (FORSTHOFF, E. *Zur Problematik der Verfassungsauslegung*. Stuttgart: Kohlhammer, 1991. p. 37, cf. CRUZ, Luis M. *La constitución como orden de valores*: problemas jurídicos y políticos. Granada: Comares, 2005. p. 52; 95.

213 GUASTINI, Riccardo. La "constitucionalización" del ordenamiento jurídico: el caso italiano. *In:* CARBONELL, Miguel (Org.). *Neoconstitucionalismo(s)*. 2. ed. Madrid: Trotta, 2005. p. 73.

A resposta de Alexy às críticas polarizadas por Habermas e Böckenförde interessa ao objeto desta obra. Alexy revisita a questão principiológica da Constituição por um viés metodológico, sob uma dicotomia entre a Constituição como ordem marco (*Rahmenordnung*) –[214] que se converteu em verdadeira bandeira contra a ideia de otimização – e a Constituição como ordem jurídico-fundamental (*die rechtlicle Grundordnung des Gemeinwesens*).

Considerando que são mencionados métodos de concretização da Constituição pelo legislador ordinário, o debate adiante apresentado enriquece o tema que envolve a constitucionalidade do modelo regulatório brasileiro e, consequentemente, permite engastar a nova categoria de escolha regulatória no contexto jurídico-constitucional brasileiro.

3.3.6.1 Constituição como ordem marco. Os modelos puramente procedimental e puramente material

O conceito de ordem marco, em suas concepções, é examinado por Robert Alexy sob três aspectos. A primeira concepção, denominada "redução liberal da Constituição", é sustentada por Böckenförde mediante o regresso ao entendimento dos direitos fundamentais como clássicos direitos de defesa frente ao poder estatal; a segunda, "redução material da Constituição", aduzida por Hain, que defende a redução dos direitos fundamentais a um *standard* mínimo; e, por último, a "redução metodológica da Constituição", voltada à vontade histórica do Constituinte, proposto por Jestaedt.[215] A Constituição marco, independentemente de suas diversas concepções, parte de um ponto comum. E "este conceito permanece idêntico em todas as concepções do marco e é, nesta medida, de caráter formal".[216]

Sob este enfoque – da relação entre a Constituição e a legislação –, Alexy observa que, na ordem marco, a Constituição não contém comandos ou proibições que restrinjam a competência do legislador. Enquanto se sujeite às prescrições constitucionais de competência, procedimento e forma, ao legislador permite-se tudo – procedimento

[214] O tema é comentado como "moldura" por SILVA, Virgílio Afonso da. *A constitucionalização do direito*: os direitos fundamentais nas relações entre particulares. São Paulo: Malheiros, 2005. p. 116-118.

[215] ALEXY, Robert. *Epílogos a la teoría de los derechos fundamentales*. Tradução de Carlos Bernal Pulido. Madrid: Fundación Beneficentia et peritia iuris, 2004. p. 23.

[216] ALEXY, Robert. *Epílogos a la teoría de los derechos fundamentales*. Tradução de Carlos Bernal Pulido. Madrid: Fundación Beneficentia et peritia iuris, 2004. p. 24.

puramente procedimental da Constituição. Essa "margem de ação" do legislador leva à conclusão de que a Constituição não se apresenta como uma ordem material. A margem de ação do legislador é que seria ilimitada desde um ponto de vista material.[217]

Para Alexy, o modelo puramente procedimental da ordem marco é incompatível com a vinculação jurídica do legislador aos direitos fundamentais, pois esse padrão sustenta-se na inexistência de um vínculo jurídico-material – que se deriva dos direitos fundamentais. Se a ponderação dos direitos fundamentais não exclui nenhum resultado, diante do caso concreto, esses mesmos direitos não são capazes de trazer ao legislador qualquer limite e, por isso, não podem constituir um marco. Ao prevalecer a tese da *ordem material*, os direitos fundamentais poderiam produzir uma aparência de um marco, fazendo com que a Corte Constitucional pudesse utilizar essa circunstância para encobrir os fundamentos de suas decisões. E mais: o legislador estaria à mercê do tribunal constitucional, pois a este caberia sempre a última palavra na interpretação dos comandos constitucionais.

Em sentido contrário ao modelo puramente procedimental, encontra-se o modelo puramente material de Constituição. Nesse viés estritamente material, a Constituição contém um comando ou uma proibição para a atuação do Poder Legiferante, tal qual descreveu Forsthoff como o "ovo jurídico originário".[218] Por esse vezo, se elimina toda a margem de ação legislativa, ferindo, deste modo, a própria competência decisória atribuída ao Poder Legiferante, democraticamente eleito em sufrágio.

3.3.6.2 Modelo material-procedimental de Alexy

Cotejando-se as duas vertentes, procedimental e material, em que na primeira se confia tudo à discricionariedade do legislador – modelo puramente procedimental –, e, na outra, não se confia nada à discricionariedade legislativa – modelo puramente material da Constituição –, Alexy sustenta, em prol da garantia dos direitos fundamentais, a necessidade de uma terceira via metodológica. Nesta identifica-se, na Constituição, uma discricionariedade ao Poder Legislativo em determinadas matérias,

---

217 ALEXY, Robert. *Epílogos a la teoría de los derechos fundamentales*. Tradução de Carlos Bernal Pulido. Madrid: Fundación Beneficentia et peritia iuris, 2004. p. 25.

218 ALEXY, Robert. *Epílogos a la teoría de los derechos fundamentales*. Tradução de Carlos Bernal Pulido. Madrid: Fundación Beneficentia et peritia iuris, 2004. p. 27.

e em outras não. Sob a forma de um "constitucionalismo moderado",[219] esse seria o modelo material-procedimental.[220]

Na visão de Alexy, a ordem marco pode ser definida como aquilo que é ordenado e proibido. Naquelas questões em que a Constituição não ordena nem proíbe, se confia os temas à discricionariedade do legislador. A ordem fundamental, no sentido quantitativo, apresenta-se como aquela em que a Constituição nada confia à discricionariedade do legislador ("ovo jurídico originário"), ao passo que, sob o ponto de vista qualitativo, a ordem fundamental disciplina alguns assuntos fundamentais para a comunidade.

Pela teoria principiológica,[221] a Constituição deve combinar essas duas vertentes – a ordem marco e a fundamental. Em determinadas questões, a Constituição traz comandos e proibições, formando uma verdadeira moldura. Em relação a outros assuntos, a Constituição confia o disciplinamento à discricionariedade legislativa, e, por fim, em determinados temas julgados relevantes e fundamentais, a Constituição já traz um comando com eficácia plena, sem a necessidade de ser disciplinado pelo Poder Legislativo. Desse modo, a "Constituição não determina todo o conteúdo do Direito ordinário, mas exclui algumas questões e exige outras".[222] Assim e na linha jurisprudencial aberta pela sentença *Lüth*, Alexy busca compatibilizar ambas as ordens em um mesmo conceito de Constituição, mediante o conceito de margem de ação (*Dogmatik der Spielräume*).[223]

A questão posta por Alexy impele a indagação acerca da aplicabilidade dessa metodologia à estrutura principiológica dos direitos fundamentais. O caminho trilhado por Alexy analisa a questão do

---

[219] CRUZ, Luis M. *La constitución como orden de valores*: problemas jurídicos y políticos. Granada: Comares, 2005. p. 97.

[220] ALEXY, Robert. *Epílogos a la teoría de los derechos fundamentales*. Tradução de Carlos Bernal Pulido. Madrid: Fundación Beneficentia et peritia iuris, 2004. p. 28.

[221] De acordo com a teoria de Alexy, tanto as regras como os princípios são normas, porque ambos dizem o que deve ser. Os princípios são mandamentos de otimização, isto é, são normas que ordenam que algo seja realizado na maior medida possível, de acordo com as possibilidades fáticas e jurídicas. Desse modo os princípios podem ser satisfeitos em diferentes graus e a medida de sua satisfação depende não só das possibilidades fáticas, mas, também e essencialmente, das exigências derivadas por princípios opostos. Assim, considerando que o sistema jurídico é aberto à moral, os princípios são suscetíveis de ponderação no caso concreto (ALEXY, Robert. *Epílogos a la teoría de los derechos fundamentales*. Tradução de Carlos Bernal Pulido. Madrid: Fundación Beneficentia et peritia iuris, 2004. p. 82 *et seq.*).

[222] CRUZ, Luis M. *La constitución como orden de valores*: problemas jurídicos y políticos. Granada: Comares, 2005. p. 106.

[223] CRUZ, Luis M. *La constitución como orden de valores*: problemas jurídicos y políticos. Granada: Comares, 2005. p. 106; 108.

ponto de vista da margem de ação estrutural, isto é, a margem para a fixação dos fins, meios e para a ponderação. Cumpre enfrentar esses três aspectos à luz do modelo regulatório brasileiro.[224]

3.3.6.3 Margem de eleição dos fins da intervenção regulatória

A margem para a determinação dos *fins* estrutura-se na reserva competencial aberta de intervenção legislativa ou menciona as razões para intervir; mas não determina esta ou aquela forma de intervenção. O legislador decide, por critérios de conveniência e oportunidade, se intervém em determinado direito fundamental e em razão de que *fins*, propósitos ou princípios o faz.[225] Conjugando-se a teoria alexyana com o modelo regulatório brasileiro disciplinado pelo Poder Legislativo, verifica-se que, ao criar entidades reguladoras independentes, o Parlamento atuou discricionariamente com vistas ao alcance dos *fins* democráticos garantidos na Carta Política.

Os arts. 173 e 174 da Constituição Federal definiram, expressamente, os princípios a serem observados pelo Poder Legiferante. Por esses dispositivos constitucionais, o desempenho estatal deve se concentrar nas funções de fiscalização, incentivo e planejamento, permitindo-se, contudo, sua atuação direta mediante a exploração de atividade econômica quando necessária aos imperativos da segurança nacional ou relevante interesse coletivo, conforme definidos em lei.

Esse novo papel do Estado está subsumido ao princípio da subsidiariedade, pelo qual a iniciativa privada tem primazia sobre a investida estatal, e o Estado deve se abster de exercer qualquer atividade que compete à livre- iniciativa.[226] Cabe a este o fomento, a coordenação e a fiscalização das atividades desenvolvidas pelo particular.

Como sustenta Floriano Azevedo Marques, a regulação estatal é um dos meios de intervenção no domínio econômico. Presta-se a um só tempo a assegurar as condições de exploração de dada atividade

---

[224] Acerca da realização do juízo de ponderação pelo administrador público, para encontrar o ponto arquimediano entre direitos individuais e metas coletivas, ver a obra de BINENBOJM, Gustavo. *Uma teoria do direito administrativo*: direitos fundamentais, democracia e constitucionalização. Rio de Janeiro: Renovar, 2006. p. 121.

[225] ALEXY, Robert. *Epílogos a la teoría de los derechos fundamentales*. Tradução de Carlos Bernal Pulido. Madrid: Fundación Beneficentia et peritia iuris, 2004. p. 32-33.

[226] FONSECA, João Bosco Leopoldino da. *Direito econômico*. 5. ed. Rio de Janeiro: Forense, 2007. p. 139.

econômica e à consecução de objetivos públicos consentâneos com os princípios da ordem econômica inscritos na Constituição, especialmente aqueles arrolados no seu art. 170. Pode o Estado exercer regulação sobre atividades consideradas serviço público ou não. Naquelas a regulação é imprescindível e prevalecente. Nas outras há de ser menos intensa, mas nem por isso desnecessária. Ao reservar ao Estado o papel de agente regulador da ordem econômica, a Constituição (art. 174) deixa claro que este papel deve ser exercido sobre todas as atividades econômicas e não apenas sobre aquelas para as quais reserva (art. 175) a incidência do regime de direito público, derrogatório da liberdade de iniciativa.[227]

Com efeito, sob a responsabilidade do Estado devem permanecer as atividades indelegáveis à iniciativa privada, a exemplo de segurança, justiça, relações exteriores e polícia, assim como, em caráter subsidiário, atividades sociais, tais como educação, saúde e cultura. Os *fins* eleitos pelo Poder Legislativo para restringir o direito individual contido no princípio da livre- iniciativa (art. 170) justificam-se diante da necessidade de se ponderar princípios norteadores da ordem econômica nacional por entidades reguladoras autônomas e independentes, infensas à subordinação política inerente à característica weberiana da administração pública direta.[228]

3.3.6.4 Modelo regulatório eleito pelo Poder Legislativo como *meio* para a garantia dos direitos fundamentais

A margem para a eleição dos *meios* apresenta-se quando as regras constitucionais não só proíbem certas intervenções legislativas como também trazem comandos positivos para sua execução. A questão complexifica-se quando da escolha do *meio* pelo Parlamento. A decisão do legislador ordinário na escolha do *meio* depende não só da ponderação como também da possibilidade de identificação dos diversos meios e em que medida favorecem ou prejudicam os princípios que entram em jogo.[229]

---

[227] MARQUES NETO, Floriano Peixoto de Azevedo. Pensando o controle da atividade regulação estatal. *In:* GUERRA, Sérgio (Coord.). *Temas de direito regulatório*. Rio de Janeiro: Freitas Bastos, 2004. p. 211-212.

[228] Os fundamentos jurídicos da regulação estatal estão em 1.5.5.

[229] ALEXY, Robert. *Epílogos a la teoría de los derechos fundamentales*. Tradução de Carlos Bernal Pulido. Madrid: Fundación Beneficentia et peritia iuris, 2004. p. 36.

No campo regulatório estatal brasileiro, o modelo eleito pelo Poder Legislativo – composto por entidades colegiadas, autônomas e independentes,[230] com formação técnica e custeada pelos próprios regulados – levou em consideração experiências e aspectos empíricos de outras sociedades democráticas.[231]

A ideia de descentralização advém do movimento estruturado no Reino Unido, denominado *New Public Management* (NPM), adotado a partir da década de 80 visando modernizar a organização administrativa, isto é, esse termo foi utilizado para descrever a onda de reformas do setor público nesse período.[232]

Enrique Saravia[233] leciona que nas décadas de 80 e 90 vários países – entre eles o Brasil – tentaram reformas que permitissem maior agilidade e flexibilidade à atividade estatal. Os diversos planos de melhora receberam a denominação comum de Nova Gerência Pública (*New Public Management*) e seus principais enunciados foram sintetizados num memorável relatório da OCDE (1996). Tratava-se de medidas destinadas a dotar a Administração Pública de um comportamento gerencial que aliviasse a máquina ou o aparelho do Estado. Muitos países avançaram por esse caminho e se registraram melhoras efetivas em muitos deles. No entanto, o modelo funcionou melhor nos países de democracias e economias evoluídas e estáveis. Não aconteceu idêntico fenômeno nos países com fortes desigualdades sociais e regionais, com

---

230 Para deixar claro o nosso pensamento sobre a autonomia e independência, ver GUERRA, Sérgio. *Agências reguladoras*: da administração da organização administrativa piramidal à governança em rede. Belo Horizonte: Fórum, 2012.

231 Em prol da independência regulatória das agências, Vital Moreira aponta como razões: a) separação entre a política e a economia, de modo que a economia não permaneça nas mãos do Governo; b) garantia de estabilidade e segurança no quadro regulatório (inamovibilidade do mandato dos reguladores), de modo a não depender do ciclo eleitoral, mantendo a confiança dos agentes regulados quanto à estabilidade do ambiente regulatório; c) favorecimento do profissionalismo e neutralidade política, mediante o recrutamento de especialistas profissionais, em vez de correligionários políticos dos governantes; d) separação do Estado-Empresário do Estado Regulador, com o indispensável tratamento isonômico entre os operadores públicos e privados; e) "blindagem" contra a captura regulatória, mediante a criação de reguladores afastados das constrições próprias da luta partidária e do ciclo eleitoral, proporcionando melhores condições de resistência às pressões dos regulados e f) garantia do autofinanciamento, de modo que a entidade reguladora potencialize a sua autonomia em relação ao governo e aos regulados (MOREIRA, Vital. Por uma regulação ao serviço da economia de mercado e do interesse público: a "declaração de condeixa". *Revista de Direito Público da Economia – RDPE*, Belo Horizonte, n. 1, jan./mar. 2003. p. 252-253).

232 Cf. nosso *Agências reguladoras*: da administração da organização administrativa piramidal à governança em rede. Belo Horizonte: Fórum, 2012.

233 SARAVIA, Enrique J. Governança social no Brasil contemporâneo. *Revista Governança Social – IGS*, Belo Horizonte, ano 3, ed. 7, p. 21-23, dez./mar. 2010. p. 22.

pesados endividamentos e déficits fiscais, ou com sistemas políticos em transição.

O programa do NPM[234] pode ser resumido, de modo objetivo, nas seguintes medidas: (i) diminuir o tamanho do Estado, inclusive do efetivo do pessoal; (ii) privatização de empresas e atividades; (iii) descentralização de atividades para os governos subnacionais; (iv) terceirização de serviços públicos (*outsorcing*); (v) regulação de atividades conduzidas pelo setor privado; (vi) transferência de atividades sociais para o terceiro setor; (vii) desconcentração de atividades do governo central; (viii) separação de atividades de formulação e implementação de políticas públicas; (ix) estabelecimento de mecanismos de aferição de custos e avaliação de resultados; (x) autonomização de serviços e responsabilização de dirigentes; (xi) flexibilização da gestão orçamentária e financeira das agências públicas; (xii) adoção de formas de contratualização de resultados e (xiii) abolição da estabilidade dos funcionários e flexibilização da relação de trabalho no serviço público.[235]

No bojo das reformas administrativas, trazidas nos governos de Margareth Thatcher e John Major, foram criadas diversas entidades regulatórias. Destaque-se a Office of Telecomunication (OFTEL), na área de telecomunicações, criada no ano de 1984; a Office of Gas (OFGAS), para regular o setor de gás, e a Office of Eletricity Regulation (OFFER), regulando o setor de eletricidade. Estas entidades, após fusão no ano de 1999, transformaram-se na Office of Gas and Eletricity Markets (OFGEM), abrangendo os setores de gás e eletricidade.[236]

Foram criadas a Water Services Regulation Authority (OFWAT)[237] para o setor voltado aos recursos hídricos; a Office of Rail Regulation (ORR),[238] do sistema ferroviário, a Civil Aviation Authority (CAA),[239]

---

[234] "Nas décadas de 1980 e 1990, vários movimentos, abrigados sob o guarda-chuva da New Public Management (NPM), especialmente nos países anglo-saxões, propunham soluções para a administração pública. Pontos centrais se referiam à adaptação e à transferência dos conhecimentos gerenciais desenvolvidos no setor privado para o público, pressupondo a redução do tamanho da máquina administrativa, uma ênfase crescente na competição e no aumento de sua eficiência" (PECI, Alketa; PIERANTI, Octavio Penna; RODRIGUES, Silvia. Governança e New Public Management: convergências e contradições no contexto brasileiro. *O&S*, v. 15, n. 46, jul./set. 2008).

[235] COSTA, Frederico Lustosa da. *Reforma do Estado e contexto brasileiro*: crítica do paradigma gerencialista. Rio de Janeiro: FGV, 2010. p. 154.

[236] Disponível em: www.ofgem.gov.uk. Acesso em: 9 jul. 2012.

[237] Disponível em: www.ofwat.gov.uk. Acesso em: 9 jul. 2012.

[238] Disponível em: www.rail-reg.gov.uk. Acesso em: 9 jul. 2012.

[239] Disponível em: www.caa.co.uk. Acesso em: 9 jul. 2012.

para o setor aéreo, a Office of Fair Trading (OFT),[240] atuando na defesa da concorrência, e uma agência responsável por loterias, a Office of the National Lottery (OFLOT), sucedida pela National Lottery Commission.[241]

Registre-se, ainda, a influência estadunidense quanto à estruturação dos entes regulatórios, propriamente ditos. Os Estados Unidos da América experimentaram um amplo e contínuo desenvolvimento da regulação setorial desde 1887, quando surgiu a Interstate Commerce Comission, com competência regulatória do transporte ferroviário interestadual.

A Independent Regulatory Commission estadunidense é um ente estatal autônomo, dirigido por um colegiado composto por *commissioners* eleitos pelo chefe do Poder Executivo, e investidos para exercer o múnus público por meio de mandato fixo. Desse modo, esses dirigentes só podem ser exonerados em caso de falta grave. Os mandatos dos *commissioners* variam, sendo certo que sempre são determinados por prazos escalonados, permitindo que os mandatos não sejam coincidentes. A nomeação do *chairman*, que preside o órgão colegiado, compete ao chefe do Poder Executivo, com prévia aprovação do Senado Federal.[242]

No Brasil, a organização das entidades autárquicas regulatórias também se estruturou de modo que suas decisões definitivas observem, em regra, a forma colegiada. O conselho diretor é composto pelo diretor-presidente e mais quatro diretores, com *quorum* deliberativo por maioria absoluta. As nomeações desses dirigentes pelo presidente da República,[243] com a aprovação pelo Senado Federal, são feitas por mandatos com prazos certos e não coincidentes, havendo impossibilidade de exoneração *ad nutum*.[244]

---

240 Disponível em: www.oft.gov.uk. Acesso em: 9 jul. 2012.

241 Disponível em: www.natlotcomm.gov.uk. Acesso em: 9 jul. 2012.

242 Sobre o tema, GUERRA, Sérgio. Aperfeiçoando a regulação brasileira por agências: quais lições podem ser extraídas do sesquicentenário modelo norte-americano? *In:* GUERRA, Sérgio (Org.). *Teoria do Estado Regulador*. Curitiba: Juruá, 2015.

243 Sobre a nomeação dos dirigentes das agências reguladoras, veja-se TURNER, Cláudia; PRADO; Mariana. A democracia e o seu impacto nas nomeações dos diretores das agências reguladoras e ministros do STF. *Revista de Direito Administrativo*, v. 250, p. 27-74, jan./abr. 2009.

244 Veja-se a ADIn nº 1.949-RS, em que essa matéria foi questionada perante o Supremo Tribunal Federal pelo governador do estado do Rio Grande do Sul. Vale registrar sobre o tema que a Lei nº 9.986/2000, que dispõe sobre a gestão de recursos humanos das agências reguladoras, padronizou a forma de escolha de seus dirigentes.

Somente por essas características verifica-se que o paradigma estruturante das agências reguladoras brasileiras é a Independent Regulatory Commission estadunidense.[245]

Poder-se-ia cogitar como *meio* que a regulação permanecesse sob a competência da Administração Pública direta, isto é, dos órgãos subordinados ao chefe do Poder Executivo. Esse *meio*, contudo, parece não atender aos *fins* da regulação de atividades econômicas. Com efeito, diante do pluralismo pós-moderno impõe-se uma modelagem de intervenção indireta (reguladora) – equidistante do Governo, dos regulados e dos usuários/consumidores – que deve representar o equilíbrio de sistema complexo, mediante regras de ponderação dos interesses no caso concreto.

A assunção de atividades econômicas de relevante compromisso social pelo setor privado deverá observar determinados compromissos, tais como a continuidade e a modicidade de tarifas, justificando-se, perfeitamente, a regulação dessas atividades por meio de uma entidade estatal descentralizada, com amplas funções e amplo conhecimento técnico sobre o setor regulado.

Ainda hoje o Poder Executivo utiliza empresas estatais como meio político para atingir metas sociais, econômicas e, especialmente, "eleitoreiras"[246] sem o compromisso com o indissociável equilíbrio das contas públicas. Essa postura de alguns governantes pode ocorrer mesmo quando tais serviços sejam delegados ao setor empresarial privado, caso a regulação dessa delegação permaneça em suas mãos, ou seja, sob a tutela da Administração Pública direta. Basta que não se permita, por

---

[245] Jean-Jacques Daigre, da Universidade de Paris I (Panthéon Sorbonne) leciona que as agências reguladoras francesas também tiveram como paradigma as agências norte-americanas. Por suas palavras: "Les autorités de régulation sont nés de la transposition des agences américaines et em particulier, dans le secter financier, de la SEC, la Securities and Exchange Comission, mise en place à la suite de 1929, pour marquer la politique nouvelle engagée par Roosevelt" (DAIGRE, Jean-Jacques. Ombres et lumières: examen critique du fonctionnement des autorités administratives indépendantes. *In:* CHARETTE, Hervé de (Dir.). *Le contrôle démocratique des autorités administratives independántes à caractère économique*. Paris: Economica, 2002. p. 5). Sobre a situação das agências reguladoras francesas, GUERRA, Sérgio; GUERRA, Thamires. Brasil deve observar modelo francês de agências reguladoras. *Consultor Jurídico*, São Paulo, 2016. Disponível em: http://www.conjur.com.br/2016-out-30/brasil-observar-modelo-frances-agencias-reguladoras. Acesso em: 9 mar. 2017.

[246] É o que ainda ocorre, por exemplo, com o preço do combustível. Mesmo que o preço do litro da gasolina esteja defasado com relação ao preço do barril de petróleo no mercado internacional, é comum a Petrobras não reajustar, por determinação governamental, o preço antes de eleições. Nesse sentido, foi publicada notícia no jornal *O Globo*, com a sugestiva manchete: "Luz amarela sobre a Petrobras: ações caem, com aumento do risco político" (ELOY, Patrícia. Luz amarela sobre a Petrobras: ações caem, com aumento do risco público. *O Globo*, Rio de Janeiro, p. 15, 26 fev. 2007).

um simples ato executivo, o reajuste de preços e tarifas para se atingir metas inflacionárias ou atender a alguma pauta popular,[247] malgrado textos claros das normas e contratos de concessão.

Dessa forma, entende-se que somente com a criação de entidades reguladoras com relativo grau de independência e autonomia, com corpo técnico com comprovada capacidade e experiência no setor regulado,[248] torna-se mais propício o ambiente de segurança e atratividade dos investidores nacionais e estrangeiros, propícios à oferta de serviço público e serviço de utilidade pública de qualidade à população.

Por fim, um terceiro *meio* a ser cogitado seria a regulação por autarquias sem a autonomia e independência diferenciada, isto é, a autarquia clássica cujos atos são submetidos ao ministério responsável por seu controle e, consequentemente, pelo chefe do Poder Executivo. Esse *meio* também não se apresenta eficaz, haja vista que, em vez do cunho técnico das decisões regulatórias, o poder de revisão dessas medidas pela Administração direta acabaria por incluir um componente estritamente político-partidário, avesso aos fundamentos da regulação de atividades econômicas.

3.3.6.5 Margem para a *ponderação* da regulação descentralizada: *adequação*, *necessidade* e *proporcionalidade estrita* na satisfação dos princípios que regem a regulação

A ponderação na escolha feita pelo legislador para a concretização dos princípios constitucionais está voltada à máxima realização das garantias e dos direitos fundamentais em jogo. No entanto, Alexy sustenta que essa máxima realização aponta para a ideia de que, no âmbito dos princípios, sempre existe uma única resposta correta. Essa máxima realização (mandamento de otimização), contudo, depende das

---

[247] Como ocorreu em 2013 quando alguns governantes, a exemplo do então governador do estado do Rio de Janeiro, Sérgio Cabral, suspenderam reajustes de tarifas de transporte em função de movimentos populares.

[248] Conforme dispôs a Lei nº 9.472/97, que criou a Agência Nacional de Telecomunicações – Anatel, no art. 8º: "Fica criada a Agência Nacional de Telecomunicações, entidade integrante da Administração Pública Federal indireta, submetida a regime autárquico especial e vinculada ao Ministério das Comunicações, com a função de órgão regulador das telecomunicações, com sede no Distrito Federal, podendo estabelecer unidades regionais. [...] §2º A natureza de autarquia especial conferida à Agência é caracterizada por independência administrativa, ausência de subordinação hierárquica, mandato fixo e estabilidade de seus dirigentes e autonomia financeira".

possibilidades fáticas e jurídicas a serem observadas à luz do princípio da proporcionalidade.[249]

Nesse diapasão, quando se perquire se uma medida legislativa é ponderada, se ela atende ao ponto ótimo da máxima realização dos princípios constitucionais envolvidos na disciplina ordinária, tem-se de examinar se a norma é compatível com o princípio da proporcionalidade em suas três esferas: adequação (*Geeignetheit*), necessidade (*Erforderlichkeit*) e proporcionalidade em sentido estrito (*Verhältnismässigkeit*).[250]

Os dois primeiros subprincípios – adequação e necessidade – devem alcançar a maior realização dos princípios de acordo com as possibilidades fáticas. O primeiro deles significa que "a medida adoptada para a realização do interesse público deve ser apropriada para a prossecução do fim ou fins a ele subjacentes. Trata-se, pois, de controlar a relação de adequação medida-fim".[251]

Alexy denota que a adequação da norma tem um *status* de critério negativo, de modo que se possa verificar quais *meios* são menos idôneos.[252] O critério negativo não fixa o *meio* a ser adotado pelo legislador para a concretização das normas constitucionais. Ao contrário, ele unicamente exclui outro(s) *meio*(s) não idôneos. Desse modo, e na perseguição de um paralelo entre a teoria alexyana e o modelo regulatório brasileiro, é justo inferir que a Carta Política de 1988, nesse aspecto, funcionou como *ordem marco*, sendo o *meio* escolhido pelo legislador ordinário adequado aos *fins* a serem perseguidos.

A assunção de atividades econômicas de relevante compromisso social pelo setor privado impõe a regulação por meio de entidades estatais descentralizadas, com amplas funções e com conhecimento técnico sobre os setores regulados. Com a criação de entidades reguladoras, com relativo grau de independência, com corpo técnico com comprovada capacidade e experiência no setor regulado, pode-se buscar, com maior chance de êxito, um ambiente de maior segurança

---

[249] ALEXY, Robert. *Epílogos a la teoría de los derechos fundamentales*. Tradução de Carlos Bernal Pulido. Madrid: Fundación Beneficentia et peritia iuris, 2004. p. 38.

[250] Segundo a teoria de Alexy, da máxima da proporcionalidade em sentido estrito, segue-se que os princípios são mandamentos de otimização com relação às possibilidades jurídicas. De outro lado, as máximas de necessidade e adequação seguem o caráter de princípios como mandamentos de otimização com relação às possibilidades fáticas (ALEXY, Robert. *Teoría de los derechos fundamentales*. 1. ed. 3. reimpr. Tradução de Ernesto Garzón Valdés. Madrid: Centro de Estudios Políticos y Constitucionales, 2002. p. 112-113).

[251] CANOTILHO, José Joaquim Gomes. *Direto constitucional e teoria da Constituição*. 4. ed. Coimbra: Almedina, 2000. p. 383.

[252] ALEXY, Robert. *Epílogos a la teoría de los derechos fundamentales*. Tradução de Carlos Bernal Pulido. Madrid: Fundación Beneficentia et peritia iuris, 2004. p. 41.

jurídica,[253] demonstração de maturidade política, respeitabilidade externa e atratividade dos investidores nacionais e estrangeiros.

O subprincípio da necessidade corresponde à medida que não pode exceder os limites indispensáveis à conservação do fim legítimo que se pretenda alcançar, vale dizer: a medida só pode ser admitida quando for necessária, sendo associada à busca do "meio mais suave"[254] e ao "direito à menor desvantagem possível".[255] Exige-se, por esse critério, que, dos *meios* igualmente idôneos, seja escolhido o mais benigno ao direito fundamental afetado.[256]

Nesse vezo, o que se deve perquirir na compatibilidade do modelo regulatório brasileiro com os direitos fundamentais, à luz do subprincípio da necessidade, é se no sopesamento entre o princípio da livre- iniciativa e outros princípios de proteção dos direitos individuais – dignidade da pessoa humana, isonomia, função social da propriedade etc. – poderia ter sido escolhido um outro modelo pelo legislador ordinário que afetasse, na menor medida, a livre- iniciativa, sem que isso representasse custos excessivos para os direitos fundamentais dos cidadãos.

Por essa visão, mesmo tendo como regra a liberdade de iniciativa, em que o empresário deve ser o senhor absoluto na determinação do que, como e quanto produzir e por que preço vender, essa liberdade, como todas as outras, não pode ser exercida de modo absoluto. Ela deve ser mitigada. O padrão regulatório brasileiro aponta para a busca do equilíbrio entre o Estado, o cidadão e o agente regulado, de modo que a entidade reguladora, descentralizada do poder central, tenha ferramentas para se manter equidistante dessas três figuras.

Poderia ser cogitado outro *meio* como menos gravoso mediante a autorregulação. Esse modelo consiste na regulação por esquemas organizatórios criados por meio de decisões ou acordos estabelecidos por e entre suas organizações associativas ou representativas. Em suma, esse modo de regulação é implementado pelos próprios interessados. Considerando que uma das funções dos entes reguladores estatais

---

[253] Veja-se nossa proposta de sistematizar mecanismos para conter incerteza e insegurança na regulação em 4.7.

[254] GUERRA FILHO, Willis Santiago. *A filosofia do direito aplicada ao direito processual e à teoria da constituição*. 2. ed. São Paulo: Atlas, 2002. p. 88.

[255] CANOTILHO, José Joaquim Gomes. *Direto constitucional e teoria da Constituição*. 4. ed. Coimbra: Almedina, 2000. p. 268.

[256] ALEXY, Robert. *Epílogos a la teoría de los derechos fundamentales*. Tradução de Carlos Bernal Pulido. Madrid: Fundación Beneficentia et peritia iuris, 2004. p. 41.

concentra-se na concretização de políticas públicas e seu poder de polícia,[257] esse *meio* não parece ser apropriado ao alcance dos *fins*.[258]

O terceiro aspecto a ser observado refere-se ao subprincípio da proporcionalidade em sentido estrito, cuja premissa consiste em que a maior otimização deve ser perseguida em relação às possibilidades jurídicas. Quanto maior o grau de não satisfação ou de afetação de um dos princípios, tanto maior deve ser a importância da satisfação do outro.[259]

Na visão de Alexy, a técnica da ponderação se divide em três fases. No primeiro passo, deve-se definir o grau de não satisfação ou de afetação de um dos princípios. No segundo estágio, deve-se definir a importância da satisfação do princípio que se julga em sentido contrário. Por fim, deve-se definir se a importância da satisfação do princípio contrário justifica a afetação ou a não satisfação do outro.

No que tange à regulação de atividades econômicas *lato sensu*, exercida atualmente em múltiplos sistemas complexos por reguladores dotados de certa independência, a conciliação e convivência harmônica entre normas – princípios ou regras – deve se concretizar na ponderação de valores e interesses envolvidos.[260] Hodiernamente, com a patente

---

[257] Essa questão foi reconhecida na jurisprudência do Supremo Tribunal Federal, ao julgar medida cautelar em Ação Direta de Inconstitucionalidade nº 2.310-1-DF, na qual se discutia a constitucionalidade da previsão, constante da Lei nº 9.986/2000, de contratação de pessoal técnico para as agências reguladoras no regime de emprego público (de acordo com as regras da Consolidação das Leis do Trabalho). Naquele julgado assim manifestou-se o Ministro Marco Aurélio Mello, ao reconhecer a inconstitucionalidade de tal norma: "Inegavelmente, as agências reguladoras atuam como poder de polícia, fiscalizando, cada qual em sua área, atividades reveladoras de serviço público, a serem desenvolvidas pela iniciativa privada [...] Está-se diante de atividade na qual o poder de fiscalização, o poder de polícia, fazem-se com envergadura ímpar, exigindo, por isso mesmo, que aquele que a desempenhe sinta-se seguro, atue sem receios outros, e isso pressupõe a ocupação de cargo público [...] àqueles que desenvolvam atividades exclusivas de Estado".

[258] Sobre autorregulação, direciona-se o leitor para a obra MOREIRA, Vital. *Auto-regulação profissional e Administração Pública*. Lisboa: Almedina, 1997. p. 52 *et seq*.

[259] ALEXY, Robert. *Epílogos a la teoría de los derechos fundamentales*. Tradução de Carlos Bernal Pulido. Madrid: Fundación Beneficentia et peritia iuris, 2004. p. 48.

[260] Na manifestação doutrinária de Daniel Sarmento, a técnica da ponderação de interesses não é ainda muito difundida no Brasil como em outros países, a exemplo da Alemanha e Estados Unidos. O objetivo dessa técnica seria a solução de conflitos principiológicos. Isto porque, no momento da elaboração de uma Constituição dogmática – como no caso brasileiro – são diversos os fatores que, existentes à época, influenciam os constituintes em sua tarefa e fazem com que estes resguardem sob o manto constitucional os mais variados interesses dos igualmente variados grupos sociais (fatores sociais, políticos, econômicos etc.). O pluralismo de ideias existente no meio social, em determinados momentos, acabará por acarretar inúmeros confrontos. Diante do caso concreto, onde houver confronto entre princípios constitucionais, adotar-se-á, pela utilização da técnica da ponderação de interesses, o princípio da proporcionalidade na sua chamada "tripla dimensão" e, desta

ambivalência, demonstra-se inviável a busca de exaustiva regulação juspositivista, isto é, por regras editadas e detalhadas pelo Parlamento.[261]

A adequação da escolha regulatória, em vista dos diversos interesses abrangidos e diante das circunstâncias ecléticas que se apresentam no cotidiano, exige uma flexibilidade para sua correta apreciação e decisão.[262] A regulação, como assinala Marcos Juruena Villela Souto,[263] deve ser implementada por meio de uma interpretação prospectiva que deve orientar o agente regulador, ponderando custos e benefícios da ação regulatória – normativa, executiva e judicante – não só à luz dos fatos passados, mas, em especial, voltada para o impacto futuro.[264]

3.4 Conclusão parcial

Diante das duas correntes de interpretação doutrinária brasileira, que, de um lado, sustenta, de modo superficial, a inconstitucionalidade do modelo regulatório nacional e, de outro – também de maneira pouco sólida – a constitucionalidade desse mesmo modelo, pretendeu-se enfrentar essas pautas com vistas à compatibilização jurídico-constitucional do atual aparelho público, que exerce as funções regulatórias,

---

forma, finalizada a tarefa, o aplicador do direito estará apto a informar que interesse deve prevalecer em detrimento do antagônico. Nessa ponderação de interesses, deverá ser observada a dignidade humana como princípio informador de toda ordem constitucional, agindo, sobretudo, sobre a lógica do razoável (SARMENTO, Daniel. *A ponderação de interesses na Constituição Federal*. 1. ed. 3. tir. Rio de Janeiro: Lumen Juris, 2003. p. 97 *et seq*.).

261 Sobre a inviabilidade da edição de leis pelo Parlamento para satisfazer as necessidades inerentes à regulação de atividades econômicas, direcionamos o leitor para 2.1.1 da presente obra.

262 É na ponderação de interesses em presença que se sustenta a legitimidade das normas constitucionais, conforme expõe Konrad Hesse: "A Constituição não deve assentar-se numa estrutura unilateral, se quiser preservar a sua força normativa num mundo em processo de permanente mudança político-social. Se pretende preservar a força normativa dos seus princípios fundamentais, deve ela incorporar, mediante meticulosa ponderação, parte da estrutura contrária. Direitos fundamentais não podem existir sem deveres [...] Se a Constituição tentasse concretizar um desses princípios de forma absolutamente pura, ter-se-ia de constatar, inevitavelmente – no mais tardar em momento de acentuada crise – que ela ultrapassou os limites de sua força normativa. A realidade haveria de pôr termo à sua normatividade; os princípios que ela buscava concretizar estariam irremediavelmente derrogados" (HESSE, Konrad. *A força normativa da Constituição*. Tradução de Gilmar Ferreira Mendes. Porto Alegre: Sérgio Antônio Fabris, 1991. p. 21).

263 SOUTO, Marcos Juruena Villela. *Direito administrativo regulatório*. Rio de Janeiro: Lumen Juris, 2002. p. 359.

264 Os objetivos da regulação são analisados em 1.5.3.

estruturada para assegurar o princípio da livre-iniciativa aos anseios de justiça e de plena garantia dos direitos fundamentais.

Trilhou-se a análise da questão do ponto de vista da nova hermenêutica do texto constitucional de 1988. Essa escolha decorreu da constatação de que a utilização pura e simples de métodos clássicos de interpretação para a concretização do modelo regulatório brasileiro tem sido insuficiente para um debate acerca de sua constitucionalidade. Para tanto, e com vistas ao alcance de um pensamento sistemático, inseriu-se, como componente, a tópica, que ajuda a potencializar seu âmbito de significação em vez de cercear a ação interpretativa.

Partiu-se, para uma interpretação acerca da constitucionalidade do modelo regulatório brasileiro, do art. 174 da Constituição Federal. Este dispõe que o Estado, como agente normativo e regulador da atividade econômica, exercerá as funções de fiscalização, incentivo e planejamento. Diante desse fato indisputável – ou seja, a função de regulação estatal está positivada no texto constitucional –, restava saber apenas se o legislador ordinário teria competência discricionária para deliberar acerca da concretização do modelo regulatório – como efetivamente o fez – com destaque para a natureza jurídica e as funções das entidades reguladoras.

A análise dessa questão seguiu os métodos hermenêuticos idealizados por juristas tedescos para a concretização de textos constitucionais, em que se confrontaram, naquilo que foi possível com o atual modelo de regulação adotado em nosso país, algumas concepções de interpretação constitucional do modelo alemão. Essa escolha decorreu dos influxos da tendência metodológica da Lei Fundamental de Bonn em nossa Carta de 1988, na qual se destaca a conjugação de valor e direito com vistas à superação do juspositivismo axiologicamente neutro.

Nesse contexto, destacou-se neste capítulo que a função normativa está positivada nos detalhes da Constituição de 1988, necessários à sua compatibilização com a teoria da democracia. Quanto à regulação, afirmou-se que se traduz em um comando constitucional a ser contextualizado à luz da tópica, isto é, de acordo com os problemas e as situações reais sujeitas à mutação constitucional. Isso não significa que a Constituição seja um simples pedaço de papel que outorga um cheque em branco ao legislador. É que neste caso as variações e flutuações decorrentes do mercado, a enorme gama de possibilidades bem como as aporias que carecem de uma regulação diferenciada para cada subsistema – e que variam de acordo com cada realidade, cada contexto – são superiores aos elementos puramente normativos.

Sustentou-se ainda neste capítulo que a regulação do atual sistema brasileiro deve ser considerada constitucional, pois deve-se perseguir, na interpretação da Constituição Federal de 1988, a maior eficácia possível, preservando-se a vontade da Constituição, que representa sua força normativa. A regulação de atividades econômicas e sociais não pôde – e não pode – ser simplesmente positivada no texto constitucional, explicada em detalhes, pré-compreendida por uma lógica dedutiva, haja vista que deve ser criada, construída passo a passo de acordo com a práxis, de acordo com os *topoi*, ambos mutáveis.

No caso da regulação de atividades econômicas e diante das questões cotidianas plurais em profunda mutação, concluiu-se que não se deve perseguir no atual constitucionalismo aberto uma predeterminação qualitativa ou quantitativa do modelo a ser seguido. O texto aprovado pelos constituintes de 1988 passou a ser premissa no debate político, restando sempre um permanente processo de fazê-lo realidade, interpretando-o e aplicando-o com o emprego de uma teoria e metodologia também renovadas.

Também sob a ótica da "Constituição e a realidade constitucional", entendeu-se que, diante de um termo aberto do art. 174 da Carta de 1988 – o Estado como "agente regulador" –, deve considerar-se constitucional a interpretação eleita pelo Parlamento para a eleição do modelo regulatório adotado em conformação com a práxis. Essa interpretação não se subsume apenas ao Poder Judiciário, mas, notadamente, aos eleitos pelo povo para a definição das políticas públicas e os meios para sua implementação.

Ao criar entidades reguladoras com certa dose de independência, o Parlamento atuou discricionariamente com vistas ao alcance dos *fins* democráticos garantidos na Carta Política. Os arts. 173 e 174 da Constituição Federal definiram, expressamente, os princípios a serem observados pelo Poder Legiferante. Por esses dispositivos constitucionais, o desempenho estatal deve se concentrar nas funções de fiscalização, incentivo e planejamento, permitindo-se, contudo, sua atuação direta mediante a exploração de atividade econômica quando necessária aos imperativos da segurança nacional ou relevante interesse coletivo, conforme definidos em lei.

De acordo com as conclusões a que se chegou neste capítulo, os *fins* eleitos pelo Poder Legislativo para restringir o direito individual contido no princípio da livre- iniciativa (art. 170) justificam-se diante da necessidade de se ponderar princípios norteadores da ordem econômica nacional por entidades reguladoras autônomas com certa independência, infensas à subordinação política inerente à característica weberiana da

Administração Pública direta. No campo regulatório estatal brasileiro, o modelo eleito pelo Poder Legislativo, composto por entidades colegiadas, com autonomia e independência diferenciada, com formação técnica e custeada pelos próprios regulados, levou em consideração ainda experiências e aspectos empíricos de outras sociedades democráticas, optando-se pela estadunidense.

Sustentou-se que a permanência da regulação sob a competência da Administração Pública direta, isto é, dos órgãos subordinados ao chefe do Poder Executivo, como meio, parece não atender aos fins da regulação de atividades econômicas. Com efeito, diante do pluralismo pós-moderno impõe-se uma modelagem de intervenção reguladora que deve representar o equilíbrio do subsistema regulado, mediante regras de ponderação dos interesses em espécie.

Baseou-se no fato de que, ainda hoje, o Poder Executivo utiliza empresas estatais como meio político para atingir metas sociais, econômicas e de projetos eleitorais, sem o compromisso com o indissociável equilíbrio das contas públicas; e a ausência de reajuste de preços e tarifas de produtos e serviços para se atingir metas inflacionárias, malgrado textos claros das normas e contratos de concessão.

Dessa forma, entendeu-se que somente com a criação de entidades reguladoras com relativo grau de independência devidamente disciplinado em sua norma de criação, com corpo técnico com comprovada capacidade e experiência no setor regulado, se pode propiciar um ambiente de segurança e atratividade dos investidores nacionais e estrangeiros. A regulação por autarquias sem a independência diferenciada, isto é, a autarquia clássica, cujos atos são submetidos ao Ministério responsável por seu controle e, consequentemente, pelo chefe do Poder Executivo, também não se apresenta um meio eficaz, haja vista que, em vez do cunho técnico das decisões regulatórias, o poder de revisão dessas medidas pela Administração direta acabaria por incluir um componente estritamente político-partidário, avesso aos fundamentos da regulação de atividades econômicas.

Conclusivamente, a assunção de atividades econômicas de relevante compromisso social pelo setor privado impõe a regulação por meio de entidades estatais descentralizadas, com amplas funções e amplo conhecimento técnico sobre os setores regulados. O padrão regulatório brasileiro, como estruturado, tem elementos para perseguir o equilíbrio entre o Estado, o cidadão e o agente regulado, de modo que o regulador possa se manter equidistante dessas três figuras.

CAPÍTULO 4

SEGURANÇA JURÍDICA NA REGULAÇÃO ESTATAL DE ATIVIDADES ECONÔMICAS

A lei surgiu como elemento concretizador da vontade geral, sob a concepção rousseauniana. Em sendo editada sob o manto da *volonté generale*, seria válida independentemente de seu conteúdo, pois, justamente por ser fruto da vontade de cada cidadão, e na medida em que ninguém é injusto consigo mesmo, jamais poderia revelar-se injusta.[1] Ocorre que foram justamente os critérios formais de validade do direito positivo que acabaram por legitimar e contribuir para a adoção de crueldades no século XX.

Ademais disso e diante de um "furacão normativo" –[2] inflação legiferante – com inúmeras remissões a outras regras, que transforma o operador de direito em "jurista detetive",[3] a lei (i) não consegue tudo prever diante das necessidades, complexidade e características da sociedade contemporânea multiclasse; (ii) é, em muitos casos, e em vista dos acordos e disputas entre partidos políticos e parlamentares, elaborada, propositadamente ou não, de maneira ambígua; (iii) muitas vezes é mal redigida, como se estivesse o "direito em estado gasoso",[4] provocando imprecisões e dificuldades para a aplicação no caso concreto; e (iv) contém inúmeras cláusulas gerais e inúmeros conceitos jurídicos

---

1 GARCÍA DE ENTERRÍA, Eduardo. *Justicia y seguridad jurídica en un mundo de leyes desbocadas*. Madrid: Civitas, 2000. p. 25.

2 PALMA FERNÁNDEZ, José Luis. *La seguridad jurídica ante la abundancia de normas*. Madrid: Centro de Estudos Políticos y Constitucionales, 1997. p. 14.

3 PALMA FERNÁNDEZ, José Luis. *La seguridad jurídica ante la abundancia de normas*. Madrid: Centro de Estudos Políticos y Constitucionales, 1997. p. 14, 49.

4 PALMA FERNÁNDEZ, José Luis. *La seguridad jurídica ante la abundancia de normas*. Madrid: Centro de Estudos Políticos y Constitucionales, 1997. p. 29.

indeterminados, nem sempre indispensáveis,[5] que, somados, conduzem a escolhas administrativas discricionárias e arbitrárias.[6]

Tudo isso contribuiu para ampliar a cada dia os espaços para as escolhas administrativas e, em igual ou maior escala, traz imprevisibilidade decorrente das decisões do Executivo e consequente insegurança jurídica.

Na lição de Patrícia Baptista:[7]

> Em primeiro lugar, deve-se apontar, como fator de insegurança interna do direito, a perda da qualidade da própria ordem jurídica. Foram-se os dias de louvor aos grandes códigos, obras-primas de rigor técnico-formal, pilares da certeza do direito no Estado liberal. No lugar de algumas poucas leis feitas com vocação para a permanência, hoje vicejam leis mal redigidas, tecnicamente defeituosas e, muitas vezes, explicitamente contraditórias. Além disso, diante da incapacidade de atender a todas as demandas de regulação apresentadas pela sociedade, o legislador cada vez mais lança mão de conceitos jurídicos indeterminados, de cláusulas gerais e de tipos abertos. Surge, assim, o problema da indeterminação do direito, que sobrecarrega excessivamente o aplicador. Para [...] a autoridade pública resta a difícil tarefa de determinar o conteúdo e o sentido da norma. E, daí, o perigo de decisões divergentes, a semear ainda mais insegurança sobre o direito. Por último, nos dias atuais

---

5 Bermejo Vera comenta este aspecto em cotejo com a segurança jurídica: "Una cierta indeterminación o incompletud de las leyes, pese al principio de reserva legal, no puede ser entendida como contraria a la seguridad jurídica. Como es obvio, las leyes no pueden agotar la regulación de una materia o cuestión. Utilizando el punto de partida o contenido principal del derecho o del deber configurado por las leyes, las normas secundarias precisan aquellos contenidos, ganando en determinación, cuando las descripciones genéricas o la utilización de conceptos jurídicos indeterminados se precisan en las disposiciones de desarrollo. Esto ocurre, por ejemplo, en leyes como las de protección de los consumidores, donde se alude frecuentemente o se utilizan conceptos como 'peligros', 'riesgos', 'normal utilización', u otros similares, con los que no puede decirse que se atente a los principios de seguridad jurídica – ni tampoco al de reserva de ley – que son fundamentales en la interpretación del ordenamiento jurídico y en la garantía de los derechos cívicos" (BERMEJO VERA, José. *El declive de la seguridad jurídica en el ordenamiento plural*. Madrid: Civitas, 2005. p. 124).

6 Algumas dessas questões foram suscitadas por Odete Medauar, com vistas ao debate sobre o tema que gera insegurança jurídica. São elas: a) inflação legislativa; b) indeterminação dos termos da lei; c) redação confusa das normas; d) alterações repentinas e constantes das normas e e) emendas constitucionais que alteram direitos de servidores previstos no texto originário da Constituição ou em anteriores emendas constitucionais (MEDAUAR, Odete. Segurança jurídica e confiança legítima. *In:* ÁVILA, Humberto (Coord.). *Fundamentos do Estado de direito*: estudos em homenagem ao professor Almiro do Couto e Silva. São Paulo: Malheiros, 2005. p. 118-119).

7 BAPTISTA, Patrícia Ferreira. *Segurança jurídica e proteção da confiança legítima no direito administrativo*: análise sistemática e critérios de aplicação no direito administrativo brasileiro. 2006. 374 p. Tese (Doutorado em Direito do Estado) – Universidade de São Paulo, São Paulo, 2006. p. 15-16.

nem remotamente resta atendido o objetivo liberal de concisão e de acessibilidade das leis. De um lado, com frequência se depara com leis extensíssimas. Do outro, a linguagem empregada é quase sempre hermética e ininteligível aos cidadãos, quando não o é até mesmo aos próprios operadores do direito.

Para agravar esse fato, é cada vez mais comum que as escolhas administrativas, materializadas por meio de atos executivos, alcancem não apenas seu destinatário imediato.[8] Diante de uma patente ambivalência – inerente à sociedade contemporânea –, em determinadas situações, os benefícios advindos da escolha estatal – implementada para buscar a regularidade e correção de falhas de um subsistema – acabam sendo muito mais custosas aos problemas e às desvantagens que acarretarão para outros subsistemas ou para direitos e garantias individuais.[9] As escolhas administrativas acabam produzindo efeitos de natureza multilateral, multipolar,[10] levando Bauman a afirmar que "cada resolução de problema gera novos problemas".[11]

Sob essa ótica, sustenta-se que deve haver, de um lado, uma releitura da concepção clássica de superioridade do interesse público sobre o privado – adotado no passado e que ainda subsiste entre nós – como fundamento para a legitimação dos atos e das medidas

---

8 Anthony Giddens aborda o tema nos seguintes termos: "Hoje em dia, as ações cotidianas de um indivíduo produzem consequências globais. [...] Esta extraordinária – e acelerada – relação entre as decisões do dia-a-dia e os resultados globais, juntamente com seu reverso, a influência das ordens globais sobre a vida individual, compõem o principal tema da nova agenda" (GIDDENS, Anthony. A vida em uma sociedade pós-tradicional. *In:* BECK, Ulrich; GIDDENS, Anthony; LASH, Scott. *Modernização reflexiva*: política, tradição e estética na ordem social moderna. Tradução de Magda Lopes. São Paulo: Ed. Unesp, 1997. p. 75). Bauman associa o tema à difícil renúncia à segurança: "Segurança e confiança são coisas a que não se pode renunciar facilmente. Na medida em que dependem da postura 'ordinária', espera-se que os membros do grupo interior defendam zelosamente o caráter inegociável, imutável, absoluto mesmo de sua visão de mundo feita de conhecimento partilhado e graduado. Enquanto o defenderem com sucesso, ficarão efetivamente vacionados contra os horrores da existência ambivalente" (BAUMAN, Zygmunt. *Modernidade e ambivalência*. Tradução de Marcus Penchel. Rio de Janeiro: Jorge Zahar, 1999. p. 86).

9 Nesse mesmo sentido: RIBEIRO, Ricardo Lodi. *A segurança jurídica do contribuinte na sociedade de risco*. 2007. 382 p. Tese (Doutorado em Direito) – Universidade Gama Filho, 2007. p. 59.

10 A multilateralidade, na lição de Vasco Manuel da Silva, surge como a característica mais marcante da Administração do Estado pós-social. As escolhas administrativas, típicas da Administração prospectiva ou prefigurativa, não dizem respeito a um relacionamento meramente bilateral entre os privados e os órgãos decisores; correspondem, antes, a um relacionamento multipolar uma vez que produzem efeitos suscetíveis de afetar um grande número de sujeitos (SILVA, Vasco Manuel Pascoal Dias Pereira da. *Em busca do acto administrativo perdido*. Coimbra: Almedina, 2003. p. 130).

11 BAUMAN, Zygmunt. *Modernidade e ambivalência*. Tradução de Marcus Penchel. Rio de Janeiro: Jorge Zahar, 1999. p. 227.

perpetradas no âmbito da Administração Pública.[12] Na atualidade, há, de maneira muito mais clara, a necessidade de se perseguir uma verdade objetiva – e não absoluta –, dando-se importância também aos indivíduos e à dignidade humana. Há uma tendência "a modificar-se também o entendimento de sacrifício de um interesse em prol, ou a ideia de primazia de um sobre outro interesse",[13] levando à Administração Pública a função de ponderar interesses no caso concreto.[14]

Notadamente no que diz respeito à nova categoria de direito administrativo, consubstanciada na escolha regulatória, observa-se que há necessidade de expedição, pelas entidades reguladoras antes evidenciadas, de inúmeras regras decorrentes da deslegalização de matérias pelo Poder Legislativo.[15] E essa escolha regulatória, que também observa farta integração de conceitos técnico-jurídicos indeterminados, não se enquadra nos diminutos espaços residuais do processo legiferante, tampouco se conforma no estreito vezo regulamentar.

Esta singularidade da norma regulatória[16] acaba por atribuir, para além de uma escolha discricionária (*conveniência* e *oportunidade*),

---

[12] Sobre o tema e do ponto de vista da regulação de atividades econômicas, remetemos o leitor às observações feitas por MARQUES NETO, Floriano Peixoto de Azevedo. *Regulação estatal e interesses públicos*. São Paulo: Malheiros, 2002. p. 148 *et seq*.

[13] MEDAUAR, Odete. *O direito administrativo em evolução*. 2. ed. São Paulo: Revista dos Tribunais, 2003. p. 192. Vale dizer, há de se dar maior relevo às garantias e direitos fundamentais dos indivíduos em qualquer atuação estatal, notadamente quando se estiver praticando atos gerais para regular atividades econômicas dos diversos subsistemas. A escolha administrativa, mais do que instrumento de definição autoritária do direito aplicável, torna-se um mecanismo de composição de interesses públicos e privados, que se manifestam no procedimento, e que os órgãos de decisão devem regular, de maneira a tomar a decisão mais adequada e que melhor salvaguarde os direitos subjetivos e os interesses objetivos em presença (SILVA, Vasco Manuel Pascoal Dias Pereira da. *Em busca do acto administrativo perdido*. Coimbra: Almedina, 2003. p. 129).

[14] "Sempre que a Administração atua, algum interesse individual estará sendo consagrado e, no mais das vezes, algum outro estará sendo cerceado. Dito assim, pode causar algum prurido, mas é fato. Ainda que devamos sustentar que à Administração cumpre apenas atuar na perseguição do interesse público, tenho comigo que este interesse sempre haverá de ser titularizado por alguns indivíduos. Ainda que a coletividade seja atendida no seu todo pela ação administrativa, a auferição individual dos benefícios daí gerada sempre será desigual (ainda que não seja afrontante da isonomia)" (MARQUES NETO, Floriano Peixoto de Azevedo. Pensando o controle da atividade regulação estatal. *In:* GUERRA, Sérgio (Coord.). *Temas de direito regulatório*. Rio de Janeiro: Freitas Bastos, 2004. p. 205).

[15] Veja-se, acerca da deslegalização de matérias, 2.6.1.

[16] Diogo de Figueiredo Moreira Neto adverte que o recurso a outras fontes normativas decorre, também, da "pletórica produção legislativa dos Estados, que vem assumindo proporções avassaladoras e inquietantes, abalando a certeza e segurança jurídica das sociedades complexas que emergiram com a Era da Informação" (MOREIRA NETO, Diogo de Figueiredo. *Direito regulatório*: a alternativa participativa e flexível para a Administração Pública de relações setoriais complexas no Estado democrático. Rio de Janeiro: Renovar, 2003. p. 124).

uma escolha regulática[17] à Administração Pública.[18] Por essa forma de intervenção estatal, o regulador deve, observando sua competência legal, atender ao interesse público sem, contudo, deixar de sopesar os efeitos e impactos dessas decisões no subsistema regulado com os interesses de segmentos específicos da sociedade – e, até mesmo, com o interesse individual no caso concreto.

Transportando alguns dos problemas atualmente registrados no Parlamento quando da elaboração de regras – inflação normativa, utilização de muitos conceitos abertos e indeterminados, ausência de clareza e eventuais ambiguidades do texto –, somados (i) à silenciosa restrição de acesso à elaboração da norma construída no âmbito do Executivo "em gabinetes fechados e sem publicidade alguma, libertos de qualquer fiscalização ou controle da sociedade ou, mesmo, dos segmentos sociais interessados na matéria";[19] (ii) a ausência de fixação, nas leis setoriais, em bases claras e bem definidas, do que é matéria de natureza política (e, portanto, de competência da Administração Pública direta) e do que é matéria de natureza técnica (de competência dos reguladores com autonomia frente o Poder Central);[20] (iii) e a

---

17 A expressão é de Diogo de Figueiredo Moreira Neto. Regulática é a aceitação de espaços de autonomia de vontade coletiva, geralmente recobertos, nas sociedades organizadas, pelas entidades intermédias. É a substituição de um direito fundamentalmente imperativo por um direito também consensual, que prescinde da necessidade de definições políticas e de emprego imediato de coerção (MOREIRA NETO, Diogo de Figueiredo. A globalização e o direito administrativo. *In:* MOREIRA NETO, Diogo de Figueiredo (Coord.). *Uma avaliação das tendências contemporâneas do direito administrativo*. Rio de Janeiro: Renovar, 2003. p. 561).

18 Diogo de Figueiredo Moreira Neto destaca essa questão do ponto de vista da eficiência, legitimidade e justificação das decisões das agências reguladoras: "Nesse novo cenário, como os obrigatórios fundamentos da decisão administrativa já não mais se reduziam à eficácia e à legalidade, ambas características necessariamente presentes na democracia formal e na ação pública burocrática tradicional, mas, além delas, se ampliavam, como se expôs, à eficiência e à legitimidade, como expressões da democracia material e da ação pública voltada a resultados, passou-se a exigir, em acréscimo, a justificação das decisões, principalmente daquelas que viessem a ser tomadas no desempenho das sensíveis funções administrativas em que se faz necessário precisar conceitos indeterminados ou realizar escolhas discricionárias" (MOREIRA NETO, Diogo de Figueiredo. *Direito regulatório*: a alternativa participativa e flexível para a Administração Pública de relações setoriais complexas no Estado democrático. Rio de Janeiro: Renovar, 2003. p. 100).

19 BANDEIRA DE MELLO, Celso Antônio. "Poder" regulamentar ante o princípio da legalidade. *Revista Trimestral de Direito Público*, São Paulo, v. 4, p. 71-78, 1993. p. 74.

20 Veja-se como essa questão é complexa no direito brasileiro. Basta colher um exemplo nos jornais para constatar, no dia a dia, a difícil tarefa de indicar o que é de competência da Administração Pública direta e o que é de competência das entidades reguladoras. A Anvisa, Agência Nacional de Vigilância Sanitária, tem competência definida, segundo a norma de regência, nos seguintes termos: "Art. 2º Compete à União no âmbito do Sistema Nacional de Vigilância Sanitária: [...] III - normatizar, controlar e fiscalizar produtos, substâncias e serviços de interesse para a saúde; [...] §1º A competência da União será exercida: [...] II - pela Agência Nacional de Vigilância Sanitária – ANVS, em conformidade com as atribuições que

possibilidade de o regulador editar normas com tal grau de tecnicismo que impeça a compreensão por setores não especializados;[21] também no âmbito das entidades reguladoras estatais haverá grande chance de imprevisibilidade de decisões, arbítrio e, consequentemente, aumento da insegurança jurídica na regulação.

Nesse diapasão, desponta uma questão de capital importância concernente à configuração do preceito da segurança jurídica[22] nas relações contemporâneas entre a Administração Pública reguladora com "competências especializadas",[23] o agente regulado que desenvolve atividade econômica e a sociedade, tudo isso diante da velocidade com que se operam as mutações cotidianas face um incontrolável tecnicismo e cientificismo.[24]

---

lhe são conferidas por esta Lei. Nesse contexto, a ANVISA submeteu à consulta pública a proposta de resolução que proíbe a publicidade de determinados produtos alimentícios de baixo teor nutritivo. Segundo as empresas afetadas, a ANVISA não teria competência para "legislar, controlar ou fiscalizar a propaganda de produtos" (Lei nº 9.782, 26.01.1999). Ademais, sustenta-se que a indústria de alimentos não é nociva e, em termos de propaganda, já segue as recomendações do Conselho Nacional de Autorregulamentação Publicitária, o Conar. Maiores detalhes podem ser conferidos em: D'AMBROSIO, Daniela; SOBRAL, Eliane. Indústria reage à proposta da Anvisa sobre produtos de baixo teor nutritivo. *Valor Econômico*, Rio de Janeiro, p. B7, 5 jun. 2007. Caderno de Empresas.

21 A advertência é feita por José Luis Palma Fernández: "La elaboración de las normas, incluso las que se alejan de los sectores especializados y se adentran en el terreno de la generalidad de los ciudadanos, comienza a estar presidida por un afán de alcanzar ámbitos sectoriales de élite jurídica, perdiendo la noción de que existe un colectivo no especializado (por supuesto, el más numeroso) sobre el que se proyectan los efectos y que no tiene obligación de profundizar en terminología o denominaciones propias de experto conocedor del Derecho" (PALMA FERNÁNDEZ, José Luis. *La seguridad jurídica ante la abundancia de normas*. Madrid: Centro de Estudos Políticos y Constitucionales, 1997. p. 47).

22 Para Mauro Dias, a segurança jurídica seria "gêmeo univitelino do da proteção à confiança" (DIAS, Francisco Mauro. Estado de direito: direitos humanos (direitos fundamentais), segurança jurídica e reforma do estado. *Revista de Direito Administrativo*, Rio de Janeiro, v. 211, p. 135-150, jan./mar. 1998. p. 143). O tema não será enfrentado nesta obra. Sobre as peculiaridades desses dois postulados, ver a obra de MAFFINI, Rafael. *Princípio da proteção substancial da confiança no direito administrativo*. Porto Alegre: Verbo Jurídico, 2006; e de BAPTISTA, Patrícia Ferreira. *Segurança jurídica e proteção da confiança legítima no direito administrativo*: análise sistemática e critérios de aplicação no direito administrativo brasileiro. 2006. 374 p. Tese (Doutorado em Direito do Estado) – Universidade de São Paulo, São Paulo, 2006. p. 71 *et seq*.

23 Bauman adverte que o relacionamento do indivíduo com a natureza e a sociedade é efetivamente mediado pelas competências especializadas e a tecnologia que as serve. Os técnicos são aqueles que possuem essa competência e administram suas técnicas que comandam as atividades vitais. A técnica, produzida e controlada pelo especialista, constituiu o verdadeiro ambiente da vida individual. *Nesse ambiente surgem em grande parte a ambivalência e a insegurança e, com elas, grande parte dos perigos percebidos* (BAUMAN, Zygmunt. *Modernidade e ambivalência*. Tradução de Marcus Penchel. Rio de Janeiro: Jorge Zahar, 1999. p. 225).

24 "Estamos todos presos às experiências do cotidiano, cujos resultados, em um sentido genérico, são tão abertos quanto aqueles que afetam a humanidade como um todo. As

Sobre esse avanço tecnológico dos tempos atuais vis-à-vis a segurança jurídica, Almiro do Couto e Silva[25] adverte que este postulado é um elemento conservador inserido na ordem jurídica, destinado à manutenção do *status quo* e a evitar que pessoas sejam surpreendidas por modificações do direito positivo ou na conduta do Estado. Contudo, coloca-se em posição de tensão com as tendências que pressionam o Estado a se adaptar a novas exigências da sociedade (sejam elas de caráter econômico, social, cultural, ou de qualquer outra ordem), ao influxo, por vezes, de avanços tecnológicos ou científicos, como os realizados com impressionante velocidade no decorrer do século XX.

A ideia de segurança jurídica – aponta Luís Roberto Barroso –[26] enfrenta, nessa senda, uma crise de identidade neste início de século e milênio, uma quadra histórica identificada como rótulo ambíguo de *pós-modernidade*.[27] Vive-se a era da velocidade da transformação com as novas gerações de computadores, os novos instrumentos de conexão em rede universal, as novas fronteiras nos medicamentos e na genética.[28]

Em resumo: com a nova categoria da escolha regulatória, baseada em "regras de regulação cujos efeitos, na prática, são inegavelmente onerosos",[29] a doutrina administrativista se depara com as seguintes

---

experiências do cotidiano refletem o papel da tradição – em constante mutação – e, como também ocorre no plano global, devem ser consideradas no contexto do deslocamento e da reapropriação de especialidades, sob o impacto da invasão dos sistemas abstratos. *A tecnologia, no significado geral da 'técnica', desempenha aqui o papel principal, tanto na forma de tecnologia material quanto da especializada expertise social*" (GIDDENS, Anthony. A vida em uma sociedade pós-tradicional. *In:* BECK, Ulrich; GIDDENS, Anthony; LASH, Scott. *Modernização reflexiva*: política, tradição e estética na ordem social moderna. Tradução de Magda Lopes. São Paulo: Ed. Unesp, 1997. p. 77. Grifos nossos).

25 SILVA, Almiro do Couto e. O princípio da segurança jurídica (proteção à confiança) no direito público brasileiro e o direito da administração pública de anular seus próprios atos administrativos: o prazo decadencial do artigo 54 da lei do processo administrativo da União (Lei nº 9.784/99). *Revista Brasileira de Direito Público – RBDP*, Belo Horizonte, ano 2, n. 6, p. 1-59, jul./set. 2004. p. 12.

26 BARROSO, Luís Roberto. *Temas de direito constitucional*. 2. ed. Rio de Janeiro: Renovar, 2002. p. 51.

27 Acerca da ambiguidade do termo, remete-se o leitor para 1.5.1.

28 BARROSO, Luís Roberto. *Temas de direito constitucional*. 2. ed. Rio de Janeiro: Renovar, 2002. p. 51. Sobre a era da informação, economia, sociedade e cultura, ver o capítulo I do primeiro volume da trilogia de CASTELLS, Manuel. *Sociedade em rede*. 8. ed. Tradução de Roneide Venancio Majer e Klauss Brandini Gerhardt. São Paulo: Paz e Terra, 2005. p. 67 *et seq*.

29 STIGLER, George J. A teoria da regulação econômica. *In:* MATTOS, Paulo (Coord.). *Regulação econômica e democracia*: o debate norte-americano. São Paulo: 34, 2004. p. 23.

indagações, decorrentes da "crise de identidade"[30] que afeta o postulado da segurança jurídica:[31]

a) O primeiro aspecto se apresenta como um dilema: ou se regula, apenas, por meio da reserva absoluta da lei, para se buscar uma suposta previsibilidade legalitária e aparente segurança jurídica legislada (permitindo o uso abusivo da regra, ainda que contra direitos fundamentais), ou parte-se para a visão axiológica objetiva, pós-positivista, da segurança jurídica e se permite uma intervenção regulatória sem o "manto sagrado" da reserva da lei (e, com isso, gera-se aparente insegurança).[32]

Dito de outra forma: como compatibilizar a premissa basilar e essencial[33] da segurança jurídica na regulação de atividades econômicas, decorrente do Estado Democrático de Direito, haja vista a incapacidade

---

[30] No campo da regulação de atividades econômicas pelo Estado, a "crise" advém, em parte, do fato de que a estrutura normativa regulatória é singular, haja vista que as políticas nacionais típicas do Estado pós-moderno se põem em prática mediante a edição de diversas normas gerais, com conceitos jurídicos indeterminados, que, logicamente, não conseguem tudo prever para nortear a atuação dos agentes públicos reguladores, tampouco, dos *players* (principais agentes) regulados. Com efeito, e ultrapassando-se a visão voltada puramente ao ato discricionário puro, em que o legislador, de maneira positiva, acaba por remeter a Administração à valoração subjetiva quanto às condições não identificadas na norma, em algumas regras editadas pelos reguladores não se pode pensar em, simplesmente, executar o que está indicado na lei, produzida no âmbito do Parlamento. Sobre as críticas ao princípio da legalidade na regulação, *vide* 2.1.1.

[31] Identificando esse dilema como a "luta entre o novo e o velho", Almiro do Couto e Silva denota que o futuro não pode ser um perpétuo prisioneiro do passado, nem pode a segurança jurídica se transformar em valor absoluto, capaz de petrificar a ordem jurídica, imobilizando o Estado e impedindo-o de realizar as mudanças que o interesse público estaria a reclamar. Por outro lado – assevera o jurista gaúcho – ao se esperar uma linha de coerência administrativa não é igualmente admissível que o Estado seja autorizado, em todas as circunstâncias, a adotar novas providências em contradição com as que foram por ele próprio impostas, surpreendendo os que acreditaram nos atos do Poder Público (SILVA, Almiro do Couto e. O princípio da segurança jurídica (proteção à confiança) no direito público brasileiro e o direito da administração pública de anular seus próprios atos administrativos: o prazo decadencial do artigo 54 da lei do processo administrativo da União (Lei nº 9.784/99). *Revista Brasileira de Direito Público – RBDP*, Belo Horizonte, ano 2, n. 6, p. 1-59, jul./set. 2004. p. 13).

[32] Esse ponto é indicado por Ricardo Lobo Torres, com arrimo em Isensee, como sendo o "dilema constitucional". Ou se mantém a atuação da Administração Pública sob a reserva da lei ou se aceita a necessidade supralegal jusfundamental *e intervém sem o título "legítimo" da legalidade* (TORRES, Ricardo Lobo. *Tratado de direito constitucional financeiro e tributário*. Rio de Janeiro: Renovar, 2005. v. 2. p. 179. Grifos nossos).

[33] José Bermejo Vera afirma: "La seguridad jurídica es un valor esencial para el funcionamiento del Estado de Derecho, vinculado incluso a la estabilidad económica y social. Formulado de una manera muy simple, consiste en la expectativa del ciudadano, razonablemente fundada, sobre cuál ha de ser la actuación del Poder en la elaboración y en la aplicación del Derecho por todos los operadores jurídicos, muy especialmente aquellos que están dotados de potestad pública, administrativa o jurisdiccional" (BERMEJO VERA, José. *El declive de la seguridad jurídica en el ordenamiento plural*. Madrid: Civitas, 2005. p. 42-43).

de o princípio da legalidade concretizar a justiça oriunda da desejável previsibilidade normativa nos comportamentos do cidadão, em cotejo com as novas exigências da sociedade (econômicas, sociais etc.) e influxos de avanços tecnológicos?

Isto é, a segurança jurídica, a exemplo da legalidade, seria um *princípio* ponderável, no caso concreto, com outros princípios? Ou a segurança jurídica seria, em um conceito aberto, um valor, de modo a realizá-la em qualquer situação surgida no bojo da permanente mutação das carências humanas e das alterações mercadológicas globalizantes?

b) Partindo da premissa de que os mecanismos de edição das leis editadas pelo Parlamento (*v.g.* utilização de muitas cláusulas gerais e conceitos indeterminados, ausência de clareza e eventuais ambiguidades do texto) não atingem as necessidades e carências da sociedade pós-moderna (decorrentes de diversos aspectos e vetores, *v.g.* globalização, tecnicidade, riscos etc.), haja vista que geram insegurança na aplicação do direito, indaga-se: a escolha regulatória, por meio da deslegalização de matérias, ainda que diante da necessária mobilidade,[34] pode ser um meio de solucionar ou minimizar essa crise, ampliando a segurança jurídica? Seria possível a elaboração de uma metodologia que privilegiasse a segurança jurídica possível, a ser observada pelas entidades reguladoras na elaboração de normas que dão sustentabilidade a suas escolhas? Qual seria a base dessa metodologia?

Além dos aspectos recém-destacados, o tema que envolve a segurança jurídica na regulação estatal de atividades econômicas carece de um maior enfrentamento doutrinário acerca das condições para sua possível releitura diante de atos jurídicos perfeitos prospectivamente injustos. Trata-se, no caso em questão, de contratos firmados entre o Poder Concedente e o setor privado para a prestação de serviços públicos, por delegação do Estado, ou mesmo a intervenção estatal em atividades privadas complexas e sensíveis (a exemplo da saúde suplementar e vigilância sanitária) em um ambiente de permanente mutação de

---

[34] Ao referir-se à mobilidade ou mutabilidade do direito público na economia, Cabral de Moncada denota que as normas deste ramo de direito não podem aspirar longa duração, pois as frequentes alterações da conjuntura econômica e política tendem a encurtar o ciclo biológico dos diplomas. Nesse sentido, o autor ressalta o fato de que se recorra abundantemente aos regulamentos, aos despachos e às resoluções, que têm um processamento mais simples dado que podem ser mais facilmente revistos e revogados (CABRAL DE MONCADA, Luis S. *Direito económico*. 2. ed. Coimbra: Coimbra Ed., 1988. p. 62).

questões técnicas, riscos globalizados, situações imponderáveis e variações socioeconômicas no país.[35]

Com efeito, na delegação de serviços públicos – *v.g.*, com prazo total de 50 ou 60 anos –, os editais e os contratos de concessão que conformam, juntamente com as normas, o marco regulatório, não preveem, logicamente, todas as variantes técnicas do serviço concedido e do ambiente para sua prestação e seus impactos, serviços a serem explorados para aferição de receitas alternativas[36] etc. Por esse fato, em determinadas situações em que o direito – seja do próprio prestador do serviço, do Estado ou mesmo dos usuários – venha a ser afetado por questões imprevisíveis, decorrentes das carências sociais, novas tecnologias ou provenientes de impactos, naturais ou não, ocorridos no ambiente mercadológico globalizado e de risco, pode ser necessário, no caso concreto, que o regulador proceda a revisões de *atos jurídicos perfeitos* para além dos limites postos na Lei Geral de Licitação e Contratos Administrativos.[37]

---

[35] Note-se que no Agravo Regimental na Suspensão de Liminar no Processo nº 2004/0004599-1, em que foi relator o Ministro Edson Vidigal, perante a Corte Especial, em julgamento ocorrido em 1º.7.2004, o Superior Tribunal de Justiça destacou, sob uma ótica nitidamente consequencialista, a quebra do equilíbrio econômico e financeiro dos contratos de concessão de serviços públicos *como um ato que gera insegurança jurídica* e agrava o "risco Brasil". "Ementa: Agravo regimental. Suspensão de liminar. Ação civil pública. Lesão à ordem pública e econômica configurada. *Insegurança jurídica e Risco Brasil agravado.* 1. No âmbito especial da suspensão liminar, cujos limites cognitivos prendem-se à verificação das hipóteses expressas na Lei nº 8.437/92, art. 4º, descabem alegações relativas às questões de fundo. 2. Caracterizado o risco inverso, *refletido no cenário de insegurança jurídica* que pode se instalar com a manutenção da liminar, que, em princípio, *admite a quebra do equilíbrio dos contratos firmados com o Poder Público*, lesando a ordem pública administrativa e econômica e agravando o *risco Brasil*, defere-se o pedido de suspensão. 3. Agravo regimental provido".

[36] Nos termos do art. 11 da Lei nº 8.987/95.

[37] De acordo com o denominado "princípio da mutabilidade dos contratos administrativos". Em matéria de concessão, por exemplo, é lícito ao Poder Concedente, em vista a alcançar o bem comum e em prol do interesse público, modificar determinadas condições inicialmente pactuadas. Em muitas situações, as necessidades dos usuários do serviço público podem sofrer mudanças no curso da concessão, defasando-se o contrato administrativo em relação ao interesse público. Trata-se de uma prerrogativa da Administração que pode ser exercida toda vez que se verificar dissonância entre determinadas condições previstas no início da concessão e situações outras que advêm na vigência do contrato. A prerrogativa de alterar unilateralmente os contratos de concessão está expressamente prevista no art. 58, I, da Lei nº 8.666/93, que instituiu as normas para licitações e contratos da Administração Pública. *Contudo, essa alteração do contrato pela Administração Pública se refere às cláusulas "regulamentares" do serviço, com algumas limitações sob pena de burla à regra da vinculação da outorga à licitação*, como leciona Maria Sylvia Zanella Di Pietro: "Quanto ao princípio da mutabilidade, cabe destacar que a ele se submetem o concessionário e também os usuários do serviço público. Significa, esse princípio, que as cláusulas regulamentares do contrato podem ser unilateralmente alteradas pelo poder concedente para atender as razões de interesse público. Nem o concessionário, nem os usuários do serviço podem opor-se a essas alterações; inexiste direito adquirido à manutenção do regime jurídico vigente no momento

Não se pretende enfrentar, nesta obra, as nuances clássicas do ato jurídico perfeito, do direito adquirido ou da coisa julgada, corolários da segurança jurídica (viés de natureza objetiva),[38] todos largamente examinados em sede tanto doutrinária[39] quanto pretoriana,[40] ainda assim com inúmeros questionamentos. Entretanto, pretende-se perquirir neste capítulo como enfrentar as condições extraordinárias necessárias para ser possível a mutabilidade[41] consensual dos contratos administrativos no âmbito da regulação estatal das atividades econômicas, de modo que o

---

da celebração do contrato. Se é o interesse público que determina tais alterações, não há como opor-se a elas. Essa necessidade de alteração – que deve ser devidamente motivada – pode decorrer de mudanças na situação de fato, ou seja, de circunstâncias de variada natureza que recomendam a mudança de cláusulas regulamentares, como, por exemplo, o progresso científico, que torna superadas técnicas anteriores, ou a diminuição ou acréscimo da demanda pelo serviço. E também pode decorrer de alterações na situação de direito: a lei que disciplinava o serviço sofre alterações, que acarretam a necessidade de alterar as cláusulas regulamentares do serviço. É evidente que alterações contratuais que acarretam maiores ônus ao concessionário impõem a obrigatoriedade de recomposição do equilíbrio econômico-financeiro do contrato. É o que determina o art. 9º, 4º, da Lei 8.987. E também é evidente que as alterações não podem implicar a substituição do próprio objeto do contrato, porque isto implicaria burla aos princípios da licitação" (DI PIETRO, Maria Sylvia Zanella. *Parcerias na Administração Pública*: concessão, permissão, franquia, terceirização, parceria público-privada e outras formas. 5. ed. São Paulo: Atlas, 2005. p. 98).

38 SILVA, Almiro do Couto e. O princípio da segurança jurídica (proteção à confiança) no direito público brasileiro e o direito da administração pública de anular seus próprios atos administrativos: o prazo decadencial do artigo 54 da lei do processo administrativo da União (Lei nº 9.784/99). *Revista Brasileira de Direito Público – RBDP*, Belo Horizonte, ano 2, n. 6, p. 1-59, jul./set. 2004. p. 10.

39 Entre os inúmeros trabalhos sobre a questão, mencione-se a obra coletiva que aborda esses temas: ROCHA, Cármen Lúcia Antunes (Org.). *Constituição e segurança jurídica*: direito adquirido, ato jurídico perfeito e coisa julgada: estudos em homenagem a José Paulo Sepúlveda Pertence. 2. ed. rev. e ampl. Belo Horizonte: Fórum, 2005.

40 Veja-se, por exemplo, no acórdão adiante colacionado do Eg. Superior Tribunal de Justiça, em que não se permitiu alteração das condições contratuais entre o Estado e a concessionária de serviço público ao argumento do "direito adquirido": "Constitucional. Administrativo. Contrato de concessão de serviço público. Exclusividade. Alteração unilateral, pela administração, de cláusula regulamentar da concessão. *Impossibilidade*. O contrato de concessão da administração com terceiros, para a realização de serviço público, constitui ajuste de direito administrativo, bilateral e oneroso, *inalterável, unilateralmente, especialmente em relação a cláusulas que ocasionem manifesto prejuízo do concessionário*. A concessão de serviço público, nos termos da legislação pertinente, só é alterável, com dano ao concessionário, se observado o devido processo legal, em que se assegure ampla defesa ao contratante prejudicado. É ineficaz a alteração de cláusulas financeiras do contrato de concessão, com prejuízo para a concessionária. Sem que aquela (alteração) tenha sido efetivada mediante procedimento licitatório. A mera autorização precária para que terceiro realize serviço já concedido, através de contrato, a outrem, e despida de efeitos jurídicos, por afrontar direito adquirido, sob a proteção de regra da Constituição brasileira. Recurso provido. Decisão unânime" (RMS nº 1.603/TO 1992/0007013-2. Rel. Min. Demócrito Reinaldo, Primeira Turma, j. 3.3.1993. *DJ*, p. 5218, 29 mar. 1993).

41 Sobre os "elementos modificáveis e imodificáveis da concessão", remete-se o leitor para: ARAGÃO, Alexandre Santos de. *Direito dos serviços públicos*. Rio de Janeiro: Forense, 2007. p. 632 *et seq*.

sistema jurídico afaste o arbítrio e os atos expropriatórios dissimulados e encontre os mecanismos de prevenção e de mediação, para, além do "ser" e do "dever-ser", encontrar o "como ser"[42] entre segurança jurídica e a justiça social.[43]

Bermejo Vera[44] comenta ser curioso que, para que a segurança jurídica alcançasse seu autêntico significado e valor, foi necessário que *o direito se convertesse em uma fonte de insegurança*.[45] Esse pensamento é compartilhado por Ricardo Lobo Torres[46] ao advertir que a segurança jurídica, como valor absolutamente abstrato na atual sociedade de riscos, deixa de ser a segurança "legislada" dos direitos individuais para se expandir no sentido da segurança social e da segurança dos direitos difusos. Nesse contexto, flexibilizam-se a segurança e a legalidade, perdendo aquela conotação fechada que tinha no início do Estado de Direito. E ressalva: "claro que a flexibilização traz alguma insegurança, causando desconforto aos autores de índole positivista".[47]

Nesse sentido, ao comentar o modelo aberto da Constituição Federal de 1988, Diogo de Figueiredo Moreira Neto[48] aborda a necessária releitura da segurança jurídica:

---

42 Na expressão de GIDDENS, Anthony. A vida em uma sociedade pós-tradicional. *In:* BECK, Ulrich; GIDDENS, Anthony; LASH, Scott. *Modernização reflexiva*: política, tradição e estética na ordem social moderna. Tradução de Magda Lopes. São Paulo: Ed. Unesp, 1997. p. 94.

43 Essa correlação entre segurança jurídica e justiça é assim aduzida por Peres Luño: "En cuanto valor jurídico la seguridad mantiene un constante relación de engarce no siempre adecuadamente entendida, con la justicia. Dicha relación ha sido planteada, la más de las veces, en términos de una antítesis inevitable cuyas polaridades vienen determinadas por: una justicia concebida como exigencia de adaptación del Derecho a las necesidades de la vida social; y una seguridad jurídica encarnada por los rasgos formales, permanentes y de obligado cumplimiento que conforman el Derecho" (PÉREZ LUÑO, Antonio-Enrique. *La seguridad jurídica*. 2. ed. Barcelona: Ariel Derecho, 1994. p. 11).

44 BERMEJO VERA, José. *El declive de la seguridad jurídica en el ordenamiento plural*. Madrid: Civitas, 2005. p. 89.

45 Em sentido próximo, GRAU, Eros Roberto. *A ordem econômica na Constituição de 1988*: interpretação e crítica. 7. ed. São Paulo: Malheiros, 2002. p. 47.

46 TORRES, Ricardo Lobo. *Tratado de direito constitucional financeiro e tributário*. Rio de Janeiro: Renovar, 2005. v. 2. p. 93.

47 TORRES, Ricardo Lobo. *Tratado de direito constitucional financeiro e tributário*. Rio de Janeiro: Renovar, 2005. v. 2. p. 195.

48 MOREIRA NETO, Diogo de Figueiredo. *Mutações do direito administrativo*. 2. ed. Rio de Janeiro: Renovar, 2001. p. 82. Grifos nossos. No mesmo sentido, Luís Roberto Barroso: "Com o refluxo dos positivismos – normativistas, historicistas e sociológicos – os princípios jurídicos deram nova configuração ao quadro teórico do *pós-positivismo*, introduzindo ou aprofundando conceitos como os de ponderação, razoabilidade, igualdade e subsidiariedade, dentre outros. A interpretação constitucional, ao servir-se dos limites e possibilidades oferecidos pelos princípios para a busca da solução justa no caso concreto, amplia o poder de criação e a subjetividade do intérprete. *Perde-se, assim, em previsibilidade e certeza das decisões, embora a norma escrita sempre permaneça como um parâmetro objetivo, demarcando as fronteiras de atuação.*

O modelo aberto, diversamente, admitindo-se como uma conformação mista de princípios e preceitos, tal como o é o brasileiro, *embora perca em termos de segurança*, reduzindo o dogmatismo, compensa-se por ser mais flexível, mais ágil, por permitir uma participação jurisprudencial mais ativa, por possibilitar a existência de uma axiologia constitucional mais definida e, por isso, ser politicamente mais duradouro.

Nessa ordem de ideias, impõe-se investigar, de início, se a segurança jurídica seria um *princípio jurídico* passível de ser ponderado com outros princípios constitucionais concorrentes, que conformam a regulação estatal das atividades econômicas. Em não se configurando a segurança jurídica como norma unicamente principiológica, pretende-se perquirir se a segurança traduz um *valor*, que se insere ou deriva do Estado Democrático de Direito, apto a conformar-se – moldar-se – (i) em cada caso concreto, com os aspectos técnicos disponíveis no momento; (ii) à circunstância fática em que ela está sendo aplicada, e (iii) aos impactos multilaterais decorrentes do ato, fazendo com que a segurança jurídica possa servir de ambiente para engastar diversos princípios, inclusive o legalitário.

O escopo inicial deste capítulo da obra não é investigar todas as concepções sobre regras, princípios e valores. O que se pretende aqui é descrever o pensamento de alguns doutrinadores que trabalham sobre o tema para uma análise crítica acerca da existência, ou não, de uma "nova" segurança jurídica em confronto com a natureza das escolhas regulatórias vivenciada na sociedade de riscos.

Em suma, o que se busca, efetivamente, é um exame crítico e a apresentação de uma proposta de sistematização acerca (i) das consequências decorrentes da necessária revisitação da segurança jurídica clássica na regulação estatal de atividades econômicas, inicialmente à luz da teoria principiológica; (ii) de como, não sendo ali identificado, perscrutar o possível papel de relevo da segurança jurídica como valor passível de realização em qualquer situação surgida no bojo da permanente mutação das carências humanas e das alterações mercadológicas globalizantes; (iii) de como a escolha regulatória pode ser um meio para minimizar a crise da insegurança jurídica decorrente da ampliação das escolhas administrativas em confronto com a impossibilidade de o princípio da legalidade atingir as necessidades e carências da

---

Mas o que se sacrifica, eventualmente, em segurança, é devolvido com lucro na melhor realização da justiça constitucional" (BARROSO, Luís Roberto. *Temas de direito constitucional*. 2. ed. Rio de Janeiro: Renovar, 2002. p. 69. Grifos nossos).

sociedade pós-moderna; (iv) de que metodologia poderia ser suficiente para privilegiar a segurança jurídica a ser observada pelas entidades reguladoras na elaboração de normas que sustentam suas escolhas; e, por fim, (v) da apresentação de mecanismos de compatibilização entre os atos jurídicos perfeitos e a necessária mutação tecnológica e científica voltada à garantia dos direitos fundamentais, de modo a manter a segurança jurídica dos direitos da sociedade e dos "investidores"[49] que acreditaram e aderiram ao modelo regulatório brasileiro.

O tema se apresenta como um grande desafio, somente podendo ser analisado sob a ótica material da abertura constitucional,[50] da mutação da segurança jurídica, tudo com as especificidades da "sociedade de riscos" do Estado de exceção econômica permanente.[51]

4.1 Segurança (ou insegurança) que se experimenta na atual ambivalência e subsidiariedade da sociedade de riscos

A Carta Magna de 1988 disciplinou o espaço que cabe ao Estado e à sociedade, em termos de exploração de atividades econômicas e prestação de serviços públicos. A Constituição Federal não só apresenta os princípios acerca desta questão como é impositiva – não restando qualquer dúvida,[52] portanto, quanto ao papel público e privado – ao determinar que compete ao Poder Público as funções regulatórias conformadas pelas atividades de fiscalização, incentivo e planejamento.

A subsidiariedade também é marco da Carta Política de 1988 no que se refere à repartição de competências entre os entes federados

[49] "A segurança jurídica que se pretende garantir com uma boa e autêntica aplicação do método regulatório de administração pública, envolve, notadamente, a segurança dos investidores no contexto competitivo, uma vez que a atribuição de funções normativas, para a edição de regras claras, gerais e adequadas para o desempenho das atividades sob regulação, bem como a atribuição de funções parajudicativas, necessárias para a composição extrajudicial de conflitos, estimulam o clima de confiança propício para o progresso" (MOREIRA NETO, Diogo de Figueiredo. *Direito regulatório*: a alternativa participativa e flexível para a Administração Pública de relações setoriais complexas no Estado democrático. Rio de Janeiro: Renovar, 2003. p. 141).

[50] Sobre a abertura constitucional, remete-se o leitor para 3.3.2.

[51] Objeto de profundo estudo de BERCOVICI, Gilberto. *Constituição e estado de exceção permanente*. Rio de Janeiro: Azougue, 2004. p. 65 *et seq*.

[52] Cumpre registrar que não há dúvida quanto ao papel dos setores público e privado em termos de exercício de atividade econômica. Contudo, não deixa de haver dúvida na integração dos conceitos jurídicos indeterminados "imperativos da segurança nacional" ou "relevante interesse coletivo" a ser definido em lei (art. 174 da Constituição Federal).

na regulação de determinadas atividades econômicas. A competência de natureza supletiva – ou subsidiária – enquadra as atribuições originalmente de outro ente federado, mas, diante de sua omissão ou atuação sem obedecer à norma, é preenchida por outro ente.[53] No campo das atividades econômicas, a exceção ao princípio da subsidiariedade está na atuação direta pelo Estado quando a exploração de atividade econômica se destinar, para além das atividades monopolizadas, aos *imperativos da segurança nacional* ou *relevante interesse coletivo*.

O papel do Estado está, portanto, subsumido ao princípio da subsidiariedade, em que se destaca a primazia do setor privado sobre as iniciativas estatais no exercício de atividade econômica. Ao seguir o comando constitucional, o Estado deve, em regra geral, abster-se de exercer atividade econômica, de modo que não seja um concorrente do particular. Nesse contexto, as atividades típicas do Estado regulador devem permanecer sob a responsabilidade estatal, pois estas são diligências indelegáveis à iniciativa privada.

Conforme a doutrina de Silvia Faber Torres,[54] a tese de que se deve subtrair dos indivíduos e dos grupos sociais o que eles próprios podem realizar com eficácia satisfatória importa em que se verifique, antes de chegar ao Estado, o que de fato está compreendido em sua capacidade. Deve-se reconhecer ao indivíduo o "direito e a prioridade de atuar com seus próprios meios para a satisfação de seus interesses, só deferindo às entidades da sociedade aquilo que ele não possa fazer".[55] Vale dizer, se determinada atividade puder ser cumprida com equivalente nível de eficácia, seja pelo cidadão, seja pelos grupos sociais, e, ainda,

---

[53] A expressão cunhada por Diogo de Figueiredo Moreira Neto (*cadeia de subsidiariedades*) bem reflete essa questão. Aparece em seu artigo Cidadania e advocacia no estado democrático de direito. *Revista de Direito da Procuradoria Geral do Estado do Rio de Janeiro*, Rio de Janeiro, v. 50, p. 118, 1997. p. 118.

[54] TORRES, Silvia Faber. *Princípio da subsidiariedade no direito público contemporâneo*. Rio de Janeiro: Renovar, 2001. p. 12. Sobre o tema, ver, ainda: FERNÁNDEZ FARRERES, Germán. Reflexiones sobre el valor jurídico de la doctrina de la subsidiariedad en el derecho administrativo español. *In:* MOREIRA NETO, Diogo de Figueiredo (Org.). *Uma avaliação das tendências contemporâneas do direito administrativo*. Rio de Janeiro: Renovar, 2003; e RIVERO YSERN, Enrique. El principio de subsidiariedad. *In:* MOREIRA NETO, Diogo de Figueiredo (Org.). *Uma avaliação das tendências contemporâneas do direito administrativo*. Rio de Janeiro: Renovar, 2003.

[55] MOREIRA NETO, Diogo de Figueiredo. Cidadania e advocacia no estado democrático de direito. *Revista de Direito da Procuradoria Geral do Estado do Rio de Janeiro*, Rio de Janeiro, v. 50, p. 118, 1997. p. 118.

pelo Estado, deverá ser reservada àquele que estiver em plano mais próximo do indivíduo.[56]

Sob essa configuração de subsidiariedade "redesenha-se a segurança dos direitos fundamentais na fase atual do relacionamento entre Estado e Sociedade, em que esta assume o papel preponderante",[57] em que o Estado deve agir subsidiariamente "na função regulatória e na impossibilidade de o indivíduo ou a sociedade resolverem seus próprios problemas".[58]

Nesse campo de questões, e sob o ponto de vista da gradativa subsidiariedade – do indivíduo para a comunidade e, só depois, para o Estado –, a sociedade contemporânea e globalizada recebe de alguns autores[59] a denominação de "sociedade de riscos", edificada após os efeitos simbolicamente representados pela queda do muro de Berlim, em 1989.[60]

A sociedade de riscos não é uma opção a ser escolhida ou rejeitada pela sociedade;[61] tem os traços pós-modernos conformados pela "ambivalência, insegurança, a procura de novos princípios e o

---

[56] Na advertência de Faria: "Na medida em que a interpenetração das estruturas empresariais, a interconexão dos sistemas financeiros e a formação dos grandes blocos comerciais regionais se convertem em efetivos centros de poder [...] o sistema político deixa de ser o *locus* natural da organização da sociedade por ela própria. Em vez de uma ordem soberanamente *produzida*, o que se passa a ter é uma ordem crescentemente *recebida* dos agentes econômicos. [...] Trata-se de uma ordem cada vez mais auto-organizada e autorregulada. Por operar sob a forma de redes formais e informais de interesses envolvendo um número variável de atores empresariais com distintos graus de influência e poder, e preocupados apenas em negociar acordos específicos sobre matérias determinadas, esta ordem tende a transcender os limites e controles impostos pelo Estado, a substituir a política pelo mercado como instância máxima de regulação social, a adotar as regras flexíveis da lex mercatoria no lugar das normas do direito positivo, a condicionar cada vez mais o princípio do *pacta sunt servanda* à cláusula *rebus sic stantibus*, a trocar a adjudicação pela mediação e pela arbitragem na resolução dos conflitos e a pôr em xeque a distinção clássica entre público e privado" (FARIA, José Eduardo. *O direito na economia globalizada*. 1. ed. 4. tir. São Paulo: Malheiros, 2004. p. 35-36).

[57] TORRES, Ricardo Lobo. *Tratado de direito constitucional financeiro e tributário*. Rio de Janeiro: Renovar, 2005. v. 2. p. 176.

[58] TORRES, Ricardo Lobo. *Tratado de direito constitucional financeiro e tributário*. Rio de Janeiro: Renovar, 2005. v. 2. p. 176.

[59] A exemplo de BECK, Ulrich. *Risk society*: towards a new modernity. London: Sage, 1993; e SUNSTEIN, Cass R. *Risk and reasons*: safety, law and the environment. Cambridge: Cambridge University Press, 2002.

[60] Nesse sentido, ver BECK, Ulrich. A reinvenção da política: rumo a uma teoria da modernização reflexiva. *In:* BECK, Ulrich; GIDDENS, Anthony; LASH, Scott. *Modernização reflexiva*: política, tradição e estética na ordem social moderna. Tradução de Magda Lopes. São Paulo: Unesp, 1997. p. 11.

[61] BECK, Ulrich. A reinvenção da política: rumo a uma teoria da modernização reflexiva. *In:* BECK, Ulrich; GIDDENS, Anthony; LASH, Scott. *Modernização reflexiva*: política, tradição e estética na ordem social moderna. Tradução de Magda Lopes. São Paulo: Unesp, 1997. p. 16.

redesenho do relacionamento entre as atribuições das instituições do Estado e da própria sociedade".[62]

O conceito de sociedade de riscos como nova categoria da sociedade atual[63] designa um estágio ou superação da modernidade em que começam a tomar corpo as ameaças produzidas até então no caminho da sociedade industrial. Isso levanta a questão da autolimitação daquele desenvolvimento, assim como da tarefa de redeterminar os padrões de responsabilidade, segurança, controle, limitação do dano e distribuição das consequências do dano atingidos até aquele momento, levando em conta as ameaças potenciais.[64]

Na sociedade atual, surge um "conflito fundamental",[65] que promete tornar-se característico da sociedade de risco. Os progressos decorrentes da industrialização – desenvolvidos até o século XIX – levavam o homem a pensar que suas ações conduziriam à segurança total, isto é, com suas técnicas o homem buscava lograr o fim dos riscos e catástrofes naturais. Contudo, o avanço tecnológico – que gerou um "risco fabricado",[66] "fruto da decisão humana" –[67] ocorrido durante o século passado levou o homem a sofrer os efeitos de sua própria ação.

Por isso não se encontra na pós-modernidade a "utilidade para a 'certeza' e 'segurança'".[68] Nada pode ser conhecido com segurança e qualquer coisa que seja conhecida pode ser conhecida de um modo diferente. "Apostar, agora, é a regra onde a certeza, outrora, era

---

[62] TORRES, Ricardo Lobo. *Tratado de direito constitucional financeiro e tributário*. Rio de Janeiro: Renovar, 2005. v. 2. p. 177. Prossegue o autor: "Da ambivalência e do caráter paradoxal da sociedade de risco *decorre a modificação do próprio conceito de segurança, em crescente contraste com o de insegurança*" (p. 178. Grifos nossos).

[63] A inclusão da sociedade de riscos como nova categoria da sociedade atual mereceu críticas de autores, em que se destaca DE GIORGI, Raffaele. *Direito, democracia e risco*: vínculos com o futuro. Vários tradutores. Porto Alegre: Sérgio Antônio Fabris, 1998. p. 196-197.

[64] BECK, Ulrich. A reinvenção da política: rumo a uma teoria da modernização reflexiva. *In:* BECK, Ulrich; GIDDENS, Anthony; LASH, Scott. *Modernização reflexiva*: política, tradição e estética na ordem social moderna. Tradução de Magda Lopes. São Paulo: Unesp, 1997. p. 17.

[65] BECK, Ulrich. A reinvenção da política: rumo a uma teoria da modernização reflexiva. *In:* BECK, Ulrich; GIDDENS, Anthony; LASH, Scott. *Modernização reflexiva*: política, tradição e estética na ordem social moderna. Tradução de Magda Lopes. São Paulo: Unesp, 1997. p. 23.

[66] GIDDENS, Anthony. *Mundo em descontrole*: o que a globalização está fazendo de nós. Tradução de Maria Luiza X. de A. Borges. 4. ed. Rio de Janeiro: Record, 2005. p. 24.

[67] LUHMANN, Niklas. *Sociologia del rischio*. Tradução de Giancarlo Corsi. Milano: Bruno Mondadori, 1996. p. 31-32.

[68] BAUMAN, Zygmunt. *Modernidade e ambivalência*. Tradução de Marcus Penchel. Rio de Janeiro: Jorge Zahar, 1999. p. 113. Como dito, para Bauman, cada resolução de problema gera novo problema (p. 227).

procurada, ao mesmo tempo em que arriscar-se toma o lugar da teimosa busca de objetivos".[69]

A compreensão do Estado de risco como aspecto nuclear na organização da sociedade contemporânea remete a uma dinâmica peculiar que submete o direito administrativo a um novo papel, a uma transformação. Some-se a isso os efeitos da globalização, em que se tornam "vulneráveis à disciplina estabelecida por opções e decisões econômicas feitas em outros lugares por pessoas, grupos empresariais e instituições"[70] sobre as quais inexistem mecanismos de controle.

Nesse sentido, a nova categoria de escolha administrativa – escolha regulatória – cumpre uma função essencial na prevenção e composição das antinomias surgidas pela ambivalência e aporias inerentes à tecnicidade e complexidade das relações sociais.

4.2 Contornos clássicos da segurança jurídica: certeza e estabilidade das relações e situações jurídicas

Como enfrentar a insegurança jurídica em questões de natureza regulatória em vista da globalização[71] e das peculiaridades da sociedade de riscos? De início e para a perfeita compreensão da questão e busca de métodos para privilegiar a segurança jurídica nesta obra, afeta ao direito administrativo econômico, cumpre examinar seus contornos clássicos.

As garantias e os direitos fundamentais, para se tornarem efetivos, devem estar sob o manto da segurança das relações jurídicas entre o Estado e cada membro da sociedade. A segurança jurídica representa, dessa forma, a ideia de um conjunto de condições que possa tornar possível à sociedade o prévio conhecimento das consequências de seus atos à luz das normas preestabelecidas pelo sistema jurídico.

Essa ordem de pensamento não encontra dissenso doutrinário. Isto é, a busca por segurança jurídica foi – e continua sendo – um dos principais pilares de sustentação do Estado de Direito, como indica John Locke na defesa intransigente do Poder Legislativo como poder

---

[69] BAUMAN, Zygmunt. *O mal-estar da pós-modernidade*. Tradução de Mauro Gama e Cláudia Martinelli Gama. Rio de Janeiro: Jorge Zahar, 1998. p. 36

[70] FARIA, José Eduardo. *O direito na economia globalizada*. 1. ed. 4. tir. São Paulo: Malheiros, 2004. p. 37.

[71] "De que modo conceitos e categorias construídas em torno do princípio da soberania, como monismo jurídico, norma fundamental, poder constituinte originário, hierarquia das leis, direito subjetivo e *segurança do direito*, podem captar todo o dinamismo e interdependência presente no funcionamento de uma economia globalizada?" (FARIA, José Eduardo. *O direito na economia globalizada*. 1. ed. 4. tir. São Paulo: Malheiros, 2004. p. 39. Grifos nossos).

supremo da comunidade. Para Locke, o objetivo primordial do homem seria formar a sociedade de modo que pudesse desfrutar da propriedade em paz e segurança.[72]

Mesmo na busca da conciliação de interesses antagônicos – conquistados pelos revolucionários e aqueles defendidos pelo regime monárquico –, Benjamin Constant[73] também ressaltou a relevância da segurança e sua vinculação à justiça e às garantias individuais, tudo limitado ao prescrito nas leis.[74]

Nas conclusões apresentadas por William Simon,[75] "o ideal libertário exige que as pessoas tenham conhecimento dos seus direitos e obrigações antes de agir, para que possam planejar os seus negócios". Por isso, e ao comentar os princípios da boa-fé e da confiança legítima,

---

[72] "Assim, mesmo o que tem o direito de seu lado, não possui geralmente mais que a própria força individual, que não é suficiente para se defender de agressões ou punir delinquentes. Para evitar esses percalços que perturbam os homens no estado de natureza, estes se unem em sociedade para que a somatória de suas forças reunidas lhes garanta e assegure a propriedade, e para desfrutarem de leis fixas que limitem, que esclareçam a todos o que lhes pertence. É essa finalidade dos homens transferirem todo poder que possuem naturalmente à sociedade à qual se filiam, sociedade que deposita o poder legislativo nas mãos que julga mais aptas para esse encargo, para que os homens sejam governados por leis explícitas; caso contrário, a paz, a propriedade e a tranquilidade continuariam na mesma incerteza em que se encontravam no estado de natureza. [...] Todo o poder que o governo tem destina-se apenas ao bem da sociedade, e da mesma forma que não deve ser arbitrário ou caprichoso, também deve ser exercido mediante leis estabelecidas e promulgadas; e isso para que não só os cidadãos saibam qual o seu dever, achando garantia e *segurança* dentro dos limites das leis, como também para que os governantes, limitados pela lei, não sofram a tentação, pelo poder que têm nas mãos, de exercê-lo para fins e por meios que os homens não conheçam e nem aprovariam de boa vontade" (LOCKE, John. *Segundo tratado sobre o governo*. Tradução de Alex Marins. São Paulo: Martin Claret, 2005. p. 98-102).

[73] "Coloca-se em perigo a segurança pública quando os cidadãos vêm na autoridade uma ameaça em lugar de salvaguarda. A arbitrariedade é o verdadeiro inimigo da segurança pública. Somente há segurança pública quando há justiça, justiça nas leis, leis na ação. A liberdade de um único cidadão interessa tanto à comunidade social que as causas de qualquer delito devem ser apuradas com todo rigor necessário para submeterem-se aos juízes ordinários. Esse é o fim principal, o fim sagrado, de toda instituição política. Nenhuma Constituição pode legitimar-se de outra maneira e seria ilusão buscar outro fundamento de força e persuasão. [...] Nossa Constituição, ao tornar inamovíveis todos os juízes nomeados, lhes dá uma independência da qual precisam há muito tempo. Saberão que do julgamento de um ministro, acusado, como qualquer outro, não lhes recairá nenhuma censura constitucional, que não se defrontam com nenhum perigo. Da segurança dos juízes nascerá a imparcialidade, a moderação e a coragem" (CONSTANT, Benjamin. *Princípios políticos constitucionais*. Tradução de Maria do Céu Carvalho. Rio de Janeiro: Liber Juris, 1989. p. 141-142). Esta obra foi originalmente publicada em 1814 com a denominação de *Principes de Politique Applicables à tous lês Gouvernements Représentatifs et Particulièrment à la Constituition Actuelle de la France*.

[74] GARCÍA DE ENTERRÍA, Eduardo. *Justicia y seguridad jurídica en un mundo de leyes desbocadas*. Madrid: Civitas, 2000. p. 33.

[75] SIMON, William H. *A prática da justiça*. São Paulo: Martins Fontes, 2001. p. 67.

ambos derivados da segurança jurídica,[76] Jesús Gonzáles Pérez[77] denota que segurança jurídica supõe garantia e certeza do direito nas relações com o Poder Público, certeza esta que se materializa na manutenção de determinadas situações, ainda que não sejam de todo conforme o direito, mas que exista confiança em sua legitimidade.

De igual pensamento e sob um viés formalista, José Afonso da Silva[78] assevera que os valores constitucionais se esvanecem todos se não forem protegidos pela indeclinável couraça da segurança jurídica. Segurança jurídica, sob esse viés formal, é o conjunto de condições que torna possível às pessoas o conhecimento antecipado e reflexivo das consequências de seus fatos à luz da liberdade reconhecida.[79] A certeza e a estabilidade das relações e situações jurídicas repousam, fundamentalmente, na *previsibilidade das consequências jurídicas das ações humanas*, o que, vale dizer, na segurança de que o cumprimento estrito das regras não será, no amanhã, deixado à margem da legalidade, consoante sempre ressaltado nos melhores estamentos da filosofia do direito.[80]

Malgrado esse conceito quase unânime em sede doutrinária, que atenderia plenamente à necessidade prática de se preservar direitos e garantias fundamentais em qualquer situação,[81] é indisputável nesse

---

76 Patrícia Baptista aponta que não obstante a boa-fé tutele o valor ético da confiança, os princípios da boa-fé e da proteção da confiança legítima não são equivalentes idênticos nem sinônimos. Para ela o princípio da proteção da confiança legítima, por incorporar os valores de previsibilidade e estabilidade oriundos da ideia de segurança jurídica, confere ao administrado um raio de proteção mais amplo que o princípio da boa-fé. Ademais disso, sustenta que o exame da boa-fé do administrado é uma condição da incidência da proteção da confiança legítima (BAPTISTA, Patrícia Ferreira. *Segurança jurídica e proteção da confiança legítima no direito administrativo*: análise sistemática e critérios de aplicação no direito administrativo brasileiro. 2006. 374 p. Tese (Doutorado em Direito do Estado) – Universidade de São Paulo, São Paulo, 2006. p. 141).

77 GONZÁLEZ PÉREZ, Jesús. *El principio general de la buena fe en el derecho administrativo*. 3. ed. Madrid: Civitas, 1999. p. 53.

78 SILVA, José Afonso da. *Curso de direito constitucional positivo*. 10. ed. São Paulo: Malheiros, 1995. p. 412.

79 No mesmo sentido Celso Antônio Bandeira de Mello denota que o "princípio da segurança jurídica é, provavelmente, o maior de todos os princípios fundamentais do Direito, já que se encontra em sua base, em seu ponto de partida" (BANDEIRA DE MELLO, Celso Antônio. *Reforma da previdência*. Rio de Janeiro: Conamp, 2004. p. 67).

80 CASTRO, Carlos Roberto de Siqueira. Da declaração de inconstitucionalidade e seus efeitos em face das leis nº 9.868 e 9.882/99. *In*: SARMENTO, Daniel (Coord.). *O controle de constitucionalidade e a Lei nº 9.868/99*. Rio de Janeiro: Lumen Juris, 2002. p. 98.

81 A segurança no período Pós-Segunda Grande Guerra deu suporte à teoria da interpretação constitucional conforme os ditames da justiça material, "fundada na crença de que o constituinte não teria ultrapassado os limites externos da justiça", como se constata nas afirmações de Friedrich Müller: "é com justo título que se exige do labor jurídico que ele garanta à tecnicidade da lei constitucional o padrão de objetividade que ele possa

início de milênio que a rápida evolução tecnológica e científica que permeia os subsistemas regulados – isso sem contar com epidemias, grandes desastres naturais, terrorismo etc. – acaba por trazer um clima de incerteza ("que prolifera por toda parte"),[82] insegurança e "comprometimento da coesão social".[83]

Bauman anota que uma das características mais marcantes da modernidade em seu estado "sólido" era uma visão *a priori* de um "estado final", que seria o eventual ponto culminante dos esforços correntes de construção da ordem. Seria um estágio em que a economia ficaria estável, haveria um sistema em equilíbrio, uma sociedade justa ou um código de direito e ética racionais. Contudo, a pós-modernidade ou "modernidade diluída [...] liberta as forças da mudança, como a bolsa de valores ou os mercados financeiros: deixa que as pessoas 'encontrem seu próprio nível'".[84]

Segundo Laubadère, a flexibilidade inerente ao direito administrativo econômico traduz-se pelo lugar dado às possibilidades de mudança e de adaptação de regras, atos, situações jurídicas. "Mutabilidade, plasticidade, direito móvel ou flexível ou movediço, estas expressões são vulgarmente empregadas para caracterizar um dos aspectos [...] da maleabilidade do direito administrativo econômico".[85]

Ademais disso, propugna-se a efetividade de uma abertura constitucional governada por uma ordem de valores,[86] em que não mais se admite a divinização da lei. Em um sistema jurídico marcado

efetivamente pretender, e isso a serviço da clareza das normas, da precisão dos métodos e da segurança jurídica inerente a um Estado de direito [...]. A interpretação da Constituição deve, em consequência, e a toda vez, se deixar guiar pelos imperativos da justiça material e da *segurança jurídica*". No texto original: "C'est a juste titre qu'il est exigé du travail juridique qu'il garantisse à la technicité de la loi constitutionnelle le degré d'objectivité auquel il peut effectivement prétendre, et ce au service de la clarté des normes, de la précision des méthodes et de la sécurité juridique inhérentes à un Etat de droit [...]. L interprétration de la Constitution doit em conséquence tout à la fois se laisser guider par les impératifs de justice matérielle et de sécurité juridique" (MÜLLER, Friedrich. *Discours de la méthode juridique*. Tradução de Olivier Jouanjan. Paris: Presses Universitaires de France, 1996. p. 110-111 ; 143).

82 Na advertência de BECK, Ulrich. A reinvenção da política: rumo a uma teoria da modernização reflexiva. *In:* BECK, Ulrich; GIDDENS, Anthony; LASH, Scott. *Modernização reflexiva*: política, tradição e estética na ordem social moderna. Tradução de Magda Lopes. São Paulo: Unesp, 1997. p. 24.

83 GRAU, Eros Roberto. *A ordem econômica na Constituição de 1988*: interpretação e crítica. 7. ed. São Paulo: Malheiros, 2002. p. 47.

84 BAUMAN, Zygmunt. *Comunidade*: a busca por segurança no mundo atual. Tradução de Plínio Dentzien. Rio de Janeiro: Jorge Zahar, 2003. p. 69.

85 LAUBADÈRE, André de. *Direito público económico*. Tradução de Maria Teresa Costa. Coimbra: Almedina, 1985. p. 114.

86 Acerca dessa questão, remete-se o leitor para 2.6.

pela importância da axiologia objetiva, pela nota da abertura às pautas valorativas, a arte que se impõe ao profissional do direito é a de encontrar, justificadamente, a solução ou a concatenação normativa mais adequada, mais correta, mais consentânea com os mandamentos daquilo que a sensibilidade jurídica reconhece como pertencente à concepção de "direito justo" vigente em determinado contexto histórico-social.[87]

Diante dessas considerações, cumpre perquirir se a segurança jurídica, como princípio, é suficiente para garantir a previsibilidade das consequências jurídicas das ações humanas.

4.3 Busca da segurança jurídica na teoria principiológica

Registre-se que não se pretende aqui, por fugir ao objetivo da obra, tecer críticas acerca dos enfoques doutrinários sobre a origem e os desdobramentos da teoria principiológica.[88] O que se persegue, nessa quadra, em prol das questões postas, é averiguar se a segurança jurídica na regulação deve ou não ser engastada, apenas, na teoria dos princípios e, consequentemente, ser ou não passível, em qualquer situação, de sopesamento com outros princípios constitucionais que conformam a regulação estatal das atividades econômicas.

Tal exame não é despiciendo, tampouco descolado da realidade. Com alguma frequência, a interpretação pretoriana, em questões regulatórias, classifica a segurança jurídica como *princípio jurídico*, que, segundo já se decidiu, *deve prevalecer para se evitar o "Risco Brasil" e a "insegurança na contratação com o Poder Público"*.[89]

---

[87] CASTRO, Carlos Roberto Siqueira. *A constituição aberta e os direitos fundamentais:* ensaios sobre o constitucionalismo pós-moderno e comunitário. Rio de Janeiro: Forense, 2003. p. 51.

[88] Sobre os efeitos acerca da teoria principiológica, adota-se o ensinamento de Paulo Bonavides: "A passagem dos princípios da especulação metafísica e abstrata para o campo concreto e positivo do Direito, com baixíssimo teor de densidade normativa; a transição crucial da ordem jusprivatista (sua antiga inserção nos Códigos) para a órbita juspublicística (seu ingresso nas Constituições); a suspensão da distinção clássica entre princípios e normas; o deslocamento dos princípios da esfera da jusfilosofia para o domínio da Ciência Jurídica; a proclamação de sua normatividade; a perda de seu caráter de normas programáticas; o reconhecimento definitivo de sua positividade e concretude por obra sobretudo das Constituições; a distinção entre regras e princípios, como espécies diversificadas do gênero norma, e, finalmente, por expressão máxima de todo esse desdobramento doutrinário, o mais significativo de seus efeitos: a total hegemonia e preeminência dos princípios" (BONAVIDES, Paulo. *Curso de direito constitucional.* 12. ed. São Paulo: Malheiros, 2002. p. 265).

[89] Veja, por exemplo, no Agravo Regimental na Suspensão de Liminar nº 2004/0031299-4, em que foi relator o Ministro Edson Vidigal perante a Corte Especial do Superior Tribunal de Justiça (julgamento em 1º.7.2004 e publicação no *DJ*, p. 17120, set.

Desponta, por outra vertente, uma nova construção jurisprudencial no Pretório Excelso,[90] em que se concebe a segurança jurídica como um subprincípio derivado do Estado de Direito, e, portanto, ponderável com o princípio da legalidade.[91]

2004): "Ementa: Suspensão de liminar. Tutela antecipada deferida para assegurar o reajuste de *tarifas* de pedágio pela empresa concessionária. 1. Não há como se concluir por ofensa à ordem ou à economia públicas em decisão concessiva de tutela antecipada que apenas assegurou o cumprimento de cláusula contratual livremente firmada entre as partes e não questionada administrativamente ou em juízo. 2. Perigo de dano inverso. O *simples descumprimento de cláusulas contratuais por parte do governo local viola o princípio da segurança jurídica* e inspira riscos nos contratos com a Administração. 3. Agravo regimental provido. No mesmo sentido, veja o acórdão proferido no Agravo Regimental no Agravo Regimental na Suspensão de Tutela Antecipada nº 2004/0062474-6, em que foi Relator o Ministro *Edson Vidigal* perante a Corte Especial do Superior Tribunal de Justiça. O julgamento ocorreu em 17/11/2004 e foi publicado em 21.02.2005, p. 92. Ementa: Agravo regimental em suspensão de tutela antecipada. Declaração de utilidade pública das ações de concessionária de rodovias. Alegação de risco de lesão à ordem econômica e administrativa. *Violação ao princípio da segurança jurídica.* 1. Não se configura o risco de lesão à ordem econômica a alegação de que há insatisfação da população do Paraná com as *tarifas* de pedágio cobradas, se a mesma vem desacompanhada de fundamentos que lhe deem substância e verossimilhança, agravada por uma situação contratual já consolidada com o decorrer dos últimos anos e a ausência de elementos de convicção que pudessem traduzir o impacto econômico negativo das *tarifas* para os usuários; 2. A atuação do Poder Judiciário não pode ser considerada atentatória à competência e ao poder discricionário do administrador, a colocar em risco a ordem pública, pois visou precipuamente acautelar um direito que ainda se discute em primeira instância; 3. Ao declarar de utilidade pública as ações com direito a voto da concessionária, o Estado do Paraná *menosprezou o princípio da segurança jurídica, inspirando insegurança e riscos na contratação com o Poder Público*; 4. Agravo Regimental não provido".

[90] Pode-se conferir no MS nº 22.357/DF, de relatoria do Min. Gilmar Mendes, em julgamento ocorrido em 27.5.2004 perante o Tribunal Pleno (*DJ*, p. 6, 5 nov. 2004): EMENTA: Mandado de Segurança. [...] 2. Acórdão do Tribunal de Contas da União. Prestação de Contas da Empresa Brasileira de Infraestrutura Aeroportuária – INFRAERO. Emprego Público. Regularização de admissões. 3. Contratações realizadas em conformidade com a legislação vigente à época. Admissões realizadas por processo seletivo sem concurso público, validadas por decisão administrativa e acórdão anterior do TCU. 4. Transcurso de mais de dez anos desde a concessão da liminar no mandado de segurança. 5. *Obrigatoriedade da observância do princípio da segurança jurídica enquanto subprincípio do Estado de Direito.* Necessidade de estabilidade das situações criadas administrativamente. 6. *Princípio da confiança como elemento do princípio da segurança jurídica. Presença de um componente de ética jurídica e sua aplicação nas relações jurídicas de direito público.* 7. Concurso de circunstâncias específicas e excepcionais que revelam: a boa fé dos impetrantes; a realização de processo seletivo rigoroso; a observância do regulamento da Infraero, vigente à época da realização do processo seletivo; a existência de controvérsia, à época das contratações, quanto à exigência, nos termos do art. 37 da Constituição, de concurso público no âmbito das empresas públicas e sociedades de economia mista. 8. Circunstâncias que, aliadas ao longo período de tempo transcorrido, afastam a alegada nulidade das contratações dos impetrantes. 9. Mandado de Segurança deferido".

[91] Diz Almiro do Couto e Silva: "O ponto de partida, porém, para a correta interpretação e aplicação desse preceito está em que a segurança jurídica é um valor constitucional que se qualifica como subprincípio maior do Estado de Direito, *ao lado e no mesmo nível hierárquico do outro subprincípio do Estado de Direito, que é o da legalidade.* Segurança jurídica e legalidade são, sabiamente, os dois pilares de sustentação do Estado de Direito" (SILVA, Almiro do

A questão que se coloca é a seguinte: enquanto o princípio da segurança jurídica (como exemplo, no reajuste de tarifas conforme contratos de concessão) permanecer íntegro em um sopesamento com outros princípios, poder-se-ia cogitar que se manteve a previsibilidade do pacto. Contudo, se, no caso concreto, o princípio da segurança jurídica não prevalecer sobre outros princípios, como ficará, então, garantida a previsibilidade tão esperada pelo agente regulado?

Nesse diapasão, resta perquirir, inicialmente, se a segurança jurídica se enquadra efetivamente nos conceitos das normas principiológicas, partindo-se, para essa jornada, da visão de Miguel Reale[92] ao advertir que toda a experiência jurídica – e, por conseguinte, a legislação que a integra – repousa sobre princípios que podem ser considerados os alicerces e as vigas mestras do edifício jurídico.

Cumpre averiguar: se a segurança jurídica, com arrimo no pensamento realiano, é uma das vigas mestras do Estado Democrático de Direito, essa mesma viga pode ser parcialmente desprezada, ou, melhor dizendo, pode ser ponderada e desconsiderada, no todo ou em parte, diante de um caso concreto? A segurança jurídica, em termos de regulação, caso se enquadre na caracterização da teoria dos princípios, pode (ou deve) ser afastada em alguma situação?

Vale lembrar que ao Estado só é permitida a exploração direta de atividade econômica propriamente dita quando necessária aos imperativos da segurança nacional ou relevante interesse coletivo (art. 173, CF), bem como nos casos de monopólios constitucionais (arts. 176 e 177 da CF). Isto é, vigora entre nós o *princípio da liberdade de iniciativa* (art. 170 da CF) visando assegurar a dignidade da pessoa humana conforme os ditames da justiça social.[93] A regulação estatal das

---

Couto e. O princípio da segurança jurídica (proteção à confiança) no direito público brasileiro e o direito da administração pública de anular seus próprios atos administrativos: o prazo decadencial do artigo 54 da lei do processo administrativo da União (Lei nº 9.784/99). *Revista Brasileira de Direito Público – RBDP*, Belo Horizonte, ano 2, n. 6, p. 1-59, jul./set. 2004. p. 17-18. Grifos nossos). O tema é abordado no artigo: MARTINS-COSTA, Judith. Almiro do Couto e Silva e a ressignificação do princípio da segurança jurídica na relação entre o Estado e os cidadãos. *In:* ÁVILA, Humberto (Coord.). *Fundamentos do estado de direito*: estudos em homenagem ao professor Almiro do Couto e Silva. São Paulo: Malheiros, 2005. p. 134.

92 REALE, Miguel. *Lições preliminares de direito*. São Paulo: Saraiva, 1998. p. 158.

93 Nesse sentido, colhe-se a lição de Modesto Carvalhosa, ao preconizar: "A reserva que o Estado faz, para si, de setores do processo econômico – 'ex-vi' do art. 170 da Carta – não desnatura o princípio da livre-iniciativa, na medida em que esta pode desenvolver-se em todos os campos não reservados ao Poder Público na Ordem Econômica. Cabe, portanto, às entidades econômicas privadas um papel real e concreto e não apenas residual. A residualidade, com efeito, se implantada, representaria não só uma desobediência ao princípio fundamental da liberdade econômica, como uma ameaça efetiva à própria concepção do Estado solidarista

atividades econômicas é, portanto, um ato legítimo do Poder Público com vistas à conciliação de princípios, entre outros, o *princípio da propriedade privada* (art. 170, II, CF), o *princípio da livre concorrência* (art. 170, IV, CF), o *princípio da dignidade humana* (art. 1º, III, CF), o *princípio da função social da propriedade* (art. 170, III, CF) e os *direitos dos consumidores* (art. 170, V, CF), tudo com vistas à redução das desigualdades sociais e ao bem-estar geral.

Enfrentando-se a estruturação dos princípios, cumpre destacar que, na visão de Karl Larenz,[94] autor que desenhou a "fenomenologia dos princípios jurídicos e a sua derivação em regras",[95] os princípios são normas jurídicas que não possuem uma situação fática determinada. Enquanto ideias jurídicas materiais são manifestações especiais da ideia de direito – tal como esta se apresenta em seu grau de evolução histórica –, alguns princípios, para Larenz, estão expressamente declarados na Constituição ou nas leis; outros podem ser deduzidos da regulação legal, de sua cadeia de sentido, por via de uma analogia geral ou do retorno à *ratio legis*. Alguns princípios foram descobertos e declarados pela primeira vez pela doutrina ou pela jurisprudência, na maioria das vezes atendendo a casos determinados – não solucionáveis de outro modo –, e que logo se impuseram na consciência jurídica geral graças à força de convicção a eles inerente.[96]

Diferentemente das normas preceituais – salienta Claus-Wilhelm Canaris –,[97] os princípios não têm a pretensão da exclusividade e, por isso, ostentam um sentido próprio apenas em uma combinação de complementação e restrição recíprocas. Com efeito, quando há conflito entre princípios, deve-se buscar uma solução que realize a todos, haja

---

ou social, que vê na sua livre-iniciativa a projeção, no campo econômico, dos princípios da liberdade individual. A Constituição, ao atribuir ao Estado o papel subsidiário ou supletivo do processo, outorga às entidades econômicas privadas uma posição na Ordem Econômica que lhe deve possibilitar absorver plenamente as suas potencialidades de poupança, de capital e organização. Assim, o princípio da livre-iniciativa, como direito fundamental, assume um valor qualificativo do regime político, ao atribuir-se ao sistema econômico baseado na liberdade econômica a tarefa de realização dos fins sociais do Estado" (CARVALHOSA, Modesto. *A ordem econômica na constituição*. 2. ed. Rio de Janeiro: Revista dos Tribunais, 1989. p. 225-226).

94 LARENZ, Karl. *Metodologia da ciência do direito*. Tradução de José Lamego. Lisboa: Fundação Calouste Gulbenkian, 1997. p. 577.

95 TORRES, Ricardo Lobo. *Tratado de direito constitucional financeiro e tributário*. Rio de Janeiro: Renovar, 2005. v. 2. p. 133.

96 LARENZ, Karl. *Metodologia da ciência do direito*. Tradução de José Lamego. Lisboa: Fundação Calouste Gulbenkian, 1997. p. 577.

97 CANARIS, Claus-Wilhelm. *Pensamento sistemático e conceito de sistema na ciência do direito*. Tradução de A. Menezes Cordeiro. 2. ed. Lisboa: Fundação Calouste Gulbenkian, 1996. p. 88.

vista que estes não se identificam com valores na medida em que não determinam o que deve ser, mas o que é melhor.

Sobre o conceito das normas principiológicas, a doutrina, em que se destaca Ronald Dworkin,[98] sustenta que a estrutura normativa, composta por princípios e regras jurídicas, tem os princípios como sendo mais genéricos e abstratos que as regras, e não subsumidos a uma situação de fato. Possuem uma dimensão de peso (*dimension of weight*) ou importância, de modo que para sua aplicação não importa que os princípios estejam previstos no texto constitucional ou não.[99]

Sob o enfoque da questão dos pesos dos princípios, Dworkin sustenta que na hipótese de colisão de princípios prevalece o princípio de maior peso, sem excluir o outro totalmente. Os princípios possuem, nesse vezo, uma dimensão que as regras não têm – a dimensão do peso ou da importância. Desse modo, quando os princípios colidem, aquele que vai resolver o conflito tem de levar em conta a força relativa de cada um.[100] Essa dimensão de peso não pode ser, por certo, uma mensuração exata. O julgamento que determina que um princípio – ou uma política particular – é mais importante que outra frequentemente será objeto de controvérsia, notadamente diante da ambivalência cotidiana. Não obstante, essa dimensão é uma parte integrante do conceito de

---

98 DWORKIN, Ronald. *Taking rights seriously*. Cambridge: Harvard University Press, 1977. Há tradução para o vernáculo: DWORKIN, Ronald. *Levando os direitos a sério*. Tradução de Nelson Boeira. São Paulo: Martins Fontes, 2002. Conferir ainda, do autor, entre outras obras: *O império do direito* (Tradução de Jefferson Luiz Camargo. São Paulo: Martins Fontes, 1999) e *Uma questão de princípio* (Tradução de Luiz Carlos Borges. São Paulo: Martins Fontes, 2001).

99 A teoria principiológica teve fundamental contribuição com os estudos elaborados por Ronald Dworkin, em 1967, contra o positivismo. Dworkin sustenta que o positivismo formula os seguintes preceitos: 1º – o direito de uma comunidade é um conjunto de regras especiais utilizado direta ou indiretamente pela comunidade com o propósito de determinar qual comportamento será punido ou coagido pelo poder público; 2º – o conjunto dessas regras jurídicas é coextensivo com o direito, de modo que se o caso de alguma pessoa não estiver claramente coberto por uma regra dessas, então esse caso não pode ser decidido mediante a aplicação do direito e 3º – dizer que alguém tem uma obrigação jurídica é dizer que seu caso se enquadra em uma regra jurídica válida que exige que ele faça ou se abstenha de fazer alguma coisa. Na ausência de tal regra jurídica válida não existe obrigação jurídica. Após criticar as teorias positivistas de Austin e Hart (a quem sucedeu na Universidade de Oxford), Dworkin aduz: "Quero lançar um ataque ao positivismo. [...] Quando os juristas raciocinam ou debatem a respeito de direitos e obrigações jurídicos, particularmente naqueles casos difíceis nos quais nossos problemas com esses conceitos parecem mais agudos, eles recorrem a padrões que não funcionam como regras, mas operam diferentemente, como princípios, políticas e outros tipos de padrões" (DWORKIN, Ronald. *Levando os direitos a sério*. Tradução de Nelson Boeira. São Paulo: Martins Fontes, 2002. p. 27-28; 35).

100 DWORKIN, Ronald. *Levando os direitos a sério*. Tradução de Nelson Boeira. São Paulo: Martins Fontes, 2002. p. 42-43.

princípio, de modo que faz sentido perguntar que peso ele tem ou quão importante ele é.

Dworkin conclui que o homem que deve decidir uma questão vê-se, portanto, diante da exigência de *avaliar todos esses princípios conflitantes e antagônicos que incidem sobre ela e chegar a um veredito a partir desses princípios em vez de identificar um entre eles como válido.*[101]

Robert Alexy sustentou em sua teoria dos direitos fundamentais que o princípio, como espécie de norma jurídica, não determina as consequências normativas de maneira direta, ao contrário das regras. Isto é, a norma passou a ser o gênero, composta pelas espécies *princípios* e *regras*. Daí definir os princípios como "mandamentos de otimização",[102] aplicáveis em vários graus normativos e fáticos.[103] Princípios, segundo Alexy, são proposições normativas de um tão alto nível de generalidade que podem, via de regra, não ser aplicados sem o acréscimo de outras premissas normativas e, habitualmente, são sujeitos a limitações por conta de outros princípios.[104] Nesse sentido, quando ocorre uma "colisão

---

[101] DWORKIN, Ronald. *Levando os direitos a sério*. Tradução de Nelson Boeira. São Paulo: Martins Fontes, 2002. p. 114. Nesse sentido, Castro leciona: "Os princípios apresentam uma dimensão de peso. Isto quer dizer que, mediante uma atividade de ponderação dos interesses em questão, eles são realizados numa maior ou menor medida, conforme as possibilidades materiais do caso, e sem que um princípio exclua ou elimine o outro. Portanto, sempre que dois princípios, aplicáveis a um mesmo caso, entram em conflito – por conterem orientações vetoriais distintas – um deles deverá ceder em face do outro. Assim, na dimensão principiológica, notadamente quando ela se torna conflitual, o que entra em jogo não é a ideia de validade, mas, sim, a ideia de valor e supervalia. Tem-se, pois, em resumo, que a convivência dos princípios é complexa, isto é, não obstante seja de índole conflitual e disputante, ela também é de índole inclusiva, na medida em que não elimina do sistema jurídico o princípio não aplicado, ao passo que a convivência das regras é excludente, o que significa que os princípios coexistem, ainda que entrem em testilha, enquanto as regras antinômicas excluem-se reciprocamente, pelo método da subsunção do tipo fático à norma jurídica" (CASTRO, Carlos Roberto Siqueira. *A constituição aberta e os direitos fundamentais:* ensaios sobre o constitucionalismo pós-moderno e comunitário. Rio de Janeiro: Forense, 2003. p. 56-57).

[102] Segundo Virgílio Afonso da Silva, o que o conceito de mandamento de otimização impõe é o que se pode chamar de ideia regulativa. Trata-se de uma ideia que sirva para guiar a argumentação em determinado sentido. Desse modo, várias podem ser as respostas que satisfaçam as exigências de otimização. Quanto maior o número de variáveis e de direitos envolvidos e um caso concreto, mais tenderá a ser a quantidade de respostas que satisfaçam o critério de otimização (SILVA, Virgílio Afonso da. *A constitucionalização do direito*: os direitos fundamentais nas relações entre particulares. São Paulo: Malheiros, 2005. p. 121).

[103] "[...] los principios son mandatos de optimización, que están caracterizados por el hecho de que pueden ser cumplidos en diferente grado y que la medida debida de su cumplimiento no sólo depende de las posibilidades reales sino también de las jurídicas. El ámbito de las posibilidades jurídicas es determinado por los principios y reglas opuestos" (ALEXY, Robert. *Teoria de los derechos fundamentales*. 1. ed. 3. reimpr. Tradução de Ernesto Garzón Valdés. Madrid: Centro de Estudios Políticos y Constitucionales, 2002. p. 86).

[104] ALEXY, Robert. *Teoria da argumentação jurídica*: a teoria do discurso racional como teoria da justificação jurídica. Tradução de Zilda Hutchinson Schild Silva. São Paulo: Landy, 2001. p. 248.

de princípios",[105] *é preciso verificar qual deles possui maior peso, de modo que a solução somente advém da ponderação do caso concreto.*[106]

A concepção de princípios didaticamente apontada por Gustavo Zagrebelsky[107] indica que a diferença mais relevante entre princípios e regras pode ser sugerida pelo tratamento distinto que a ciência do direito outorga a eles. Às regras "se obedece", e, por isso, é mais importante determinar com precisão os preceitos que o legislador estabelece por meio das formulações que as regras contêm. Em sentido oposto, aos princípios "se presta adesão", e, por isso, é importante compreender o mundo de valores – grandes opções de cultura jurídica das quais tomam parte e às quais as palavras não façam simples alusão.

A distinção essencial apresentada por Zagrebelsky assim se resume: as regras proporcionam um critério para as ações humanas, dizem como se deve, não se deve e como se pode atuar em determinadas situações específicas previstas pelas próprias regras. Os princípios não dizem nada a esse respeito, mas proporcionam critérios para tomar posições frente a situações concretas e que, *a priori*, aparecem indeterminadas. Os princípios geram atitudes favoráveis ou contrárias, de adesão e apoio ou de dissenso e repulsa em relação a tudo que pode estar implicado em sua salvaguarda, no caso concreto. Aos princípios, diferentemente do que se passa com as regras, só se pode dar algum significado operativo fazendo-os reagir frente a um caso concreto, e é apenas nos casos concretos que se pode entender seu alcance.[108]

Como leciona Jorge Miranda,[109] os princípios não se colocam além ou acima do direito. Sob uma visão ampla, superadora das concepções

---

[105] ALEXY, Robert. Colisão de direitos fundamentais e realização de direitos fundamentais no Estado de Direito Democrático. *Revista de Direito Administrativo*, Rio de Janeiro, v. 217, p. 67-79, jul./set. 1999, que sintetiza sua palestra no Brasil no ano de 1998.

[106] Humberto Ávila adverte que a distinção entre princípios e regras sustentada por Alexy não pode ser baseada no modo *all or nothing* dworkiano. Deve resumir-se à *diferença quanto à colisão*, na medida em que os princípios colidentes apenas têm sua realização normativa limitada reciprocamente, ao contrário das regras, cuja colisão é solucionada com a declaração de invalidade de uma delas ou com a abertura de uma exceção que exclua a antinomia, e na *diferença quanto à obrigação que instituem*, haja vista que as regras instituem obrigações absolutas, não superadas por normas contrapostas, enquanto os princípios instituem obrigações *prima facie*, na medida em que podem ser superadas ou derrogadas em função dos outros princípios colidentes (ÁVILA, Humberto (Coord.). *Teoria dos princípios*: da definição à aplicação dos princípios jurídicos. 2. ed. São Paulo: Malheiros, 2003. p. 30).

[107] ZAGREBELSKY, Gustavo. *El derecho dúctil, ley, derechos, justicia*. Tradução de Marina Gascón. Madrid: Trotta, 1995. p. 110.

[108] ZAGREBELSKY, Gustavo. *El derecho dúctil, ley, derechos, justicia*. Tradução de Marina Gascón. Madrid: Trotta, 1995.

[109] MIRANDA, Jorge. *Manual de direito constitucional*. Coimbra: Coimbra Ed., 1991. p. 224; 226. t. II.

positivistas, os princípios fazem parte do "complexo ordenamental". Não se contrapõem às normas, mas, tão somente, aos preceitos. As normas jurídicas é que se dividem em "normas-princípios" e "normas-disposições". Os princípios exercem uma ação imediata enquanto diretamente aplicáveis ou diretamente capazes de conformarem as relações político-constitucionais. Por essa linha, os princípios "exercem também uma ação mediata tanto num plano integrativo e construtivo como num plano essencialmente prospectivo. Admitem ou postulam concretizações, densificações, e realizações variáveis".[110]

Se antes os princípios ingressaram na temática jurídica sob a forma de enunciados ou diretivas para a interpretação das leis e preenchimento de lacunas,[111] a doutrina contemporânea prestigia a tese de bipartição da norma em regras e princípios. De um modo ou de outro, as correntes doutrinárias advogam essa separação. Os princípios caracterizam-se por abrigar um viés deontológico (do "dever-ser") e são genéricos e abstratos. Humberto Ávila[112] denota que os princípios podem ser investigados sob dois aspectos: o primeiro refere-se à exaltação dos valores por ele protegidos e o segundo trata do exame de sua estrutura – critérios.[113] Os princípios, por essa linha, são normas

---

[110] MIRANDA, Jorge. *Manual de direito constitucional*. Coimbra: Coimbra Ed., 1991. p. 224; 226. t. II. Paulo Bonavides esclarece que "um princípio aplicado a um determinado caso, se não prevalecer, nada obsta a que, amanhã, noutras circunstâncias, volte ele a ser utilizado, e já então de maneira decisiva" (BONAVIDES, Paulo. *Curso de direito constitucional*. 12. ed. São Paulo: Malheiros, 2002. p. 253).

[111] TORRES, Ricardo Lobo. *Tratado de direito constitucional financeiro e tributário*. Rio de Janeiro: Renovar, 2005. v. 2. p. 275.

[112] ÁVILA, Humberto (Coord.). *Teoria dos princípios*: da definição à aplicação dos princípios jurídicos. 2. ed. São Paulo: Malheiros, 2003. p. 56.

[113] Sob o segundo enfoque, Canotilho apresenta cinco critérios para distinguir regras e princípios: a) grau de abstração, isto é, os princípios são normas com um grau de abstração relativamente elevado e, ao contrário, as regras possuem uma abstração relativamente reduzida; b) grau de determinabilidade na aplicação do caso concreto: os princípios, por serem vagos e indeterminados, carecem de mediações concretizadoras, enquanto as regras são suscetíveis de aplicação direta; c) grau de fundamentalidade no sistema das fontes de direito: os princípios são normas de natureza ou com um papel fundamental no ordenamento jurídico devido à sua posição hierárquica no sistema das fontes (ex.: princípios constitucionais) ou à sua importância estruturante dentro do sistema jurídico (ex.: princípio do Estado de Direito); d) proximidade da ideia de direito: os princípios são *standards* juridicamente vinculantes radicados na ideia de justiça ou na ideia de direito; as regras podem ser normas vinculativas com um conteúdo meramente funcional; e) natureza normogenética: os princípios são fundamentos de regras, isto é, são normas que estão na base ou constituem a *ratio* de regras jurídicas, desempenhando, por isso, uma função normogenética fundamentante (CANOTILHO, José Joaquim Gomes. *Direto constitucional e teoria da Constituição*. 4. ed. Coimbra: Almedina, 2000. p. 1124-1125).

imediatamente finalísticas (*goal reasons*),[114] para cuja concretização estabelecem com menor determinação qual é o comportamento devido, e por isso dependem mais intensamente de sua relação com outras normas e de atos institucionalmente legitimados de interpretação para a determinação da conduta devida.[115]

Considerando esse acervo doutrinário, de variados enfoques, sobre as características dos princípios, volta-se, nessa quadra, à questão: segurança jurídica é um princípio, a ser ponderado com outros princípios que conformam a regulação de atividades econômicas, diante do caso concreto?

A resposta a essa indagação parece ser negativa à luz das inúmeras doutrinas especializadas antes coligidas. Se a segurança jurídica deve estar presente em toda e qualquer situação – isto é, não se concretiza a segurança jurídica parcialmente diante do caso concreto –, a conclusão é a de que não se encontra um perfeito enquadramento da segurança jurídica unicamente na caracterização da teoria dos princípios.

A segurança jurídica, em uma atmosfera democrática, é o "ambiente" em que se deve resolver toda e qualquer situação, independentemente das cotidianas antinomias entre princípios e regras.

Se o conflito de regras resulta em uma antinomia a ser resolvida pela perda de validade de uma das regras em conflito, ainda que em determinado caso concreto deixe de cumpri-la para satisfazer a outra – que se entende ser a correta –,[116] e se, por outro lado, as colisões entre princípios resultam apenas em que se privilegie o acatamento de um sem que isso implique desrespeito completo do outro,[117] a segurança jurídica, "ligada essencialmente à liberdade",[118] não pode ser vinculada a um fim normativo, tampouco deve ser privilegiada ou desconsiderada, ainda que em parte, em qualquer situação ou escolha regulatória.

Diante dessas considerações, permite-se concluir que não se deve ponderar a segurança jurídica com princípios, a exemplo da legalidade, moralidade, livre-iniciativa, equilíbrio econômico e financeiro. Estes e

---

[114] ÁVILA, Humberto (Coord.). *Teoria dos princípios*: da definição à aplicação dos princípios jurídicos. 2. ed. São Paulo: Malheiros, 2003. p. 40.

[115] ÁVILA, Humberto (Coord.). *Teoria dos princípios*: da definição à aplicação dos princípios jurídicos. 2. ed. São Paulo: Malheiros, 2003. p. 67.

[116] Humberto Ávila sustenta em seus argumentos a possibilidade de ponderação de regras (ÁVILA, Humberto (Coord.). *Teoria dos princípios*: da definição à aplicação dos princípios jurídicos. 2. ed. São Paulo: Malheiros, 2003. p. 66).

[117] GUERRA FILHO, Willis Santiago. *Processo constitucional e direitos fundamentais*. 2. ed. São Paulo: Celso Bastos, 2001. p. 45.

[118] TORRES, Ricardo Lobo. *Tratado de direito constitucional financeiro e tributário*. Rio de Janeiro: Renovar, 2005. v. 2. p. 173.

outros princípios, aptos a estabelecerem freios e contrapesos na regulação estatal de atividades econômicas, no caso concreto, devem ser sopesados com outros princípios, tais como a função social da propriedade e da proteção ao consumidor. Pensar em modo diverso seria afirmar que, em determinados casos, não deve prevalecer a segurança jurídica em todas as situações, sendo um contrassenso às premissas básicas do Estado de Direito.

Ultrapassada essa fase, resta perquirir a conformação da segurança jurídica à luz da teoria axiológica. Cumpre investigar se a segurança jurídica seria, em um conceito aberto, um valor, de modo a realizá-la em qualquer situação surgida no bojo da permanente mutação das carências humanas e das alterações mercadológicas globalizantes.

4.4 Busca da segurança jurídica em bases axiológicas

As verdades morais na visão kantiana – isto é, os valores –[119] são necessárias, abertas e universais à congregação social, pois sempre estarão presentes e valem para todos os homens, em todos os tempos. Designam julgamentos que não procedem diretamente da experiência ou de elaboração pessoal, em oposição aos julgamentos de realidade que se identificam no conhecimento objetivo.

Os valores (a ética) formam a base da sociedade, que precisa de um amálgama que sustente suas estruturas em bases sólidas.[120] Sabe-se que esse amálgama, na Antiguidade, era mantido pelos valores religiosos – ainda utilizados, por exemplo, pelos países islâmicos. Entretanto, a partir da laicização da política, passa-se da crença divina para a consciência e convicção do cidadão.

[119] Susanna Pozzolo, ao afirmar que o termo *valor* é polissêmico, sustenta que ele pode ter ao menos quatro significados: moral individual, moral positiva, moral concertada (ou crítica) e moral universal (POZZOLO, Susanna. Un constitucionalismo ambiguo. *In:* CARBONELL, Miguel (Org.). *Neoconstitucionalismo(s).* 2. ed. Madrid: Trotta, 2005. p. 197).

[120] A relatividade dos valores é objeto de questionamentos por Joseph Raz. Segundo o autor, "a diversidade legítima não resulta do fato de que algumas coisas têm valor para uns e não para outros, mas do fato de que somos atraídos de modo diferente para os mesmos valores, ou para pessoas e objetivos que nos atraem porque possuem os mesmos valores" (RAZ, Joseph. *Valor, respeito e apego*. Tradução de Vadim Nikitin. São Paulo: Martins Fontes, 2004. p. 3).

A questão posta sob uma análise reflexiva[121] funda-se nos valores que criam um pensamento uniforme da sociedade, uma "base racional",[122] um tipo de comportamento coerente que a mantenha unida em torno deste ou daquele projeto.[123] Por essa linha de pensamento questionam-se as denominadas verdades da metafísica,[124] permanentemente disputadas entre os homens de pensamento. Daí que, contemporaneamente, fala-se em "virada kantiana" como o retorno dos valores como trilha para sobrepujar o viés positivista reinante no sistema jurídico.[125]

---

[121] Reflexiva no sentido de "autoconfrontação" com os efeitos da sociedade de riscos, que não podem ser tratados e assimilados no sistema da sociedade industrial. Isto é, na sociedade de riscos o reconhecimento da imprevisibilidade das ameaças, provocadas pelo desenvolvimento técnico-industrial, exige a autorreflexão em relação às bases da coesão social e o exame das convenções e dos fundamentos predominantes da "racionalidade". Desse modo, no autoconceito da sociedade de riscos, a sociedade *se torna reflexiva, o que significa dizer que ela se torna um tema e um problema para ela própria*. Nesse sentido, veja-se a manifestação de BECK, Ulrich. A reinvenção da política: rumo a uma teoria da modernização reflexiva. *In:* BECK, Ulrich; GIDDENS, Anthony; LASH, Scott. *Modernização reflexiva*: política, tradição e estética na ordem social moderna. Tradução de Magda Lopes. São Paulo: Unesp, 1997. p. 16-19. Acompanhando esse pensamento, REICH, Norbert. Intervenção do Estado na economia: reflexões sobre a pós-modernidade na teoria jurídica. Tradução de Fernando Herren Aguillar. *Revista de Direito Público*, v. 94, p. 265-282. Cadernos de Direito Econômico e Empresarial. p. 274.

[122] Segundo Giddens, as mudanças nas ordens de valores não são independentes das inovações na orientação cognitiva criadas por perspectivas cambiantes sobre o mundo social. Se o conhecimento novo pudesse ser empregado sobre uma base racional transcendental de valores, esta situação não se aplicaria. Mas não existe tal base racional de valores, e as mudanças na perspectiva derivadas de *inputs* de conhecimento têm uma relação móvel com as mudanças nas orientações de valores. Isto é, não é uma questão de não existir um mundo social estável a ser conhecido, mas de que o conhecimento deste mundo contribui para seu caráter instável ou mutável (GIDDENS, Anthony. *As consequências da modernidade*. Tradução de Raul Fiker. São Paulo: Ed. Unesp, 1991. p. 50-51).

[123] Para um breve resumo acerca dos chamados "direitos morais", remete-se o leitor para a obra de ALEXY, Robert. *Constitucionalismo discursivo*. Tradução de Luís Afonso Heck. Porto Alegre: Livraria do Advogado, 2007. p. 46-47.

[124] Para Kant, "a *metafísica*, em verdade, outra coisa não é senão o inventário, uniformemente organizado, de tudo o que possuímos pela razão pura. Nada nos pode aqui escapar, pois o que a razão extrai inteiramente de si mesma não pode estar-lhe oculto. Antes, ao inverso, é posto à luz pela própria razão, mal se tenha descoberto o princípio comum de tudo isso. A unidade perfeita desta espécie de conhecimentos, derivados de simples conceitos puros, sem que nada da experiência, nem sequer mesmo uma intuição particular, própria a conduzir a uma experiência determinada, possa exercer sobre ela qualquer influência no sentido de a estender ou de a aumentar, torna, não somente possível como ainda necessária, absoluta esta integridade" (KANT, Immanuel. *Crítica da razão pura*. Tradução de Alex Marins. São Paulo: Martin Claret, 2001. p. 21).

[125] Sobre a "virada kantiana", Ricardo Lobo Torres leciona que ela "traz as seguintes novidades principais: a inclusão da regra de justiça, ao lado da de liberdade, no imperativo categórico; a positivação jurídica da norma ética abstrata; o equilíbrio entre justiça e direitos humanos; a projeção da ética tributária para as dimensões cosmopolita, internacional, nacional e local; a efetividade jurídica do mínimo ético; a perspectiva orçamentária do justo tributário" (TORRES, Ricardo Lobo. *Tratado de direito constitucional financeiro e tributário*. Rio de Janeiro: Renovar, 2005. v. 2. p. 5).

O adjetivo *kantiano* exprime apenas uma analogia, não uma identidade; ele indica que a doutrina rawlsiana se parece em boa parte com a de Kant, e isso se dá a respeito de muitos pontos fundamentais.[126] Isso quer dizer que os ensinamentos de John Rawls – em que se destaca a "justiça como equidade" –[127] estão bem mais próximos da vertente moral autônoma kantiana que de outras doutrinas morais tradicionais – a exemplo da moral consensual do empirismo inglês e a moral da responsabilidade weberiana –[128] que servem como termo de comparação.

Sobre essa abertura dos valores jurídicos, pós-positivista,[129] Claus-Wilhelm Canaris[130] denota que ela significa a incompletude do conhecimento científico e a mutabilidade dos valores jurídicos fundamentais. A abertura do sistema jurídico não contradita a aplicabilidade do pensamento sistêmico na ciência do direito; ela partilha a abertura do sistema científico com todas as outras ciências. Enquanto no domínio respectivo ainda for possível um progresso no conhecimento – e, portanto, o trabalho científico fizer sentido –, nenhum desses sistemas pode ser mais do que um projeto transitório.[131]

O que o jurista frequentemente designa, de modo logicamente inadequado, como subsunção – sustenta Karl Larenz –[132] revela-se em grande parte como apreciação com base em experiências sociais ou em uma pauta valorativa que carece de preenchimento, como coordenação a um tipo ou como interpretação da conduta humana, particularmente do sentido juridicamente determinante das declarações de vontade.

---

[126] RAWLS, John. *Justiça e democracia*. Tradução de Irene A. Paternot. São Paulo: Martins Fontes, 2002. p. 48.

[127] RAWLS, John. *Uma teoria da justiça*. Tradução de Almiro Pisetta e Lenita Maria Rímoli Esteves. São Paulo: Martins Fontes, 2002. p. 4 *et seq*.

[128] Acerca dessas vertentes, ver TORRES, Ricardo Lobo. *Tratado de direito constitucional financeiro e tributário*. Rio de Janeiro: Renovar, 2005. v. 2. p. 11.

[129] Ricardo Lobo Torres indica, no que se refere ao pós-positivismo, em "equilíbrio entre valores" (TORRES, Ricardo Lobo. *Tratado de direito constitucional financeiro e tributário*. Rio de Janeiro: Renovar, 2005. v. 2. p. 47).

[130] CANARIS, Claus-Wilhelm. *Pensamento sistemático e conceito de sistema na ciência do direito*. Tradução de A. Menezes Cordeiro. 2. ed. Lisboa: Fundação Calouste Gulbenkian, 1996. p. 281.

[131] CANARIS, Claus-Wilhelm. *Pensamento sistemático e conceito de sistema na ciência do direito*. Tradução de A. Menezes Cordeiro. 2. ed. Lisboa: Fundação Calouste Gulbenkian, 1996.

[132] LARENZ, Karl. *Metodologia da ciência do direito*. Tradução de José Lamego. Lisboa: Fundação Calouste Gulbenkian, 1997. p. 645.

Neste vezo, os valores não devem ser confundidos com os princípios.[133] Segundo Alexy,[134] é fácil reconhecer que os princípios e os valores estão extremamente vinculados entre si em um duplo sentido: de um lado, da mesma maneira que se pode falar de uma colisão e uma ponderação de princípios, pode-se, também, sustentar uma colisão e uma ponderação de valores. Ademais, o cumprimento gradual dos princípios tem, de modo equivalente, a realização gradual dos valores. Os princípios são genéricos[135] e abstratos como os valores, mas apresentam-se com menor intensidade. Os valores, sob uma concepção teleológica, não se bastam para enfrentar o teste de enquadramento de uma ação estatal na plêiade de direitos e garantias insculpidas no Estado Democrático de Direito. Enquanto os valores são ideias absolutamente abstratas, supraconstitucionais e insuscetíveis de traduzirem-se em linguagem constitucional, os princípios situam-se no espaço compreendido entre os valores e as regras, exibindo, em parte, a generalidade e abstração daqueles e a concretude das regras.[136]

---

[133] Segundo a advertência de Ricardo Lobo Torres: "Há grande dificuldade, entretanto, na questão terminológica. Não raro chama-se de princípio o que é valor, e vice-versa" (TORRES, Ricardo Lobo. *Tratado de direito constitucional financeiro e tributário*. Rio de Janeiro: Renovar, 2005. v. 2. p. 195).

[134] ALEXY, Robert. *Teoría de los derechos fundamentales*. 1. ed. 3. reimpr. Tradução de Ernesto Garzón Valdés. Madrid: Centro de Estudios Políticos y Constitucionales, 2002. p. 138.

[135] Sobre a questão da generalidade dos princípios, colhe-se o pensamento de Castro: "O aspecto da generalidade remete à outra distinção doutrinária acerca dos princípios, no sentido de considerá-los em sua *concepção débil* ou em sua *concepção forte*. A concepção forte pressupõe uma diferença qualitativa ou lógica entre princípios e regras, ao passo que a concepção débil orienta-se no sentido de que a diferença entre as duas espécies normativas se dá apenas em nível quantitativo ou de grau. Com efeito, os partidários da concepção fraca, dentre os quais avulta a autoridade de Norberto Bobbio, veem normalmente o grau de generalidade como o critério decisivo. Sendo assim, os princípios seriam normas de um grau de generalidade relativamente alto, enquanto as regras teriam um nível relativamente baixo de generalidade. Há, no entanto, uma corrente de pensamento que defende que, entre regras e princípios, existe não apenas uma diferença gradual, mas também qualitativa. São os adeptos da *concepção forte* de princípio, entre os quais pode-se incluir Robert Alexy e Ronald Dworkin. De fato, para defender a tese de que a diferença entre regras e princípios é fundamentalmente qualitativa e não apenas de grau, o jusfilósofo alemão sustenta que o ponto nevrálgico para estremar tais espécies normativas reside no fato de que os princípios são normas que ordenam que alguma coisa seja realizada na maior medida possível, de acordo com as possibilidades jurídicas e reais existentes, ao passo que às regras se aplica a lógica do '*ou isto ou aquilo*' – isto é, se são válidas e incidem em determinado caso, as regras devem ser aplicadas na sua inteireza, sem um '*mais ou menos*'" (CASTRO, Carlos Roberto Siqueira. *A constituição aberta e os direitos fundamentais:* ensaios sobre o constitucionalismo pós-moderno e comunitário. Rio de Janeiro: Forense, 2003. p. 55).

[136] TORRES, Ricardo Lobo. *Tratado de direito constitucional financeiro e tributário*. Rio de Janeiro: Renovar, 2005. v. 2. p. 195. Há também os preceitos. Estes se caracterizam por ter uma estrutura lógico-deôntica constituída pela descrição de uma hipótese fática e a previsão da consequência jurídica de sua ocorrência. Já os princípios não oferecem semelhante tratamento de situações jurídicas, mas, sim, a prescrição de um valor, que por esse meio

Como dito, os princípios (de caráter deontológico) compartilham com os valores (de caráter axiológico)[137] algumas características.[138] Contudo, os princípios, de menor generalidade e abstração que os valores – e, por isso, situados a meio passo entre valores e regras –,[139] podem ingressar no discurso constitucional, representando um primeiro estágio de concretização de um ou mais valores. No entanto, se estiverem ausentes da escritura constitucional, nem por isso perderão seus atributos característicos.[140]

Sobre as características básicas para a definição dos valores, Ricardo Lobo Torres apresenta as seguintes considerações: (i) os valores compõem um sistema aberto; (ii) são objetivos, pois independem de apreciação subjetiva; (iii) são parciais, compartilhados com a ética; (iv) estão em permanente interação e em incessante busca do equilíbrio, sem qualquer hierarquia; (v) exibem a tendência à polaridade, no sentido de que caminham sempre para sua própria contrariedade; (vi) são analógicos, pois deles se deduzem os princípios e as regras e (vii) existem no grau máximo de generalidade e abstração e não se deixam traduzir em linguagem constitucional.[141]

Malgrado a separação entre valores e princípios, eles são miscíveis, pois ambos "decorrem dos ditos valores da liberdade, da justiça da segurança jurídica".[142] Humberto Ávila defende a ideia de que os

---

adquire validade jurídica, ou seja, em uma palavra, positividade, da constituição (GUERRA FILHO, Willis Santiago. Notas em torno do princípio da proporcionalidade. *In:* MIRANDA, Jorge (Coord.). *Perspectivas constitucionais nos 20 anos da Constituição de 1976*. Coimbra: Coimbra Ed., 1996. v. 1. p. 252).

137 Na lição apresentada por Alexy, os princípios são mandamentos de otimização e, portanto, pertencem ao âmbito deontológico. De outro lado, os valores têm que ser incluídos no nível axiológico. Desse modo o autor apresenta a seguinte classificação: a norma é dividida em norma deontológica e norma axiológica. A primeira se divide em regra e princípio, e, a segunda, se divide em regra de valoração e critério de valoração (valor) (ALEXY, Robert. *Teoría de los derechos fundamentales*. 1. ed. 3. reimpr. Tradução de Ernesto Garzón Valdés. Madrid: Centro de Estudios Políticos y Constitucionales, 2002. p. 141; 145).

138 Generalidade e abstração, mas com menor intensidade, conforme advertência de Ricardo Lobo Torres, em seu *Tratado de direito constitucional financeiro e tributário*. Rio de Janeiro: Renovar, 2005. v. 2. p. 194. Humberto Ávila entende que a segurança jurídica é um sobreprincípio (ÁVILA, Humberto (Coord.). *Teoria dos princípios*: da definição à aplicação dos princípios jurídicos. 2. ed. São Paulo: Malheiros, 2003. p. 79).

139 TORRES, Ricardo Lobo. *Tratado de direito constitucional financeiro e tributário*. Rio de Janeiro: Renovar, 2005. v. 2. p. 273.

140 TORRES, Ricardo Lobo. *Tratado de direito constitucional financeiro e tributário*. Rio de Janeiro: Renovar, 2005. v. 2. p. 273.

141 TORRES, Ricardo Lobo. *Tratado de direito constitucional financeiro e tributário*. Rio de Janeiro: Renovar, 2005. v. 2. p. 42-43.

142 TORRES, Ricardo Lobo. *Tratado de direito constitucional financeiro e tributário*. Rio de Janeiro: Renovar, 2005. v. 2. p. 198.

princípios explicitam valores –[143] remetem o intérprete às diretrizes valorativas –, estes, segundo Alexy, constituindo o aspecto axiológico das normas na medida em que indicam que algo é bom e, por isso, digno de ser buscado ou preservado.[144]

Diante desse elenco de questões, admite-se, para os efeitos da presente obra, que a segurança jurídica na regulação se apresenta, preponderantemente, como um valor.[145] Não decorre simplesmente do ordenamento positivado; estará presente nas situações individuais – no caso concreto.[146] A imprevisibilidade dos perigos decorrentes da sociedade industrializada impõe um reexame das bases da racionalidade legalitária.[147] "Os diversos problemas cotidianos que geram conflitos sociais não são mais tratados como problemas de ordem, e sim, problemas de risco".[148]

Segurança jurídica, diante das peculiaridades inerentes à sociedade de riscos – antes expostas –, é uma ideia absolutamente abstrata, supraconstitucional; portanto, traduz um valor.

---

143 ÁVILA, Humberto (Coord.). *Teoria dos princípios*: da definição à aplicação dos princípios jurídicos. 2. ed. São Paulo: Malheiros, 2003. p. 17.

144 ÁVILA, Humberto (Coord.). *Teoria dos princípios*: da definição à aplicação dos princípios jurídicos. 2. ed. São Paulo: Malheiros, 2003. p. 87.

145 Deve-se deixar bem vincado que a segurança jurídica também deve ser reconhecida como um sobreprincípio, pela sua grande abstração (ÁVILA, Humberto (Coord.). *Teoria dos princípios*: da definição à aplicação dos princípios jurídicos. 2. ed. São Paulo: Malheiros, 2003. p. 78), e como princípio (BAPTISTA, Patrícia Ferreira. *Segurança jurídica e proteção da confiança legítima no direito administrativo*: análise sistemática e critérios de aplicação no direito administrativo brasileiro. 2006. 374 p. Tese (Doutorado em Direito do Estado) – Universidade de São Paulo, São Paulo, 2006. p. 38). A segurança jurídica como princípio pode ingressar no discurso constitucional (força normativa da Constituição), representando um primeiro estágio de concretização da segurança jurídica como valor. Daí que, na advertência de Patrícia Baptista, com arrimo em César Garcia Novoa, "mais correto, assim, é reconhecer na segurança jurídica ao mesmo tempo um valor e um princípio do ordenamento constitucional" (p. 26).

146 MADARIAGA GUTIÉRREZ, Mónica. *Seguridad jurídica y administración pública en el siglo XXI*. 2. ed. Santiago: Jurídica de Chile, 1993. p. 27.

147 "Mientras las normas pertenecen al mundo de los objetos ideales, al mundo del deber ser prescriptivo, la seguridad en sentido genérico se encuentra situada en el mundo psicológico de las personas" (MADARIAGA GUTIÉRREZ, Mónica. *Seguridad jurídica y administración pública en el siglo XXI*. 2. ed. Santiago: Jurídica de Chile, 1993. p. 20).

148 BECK, Ulrich. A reinvenção da política: rumo a uma teoria da modernização reflexiva. *In:* BECK, Ulrich; GIDDENS, Anthony; LASH, Scott. *Modernização reflexiva*: política, tradição e estética na ordem social moderna. Tradução de Magda Lopes. São Paulo: Unesp, 1997. p. 19.

4.5 Caráter axiológico da segurança jurídica no contexto regulatório estatal brasileiro

Pérez Luño[149] adverte que os principais temas cotidianos, tais como valores e princípios constitucionais, liberdade ou submissão do juiz ao aplicar o direito, concepção procedimental da justiça, tutela dos direitos humanos, obediência ao direito, dissenso na técnica legislativa – pluralidade de fontes –, e, por fim, as implicações jurídicas decorrentes das novas tecnologias – tecnicidade – *não podem ser perfeitamente compreendidos – ou sequer explicados – sem referência expressa à segurança jurídica.*

Nesse vezo, o autor examina a questão sob o seguinte enfoque na parte introdutória de obra específica sobre o tema:

> Este estudio se propone, por tanto, dar cuenta de los nuevos rumbos por los que *discurre la proyección jurídica de la seguridad como valor fundamental* (*Grundwert*) de las sociedades democráticas actuales. Ello *exige revisar el concepto de la seguridad jurídica;* su relevancia en el Estado de Derecho, de modo especial en el Estado social de Derecho; *así como su significado como valor fundamental de esa forma política,* lo que obliga a reconsiderar su conexión con los demás valores, en particular, con la justicia.[150]

O destaque dado por Pérez Luño no enquadramento da complexidade e tecnicidade cotidiana como aspecto essencial – a ser observado quando do reposicionamento da segurança jurídica na atual sociedade de riscos – relaciona-se diretamente à nova categoria de escolha administrativa (regulatória).

Quando se está diante de uma decisão administrativa complexa (*hard case*)[151] em sede de regulação estatal de atividades econômicas, que, por sua natureza, afeta diretamente um sistema complexo, não parece ser correto invocar a segurança jurídica legislada e, portanto, estrita. Há de se ponderar e alcançar situações consensuais observadas na clausura autorreferencial do subsistema[152] à luz de custos e benefícios

---

[149] PÉREZ LUÑO, Antonio-Enrique. *La seguridad jurídica*. 2. ed. Barcelona: Ariel Derecho, 1994. p. 13.

[150] PÉREZ LUÑO, Antonio-Enrique. *La seguridad jurídica*. 2. ed. Barcelona: Ariel Derecho, 1994. p. 13.

[151] Acerca da configuração de "casos difíceis", veja-se: DWORKIN, Ronald. *Levando os direitos a sério*. Tradução de Nelson Boeira. São Paulo: Martins Fontes, 2002. p. 131.

[152] Cf. 2.6.2.

para a manutenção de outros valores de idêntica dignidade jusnatural e constitucional.[153]

Alexy preconiza que nenhum legislador pode criar um sistema de normas tão perfeito em que cada caso possa ser solucionado apenas a partir de uma simples subsunção da descrição das circunstâncias à hipótese de incidência de uma regra. Para tanto há vários motivos. Os mais significativos são a vagueza da linguagem do direito, a possibilidade de conflitos normativos, a ausência de normas nas quais a decisão pode se sustentar e a possibilidade, em casos especiais, de também se decidir em sentido contrário ao teor literal de uma norma. Nessa medida existe uma abertura necessária do direito.[154]

Para se saber, nessa linha, se a escolha regulatória é considerada justa para a hipótese, é necessário, na perspectiva do direito contemporâneo, não apenas que a justificativa seja retrospectiva, levando em conta dados do passado, mas que sejam considerados também, por meio de um exercício prospectivo, elementos justificativos voltados para o futuro.[155]

É nesse contexto que se destaca a questão axiológica da segurança jurídica na regulação. Na escolha regulatória, a segurança jurídica estará presente sempre que houver demonstração de que as soluções adotadas para o equilíbrio autorreferencial do subsistema, uma vez implementadas, partiram de uma norma previamente debatida e valorada tecnicamente, que houver análise de custos e benefícios para sua aplicação e que tais soluções não comprometerão outros valores que mereçam ser salvaguardados ou, pelo menos, que o farão em nível proporcionalmente tolerável em relação a esses valores fundamentais.

Diante dessa premissa, entende-se, como antes sustentado, o enquadramento da segurança jurídica na regulação estatal de atividades econômicas sob a vertente axiológica, impondo-se uma releitura da segurança jurídica exaltada no modelo positivista oitocentista. Isto é, a

---

[153] Nas palavras de Cabral de Moncada: "Assumem particular relevo nesta questão as chamadas 'decisões administrativas complexas' caracterizadas pela vastidão dos efeitos delas decorrentes e pela amplitude dos interesses envolvidos. Não raro tais efeitos projetam-se no futuro e a complexidade respectiva pressupõe a multiplicação dos actos procedimentais necessários à formação da decisão administrativa pois que só desse modo se poderá integrar no seu percurso a informação necessária, com certeza que muito diversificada e complexa" (CABRAL DE MONCADA, Luis S. *Lei e regulamento*. Coimbra: Coimbra Ed., 2002. p. 29).

[154] ALEXY, Robert. Principais elementos de uma teoria da dupla natureza do direito. *Revista de Direito Administrativo*, v. 253, p. 9-30, jan./abr. 2010.

[155] MOREIRA NETO, Diogo de Figueiredo. *Direito regulatório*: a alternativa participativa e flexível para a Administração Pública de relações setoriais complexas no Estado democrático. Rio de Janeiro: Renovar, 2003. p. 101.

segurança jurídica no ambiente de escolhas regulatórias não deve estar simplesmente atrelada às leis; deve estar apoiada no equilíbrio cíclico e autorreferencial sistêmico e preocupada com o caso concreto. "Apenas no caso concreto será possível determinar a extensão de aplicação das exigências de segurança jurídica e dos outros valores eventualmente em conflito".[156] Isso faz sentido, pois o positivismo, ao negar a via valorativa, deriva para o "monismo axiológico",[157] defendendo a preponderância de um só valor. É, ainda, função do direito, que assegura a realização das liberdades[158] e da justiça.[159]

Como valor, a segurança jurídica estará apta a ser considerada condição para a existência do equilíbrio de interesses sem "posição de superioridade fáctica ou jurídica"[160] acoplada a outros valores de igual distinção jurídica. "A certeza quanto ao direito aplicável não é o único valor tutelado pelo ordenamento. A segurança jurídica pode se contrapor, por exemplo, ao interesse público, [...] às exigências de justiça material".[161] Não deve, dessa forma, ser invocada pelos administradores públicos reguladores e pelos tribunais simplesmente como princípio, a ser ponderado e sopesado com outros princípios.

Bermejo Vera[162] traduz a segurança jurídica como valor, sob argumento de que ela aspira ordenar a vida social por meio da justiça. Contudo, adverte que justiça é algo externo, derivado do direito, enquanto o direito contém, em sua própria essência, a segurança jurídica. Segurança jurídica "é um valor constitucional, que se qualifica como subprincípio do princípio maior do Estado de Direito".[163]

---

156 BAPTISTA, Patrícia Ferreira. *Segurança jurídica e proteção da confiança legítima no direito administrativo*: análise sistemática e critérios de aplicação no direito administrativo brasileiro. 2006. 374 p. Tese (Doutorado em Direito do Estado) – Universidade de São Paulo, São Paulo, 2006. p. 50.

157 TORRES, Ricardo Lobo. *Tratado de direito constitucional financeiro e tributário*. Rio de Janeiro: Renovar, 2005. v. 2. p. 52.

158 PÉREZ LUÑO, Antonio-Enrique. *La seguridad jurídica*. 2. ed. Barcelona: Ariel Derecho, 1994. p. 37-38.

159 PÉREZ LUÑO, Antonio-Enrique. *La seguridad jurídica*. 2. ed. Barcelona: Ariel Derecho, 1994. p. 96.

160 SILVA, Vasco Manuel Pascoal Dias Pereira da. *Em busca do acto administrativo perdido*. Coimbra: Almedina, 2003. p. 207.

161 BAPTISTA, Patrícia Ferreira. *Segurança jurídica e proteção da confiança legítima no direito administrativo*: análise sistemática e critérios de aplicação no direito administrativo brasileiro. 2006. 374 p. Tese (Doutorado em Direito do Estado) – Universidade de São Paulo, São Paulo, 2006. p. 50.

162 BERMEJO VERA, José. *El declive de la seguridad jurídica en el ordenamiento plural*. Madrid: Civitas, 2005. p. 43.

163 SILVA, Almiro do Couto e. O princípio da segurança jurídica (proteção à confiança) no direito público brasileiro e o direito da administração pública de anular seus próprios atos

O Estado de Direito é, por si só, uma organização política permeável às mudanças para atender a necessidades sociais, de modo que a segurança jurídica deixa de ser um princípio, uma categoria estática, para garantir a dinâmica e adaptações do direito à práxis. O enfoque dado ao tema – e que dificulta sua compreensão – parte de uma heterogeneidade entre justiça – valor – e segurança jurídica – dado fático que deriva da positividade do direito, ou de determinadas condições de fato sociológicas ou políticas.

4.6 Regulação nos contextos objetivo e subjetivo da segurança jurídica

Ultrapassadas as indagações e fixado um posicionamento sobre a possibilidade de engastar a segurança jurídica na teoria principiológica e em bases axiológicas, cumpre o enfrentamento das outras questões postas neste capítulo. Coloca-se, diante da doutrina administrativista, a seguinte questão: ou se regulam atividades econômicas apenas por meio da reserva da lei, para tentar lograr uma suposta previsibilidade legalitária – e consequente segurança jurídica (permitindo o uso abusivo da regra contra direitos fundamentais) –, ou se parte para a visão axiológica objetiva, pós-positivista, e se permite uma intervenção regulatória sem o "manto sagrado" da lei – e, com isso, gera-se insegurança.

Nesse cenário, impõe-se perquirir alguma resposta para a seguinte indagação: se os mecanismos de edição das leis pelo Parlamento (*v.g.* utilização de muitas cláusulas gerais e conceitos indeterminados, ausência de clareza e eventuais ambiguidades do texto) não atingem as necessidades e carências da sociedade pós-moderna (globalização, tecnicidade, riscos etc.), haja vista que geram insegurança na aplicação do direito, a escolha regulatória por meio da deslegalização de matérias pode ser um meio para solucionar ou minimizar essa crise, ampliando a segurança jurídica? Em sendo positiva essa resposta, há de se propor uma metodologia que privilegie a segurança jurídica possível, a ser observada pelas entidades reguladoras na elaboração de normas que dão sustentabilidade a suas escolhas.

---

administrativos: o prazo decadencial do artigo 54 da lei do processo administrativo da União (Lei nº 9.784/99). *Revista Brasileira de Direito Público – RBDP*, Belo Horizonte, ano 2, n. 6, p. 1-59, jul./set. 2004. p. 17.

A segurança jurídica é comumente compreendida em duas partes;[164] uma de *natureza objetiva*, atrelada à irretroatividade dos atos do Estado – direito adquirido, ato jurídico perfeito e coisa julgada –, e outra de *natureza subjetiva*, esta associada do princípio da proteção à confiança e pertinente aos atos, aos procedimentos e à conduta do Estado.[165]

No que tange aos aspectos de natureza *objetiva* da segurança jurídica, em sede de regulação econômica estatal, passa a ser questionável a necessidade de obediência integral, isto é, nos estritos termos disciplinados e pactuados em contratos com o Estado, a manutenção de regras previamente estipuladas e suas consequências jurídicas.

Quanto ao aspecto *subjetivo* da segurança jurídica – proteção à confiança –, distinguem-se alguns pontos de destaque na nova categoria de escolha administrativa (regulatória): (i) responsabilidade estatal pela perda da qualidade da ordem jurídica positiva (leis mal escritas, ambíguas, leis ônibus[166] etc.); (ii) ausência de estabilidade do direito, decorrente da inflação normativa; e (iii) insegurança na aplicação do direito, atrelada à imprevisibilidade dos mecanismos de criação e ausência de regras transitórias em razão de bruscas mudanças introduzidas no regime jurídico.[167]

---

164 SILVA, Almiro do Couto e. O princípio da segurança jurídica (proteção à confiança) no direito público brasileiro e o direito da administração pública de anular seus próprios atos administrativos: o prazo decadencial do artigo 54 da lei do processo administrativo da União (Lei nº 9.784/99). *Revista Brasileira de Direito Público – RBDP*, Belo Horizonte, ano 2, n. 6, p. 1-59, jul./set. 2004. p. 10.

165 Sobre o tratamento bipolar da segurança jurídica, ver CANOTILHO, José Joaquim Gomes. *Direto constitucional e teoria da Constituição*. 4. ed. Coimbra: Almedina, 2000. p. 256 *et seq*.

166 Um exemplo das *leis ônibus*, a que se refere García de Enterría (*Justicia y seguridad jurídica en un mundo de leyes desbocadas*. Madrid: Civitas, 2000. p. 77), em sede de regulação da concorrência é a Lei nº 11.482, aprovada no dia 29 de maio pelo Congresso Nacional e sancionada no dia 31 daquele mês pelo presidente da República. Essa norma representa a conversão em lei da Medida Provisória nº 340, que tratava das alterações da tabela do imposto de renda da pessoa física. *O Governo acrescentou um artigo alterando a legislação de defesa da concorrência para permitir acordos entre o Cade e empresas suspeitas de cartel.*

167 SILVA, Almiro do Couto e. O princípio da segurança jurídica (proteção à confiança) no direito público brasileiro e o direito da administração pública de anular seus próprios atos administrativos: o prazo decadencial do artigo 54 da lei do processo administrativo da União (Lei nº 9.784/99). *Revista Brasileira de Direito Público – RBDP*, Belo Horizonte, ano 2, n. 6, p. 1-59, jul./set. 2004. p. 15.

4.6.1 Aspectos de natureza objetiva da segurança jurídica nas escolhas regulatórias

A segurança, cunhada no liberalismo econômico e com suporte formal-positivista, trabalhava com a indicação, à sociedade, das pautas necessárias ao prévio conhecimento das consequências de seus atos à luz das normas preestabelecidas, e, paralelamente, com a garantia dos atos passados – ato jurídico perfeito, direito adquirido e coisa julgada. A insegurança na sociedade de riscos, por ser "fruto de decisões e comportamentos humanos",[168] pressupõe, ao contrário, uma regulação prospectiva com vistas à *prevenção* de situações antinômicas desfavoráveis à sociedade e a cada um de seus membros e, paralelamente, a composição consensual mais eficiente, razoável e proporcional para a solução do problema, sopesando os custos e benefícios da medida.[169]

Jürgen Habermas anota que, em geral, os perigos da sociedade de riscos ultrapassam as capacidades analíticas e de prognose dos especialistas e a capacidade de elaboração, vontade de ação e velocidade de reação da administração encarregada de prevenir os ricos. Nesse sentido, os problemas da segurança jurídica e da submissão à lei existentes no Estado Social aumentam dramaticamente. As normas de prevenção editadas pelo legislador só conseguem regular de modo parcial programas de ação extremamente complexos e, de outro lado, fracassam os meios de regulação da prevenção clássica, sintonizada mais com riscos concretos do que com as ameaças potenciais de grandes grupos de pessoas.[170]

Conforme advertência de Bauman, ao contrário da ciência e da ideologia política, a liberdade surgida na pós-modernidade não promete certeza ou garantia de nada. Na prática, significa uma constante exposição à ambivalência, sem qualquer solução determinável, segura ou qualquer conhecimento irrefletido de "como continuar".[171] Nas palavras de Sunstein, "gradually and in fits and starts, the American regulatory

---

[168] BAPTISTA, Patrícia Ferreira. *Segurança jurídica e proteção da confiança legítima no direito administrativo*: análise sistemática e critérios de aplicação no direito administrativo brasileiro. 2006. 374 p. Tese (Doutorado em Direito do Estado) – Universidade de São Paulo, São Paulo, 2006. p. 10.

[169] Veja-se em 2.6.2 a proposta de teorizar a fórmula da *reflexividade administrativa* como nova base para atuação do administrador público.

[170] HABERMAS, Jürgen. *Direito e democracia*: entre facticidade e validade. Tradução de Flávio Beno Siebeneichler. Rio de Janeiro: Tempo Brasileiro, 1997. v. 2. p. 176-177.

[171] BAUMAN, Zygmunt. *Modernidade e ambivalência*. Tradução de Marcus Penchel. Rio de Janeiro: Jorge Zahar, 1999. p. 259.

states all over the globe, are becoming cost-benefit states. By this I mean that government regulation is increasingly assessed by asking whether the benefits of regulation justify the costs of regulations".[172]

A segurança jurídica, nessa fase da globalização pós-moderna, não só como um *princípio*, mas como um *valor*, concretiza-se ao propiciar o ambiente que facilita a ponderação de princípios para se alcançar a justiça em cada caso. Segurança jurídica existirá, portanto, no campo regulatório, quando houver uma decisão justa no caso concreto,[173] de acordo com as pautas axiológicas decorrentes da abertura constitucional.

Exemplificativamente, não deveria ser considerada jurídica cláusula de um contrato de concessão de serviços públicos que fosse indisputavelmente, sob qualquer ângulo ou enfoque,[174] irrazoável e desproporcional aos impactos e efeitos teleológicos. A injustiça decorrente de contratos administrativos, independentemente dos afetados, é inconciliável com a atual dimensão da segurança jurídica,[175] que estará presente se for mantido o balanceamento do subsistema,[176]

---

[172] SUNSTEIN, Cass R. *Risk and reasons*: safety, law and the environment. Cambridge: Cambridge University Press, 2002. p. 5. Em tradução livre: "Gradualmente, entre idas e vindas, os estados regulatórios americanos por todo o globo estão tornando-se estados de custos e benefícios. Assim eu digo que as entidades reguladoras governamentais estão cada vez mais se perguntando se os benefícios da regulação justificam os custos da regulação". Sobre o tema, ver ainda o capítulo 6 da obra de Sunstein intitulada *Laws of fear*: beyond the precautionary principle. Cambridge: Cambridge University Press, 2005. p. 129 *et seq*.

[173] Nesse sentido, Patrícia Baptista anota: "Apenas no caso concreto será possível determinar a extensão da aplicação das exigências de segurança jurídica e dos outros valores eventualmente em conflito" (BAPTISTA, Patrícia Ferreira. *Segurança jurídica e proteção da confiança legítima no direito administrativo*: análise sistemática e critérios de aplicação no direito administrativo brasileiro. 2006. 374 p. Tese (Doutorado em Direito do Estado) – Universidade de São Paulo, São Paulo, 2006. p. 50).

[174] "Unquestionably, both cognitive-scientific and cultural studies provide some support for the risks society perspective" (MYTHEN, Gabe. *Ulrich Beck*: a critical introduction to the risk society. London: Pluto Press, 2004. p. 108). Em tradução livre: "Inquestionavelmente, tanto os estudos científico-cognitivo e cultural proporcionam suporte para as perspectivas dos riscos para a sociedade".

[175] Segundo Rawls, "o conteúdo do consenso pertinente não consiste em formar uma determinada sociedade ou adotar uma determinada forma de governo, mas em aceitar certos princípios morais" (RAWLS, John. *Uma teoria da justiça*. Tradução de Almiro Pisetta e Lenita Maria Rímoli Esteves. São Paulo: Martins Fontes, 2002. p. 18).

[176] Parece ter ocorrido, no caso a seguir, em sede de controle judicial esse sopesamento de princípios sem ferir o direito adquirido da permissionária de serviços públicos de transporte coletivo (e, portanto, a segurança jurídica). Em que pese o Superior Tribunal de Justiça não ter deferido ao permissionário o direito de receber a tarifa dos usuários deficientes físicos – o que, em tese, estaria malferindo o ato jurídico perfeito consubstanciado no contrato administrativo – o número desprezível de deficientes que usarão o transporte não chega a prejudicar os lucros que caberão ao permissionário. Isto é, mesmo não se respeitando ato jurídico perfeito, e à luz do caso concreto, preservou-se a segurança jurídica na relação entre o Estado e o permissionário. Veja-se, nesse sentido, o acórdão proferido nos autos

ainda que, para isso, o regulador encontre, por meio do consenso com os envolvidos, outros caminhos para evitar um desequilíbrio – por exemplo, a prorrogação de um prazo de concessão de serviços públicos.

A suspensão do fornecimento de gás natural oriundo da Bolívia para o Brasil, ou o surgimento de novos energéticos, por exemplo, poderá comprometer todos os estudos de viabilidade (desenvolvidos para 30 ou 60 anos, por exemplo) das concessionárias de serviços públicos de distribuição de gás no Brasil. Esse "risco", no ambiente de incertezas surgidas nas situações imprevistas, precisa ser avaliado, de forma autorreferencial, mediante a ponderação dos custos e benefícios decorrentes das alterações dos contratos, para se alcançar, com as "cautelas necessárias",[177] um consenso regulatório.

Não há como suportar o fato de que qualquer impacto no equilíbrio econômico e financeiro dos contratos deva aguardar o demorado trânsito em julgado dos feitos judiciais e o pagamento por meio de precatório.[178]

---

do Recurso Ordinário em Mandado de Segurança nº 13.084 – CE, do Egrégio Superior Tribunal de Justiça, em que foi relator o Ministro José Delgado, publicado em 1º.7.2002: "Constitucional e administrativo. Recurso ordinário em mandado de segurança coletivo. Insurgência contra ato do Governador do Estado do Ceará. Sanção de lei de efeitos concretos. Transporte interurbano. Concessão de gratuidade na passagem de ônibus para deficientes físicos pobres. Inexistência de inconstitucionalidade. Ausência de direito líquido e certo ao reequilíbrio econômico-financeiro do contrato administrativo. Direito humano e democrático, justo e legítimo, conforme os preceitos constitucionais. 1. Recurso Ordinário em Mandado de Segurança contra acórdão que entendeu constitucional a Lei do Estado do Ceará nº 12.568/1996 que isentou os deficientes físicos do pagamento de tarifas para o uso de ônibus de empresa permissionária de serviço regular comum intermunicipal. 2. Os Estados-Membros devem obrigatoriamente seguir as linhas fundamentais do processo legislativo federal, notadamente no que concerne à iniciativa exclusiva do Chefe do Executivo. 3. As leis que dispõem sobre serviços públicos, à exceção daqueles dos Territórios, no âmbito da União, são de iniciativa concorrente. Não há qualquer vício procedimental se o processo legislativo que culminou na edição da Lei do Estado do Ceará nº 12.568/1996, foi deflagrado por iniciativa de Deputado Estadual. 4. O tratamento diferenciado dispensado aos deficientes físicos configura princípio constitucional que procura, por meio de tratamento distinto, promover-lhes a integração na sociedade. O princípio da isonomia, ao invés de ser infringido, é prestigiado, conforme os postulados da igualdade material que atualmente consubstancia. 5. *No sopesamento de valores, diante do caso concreto, o princípio do amparo aos deficientes físicos prevalece sobre o princípio do equilíbrio econômico-financeiro do contrato administrativo, consoante os ditames da proporcionalidade*. 6. A Lei Estadual nº 12.568, de 03/04/1996, prima por expressar um direito humano e democrático, justo e legítimo, conforme os preceitos constitucionais. 7. Ausência de direito líquido e certo. 8. Recurso não provido".

177 Veja-se algumas cautelas em: ARAGÃO, Alexandre Santos de. *Direito dos serviços públicos*. Rio de Janeiro: Forense, 2007. p. 374-378.

178 A exemplo do que ocorreu no Agravo de Instrumento nº 2005.002.18711, julgado por unanimidade pela 6ª Câmara Cível do Tribunal de Justiça do Estado do Rio de Janeiro, em 7.3.2006, em que foi relator o Desembargador Nagib Slaibi Filho.

Desde que procedimentalizada e preservada a transparência da operação, demonstrado que a escolha regulatória adotada é a que melhor atenderá à ultimação do subsistema[179] e, se for o caso, ouvindo previamente outros atores públicos interessados, para se evitar novas demandas judiciais (como exemplo, o Ministério Público),[180] a "segurança jurídica plural"[181] poderá advir do consenso entre os envolvidos.

Não se pretende, com essas observações, afastar completamente a certeza decorrente das regras contratuais. "Evidente que não se deve considerar esta forma de maleabilidade como sinônimo de uma espécie de precariedade fundamental, em matéria económica, das regras de direito e das situações jurídicas, *tanto contratuais como legais*".[182] Contudo, se o direito administrativo econômico, de um lado, "faz um uso particularmente largo dos processos de mutabilidade que o direito conhece de uma maneira geral", de outro, "ele comporta regras, práticas ou noções próprias que constituem instrumentos particulares de mobilidade".[183]

Ulrich Beck,[184] ao destacar os riscos decorrentes dos processos de globalização, sugere o apoio político no desenvolvimento e na criação de alternativas tecnológicas como possível solução para o curso autônomo da tecnicidade e complexidade galopante em que se vive, em vez da opção por caminhos "irreversíveis".

---

179 Nesse sentido, já se pronunciou o Supremo Tribunal Federal no Recurso Extraordinário nº 253.885/MG, perante a Primeira Turma, em que foi relatora a Ministra Ellen Gracie, em julgamento ocorrido em 4.6.2002 e publicado no *Diário da Justiça* em 21.6.2002, p. 118.

180 Foi o que ocorreu no acordo feito pelo Governo do Distrito Federal para regularizar áreas públicas com "ocupações irreversíveis", sob o ponto de vista urbanístico e ambiental. O acordo foi feito por meio de um Termo de Ajustamento de Conduta (TAC). De um lado, o Governo ficou obrigado a implementar um plano de regularização seguindo as regras nele contidas, entre as quais a derrubada de construções erguidas sobre áreas de preservação ambiental permanente. *De outro lado, o Ministério Público está impedido de contestar judicialmente qualquer ação do Governo nesse sentido, a não ser em caso de desrespeito das regras pactuadas.* É interessante notar que para se evitar risco de algum membro do Ministério Público, diante da sua autonomia, ingressar em juízo, o Governo do Distrito Federal exigiu, para a assinatura do TAC, que todos os procuradores e promotores – e não apenas o procurador-geral – assinassem o TAC. Maiores detalhes podem ser conferidos em IZAGUIRRE, Mônica; COSTA, Raymundo. Acordo com Ministério Público vai permitir regularizar áreas. *Valor Econômico*, Rio de Janeiro, p. A16, 3 jul. 2007.

181 RIBEIRO, Ricardo Lodi. *A segurança jurídica do contribuinte na sociedade de risco*. 2007. 382 p. Tese (Doutorado em Direito) – Universidade Gama Filho, 2007. p. 68.

182 LAUBADÈRE, André de. *Direito público económico*. Tradução de Maria Teresa Costa. Coimbra: Almedina, 1985. p. 114.

183 LAUBADÈRE, André de. *Direito público económico*. Tradução de Maria Teresa Costa. Coimbra: Almedina, 1985. No mesmo sentido, FONSECA. Direito econômico, p. 61.

184 BECK, Ulrich. *O que é globalização*: equívocos do globalismo: respostas à globalização. Tradução de André Carone. São Paulo: Paz e Terra, 1999. p. 177-178.

> Talvez deste modo poder-se-ia inverter a tendência de um desenvolvimento indesejado que oferece no plano mais avançado uma inovação alternativa, que possui as características das alternativas tecnológicas antes rejeitadas sem as suas desvantagens. [...] Seria preciso, por fim, criar ou inventar um novo sistema de regras que redefina e refundamente as questões a respeito do que é uma "prova", e o que significam "adequação", "verdade", "justiça" perante todos os riscos prováveis (e que atingem a todos) na ciência e no Direito. Seria preciso nada menos que uma *Segunda Ilustração*, por intermédio da qual nosso entendimento, nossos olhos, nossas instituições pudessem reconhecer a menoridade da primeira civilização industrial – da qual ela mesma é responsável – e dos danos que ela causou a si mesma.[185]

No contexto da sociedade de riscos o passado perdeu seu poder de determinação sob o presente. Entra em seu lugar uma visão prospectiva, o futuro – ou seja, algo que não existe, algo fictício e construído – como a causa da vida e da ação no presente. Quando se fala de riscos, discute-se algo que não ocorre no momento, mas que pode surgir se não for imediatamente alterada a direção da atuação estatal.[186]

Na sociedade global,[187] a incerteza,[188] a imprevisibilidade, é que devem nortear a "autorreflexão em relação às bases de coesão social e o exame das convenções e dos fundamentos predominantes da 'racionalidade'".[189] Nesse contexto de "autoconhecimento da sociedade de risco, a sociedade torna-se reflexiva [...] o que significa dizer que ela se torna um tema e um problema para ela própria".[190]

---

185 BECK, Ulrich. *O que é globalização*: equívocos do globalismo: respostas à globalização. Tradução de André Carone. São Paulo: Paz e Terra, 1999. p. 177-178.

186 BECK, Ulrich. *O que é globalização*: equívocos do globalismo: respostas à globalização. Tradução de André Carone. São Paulo: Paz e Terra, 1999. p. 178.

187 GIDDENS, Anthony. A vida em uma sociedade pós-tradicional. *In:* BECK, Ulrich; GIDDENS, Anthony; LASH, Scott. *Modernização reflexiva*: política, tradição e estética na ordem social moderna. Tradução de Magda Lopes. São Paulo: Ed. Unesp, 1997. p. 119.

188 "O Estado pós-moderno é um Estado cujos traços permanecem, precisamente e enquanto tais, marcados pela incerteza, pela complexidade, pela in-determinação" (CHEVALLIER, Jacques. *O Estado pós-moderno*. Tradução de Marçal Justen Filho. Belo Horizonte: Fórum, 2009. p. 21).

189 CHEVALLIER, Jacques. *O Estado pós-moderno*. Tradução de Marçal Justen Filho. Belo Horizonte: Fórum, 2009. p. 21.

190 BECK, Ulrich. A reinvenção da política: rumo a uma teoria da modernização reflexiva. *In:* BECK, Ulrich; GIDDENS, Anthony; LASH, Scott. *Modernização reflexiva*: política, tradição e estética na ordem social moderna. Tradução de Magda Lopes. São Paulo: Unesp, 1997. p. 19.

O risco não é apenas questão de uma ação individual.[191] Existem "ambientes de risco" que afetam parte ou mesmo toda a sociedade. No contexto reflexivo, no qual "as práticas sociais são constantemente examinadas e reformadas à luz de informação renovada sobre estas próprias práticas",[192] define-se a "nova segurança" como uma situação pela qual um conjunto específico de perigos está neutralizado ou minimizado.

Isto é, a segurança na sociedade de riscos baseia-se em um equilíbrio de confiança e um risco aceitável. Por isso, deve ser ressalvada a importância de entidades reguladoras independentes, composta por técnicos com comprovada reputação no mercado regulado (e não apenas correligionários partidários) para exercer, como pré-intérpretes dos valores constitucionais, papel mais ativo na defesa dos direitos fundamentais. Deve-se privilegiar escolhas regulatórias que abandonem cânones aparentemente irreversíveis diante das regras ou dos contratos e reflitam o consenso entre o Estado, a sociedade e os agentes regulados na busca de um verdadeiro equilíbrio entre interesses ambivalentes, ainda que o ajuste deixe de observar uma regra aparentemente hermética ou um "suposto" direito adquirido[193] contratual e imutável.

Alexandre Santos de Aragão observa a questão sob o seguinte enfoque:

> Deve-se ter em vista o caráter dinâmico que as relações contratuais possuem no mundo contemporâneo, em que as constantes mudanças sociais, econômicas e tecnológicas inviabilizam o tratamento jurídico do contrato como o congelamento de determinadas relações jurídicas no momento da sua celebração, adaptáveis apenas a fatos imprevisíveis. Impõe-se, no Direito Administrativo e na teoria geral dos contratos, a visão do contrato como processo, ou seja, como um plexo de relações jurídicas que podem e devem, muito além apenas da vetusta e oitocentista teoria da imprevisão, ser adequados ao longo do tempo diante das exigências dos problemas que forem sendo verificados, em suma, da experiência da execução. Se essa é a diretriz contemporaneamente imposta pela teoria geral dos contratos, deve a fortiori ser aplicada a contratos de concessão, de longuíssima duração e envolvendo investimentos a

---

191 GIDDENS, Anthony. *As consequências da modernidade*. Tradução de Raul Fiker. São Paulo: Ed. Unesp, 1991. p. 43.

192 GIDDENS, Anthony. *As consequências da modernidade*. Tradução de Raul Fiker. São Paulo: Ed. Unesp, 1991. p. 45.

193 Para um melhor entendimento acerca dessa questão, ver o tópico "deslegalização e desregulamentação" na obra: CAMPILONGO, Celso Fernandes. *O direito na sociedade complexa*. São Paulo: Max Limonad, 2000. p. 60-61.

serem amortizados até o fim do prazo contratual. A assertiva é reforçada pelos princípios da estabilidade das relações contratuais, da boa-fé, da moralidade e da economicidade, no sentido de se evitar o desrespeito dos recursos que já tiverem sido dispendidos com o contrato.[194]

A fase atual da sociedade de riscos depende de uma atuação técnica regulatória desassociada das pressões político-partidárias, pois o risco também está associado ao tecnicismo, ao cientificismo, somado aos dados empíricos e às especificidades do ambiente. Na civilização de risco "se aprofunda a dependência dos especialistas"[195] a ser impregnada de experiência e correlação com a "tradição contextual".[196] A evolução tecnológica e científica põe também cada vez mais em risco os direitos fundamentais. Os atentados à liberdade ocorrem, sobretudo, em setores caracterizados por forte expansão, em virtude da acentuada evolução econômica e técnica. Basta pensar nos desdobramentos da liberdade da concorrência ou a evolução das telecomunicações. Trata-se de domínios em que a liberdade não pode ser encarada apenas em sua relação dialética com a autoridade estatal, mas também como limite e até garantia no confronto com grupos privados e sujeitos econômicos fortes.[197]

Para agravar ainda mais a questão da segurança jurídica positivada, o aspecto moral na regulação também é relevante diante do incumprimento dos deveres pelos agentes regulados, usuários e consumidores. Segundo advertência de Julia Black,[198] "há o perigo de que o foco no caráter epistemológico da regulação esteja obscurecendo questões de sua forma moral".

Uma parcela da sociedade brasileira ainda vê a prestação de serviços públicos ou a comercialização de produtos decorrentes de atividades econômicas reguladas como uma mera obrigação do Estado,

---

[194] ARAGÃO, Alexandre Santos de. *Direito dos serviços públicos*. Rio de Janeiro: Forense, 2007. p. 655. Grifos nossos.

[195] BECK, Ulrich. A reinvenção da política: rumo a uma teoria da modernização reflexiva. *In:* BECK, Ulrich; GIDDENS, Anthony; LASH, Scott. *Modernização reflexiva*: política, tradição e estética na ordem social moderna. Tradução de Magda Lopes. São Paulo: Unesp, 1997. p. 44.

[196] GIDDENS, Anthony. A vida em uma sociedade pós-tradicional. *In:* BECK, Ulrich; GIDDENS, Anthony; LASH, Scott. *Modernização reflexiva*: política, tradição e estética na ordem social moderna. Tradução de Magda Lopes. São Paulo: Ed. Unesp, 1997. p. 99.

[197] MOREIRA, Vital; MAÇAS, Fernanda. *Autoridades reguladoras independentes*. Coimbra: Coimbra Ed., 2003. p. 53.

[198] BLACK, Julia. Procedimentalizando a regulação. *In:* MATTOS, Paulo Todescan L. (Coord.). *Regulação econômica e democracia*: o debate europeu. 2. ed. São Paulo: Revista dos Tribunais, 2017. p. 143.

como se o custo decorrente de desvios não fosse rateado pela própria sociedade à luz do princípio da solidariedade.[199]

Ricardo Lobo Torres[200] destaca este aspecto com precisão:

> Da mesma forma que a sociedade tem a prevalência sobre o Estado, na cadeia de subsidiariedade referente aos direitos, também passa a tê-la no que concerne aos deveres; *sucede que o cumprimento dos deveres é também moral, e não só jurídico, do que resulta que o Estado não pode impô-los*. Todos os grandes riscos da atualidade (*v.g.* AIDS, destruição do meio ambiente, drogas, terrorismo etc.) seriam facilmente controlados se a própria sociedade resolvesse evitá-los; *como esse dever moral não é assumido, o Estado não o pode criar por lei sob pena de ofender a liberdade do cidadão. Aí está o grande paradoxo do direito fundamental à segurança jurídica do Estado da Sociedade de Risco.*

Como se vê, outro paradoxo que afeta a segurança jurídica nas atividades reguladas pelo Estado traduz-se na impossibilidade de positivação – e imposição – de regras morais, que dependem da própria sociedade.[201]

Os reguladores têm, portanto, a missão, para além das regras, de perseguir e fomentar[202] mecanismos que privilegiem a moralidade entre os regulados, usuários e consumidores como dever fundamental para elevar o princípio da solidariedade, haja vista que as práticas ilícitas

---

[199] Exemplo desse aspecto inexplorado pela doutrina publicista voltado ao estudo da insegurança jurídica na regulação de atividades econômicas é a prática do "gato" de energia elétrica, de água, de sinais de TV a cabo etc., que, em linguagem impopular, constitui a prática de furto, por pessoas nem sempre carentes financeiramente. Veja-se notícia jornalística de DUTRA, Marcelo. Tem 'gato' no churrasco: Cedae e polícia encontram duas ligações ilegais de água em churrascaria na Barra. Sócio é preso. *O Globo*, Rio de Janeiro, p. 14, 14 mar. 2007. Ademais disso, registre-se a depredação de telefones públicos, a mistura de água e outros produtos nos combustíveis vendidos em postos de gasolina, as rádios "piratas" e a comercialização de remédios proibidos por meio da internet.

[200] TORRES, Ricardo Lobo. *Tratado de direito constitucional financeiro e tributário*. Rio de Janeiro: Renovar, 2005. v. 2. p. 178-179. Grifos nossos.

[201] "El fundamento último de la obligatoriedad de las normas jurídicas es de naturaleza alixiológica, lo que quiere decir que aquel basamento final se encuentra situado en el plano de los valores esenciales del hombre y de la sociedad" (MADARIAGA GUTIÉRREZ, Mónica. *Seguridad jurídica y administración pública en el siglo XXI*. 2. ed. Santiago: Jurídica de Chile, 1993. p. 17).

[202] Segundo Olson, os incentivos econômicos não são os únicos possíveis. As pessoas sentem-se motivadas também por desejos de prestígio, respeito, amizade e outros de fundo social e psicológico. Sanções e recompensas sociais são "incentivos seletivos"; isto é, são incentivos do tipo que podem ser utilizados para mobilizar um grupo latente. Olson indica que alguns estudiosos da teoria organizacional ressaltaram, com razão, que os incentivos sociais devem ser analisados de maneira muito semelhante aos incentivos monetários (OLSON, Mancur. *A lógica da ação coletiva*: os benefícios públicos e uma teoria dos grupos sociais. Tradução de Fabio Fernandez. São Paulo: Ed. USP, 1999. p. 73).

ou imorais transferem para outros agentes, usuários e consumidores o encargo de pagar mais pelos serviços e produtos.[203]

4.6.2 Aspectos de natureza subjetiva da segurança jurídica nas escolhas regulatórias

Do ponto de vista subjetivo, a segurança jurídica passa, na atualidade, por um grande desafio, que se concentra na busca de mecanismos para reduzir, naquilo que for possível, incertezas no direito administrativo brasileiro. Vale dizer, as normas de direito administrativo são as que "en mayor grado deben asegurar la realización del valor que nos preocupa: el de la seguridad en el desarrollo de las relaciones sociales".[204]

As questões passam pela perda da qualidade da ordem jurídica positiva, ou seja, leis mal escritas, ambíguas, que trazem, em seu corpo, normas que nada tem a ver com a matéria (leis ônibus); ausência de estabilidade do direito diante da patente inflação normativa e significativa insegurança na aplicação do direito atrelada à imprevisibilidade dos mecanismos de criação e ausência de regras transitórias em razão de bruscas mudanças introduzidas no regime jurídico.[205]

A desenfreada produção legislativa acirra conflitos, inviabiliza o cálculo racional e dissemina insegurança jurídica. Se, de um lado, a inflação econômica "liquida com a reciprocidade de expectativas inerente às bases contratuais e demais alicerces do mercado, no universo do direito positivo ela implode os marcos normativos fundamentais da vida social; impede certeza jurídica",[206] contribuindo para conter direitos conquistados legitimamente. O que parece ser indisputável

---

[203] No mesmo sentido, ao referir-se aos contribuintes na sonegação de impostos, ver o comentário de TORRES, Ricardo Lobo. *Tratado de direito constitucional financeiro e tributário*. Rio de Janeiro: Renovar, 2005. v. 2. p. 31.

[204] MADARIAGA GUTIÉRREZ, Mónica. *Seguridad jurídica y administración pública en el siglo XXI*. 2. ed. Santiago: Jurídica de Chile, 1993. p. 19.

[205] Confiram-se esses aspectos em detalhes no capítulo intitulado "legalidade e certeza de direito" da tese de doutorado de BAPTISTA, Patrícia Ferreira. *Segurança jurídica e proteção da confiança legítima no direito administrativo*: análise sistemática e critérios de aplicação no direito administrativo brasileiro. 2006. 374 p. Tese (Doutorado em Direito do Estado) – Universidade de São Paulo, São Paulo, 2006. p. 61 *et seq*.

[206] "Nas duas inflações o resultado termina sendo basicamente o mesmo: as relações permanentes entre os agentes produtivos e os sujeitos do direito tendem a se dar em termos cada vez mais desordenados e imprecisos, e não institucionalmente balizados, a ponto de, numa situação extrema, tornarem-se praticamente desprovidas de sentido" (FARIA, José Eduardo. *O direito na economia globalizada*. 1. ed. 4. tir. São Paulo: Malheiros, 2004. p. 129).

é que a normatização – e seu excesso – pelo Parlamento mostra-se insustentável diante da mutação dos interesses e das necessidades sociais na atual sociedade de riscos.

A emergência da sociedade de riscos, como dito, designa uma nova fase social, em que os riscos econômicos e individuais ("que não dizem o que não deve ser feito")[207] tendem cada vez mais a escapar das instituições criadas para a sociedade industrial. Nesse cenário, o Poder Legislativo não tem condições de prever todas as situações fáticas capazes de repercutir no mundo jurídico, tampouco de identificar todos os elementos necessários ao equilíbrio de um subsistema regulado.

Ademais disso, sob esse enfoque *subjetivo* deontológico da segurança jurídica voltado à proteção da confiança e diante de uma patente ameaça aos direitos fundamentais (de consumidores e usuários), as entidades reguladoras, sob uma visão prospectiva e atenta aos efeitos multilaterais de seu ato, foram criadas para deter legitimidade[208] para buscar uma solução sistêmica. Contudo é comum que essa busca pela solução justa seja feita pelo Ministério Público, por meio de Termos de Ajustamento de Conduta – TAC, e pelas decisões proferidas pelo Poder Judiciário.[209]

---

[207] BECK, Ulrich. A reinvenção da política: rumo a uma teoria da modernização reflexiva. *In:* BECK, Ulrich; GIDDENS, Anthony; LASH, Scott. *Modernização reflexiva*: política, tradição e estética na ordem social moderna. Tradução de Magda Lopes. São Paulo: Unesp, 1997. p. 20.

[208] Registre-se, ainda, a inexistência de mandato popular dos reguladores. A compreensão da legitimidade democrática dos dirigentes das entidades reguladoras de atividades econômicas não eleitos pelo povo passa pela consideração de que, em primeiro lugar, não são a única autoridade estatal com função normativa e executiva sem representatividade direta. A democracia exige a existência de autoridades não eleitas que possam atuar como *checks and balances* (freios e contrapesos) da atuação dos mandatários dos poderes Legislativo e Executivo diretamente eleitos pelo povo. Conforme adverte Aragão, "longe de serem antinômicos à democracia em razão da possibilidade de contradição com as forças políticas majoritárias, asseguram o pluralismo no seio do Estado sem retirar totalmente os poderes do chefe do Poder Executivo e do Poder Legislativo" (ARAGÃO, Alexandre Santos de. *Agências reguladoras e a evolução do direito administrativo econômico*. Rio de Janeiro: Forense, 2002. p. 442).

[209] "Quando o sistema jurídico está inflacionado por 'leis de circunstância' e por 'regulamentos de necessidade' surgidos a partir de conjunturas políticas, sociais e econômicas muito específicas e transitórias, a velocidade e intensidade da produção legislativa invariavelmente levam o Estado a perder a dimensão exata do valor jurídico tanto das normas que edita quanto dos atos e comportamentos que disciplina. Isto porque, nos períodos mais agudos de inflação legislativa, não é só a coerência e uniformidade das normas 'primárias' [...] que são completamente erodidas. Também as próprias normas 'secundárias' [...] revelam-se progressivamente incapazes de exercer seu papel de eliminar incertezas e assegurar a identidade sistêmica do direito positivo, tais as dificuldades, nesses momentos, de identificação, avaliação e constatação da violação do descumprimento das normas 'primárias'" (FARIA, José Eduardo. *O direito na economia globalizada*. 1. ed. 4. tir. São Paulo: Malheiros, 2004. p. 130).

Não parece incorreto afirmar que o Ministério Público, na qualidade de advogado da sociedade, não tem função (competência) para agir, executivamente, na reflexividade sistêmica conformada pela ponderação de interesses em presença. Por outro lado, o controle judicial, pelo princípio da vontade formal, é, notadamente, balizado pelo direito, de modo que esse limite não permite, na maior parte dos casos complexos, um controle de todos os aspectos da decisão com fins regulatórios, isto é, a escolha regulatória se fundamenta, com as ferramentas inerentes ao princípio da vontade material,[210] também em critérios metajurídicos.[211] A confrontação das "razões" da Administração com as "razões" dos Tribunais – assevera Tomás-Ramón Fernández – não se desenvolve em um plano de igualdade, isto é, não é simétrica.[212]

No Brasil há, de certa forma, preconceito (ou permanente desconfiança, suspeita) contra ajustes consensuais[213] entre a Administração Pública e os cidadãos. Os atos consensuais regulatórios – "acordo substitutivo" –,[214] podem ser um importante instrumento de que

---

[210] Por este princípio o próprio regulador pode buscar as provas para chegar à conclusão, e para que o processo administrativo alcance a verdade incontestável (não apenas aquela que decorre de um procedimento formal).

[211] Carlos Ari Sundfeld cita como exemplo os conflitos entre uma indústria poluidora, outra indústria que usa a água poluída lançada no rio e os vizinhos que também consomem (SUNDFELD, Carlos Ari. Serviços públicos e regulação estatal. *In:* SUNDFELD, Carlos Ari (Org.). *Direito administrativo econômico*. São Paulo: Malheiros, 2000. p. 30). Sobre o tema, remete-se o leitor para 2.6.3.

[212] FERNÁNDEZ, Tomás-Ramón. *De la arbitrariedad de la administración*. 3. ed. Madrid: Civitas, 1999. p. 247.

[213] Diogo de Figueiredo Moreira Neto, que vem dando sistemático tratamento doutrinário sobre o tema, leciona que os "acordos substitutivos" são termos firmados pela Administração Pública, diretamente ou mediante provocação do interessado, quando uma composição ou ajuste for mais vantajoso ao interesse público do que as consequências decorrentes de um ato administrativo proferido em um processo administrativo (MOREIRA NETO, Diogo de Figueiredo. Novos institutos consensuais da ação administrativa. *Revista de Direito Administrativo*, Rio de Janeiro, v. 231, p. 129-156, jan./mar. 2003. p. 153). Em outro trabalho doutrinário Moreira Neto asseverou: "A crescente importância dos instrumentos consensuais na governança moderna vem alicerçada em sólidas premissas: aprimorar a governabilidade pelo incremento da eficiência; reduzir o abuso de poder pela ampliação do controle de legalidade; facilitar a aceitação da decisão pela participação legitimatória; melhorar o atendimento dos interesses envolvidos, aperfeiçoando a licitude; elevar o senso de responsabilidade dos administrados sob a *res publica*, resultando no aperfeiçoamento do civismo, e garantir maior aceitabilidade social, do que resulta incremento na ordem" (MOREIRA NETO, Diogo de Figueiredo. *Direito regulatório*: a alternativa participativa e flexível para a Administração Pública de relações setoriais complexas no Estado democrático. Rio de Janeiro: Renovar, 2003. p. 110).

[214] Sobre os acordos substitutivos, ver PALMA, Juliana Bonacorsi. *Sanção e Acordo na Administração Pública*. São Paulo: Malheiros, 2015. e GUERRA, Sérgio; PALMA, Juliana Bonacorsi de. Art. 26 da LINDB – Novo regime jurídico de negociação com a Administração Pública. RDA Edição Especial 2018.

dispõem os reguladores para fazer justiça distributiva, em oposição à justiça retributiva. Por esse mecanismo, inserido em um modelo de consensualização do direito administrativo, pode-se, a favor da segurança jurídica, substituir uma sanção por determinada prestação de proveito generalizado, se tal providência, na ponderação dos interesses envolvidos, resultar em uma otimização do benefício geral em relação à restrição do direito individual objeto de regulação.[215]

O confronto entre o Estado e as empresas privadas – estas cada vez mais articuladas socialmente – faz com que o Estado perca seu caráter de precedência e supremacia nas relações sociais. Desse modo, o Estado vê-se obrigado a privilegiar a negociação e a mediação com os administrados, o que, obviamente, é feito de maneira desigual, em função da capacidade e do poder de cada interlocutor.[216] O Estado tem de se afastar de seu caráter autoritário, "tem que abandonar a perspectiva de unilateralidade em favor da transação". Ou seja, o "poder extroverso, confrontado com uma crise de efetividade, tem de se transmutar [...] em poder consensado, em mediador ativo das relações sociais e econômicas".[217]

Conforme adverte Miguel Sánchez Morón:

> No es correcto, por tanto, jurídicamente hablando (y con todo respeto para los planteamientos ideológicos de cualquier signo), partir de una especie de prevención apriorística frente a la Administración o de la presunción moral de que la Administración actúa mal, mientras no demuestre lo contrario.[218]

De todo modo, e para que os agentes públicos tenham "coragem" para adotar medidas consensuais com agentes regulados, tanto os membros do Ministério Público e Tribunal de Contas, quanto os magistrados, antes de qualquer questionamento – e, até mesmo, de acusar de improbidade administrativa – ou anulação das escolhas regulatórias, privilegiando um ambiente de segurança jurídica, devem observar os

---

[215] SOUTO, Marcos Juruena Villela. *Direito administrativo regulatório.* Rio de Janeiro: Lumen Juris, 2002. p. 391. Sobre o tema, ver, ainda, o item sobre consensualização (3.11) da obra ARAGÃO, Alexandre Santos de. *Agências reguladoras e a evolução do direito administrativo econômico.* Rio de Janeiro: Forense, 2002. p. 109.

[216] MARQUES NETO, Floriano Peixoto de Azevedo. A nova regulação dos serviços públicos. *Revista de Direito Administrativo*, Rio de Janeiro, v. 228, p. 13-29, abr./jun. 2002. p. 79.

[217] MARQUES NETO, Floriano Peixoto de Azevedo. A nova regulação dos serviços públicos. *Revista de Direito Administrativo*, Rio de Janeiro, v. 228, p. 13-29, abr./jun. 2002. p. 79.

[218] SÁNCHEZ MORÓN, Miguel. *Discrecionalidad administrativa y control judicial.* Madrid: Tecnos, 1994. p. 101.

antecedentes técnicos que fundamentam os ajustes e, nesse contexto, ter parcimônia na crítica quando provenientes de "denuncismos" opacos,[219] e moderação na substituição das decisões técnicas proferidas por reguladores.[220]

Os direitos objetivos representam as garantias e os direitos fundamentais dos cidadãos, que expressam um conteúdo axiológico que dá origem a um sistema de valores.

Nesse campo de questões, e em prestígio à segurança jurídica deslegalizada, permite-se sustentar a necessidade de se instituir mecanismos ou métodos com vistas a tornar as escolhas regulatórias mais previsíveis.

4.7 Mecanismos para conter incerteza e imprevisibilidade na regulação

Se, de um lado, é justo sustentar que a função normativa exercida pelas entidades reguladoras decorre do tecnicismo galopante em que vive a sociedade de riscos, de outro, o modelo regulatório vigente no Brasil deve-se assentar em solução jurídica que impeça que a grande quantidade de atos normativos editados pelas entidades autárquicas especiais (inflação normativa) venha a conduzir o subsistema regulado ao agravamento da imprevisibilidade e consequente insegurança jurídica inerente à sociedade pós-industrial.

---

219 Veja-se, nesse sentido, o artigo de Jerson Kelman, então presidente da Agência Nacional de Energia Elétrica, publicado no jornal *O Globo*, edição do dia 16.6.2006, do qual se destaca: "A maioria dos membros do Ministério Público privilegia corretamente entre tantos interesses difusos, aqueles que são mais abrangentes e que afetam a vida dos mais humildes. Porém, há os que têm ouvidos mais sensíveis para captar os reclamos estridentes da camada da população mais educada, já livre da pressão cotidiana pela busca do emprego e da sobrevivência. *Como o Ministério Público não tem estrutura hierárquica que permita filtragem de eventuais excessos de alguns de seus membros, a ocorrência de iniciativas bem-intencionadas, mas desprovidas de visão de conjunto, torna-se uma certeza probabilística.* [...] Fica cada vez mais difícil convencer um profissional capaz e honesto a aceitar cargo de direção na administração pública se, pelo efeito de alguma decisão sobre tema complexo, eventualmente discordante da opinião de seus subordinados, e sem qualquer evidência de que a decisão tenha sido viciada por interesses subalternos, estiver sujeito a suspeição sobre sua probidade. Uma pessoa séria que aceitar o risco de permanecer na atividade pública terá a tendência de protelar decisões difíceis" (KELMAN, Jerson. O Ministério Público e o custo Brasil. *O Globo*, Rio de Janeiro, p. 7, 16 jun. 2006. Grifos nossos).

220 O tema foi aprofundado nesta tese em 2.6.3.

Ademais disso, conforme anota Patrícia Baptista,[221] para além do processo de produção das normas, a superação da hermenêutica sistêmica e a influência de sistemas exteriores ao direito (economia, moral, política etc.) trazem imprevisibilidade para a aplicação do direito. Isto é, urgem no modelo regulatório mecanismos para mitigar[222] a incerteza decorrente da abertura de espaços para o exercício das escolhas administrativas por meio de certa previsibilidade técnica, somados a um sistema formal para a edição de normas regulatórias.[223]

4.7.1 Mitigação da abertura dos espaços para escolhas administrativas por meio da reflexividade (processualização dos processos e procedimentalização)

Se, de um lado, a evolução das escolhas administrativas caminha para uma nova fase, que não nega a necessidade de se ampliar a atuação estatal executiva, e, de outro, sustenta-se haver incompatibilidade entre a fórmula que compõe a discricionariedade administrativa – oportunidade e conveniência – "dependente de critério político"[224] com as reais necessidades cotidianas da sociedade pluriclasse, pode-se ter, como importante antídoto contra os riscos do arbítrio/tecnocracia, a reflexividade: processualização dos processos/procedimentalização. Vale dizer, o procedimento que maximiza a racionalidade interna mediante

---

221 BAPTISTA, Patrícia Ferreira. *Segurança jurídica e proteção da confiança legítima no direito administrativo*: análise sistemática e critérios de aplicação no direito administrativo brasileiro. 2006. 374 p. Tese (Doutorado em Direito do Estado) – Universidade de São Paulo, São Paulo, 2006. p. 18.

222 "Não se perca de vista, porém, que o ideal de um direito seguro não pode ser mais do que isso: um ideal. É necessário e desejável aumentar a segurança do direito – i.e., a estabilidade, a acessibilidade e a previsibilidade das normas e das decisões –, mas não se conseguirá jamais eliminar todas as imprecisões e indefinições. Afinal, trata-se de normas que são feitas e aplicadas por seres humanos" (BAPTISTA, Patrícia Ferreira. *Segurança jurídica e proteção da confiança legítima no direito administrativo*: análise sistemática e critérios de aplicação no direito administrativo brasileiro. 2006. 374 p. Tese (Doutorado em Direito do Estado) – Universidade de São Paulo, São Paulo, 2006. p. 21-22).

223 Nos Estados Unidos da América, há regras claras acerca desses mecanismos. Sobre o *Administrative Procedure Act* (APA), que regula os procedimentos normativos das agências reguladoras norte-americanas, ver: SUNSTEIN, Cass R. O constitucionalismo após o the new deal. *In:* MATTOS, Paulo (Org.). *Regulação econômica e democracia*: o debate norte-americano. São Paulo: 34, 2004. p. 163 e, entre nós, BRUNA, Sérgio Varella. *Agências reguladoras*: poder normativo, consulta pública e revisão judicial. São Paulo: Revista dos Tribunais, 2003.

224 SEABRA FAGUNDES, Miguel. *O contrôle dos atos administrativos pelo Poder Judiciário*. 4. ed. Rio de Janeiro: Forense, 1967. p. 150.

adequados procedimentos de formação do consenso, como "novo conceito central do direito administrativo",[225] permite maior participação dos cidadãos, valorizando a "relação jurídico-administrativa"[226] com o Poder Público, notadamente diante de casos difíceis submetidos à escolha regulatória.

A reflexividade procedimentalizada, efetivada com a participação real de grupos interessados e publicidade eficaz – divulgação na internet, participação em audiências públicas, entre outras –, é importante mecanismo para se alcançar a transparência necessária à legitimação da escolha reguladora descentralizada.[227]

No âmbito desta reflexividade procedimentalizada da concretização das políticas públicas estatais, a previsibilidade técnica, como parâmetro mitigador dos riscos do arbítrio, é importante remédio contra as decisões casuísticas. A complexificação crescente da atividade administrativa contemporânea implica a consideração da escolha administrativa como instrumento funcionalmente ligado à criação de clareza e previsibilidade relativamente ao desenvolvido futuro das relações jurídicas administrativas.[228]

O relacionamento entre a Administração e o cidadão deixou de ser esporádico e instantâneo,[229] surgindo espaços para relações duradouras e continuadas. Isto é, "a decisão deve ser prospectivamente responsável, levantando e estimulando, para esse efeito, as *consequências previsíveis*",[230] de modo que ela seja ponderada "tanto quanto a seu valor intrínseco quanto a seu valor posicional no contexto da questão a ser solucionada".[231] Se é certo que não é legítimo ao cidadão esperar

---

[225] SILVA, Vasco Manuel Pascoal Dias Pereira da. *Em busca do acto administrativo perdido*. Coimbra: Almedina, 2003. p. 301 *et seq*.

[226] Nos moldes identificados por BAPTISTA, Patrícia Ferreira. *Segurança jurídica e proteção da confiança legítima no direito administrativo*: análise sistemática e critérios de aplicação no direito administrativo brasileiro. 2006. 374 p. Tese (Doutorado em Direito do Estado) – Universidade de São Paulo, São Paulo, 2006. p. 128-129.

[227] MARQUES NETO, Floriano Peixoto de Azevedo. A nova regulação estatal e as agências independentes. *In:* SUNDFELD, Carlos Ari (Org.). *Direito administrativo econômico*. São Paulo: Malheiros, 2000. p. 96.

[228] SILVA, Vasco Manuel Pascoal Dias Pereira da. *Em busca do acto administrativo perdido*. Coimbra: Almedina, 2003. p. 461.

[229] SILVA, Vasco Manuel Pascoal Dias Pereira da. *Em busca do acto administrativo perdido*. Coimbra: Almedina, 2003. p. 99.

[230] MOREIRA NETO, Diogo de Figueiredo. *Direito regulatório*: a alternativa participativa e flexível para a Administração Pública de relações setoriais complexas no Estado democrático. Rio de Janeiro: Renovar, 2003. p. 102.

[231] MOREIRA NETO, Diogo de Figueiredo. *Direito regulatório*: a alternativa participativa e flexível para a Administração Pública de relações setoriais complexas no Estado democrático. Rio de Janeiro: Renovar, 2003. p. 102.

que as normas jurídicas não sejam alteradas, também é certo que ele deve esperar que eventuais mudanças não sejam bruscas, tampouco contrariem explicitamente as expectativas despertadas por comportamentos da Administração Pública.[232]

Esta previsibilidade das técnicas e dos mecanismos procedimentais reflexivos que devem limitar a atuação das entidades reguladoras pode conformar solução jurídica que ajude a impedir que a grande quantidade de atos normativos decorrentes da deslegalização, editados por essas entidades autárquicas, venha a conduzir o subsistema regulado a uma insegurança jurídica insuportável.[233]

Alguns cenários em que a previsibilidade técnica vincula a escolha administrativa são apresentados por Paulo Otero. O conteúdo vinculante é determinado por meio do recurso a ciências exatas ou não, dotadas de origem empírica e que expressam o fruto de uma avaliação do tipo científica visando a determinados fins.

---

[232] BAPTISTA, Patrícia Ferreira. *Segurança jurídica e proteção da confiança legítima no direito administrativo*: análise sistemática e critérios de aplicação no direito administrativo brasileiro. 2006. 374 p. Tese (Doutorado em Direito do Estado) – Universidade de São Paulo, São Paulo, 2006. p. 328.

[233] A título exemplificativo, veja-se questão próxima ao anteriormente sustentado no julgamento proferido pela 4ª Turma do Tribunal Regional Federal – 3ª Região, no Agravo Regimental no Agravo de Instrumento nº 98.030.634.070, interposto pela União Federal e pela Agência Nacional de Petróleo – ANP, em que foi relatora a Juíza e Doutrinadora Lúcia Valle Figueiredo, publicado no *Diário Oficial* de 27.10.1998. A questão versada nesse aresto tratou da suspensão, por inconstitucionalidade, da Portaria expedida pelo Ministério da Fazenda nº 102/98, *editada dois dias antes da anunciada cessação de interferência estatal na comercialização de álcool hidratado*. Segundo o voto da relatora, a edição da referida portaria teria violado os princípios da segurança jurídica e da livre-iniciativa: "Processo civil e constitucional. Grave lesão à economia pública. Alegação em agravo regimental. Não conhecimento. Tutela antecipada. Constitucionalidade. Ato administrativo. Limites do controle judicial. Adiamento da liberação do mercado de álcool hidratado (Portaria MF n. 102/98). Violação de princípios constitucionais. Agravo regimental desprovido. I – agravo regimental não é meio adequado para alegar a ocorrência de grave lesão à economia pública pois, para tanto, é cabível o requerimento de suspensão de segurança (art. 1 da lei nº 9.494/97 c/c art. 4 da lei nº 8.437/92). II – a tutela antecipada não viola o princípio do contraditório porque, antes, prestigia o princípio da inafastabilidade da jurisdição (art. 5, xxxv, cf). III – o poder judiciário controla tanto a legalidade como a legitimidade dos atos administrativos, podendo, assim, dizer se a administração aferiu corretamente qual o resíduo de apreciação livre que lhe sobejou após ter interpretado a lei. IV – *a Portaria MF n. 102/98, editada dois dias antes da prometida cessação da interferência estatal na comercialização de álcool hidratado, violou, mesmo ao exame perfunctório, os princípios da segurança jurídica e da livre-iniciativa*. V – agravo regimental da união não conhecido. Agravo regimental da agência nacional do petróleo – ANP desprovido".

Segundo o autor,[234] pode ocorrer:

(i) nos casos em que o regulador acolha regras técnicas e científicas, autovinculando a futura atividade de seus órgãos;

(ii) nas hipóteses em que as escolhas administrativas só possam ser feitas na sequência de estudos técnicos e científicos que conduzam a resultados tendencialmente unívocos e que, portanto, não comportam valorações;

(iii) na integração de conceitos jurídicos indeterminados que comportem a formulação de juízos de natureza ou conteúdo científico, e que, portanto, só podem ser concretizados por meio de critérios extraídos de tais ciências; e

(iv) no conjunto de operações materiais que, desenvolvidas no contexto das escolhas administrativas, traduzam o exercício de uma atividade profissional que obedece, em si e por si, a normas técnicas e científicas específicas.

Nesse contexto, entre questões técnicas já testadas e provadas, não deve o regulador "inventar" fórmulas ou subterfúgios para proferir escolhas administrativas em "desconformidade aos precedentes anteriormente estatuídos",[235] isto é, em contradição com o que, na prática, tem sido observado por entidades técnicas, reguladores e regulados.

4.7.2 Sistema formal para edição de normas regulatórias

Além de mecanismos para mitigar a abertura de espaços para escolhas administrativas por meio de certa previsibilidade técnica, importa perseguir um sistema formal para a edição de normas regulatórias. O instrumento adotado no modelo estadunidense (berço do padrão regulatório pátrio) com esse fim é denominado *rulemaking*, que consiste na indicação de procedimentos específicos para a edição de normas pelos reguladores que permitam a efetiva participação da sociedade.[236]

---

[234] OTERO, Paulo. *Legalidade e Administração Pública*: o sentido da vinculação administrativa à juridicidade. Coimbra: Almedina, 2003. p. 764 *et seq*.

[235] ARAGÃO, Alexandre Santos de. Teoria das autolimitações administrativas: atos próprios, confiança legítima e contradição entre órgãos administrativos. *Revista de Direito do Estado*, Rio de Janeiro, n. 4, p. 231-244, out./dez. 2006. p. 231-244.

[236] Sobre esse e outros meios de ação da regulação, ver CHEVALLIER, Jacques. *O Estado pós-moderno*. Tradução de Marçal Justen Filho. Belo Horizonte: Fórum, 2009. p. 73. Patrícia Baptista adverte: "Como hoje largas áreas da atividade da Administração estão à margem da lei, resta ao administrador um amplo espaço para desempenhar funções normativas. Ocorre que é justamente nesse campo da atividade administrativa da Administração, apelidada na

Outro mecanismo adotado nesse campo de questões no referido país é denominado *adjudication*, isto é, a catalogação dos precedentes regulatórios. Por esse sistema, busca-se impedir que situações concretas, marcadas por questões técnicas idênticas ou semelhantes, sejam decidas de maneira diversa ou adotadas de acordo com a conveniência ocasional ou passageira das autoridades regulatórias.[237]

As vantagens na padronização dos mecanismos de edição de normas regulatórias podem ser resumidas no aumento da eficácia da ação administrativa, na diminuição da pressão dos interesses privados organizados sobre a escolha administrativa e na potencialização dos valores de certeza, igualdade e segurança.

Mesmo sabendo que, diante de especificidades locais, às entidades reguladoras brasileiras pode não se aplicar a integralidade dos mecanismos para tornar mais previsíveis os métodos de formulação das regras estadunidenses, algumas lições sobre o modelo regulatório *yankee* devem ser consideradas para efeitos de reforma legislativa do modelo regulatório pátrio. Vale dizer, considerando que as regras criadoras das entidades reguladoras brasileiras não dispõem acerca desses mecanismos, a eleição quanto aos meios de materialização dos comandos normativos técnicos encontra-se no campo da discricionariedade administrativa de cada entidade regulatória, desfavorável à segurança jurídica.

Além do *rulemaking* e do *adjudication*, com vistas à redução da insegurança jurídica pelo número incontável de normas regulatórias e pela ausência de mecanismos de edição de regras, pode-se cogitar:

(i) a fixação, nas normas legalitárias, de espaços mais claros e objetivos do que seria considerado "política pública" (*standards* e princípios inteligíveis), de competência dos órgãos da administração direta, bem como a indicação do que representa competência técnica, voltada à atuação do regulador;[238]

---

common law de *rule-making*, que a inserção da participação tem maior relevo, para conferir legitimidade à regulação efetuada" (BAPTISTA, Patrícia Ferreira. *Transformações do direito administrativo*. Rio de Janeiro: Renovar, 2003. p. 160-161).

237 Cabral de Moncada, ao discorrer sobre a liberdade dos reguladores em optar pela *adjudication* ou *rulemaking* na execução da lei, conclui pela tendência de aplicação da *rulemaking*. Isso porque esta "permite ultrapassar as desvantagens da indeterminação e insegurança consequentes a uma criação só casuística do direito, típica da *adjudication*" (CABRAL DE MONCADA, Luis S. *Estudos de direito público*. Coimbra: Coimbra Ed., 2001. p. 131).

238 Não se deve deixar de registrar a importância da redação de editais e contratos administrativos. Na advertência de Flávio Amaral Garcia, "o importante é que, na confecção do edital e do contrato, as normas acerca do reajuste dos contratos administrativos sejam bem formuladas

(ii) reconhecer como válida a trilha antes seguida por países como Alemanha, Reino Unido e Suécia, no sentido de pôr termo prefixado às normas. Isto é, transcorrido aquele tempo de vigência da norma, ela fica derrogada automaticamente;[239]

(iii) poder-se-ia cogitar, ainda, uma publicação anual das normas de regulação de cada sistema,[240] a exemplo do que já se encontra positivado no art. 212 do Código Tributário Nacional;[241] e, finalmente,

(iv) a definição de mecanismos claros de participação da sociedade nos processos e na valoração tecnicamente motivada.

Alcançando-se a conjugação cumulativa dessas propostas, pensa-se que as escolhas regulatórias deixariam de ser atos unilaterais,

---

e detalhadas, evitando cenários que provoquem a insegurança jurídica no órgão público e no próprio mercado. A adoção de regras claras e objetivas, que não apenas reproduzam os dispositivos legais, sempre facilita a tarefa do intérprete, eliminando previamente conflitos e dúvidas acerca da aplicação da cláusula de reajuste" (GARCIA, Flávio Amaral. Aspectos polêmicos da cláusula de reajuste nos contratos administrativos. *In:* OSÓRIO, Fábio Medina; SOUTO, Marcos Juruena Villela (Coord.). *Direito administrativo*: estudos em homenagem a Diogo de Figueiredo Moreira Neto. Rio de Janeiro: Lumen Juris, 2006. p. 573).

239 SANTAMARIA PASTOR, Juan A. La administración como poder regulador. *In:* SÁINZ MORENO, Fernando (Dir.). *Estudios para la reforma de la administración pública*. Madrid: Inap, 2004. p. 398 *et seq*. Para compatibilizar a necessidade de imprimir a segurança jurídica como exercício da função normativa da Administração Pública, Fabrício Macedo Motta propõe os seguintes pontos: "a) o estabelecimento de normas atende à necessidade de previsibilidade, ou seja, de antecipação das ações levadas a cabo pela Administração; b) os atos normativos editados devem possuir pretensões de estabilidade e permanência, possibilitando aos cidadãos que possuem vínculo com a Administração planejar suas atividades com segurança e certeza; c) a norma posta deve criar critérios e orientações para a aplicação do ordenamento, de preferência mediante procedimentos públicos e motivados. Estes critérios, obviamente, serão necessariamente impregnados pelo conteúdo dos demais princípios; d) a eventual mudança dos critérios e orientações postos deve ser levada ao conhecimento dos particulares com antecedência razoável, de forma a evitar surpresas" (MOTTA, Fabrício. *Função normativa da Administração Pública*. Belo Horizonte: Fórum, 2007. p. 79).

240 García de Enterría cita o caso dos Estados Unidos da América, em que foram idealizados vários instrumentos para consolidação das normas regulatórias e da jurisprudência. As edições são periódicas e exercem uma enorme autoridade (GARCÍA DE ENTERRÍA, Eduardo. *Justicia y seguridad jurídica en un mundo de leyes desbocadas*. Madrid: Civitas, 2000. p. 61 *et seq*.). Palma Fernández se refere ao *sunset legislation* estadunidense, que permite que determinadas normas sejam válidas somente entre 5 e 10 anos, salvo se expressa e formalmente prolongadas no tempo (PALMA FERNÁNDEZ, José Luis. *La seguridad jurídica ante la abundancia de normas*. Madrid: Centro de Estudos Políticos y Constitucionales, 1997. p. 26). Esse mecanismo seria extremamente útil no Brasil, pois, é comum que disposições de normas muito antigas sejam "sacadas" para questionar a atuação dos particulares no exercício das atividades econômicas.

241 Lei nº 5.172, de 25.10.1966: "Art. 212. Os Poderes Executivos federal, estaduais e municipais expedirão, por decreto, dentro de 90 (noventa) dias da entrada em vigor desta Lei, *a consolidação, em texto único, da legislação vigente, relativa a cada um dos tributos, repetindo-se esta providência até o dia 31 de janeiro de cada ano*".

voltados a critérios de conveniência, oportunidade e excludentes da participação dos interessados, e, desse modo, privilegiando a segurança jurídica, teriam mais dificuldades de surpreender o agente regulado.

4.8 Conclusão parcial

Na fase por que passa a sociedade, não se encontra a utilidade para a certeza e a segurança. A compreensão do Estado de risco como aspecto nuclear na organização da sociedade contemporânea comete a uma dinâmica peculiar que submete o direito administrativo a um novo papel, a uma transformação. A regulação estatal de atividades econômicas, neste contexto, cumpre uma função essencial na prevenção e composição das antinomias surgidas pela ambivalência e aporias surgidas com a tecnicidade e a complexidade das relações sociais.

A conclusão a que se chegou neste capítulo é a de que a configuração da segurança jurídica nas relações contemporâneas entre a Administração Pública reguladora descentralizada e o agente regulado que desenvolve atividade econômica é um tema pouco explorado em nossa doutrina.

Observou-se que a ideia de segurança jurídica enfrenta uma "crise de identidade" neste início de século. No campo da regulação de atividades econômicas pelo Estado, a "crise" advém do fato de que a estrutura normativa regulatória deve ser estruturada de modo diverso do conceito legalitário formal, haja vista que as políticas nacionais típicas do Estado pós-moderno se apresentam, na prática, mediante a edição de diversas normas gerais com conceitos jurídicos indeterminados, que, logicamente, não conseguem tudo prever para nortear a atuação dos agentes públicos reguladores tampouco dos agentes regulados.

Concluiu-se que, em algumas regras editadas pelos reguladores, não se pode pensar em simplesmente executar o que está indicado na lei, produzida no âmbito do Parlamento. Nas questões difíceis (*hard cases*) submetidas à escolha regulatória, as normas têm linhas mestras da política econômica e social, fazendo com que tenha de haver uma liberdade ao administrador público na hora de executar reflexivamente os comandos gerais da norma, dependendo (i) dos dados empíricos decorrentes das técnicas disponíveis e testadas; (ii) da circunstância fática em que a norma está sendo aplicada e (iii) dos impactos prospectivos multilaterais decorrentes do ato.

Diante dessas considerações, o ponto agudo identificado conduziu a busca de meios para compatibilizar a premissa basilar do valor "segurança jurídica" na regulação de atividades econômicas, decorrente do Estado Democrático de Direito, com outros valores, outros princípios e outras regras. Buscou-se averiguar como a escolha regulatória pode ser um meio para solucionar a crise da insegurança jurídica decorrente da impossibilidade de o princípio da legalidade atingir as necessidades e carências da sociedade pós-moderna.

Nessa senda, perseguiu-se a apresentação de uma metodologia que pudesse ser suficiente para privilegiar a segurança jurídica a ser observada pelas entidades reguladoras na elaboração de normas que sustentam suas escolhas. Nessa trilha, constatou-se ser indisputável que há uma colisão direta entre, de um lado, a necessidade de se estabelecer e respeitar a segurança jurídica, e a liberdade como um dos pilares do Estado Democrático de Direito, com a necessidade de se repensar a segurança jurídica formalista para que esse engessamento não se volte contra fundamentos axiológicos materializados nos direitos e nas garantias fundamentais.

Considerando que os direitos objetivos representam as garantias e os direitos fundamentais dos cidadãos, direitos estes que expressam um conteúdo axiológico que dá origem a um sistema de valores, sustentou-se a necessidade da instituição, no modelo regulatório pátrio, de um sistema formal para a edição de normas regulatórias. As vantagens na padronização dos mecanismos de edição de normas regulatórias podem ser resumidas no aumento da eficácia da ação administrativa, na diminuição da pressão dos interesses privados organizados sobre a decisão administrativa e na potencialização dos valores de certeza, igualdade e segurança.

Ainda com vistas à redução da insegurança jurídica pelo número incontável de normas regulatórias, cogitou-se, neste capítulo, pôr termo prefixado às normas de regulação e, até mesmo, à consolidação das normas periodicamente. Propôs-se a observância, na edição de normas legalitárias, de espaços mais claros e objetivos do que seria considerado política pública, de competência dos órgãos da Administração direta, bem como a indicação do que representa competência técnica voltada à atuação do regulador. Pensou-se em reconhecer a importância de definição normativa de mecanismos claros de participação da sociedade nos processos, na ponderação e na valoração tecnicamente motivada.

Todas essas questões foram examinadas, em conjunto, à luz da teoria da sociedade de riscos tratada no início deste capítulo, o que pressupõe a observância do princípio da subsidiariedade. Esta implica a necessária observância da premissa de que se deve subtrair dos indivíduos e dos grupos sociais o que eles próprios podem realizar com eficácia satisfatória. Antes de chegar ao Estado, deve ser verificado o que, de fato, está compreendido em sua capacidade. Se determinada atividade puder ser cumprida com equivalente nível de eficácia, seja pelo homem, seja pelos grupos sociais, e ainda pelo Estado, deverá ser reservada àquele que estiver em plano mais baixo e, portanto, mais próximo do indivíduo.

Com isso, destacou-se a importância do debate acerca da segurança jurídica na regulação sob bases axiológicas com o redesenho desse valor na fase atual do relacionamento entre Estado e sociedade. Esta assume o papel preponderante, só cabendo ao Estado Regulador o dever de agir na patente impossibilidade de o indivíduo ou a sociedade resolverem seus próprios problemas.

CONCLUSÃO

Na presente obra, e para além dos estudos já desenvolvidos no Brasil com foco no ato administrativo (elementos, características, atribuições, tipos, espécies, existência, validade, eficácia, formas de anulação, revisão, convalidação, extinção e, notadamente, o controle do ato discricionário), ao versar-se sobre a teoria da escolha administrativa, identificou-se na escolha regulatória a nova função e categoria de atuação da Administração Pública, surgida como etapa posterior à escolha discricionária, propícia ao necessário estágio do direito administrativo pós-moderno.

Sustentou-se, ao longo da obra, ser a escolha regulatória compatível com a Constituição Federal de 1988 e com as premissas da sociedade de riscos, que pode ser um importante instrumento para privilegiar a segurança jurídica plural.

Como resultado final da exposição da presente obra, apresentam-se alguns dos principais pontos extraídos dos quatro capítulos:

1 O constitucionalismo oitocentista, surgido nos Estados Unidos da América e, poucos anos após, na França, fez com que se abrisse um novo horizonte nas relações entre o poder e o cidadão. O surgimento do Estado de Direito fez emergir a busca da preservação da liberdade individual e a segurança jurídica, ambas sob o primado da lei geral e abstrata.

2 Os influxos das concepções revolucionárias foram sentidos no Brasil – basta recordar a Inconfidência Mineira, ocorrida no mesmo ano da Revolução Francesa –, assim como o Brasil "herdou", em grande parte, a forma de estruturação da burocracia napoleônica, altamente hierarquizada.

3 O princípio da legalidade vigorante no molde constitucional francês tinha um viés positivo, e, desse modo, a Administração Pública estava conformada pela norma expressamente posta. A sociedade política era monoclasse, monísta. Dessa forma, aquilo que estava *posto* representava apenas os anseios liberalizantes da burguesia.

4 Diversamente do que ocorreu no constitucionalismo estadunidense, na França, o Poder Executivo conquistou mais espaço do que se previa nas doutrinas que deram supedâneo ao período pós-revolução. Diante do receio dos antigos Parlamentos judiciais, os líderes revolucionários interpretaram as teorias fornecendo ao Poder Executivo uma atuação ativa, como protagonista, e não como simples coadjuvante do Parlamento como ocorreu no modelo do Reino Unido (após a Revolução Gloriosa).

5 Somado esse fato à impossibilidade real de o Parlamento editar normas para suprir todas as carências que surgiam, emergiram espaços e aberturas normativas para o exercício de escolhas pela Administração Pública, mediante um "novo" poder regulamentar (de execução e até mesmo independente, autônomo).

6 Nesse contexto, outro fator foi decisivo para o incremento da participação do Poder Executivo na definição das principais pautas da sociedade moderna: o Estado Liberal entrou em crise por não atender aos interesses da maior parte da população, criando um antagonismo classista que fez recrudescer as questões sociais. A resposta foi a atuação estatal sob a forma de intervenção direta estatal, buscando-se condições para enfrentar o conflito distributivo em vista das necessidades das minorias.

7 No século XX, depois da Revolução Russa, na tentativa de se chegar a um equilíbrio entre os interesses burgueses conflitantes com o proletariado, foram promulgadas a Constituição do México e a Constituição de Weimar. Essas leis fundamentais foram tidas como eixo normativo do intervencionismo estatal, abrindo-se espaço para uma forte atuação por meio de escolhas discricionárias do Poder Executivo.

8 Sob o binômio *conveniência e oportunidade*, abriu-se um espaço privilegiado ao Poder Executivo, constituindo um ambiente de difícil sindicabilidade pelo Poder Judiciário: o denominado *mérito do ato administrativo*. O administrador público, sempre que a lei lhe permitia, escolhia a solução que, de acordo com seus próprios valores, entendia ser cabível para a efetivação do interesse público. O controle judicial limitava-se às teorias francesas de desvio de poder e motivos determinantes.

9 Considerando a incompatibilidade da escolha discricionária aos principais traços da sociedade atual, denominada por alguns "pós-modernidade", examinou-se, nesta obra, a regulação administrativa como uma nova função estatal e categoria de escolha pela Administração

Pública, surgida como estrutura necessária para buscar-se o equilíbrio dos subsistemas regulados, a supressão de falhas do mercado e a ponderação de diversos interesses ambivalentes.

10 Como fundamento dessa tese, encontra-se a compatibilização desse modelo de atuação estatal com a contenção dos excessos perpetrados pelos agentes que detêm o poder econômico privado por meio de valores e princípios garantidos pela força normativa da Constituição Federal.

11 A associação do direito administrativo à fase atual indica sua necessária adaptação às mudanças econômicas e sociais, permitindo seu perfeito acoplamento ao contexto da realidade para ser instrumento de efetividade dos direitos fundamentais. A supremacia do interesse público e, indiretamente, da Administração Pública, nessa fase, deve deixar de ser um atributo prevalente.

12 As premissas da denominada "pós-modernidade" levaram o Brasil a ingressar no padrão de Estado regulador, competindo à interpretação doutrinária apresentar os caminhos e fundamentos jurídicos para que o Estado tenha elementos de neutralização dos excessos dos regulados, dos reguladores e até mesmo de segmentos da sociedade.

13 O Poder Legislativo, em qualquer país desenvolvido ou em desenvolvimento, não tem capacidade e condições de disciplinar, em detalhes científicos, e sopesar interesses conflitantes decorrentes da regulação dos subsistemas submetidos a uma intervenção estatal. Desse modo, o desafio doutrinário passa a ser o de compreender e teorizar a escolha regulatória brasileira, com todas suas características, seus objetivos e seus fundamentos, permitindo uma perfeita redefinição da divisão de funções, tarefas e competências do Estado para enfrentar a tecnicidade regulatória.

14 As escolhas determinativas de conceitos e as escolhas discricionárias ainda existem e devem permanecer no cardápio disponível para a atuação estatal executiva. Contudo, em algumas situações, nas quais se requer uma análise de diversos fatores, dados empíricos, interesses e impactos multilaterais, que, somados, levam à legitimidade dessas escolhas junto à sociedade, não se pode pensar em simplesmente executar o que está indicado em lei, seja ela propiciadora de uma suposta delegação legislativa inominada ou mesmo no restrito espaço destinado à função regulamentar.

15 As questões difíceis submetidas à regulação decorrem de políticas econômicas e sociais, não tendo a lei condições materiais de previamente identificar todos os caminhos para alcançar efeitos prospectivos com custos e benefícios equilibrados.

16 Nos temas submetidos à regulação estatal, há de se deslocar o centro de gravidade da produção normativa legiferante para a escolha regulatória, passando o regulador a ser, em relação ao subsistema a que está vinculado, um pré-intérprete dos princípios objetivos e pautas valorativas da Constituição Federal.

17 Essas premissas não se engastam nas escolhas discricionárias de sabor oitocentista diante do fato de que a fórmula da discricionariedade administrativa está fulcrada no binômio *oportunidade e conveniência*, que decorre dos valores do próprio administrador. Basta, para ser "legítimo" perante os mecanismos de controle, que seja motivado.

18 A escolha regulatória, diversamente da discricionária, deve fundamentar-se na atuação do Estado sobre decisões e atuações empresariais a serem conformadas de maneira: adequada, necessária e proporcional. Isso se dá com base em dados, custos e benefícios, fundamentos técnicos e científicos que visem atender ao interesse público substantivo, sem, contudo, deixar de sopesar os efeitos dessas decisões no subsistema regulado com os interesses de segmentos da sociedade e, até mesmo, com o interesse individual no caso concreto.

19 Os efeitos prospectivos, que devem ser considerados para evitar os riscos advindos da complexidade cotidiana, devem ter em conta a perfeita concepção da tecnicidade dos atos regulatórios para que esta ameaça não seja um instrumento de embaraço ao Estado Democrático de Direito. Deve-se preocupar-se com a especialização dos ramos jurídicos em subsistemas que impõem uma pluralidade de fontes e a permanente ambivalência, que aspiram ao sopesamento de valores e princípios.

20 O direito administrativo brasileiro, diante de uma doutrina mais clássica – e até mesmo diante dos Tribunais – ainda registra, em muitas situações, as seguintes características: a prevalência da supremacia da Administração Pública nas relações com os cidadãos; a prevalência do interesse público sobre o interesse privado; uma forte hierarquia na burocracia estatal; a estrutura do poder de polícia e do serviço público; a submissão quase que absoluta ao princípio da legalidade; e espaços para a atuação executiva discricionária. Com a difusão de ideias democráticas e globalizantes, chega-se à conclusão de que o direito administrativo não pode mais comportar-se como nos tempos da ilustração francesa.

21 Existe uma crise a ser enfrentada. O Brasil precisa de respostas objetivas da doutrina a essa nova fase, que clama pelo rearranjo da máquina administrativa com vistas à justiça social no caso concreto.

22 Criticou-se o princípio da legalidade estrita, mantido até os dias atuais como a coluna vertebral do direito administrativo pátrio. Perfilhou-se o entendimento de que a lei é insuficiente para decifrar a multiplicidade de valores necessários para propiciar uma decisão proporcional diante dos inúmeros conflitos sociais.

23 Propugnou-se pela redefinição da divisão clássica de tarefas e competências normativas entre o Poder Legislativo, o Poder Executivo e os reguladores dotados de autonomia. Sustentou-se, até mesmo, em prestígio à tese da deslegalização, o afastamento do legislador primário das minúcias normativas, sobretudo para adentrar aspectos técnicos, científicos, ou daquelas situações nas quais apresenta, antes da normatização, um profundo estudo em que sejam apontados os custos e benefícios da medida. Defendeu-se que essas questões devem estar na esfera de atuação do regulador, seja por estar em melhores condições de avaliar qual será, em determinado caso, a melhor solução para se encontrar um grau ótimo de execução das políticas públicas, seja por dispor de melhor aparato institucional que o Poder Legislativo para tecer maiores detalhamentos normativos.

24 Criticou-se a doutrina que configura o conceito jurídico indeterminado como um instituto de integração da norma na busca de uma única solução regulatória possível. Além das questões metajurídicas relacionadas às negociações parlamentares – em que, para se lograr um acordo político entre partidos, chega-se a uma redação da lei geralmente contraditória, ambígua e obscura –, aprofundou-se no debate polarizado entre duas correntes doutrinárias: a primeira de que a integração desses conceitos se dá por um simples processo de interpretação; a outra sustenta que a concretização dos termos fluidos identifica-se com o instituto da discricionariedade administrativa.

25 Aderiu-se à corrente doutrinária que admite mais de uma solução justa na integração de conceitos jurídicos indeterminados, incluindo-se, portanto, esse instituto de escolha administrativa, nos espaços que cabem à discricionariedade. A solução justa, notadamente em termos de escolha reguladora econômica e social, com a ponderação de interesses e a preocupação com custos e benefícios, somente poderá existir em um plano da filosofia pura, não se sustentado diante de todos os casos concretos em que o administrador público precisa trabalhar com categorias econômicas e sociais na decisão a ser tomada diante de conflitos distributivos.

26 Mais uma crítica se concentrou no instituto que estrutura e dá supedâneo à escolha discricionária por não o identificar como compatível com o atual contexto jurídico-constitucional da função executiva estatal em tempos de Estado regulador. Afirmou-se que a sociedade contemporânea carece de uma atuação estatal que pondere interesses, diante de técnicas que trazem riscos à sociedade pluriclasse e a cada cidadão. Por isso, de acordo com a nova compreensão do direito administrativo no constitucionalismo deste início de século e milênio, e de modo aparentemente paradoxal, constatou-se que, se de um lado há uma tendência à redução da discricionariedade na atuação do administrador público, de outro lado, a complexidade cotidiana, que conduz ao permanente ambiente de ambivalência, impõe uma maior atuação e espaço para a escolha administrativa.

27 Sendo, em muitas situações, impossível fazer depender à regulação, altamente complexa, soluções que o legislador ordinário deve "descobrir" e positivar; se há risco da concentração e excesso de funções nas mãos do Poder Executivo em temas complexos, envoltos em questões altamente técnicas e sem referenciais objetivos predeterminados, de difícil acesso e compreensão pela maior parte da população brasileira; concluiu-se que a discricionariedade administrativa, por corresponder a uma margem de liberdade conferida pelo Parlamento à Administração, que surge quando sua atividade não está plenamente definida em lei, não pode ser suficiente para legitimar atuações executivas estatais dinâmicas em sistemas complexos que precisem de algo mais do que a regra previu e foi atribuída por via legislativa.

28 A escolha regulatória remete o intérprete do direito a um tipo de função estatal dotada de riqueza e dinamismo sensivelmente maior do que o simples disciplinamento legalitário ou a regulamentação (executiva ou autônoma). Esses aspectos vêm à tona no questionamento da discricionariedade, pois a realidade atual retrata a existência de inúmeros centros políticos titulares de "poderes" (funções) e a ampliação dos direitos dos indivíduos, o que, em síntese, leva à heterogeneidade dos interesses e à pressão dos indivíduos e grupos sobre a Administração para atendimento de suas reivindicações. Entendeu-se que esses fatores acarretam a mudança da natureza pura da discricionariedade, impondo-se uma nova roupagem que se torne objetiva, imparcial e controlável.

29 Não se vislumbraram respostas às questões levantadas na teoria da "discricionariedade técnica" – supostamente despida de valores políticos e infensa ao controle de mérito pelo Poder Judiciário – para a crise da discricionariedade administrativa. A "discricionariedade técnica" constitui mera maquiagem da face da velha discricionariedade, na tentativa de limitação jurisdicional do controle de seu exercício – isto é, no sentido de evitar que as escolhas técnicas da Administração sejam substituídas pelas opções técnicas realizadas pelo juiz.

30 Outra crítica empreendida nesta obra refere-se à teoria dos regulamentos administrativos como possível resposta de parte da doutrina para justificar o exercício da função regulatória estatal. Não pareceu, à luz dos estudos apresentados, que as normas expedidas pelas entidades reguladoras correspondam a uma delegação legislativa, tampouco à função regulamentar de competência do chefe do Poder Executivo. Afastou-se, por isso, o rótulo da delegação inominada ao perfilhar o entendimento de que não se trata da delegação legislativa, cujo método para seu exercício está positivado constitucionalmente.

31 Inferiu-se que por meio das escolhas regulatórias permite-se, de acordo com as conclusões desta obra, o exercício da capacidade técnica dessas entidades descentralizadas para dispor, com maior densidade, sobre as matérias que lhe competem para equilibrar o subsistema regulado, diversamente das leis que, editadas pelo Poder Legislativo, assumem caráter genérico e sem concretude. Nessa linha de considerações, repudiou-se, ainda, o enquadramento da normativa regulatória como função regulamentar, de execução ou autônoma.

32 Diante da necessidade de regras regulatórias, concluiu-se que as entidades estatais reguladoras devem exercer a função normativa secundária, desde que observadas as normas hierarquicamente superiores. O fato de que a escolha discricionária não é exercida à margem da lei – mas um meio de aplicar a lei – e é, por outro lado, necessária em algumas situações, levou os caminhos desta obra a se preocuparem com a terminologia. Termos como "regulamento delegado", "regulamento executivo" ou "autônomo" incidem sobre o sítio da discricionariedade. Isto é, operam dentro dos padrões legais que atribuem discricionariedade ao administrador público, retornado ao problema e à crítica que envolvem a fórmula – oportunidade e conveniência – que sustenta a escolha discricionária.

33 Concretamente, e para buscar respostas para as questões suscitadas na presente obra, concluiu-se que tanto a delegação legislativa quanto a teoria dos regulamentos não trouxeram saídas eficazes para o enfrentamento da regulação normativa por meio das entidades reguladoras, porque a função de regular não se enquadra na modalidade tradicional de regulamentar.

34 A missão das entidades regulatórias como pré-intérpretes da Constituição mediante um trabalho exegético que procure encontrar uma solução de concordância prática autorreferencial e entre as normas constitucionais – em tese aplicáveis a determinado caso concreto submetido à regulação – deve ser a de fugir aos reducionismos do pensamento catalogatório da hierarquia normativa simplificado sob a forma piramidal, tudo isso com vistas a aguçar e intensificar o questionamento normativo em sua pluralidade, estabelecendo conexões de valor entre as normas.

35 A escolha regulatória alcança mais do que simplesmente a função de editar atos legais ou regulamentares, haja vista que por meio da regulação permite-se o exercício da capacidade técnica dessas entidades descentralizadas para dispor com maior densidade do que a função legislativa ou regulamentar, ambas de viés político, sobre as matérias que lhes competem para equilibrar, de maneira cíclica e prospectiva, sistemas complexos.

36 Diante dessas críticas, propôs-se buscar a legitimação da escolha regulatória administrativa por meio da deslegalização de matérias a conviver com as regras constitucionais e com a fonte normativa parlamentar. Levou-se em conta que a deslegalização não envolve a atribuição de uma discricionariedade diferenciada, pois não trata de atuar sob o manto da conveniência e da oportunidade; decorre de uma evolução das fontes normativas necessárias ao alcance do fim público, em que é necessária a prevenção e mediação dos interesses antagônicos e multilaterais no caso concreto.

37 Perfilhando o pensamento dos doutrinadores que introduziram o tema em nossas letras, seguiu-se a linha de que não se pretende sustentar a retirada da base legalitária para a atuação das entidades administrativas na regulação de atividades econômicas e setores sensíveis à sociedade (saúde, vigilância sanitária etc.). O que se reconheceu, como dotada de juridicidade, é a abertura, prevista na própria norma primária, para que entes descentralizados do Poder Público possam densificar o marco regulatório de determinado sistema especializado sem estarem atrelados às únicas situações previstas, de forma aberta, anteriormente pela lei.

38 Faltava, ainda, a identificação de um instituto que fosse compatível com as características da escolha regulatória no atual papel do direito administrativo. Concentrou-se, portanto, na proposta de estruturação desse novo instituto, que se denominou *reflexividade administrativa*.

39 A *reflexividade administrativa* não foi construída para representar, apenas, a "reflexão" a ser feita pelo regulador nas questões postas diante de si para a construção da escolha administrativa. Como nova fórmula, proposta para ser viabilizadora da escolha regulatória, intentou-se que ela agasalhe a capacidade do regulador de pensar a situação concreta em si mesma para estabilizar o subsistema e minimizar a insegurança jurídica.

40 A estrutura da *reflexividade administrativa* sob novas bases – prevenção e mediação – partiu da ideia de que o regulador deve, por meio de uma "clausura autorreferencial" do subsistema regulado, permitir que brote, de modo cíclico, a produção de encaminhamentos decorrentes das próprias condições originárias de produção do subsistema. Por essa proposta, o regulador deve deixar de fazer suas escolhas com base no que entende ser, em sua ótica, "conveniente e oportuno", encarando o caso concreto de modo sistemático e transparente ao longo de uma interpretação analítica e empírica para além de suas experiências pessoais, de difícil (se não impossível) compreensão e sindicabilidade por terceiros.

41 Toda essa teoria esbarrava na discussão acerca da inconstitucionalidade do modelo regulatório brasileiro sustentada por alguns administrativistas pátrios. Diante de correntes brasileiras de interpretação doutrinária, que, de um lado, defendem de modo superficial a inconstitucionalidade do modelo regulatório nacional e, de outro, também de maneira pouco sólida, sustentam a constitucionalidade desse mesmo modelo, optou-se por enfrentar essas pautas com vistas à compatibilização jurídico-constitucional do atual aparelho público, que exerce as funções regulatórias.

42 Buscou-se o exame da constitucionalidade do modelo regulatório na interpretação sistemática do texto da Lei Fundamental e na tópica, que, de acordo com doutrina especializada, ajuda a potencializar seu âmbito de significação em vez de cercear a ação interpretativa.

43 Com a positivação no texto constitucional, passou-se à análise do modelo regulatório à luz dos métodos hermenêuticos idealizados por juristas tedescos para a concretização de textos constitucionais, em que se confrontou, naquilo que foi possível, o atual modelo de regulação adotado em nosso país com a concepção do modelo alemão. A escolha decorreu dos influxos da tendência metodológica da Lei Fundamental de Bonn em nossa Carta de 1988, na qual se destaca a possibilidade de lidar com valores no direito com vistas à superação do juspositivismo axiologicamente neutro.

44 Após percorrer as teorias de Hesse, Müller, Häberle e os debates sobre a teoria de Alexy acerca da Constituição como moldura, compreendeu-se que a regulação estatal deve ser disciplinada de acordo com os problemas e as situações reais sujeitas à mutação constitucional. A Constituição não seria um simples pedaço de papel escrito pelo legislador. O fato é que as variações e flutuações decorrentes do mercado, a enorme gama de possibilidades bem como as aporias que carecem de uma regulação diferenciada para cada subsistema – e que variam de acordo com cada realidade, cada contexto – são superiores aos elementos puramente normativos a serem positivados de maneira preconcebida.

45 Concluiu-se pela constitucionalidade do modelo regulatório brasileiro, pois, na interpretação dessa Constituição, deve-se perseguir a maior eficiência e eficácia, preservando-se a vontade da Constituição, que representa sua força normativa.

46 A escolha regulatória sobre atividades econômicas e sociais não pôde, quando da promulgação da Carta Magna, ser simplesmente positivada no texto constitucional, explicada em detalhes, precompreendida por uma lógica dedutiva, haja vista que deveria – como de fato foi na década de 90 – ser criada, construída passo a passo, de acordo com a práxis, de acordo com os *topoi*, ambos mutáveis à luz dos valores colhidos no debate social.

47 No capítulo 4, apreciou-se a configuração da segurança jurídica nas relações contemporâneas entre a Administração Pública reguladora, descentralizada, e o agente regulado que desenvolve atividade econômica. A importância do tema advém da ideia de que a segurança jurídica enfrenta uma "crise de identidade" neste início de século.

48 No campo da regulação de atividades econômicas pelo Estado, a "crise" advém do fato de que a estrutura normativa regulatória é incomum, haja vista que as políticas nacionais típicas do Estado atual se colocam em prática mediante a edição de diversas normas gerais, mal escritas, ambíguas e com conceitos jurídicos indeterminados, que, logicamente, não conseguem tudo prever para nortear a atuação dos agentes públicos reguladores, tampouco dos agentes regulados.

49 Constatou-se que em algumas regras editadas pelas entidades reguladoras não se pode pensar em, simplesmente, executar o que está indicado, de forma aberta, na lei produzida no âmbito do Parlamento. Nas principais questões submetidas à regulação estatal, as normas têm linhas mestras da política econômica e social, fazendo com que se abra um espaço ao regulador na hora de densificar os comandos gerais nela contidos, dependendo dos dados empíricos decorrentes das técnicas disponíveis e testadas, da circunstância fática em que estão sendo aplicados e dos impactos prospectivos multilaterais decorrentes do ato de sua execução.

50 Diante dessas considerações, buscou-se enfrentar a difícil tarefa de compatibilização entre a premissa basilar da segurança jurídica na regulação de atividades econômicas com o princípio da legalidade diante da necessária previsibilidade nos comportamentos do cidadão – "dever-ser" – por meio do direito posto.

51 Concluiu-se que há uma colisão direta entre, de um lado, a necessidade de se estabelecer e respeitar a segurança jurídica e a liberdade como um dos pilares do Estado Democrático de Direito, com a de se repensar a segurança jurídica oitocentista, para que esse engessamento não se volte contra fundamentos axiológicos materializados nos direitos e garantias fundamentais.

52 Intentou-se demonstrar que a segurança jurídica não se amolda somente à teoria principiológica, a ser ponderada nos conflitos de interesses; a segurança traduz, em sede de regulação estatal, um valor apto a se conformar (se moldar), em cada caso concreto, fazendo com que possa competir, em igualdade de condições, com outros valores.

53 Sustentou-se que se o conflito de regras resulta em uma antinomia a ser resolvida pela perda de validade de uma das regras em conflito, ainda que em determinado caso concreto deixe de cumpri-la para satisfazer a outra (que se entende ser a correta), e se, por outro lado, as colisões entre princípios resultam apenas em que se privilegie o acatamento de um, sem que isso implique desrespeito completo do outro, a segurança jurídica não pode ser vinculada a um fim normativo, tampouco deve ser privilegiada ou desconsiderada em qualquer situação ou decisão.

54 Anotou-se que o reconhecimento da imprevisibilidade das ameaças no desenvolvimento técnico-industrial impõe uma releitura dos fundamentos predominantes da racionalidade, pois a sociedade observa uma patente reflexividade, sendo um problema para ela própria. Nesse contexto, propôs-se a sistematização da edição de normas regulatórias centrada na padronização dos mecanismos para o aumento da eficácia da ação administrativa, a diminuição da pressão dos interesses privados organizados sobre a decisão administrativa, e a potencialização dos valores de certeza, igualdade e segurança.

55 Cogitou-se, a exemplo de experiência alienígena, "data de validade" das normas de regulação e de sua consolidação anual nos termos do que já existe em codificação tributária nacional.

56 As conclusões observaram a doutrina que sustenta a teoria da sociedade de riscos, que pressupõe a observância do princípio da subsidiariedade. Nesse contexto, destacou-se que, se determinada atividade puder ser cumprida com equivalente nível de eficácia, seja pelo cidadão, seja pelos grupos sociais, e, ainda, pelo Estado, deverá ser reservada àquele que estiver em plano mais baixo e, portanto, mais próximo do indivíduo. Com essa reorganização do protagonismo social, reconfigura-se a segurança jurídica em que a sociedade assume o papel preponderante, só cabendo ao Estado o dever de agir na patente impossibilidade de o indivíduo ou a sociedade resolverem seus próprios problemas.

57 Não se encontrou, nos estudos apresentados sobre a fase atual por que passa a sociedade, a utilidade para a certeza e a segurança de viés oitocentista. A compreensão do Estado de risco como aspecto nuclear na organização da sociedade contemporânea remete a uma dinâmica peculiar que submete o direito administrativo a um novo papel, a uma transformação.

58 Considerando que a evolução tecnológica e científica põe também cada vez mais em risco os direitos fundamentais e que os valores da sociedade também trazem riscos sistêmicos, a conclusão a que se chegou é de que a escolha regulatória cumpre, nessa nova fase, uma função essencial na prevenção e composição das antinomias surgidas pela ambivalência e por aporias surgidas com a tecnicidade e complexidade das relações sociais.

Diante dessas considerações e trilhando os caminhos abertos por profundos trabalhos acadêmicos sobre as mudanças do direito administrativo, espera-se estar contribuindo com a evolução dessa disciplina para que se transforme em verdadeiro instrumento de proteção dos direitos fundamentais.

Almeja-se que a fórmula de escolha administrativa ora proposta – *reflexividade administrativa* –, forjada para ser aplicada pelo regulador dotado de autonomia – e melhor controlada pelo Poder Judiciário – em setores complexos juntamente com a metodologia sugerida para o incremento da previsibilidade das normas e aplicações regulatórias, tenha sido apresentada, de um lado, como compatível com a necessária amplitude decorrente da complexidade e tecnicidade inerente à vida social contemporânea e, de outro, que materialize a *reflexividade administrativa* como o instituto que possa alcançar, em uma desejável segurança jurídica, a indispensável mediação de interesses da sociedade pluriclasse.

REFERÊNCIAS

ACKERMAN, Bruce. Good-bye Montesquieu. *In:* ROSE-ACKERMAN, Susan; LINDSETH, Peter L. (Org.). *Comparative administrative law*. Cheltenham, UK; Northampton, MA, USA: Edward Elgar Publishing, 2010.

ACKERMAN, Bruce. *The failure of the founding fathers*: Jefferson, Marshall, and the rise of presidential democracy. London: The Belknap of Harvard University Press, 2005.

ACKERMAN, Bruce. The new separation of powers. *Harvard Law Review*, v. 113, n. 3, p. 633-729, jan. 2000.

AGAMBEN, Giorgio. *Estado de exceção*. Tradução de Iraci D. Poleti. São Paulo: Boi Tempo, 2004.

ALESSI, Renato. *Principi di diritto amministrativo*. Milano: Giuffrè, 1978. v. 2.

ALEXY, Robert. Colisão de direitos fundamentais e realização de direitos fundamentais no Estado de Direito Democrático. *Revista de Direito Administrativo*, Rio de Janeiro, v. 217, p. 67-79, jul./set. 1999.

ALEXY, Robert. *Constitucionalismo discursivo*. Tradução de Luís Afonso Heck. Porto Alegre: Livraria do Advogado, 2007.

ALEXY, Robert. Derechos fundamentales y estado constitucional democrático. *In:* CARBONELL, Miguel. *Neoconstitucionalismo(s)*. 2. ed. Madrid: Trotta, 2005.

ALEXY, Robert. *Epílogos a la teoría de los derechos fundamentales*. Tradução de Carlos Bernal Pulido. Madrid: Fundación Beneficentia et peritia iuris, 2004.

ALEXY, Robert. Principais elementos de uma teoria da dupla natureza do direito. *Revista de Direito Administrativo*, v. 253, p. 9-30, jan./abr. 2010.

ALEXY, Robert. *Teoria da argumentação jurídica*: a teoria do discurso racional como teoria da justificação jurídica. Tradução de Zilda Hutchinson Schild Silva. São Paulo: Landy, 2001. Título original: *Theorie der Juristischen Argumentation*.

ALEXY, Robert. *Teoría de los derechos fundamentales*. 1. ed. 3. reimpr. Tradução de Ernesto Garzón Valdés. Madrid: Centro de Estudios Políticos y Constitucionales, 2002.

ANDERSON, Perry. Balanço do neoliberalismo. *In:* SADER, Emir; GENTILI, Pablo (Org.). *Pós-neoliberalismo*: as políticas sociais e o Estado democrático. Rio de Janeiro: Paz e Terra, 1995.

ANDRADE, Odilon. *Serviços públicos e de utilidade pública*. São Paulo: Saraiva, 1937.

ANTUNES, Paulo de Bessa. *Direito ambiental*. 7. ed. Rio de Janeiro: Lumen Juris, 2004.

ARAGÃO, Alexandre Santos de (Coord.). *O poder normativo das agências reguladoras*. Rio de Janeiro: Forense, 2006.

ARAGÃO, Alexandre Santos de. A consensualidade no direito administrativo: acordos regulatórios e contratos administrativos. *Revista de Direito do Estado*, Rio de Janeiro, v. 1, p. 155-173, jan./mar. 2006.

ARAGÃO, Alexandre Santos de. Agências reguladoras e a evolução do direito administrativo econômico. Rio de Janeiro: Forense, 2002.

ARAGÃO, Alexandre Santos de. As agências reguladoras independentes e a separação dos poderes: uma contribuição da teoria dos ordenamentos setoriais. *Revista dos Tribunais*, São Paulo, v. 786, p. 11-56, abr. 2001.

ARAGÃO, Alexandre Santos de. Atividades privadas regulamentadas. *In:* OSÓRIO, Fábio Medina; SOUTO, Marcos Juruena Villela (Coord.). *Direito administrativo*: estudos em homenagem a Diogo de Figueiredo Moreira Neto. Rio de Janeiro: Lumen Juris, 2006.

ARAGÃO, Alexandre Santos de. *Direito dos serviços públicos*. Rio de Janeiro: Forense, 2007.

ARAGÃO, Alexandre Santos de. Ensaio de uma visão autopoiética do direito administrativo. *Revista de Direito Público da Economia – RDPE*, Belo Horizonte, ano 1, n. 4, p. 9-15, out./dez. 2003.

ARAGÃO, Alexandre Santos de. Princípio da legalidade e poder regulamentar no estado contemporâneo. *Revista de Direito Administrativo*, Rio de Janeiro, v. 225, jul./set. 2001.

ARAGÃO, Alexandre Santos de. Regulação da economia: conceito e características contemporâneas. *In:* ARAGÃO, Alexandre Santos de (Coord.). Direito da regulação. *Revista de Direito da Associação dos Procuradores do Novo Estado do Rio de Janeiro*, Rio de Janeiro, v. 11, 2002.

ARAGÃO, Alexandre Santos de. Supervisão ministerial das agências reguladoras: limites, possibilidades e o parecer AGU nº AC-051. *Revista de Direito Administrativo*, São Paulo, v. 245, p. 237-262, maio/ago. 2007.

ARAGÃO, Alexandre Santos de. Teoria das autolimitações administrativas: atos próprios, confiança legítima e contradição entre órgãos administrativos. *Revista de Direito do Estado*, Rio de Janeiro, n. 4, p. 231-244, out./dez. 2006.

ARAGÃO, Alexandre Santos de; SAMPAIO, Patrícia Regina Pinheiro. Omissão no exercício do poder normativo das agências e a concorrência desleal. *In:* ARAGÃO, Alexandre Santos de (Coord.). *O poder normativo das agências reguladoras*. Rio de Janeiro: Forense, 2006.

ARAÚJO, Edmir Netto de. A aparente autonomia das agências reguladoras. *In:* MORAES, Alexandre de (Org.). *Agências reguladoras*. São Paulo: Atlas, 2002.

ARIÑO ORTIZ, Gaspar. *Economía y estado*: crisis y reforma del sector público. Madrid: Marcial Pons, 2003.

ARNAUD, André-Jean. O direito contemporâneo entre regulamentação e regulação: o exemplo do pluralismo jurídico. *In:* ARAGÃO, Alexandre Santos de (Coord.). *O poder normativo das agências reguladoras*. Rio de Janeiro: Forense, 2006.

ÁVILA, H. B. Repensando o "princípio da supremacia do interesse público sobre o particular". *In:* SARLET, I. W. (Org.). *O direito público em tempos de crise*: estudos em homenagem a Ruy Ruben Ruschel. Porto Alegre: Livraria do Advogado, 1999.

ÁVILA, Humberto (Coord.). *Fundamentos do Estado de Direito*: estudos em homenagem ao professor Almiro do Couto e Silva. São Paulo: Malheiros, 2005.

ÁVILA, Humberto (Coord.). *Teoria dos princípios*: da definição à aplicação dos princípios jurídicos. 2. ed. São Paulo: Malheiros, 2003.

BACELLAR FILHO, Romeu Felipe. O poder normativo dos entes reguladores e a participação dos cidadãos nesta atividade. Serviços públicos e direitos fundamentais: os desafios da regulação na experiência brasileira. *Revista de Direito Administrativo*, Rio de Janeiro, v. 230, p. 153-162, out./dez. 2002.

BACELLAR FILHO, Romeu Felipe. *Reflexões de direito administrativo*. Belo Horizonte: Fórum, 2009.

BACHOF, Otto. *Jueces y constitución*. Tradução de Rodrigo Bercovitz Rodrígues-Cano. Madrid: Civitas, 1985. Título original: *Grundgesetz und Richtermacht*. Tübingen: J.C.B. Mohr, 1959.

BACHOF, Otto. *Normas constitucionais inconstitucionais*. Tradução de José Manuel M. Cardoso da Costa. Coimbra: Almedina, 1994. Título original: *Verfassungswidrige verfassungsnormen?*, editado em 1951.

BACIGALUPO, Mariano. *La discrecionalidad administrativa*: estructura normativa, control judicial y límites constitucionales de su atribución. Madrid: Marcial Pons, 1997.

BANDEIRA DE MELLO, Celso Antônio. "Poder" regulamentar ante o princípio da legalidade. *Revista Trimestral de Direito Público*, São Paulo, v. 4, p. 71-78, 1993.

BANDEIRA DE MELLO, Celso Antônio. *Curso de direito administrativo*. 21. ed. rev. e atual. São Paulo: Malheiros, 2006.

BANDEIRA DE MELLO, Celso Antônio. *Discricionariedade e controle jurisdicional*. 2. ed. 5. tir. São Paulo: Malheiros, 2001.

BANDEIRA DE MELLO, Celso Antônio. *Reforma da previdência*. Rio de Janeiro: Conamp, 2004.

BANDEIRA DE MELLO, Oswaldo Aranha. *Princípios gerais de direito administrativo*. Rio de Janeiro: Forense, 1969.

BAPTISTA, Patrícia Ferreira. *Segurança jurídica e proteção da confiança legítima no direito administrativo*: análise sistemática e critérios de aplicação no direito administrativo brasileiro. 2006. 374 p. Tese (Doutorado em Direito do Estado) – Universidade de São Paulo, São Paulo, 2006.

BAPTISTA, Patrícia Ferreira. *Transformações do direito administrativo*. Rio de Janeiro: Renovar, 2003.

BARACHO, José Alfredo de Oliveira. *O princípio de subsidiariedade*: conceito e evolução. Rio de Janeiro: Forense, 2000.

BARBERIS, Mauro. Neoconstitucionalismo, democracia e imperialismo de la moral. *In*: CARBONELL, Miguel (Org.). *Neoconstitucionalismo(s)*. Madrid: Trota, 2003.

BARCELLOS, Ana Paula de. *Ponderação, racionalidade e atividade jurisdicional*. Rio de Janeiro: Renovar, 2005.

BARRERO RODRÍGUEZ, Maria Concepción. Discrecionalidad administrativa y patrimonio histórico. *In*: HINOJOSA MARTÍNEZ, Eduardo; GONZÁLES-DELEITO DOMÍNGUEZ, Nicolas (Org.). *Discrecionalidad administrativa y control judicial*. Madrid: Civitas, 1996.

BARROSO, Luís Roberto. Agências reguladoras: constituição, transformações do Estado e legitimidade democrática. *Revista de Direito Administrativo*, Rio de Janeiro, v. 229, p. 285-311, jul./set. 2002.

BARROSO, Luís Roberto. Apontamentos sobre as agências reguladoras. *In:* MORAES, Alexandre de (Org.). *Agências reguladoras*. São Paulo: Atlas, 2002.

BARROSO, Luís Roberto. *Interpretação e aplicação da Constituição*. 6. ed. São Paulo: Saraiva, 2004.

BARROSO, Luís Roberto. Neoconstitucionalismo e constitucionalização do direito: o triunfo tardio do direito constitucional no Brasil. *Revista da EMERJ*, Rio de Janeiro, v. 9, n. 33, p. 43-92, 2006.

BARROSO, Luís Roberto. *Temas de direito constitucional*. 2. ed. Rio de Janeiro: Renovar, 2002.

BARROSO, Luís Roberto; BARCELLOS, Ana Paula de. O começo da história: a nova interpretação constitucional e o papel dos princípios no direito brasileiro. *In:* BARROSO, Luís Roberto (Org.). *A nova interpretação constitucional*: ponderação, direitos fundamentais e relações privadas. Rio de Janeiro: Renovar, 2003.

BASTOS, Celso Ribeiro. *Direito econômico brasileiro*. São Paulo: Celso Bastos, 2000.

BAUMAN, Zygmunt. *Comunidade*: a busca por segurança no mundo atual. Tradução de Plínio Dentzien. Rio de Janeiro: Jorge Zahar, 2003.

BAUMAN, Zygmunt. *Modernidade e ambivalência*. Tradução de Marcus Penchel. Rio de Janeiro: Jorge Zahar, 1999.

BAUMAN, Zygmunt. *O mal-estar da pós-modernidade*. Tradução de Mauro Gama e Cláudia Martinelli Gama. Rio de Janeiro: Jorge Zahar, 1998. Título original: *Posmodernity and its discontents*.

BAYÓN, Juan Carlos. Derechos, democracia y constitución. *In:* CARBONELL, Miguel (Org.). *Neoconstitucionalismo(s)*. 2. ed. Madrid: Trotta, 2005.

BECK, Ulrich. A reinvenção da política: rumo a uma teoria da modernização reflexiva. *In:* BECK, Ulrich; GIDDENS, Anthony; LASH, Scott. *Modernização reflexiva*: política, tradição e estética na ordem social moderna. Tradução de Magda Lopes. São Paulo: Unesp, 1997.

BECK, Ulrich. Modernização reflexiva. *In:* BECK, Ulrich; GIDDENS, Anthony; LASH, Scott. *Modernização reflexiva*: política, tradição e estética na ordem social moderna. Tradução de Magda Lopes. São Paulo: Unesp, 1997.

BECK, Ulrich. *O que é globalização*: equívocos do globalismo: respostas à globalização. Tradução de André Carone. São Paulo: Paz e Terra, 1999.

BECK, Ulrich. *Risk society*: towards a new modernity. London: Sage, 1993.

BECK, Ulrich. *World risk society*. Cambridge: Polity, 2005.

BELTRÁN DE FELIPE, Miguel. *Discrecionalidad administrativa y constituición*. Madrid: Tecnos, 1995.

BENTO, Leonardo Valles. *Governança e governabilidade na reforma do Estado*: entre eficiência e democratização. Barueri: Manole, 2003.

BERCOVICI, Gilberto. A Constituição dirigente e a crise da teoria da Constituição. *In:* SOUZA NETO, Cláudio Pereira de *et al*. *Teoria da Constituição*: estudos sobre o lugar da política no direito constitucional. Rio de Janeiro: Lumen Juris, 2003.

BERCOVICI, Gilberto. *Constituição e estado de exceção permanente*. Rio de Janeiro: Azougue, 2004.

BERMEJO VERA, José. El declive de la seguridad jurídica en el ordenamiento plural. Madrid: Civitas, 2005.

BINENBOJM, Gustavo. *Uma teoria do direito administrativo*: direitos fundamentais, democracia e constitucionalização. Rio de Janeiro: Renovar, 2006.

BISCARETTI DI RUFFIA, Paolo. *Derecho constitucional*. Tradução de Pablo Lucas Verdú. Madrid: Tecnos, 1973. Título original: *Diritto costituzionale*.

BITTAR, Eduardo Carlos Bianca. *Teorias sobre a justiça*: apontamentos para a história da filosofia do direito. São Paulo: Juarez de Oliveira, 2000.

BLACK, Julia. Procedimentalizando a regulação. *In:* MATTOS, Paulo Todescan L. (Coord.). *Regulação econômica e democracia*: o debate europeu. 2. ed. São Paulo: Revista dos Tribunais, 2017.

BLATTER, Stephanie. O reconhecimento da reserva do regulador no ordenamento jurídico brasileiro a partir do julgamento do caso da fosfoetanlamina sintética pelo STF. *In:* GUERRA, Sérgio (Org.). *Teoria do Estado Regulador*. Curitiba: Juruá, 2016. v. II.

BOBBIO, Norberto. *A era dos direitos*. Tradução de Carlos Nelson de Coutinho. Rio de Janeiro: Elsevier, 2004.

BOBBIO, Norberto. *O futuro da democracia*: uma defesa das regras do jogo. Tradução de Marco Aurélio Nogueira. Rio de Janeiro: Paz e Terra, 1992.

BOBBIO, Norberto. *O positivismo jurídico*: lições de filosofia do direito. Tradução de Márcio Pugliesi, Edson Bini e Carlos E. Rodrigues. São Paulo: Ícone, 1995.

BÖCKENFÖRDE, E. W. Teoría e interpretación de los derechos fundamentales. Tradução de Villaverde Menéndez. *In:* BÖCKENFÖRDE, Ernst-Wolfgang. *Escritos sobre derechos fundamentales*. Baden-Baden: Nomos, 1993.

BONAVIDES, Paulo. *Curso de direito constitucional*. 12. ed. São Paulo: Malheiros, 2002.

BONAVIDES, Paulo. *Do Estado liberal ao Estado social*. 7. ed. São Paulo: Malheiros, 2001.

BRAITHWAITE, John; COGLIANESE, Cary; LEVI-FAUR, David. Can regulation and governance make a difference? *Regulation & Governance*, v. 1, n. 1, 2007.

BRESSER-PEREIRA, Luiz Carlos. *A reforma do estado para a cidadania*: a reforma gerencial brasileira na perspectiva internacional. São Paulo: 34, 1998.

BRESSER-PEREIRA, Luiz Carlos. Gestão do setor público: estratégia e estrutura para um novo Estado. *In:* BRESSER-PEREIRA, Luiz Carlos; SPINK, Peter Kevin (Org.). *Reforma do Estado e Administração Pública gerencial*. 7. ed. Rio de Janeiro: FGV, 2009.

BREYER, Stephen. *Regulation and its reform*. Cambridge: Massachusetts, 1982.

BRITTO, Mariano. Perspectivas del derecho administrativo en el siglo XXI. *In:* FERNÁNDEZ RUIZ, Jorge (Coord.). *Perspectivas del derecho administrativo en el siglo XXI.* Ciudad Universitaria: Universidad Nacional Autónoma de México, 2002.

BRUNA, Sérgio Varella. *Agências reguladoras*: poder normativo, consulta pública e revisão judicial. São Paulo: Revista dos Tribunais, 2003.

BUCCI, Maria Paula Dallari. *Direito administrativo e políticas públicas*. São Paulo: Saraiva, 2002.

BULLINGER, Martin. La discrecionalidad de la administración pública. Madrid: La Ley, 1986.

BUSTAMANTE, Jorge Eduardo. *Desregulación*: entre derecho y la economía. Buenos Aires: Abeledo-Perrot, 1993.

BUSTAMANTE, Thomas da Rosa de. Pós-positivismo: o argumento da injustiça além da fórmula de Radbruch. *Revista de Direito do Estado*, Rio de Janeiro, n. 4, p. 199-230, out./dez. 2006.

CABRAL DE MONCADA, Luis S. *Direito económico*. 2. ed. Coimbra: Coimbra Ed., 1988.

CABRAL DE MONCADA, Luis S. *Direito-positivo e ciência do direito*. Porto Alegre: Sérgio Antônio Fabris, 2003.

CABRAL DE MONCADA, Luis S. *Estudos de direito público*. Coimbra: Coimbra Ed., 2001.

CABRAL DE MONCADA, Luis S. *Lei e regulamento*. Coimbra: Coimbra Ed., 2002.

CAETANO, Marcello. *Princípios fundamentais do direito administrativo*. 2. reimpr. portuguesa da edição brasileira de 1977. Coimbra: Almedina, 2003.

CAMARGO, Margarida Maria Lacombe. *Hermenêutica e argumentação*: uma contribuição ao Estado de direito. 3. ed. 2. tir. Rio de Janeiro: Renovar, 2005.

CAMMEO, Federico. *Commentario delle leggi sulla giustizia amministrativa*. Milano: Casa ed. Vallardi, [s.d.].

CAMMEO, Federico. *Corso di diritto amministrativo*. Pádua: Cedam, 1960.

CAMMEO, Federico. *Discrezionalità pura e discrezionalità tecnica*. Torino: Giurisprudenza Italiana, 1910. v. IV.

CAMMEO, Federico. La competenza di legittimità della IV Sezione e l'apprezzamento dei fatti valutabili secondo criteri tecnici. Torino: Giurisprudenza Italiana, 1902.

CAMPILONGO, Celso Fernandes. *O direito na sociedade complexa*. São Paulo: Max Limonad, 2000.

CAMPOS, Francisco. *Direito administrativo*. Rio de Janeiro: Forense, 1934.

CAMPOS, Francisco. *Direito administrativo*. Rio de Janeiro: Freitas Bastos, 1958. v. 1.

CANARIS, Claus-Wilhelm. *Pensamento sistemático e conceito de sistema na ciência do direito*. Tradução de A. Menezes Cordeiro. 2. ed. Lisboa: Fundação Calouste Gulbenkian, 1996.

CANOTILHO, José Joaquim Gomes. *Direto constitucional e teoria da Constituição*. 4. ed. Coimbra: Almedina, 2000.

CANOTILHO, José Joaquim Gomes; MOREIRA, Vital. *Constituição da República Portuguesa anotada*. 3. ed. Coimbra: Coimbra Ed., 1993.

CAPPELLETTI, Mauro. *Juízes legisladores?* Tradução de Carlos Alberto Alvaro de Oliveira. Porto Alegre: Sérgio Antônio Fabris, 1993. Reimpr. 1999. Título original: *Giudici Legislatori?*

CARDOSO, Henrique Ribeiro. *O poder normativo das agências reguladoras*. 2. ed. Rio de Janeiro: Lumen Juris, 2017.

CARDOSO, José Lucas. Autoridades administrativas independentes e constituição. Coimbra: Coimbra Ed., 2002.

CARVALHOSA, Modesto. *A ordem econômica na constituição*. 2. ed. Rio de Janeiro: Revista dos Tribunais, 1989.

CASSESE, Sabino. As transformações do direito administrativo do século XIX e XX. *Revista Interesse Público*, Porto Alegre, ano 5, n. 24, p. 13-38, mar./abr. 2004.

CASSESE, Sabino. *La globalización jurídica*. Tradução de Luis Ortega, Isaac Martín Delgado e Isabel Gallego Córceles. Madrid: Marcial Pons, 2006. Título original: *Lo spazio giuridico globale*. Roma-Bari: Laterza, 2003.

CASTELLS, Manuel. *Sociedade em rede*. 8. ed. Tradução de Roneide Venancio Majer e Klauss Brandini Gerhardt. São Paulo: Paz e Terra, 2005.

CASTRO, Carlos Roberto de Siqueira. Da declaração de inconstitucionalidade e seus efeitos em face das Leis nº 9.868 e 9.882/99. *In:* SARMENTO, Daniel (Coord.). *O controle de constitucionalidade e a Lei nº 9.868/99*. Rio de Janeiro: Lumen Juris, 2002.

CASTRO, Carlos Roberto de Siqueira. *O Congresso Nacional e as delegações legislativas*. Rio de Janeiro: Forense, 1986.

CASTRO, Carlos Roberto Siqueira. *A constituição aberta e os direitos fundamentais:* ensaios sobre o constitucionalismo pós-moderno e comunitário. Rio de Janeiro: Forense, 2003.

CASTRO, Carlos Roberto Siqueira. O devido processo legal e a razoabilidade das leis na nova Constituição do Brasil. 2. ed. Rio de Janeiro: Forense, 1989.

CAVALCANTI, Themístocles Brandão. *Curso de direito administrativo*. 7. ed. Rio de Janeiro: Freitas Bastos, 1954.

CAVALLI, Cássio. O controle da discricionariedade administrativa e a discricionariedade técnica. *Revista de Direito Administrativo*, v. 251, p. 61-76, maio/ago. 2009.

CHASE PLATE, Luis Enrique. La reforma del estado. *In:* FERNÁNDEZ RUIZ, Jorge (Coord.). *Perspectivas del derecho administrativo en el siglo XXI*. Ciudad Universitaria: Universidad Nacional Autónoma de México, 2002.

CHEMILLIER-GENDREAU, M. De quelques usages du concept de régulation. *In:* MIAILLE, Michel (Org.). *La régulation entre droit et politique*. Paris: Éditions L'Harmattan, 1995.

CHEVALLIER, Jacques. *O Estado de direito*. Tradução de Augusto Neves Dal Pozzo. Belo Horizonte: Fórum, 2013.

CHEVALLIER, Jacques. *O Estado pós-moderno*. Tradução de Marçal Justen Filho. Belo Horizonte: Fórum, 2009.

CHEVALLIER, Jacques. *O serviço público*. Tradução de Augusto Neves Dal Pozzo e Ricardo Marcondes Martins. Belo Horizonte: Fórum, 2017.

CIRIANO VELA, César David. *Administración económica y discrecionalidad*. Valladolid: Lex Nova, 2000.

CITTADINO, Gisele. *Pluralismo, direito e justiça distributiva*. 2. ed. Rio de Janeiro: Lumen Juris, 2000.

CLARK, Giovani. *O município em face do direito econômico*. Belo Horizonte: Del Rey, 2000.

CLÈVE, Clèmerson Merlin. *Atividade legislativa do Poder Executivo*. 2. ed. São Paulo: Revista dos Tribunais, 2000.

COLSON, Jean-Philippe. *Manuel droit public économique*. Paris: LGDJ, 1995.

COMANDUCCI, Paolo. Formas de (neo)constitucionalismo: un análisis metateórico. *In:* CARBONELL, Miguel (Org.). *Neoconstitucionalismo(s)*. 2. ed. Madrid: Trotta, 2005.

COMPARATO, Fábio Konder. *A afirmação histórica dos direitos humanos*. 2. ed. São Paulo, 2001.

COMPARATO, Fábio Konder. *A afirmação histórica dos direitos humanos*. 10. ed. 2. tir. São Paulo: Saraiva, 2016.

COMPARATO, Fábio Konder. Ordem econômica na Constituição brasileira de 1988. *Revista do Direito Público*, São Paulo, v. 23, n. 93, p. 263-276, jan./mar. 1990.

CONSTANT, Benjamin. *Princípios políticos constitucionais*. Tradução de Maria do Céu Carvalho. Rio de Janeiro: Liber Juris, 1989.

CORDEIRO, Antonio Menezes. Introdução. *In:* CANARIS, Claus-Wilhelm. *Pensamento sistemático e conceito de sistema na ciência do direito*. Lisboa: Fundação Calouste Gulbenkian, 1996.

CRETELLA JÚNIOR. José. *Controle jurisdicional do ato administrativo*. 4. ed. Rio de Janeiro: Forense, 2001.

CRUZ, Luis M. *La constitución como orden de valores*: problemas jurídicos y políticos. Granada: Comares, 2005.

CUÉLLAR, Leila. *As agências reguladoras e seu poder normativo*. São Paulo: Dialética, 2001.

CUNHA, Paulo César Melo da. *Regulação jurídica da saúde suplementar no Brasil*. Rio de Janeiro: Lumen Juris, 2003.

CUSHMAN, Robert E. *The independent regulatory commissions*. New York: Octagonn Books, 1972.

D'AMBROSIO, Daniela; SOBRAL, Eliane. Indústria reage à proposta da Anvisa sobre produtos de baixo teor nutritivo. *Valor Econômico*, Rio de Janeiro, p. B7, 5 jun. 2007. Caderno de Empresas.

DAHL, Robert A. *How democratic is the American constitution?* New Haven: Yale University Press, 2002.

DAHRENDORF, Ralf. *Após 1989*: moral, revolução e sociedade. São Paulo: Paz e Terra, 1997.

DAIGRE, Jean-Jacques. Ombres et lumières: examen critique du fonctionnement des autorités administratives indépendantes. *In:* CHARETTE, Hervé de (Dir.). *Le contrôle démocratique des autorités administratives independántes à caractère économique*. Paris: Economica, 2002.

DALLARI, Adilson Abreu. Privatização, eficiência e responsabilidade. *In:* MOREIRA NETO, Diogo de Figueiredo (Coord.). *Uma avaliação das tendências contemporâneas do direito administrativo*. Rio de Janeiro: Renovar, 2003.

DALLARI, Dalmo de Abreu. *Elementos de teoria geral do Estado*. 22. ed. São Paulo: Saraiva, 2001.

DANTAS, Ivo. O econômico e o constitucional. *Revista de Direito Administrativo*, Rio de Janeiro, v. 200, p. 55-69, abr./jun. 1995.

DE GIORGI, Raffaele. *Direito, democracia e risco*: vínculos com o futuro. Vários tradutores. Porto Alegre: Sérgio Antônio Fabris, 1998.

DELEO, John D. *Administrative law*. New York: Delmar Gengage Learning, 2008.

DENNINGER, Erhard. Segurança, diversidade e solidariedade ao invés de "liberdade, igualdade e fraternidade". *Revista Brasileira de Estudos Políticos*, v. 88, p. 21-45, dez. 2003.

DERANI, Cristiane. *Privatização e serviços públicos*: as ações do Estado na produção econômica. São Paulo: Max Limonad, 2002.

DESDENTADO DAROCA, Eva. *Discrecionalidad administrativa y planeamiento urbanístico*: construcción teórica y análisis jurisprudencial. Pamplona: Aranzadi, 1997.

DESDENTADO DAROCA, Eva. *La crisis de identidad del derecho administrativo*: privatización, huida de la regulación pública y administraciones independientes. Valencia: Tirant lo blanch, 1999.

DESDENTADO DAROCA, Eva. Los problemas del control judicial de la discrecionalidad técnica. Madrid: Civitas, 1997.

DI PIETRO, Maria Sylvia Zanella. *Direito administrativo*. 20. ed. São Paulo: Atlas, 2007.

DI PIETRO, Maria Sylvia Zanella. *Direito regulatório*: temas polêmicos. Belo Horizonte: Fórum, 2003.

DI PIETRO, Maria Sylvia Zanella. *Discricionariedade administrativa na Constituição de 1988*. 2. ed. São Paulo: Atlas, 2001.

DI PIETRO, Maria Sylvia Zanella. Limites da função reguladora das agências diante do princípio da legalidade. *In:* DI PIETRO, Maria Sylvia Zanella. *Direito regulatório*: temas polêmicos. Belo Horizonte: Fórum, 2003.

DI PIETRO, Maria Sylvia Zanella. *Parcerias na Administração Pública*: concessão, permissão, franquia, terceirização, parceria público-privada e outras formas. 3. ed. São Paulo: Atlas, 1999.

DI PIETRO, Maria Sylvia Zanella. *Parcerias na Administração Pública*: concessão, permissão, franquia, terceirização, parceria público-privada e outras formas. 5. ed. São Paulo: Atlas, 2005.

DI PIETRO, Maria Sylvia Zanella. Privatização e o novo exercício de funções públicas por particulares. *In:* MOREIRA NETO, Diogo de Figueiredo (Coord.). *Uma avaliação das tendências contemporâneas do direito administrativo*. Rio de Janeiro: Renovar, 2003.

DIAS, Francisco Mauro. As transformações da esfera administrativa e o poder público. *Revista Direito, Estado e Sociedade*, n. 7. Disponível em: http://sphere.rdc.puc-rio.br/direito/revista/online/rev7_mauro.html. Acesso em: 15 jul. 2006.

DIAS, Francisco Mauro. Estado de direito: direitos humanos (direitos fundamentais), segurança jurídica e reforma do estado. *Revista de Direito Administrativo*, Rio de Janeiro, v. 211, p. 135-150, jan./mar. 1998.

DOMINGO, Rafael (Ed.). *Juristas universales*. Madrid: Marcial Pons, 2004. v. 2.

DOMINGO, Rafael (Ed.). *Juristas universales*. Madrid: Marcial Pons, 2004. v. 3.

DOMINGO, Rafael (Ed.). *Juristas universales*. Madrid: Marcial Pons, 2004. v. 4.

DOMINGUES, José Maurício. Reflexividade, individualismo e modernidade. *Revista Brasileira de Ciências Sociais*, São Paulo, v. 17, n. 49, p. 55-169, jun. 2002.

DUGUIT, Léon. *La separación de poderes y la asamblea nacional de 1789*. Tradução de Pablo Pérez Tremps. Madrid: Centro de Estudios Constitucionales, 1996.

DUGUIT, Léon. *Les transformations du droit public*. Paris: Éditions La Mémoire du Droit, 1999.

DUTRA, Marcelo. Tem 'gato' no churrasco: Cedae e polícia encontram duas ligações ilegais de água em churrascaria na Barra. Sócio é preso. *O Globo*, Rio de Janeiro, p. 14, 14 mar. 2007.

DWORKIN, Ronald. *Levando os direitos a sério*. Tradução de Nelson Boeira. São Paulo: Martins Fontes, 2002.

DWORKIN, Ronald. *O império do direito*. Tradução de Jefferson Luiz Camargo. São Paulo: Martins Fontes, 1999.

DWORKIN, Ronald. *Uma questão de princípio*. Tradução de Luiz Carlos Borges. São Paulo: Martins Fontes, 2001.

EISENMANN, Charles. O direito administrativo e o princípio da legalidade. *Revista de Direito Administrativo*, Rio de Janeiro, v. 56, p. 47-70, 1959.

ELOY, Patrícia. Luz amarela sobre a Petrobras: ações caem, com aumento do risco público. *O Globo*, Rio de Janeiro, p. 15, 26 fev. 2007.

ENGISCH, Karl. *Introdução ao pensamento jurídico*. 8. ed. Tradução de J. Baptista Machado. Lisboa: Fundação Calouste Gulbenkian, 2001.

ESTORNINHO, Maria João. *A fuga para o direito privado*: contributo para o estudo da actividade de direito privado na Administração Pública. Coimbra: Almedina, 1996.

ESTY, Daniel. *Good governance at supranational scale*: globalizing administrative law. *Yale L. J.*, v. 115, p. 1490, 2005-2006.

FAORO, Raymundo. *Assembleia constituinte*: a legitimidade recuperada. 5. ed. São Paulo: Brasiliense, 1988.

FARIA, José Eduardo. *O direito na economia globalizada*. 1. ed. 4. tir. São Paulo: Malheiros, 2004.

FERNÁNDEZ FARRERES, Germán. Reflexiones sobre el valor jurídico de la doctrina de la subsidiariedad en el derecho administrativo español. *In:* MOREIRA NETO, Diogo de Figueiredo (Org.). *Uma avaliação das tendências contemporâneas do direito administrativo*. Rio de Janeiro: Renovar, 2003.

FERNÁNDEZ, Tomás-Ramón. *De la arbitrariedad de la administración*. 3. ed. Madrid: Civitas, 1999.

FERNÁNDEZ, Tomás-Ramón. *Del arbitrio y de la arbitrariedad judicial*. Madrid: Lustel, 2005.

FERRAJOLI, Luigi. Pasado y futuro del estado de derecho. *In:* CARBONELL, Miguel (Org.). *Neoconstitucionalismo(s)*. 2. ed. Madrid: Trota, 2005.

FERRAZ JÚNIOR, Tercio Sampaio. *A ciência do direito*. 2. ed. 11. tir. São Paulo: Atlas, 1980.

FERRAZ JÚNIOR, Tercio Sampaio. Agências reguladoras: legalidade e constitucionalidade. *Revista Tributária de Finanças Públicas*, Rio de Janeiro, v. 35, p. 143-158, nov./dez. 2000.

FERRAZ JÚNIOR, Tercio Sampaio. Discricionariedade nas decisões do CADE sobre atos de concentração. *Revista do IBRAC*, São Paulo, v. 4, n. 6, p. 87-89, 1997.

FERRAZ JÚNIOR, Tercio Sampaio. *Estudos de filosofia do direito*: reflexões sobre o poder, a liberdade, a justiça e o direito. 2. ed. São Paulo: Atlas, 2003.

FERREIRA FILHO, Manoel Gonçalves. *Curso de direito constitucional*. 28. ed. São Paulo: Saraiva, 2002.

FERREIRA FILHO, Manoel Gonçalves. Notas sobre o direito constitucional pós-moderno, em particular sobre certo neoconstitucionalismo à brasileira. *Revista de Direito Administrativo*. v. 250, p. 151-168, jan./abr. 2009.

FERREIRA FILHO, Manoel Gonçalves. Reforma do Estado: o papel das agências reguladoras e fiscalizadoras. *In:* MORAES, Alexandre de (Org.). *Agências reguladoras*. São Paulo: Atlas, 2002.

FIGUEIREDO, Lúcia Valle. *Curso de direito administrativo*. 5. ed. São Paulo: Malheiros, 2001.

FIGUEIREDO, Lúcia Valle. *Extinção dos contratos administrativos*. 3. ed. São Paulo: Malheiros, 2002.

FIGUEIREDO, Lúcia Valle. Intervenção do estado no domínio econômico e breves considerações sobre as agências reguladoras. *Revista de Direito Público da Economia – RDPE*, Belo Horizonte, n. 2, abr./jun. 2003.

FONSECA, Francisco José Defanti. Reserva de regulação da administração pública. *In:* GUERRA, Sérgio (Org.). *Teoria do Estado Regulador*. Curitiba, Juruá, 2016. v. II.

FONSECA, João Bosco Leopoldino da. *Direito econômico*. 5. ed. Rio de Janeiro: Forense, 2007.

FORTES, Bonifácio. Delegação legislativa. *Revista de Direito Administrativo*, Rio de Janeiro, v. 62, out./dez. 1960.

FORTES, Bonifácio. O poder regulamentar. *Revista de Direito Administrativo*, Rio de Janeiro, jul./set. 1961.

FRANCISCO, José Carlos. Agência reguladora: atividade normativa. *Revista de Direito da Associação dos Procuradores do Novo Estado do Rio de Janeiro*, Rio de Janeiro, v. 11, 2002.

FREITAS, Juarez. *A interpretação sistemática do direito*. 4. ed. São Paulo: Malheiros, 2004.

FREITAS, Juarez. O controle dos atos administrativos e os princípios fundamentais. 3. ed. São Paulo: Malheiros, 2004.

FREITAS, Juarez. Os princípios constitucionais da precaução, proporcionalidade e motivação no direito ambiental. *Revista Latino-Americana de Estudos Constitucionais*, Belo Horizonte, n. 7, p. 551-570, jan./jun. 2006.

FREITAS, Juarez. *Sustentabilidade*: direito ao futuro. Belo Horizonte: Fórum, 2011.

FREITAS, Juarez. Teoria da regulação administrativa sustentável. *Revista de Direito Administrativo*, Rio de Janeiro, v. 270, p. 117-145, set./dez. 2015.

GABARDO, Emerson. *Interesse público e subsidiariedade*. Belo Horizonte: Fórum, 2009.

GADAMER, Hans-Georg. *Verdade e método I*: traços fundamentais de uma hermenêutica filosófica. Tradução de Flávio Paulo Meurer. Revisão de Enio Paulo Giachini. 6. ed. São Paulo: Vozes, 2004.

GAINES, Sanford E. Reflexive law as a legal paradigm for sustainable development. *Buffalo Environmental Law Journal*, v. 10, 2002-2003.

GARCÍA DE ENTERRÍA, Eduardo. *Democracia, jueces y control de la administración*. 5. ed. reimpr. Madrid: Civitas, 2005.

GARCÍA DE ENTERRÍA, Eduardo. Justicia y seguridad jurídica en un mundo de leyes desbocadas. Madrid: Civitas, 2000.

GARCÍA DE ENTERRÍA, Eduardo. Legislación delegada, potestad reglamentaria y control judicial. 3. ed. Madrid: Civitas, 1998.

GARCÍA DE ENTERRÍA, Eduardo. *Revolución francesa y administración contemporánea*. 5. ed. Madrid: Civitas, 1998.

GARCÍA DE ENTERRÍA, Eduardo; FERNÁNDEZ, Tomás-Ramón. *Curso de derecho administrativo*. 10. ed. Madrid: Civitas, 2001. t. I.

GARCÍA FIGUEROA, Alfonso. La teoría del derecho en tiempos de constitucionalismo. *In:* CARBONELL, Miguel (Org.). *Neoconstitucionalismo(s)*. 2. ed. Madrid: Trotta, 2005.

GARCIA OVIEDO, C. *Derecho administrativo*. 8. ed. Madrid: E.I.S.A., 1962. v. 1.

GARCÍA VILCHEZ, Julio; BORGE TAPIA, Roberto. El derecho administrativo en el siglo XXI. *In:* FERNÁNDEZ RUIZ, Jorge (Coord.). *Perspectivas del derecho administrativo en el siglo XXI*. Ciudad Universitaria: Universidad Nacional Autónoma de México, 2002.

GARCIA, Flávio Amaral. Aspectos polêmicos da cláusula de reajuste nos contratos administrativos. *In:* OSÓRIO, Fábio Medina; SOUTO, Marcos Juruena Villela (Coord.). *Direito administrativo*: estudos em homenagem a Diogo de Figueiredo Moreira Neto. Rio de Janeiro: Lumen Juris, 2006.

GARCIA, Flávio Amaral. *Regulação jurídica das rodovias concedidas*. Rio de Janeiro: Lumen Juris, 2004.

GARCIA, Mônica Nicida. A função reguladora do poder executivo. *Revista de Direito Constitucional e Internacional*, São Paulo, v. 38, p. 205-233, jan./mar. 2002.

GASPARINI, Diogenes. *Direito administrativo*. 11. ed. São Paulo: Saraiva, 2006.

GIANNINI, Massimo Severo. *Diritto amministrativo*. 2. ed. Milano: Giuffrè, 1988. v. 2.

GIANNINI, Massimo Severo. Il potere discrezionale della pubblica amministrazione. Milano: Giuffrè, 1939.

GIANNINI, Massimo Severo. *Trattato di diritto amministrativo*. Pádua: Cedam, 1988.

GIDDENS, Anthony. *A terceira via*: reflexões sobre o impasse político atual e o futuro da social-democracia. Tradução de Maria Luiza X. de A. Borges. 5. ed. Rio de Janeiro: Record, 2005.

GIDDENS, Anthony. A vida em uma sociedade pós-tradicional. *In:* BECK, Ulrich; GIDDENS, Anthony; LASH, Scott. *Modernização reflexiva*: política, tradição e estética na ordem social moderna. Tradução de Magda Lopes. São Paulo: Ed. Unesp, 1997.

GIDDENS, Anthony. *As consequências da modernidade*. Tradução de Raul Fiker. São Paulo: Ed. Unesp, 1991. Título original: *The consequences of modernity*.

GIDDENS, Anthony. *Mundo em descontrole*: o que a globalização está fazendo de nós. Tradução de Maria Luiza X. de A. Borges. 4. ed. Rio de Janeiro: Record, 2005.

GOMES, Joaquim B. Barbosa. Agências reguladoras: a "metamorfose" do Estado e da democracia (uma reflexão de direito constitucional e comparado). *In:* ARAGÃO, Alexandre Santos de (Org.). Direito da regulação. *Revista de Direito da Associação dos Procuradores do Novo Estado do Rio de Janeiro*, Rio de Janeiro, v. 9, 2002.

GONÇALVES, Pedro. *Entidades privadas com poderes públicos*. Coimbra: Almedina, 2008.

GONZÁLEZ PÉREZ, Jesús. Acto administrativo y pretensión procesal. *In:* FERNÁNDEZ RUIZ, Jorge (Coord.). *Perspectivas del derecho administrativo en el siglo XXI*. Ciudad Universitaria: Universidad Nacional Autónoma de México, 2002.

GONZÁLEZ PÉREZ, Jesús. El principio general de la buena fe en el derecho administrativo. 3. ed. Madrid: Civitas, 1999.

GORDILLO, Agustín. La crecente internacionalización del derecho. *In:* FERNÁNDEZ RUIZ, Jorge (Coord.). *Perspectivas del derecho administrativo en el siglo XXI*. Ciudad Universitaria: Universidad Nacional Autónoma de México, 2002.

GRAU, Eros Roberto. *A ordem econômica na Constituição de 1988*: interpretação e crítica. 7. ed. São Paulo: Malheiros, 2002.

GRAU, Eros Roberto. As agências, essas repartições públicas. *In:* SALOMÃO FILHO, Calixto (Org.). *Regulação e desenvolvimento*. São Paulo: Malheiros, 2002.

GRAU, Eros Roberto. *O direito posto e o direito pressuposto*. São Paulo: Malheiros, 2002.

GROTTI, Dinorá Adelaide Musetti. A participação popular e a consensualidade na administração pública. *In:* MOREIRA NETO, Diogo de Figueiredo (Coord.). *Uma avaliação das tendências contemporâneas do direito administrativo*. Rio de Janeiro: Renovar, 2003.

GROTTI, Dinorá Adelaide Musetti. *O serviço público e a Constituição brasileira de 1988*. São Paulo: Malheiros, 2003.

GUASTINI, Riccardo. La "constitucionalización" del ordenamiento jurídico: el caso italiano. *In:* CARBONELL, Miguel (Org.). *Neoconstitucionalismo(s)*. 2. ed. Madrid: Trotta, 2005.

GUASTINI, Riccardo. Ley. *In:* CARBONELL, Miguel; PEDROZA DE LA LLAVE, Susana Thalia (Org.). *Elementos de técnica legislativa*. Cidade do México: Instituto de Investigaciones Jurídicas de la Unam, 2003.

GUERRA FILHO, Willis Santiago. A filosofia do direito aplicada ao direito processual e à teoria da constituição. 2. ed. São Paulo: Atlas, 2002.

GUERRA FILHO, Willis Santiago. Notas em torno do princípio da proporcionalidade. *In:* MIRANDA, Jorge (Coord.). *Perspectivas constitucionais nos 20 anos da Constituição de 1976*. Coimbra: Coimbra Ed., 1996. v. 1.

GUERRA FILHO, Willis Santiago. *Teoria da ciência jurídica*. São Paulo: Saraiva, 2001.

GUERRA FILHO, Willis Santiago. *Teoria processual da constituição*. 2. ed. São Paulo: Celso Bastos, 2002.

GUERRA, Sérgio. *Agências reguladoras*: da administração da organização administrativa piramidal à governança em rede. 2. ed. Belo Horizonte: Fórum, 2021.

GUERRA, Sérgio. Aperfeiçoando a regulação brasileira por agências: quais lições podem ser extraídas do sesquicentenário modelo norte-americano? *In:* GUERRA, Sérgio (Org.). *Teoria do Estado Regulador*. Curitiba: Juruá, 2015.

GUERRA, Sérgio. Competências e conflitos de atribuições entre as agências. *In:* SARAIVA, Enrique; PECI, Alketa; BRASÍLICO, Edson Américo (Org.). *Regulação, defesa da concorrência e concessões*. Rio de Janeiro: FGV, 2002.

GUERRA, Sérgio. Controle das agências reguladoras por meio de supervisão ministerial. *Revista de Direito Público da Economia – RDPE*, Belo Horizonte, ano 3, n. 10, p. 205-221, abr./jun. 2005.

GUERRA, Sérgio. *Controle judicial dos atos regulatórios*. Rio de Janeiro: Lumen Juris, 2005.

GUERRA, Sérgio. Normatização por entidades reguladoras independentes: uma contribuição para o desafio da tecnicidade. *In:* GUERRA, Sérgio (Coord.). *Temas de direito regulatório*. Rio de Janeiro: Freitas Bastos, 2005.

GUERRA, Sérgio. *Regulação no Brasil*: uma visão multidisciplinar. Rio de Janeiro: FGV, 2014.

GUERRA, Sérgio. Regulamentação e regulação: distinções necessárias – caso ANVISA: 'regulação setorial do tabaco': ADI nº 4.874, STF. *Revista de Direito Público da Economia*, v. 71, p. 4, 2020.

GUERRA, Sérgio. Riscos, assimetria regulatória e o desafio das inovações tecnológicas. *In:* FREITAS, Rafael Véras de; RIBEIRO, Leonardo Coelho; FEIGELSON, Bruno (Coord.) *Regulação e novas tecnologias*. 1. reimpr. Belo Horizonte: Fórum, 2018.

GUERRA, Sérgio. Separação de poderes, Executivo unitário e Estado administrativo. *Revista Estudos Institucionais*, v. 3, p. 123-152, 2017.

GUERRA, Sérgio; GUERRA, Thamires. Brasil deve observar modelo francês de agências reguladoras. *Consultor Jurídico*, São Paulo, 2016. Disponível em: http://www.conjur.com.br/2016-out-30/brasil-observar-modelo-frances-agencias-reguladoras. Acesso em: 9 mar. 2017.

GUERRA, Sérgio; PALMA, Juliana Bonacorsi de. Art. 26 da LINDB – Novo regime jurídico de negociação com a Administração Pública. *RDA* Edição Especial 2018.

GUERRA, Sidney. Hermenêutica, ponderação e colisão de direitos fundamentais. Rio de Janeiro: Lumen Juris, 2007.

GUNNINGHAM, Neil; SINCLAIR, Darren. Organizational trust and the limits of management-based regulation, *Law & Society Review*, v. 43, p. 865-870, 2009.

GÜNTHER, Klaus. *Teoria da argumentação no direito e na moral*: justificação e aplicação. Tradução de Cláudio Molz. São Paulo: Landy, 2004. Título original: *Der Sinn für Angemessenheit: Anwendungsdiskurse in Moral und Recht.*

HÄBERLE, Peter. *Hermenêutica constitucional*: a sociedade aberta dos intérpretes da constituição: contribuição para a interpretação pluralista e "procedimental" da constituição. Tradução de Gilmar Ferreira Mendes. Porto Alegre: Sérgio Antônio Fabris, 1997. Reimpr. 2002. Título original: *Die offene Gesellschaft der Verfassungsinterpreten. Ein Beitrag zur pluralistischen und "prozessualen" Verfassungsinterpretation.*

HÄBERLE, Peter. Novos horizontes e novos desafios do constitucionalismo. *Revista Latino-Americana de Estudos Constitucionais*, Belo Horizonte, n. 7, p. 1-26, jan./jun. 2006.

HABERMAS, Jürgen. *Direito e democracia*: entre facticidade e validade. Tradução de Flávio Beno Siebeneichler. Rio de Janeiro: Tempo Brasileiro, 1997. v. 1.

HABERMAS, Jürgen. *Direito e democracia*: entre facticidade e validade. Tradução de Flávio Beno Siebeneichler. Rio de Janeiro: Tempo Brasileiro, 1997. v. 2.

HACHEM, Daniel Wunder. Princípio constitucional da supremacia do interesse público. Belo Horizonte: Fórum, 2011.

HART, Herbert L. A. *O conceito de direito*. 4. ed. Tradução de A. Ribeiro Mendes. Lisboa: Fundação Calouste Gulbenkian, 2005. Título original: *The concept of law*. Oxford University Press, 1961.

HERNÁNDEZ-MENDIBLE, Víctor Rafael. El derecho administrativo en la sociedad de la información (reflexiones sobre el impacto de las telecomunicaciones y la informática). *In:* FERNÁNDEZ RUIZ, Jorge (Coord.). *Perspectivas del derecho administrativo en el siglo XXI*. Ciudad Universitaria: Universidad Nacional Autónoma de México, 2002.

HESSE, Konrad. *A força normativa da Constituição*. Tradução de Gilmar Ferreira Mendes. Porto Alegre: Sérgio Antônio Fabris, 1991. Título original: *Die normative kraft der verfassung*.

HESSE, Konrad. *Elementos de direito constitucional da República Federal da Alemanha*. Tradução de Luís Afonso Heck. Porto Alegre: Sérgio Antônio Fabris, 1998.

HOLANDA, Sérgio Buarque de. *Raízes do Brasil*. 26. ed. 26. reimpr. São Paulo: Companhia das Letras, 2006.

IZAGUIRRE, Mônica; COSTA, Raymundo. Acordo com Ministério Público vai permitir regularizar áreas. *Valor Econômico*, Rio de Janeiro, p. A16, 3 jul. 2007.

JELLINEK, Georg. *Teoría general del Estado*. Tradução e prólogo de Fernando de los Ríos. México: FCE, 2000.

JÈZE, Gaston. *Principios generales del derecho administrativo*. Tradução de Julio N. San Millán Almagro. Buenos Aires: Depalma, 1948. v. 3.

JORDANA, Jacint; LEVI-FAUR, David. The politics of regulation in the age of governance. *In:* JORDANA, Jacint; LEVI-FAUR, David (Ed.). *The politics of regulation*: institutions and regulatory reforms for the age of governance. Cheltenham: Edward Elgar, 2004.

JORDÃO, Eduardo. Controle judicial de uma administração pública complexa. São Paulo: Malheiros, 2016.

JORION. Les principes généraux du droit. *In:* LA DOCUMENTATION FRANÇAISE. *Droit administratif et administration.* [s.l.]: La Documentation Française, 1998.

JUSTEN FILHO, Marçal. *Curso de direito administrativo.* 2. ed. São Paulo: Saraiva, 2006.

JUSTEN FILHO, Marçal. *O direito das agências reguladoras independentes.* São Paulo: Dialética, 2002.

JUSTEN FILHO, Marçal. *Teoria geral das concessões de serviço público.* São Paulo: Dialética, 2003.

KANT, Immanuel. *Crítica da razão pura.* Tradução de Alex Marins. São Paulo: Martin Claret, 2001.

KELMAN, Jerson. O Ministério Público e o custo Brasil. *O Globo,* Rio de Janeiro, p. 7, 16 jun. 2006.

KELSEN, Hans. *Teoria geral do direito e do Estado.* Tradução de Luís Carlos Borges. São Paulo: Martins Fontes, 2000.

KELSEN, Hans. *Teoria pura do direito.* 6. ed. Tradução de João Baptista Machado. São Paulo: Martins Fontes, 1998. Título original: *Reine Rechtslehre,* publicado em 1960.

KINGSBURY, Benedict; KRISCH, Nico; Stewart, Ricard B. El surgimiento del derecho administrativo global. *Revista de Derecho Publico,* v. 24, mar. 2010.

KOLM, Serge-Christophe. *Teorias modernas da justiça.* Tradução de Jefferson Luiz Camargo e Luís Carlos Borges. São Paulo: Martins Fontes, 2000.

KRELL, Andreas J. A recepção das teorias alemãs sobre "conceitos jurídicos indeterminados" e o controle da discricionariedade no Brasil. *Revista Interesse Público,* Porto Alegre, v. 23, p. 21-49, 2004.

KRELL, Andreas J. Discricionariedade administrativa, conceitos jurídicos indeterminados e controle judicial. *Revista da ESMAFE – Escola de Magistratura Federal da 5ª Região,* Recife, v. 8, p. 177-224, 2004.

KURZ, Robert. *O colapso da modernização*: "da derrocada do socialismo de caserna à crise da economia mundial". São Paulo: Paz e Terra, 1993.

LANDIS, James. *The administrative process.* New Haven: Yale Univesity Press, 1938.

LARENZ, Karl. *Derecho justo*: fundamentos de ética jurídica. Tradução de Luis Díez-Picazo. Madrid: Civitas, 1985.

LARENZ, Karl. *Metodologia da ciência do direito.* Tradução de José Lamego. Lisboa: Fundação Calouste Gulbenkian, 1997. Título original: *Methodenlehre der Rechtswissenschaft.*

LASH, Scott. A reflexividade e seus duplos: estrutura, estética, comunidade. *In:* BECK, Ulrich; GIDDENS, Anthony; LASH, Scott. *Modernização reflexiva*: política, tradição e estética na ordem social moderna. Tradução de Magda Lopes. São Paulo: Ed. Unesp, 1997.

LASSALLE, Ferdinand. *A essência da constituição.* 6. ed. Rio de Janeiro: Lumen Juris, 2001.

LAUBADÈRE, André de. *Direito público económico.* Tradução de Maria Teresa Costa. Coimbra: Almedina, 1985.

LEAL, Víctor Nunes. Poder discricionário e ação arbitrária da administração. *Revista de Direito Administrativo,* Rio de Janeiro, v. 14, p. 52-82, out./dez. 1948.

LOCKE, John. *Segundo tratado sobre o governo*. Tradução de Alex Marins. São Paulo: Martin Claret, 2005.

LÓPEZ MENUDO, Francisco. El control judicial de la administración en la CE. *In:* HINOJOSA MARTÍNEZ, Eduardo; GONZÁLES-DELEITO DOMÍNGUEZ, Nicolás, (Org.). *Discrecionalidad administrativa y control judicial*. Madrid: Civitas, 1996.

LUHMANN, Niklas. *Sociologia del rischio*. Tradução de Giancarlo Corsi. Milano: Bruno Mondadori, 1996.

LUMIA, Giuseppe. *Elementos de teoria e ideologia do direito*. Tradução de Denise Agostinetti. São Paulo: Martins Fontes, 2003.

LYOTARD, Jean-François. *Post-modern condition*. Minneapolis: University of Minnesota Press, 1985.

MADARIAGA GUTIÉRREZ, Mónica. *Seguridad jurídica y administración pública en el siglo XXI*. 2. ed. Santiago: Jurídica de Chile, 1993.

MAFFINI, Rafael. Princípio da proteção substancial da confiança no direito administrativo. Porto Alegre: Verbo Jurídico, 2006.

MAGIDE HERRERO, Mariano. Límites constitucionales de las administraciones independientes. Madrid: INAP, 2000.

MAJONE, Giandomenico. Do estado positivo ao estado regulador: causas e consequências da mudança no modo de governança. *In:* MATTOS, Paulo Todescan L. (Coord.). *Regulação econômica e democracia*: o debate europeu. São Paulo: Singular, 2006.

MAJONE, Giandomenico. The rise of the regulatory state in Europe. *West European Politics*, v. 17, n. 3, p. 77-101, 1994.

MAMARI FILHO, Luís Sérgio Soares. *A comunidade aberta de intérpretes da constituição*: o *amicus curiae* como estratégia de democratização em busca do significado das normas. Rio de Janeiro: Lumen Juris, 2005.

MARQUES NETO, Floriano Peixoto de Azevedo. A nova regulação dos serviços públicos. *Revista de Direito Administrativo*, Rio de Janeiro, v. 228, p. 13-29, abr./jun. 2002.

MARQUES NETO, Floriano Peixoto de Azevedo. A nova regulação estatal e as agências independentes. *In:* SUNDFELD, Carlos Ari (Org.). *Direito administrativo econômico*. São Paulo: Malheiros, 2000.

MARQUES NETO, Floriano Peixoto de Azevedo. *Agências reguladoras independentes*: fundamentos e seu regime jurídico. Belo Horizonte: Fórum, 2005.

MARQUES NETO, Floriano Peixoto de Azevedo. Direito das telecomunicações e Anatel. *In:* SUNDFELD, Carlos Ari (Org.). *Direito administrativo econômico*. São Paulo: Malheiros, 2000.

MARQUES NETO, Floriano Peixoto de Azevedo. Discricionariedade e regulação setorial: o caso do controle dos atos de concentração por regulador setorial. *In:* ARAGÃO, Alexandre Santos de (Coord.). *O poder normativo das agências reguladoras*. Rio de Janeiro: Forense, 2006.

MARQUES NETO, Floriano Peixoto de Azevedo. Limites à abrangência e à intensidade da regulação estatal. *Revista de Direito Público da Economia – RDPE*, Belo Horizonte, ano 1, n. 1, 2003.

MARQUES NETO, Floriano Peixoto de Azevedo. Pensando o controle da atividade regulação estatal. *In:* GUERRA, Sérgio (Coord.). *Temas de direito regulatório.* Rio de Janeiro: Freitas Bastos, 2004.

MARQUES NETO, Floriano Peixoto de Azevedo. *Regulação estatal e interesses públicos.* São Paulo: Malheiros, 2002.

MARQUES, José Frederico. *Tratado de direito penal.* Campinas: Millenium, 1999. v. III.

MARQUES, Maria Manuel Leitão. *Serviço público, que futuro?* Coimbra: Almedina, 2009.

MARTÍN GONZÁLEZ, M. El grado de determinación legal de los conceptos jurídicos, *Revista de Administración Pública,* n. 54, p. 227, 1967.

MARTINEZ, Ana Paulo. Análise de custo-benefício na adoção de políticas públicas e desafios impostos ao seu formulador. *Revista de Direito Administrativo.* v. 251, p. 29-60, maio/ago. 2009.

MARTINS-COSTA, Judith. Almiro do Couto e Silva e a re-significação do princípio da segurança jurídica na relação entre o Estado e os cidadãos. *In:* ÁVILA, Humberto (Coord.). *Fundamentos do estado de direito*: estudos em homenagem ao professor Almiro do Couto e Silva. São Paulo: Malheiros, 2005.

MARX, Karl; ENGELS, Friedrich. *Manifesto do partido comunista.* Tradução de Pietro Nassetti. São Paulo: Martin Claret, 2001.

MASHAW, Jerry L. *Creating the administrative constitution*: the lost of hundred years of American administrative law. New Haven: Yale University Press, 2012.

MATTOS, Paulo Todescan Lessa. Agências reguladoras e democracia. *In:* SALOMÃO FILHO, Calixto (Org.). *Regulação e desenvolvimento.* São Paulo: Malheiros, 2002.

MATTOS, Paulo Todescan Lessa. *O novo Estado regulador no Brasil*: eficiência e legitimidade. 2. ed. São Paulo: Revista dos Tribunais, 2017.

MAZAGÃO, Mario. *Preleções de direito administrativo.* São Paulo: Linotechnica, 1937.

MCCRAW, Thomas K. *et al. Prophets of regulation*: Cf. Charles Francis, Adams Louis D. Brandeis, James M. Landis, Alfred E. Kahn. Massachussets: Harvard, 1984.

MEDAUAR, Odete. *Direito administrativo moderno.* São Paulo: Revista dos Tribunais, 2001.

MEDAUAR, Odete. *O direito administrativo em evolução.* 2. ed. São Paulo: Revista dos Tribunais, 2003.

MEDAUAR, Odete. Poder discricionário da administração. *Revista dos Tribunais,* São Paulo, n. 610, p. 38-45, ago. 1996.

MEDAUAR, Odete. Regulação e autorregulação. *Revista de Direito Administrativo,* Rio de Janeiro, v. 228, p. 123-128, abr./jun. 2002.

MEDAUAR, Odete. Segurança jurídica e confiança legítima. *In:* ÁVILA, Humberto (Coord.). *Fundamentos do Estado de direito*: estudos em homenagem ao professor Almiro do Couto e Silva. São Paulo: Malheiros, 2005.

MEDAUAR, Odete. Serviços públicos e serviços de interesse econômico. *In:* MOREIRA NETO, Diogo de Figueiredo (Coord.). *Uma avaliação das tendências contemporâneas do direito administrativo.* Rio de Janeiro: Renovar, 2003.

MEILÁN GIL, José Luis. *Progreso tecnológico y servicios públicos*. Madrid: Civitas, 2006.

MEIRELLES, Hely Lopes. *Direito administrativo brasileiro*. 18. ed. São Paulo: Malheiros, 1993.

MELLO, Marcelo Pereira. A perspectiva sistêmica na sociologia do direito: Luhmann e Teubner. *Tempo Social – Revista de Sociologia da USP*, São Paulo, v. 18, n. 1, p. 351-373, jun. 2006.

MENDES, Conrado Hübner. Reforma do estado e agências reguladoras. *In:* SUNDFELD, Carlos Ari (Coord.). *Direito administrativo econômico*. São Paulo: Malheiros, 2000.

MENDONÇA, José Vicente. *Direito constitucional econômico*. Belo Horizonte: Fórum, 2014.

MENDONÇA, Paulo Roberto Soares. *A tópica e o Supremo Tribunal Federal*. Rio de Janeiro: Renovar, 2003.

MERKL, Adolfo. Teoría general del derecho administrativo. Granada: Comares, 2004.

MEZZAROBA, Orides; MONTEIRO, Cláudia Servilha. *Manual de metodologia da pesquisa no direito*. 3. ed. rev. São Paulo: Saraiva, 2006.

MIRANDA, Jorge. *Manual de direito constitucional*. Coimbra: Coimbra Ed., 1991. t. II.

MIRANDA, Jorge. Perspectivas constitucionais nos 20 anos da Constituição de 1976. Coimbra: Coimbra Ed., 1996. v. 1.

MONTESQUIEU. *O espírito das leis*. Tradução de Cristina Murachco. São Paulo: Martins Fontes, 1993.

MORAES, Alexandre de. Agências reguladoras. *In:* MORAES, Alexandre de (Org.). *Agências reguladoras*. São Paulo: Atlas, 2002.

MORAES, Alexandre de. Princípio da eficiência e controle jurisdicional dos atos administrativos discricionários. *Revista de Direito Administrativo*, São Paulo, v. 243, p. 13-28, set./dez. 2006.

MORAES, Germana de Oliveira. *Controle jurisdicional da Administração Pública*. São Paulo: Dialética, 2002.

MORAN, Michael. The Frank Stacey Memorial Lecture: from command state to regulatory state? *Public Policy and Administration*, v. 15, n. 4, 1º out. 2000.

MOREIRA NETO, Diogo de Figueiredo. A globalização e o direito administrativo. *In:* MOREIRA NETO, Diogo de Figueiredo (Coord.). *Uma avaliação das tendências contemporâneas do direito administrativo*. Rio de Janeiro: Renovar, 2003.

MOREIRA NETO, Diogo de Figueiredo. Agência nacional de vigilância sanitária: natureza jurídica, competência normativa, limites dos poderes regulatórios. *Revista de Direito Administrativo*, Rio de Janeiro, v. 215, p. 71-83, jan./mar. 1999.

MOREIRA NETO, Diogo de Figueiredo. Cidadania e advocacia no estado democrático de direito. *Revista de Direito da Procuradoria Geral do Estado do Rio de Janeiro*, Rio de Janeiro, v. 50, p. 118, 1997.

MOREIRA NETO, Diogo de Figueiredo. *Curso de direito administrativo*. 14. ed. Rio de Janeiro: Forense, 2006.

MOREIRA NETO, Diogo de Figueiredo. *Direito regulatório*: a alternativa participativa e flexível para a Administração Pública de relações setoriais complexas no Estado democrático. Rio de Janeiro: Renovar, 2003.

MOREIRA NETO, Diogo de Figueiredo. Discricionariedade administrativa das autoridades reguladoras e aplicação das normas punitivas. *Revista de Direito Administrativo*, v. 254, p. 95-108, maio/ago. 2010.

MOREIRA NETO, Diogo de Figueiredo. Governo e governança em tempos de mundialização: reflexões à luz dos novos paradigmas do direito. *Revista de Direito Administrativo*, São Paulo, v. 243, p. 41-47, set./dez. 2006.

MOREIRA NETO, Diogo de Figueiredo. Juridicidade, pluralidade normativa, democracia e controle social: reflexões sobre alguns rumos do direito público neste século. *In:* ÁVILA, Humberto (Org.). *Fundamentos do estado de direito*: estudos em homenagem ao professor Almiro do Couto e Silva. São Paulo: Malheiros, 2005.

MOREIRA NETO, Diogo de Figueiredo. *Legitimidade e discricionariedade*: novas reflexões sobre os limites e controle da discricionariedade. Rio de Janeiro: Forense, 1989.

MOREIRA NETO, Diogo de Figueiredo. *Mutações do direito administrativo*. 2. ed. Rio de Janeiro: Renovar, 2001.

MOREIRA NETO, Diogo de Figueiredo. *Mutações do direito público*. Rio de Janeiro: Renovar, 2006.

MOREIRA NETO, Diogo de Figueiredo. Novos institutos consensuais da ação administrativa. *Revista de Direito Administrativo*, Rio de Janeiro, v. 231, p. 129-156, jan./mar. 2003.

MOREIRA NETO, Diogo de Figueiredo. *O sistema judiciário brasileiro e a reforma do estado*. São Paulo: Celso Bastos, 1999.

MOREIRA NETO, Diogo de Figueiredo. *Poder, direito e Estado*: o direito administrativo em tempos de globalização. Belo Horizonte: Fórum, 2011.

MOREIRA NETO, Diogo de Figueiredo. Políticas públicas e parcerias: juridicidade, flexibilidade negocial e tipicidade na administração consensual. *Revista de Direito do Estado*, Rio de Janeiro, v. 1, p. 105-117, jan./mar. 2006.

MOREIRA NETO, Diogo de Figueiredo. *Quatro paradigmas do direito administrativo pós-moderno*: Legitimidade. Finalidade. Eficiência. Resultados. Belo Horizonte. Fórum, 2008.

MOREIRA NETO, Diogo de Figueiredo. Reforma da ordem econômica e financeira. *Cadernos de Direito Constitucional e Ciência Política*, São Paulo, v. 3, n. 9, p. 22-25, out./dez. 1994.

MOREIRA, Egon Bockmann. Agências administrativas, poder regulamentar e o sistema financeiro nacional. *Revista Diálogo Jurídico*, Salvador, v. 1, n. 7, out. 2001. Disponível em: http://www.direitopublico.com.br. Acesso em: 25 mar. 2006.

MOREIRA, Egon Bockmann. Agências reguladoras independentes, déficit democrático e a "elaboração processual de normas". *In:* MOREIRA, Egon Bockmann. *Estudos de direito econômico*. Belo Horizonte: Fórum, 2004.

MOREIRA, Egon Bockmann. Agências reguladoras independentes, poder econômico e sanções administrativas (reflexões iniciais acerca da conexão entre os temas). *In:* GUERRA, Sérgio (Coord.). *Temas de direito regulatório*. Rio de Janeiro: Freitas Bastos, 2004.

MOREIRA, Egon Bockmann. *O processo administrativo no direito brasileiro*. São Paulo: Malheiros, 2003.

MOREIRA, Egon Bockmann. Qual é o futuro do direito da regulação no Brasil? *In:* SUNDFELD, Carlos Ari (Coord.). *Direito da regulação e políticas públicas*. São Paulo: Malheiros, 2014.

MOREIRA, Vital. Autorregulação profissional e Administração Pública. Lisboa: Almedina, 1997.

MOREIRA, Vital. Por uma regulação ao serviço da economia de mercado e do interesse público: a "declaração de condeixa". *Revista de Direito Público da Economia – RDPE*, Belo Horizonte, n. 1, jan./mar. 2003.

MOREIRA, Vital; MAÇAS, Fernanda. *Autoridades reguladoras independentes*. Coimbra: Coimbra Ed., 2003.

MOTTA, Fabrício. *Função normativa da Administração Pública*. Belo Horizonte: Fórum, 2007.

MÜLLER, Friedrich. *Discours de la méthode juridique*. Tradução de Olivier Jouanjan. Paris: Presses Universitaires de France, 1996.

MÜLLER, Friedrich. *Métodos de trabalho do direito constitucional*. 3. ed. Tradução de Peter Naumann. Rio de Janeiro: Renovar, 2005.

MYTHEN, Gabe. *Ulrich Beck*: a critical introduction to the risk society. London: Pluto Press, 2004.

NIETO GARCIA, Alejandro. Reducción jurisdiccional de la discrecionalidad en materia disciplinaria. *Revista de Administración Pública*, n. 44, 1964.

OLIVEIRA, Eliane. Metade das cidades não terá conta por minuto: nos municípios onde as telefônicas não fizeram conversão dos pulsos, ligações locais entre fixos serão de graça. *O Globo*, Rio de Janeiro, p. 30, 15 mar. 2007. Caderno de Economia.

OLSON, Mancur. *A lógica da ação coletiva*: os benefícios públicos e uma teoria dos grupos sociais. Tradução de Fabio Fernandez. São Paulo: Ed. USP, 1999. Título original: *The logic of collective action: public goods and the theary of groups*, editado em 1965.

OSÓRIO, Fábio Medina. *Direito administrativo sancionador*. 2. ed. rev., atual. e ampl. São Paulo: Revista dos Tribunais, 2005.

OSÓRIO, Fábio Medina. Existe uma supremacia do interesse público sobre o privado no direito administrativo brasileiro? *Revista de Direito Administrativo*, v. 220, p. 69-107, 2000.

OTERO, Paulo. *Legalidade e Administração Pública*: o sentido da vinculação administrativa à juridicidade. Coimbra: Almedina, 2003.

OTERO, Paulo. Privatizações, reprivatizações e transferências de participações sociais no interior do sector público. Coimbra: Coimbra Ed., 1999.

OTERO, Paulo. Vinculação e liberdade de conformação jurídica do sector empresarial do estado. Coimbra: Coimbra Ed., 1998.

PALMA, Juliana Bonacorsi de. Acordos substitutivos dão mais eficácia ao direito da concorrência? *In:* SUNDFELD, Carlos Ari; ROSILHO, André (Coord.). *Direito da regulação e políticas públicas*. São Paulo: Malheiros, 2014.

PALMA, Juliana Bonacorsi de. *Sanção e acordo na Administração Pública*. São Paulo: Malheiros, 2015.

PALMA FERNÁNDEZ, José Luis. *La seguridad jurídica ante la abundancia de normas*. Madrid: Centro de Estudos Políticos y Constitucionales, 1997.

PAREJO ALFONSO, Luciano. *Administrar y juzgar*: dos funciones constitucionales distintas y complementarias. Madrid: Tecnos, 1993.

PECI, Alketa. Regulação e administração pública. *In:* GUERRA, Sérgio (Org.). *Regulação no Brasil*: uma visão multidisciplinar. Rio de Janeiro: FGV, 2014.

PECI, Alketa; PIERANTI, Octavio Penna; RODRIGUES, Silvia. Governança e New Public Management: convergências e contradições no contexto brasileiro. *O&S*, v. 15, n. 46, jul./set. 2008.

PEIXINHO, Manoel Messias. *Os direitos fundamentais nas constituições francesas*. Disponível em: http://www.publicadireito.com.br/artigos/?cod=b1bc40d056bad6ec.

PEÑA FREIRE, Antonio Manuel. *La garantía en el estado constitucional de derecho*. Madrid: Trotta, 1997.

PÉREZ LUÑO, Antonio-Enrique. *La seguridad jurídica*. 2. ed. Barcelona: Ariel Derecho, 1994.

PÉREZ LUÑO, Antonio-Enrique. *Nuevas tecnologías, sociedad y derecho*: el impacto socio-jurídico de las nuevas tecnologías de la información. Madrid: Fundesco, 1997.

PERLINGIERI, Pietro. *Perfis do direito civil*: introdução ao direito civil constitucional. Tradução de Maria Cristina De Cicco. Rio de Janeiro: Renovar, 2002.

PESSOA, Robertônio Santos. *Curso de direito administrativo moderno*. 2. ed. Rio de Janeiro: Forense, 2003.

PIÇARRA, Nuno. A separação dos poderes como doutrina e princípio constitucional. Coimbra: Coimbra Ed., 1989.

PINTO, Bilac. Regulamentação efetiva dos serviços de utilidade pública. Rio de Janeiro: Forense, 1941.

PONDÉ, Lafayete. A doutrina e a jurisprudência na elaboração do direito administrativo. *In:* TELLES, Antônio A. Queiroz; ARAÚJO, Edmir Neto de (Coord.). *O direito administrativo na década de 90*: estudos em homenagem ao Prof. José Cretella Jr. São Paulo: Revista dos Tribunais, 1997.

POSNER, Richard A. *Law, pragmatism and democracy*. Cambridge: Harvard University Press, 2003.

POSNER, Richard A. Legal pragmatism. *Metaphilosophy*, v. 35, n. 1-2, p. 147-159, jan. 2004.

POSNER, Richard A. Teorias da regulação econômica. *In:* MATTOS, Paulo (Org.). *Regulação econômica e democracia*: o debate norte-americano. São Paulo: 34, 2004.

POZZOLO, Susanna. Un constitucionalismo ambiguo. *In:* CARBONELL, Miguel (Org.). *Neoconstitucionalismo(s)*. 2. ed. Madrid: Trotta, 2005.

PRESUTTI, Enrico. Discrezionalità pura e discrezionalità tecnica. Torino: [s.n.], 1910.

PRESUTTI, Enrico. *I limiti del sindacato di leggitimità*. Milano: Società Editrice, 1911.

PRIEST, George L. The origins of utility regulation and the "theories of regulation" debate. *J.L. & Econ*, v. 36, 1993.

PRIETO SANCHÍS, Luis. Neoconstitucionalismo y ponderación judicial. *In:* CARBONELL, Miguel (Org.). *Neoconstitucionalismo(s)*. 2. ed. Madrid: Trotta, 2005.

QUADROS, Fausto de. *A nova dimensão do direito administrativo*: o direito administrativo português na perspectiva comunitária. Coimbra: Almedina, 1999.

QUEIRÓ, Afonso Rodrigues. A teoria do "desvio de poder" em direito administrativo. *Revista de Direito Administrativo*, Rio de Janeiro, n. 6, p. 41-78, out. 1946.

RADBRUCH, Gustav. *Introdução à ciência do direito*. Tradução de Vera Barkow. São Paulo: Martins Fontes, 1999.

RÁO, Vicente. *O direito e a vida dos direitos*. 5. ed., anotada e atual. por Ovídio Rocha Barros Sandoval. São Paulo: Revista dos Tribunais, 1999.

RAWLS, John. *Justiça e democracia*. Tradução de Irene A. Paternot. São Paulo: Martins Fontes, 2002. Título original: *Justice e démocratie,* editado em 1978.

RAWLS, John. *Uma teoria da justiça*. Tradução de Almiro Pisetta e Lenita Maria Rímoli Esteves. São Paulo: Martins Fontes, 2002.

RAZ, Joseph. *Valor, respeito e apego*. Tradução de Vadim Nikitin. São Paulo: Martins Fontes, 2004.

REALE, Miguel. *Lições preliminares de direito*. São Paulo: Saraiva, 1998.

REGO, Vicente Pereira do. *Elementos de direito administrativo brasileiro*. Recife: Tipografia Universal, 1857.

REICH, Norbert. A crise regulatória: ela existe e pode ser resolvida? Análise comparativa sobre a situação da regulação social nos Estados Unidos e na Comunidade Econômica Europeia. *In:* MATTOS, Paulo Todescan L. (Coord.). *Regulação econômica e democracia*: o debate europeu. São Paulo: Singular, 2006.

REICH, Norbert. Intervenção do Estado na economia: reflexões sobre a pós-modernidade na teoria jurídica. Tradução de Fernando Herren Aguillar. *Revista de Direito Público*, v. 94, p. 265-282. Cadernos de Direito Econômico e Empresarial.

RIBAS, Antonio Joaquim. *Direito administrativo brasileiro*. Rio de Janeiro: F.L. Pinto & C., Livreiros-Editores, 1866.

RIBEIRO, Leonardo Coelho. *O direito administrativo como "caixa de ferramentas"*. São Paulo: Malheiros, 2016.

RIBEIRO, Ricardo Lodi. *A segurança jurídica do contribuinte na sociedade de risco*. 2007. 382 p. Tese (Doutorado em Direito) – Universidade Gama Filho, 2007.

RIVERO YSERN, Enrique. El principio de subsidiariedad. *In:* MOREIRA NETO, Diogo de Figueiredo (Org.). *Uma avaliação das tendências contemporâneas do direito administrativo*. Rio de Janeiro: Renovar, 2003.

RIVERO, Jean. *Direito administrativo*. Tradução de Rogério Ehrhardt Soares. Coimbra: Almedina, 1981.

ROCHA, Cármen Lúcia Antunes (Org.). *Constituição e segurança jurídica*: direito adquirido, ato jurídico perfeito e coisa julgada: estudos em homenagem a José Paulo Sepúlveda Pertence. 2. ed. rev. e ampl. Belo Horizonte: Fórum, 2005.

ROCHA, Jean Paul Cabral Veiga da. Regulação econômica e separação dos poderes: a delegação legislativa na tradição do direito público brasileiro. *In:* ARAGÃO, Alexandre Santos de (Coord.). Direito da regulação. *Revista de Direito da Associação dos Procuradores do Novo Estado do Rio de Janeiro*, Rio de Janeiro, v. 11, 2002.

RODRIGUES, Itiberê de Oliveira. Fundamentos dogmático-jurídicos da história do princípio da legalidade administrativa no Brasil. *In:* ÁVILA, Humberto (Org.). *Fundamentos do estado de direito*: estudos em homenagem ao professor Almiro do Couto e Silva. São Paulo: Malheiros, 2005.

RODRÍGUEZ RODRÍGUEZ, Libardo. Las vicisitudes del derecho administrativo y sus desafíos en el siglo XXI. *In:* FERNÁNDEZ RUIZ, Jorge (Coord.). *Perspectivas del derecho administrativo en el siglo XXI*. Ciudad Universitaria: Universidad Nacional Autónoma de México, 2002.

RODRIGUEZ, José Rodrigo. *A justificação do formalismo jurídico*: textos em debate. São Paulo: Saraiva, 2011.

ROSE-ACKERMAN, Susan; LINDSETH, Peter L. *Comparative administrative law*. Cheltenhan, UK: Edward Elgar, 2010.

ROSE-ACKERMAN, Susan; LINDSETH, Peter L. Comparative administrative law: outlining a field of study. *Windsor Y.B.*, v. 201, p. 435-449, 2010.

ROUSSEAU, Jean-Jacques. *Do contrato social*: princípios do direito político. Tradução de J. Cretella Jr., Agnes Cretella. São Paulo: Revista dos Tribunais, 2002. Título original: *Du contrat social*: principes du droit politique.

SÁINZ MORENO, Francisco. Conceptos jurídicos, interpretación y discrecionalidad administrativa. Madrid: Civitas, 1976.

SALOMÃO FILHO, Calixto (Org.). *Regulação e desenvolvimento*. São Paulo: Malheiros, 2002.

SALOMÃO FILHO, Calixto. *Regulação da atividade econômica*: princípios e fundamentos jurídicos. São Paulo: Malheiros, 2001.

SALVADOR MARTÍNEZ, Maria. *Autoridades independentes*. Barcelona: Ariel, 2002.

SÁNCHEZ MORÓN, Miguel. Discrecionalidad administrativa y control judicial. Madrid: Tecnos, 1994.

SANDULLI, Aldo. *Manuale di diritto amministrativo*. Napoli: Ed. Casa Editrice dott. Eugenio Jovene, 1989.

SANTAMARIA PASTOR, Juan A. La administración como poder regulador. *In:* SÁINZ MORENO, Fernando (Dir.). *Estudios para la reforma de la administración pública*. Madrid: Inap, 2004.

SARAVIA, Enrique J. Governança social no Brasil contemporâneo. *Revista Governança Social – IGS*, Belo Horizonte, ano 3, ed. 7, p. 21-23, dez./mar. 2010.

SARMENTO, Daniel (Org.). *Interesses públicos versus interesses privados*: desconstruindo o princípio da supremacia do interesse público. Rio de Janeiro: Lumen Juris, 2005.

SARMENTO, Daniel. *A ponderação de interesses na Constituição Federal*. 1. ed. 3. tir. Rio de Janeiro: Lumen Juris, 2003.

SARMENTO, Daniel. *Direitos fundamentais e relações privadas*. Rio de Janeiro: Lumen Juris, 2004.

SARTORI, Giovanni. *Teoría de la democracia*. Madrid: Alianza, 1987. Título original: *Theory of democracy revisited*.

SASTRE ARIZA, Santiago. La ciencia jurídica ante el neoconstitucionalismo. *In:* CARBONELL, Miguel (Org.). *Neoconstitucionalismo(s)*. 2. ed. Madrid: Trotta, 2005.

SCHLEIERMACHER, Friedrich E. E. *Hermenêutica*: arte e técnica da interpretação. Tradução de Celso Reni Braida. São Paulo: Ed. Universitária São Francisco, 2003.

SCHOENBROD, David. *Power without responsability*: how congress abuses the people through delegation. New Haven: Yale University Press, 1993.

SCHUARTZ, Luis Fernando. *Normas, contingência e racionalidade*: estudos preparatórios para uma teoria da decisão jurídica. Rio de Janeiro: Renovar, 2005.

SEABRA FAGUNDES, Miguel. Conceito de mérito no direito administrativo. *Revista de Direito Administrativo*, Rio de Janeiro, n. 231, p. 2-16, jan./mar. 2003.

SEABRA FAGUNDES, Miguel. *O contrôle dos atos administrativos pelo Poder Judiciário*. 4. ed. Rio de Janeiro: Forense, 1967.

SENDÍN GARCÍA, Miguel Ángel. *Regulación y servicios públicos*. Granada: Comares, 2003.

SIEYÈS, Emmanuel Joseph. *A constituição burguesa*. 4. ed. Tradução de Norma Azevedo. Rio de Janeiro: Lumen Juris, 2001.

SILVA, Almiro do Couto e. O princípio da segurança jurídica (proteção à confiança) no direito público brasileiro e o direito da administração pública de anular seus próprios atos administrativos: o prazo decadencial do artigo 54 da lei do processo administrativo da União (Lei nº 9.784/99). *Revista Brasileira de Direito Público – RBDP*, Belo Horizonte, ano 2, n. 6, p. 1-59, jul./set. 2004.

SILVA, Almiro do Couto e. Poder discricionário no direito administrativo brasileiro. *Revista de Direito Administrativo*, Rio de Janeiro, v. 179, p. 51-92, jan./jun. 1980.

SILVA, Almiro do Couto e. Princípios da legalidade da administração pública e da segurança jurídica no estado de direito contemporâneo. *Revista de Direito Público*, São Paulo, v. 84, p. 46-63.

SILVA, Chrystiane. O fim do "gato": empresas de energia provam que programas de responsabilidade social podem sim, dar lucro. *Revista Exame*, São Paulo, ano 41, ed. 890, n. 6, p. 62-63, 11 abr. 2007.

SILVA, Clarissa Sampaio. *Legalidade e regulação*. Belo Horizonte: Fórum, 2005.

SILVA, José Afonso da. *Aplicabilidade das normas constitucionais*. 6. ed. 2. tir. São Paulo: Malheiros, 2003.

SILVA, José Afonso da. *Curso de direito constitucional positivo*. 10. ed. São Paulo: Malheiros, 1995.

SILVA, Vasco Manuel Pascoal Dias Pereira da. *Em busca do acto administrativo perdido*. Coimbra: Almedina, 2003.

SILVA, Virgílio Afonso da. *A constitucionalização do direito*: os direitos fundamentais nas relações entre particulares. São Paulo: Malheiros, 2005.

SIMON, William H. *A prática da justiça*. São Paulo: Martins Fontes, 2001.

SKOWRONEK, Stephen. *Building a new American state*: the expansion of national administrative capacities 1877–1920. New York: Cambridge University Press, 1982.

SMEND, Rudolf. *Constitución y derecho constitucional*. Tradução de J. M. Beneyto Pérez. Madrid: Centro de Estudios Constitucionales, 1985. Título original: *Verfassung und Verfassungrecht*. München-Leipzig: Duncker & Humblot, 1928.

SOARES, José de Ribamar Barreiros Soares. *O controle judicial do mérito administrativo*. Brasília: Brasília Jurídica, 1999.

SORDI, Bernardo. Révolution, Rechtsstaat and the Rule of Law: historical reflections on the emergence and development of administrative law. *In*: *Comparative Administrative Law*. 2. ed. Susan Rose-Ackerman, Peter L. Lindseth and Blake Emerson. Cheltenham: Edward Elgar: 2017.

SOUTO, Marcos Juruena Villela. *Desestatização*: privatização, concessões, terceirizações e regulação. 4. ed. Rio de Janeiro: Lumen Juris, 2001.

SOUTO, Marcos Juruena Villela. *Direito administrativo da economia*. Rio de Janeiro: Lumen Juris, 2003.

SOUTO, Marcos Juruena Villela. *Direito administrativo em debate*. Rio de Janeiro: Lumen Juris, 2004.

SOUTO, Marcos Juruena Villela. *Direito administrativo em debate*: 2ª série. Rio de Janeiro: Lumen Juris, 2007.

SOUTO, Marcos Juruena Villela. *Direito administrativo regulatório*. Rio de Janeiro: Lumen Juris, 2002.

SOUZA NETO, Cláudio Pereira de. A interpretação constitucional contemporânea entre o construtivismo e o pragmatismo. *In:* MAIA, A. C. *et al* (Org.). *Perspectivas atuais da filosofia do direito*. Rio de Janeiro: Lumen Juris, 2005.

SOUZA, António Francisco de. *A discricionariedade administrativa*. Lisboa: Danúbio, 1987.

SOUZA, António Francisco de. *Conceitos indeterminados no direito administrativo*. Coimbra: Almedina, 1994.

SOUZA, Artur de Brito Gueiros. O estado contemporâneo frente ao princípio da indelegabilidade legislativa. *Revista Trimestral de Direito Público*, São Paulo, v. 13, p. 193-202, 1996.

SOUZA, Horácio Augusto Mendes de. *Regulação jurídica do transporte rodoviário de passageiros*. Rio de Janeiro: Lumen Juris, 2003.

SOUZA, Washington Peluso Albino de. *Direito econômico*. São Paulo: Saraiva, 1980.

STIGLER, George J. A teoria da regulação econômica. *In:* MATTOS, Paulo (Coord.). *Regulação econômica e democracia*: o debate norte-americano. São Paulo: 34, 2004.

STRAUSS, Peter L. The place of agencies in government: separation of powers and the fourth branch. *Columbia Law Review*, v. 84, n. 3, Apr. 1984.

SUNDFELD, Carlos Ari. *Direito administrativo ordenador*. 1. ed. 3. tir. São Paulo: Malheiros, 2003.

SUNDFELD, Carlos Ari. *Direito administrativo para céticos*. 2. ed. São Paulo: Malheiros, 2014.

SUNDFELD, Carlos Ari. Direito público e regulação no Brasil. *In:* GUERRA, Sérgio (Org.). *Regulação no Brasil*: uma visão multidisciplinar. Rio de Janeiro: FGV, 2014.

SUNDFELD, Carlos Ari. *Fundamentos de direito público*. 4. ed. 3. tir. São Paulo: Malheiros, 2002.

SUNDFELD, Carlos Ari. Introdução às agências reguladoras. *In:* SUNDFELD, Carlos Ari (Coord.). *Direito administrativo econômico*. São Paulo: Malheiros, 2000.

SUNDFELD, Carlos Ari. Preços e tarifas dos serviços de telecomunicações. *In:* SUNDFELD, Carlos Ari (Coord.). *Direito administrativo econômico*. São Paulo: Malheiros, 2000.

SUNDFELD, Carlos Ari. Serviços públicos e regulação estatal. *In:* SUNDFELD, Carlos Ari (Org.). *Direito administrativo econômico*. São Paulo: Malheiros, 2000.

SUNDFELD, Carlos Ari; CÂMARA, Jacintho Arruda. Controle judicial dos atos administrativos: as questões técnicas e os limites da tutela de urgência. *Interesse Público*, Porto Alegre, ano 4, p. 23-38, out./dez. 2002.

SUNSTEIN, Cass R. *After the rights revolution*: reconceiving the regulatory state. MA: Harvard University Press, 1990.

SUNSTEIN, Cass R. *et al*. *Are judges political?* An empirical analysis of the federal judiciary. Washington, D.C.: Brookings Institution Press, 2006.

SUNSTEIN, Cass R. *Laws of fear*: beyond the precautionary principle. Cambridge: Cambridge University Press, 2005.

SUNSTEIN, Cass R. Must formalism be defended empirically? *The University of Chicago Law Review*, n. 66, p. 636-670, Summer 1999.

SUNSTEIN, Cass R. O constitucionalismo após o *the new deal*. *In:* MATTOS, Paulo (Org.). *Regulação econômica e democracia*: o debate norte-americano. São Paulo: Ed. 34, 2004.

SUNSTEIN, Cass R. *Risk and reasons*: safety, law and the environment. Cambridge: Cambridge University Press, 2002.

SUNSTEIN, Cass R. *The ethics of influence*: government in the age of behavioral science. New York: Cambridge University Press, 2016.

TÁCITO, Caio. As delegações legislativas e o poder regulamentar. *In:* TÁCITO, Caio. *Temas de direito público*. Rio de Janeiro: Renovar, 1997. v. 2.

TÁCITO, Caio. Comissão de valores mobiliários: poder regulamentar. *In:* TÁCITO, Caio. *Temas de direito público*. Rio de Janeiro: Renovar, 1997. v. 2.

TÁCITO, Caio. O retorno do pêndulo: serviço público e empresa privada: o exemplo brasileiro. *Revista de Direito Administrativo*, Rio de Janeiro, v. 202, p. 1-10, out./dez. 1995.

TEIXEIRA, António Braz. *Sentido e valor do direito*: introdução à filosofia jurídica. 2. ed. rev. e ampl. Lisboa: Imprensa Nacional – Casa da Moeda, 2001.

TEUBNER, Gunther. *O direito como sistema autopoiético*. Tradução de José Engrácia Antunes. Lisboa: Fundação Colouste Gulbenkian, 1993.

TEUBNER, Gunther. Regimes privados: direito neo-espontâneo e constituições dualistas na sociedade mundial. *In:* TEUBNER, Gunther. *Direito, sistema e policontexturalidade*. Tradução de Dorothee Susanne Rüdiger. Piracicaba: Unimep, 2005. Título original: *Privatregimes*: neo-spontanes recht und duale sozialverfassungen in der weltgesellschaft.

TEUBNER, Gunther. Substantive and reflexive elements in modern law. *Law & Society Review*, v. 17, p. 239-285, 1982-1983.

TOJAL, Sebastião Botto de Barros. Controle judicial da atividade normativa das agências reguladoras. *In:* MORAES, Alexandre de (Org.). *Agências reguladoras*. São Paulo: Atlas, 2002.

TORNOS MAS, Joaquín. Discrecionalidad e intervención administrativa econômica. *In:* HINOJOSA MARTÍNEZ, Eduardo; GONZÁLEZ-DELEITO DOMÍNGUEZ, Nicolás (Org.). *Discrecionalidad administrativa y control judicial*. Madrid: Civitas, 1996.

TORRES, Ricardo Lobo. A cidadania multidimensional na era dos direitos. *In:* TORRES, Ricardo Lobo (Org.). *Teoria dos direitos fundamentais*. 2. ed. rev. e atual. Rio de Janeiro: Renovar, 2001.

TORRES, Ricardo Lobo. *Tratado de direito constitucional financeiro e tributário*. Rio de Janeiro: Renovar, 2005. v. 2.

TORRES, Silvia Faber. Princípio da subsidiariedade no direito público contemporâneo. Rio de Janeiro: Renovar, 2001.

TRIBE, Laurence. *Hermenêutica constitucional*. Tradução de Amarílis de Souza Birchal. Belo Horizonte: Del Rey, 2007.

TRIBE, Laurence; DORF, Michael C. *On reading the constitution*. Cambridge: Harvard University Press, 1988.

TRIEPEL, Heinrich. *Derecho público y política*. Tradução de José Luis Carro. Madrid: Civitas, 1986.

TURNER, Cláudia; PRADO; Mariana. A democracia e o seu impacto nas nomeações dos diretores das agências reguladoras e ministros do STF. *Revista de Direito Administrativo*, v. 250, p. 27-74, jan./abr. 2009.

VASCONCELLOS, Arnaldo. *Teoria pura do direito*: repasse crítico de seus principais fundamentos. Rio de Janeiro: Forense, 2003.

VAZ, Manoel Afonso. *Direito económico*: a ordem económica portuguesa. 2. ed. Coimbra: Coimbra Ed., 1990.

VEIGA CABRAL, Prudêncio Giraldes Tavares. *Direito administrativo brasileiro*. Rio de Janeiro: Tipografia Universal de Laemmert, 1859.

VELLOSO, Carlos Mário da Silva. Delegação legislativa: a legislação por associações. *Revista de Direito Público*, São Paulo, v. 92, out./dez. 1989.

VENÂNCIO FILHO, Alberto. *A intervenção do estado no domínio econômico*. Rio de Janeiro: Renovar, 1998. Ed. fac-similar.

VERDÚ, Pablo Lucas. *O sentimento constitucional*: aproximação ao estudo do sentir constitucional como modo de integração política. Tradução de Agassiz Almeida Filho. Rio de Janeiro: Forense, 2004.

VERMEULE, Adrian. *Law's abnegation*: from law's empire to the administrative state. Cambridge: Harvard University Press, 2016.

VIANNA, Luiz Werneck *et al*. A judicialização da política e das relações sociais no Brasil. Rio de Janeiro: Revan, 1999.

VIEHWEG, Theodor. *Tópica de jurisprudência*. Tradução de Tercio Sampaio Ferraz Jr. Brasília: Departamento de Imprensa Nacional, 1979.

VISCONDE DE URUGUAI. *Ensaio sobre o direito administrativo*. Rio de Janeiro: Departamento de Imprensa Nacional, 1960.

VISCONDE DO URUGUAY. *Ensaio sobre o direito administrativo*. Rio de Janeiro: Typ. Nacional, 1862.

VIVEIROS DE CASTRO, Augusto Olympio. *Tratado de sciencia da administração e direito administrativo*. Rio de Janeiro: Jacintho Ribeiro dos Santos Livreiro – Editor, 1912.

VOLOTÃO, Romilson de Almeida. A discricionariedade administrativa e suas modalidades no Estado Regulador. *In:* GUERRA, Sérgio (Org.). *Teoria do Estado Regulador*. Curitiba: Juruá, 2015.

WALDO, Dwight. *The administrative state*: a study of the political theory of American public administration. New York: The Ronald Press Company, 1947.

WALDRON, Jeremy. *A dignidade da legislação*. Tradução de Luiz Carlos Borges. São Paulo: Martins Fontes, 2003.

WEBER, Max. *Economia e sociedade*. Tradução de Regis Barbosa e Karen Elsabe Barbosa. São Paulo: Imprensa Oficial, 2004. v. 2. Título original: *Wirtschaft und Gesellschaft:* Grundriss der verstehenden Soziologie.

WINDHOLZ, Eric; HODGE Graeme A. Conceptualising social and economic regulation: implications for modern regulators and regulatory activity. *Monash University Law Review*, v. 38, n. 2, 2012.

ZAGREBELSKY, Gustavo. *El derecho dúctil, ley, derechos, justicia*. Tradução de Marina Gascón. Madrid: Trotta, 1995. Título original: *Il diritto mite*: legge diritti giustizia.

ZANCANER, Weida. *Da convalidação e da invalidação dos atos administrativos*. São Paulo: Revista dos Tribunais, 1990.

ZEGARRA VALDIVIA, Diego. Control judicial de la discrecionalidad administrativa: viejo problema y nuevo excursus (sus alcances en la doctrina española). *Revista de Derecho Administrativo*, año 1, n. 1, p. 33-62, mar. 2006.

ZUMBANSEN, Peer. Beyond the State: rethinking private law. *The American Journal of Comparative Law*, v. 56, n. 3, p. 769-808, Summer 2008. Special Symposium.

ZYMLER, Benjamim. *Direito administrativo e controle*. Belo Horizonte: Fórum, 2010.

ZYMLER, Benjamin. Política, direito e reforma do estado: uma visão funcional-sistêmica. *Revista de Informação Legislativa*, Brasília, ano 37, n. 147, p. 35-49, jul./set. 2000.

TRABALHOS PUBLICADOS PELO AUTOR

Livros

Agências reguladoras: da organização administrativa piramidal à governança em rede. 2. ed. Belo Horizonte: Fórum, 2021.

Discricionariedade, regulação e reflexividade: uma nova teoria sobre as escolhas administrativas. 6. ed. Belo Horizonte: Fórum, 2021.

Coautor de *Dinâmica da Regulação*: estudos de casos de jurisprudência brasileira – a convivência dos tribunais e órgãos de controle com agências reguladoras, autoridade da concorrência e livre-iniciativa. 2. ed. Belo Horizonte: Fórum, 2021.

Coautor com Pericles Gonçalves Filho de *Temas atuais de direito dos seguros*. Organizado por Ilan Golberg e Tiago Junqueira. São Paulo: Thomson Reuters Brasil, 2020.

Coautor de *Dinâmica da Regulação*: estudos de casos de jurisprudência brasileira – a convivência dos tribunais e órgãos de controle com agências reguladoras, autoridade da concorrência e livre-iniciativa. Belo Horizonte: Fórum, 2020.

Coautor de *Direito Portuário Brasileiro*. 3. ed. Organizado por Cesar Pereira e Rafael Wallbach Schwind. Belo Horizonte: Fórum, 2020.

Discricionariedade, regulação e reflexividade: uma nova teoria sobre as escolhas administrativas. 5 ed. 1. impr. Belo Horizonte: Fórum, 2019.

Coautor de *Tratado de Equilíbrio Econômico-Financeiro*. 2. ed. Coordenado por Egon Bockmann Moreira. Belo Horizonte: Fórum, 2019.

Coautor de *Equilíbrio financeiro em projetos de infraestrutura e a TIR flexível*. Rio de Janeiro: FGV Projetos, 2019.

Organizador de *Teoria do Estado Regulador*. Curitiba: Juruá, 2019. v. IV.

Discricionariedade, regulação e reflexividade: uma nova teoria sobre as escolhas administrativas. 5. ed. Belo Horizonte: Fórum, 2018.

Organizador e coautor de *Teoria do Estado Regulador*. Curitiba: Juruá, 2018. v. III.

Coautor de *Regulação e novas tecnologias*. 1. reimpr. Belo Horizonte: Fórum, 2018.

Coorganizador de *Tributação setorial v. 1*. Rio de Janeiro: FGV, 2018.

Coorganizador de *Tributação setorial v. 2*. Rio de Janeiro: FGV, 2018.

Discricionariedade, regulação e reflexividade: uma nova teoria sobre as escolhas administrativas. 4. ed. Belo Horizonte: Fórum, 2017.

Coautor de *O direito administrativo na atualidade*: estudos em homenagem ao centenário de Hely Lopes Meirelles. Organizado por Arnold Wald, Marçal Justen Filho e César Augusto Guimarães Pereira. São Paulo: Malheiros, 2017.

Coautor de *Direito público*: grandes temas. Homenagem a Urbano Vitalino de Melo Filho. Organizado por Juarez Freitas e Renato Saeger Magalhães Costa. Curitiba: Juruá, 2017.

Coautor de *Temas relevantes no direito de energia elétrica*. Rio de Janeiro: Synergia, 2017. v. IV.

Coautor de Coleção de *Direito ambiental*. Brasília: Embrapa, 2017. v. 3.

Coautor de Teses jurídicas dos Tribunais Superiores. *In: Direito administrativo*. Coordenado por Maria Sylvia Zanella Di Pietro e Irene Patrícia Nohara. São Paulo: RT, 2017. v. III.

Coautor de *Direito administrativo e seus novos paradigmas*. 2. ed. Coordenado por Floriano de Marques Neto e Alexandre Santos de Aragão. Belo Horizonte: Fórum, 2017.

Coautor de *Regulação e novas tecnologias*. Belo Horizonte: Fórum, 2017.

Organizador e coautor de *Teoria do Estado Regulador*. Curitiba: Juruá, 2016. v. II.

Coorganizador de *Autonomia financeira das agências reguladoras*. Curitiba: Juruá, 2016.

Coautor de *Contratos administrativos, equilíbrio econômico-financeiro e a taxa interna de retorno*. Belo Horizonte: Fórum, 2016.

Coautor de *Direito econômico e socioambiental*. Curitiba: Íthala, 2016.

Coautor de *Segurança jurídica e protagonismo judicial* – Desafios em tempos de incerteza. Rio de Janeiro: GZ, 2016.

Coautor de *Temas relevantes no direito de energia elétrica*. Rio de Janeiro: Synergia, 2016. v. 5.

Coautor de *Processo administrativo nas agências reguladoras*. Rio de Janeiro: FGV, 2016.

Organizador de *Contribuições especiais*. Rio de Janeiro: FGV, 2016. v. 2.

Organizador de *Contribuições especiais*. Rio de Janeiro: FGV, 2016. v. 1.

Organizador de *Tributação internacional e planejamento tributário*. Rio de Janeiro: FGV, 2016.

Organizador de *Normas gerais de direito tributário*. Rio de Janeiro: FGV, 2016. v. 1.

Organizador de *Normas gerais de direito tributário*. Rio de Janeiro: FGV, 2016. v. 2.

Organizador de *Soluções alternativas de controvérsias no setor público*. Rio de Janeiro: FGV, 2015.

Organizador e coautor de *Direito administrativo*: estudos em homenagem ao Professor Marcos Juruena Villela Souto. Belo Horizonte: Fórum, 2015.

Organizador e coautor de *Teoria do Estado Regulador*. Curitiba: Juruá, 2015.

Discricionariedade, regulação e reflexividade: uma nova teoria sobre as escolhas administrativas. 3. ed. Belo Horizonte: Fórum, 2015.

Organizador de *Direito constitucional tributário*. Rio de Janeiro: FGV, 2015. v. 1.

Organizador de *Direito constitucional tributário*. Rio de Janeiro: FGV, 2015. v. 2.

Coautor de *A nova regulação da infraestrutura e da mineração*: portos, aeroportos, ferrovias, rodovias. Belo Horizonte: Fórum, 2015.

Coautor de *Parcerias público-privadas*. São Paulo: Revista dos Tribunais, 2015.

Coautor de *Direito portuário brasileiro*. Madri: Marcial Pons, 2015.

Coautor de *Temas relevantes no direito de energia elétrica*. 4. ed. Rio de Janeiro: Synergia, 2015.

Organizador e Coautor de *Regulação no Brasil*: uma visão multidisciplinar. Rio de Janeiro: FGV, 2014.

Coautor de *Curso de direito ambiental*. 2. ed. São Paulo: Atlas, 2014.

Coautor de *Direito administrativo*: transformações e tendências. São Paulo: Almedina, 2014.

Coautor de *Temas relevantes no direito da energia elétrica*. Rio de Janeiro: Synergia, 2014. v. 3.

Coautor de *Temas relevantes no direito da energia elétrica*. Rio de Janeiro: Synergia, 2013. v. 2.

Coautor de *Parcerias público-privadas de medicamentos (PDPS)*. Belo Horizonte: Fórum, 2013.

Discricionariedade, regulação e reflexividade: uma nova teoria sobre as escolhas administrativas. 2. ed. Belo Horizonte: Fórum, 2013.

Coautor de *Fundamentos de direito constitucional*. Rio de janeiro: FGV, 2013. v. 1.

Coautor de *Ordem constitucional econômica*. Rio de Janeiro: FGV, 2013.

Coautor de *Fundamentos de direito constitucional*. Rio de Janeiro: FGV, 2013. v. 2.

Coautor de *Administração pública gerencial*. Rio de Janeiro: FGV, 2013.

Agências reguladoras: da organização administrativa piramidal à governança em rede. Belo Horizonte: Fórum, 2012.

Coautor de *Intervenção estatal ambiental*. São Paulo: Atlas, 2012.

Coautor de *Direito sanitário*. Organizado por Felipe Asensi e Roseni Pinheiro. Rio de Janeiro: Campus, 2012.

Coautor de *Temas relevantes no direito da energia elétrica*. Rio de Janeiro: Synergia, 2012.

Coautor de *Direito administrativo e democracia econômica*. Belo Horizonte: Fórum, 2012.

Coautor de *Direito do petróleo e de outras fontes de energia*. Organizado por Alexandre Santos de Aragão. Rio de Janeiro: Lumen Juris, 2011.

Coautor de *Tópicos de direito ambiental*: 30 anos da Política Nacional do Meio Ambiente. Organizado por Rômulo Sampaio, Guilherme Leal e Antônio Reis. Rio de Janeiro: Lumen Juris, 2011.

Coorganizador de *Novas parcerias entre os setores público e privado*. Rio de Janeiro: Ed. FGV, 2011. v. 2.

Coorganizador de *Sociedades empresárias*. 2. ed. Rio de Janeiro: Ed. FGV, 2011. v. 1.

Coorganizador de *Sociedades empresárias*. 2. ed. Rio de Janeiro: Ed. FGV, 2011. v. 2.

Coorganizador de *Novas parcerias entre os setores público e privado*. Rio de Janeiro: Ed. FGV, 2011.

Organizador e coautor de *Transformações do Estado e do Direito*: novos rumos para o Poder Judiciário. Rio de Janeiro: Ed. FGV, 2011. v. 2.

Coautor de *Ministério Público*: reflexões sobre princípios e funções institucionais. Organizado por Carlos Vinícius Alves Ribeiro. São Paulo: Atlas, 2010.

Coautor de *Poder Judiciário*: novos olhares sobre a gestão e a jurisdição. Organizado por José Ricardo Cunha. Rio de Janeiro: Ed. FGV, 2010.

Organizador e coautor de *Transformações do Estado e do direito*: novos rumos para o Poder Judiciário. Rio de Janeiro: Ed. FGV, 2009. v. 1.

Coautor de *Curso de direito ambiental*. Belo Horizonte: Fórum, 2009.

Discricionariedade e reflexividade: uma nova teoria sobre as escolhas administrativas. Belo Horizonte: Fórum, 2008.

Coautor de *Direito administrativo e seus novos paradigmas*. Coordenado por Floriano de Azevedo Marques Neto e Alexandre Santos de Aragão. Belo Horizonte: Fórum, 2008.

Coautor de *Poder normativo das agências reguladoras*. Coordenado por Alexandre Santos de Aragão. Rio de Janeiro: Forense, 2006.

Coautor de *Direito administrativo*: estudos em homenagem a Diogo de Figueiredo Moreira Neto. Coordenado por Fábio Medina Osório e Marcos Juruena Villela Souto. Rio de Janeiro: Lumen Juris, 2006.

Coautor de *Direito administrativo empresarial*. Coordenado por Marcos Juruena Villela Souto. Rio de Janeiro: Lumen Juris, 2006.

Coautor de *Regulação jurídica do setor elétrico*. Coordenado por Elena Landau. Rio de Janeiro: Lumen Juris, 2006.

Controle judicial dos atos regulatórios. Rio de Janeiro: Lumen Juris, 2005.

Coordenador de *Temas de direito regulatório*. Rio de Janeiro: Freitas Bastos, 2005.

Coautor de *Direito ambiental*. Rio de Janeiro: Freitas Bastos, 2005.

Coautor de *Direito ambiental visto por nós advogados*. Coordenado por Mario Werneck, Bruno Campos Silva, Henrique A. Mourão. Belo Horizonte: Del Rey, 2005.

Introdução ao direito das agências reguladoras. Rio de Janeiro: Freitas Bastos, 2004.

Coautor de *Direito empresarial público II*. Organizado por Carla Marshall. Rio de Janeiro: Lumen Juris, 2004.

Coautor de *Responsabilidade civil empresarial e da Administração Pública*. Organizado por Patrícia Ribeiro Serra Vieira. Rio de Janeiro: Lumen Juris, 2004.

Coautor de *Direito empresarial público*. Organizado por Marcos Juruena Villela Souto e Carla Marshall. Rio de Janeiro: Lumen Juris, 2002.

Coautor de *Regulação, defesa da concorrência e concessões*. Organizado por Enrique Saraiva, Alketa Peci e Edson Américo Brasílico. Rio de Janeiro: FGV, 2002.

Artigos

Coautor com Natasha Salinas e Lucas Gomes de As agências reguladoras em resposta à crise da COVID-19. *Revista de Administração Pública*, v. 54, p. 4, 2020.

Coautor com Péricles Gonçalvez Filho de Integração metropolitana, saneamento básico e governança interfederativa. *Revista Nomos*, v. 40.1, p. 155, 2020.

Regulação da participação estrangeira em atividades econômicas e na aquisição de terras. *Revista Novos Estudos Jurídicos*, v. 25, p. 455, 2020.

Coautor com Natasha Salinas de O Congresso Nacional e a frágil autonomia das Agências Reguladoras. *Revista de Direito Econômico e Socioambiental*, v. 1, p. 26-28, 2020.

Coautor com Natasha Salinas de Resolução Eletrônica de Conflitos em Agências Reguladoras. *Revista Direito GV (on-line)*, v. 16, n. 1, jan./abr. 2020.

Coautor com Fernanda Martins de A Influência do Sistema Norte-americano das *Public Utilities* nas Concessões do Serviço Público Brasileiro. *Interesse Público – IP*, v. 113, p. 15-36, 2019.

Coautor com Antonio Maristrello Porto e Nuno Garoupa de Análise do impacto regulatório: dimensões econômicas de sua aplicação. *Economic Analysis of Law Review*, v. 10, n. 2, p. 173-190, 2019.

Refletindo sobre o ensino jurídico no mestrado em direito da regulação. *Revista Estudos Institucionais*, v. 5, p. 20-33, 2019.

Coautor com Rafaela Nogueira de Regulação da energia pré-paga no Brasil e os direitos dos consumidores. *Direitos Fundamentais & Justiça*, v. 1, p. 239-264, 2019.

Coautor com Patrícia Sampaio de Relicitação das concessões de geração de energia elétrica e a reversão dos bens. *Revista Brasileira de Políticas Públicas*, v. 9, n. 1, p. 371-388, 2019.

Coautor com Rômulo Sampaio de Acordos substitutivos como instrumento de regulação ambiental. *Novos Estudos Jurídicos (on-line)*, v. 23, p. 798-823, 2018.

Coautor com Juliana Bonacorsi de Palma de Art. 26 da LINDB – Novo regime jurídico de negociação com a administração pública. *Revista de Direito Administrativo*, Edição Especial: Direito Público na Lei de Introdução às Normas de Direito Brasileiro – LINDB (Lei nº 13.655/2018), p. 135-169, nov. 2018.

Coautor com Natasha Salinas de Controle político da atividade normativa das agências reguladoras no Brasil. *Revista de Direito Econômico e Socioambiental*, v. 9, p. 402-430, 2018.

Regulação e natureza jurídica das bandeiras tarifárias. *Nomos*, Fortaleza, v. 38, p. 357-377, 2018.

Integração metropolitana e a prestação de serviços públicos de interesse comum. *Interesse Público – IP*, v. 105, p. 215-231, 2017.

Coautor com Lara Piau de Regulação das faturas de energia elétrica no ambiente de privilégio postal. *A&C – Revista de Direito Administrativo & Constitucional*, v. 17, p. 153-170, 2017.

Separação de poderes, Executivo unitário e Estado administrativo. *Revista Estudos Institucionais*, v. 3, p. 123-152, 2017.

Tecnicidade e regulação estatal no setor de infraestrutura. *Fórum Administrativo – FA*, v. 17, p. 61-71, 2017.

Sociedade de riscos e incertezas: o controle judicial sobre as escolhas regulatórias. *Interesse Público – IP*, v. 1, p. 155-174, 2016.

Exoneração de presidente da EBC é ato administrativo constitucional. *Consultor Jurídico*, São Paulo, 2016.

Arbitragem regulatória. *Revista Colunistas de Direito do Estado*, 28 jun. 2016.

Inovações tecnológicas, regulação e o direito administrativo. *Revista Colunistas de Direito do Estado*, 4 maio 2016.

Autonomia e perda de mandato nas agências reguladoras. *Revista Colunistas de Direito do Estado*, 19 jan. 2016.

Coautor com Thamires Guerra de Brasil deve observar modelo francês de agências reguladoras. *Consultor Jurídico*, São Paulo, 2016.

Revisão da taxa interna de retorno nas concessões. *Revista Conjuntura Econômica*, Rio de Janeiro, v. 69, p. 64-65, 2015.

Atualidades sobre o Poder de Polícia da Guarda Municipal. *Revista Colunistas de Direito do Estado*, 18 nov. 2015.

Coautor com Clovis de Faro de Proibição de capitalização de juros e o Poder Judiciário: equívocos na aplicação de teorias econômicas sobre juros simples e compostos. *Revista de Direito Administrativo*, v. 266, p. 209-229, 2014.

Coautor com Fernando Leal de Regulação do exercício de atividade extracorporativa por policiais civis e militares. *A&C – Revista de Direito Administrativo & Constitucional*, v. 56, p. 103-124, 2014.

Função de regulação e sustentabilidade. *Revista Direito à Sustentabilidade*, v. 1, p. 48-62, 2014.

Agências reguladoras: entre governança e governabilidade. *Valor Econômico*, v. 1, p. 1-14, 2013.

Conselhos e outros órgãos judicantes: um novo eixo de poder? *Revista Justiça & Cidadania*, v. 151, p. 52-53, 2013.

Projeto que cria Agência de Mineração deve ser alterado. *Consultor Jurídico*, São Paulo, set. 2013.

Regulação estatal sob a ótica da organização administrativa brasileira. *Revista de Direito Público da Economia*, v. 1, p. 229-248, 2013.

Novo cenário com a Lei Complementar 140. *Jornal Valor Econômico*, p. E3, 20 jan. 2012.

Abusos na normatização regulatória. *Revista Conjuntura Econômica*, Rio de Janeiro, v. 66, p. 60-62, 2012.

Coautor com Patricia Sampaio de Análise de impacto regulatório. *Revista Justiça & Cidadania*, v. 145, p. 30-33, 2012.

Controle judicial das escolhas regulatórias: o fim do protagonismo do Superior Tribunal de Justiça? *Revista Brasileira de Estudos Constitucionais*, v. 22, p. 525-556, 2012.

Agências reguladoras e risco Brasil. *Valor Econômico*, v. 13, p. A15, 2012.

Por que as agências reguladoras? *Revista Conjuntura Econômica*, Rio de Janeiro, v. 66, p. 46-48, 2012.

A regulação estatal da vigilância em saúde: transparência e *accountability* à luz da LC 141/2012. *Revista da Faculdade de Direito Candido Mendes*, v. 17, p. 257-288, 2012.

A regulação estatal na sociedade de risco. *Revista da Procuradoria Geral do Estado do Espírito Santo*, v. 12, p. 327-356, 2012.

Transformação de cargos públicos: a racionalização burocrática no atendimento do princípio da eficiência. *Interesse Público – IP*, v. 1, p. 89-108, 2012.

Discricionariedade administrativa e sua transformação no Estado Democrático de Direito. *Revista da Faculdade de Direito Candido Mendes*, ano 16, n. 16, p. 205-228, 2011.

Supremo Tribunal Federal (STF) – Função normativa do Conselho Monetário Nacional: regulação sistêmica e a capacidade normativa de conjuntura. *Revista de Direito Administrativo*, v. 254, p. 261-273, 2011.

Pedágio ambiental e a visão do Poder Judiciário. *Revista Conjuntura Econômica*, Rio de Janeiro, v. 65, p. 44-45, 2011.

Poder Judiciário e o controle da atuação regulatória. *Revista Conjuntura Econômica*, Rio de Janeiro, v. 64, p. 50-51, 2011.

Os limites da atuação do Cade e o Poder Judiciário. *Revista Conjuntura Econômica*, Rio de Janeiro, v. 65, p. 44-45, 2011.

Ministério Público, Tribunal de Contas e agências reguladoras: novos poderes? *Revista Conjuntura Econômica*, Rio de Janeiro, v. 65, p. 64-65, 2011.

Função normativa das agências reguladoras: uma nova categoria de direito administrativo? *Revista Direito GV*, São Paulo, v. 7, p. 131-152, 2011.

Limites da Anvisa no seu poder de polícia. *Fórum de Contratação e Gestão Pública – FCGP*, v. 97, p. 49-51, 2010.

Poder Judiciário e meio ambiente. *Revista Conjuntura Econômica*, Rio de Janeiro, v. 64, p. 70-71, 2010.

Limites do Poder Judiciário nas atividades desportivas. *Revista Conjuntura Econômica*, Rio de Janeiro, v. 64, p. 56-57, 2010.

Novas restrições à aquisição de terras por estrangeiros. *Revista Conjuntura Econômica*, Rio de Janeiro, v. 64, p. 50-51, 2010.

Discricionariedade administrativa – Críticas e propostas. *REDE (IBDP)*, v. 21, p. 1-40, 2010.

Atualidades sobre o controle judicial dos atos regulatórios. *REDAE*, Salvador, v. 21, p. 1-24, 2010.

Poder normativo das agências reguladoras: as imagens nas embalagens de produtos derivados de tabaco exigidas pela Anvisa. *Revista de Direito Administrativo*, v. 252, p. 143-185, 2010.

Transformações do direito administrativo e a (in)segurança jurídica. *RERE*, Salvador, v. 17, p. 1, 2009.

Transformações do direito administrativo e a (in)segurança jurídica. *Revista de Direito do TJ-RJ*, v. 79, p. 97, 2009.

Limites da Anvisa no seu poder de polícia reforçado. *Revista Conjuntura Econômica*, Rio de Janeiro, v. 63, p. 57-59, 2009.

Redução da discricionariedade administrativa por meio de previsibilidade técnica. *REDAE*, Salvador, v. 20, p. 1-5, 2009.

Direito administrativo e a nova hermenêutica: uma releitura do modelo regulatório brasileiro. *REDAE*, Salvador, v. 19, p. 1-37, 2009.

Crise e refundação do princípio da legalidade: a supremacia formal e axiológica da Constituição Federal de 1988. *Revista Interesse Público*, v. 49, p. 89-112, 2008.

Reflexividade: o fim da discricionariedade administrativa? *Revista Conjuntura Econômica*, Rio de Janeiro, v. 62, p. 36, 2008.

O Supremo e a nova compensação ambiental. *Valor Econômico*, v. 1, p. 1, 2008.

Direito administrativo e nova hermenêutica: uma releitura do modelo regulatório brasileiro. *Boletim de Licitações e Contratos – Governet*, Curitiba, ano 3, n. 28, ago. 2007.

Atualidades sobre o controle judicial dos atos regulatórios. *Revista da Escola da Magistratura do Estado de Rondônia*, n. 15, p. 111-146, 2007.

Coautor de Agências reguladoras pelos ares. *O Estado de S.Paulo*, São Paulo, p. B3, 15 ago. 2007. Caderno de Economia.

Direito administrativo e nova hermenêutica: uma releitura do modelo regulatório brasileiro. *Boletim de Licitações e Contratos – Governet*, Curitiba, v. 28, p. 25, 2007.

Atualidades sobre o controle judicial dos atos regulatórios. *Revista da Escola da Magistratura do Estado de Rondônia – EMERON*, v. 15, p. 111-146, 2007.

A advocacia pós-moderna. *Jornal do Commercio*, 16 jan. 2006.

Teoria da captura de agência reguladora em sede pretoriana. *Revista de Direito Administrativo – RDA*, São Paulo, v. 244, 2006.

Direito administrativo e nova hermenêutica: uma releitura do modelo regulatório brasileiro. *Revista de Direito Administrativo – RDA*, São Paulo, v. 243, 2006.

Regulação estatal e novas tecnologias. *Interesse Público*, v. 100, p. 201-214, 2016.

O princípio da proporcionalidade na pós-modernidade. *Revista Eletrônica de Direito do Estado*, Salvador, n. 2, abr./jun. 2005.

Agências reguladoras e a supervisão ministerial. *Gazeta Mercantil*. Artigos especiais. Disponível em: http://www.gazetamercantil.com.br. Acesso em: 24 jun. 2005.

Controle das agências reguladoras por meio de supervisão ministerial. *Revista de Direito Público da Economia*, Belo Horizonte, n. 9, jun. 2005.

Agências reguladoras e supervisão ministerial. *Migalhas*, 6 jan. 2005. Disponível em: http://www.migalhas.com.br. Acesso em: 6 jan. 2005.

Os bens reversíveis nas concessões de serviços públicos. *Revista de Direito Público da Economia*, Belo Horizonte, n. 8, jan. 2005.

Discricionariedade técnica e agências reguladoras: marco regulatório. *Revista da Agência Estadual de Regulação dos Serviços Delegados do Rio Grande do Sul – AGERGS*, n. 8, p. 61-71, mar. 2005.

Poder de regular (agências reguladoras se submetem ao interesse público). *Consultor Jurídico*, 14 maio 2005. Disponível em: http://www.conjur.com.br. Acesso em: 20 maio 2005.

A cobrança pelo uso dos recursos hídricos. *Valor Econômico*, p. E2, 29 jan. 2004. Caderno Legislação e Tributos.

Coautor de Inspeção veicular e terceirização. *Gazeta Mercantil*, p. 8, 17 mar. 2004. Caderno Legal & Jurisprudência.

Discricionariedade na regulação por entidades estatais independentes. *Revista de Direito Público da Economia*, Belo Horizonte, n. 6, abr. 2004.

A regulação pelo Cade e ponderação de interesses. *Gazeta Mercantil*, p. 2, 14 fev. 2004. Caderno Legal & Jurisprudência.

A regulação pelo Cade e ponderação de interesses. *Informativo ADCOAS*, jul. 2004.

Coautor de A ponderação de interesses na cobrança municipal para uso do subsolo, solo e espaço aéreo por concessionária de serviços públicos. *Revista Interesse Público*, Porto Alegre, n. 26, jul./ago. 2004. Caderno de Direito Municipal.

O princípio da segurança jurídica nos reajustes tarifários. *Gazeta Mercantil*, 23-25 jul. 2004, p. 2. Caderno Legal & Jurisprudência.

As agências e o devido processo regulatório. *Valor Econômico*, p. E2, 4 ago. 2004. Caderno Legislação e Tributos

Bens reversíveis nas concessões de serviços públicos. *Gazeta Mercantil*, 14 jul. 2004, p. 2. Caderno Legal & Jurisprudência.

Aspectos legais para implantação da unidade de refino. *Revista Brazilian Business*, Rio de Janeiro, ano 18, n. 186, p. 20-21, mar. 2003.

A *due diligence* ambiental. *Gazeta Mercantil*, 24 abr. 2003. Caderno Legal & Jurisprudência.

O controle das agências reguladoras. *Gazeta Mercantil*, 16 set. 2003. Caderno Legal & Jurisprudência.

O controle dos atos das agências reguladoras. *Jornal do Commercio*, Rio de Janeiro, 7 nov. 2003. Caderno de Direito.

O princípio da proporcionalidade na pós-modernidade. *Revista Brasileira de Direito Público*, Belo Horizonte, n. 3, out./dez. 2003.

De quem é a responsabilidade pelo saneamento básico? *Gazeta Mercantil*, p. 2, 12 jul. 2002.

Saneamento básico: de quem é a competência? *Revista Brazilian Business*, Rio de Janeiro, ano 17, n. 178, p. 48-49, jul. 2002.

Adulteração de combustíveis. *Revista Brazilian Business*, Rio de Janeiro, ano 17, n. 179, p. 28-29, ago. 2002.

Competência das agências reguladoras. *Gazeta Mercantil*, p. A-2, 11 maio 2001.

Leilões de energia elétrica. *Gazeta Mercantil*, p. 4, 7 ago. 2001. Caderno Legislação e Tributos.

A competência das agências reguladoras. *Revista Brazilian Business*, Rio de Janeiro, ano 16, n. 163, p. 44-45, maio 2001.

A competência dos entes federados em matéria ambiental. *Revista de Direito Ambiental*, v. 6, p. 120, abr. 1997.

Esta obra foi composta em fonte Palatino Linotype, corpo 10
e impressa em papel Offset 75g (miolo) e Supremo 250g (capa)
pela Paulinelli Serviços Gráficos, em Belo Horizonte/MG.